메이지라는 시대 2

유신과 천황 그리고 근대화
Meiji and His World, 1852~1912

도널드 킨 지음

김유동 옮김

서커스

EMPEROR OF JAPAN

Meiji and his world, 1852~1912

by Donald Keene

차례

1권 차례

궁중 정장인 '속대(束帶)'를 입고 있는 메이지 천황. 1872년 4월 우치다 구이치가 촬영했을 것으로 짐작된다. 머리에 쓴 것은 천황을 알현한 외교관들이 회고록에서 자주 언급하는 '영(纓)'이다. 이 사진은 외국에 증정된 적이 없다. 아마 천황이 근대적인 군주처럼 보이지 않아서였을 것이다. 궁내청(宮內廳) 소장.

에두아르도 키오소네가 그린 메이지 천황의 초상화. 1888년 콩테로 그려진 초상화를 마루키 리요(丸木利陽)가 촬영했다. 수많은 민중과 학생들이 예배한 바로 그 '어진영(御眞影)'이다. 궁내청 소장.

〈사이고 다카모리 할복도〉 다이소 요시토시(大蘇芳年)의 판화로 사실과는 다르다. 사이고
는 선상이 아니라 육지에서 측근 벳푸 신스케에 의해 목이 쳐졌다. 사이고는 이미 중상을
입어서 할복을 할 수가 없었다. 서 있는 사람은 참모 기리노 도시아키, 무릎을 꿇고 있는
사람은 무라타 신파치이다. 가나가와 현립 역사박물관 소장.

〈정한론지도(征韓論之圖)〉 사이고 다카모리의 정한론을 놓고 불꽃 튀는 논전을 벌이는 참의들. 물론 이 그림은 상상의 광경으로 그림을 그린 요슈 지카노부(楊州周延)가 현장에 있지는 않았다. 각 인물 옆에는 오쿠보 도시미치, 이와쿠라 도모미, 이타가키 다이스케 등의 이름이 쓰여 있으나 왼쪽 푸른색 커튼 앞의 인물에는 이름이 없다. 아마도 이 사람이 메이지 천황일 것이다. 가나가와 현립 역사박물관 소장.

〈우에노 공원에서 전 미국 대통령 그랜트 씨 창술 관람도〉 그랜트 장군은 일본을 방문해 융숭한 대접을 받았다. 관극뿐만 아니라 이 그림에 묘사되어 있는 것처럼 무도도 관람했다. 저자 소장.

문명개화를 상징하는 건물 로쿠메이칸. 여기에서 일본인과 외국인은 함께 식사하고, 술을 마시고, 무도회를 즐겼다.

〈일청한귀현어초상(日清韓貴顯御肖像)〉 가운데 위치한 천황 그림 밑에는 이름이 없지만 천황 좌우에 그려진 인물에는 '조선국왕' '지나국왕'이라 쓰여 있다. 3국의 중요성을 시사하고 있는 그림이다. 아래 양쪽으로 김옥균과 박영효도 있다. 가나가와 현립 역사박물관 소장.

〈노국황태자어착지도(魯國皇太子御着之圖)〉 1891년 러시아 황태자가 신바시 정거장에 내려서는 모습. 고다이 구니마사(五代國政)의 목판화. 이 작품은 실제로 있었던 일을 그린 것이 아니다. 오쓰에서 부상당하는 바람에 러시아 황태자는 도쿄에 가지 않았다. 구니마사는 실망했지만 그렇다고 모든 것이 아주 끝나버린 것은 아니었다. 그로부터 2년 후 8월, 오스트리아 대공 프란츠 페르디난트가 다시 일본을 찾은 것이다. 이 작품은 러시아 국기를 오스트리아 국기로 고쳐 그린 뒤 제목만 바꿔 거의 그대로 사용했다. 가나가와 현립 역사박물관 소장.

〈위해위상륙진군지도(威海衛上陸進軍之圖)〉 청일 전쟁의 한 장면. 만주의 혹한은 적의 포탄 이상으로 일본인의 사상자 수를 늘렸다. 이 그림의 작자는 당시 저명한 판화가였던 고바야시 기요치카(小林淸親, 1847~1915). 가나가와 현립 역사박물관 소장.

〈**야전병원행계지도(野戰病院行啓之圖)**〉고바야시 기요치카의 작품. 1895년 3월 22일, 전투에서 부상당한 병사들을 수용하고 있던 히로시마 병원—야전병원은 아니었다—에 황후가 위문차 방문하고 있는 모습을 그렸다. 왼쪽 침대에 있는 병사는 병상에서 일어나 엎드려 있고, 무릎을 꿇고 있는 간호사의 모습도 보인다. 가나가와 현립 역사박물관 소장.

청일 전쟁 종결을 위한 시모노세키 강화 회의. 오른쪽의 일본 협상단은 이토 히로부미가 이끌고 있고 왼쪽은 리훙장이 이끄는 청나라 협상단. 두 나라의 외국인 고문도 참석해 있다. 고바야시 기요치카의 작품. 가나가와 현립 역사박물관 소장.

1889년 2월 11일의 대일본제국 헌법 발포. 오른쪽 앞쪽에 도열해 있는 한 무리의 외국인들이 보인다. 요슈 지카노부 작품. 저자 소장.

〈일로육해군인화해(日露陸海軍人畵解)〉 러일 전쟁 전야의 일본군과 러시아군. 양쪽 인물들이 거의 비슷해 보이지만 러시아군(왼쪽)의 머리에 조금 갈색기가 있다. 이것은 일본인과 중국인을 아주 달라 보이게 그린 청일 전쟁의 목판화와는 대조적이다. 아사이(淺井) 컬렉션 소장.

〈부상고귀감(扶桑高貴鑑)〉 요슈 지카노부가 그린 황족. 천황과 황후 사이에 있는 소년은 훗날의 다이쇼 천황인 요시히토 친왕. 이 광경은 상상해 그린 것으로 황족 가족 세 명이 이런 식으로 함께 있는 모습은 상상하기 어렵다. 황태자의 왼팔 부근에 놓여 있는 책은 아마도 황태자가 공부에 열심이라는 것을 보여주기 위해서였을 것이다. 메트로폴리탄 미술관 소장.

메이지
라는 2
시대

제36장 집정 대원군

메이지 천황의 치세 14년째를 특징 지어 놓은 몇 건의 소란스러운 사건 이후, 메이지 15년(1882), 또는 적어도 이 15년의 전반은 아주 평온한 듯이 보였다. 여느 해처럼 천황의 사방배(四方拜)와 전통 의식으로 새해의 막이 올랐다.

이해 들어 첫 번째 주목할 만한 사건은 1월 4일에 일어났다. 이날, 천황은 태정관(太政官: 1885년까지의 최고 관청. 1885년 내각으로 대체)으로 나와 육군경(陸軍卿) 오야마 이와오(大山巖)에게 직접 〈군인칙유〉를 주었다.[1] 칙유는 육해군에 배포되었고 오야마의 명령으로 군인수첩 맨 앞에 인쇄되었다. 이후 군인칙유는 60년 이상에 걸쳐 육해군 군인들이 읽고, 명기(銘記)하고, 받들게 된다.

'우리나라의 군대는 대대로 천황이 통솔하고 계시다'로 시작되는 이 칙유는 진무(神武) 천황 시대의 군무(軍務) 이야기에서 시작된다.

고대 일본에서는 천황이 직접 군대를 통솔했다. 그 후 태평세월이 오래 계속되다보니 조정의 무용(武勇)은 쇠퇴하고, 병(兵)과 농(農)이 저절로 분리되어 지난날의 징병은 장병(壯兵)이 되고, 마침내 무사가 되어 병마권은 쇼군의 손으로 넘어가고 말았다. 약 7백 년에 걸쳐 황족의 의사는 무시되고, 무사가 정치의 대권을 움켜쥔 채 나라를 지배해 왔다. 고카(弘化, 1844~48), 가에이(嘉永, 1848~54) 무렵 막부의 위세는 급속하게 쇠퇴해 갔다. 때를 같이해 서양 열강이 일본에 위협적 태도를 취하기 시작하면서 메이지 천황의 조부 닌코 천황과 고메이 천황의 마음을 괴롭혔다. 메이지 천황은 그래도 운이 좋았다. 젊고 미숙한 나이에 황위에 올랐으나 유능한 충신들이 천황을 보좌한 덕에 고대의 천황 통치 제도로 복귀할 수 있었다. 지난 15년 사이에 대변혁이 일어나 육해군은 이제 천황의 통솔하에 있게 되었다.

칙유는 계속해서 육해군 군인들에게 다음과 같이 말한다.

짐은 그대들 군인의 대원수다. 그러니 짐은 그대들을 팔다리로 의지하고 그대들은 짐을 머리로 여기는 끊으려야 끊어질 수 없는 사이다. 짐이 국가를 보호해서 하늘의 은총에 보답하고 조상의 은혜에 보답할 수 있느냐 없느냐는, 오로지 그대들 군인이 직무를 다하느냐 다하지 못하느냐에 달려 있다.

이 전문에 이어, 천황이 군대에 무엇을 기대하는가에 대한 5개 항의 훈령이 열거되어 있다.

첫째, 군인은 충절을 본분으로 삼으라. 군인의 직무는 국가에 충성을 바치는 데 있다. 무릇 생을 우리나라에서 받은 자로서 나라에 보답하려는 마음이 없는 자가 어디 있을까. 군인으로서 나라에 보답하려는 마음이 굳건하지 않은 사람은 아무리 기예가 능숙하고 학술이 뛰어나다 하더라도 인형이나 마찬가지다. 그러니 군인은 '의(義)는 산악보다도 무겁고 죽음은 터럭보다도 가볍다'는 각오로 오로지 자기의 본분인 충절을 지킨다. 둘째, 군인은 예의를 바르게 하라. 하급자가 상관의 명을 받드는 것은 바로 짐의 명을 받드는 것이라 생각하라. 반대로 상급자는 하급자를 경멸하거나 오만한 행동을 해서는 안 된다. 친절하고 자애로운 마음으로 대하며 상하 일치해서 왕사(王事)에 힘쓰라. 셋째, 군인은 무용을 숭상하라. 참된 무용이란 혈기에 빠져 거칠게 행동하는 것이 아니다. 군인 된 자는 항상 의리를 잘 헤아리고 담력을 키우며 사려 깊게 일을 도모하라. 나아가 사람을 대할 때는 온화를 으뜸으로 삼고 일반 국민의 경애를 얻도록 하라.[2]

넷째와 다섯째 훈령은 군인은 신의를 중히 여기며 검소해야 한다고 말하고 있다. 이 훈령에는 어느 나라의 사령관이 군대에 내놓는 훈령과는 확실히 다른 특징이 있었다. 그것은 천황과 육해군이 직결된 관계라는 걸 강조한 점이었다. 〈군인칙유〉 중에서 메이지 천황은 육해군을 팔다리로 생각하고 의지하며, 군인들은 천자 자신을 글자 그대로 '머리(頭首)'로서 우러러보도록 명하고 있다. 이러한 형태로 천황은 상호 신뢰 관계를 구축하려 했다. 만일 육해군이 힘껏 노력하기만 하면 천황과 영광을 함께할 수 있다는 것이었다. 만일 노력하지 않는다면 천황 역시 패배를 함께한다고 했다.

군인칙유가 공포된 지 며칠 후, 참모본부장 야마가타 아리토모는 군대의 현황에 대한 의견을 마무리해서 육군경 오야마 이와오에게 제시했다. 야마가타의 불만은 상비군이 부족한 데 있었다. 상비군은 겨우 4만 명 정도밖에 안 되었다. 징병령이 실시된 지 어언 9년이 경과했지만, 상비병은 당초의 정원도 채우지 못하고 있었다. 전국 각지의 진대(鎭臺: 주둔군. 후의 사단)에서 보병, 포병, 공병의 인원수가 모자랐다. 대외적으로 볼 때에도 안정되어 있다고는 말하기 어려운 형편이었다. 청나라나 조선과의 관계는 여전히 불안정한 상태였고, 류큐에서는 언제 또다시 분쟁의 불씨가 되살아날지 모르는 상황이었다. 야마가타는 이렇게 말했다.

만일 일단 무슨 일이 벌어진 다음에 비로소 군비가 부족하다는 소리를 하게 된다면 때는 이미 늦다. 그러므로 설혹 재정상의 문제가 좀 있더라도 징병령으로 정해 놓은 인원은 금년부터라도 확보해 나가야 한다.[3]

여기서 야마가타는 청나라와 조선에 대해서도 언급하고 있는데 이 점에 주목해야 한다. 1882년 후반, 일본은 전적으로 이들 두 나라와의 관계에 온 신경을 집중하게 되기 때문이다.

이해, 조정의 중대 관심사는 또 있었다. 그것은 오래된 현안인 조약 개정 문제였다. 일본은 지금까지 조약 개정을 위해 불평등조약을 맺은 서구 열강 제국에 양보하면서까지 별별 제안을 되풀이해 왔다. 일본은 그럭저럭 당사국 반 이상의 승인을 받아놓은 상태였다. 그러나 영국만큼은 그야말로 요지부동이었다.

당초 메이지 천황은 이들 문제에 직접 관여하지 않았다. 천황은 예년처럼 시강(侍講) 모토다 나가자네(元田永孚)로부터 『서경』에 관한 진강을 받았다. 니시무라 시게키(西村茂樹), 니시오 다메타다(西尾爲忠)에게서는 『예기』 진강을, 그리고 이케하라 고치(池原香穉)로부터는 『만엽집(萬葉集)』의 진강을 받았다. 아마 천황은 다른 진강 때보다도 이 시간에 가장 관심을 보였을 것이다. 이 일본 최고(最古)의 시가집에 대한 진강은 이때가 처음이었기 때문이다.

이 시기의 천황에 대한 공식 기록상의 언급은 주로 사람들에게 내린 선물 또는 공공시설에 보낸 기부금과 관계된 것이 많다. 예를 들면 1월 19일, 천황은 고야(高野)산 금강봉사(金剛峰寺)에 1843년에 불타버린 근본대탑(根本大塔) 재건을 위해 내탕금(內帑金: 임금이 개인적인 용도로 쓰는 돈)에서 1천 엔을 하사했다. 메이지 천황이 불교도들의 신심에 감동했다는 말은 없다. 그러나 천황은 분명 어렸을 때 불교를 접한 일이 있다.[4] 어쩌면 천황은 유럽의 군주들처럼, 국부(國父)의 입장에서 종교적, 학문적 조직에 대한 자선 행위로서 금전 기부를 의무처럼 여기지 않았을까.[5] 어쩌면 탑 재건을 위해 기부한 일은 과거의 유적을 되살리고 싶었던 천황의 남다른 관심이 반영된 것이었는지도 모른다.

천황은 이 무렵 일본의 전통을 보전하는 데 전보다 더 관심을 갖기 시작했다. 유럽의 교육 제도를 무작정 모방하던 시기를 거쳐, 이제 다시 인의충효를 황도 교육의 기본으로 삼기로 결정된 사실을 알고 천황은 기뻐했다. 문부경 후쿠오카 다카치카(福岡孝弟)에게 내려진 성지는 다음과 같다.

이번에 설정된 문부성(文部省)의 학제와 여러 규칙을 보니, 짐이 전 문부경 데라시마 무네노리에게 말했던 취지가 오늘에 와서 달성된 것 같다. 앞으로 다시 종래의 구미 편중 풍조에 밀려 독일이나 러시아의 교육을 본받으라는 말이 나오게 될지도 모른다. 그때에도 문부성은 흔들림 없이 견고하게 현재의 제도를 유지해나가 10년 후의 성공을 기하도록 하라.

그 후 얼마 지나지 않아 태정대신 산조 사네토미, 좌대신 다루히토 친왕, 우대신 이와쿠라 도모미는 천황의 요청으로 입헌 정체에 관한 의견서를 상주했다. 국회 개설 날짜는 결정되었고, 헌법 초안은 이미 원로원에 제출되어 있었다. 그러나 초안의 조문은 유럽 각국 헌법의 복사판이어서 일본 국정에 그대로 적용할 수 없었다. 헌법을 실시할 방법, 그리고 그 기본 방침이 어떠해야 할 것인가에 대해서도 의견이 분분했다. 꼭 하나 분명한 사실은 그것은 천황이 제정한 흠정 헌법이지, 국민이 분투노력한 성과물이 아니라는 점이었다. 그러면서도 주권의 소재를 놓고 논의는 계속되었다. 주권은 국민에게 있다는 설이 있고, 또 군주와 국민이 공유한다는 설이 있었으며, 또 하나는 주권은 완전히 천황에게 있다는 설이었다. 사람들은 제각각 유럽 제국의 학설과 제도를 인용해 가면서 자신들의 설이 옳다는 사실을 증명하려했다.

논의가 분열될 것을 우려한 천황은 산조 등 대신들을 불러 제국 헌법의 주의(主義), 국회와 군주 대권과의 관계, 국회 개설 준비 요령 등에 관해 상세한 의견서를 올리라고 했다.

2월 24일에 상주된 산조 등의 의견서는 '군주는 간섭받거나 권리를 침해받지 않는 지위에 있으며, 재상은 군주를 대신해서 그 책무를 다한다'는 점과 정부의 방침이 점진주의에 있다는 점을 되풀이해서 강조하고 있다.

천하의 인심은 오히려 급한 것을 좋아한다. 이는 수백 년에 걸친 쇄국 탓으로 좁은 세계에 안주한 채 외국을 업신여겨온 결과다. 하지만 일단 외국과 교제하게 되면서부터는 이제 완전히 반대 방향으로 서로 앞다투어 나가려는 형국이다. 근년, 유럽의 과격 사상이 거리와 마을에 침투하자, 젊은 사람들은 신기한 사상에 심취한 채 깨어날 줄을 모른다. 오늘날의 급무는 성의를 가지고 교육에 임해서 평정착실(平正着實)이야말로 중요한 것임을 알게 하며, 부박(浮薄)하고 한편으로 치우친 생각에 빠져들지 않도록 하는 일이다.

산조 등은 또 황실 재산을 국고와는 따로 유지할 필요성이 있다고 강조했다.[6] 그리고 화족의 주된 기능은 장차 국회의 상원을 조직해서 황실을 보호하는 데 있다고 정의하고, 다음과 같이 계속했다.

나라의 중책을 지는 데 있어 화족에 버금가는 것은 사족이다. 그러나 사족은 제도가 바뀌면서 많은 재산을 잃고 말았다. 사족을 구제하는 조처를 취해야 한다.

산조는 이와는 또 다른 의견서를 올려 국회 개설에 따른 준비 사항을 상세히 논했다.

일본의 전통 보존을 강조했다고 해서 조정이 외국을 본으로 삼는 자세를 아주 버린 것은 아니었다. 2월, 원로원 의장 데라시마 무네노리는 다음과 같은 상서를 제출했다.

참의 이토 히로부미를 유럽에 파견해 각 나라의 헌법을 연구하게 하고, 일본 헌법에 적용할 수 있는 특징을 조사하게 했으면 한다.

동시에 데라시마 자신도 같은 목적으로 특명전권공사로서 미국에 갔으면 한다는 내용이었다. 상서는 승인되어 이토는 유럽에 나가기 위해 참사원(參事院) 의장직을 사임했다. 3월의 출발에 앞서 이토는 천황으로부터 헌법 연구에 관한 칙서를 받았고, 조사할 사항 등을 상세하게 적은 목록도 받았다.[7]

조약 개정 문제는 아직도 일본을 몹시 흔들어대고 있었다. 토의를 위해 조약 개정 예의회(豫議會)가 마련되었다. 외무경 이노우에 가오루는 예의회에서 이런 의견을 표명했다.

조약을 개정함과 동시에 치외법권을 포기하게 될 외국에 대해 아무런 이익도 돌아가지 않게 한다면 소기의 목적을 달성할 수가 없다. 목적 달성을 위해서 일본은 일대 양보를 해야 한다.

양보의 내용에 관해 갑, 을 두 가지 안이 제출되었다. 참의 야마다 아키요시(山田顯義)가 제출한 갑 안은 '외국인이 우리 국법에 따르기를 승낙한다면, 모두 내국인과 동등하게 주거, 영업 및 농상을 허가한다'고 되어 있다.[8] 이토 히로부미가 제출한 을 안은 좀 더 조건을 좁혀 '행정 규칙, 경찰 위경죄(違警罪: 구 형법에서 구류나 과료에 해당하는 죄)에 관한 재판을 수용하게 하고, 민사 재판 모두를 회복시키며, 내지(內地)에서의 통상을 허가한다'고 제안했다.

3월 5일, 산조 사네토미는 이 두 가지 안을 천황에게 보이며 논의의 기초로 삼고 싶다고 청원했다. 천황은 이를 재가하면서 다음과 같은 세 가지 조언을 했다.

첫째, 대신과 참의들은 작은 의견의 차이를 제거하고, 대동단결해서 이 대업을 완수하라. 둘째, 각의의 기밀을 유지하라. 개정 논의가 아직 이뤄지지도 않았는데 금방 그 내용이 누설되어 세상에 어지러운 말들이 분분해져서는 안 된다. 지난날 개척사(開拓使) 관유물 매각 사건처럼 되는 일이 없도록 하라. 셋째, 우리 국민의 지식이 아직 그들(=외국인)에게 미치지 못하고, 재력 역시 떨어진다. 만일 그들에게 주거와 영업의 권한을 주어 통상을 허용하게 된다면, 그 결과가 매우 우려된다. 경들은 심모원려해서 이에 대비하라.[9]

천황의 조언에 의해 이야기가 원만하게 마무리 지어진 것은 아니다. 신속한 조처를 독촉하는 영국 공사와 예의회의 분규 사이에서 양면 공격을 받게 된 이노우에 가오루는 마침내 사임을 결심했다. 태정대신과 좌우 대신은 필사적으로 이노우에를 달랬다. 최종적으로 독일인 내각고문 C. F. H. 뢰슬러가 이 두 안을 놓고 고쳐 쓰게 되었다. 갑 안은 새로 부동산 소유의 권리를 허락하는 대신에 민사, 형사 재판권을 회복하는 것으로 했다. 을 안은 민사상의 재판권 회복으로 한정하고, 전과 마찬가지로 내지에서의 통상을 허용하는 것으로 했다. 산조는 다시 이 두 가지 안을 상주하면서 천황의 재단을 바랐다. 천황의 재단은 이랬다.

우선 갑 안으로 외국 사신과 교섭을 시작해 보고, 만일 성공하지 못할 경우 을 안을 시도한다. 양쪽 모두 성공하지 못할 경우에는 다시 중의에 부쳐 성재(聖裁)를 받는 것으로 한다.

4월 5일, 조약 개정 제7차 예의회에서 이노우에 가오루는 일본이 외교상의 목적을 달성하기 위해 맹약을 체결한 각 나라에 양보할 용의가 있다는 내용의 각서를 낭독했다. 이노우에는 먼저 일본이 근대화를 달성했다는 증거와 일본이 서구 열강과 대등한 자격을 가졌다는 점을 열거했다.

일본은 언제나 국제적 공법과 도덕을 준수해 왔다. 봉건제도를 폐하고, 모든 민중에게 동등한 권리를 주었다. 시정(施政)을 개혁했고, 행정과 사법을 분리했다. 교육을 보급시키고, 기독교의 금제를 완화했다. 우편제도를 확립하고 만국우편연합에 가입했다. 전신을 가설하고 철도를 부설했으며, 연해에 등대도 건설했다. 새로이 형법, 치죄법(治罪法: 후의 형사소송법)을 정했다. 그러나 일본 정부 및 국민은 이러한 일을 달성했다는 데에 안주하지 않고 더욱더 진보와 개량에 힘쓰며, 각국과 친밀한 관계를 수립해서 공동의 이익증진을 바라고 있다.

불행히도 여러 외국과 우호, 무역을 촉진시키자면 아직도 수많은 장해가 남아 있다. 현행 조약에 의하면 외국인에게 개항장 밖에서는 주거, 교역이 인정되지 않고 있다. 정부는 이들 장해를 제거할 적당한 시기를 오래도록 갈망해 왔다. 바로 지금이야말로 그 시기가 왔다고 믿는 바다. 일본의 법률을 따르겠다는 조건으로 외국인은 자유로이 일본 국내를 여행하고, 원하는 곳에서 살며, 동산, 부동산을 소유하고, 상업, 산업을 경영할 수가 있다. 새 제도를 시행하게 되면 외국인은 지금까지 개항장 안에서 시행되고 있던 것과는 다른 재판권을 적용받게 될 것이다. 그리고 이는 공의정도(公義正道)의 견지에서 반드시 인정받게 될 것임은 조금도 의심할 바가 없다. 이로써 일본인과 외국인 사이의 교제의 면목은 일신되고, 양자의 우호도 수립될 것이다. 통상은 자유화되고 외국 자본이 유치되며, 공업과 무역의 번영이 도래할 것을 기대한다.

6월 1일, 이노우에는 제11차 조약 개정 예의회에서 4월에 발표한 각서에 기초를 둔 조약 개정안의 세부 사항을 정식으로 제출했다. 개정안의 요지는 다음과 같다.

개정 조약 비준일로부터 5년 후에 일본 전국을 외국인에게 개방한다. 외국인은 국내를 자유로이 여행하고 거주하며, 동산, 부동산을 소유할 수 있을 뿐만 아니라 일본인과 마찬가지로 무역 경영 및 기타의 직업을 가질 권리가 허용된다. 일본의 법률에 대한 불안감을 가라앉히기 위해, 그리고 외국인의 신뢰 확보를 위해 모든 노력을 다한다. 새 법률은 서양에서 시행되고 있는 법적 원리를 그 바탕에 두는 것으로 한다. 모든 법률과 규칙은 적어도 하나의 유럽 언어로 번역해 배포한다. 재판에서는 외국인 판사가 일본인 판사와 동석하게 된다. 만일 배심 제도가 채용될 경우, 피고가 외국인이 되는 사건에서는 배심관 일부를 외국인으로 구성한다.

개정안을 읽고 독일 공사는 즉시 찬성의 뜻을 표하면서 "일본 정부의 제안은 일본과 외국 쌍방의 이익을 도모한 것이며, 특히 외국인에게 주어진 보증은 참으로 관대하다. 이 의안의 내용을 즉시 본국 정부에 전달해서 조약 개정을 권고하겠다"고 했다. 이어 벨기에, 포르투갈, 오스트리아-헝가리 제국, 네덜란드, 스페인, 이탈리아, 러시아 공사가 독일 공사의 의견에 동의했다. 미국 공사는 일본 정부의 제안이 타당성이 있다고 칭찬하면서, 기꺼이 개정안의 인가를 본국 정부에 권고하겠다고 했다. 그리고 치외법권의 철폐는 일본 국민의 불만과 혐오감을 누그러뜨려 일본 국민과의 친교를 증진하고, 통상 무역을 촉진하게 될 것이라고 덧붙였다. 그러나 오직 한 사람, 영국 공사 파크스만이 이에 동조하지 않았다. 파크스는 의안을 상세히 검토할 필요가 있다면서 의견 결정을 보류했다.

7월 17일, 파크스는 제15차 조약 개정 예의회에서 영국 정부는 단호히 이 제안에 반대한다는 뜻의 성명을 발표하면서 다음과 같은 각서를 제출했다.

일본은 새 조약 비준 다음 날부터 영지(領地) 재판권, 즉 일본 국내에서 외국인에 대한 재판 관할권을 획득하게 된다. 그러나 그것은 5년 동안의 준비 기간을 두고 외국인에게 약속된 특권과는 형평이 맞지 않는다. 이 기간에 외국인이 누릴 수 있는 유일한 이점이라고는 통상을 위해 내지를 여행할 수 있는 자유뿐이다. 그 땅에 거주하고 부동산을 소유하며, 자금을 사업에 투자할 수도 없다. 그리고 일본 정부가 약속하는 재판 제도 및 방법은 지극히 불완전해서 도저히 외국인의 권리와 이익을 보증하기에는 역부족이다. 일본 정부는 민법, 상법도 아직 완비하지 못했으며, 새 형법도 시행된 지 1년도 채 경과되지 않았다. 영국 정부로서는 새 법률이 과연 유효한지 여부를 판단하기가 어렵다. 제안을 승인할 수 있기까지는 상당한 시일을 요하지 않을까 여겨진다. 일본 정부 및 관련 각국 정부는 좀 더 정밀하게 조사 연구를 해야 할 것이다. 이번 제안으로 영국 국민의 신뢰를 획득할 수는 없으며, 일본국이 장차 융성해지기 위해 필요한 외국 자본도 유치할 수 없을 것으로 생각된다.[10]

파크스는 1879년 말에 어느 유능한 일본의 국제법 학자가 했다는 '일본의 법률은 일본인 자신의 생명이나 자유, 재산을 지키기에 충분하지 않으며, 일본인 모두에게 승인받기까지는 아직도 대폭적인 개혁을 필요로 한다'는 발언도 인용했다.[11]

일본 정부의 제안에 반대한 나라는 영국뿐이었음에도 불구하고, 파크스의 이 발언은 결정적이었다. 파크스는 각국 공사에게 의안에 대해 자유롭게 토의하면 된다고 시사했으나, 공사들은 토의하는 대신 이를 본국 정부에 보내기로 했다. 이렇게 해서 7월 27일, 조약 개정 예의회는 제16차 회의를 마지막으로 폐회되었다.

치외법권 철폐를 지향하는 이노우에의 제안에 파크스는 반론을 펼쳐 자신의 논설의 위력을 똑똑히 보여주었다. 영국 정부는 조약 개정을 서두를 필요성을 느끼지 않고 있었다. 또 새 제도가 지금까지와 마찬가지로 자신들에게 이익이 된다는 사실을 분명하게 확신할 수 없는 한, 현재 가지고 있는 권리를 포기할 생각이 전혀 없었다. 파크스는 각서에서 영사 재판권의 전면적인 폐지를 지향하는 일본 정부의 절절한 소원에 동감한다고 말하고 있지만, 그 동정심은 그리 깊지 않았던 것 같다. 미국 공사 존 빙엄은 구미 여러 정부에 의해 과해진 치외법권에 대한 일본인의 분개를 눈치채고 있었지만, 파크스는 무감각했던 것 같다. 이는 일본이 아직 문명국가가 아니라고 믿는 영국 측의 생각을 분명히 보여주고 있다. 파크스가 한 국제법 학자의 발언을 인용했지만, 여기서는 새로운 법률에 대한 불안 이외에 치외법권에 대한 일본인들의 분개를 시사하는 것은 아무것도 찾아볼 수 없다. 유신 이래 구축해 온 모든 것을 부정하면서까지 일본인들이 타기(唾棄)하려는 제도를 파크스는 옹호하려 했다.

이러는 동안 일본인의 관심은 조약 개정이라는 오랜 숙제에서 눈앞의 긴급한 문제로 쏠리게 되었다. 7월 23일, 서울에서 조선 군 병사들의 봉기가 있었다. 정부의 군제 개혁에 대한 분노가 원인이었다.

1881년 말, 조선 국왕 고종(高宗)과 민비(閔妃)[12]는 조선의 근대화 계획의 일환으로 일본 공사관부 무관인 호리모토 레이조(堀本禮造) 육군 소위를 근대 부대 창설 고문으로 맞아들였다. 귀족 자제 1백 명이 일본식 군사 교련을 받게 되었다. 이들이 자신들과 달리 우수한 근대적인 장비로 근대적인 훈련을 받는다는 사실을 알게 된 구식 군대의 병사들은 군제 개혁에 강한 반감을 품게 되었다.

대부분 나이 많은 사람이거나 다치거나 병든 1천 명 이상의 병사가, 군제 개혁으로 해고되었고 나머지 병사들은 13개월간이나 봉록미를 받지 못했다. 6월, 그러한 실정을 알게 된 조선 국왕은 한 달치 봉록미를 지급하라고 군수 최고 책임자인 민겸호(閔謙鎬)에게 지시했다. 민겸호는 국왕의 지시를 담당 하사관에게 내렸다. 그러나 하사관은 주어진 양질의 쌀을 팔아 그 돈으로 잡곡을 구입하고, 여기에다 모래와 가축 사료를 섞었다. 병사들이 받은 봉록미는 부패하고 악취를 풍겨 먹을 수가 없었다.[13]

격노한 병사들은 떼로 몰려 민겸호의 집으로 향했다. 민겸호가 봉록미를 착취했다고 의심했던 것이다. 반란 소식을 들은 민겸호는 경찰에 명해서 주모자로 의심되는 병사 몇 명을 체포했다. 민겸호는 그들을 다음 날 아침 처형한다고 발표했다. 이 발표는 나머지 병사들에 대한 경고이기도 했다. 그러나 사건을 알게 된 반란 병사들은 분노하여 민겸호의 집을 습격했다. 민겸호는 부재중이었다. 병사들은 집안 살림살이를 때려부수며 울분을 터뜨렸다.

계속해서 병사들은 병기고에 난입해서 무기와 탄약을 탈취했다. 조선군 병사로 복무할 때보다 더 우수한 장비로 무장한 반란 병사들은 감옥을 습격해서 수비병을 물리치고 민겸호에 의해 체포된 반란군 주모자와 다수의 정치범들을 해방시켰다. 왕궁에 있던 민겸호는 정부군을 출동시켜 폭도를 진압하려 했지만 때는 이미 늦었다. 구식 군대의 병사들로 구성된 당초 반란 집단에 거리의 빈민과 불평분자가 다수 가담했다. 폭도는 늘어나고 반란 규모가 커졌다.

반란군 무리는 호리모토 육군 소위의 관사를 급습했다. 그들은 호리모토를 발견하고 이 군사 교관을 돌아가면서 도검으로 마구 찌르고 베었다. 3천여 명의 다른 무리는 무기고를 습격해서 각각 무기를 들고 일본 공사관으로 향했다.

절박한 급보가 왕궁에서 공사관으로 도착했다. 보고에 의하면 국왕도 군의 반란을 진압할 수 없는 상태에 있었다.[14] 일본 공사관에는 하나부사 요시모토(花房義質)를 비롯한 관원 열일곱 명, 경찰관 열 명이 있었다. 폭도들은 공사관을 포위하고 "일본인을 모조리 죽이자"고 저마다 외쳤다.

하나부사는 공사관에 불을 지르라고 명했다. 사무관은 즉시 중요 서류에 석유를 끼얹고 불을 질렀다. 불은 삽시간에 퍼졌다. 불꽃과 연기가 피어오르는 가운데 하나부사 일행은 건물 정문으로 치고 나왔다. 그들은 한강 나루터로 나가 그곳에서 배를 타고 인천에 당도했다. 일행은 처음에는 인천 부사의 관사로 숨어들었다. 그러나 서울 봉기 소식이 전해지자 인천부 병사들의 태도가 일변했다. 하나부사 일행은 이곳이 더 이상 안전하지 않다는 사실을 알아차렸다. 일행은 호우 속에 바닷가로 나갔다. 인천부 병사들이 그들을 추격했다. 도중에 일본인 여섯 명이 살해되고 다섯 명이 중상을 입었다. 일행은 부상자를 부축해 해변으로 나갔다. 그곳에서 작은 배를 타고 바다로 나갔다. 사건 발생 사흘 후, 하나부사 공사 일행은 영국의 측량선 플라잉 피시 호에 구조되었다.

일본 공사관을 습격한 다음 날인 7월 24일, 폭도들은 왕궁으로 몰려갔다. 왕궁에서 민겸호가 발견되어 살해되었다. 마찬가지로 10여 명의 정부 고관이 죽음을 당했다. 폭도들은 왕비인 민비를 찾았다. 이들이 민비를 살해하려 했던 데는 그녀가 민씨 일족이고 부패 정부가 완전히 그녀의 지배하에 있었다는 믿음 때문이었다. 민비는 위기일발로 왕궁에서 빠져나갔다. 충직한 수위부장이 궁녀의 옷을 입혀서 자신의 누이라고 속인 뒤 업고 도망쳤다.[15]

반란군 편에 선 황족 중에 고종의 아버지 대원군이 있었다.[16] 대원군은 9년 전에 자신을 정권에서 밀어낸 민씨 일족을 증오하고 있었다. 가련한 국왕은 자신을 이끌어줄 민비가 없어진 지금, 다시 아버지 대원군에게 의지하지 않을 수 없었다. 국왕은 대원군에게 집정(執政)으로 복귀해 달라고 부탁했다. 대원군은 9년 만에 집정 자리를 되찾았다. 대원군이 가장 먼저 취한 조치 중 하나는 민비의 국장(國葬)을 명한 일이었다. 생사가 분명치 않은 민비를 왕궁 습격 때 죽은 것으로 해버린 것이다.[17] 그리고 대원군은 일본식으로 훈련된 근대 부대의 폐지를 명했다.

하나부사가 일본에 귀국해서 사태를 보고했을 때, 일본 정부가 얼마나 분개했을지 눈에 보이는 듯하다. 7월 31일, 이노우에 가오루는 긴급 각의 소집을 주청했다. 이날, 메이지 천황은 태정관에 친히 나가 이노우에 외무경에게 시모노세키(下關)로 가서 사태의 뒤처리를 하라고 명했다. 그리고 해군 소장 니레 가게노리(仁禮景範), 육군 소장 다카시마 도모노스케(高島鞆之助)에게 각각 군함 네 척, 보병 1개 대대를 이끌고 조선으로 건너가라고 명했다. 하나부사 공사를 호송하고 현지에 있는 일본인을 보호하기 위함이었다. 이노우에는 8월 2일에 도쿄를 출발했다. 시모노세키에서 하나부사와 만난 이노우에는 이렇게 말했다.

조선 흉도들의 행동은 매우 잔인했으며, 이는 우리 일본국에 대한 공공연한 모욕이다. 조선 정부는 폭동 진압에 태만했고, 양국 간에 있어야 할 정의를 중히 여기지 않았다.

그럼에도 불구하고 일본은 조선의 국정을 고려해 당장 징벌군을 보내는 것은 시기상조라고 판단했다. 하나부사 공사는 서울로 귀임하게 되는데, 그에게는 육해군 군사가 호위대로 따라붙었다. 이는 아직 폭도의 기세가 가라앉지 않았고, 그 전망도 확실하지 않아서이지 다른 뜻은 없다고 했다.

하나부사는 서울에서 전권(全權)이 있는 조선 측 고관과 면담해서 일본이 만족할 만한 형태로 폭도 처리 기일을 정하라는 명령을 받았다. 이때 만일 폭도가 다시 공격하는 일이 있으면 조선 정부의 조처와 상관없이 일본은 군사력을 행사해서 폭도들을 진압하지 않을 수 없다는 것이었다.

이 단계에서는 아직 전쟁의 위험은 없었다. 그러나 그 위기는 조금씩 드러나고 있었다. 하나부사가 받은 지시 중에는 다음 명령도 포함되어 있었다.

만일 조선 정부가 범인을 감추고 처벌하지 않는 양상을 보이거나, 또 일본이 요구하는 담판에 나오기를 거부하는 경우, 그것은 분명히 화평을 깰 의도가 있는 것으로 간주한다. 그런 경우 사신(=하나부사)은 즉시 조선 정부에 최후통첩을 보내, 그 죄상을 분명히 밝히지 않으면 안 된다. 즉각 육해군을 동시에 인천으로 보내어 항구를 점거한다. 인천에 도착하고 나면 사신은 즉시 도쿄에 상세한 보고를 하고 나서 다음 명령을 기다린다. 만일 청나라나 그 밖의 나라가 중재를 자청하더라도 거절하라.

이노우에의 지시는 놀라운 회유적인 말로 맺어지고 있다.

일본 정부는 조선 정부가 의도적으로 화평 관계를 손상했다고 보지는 않는다. 사신은 성의를 가지고 양국의 전통적인 수호 관계를 보전할 수 있도록 예의(銳意) 노력하지 않으면 안 된다. 오히려 이 사건을 계기로 영원한 화평을 획득할 수 있도록 진력하라.

마지막 부분의 낙관적 전망에도 불구하고, 8월 초순에 예비군 소집이 재가되었다. 이노우에 가오루는 도쿄 주재 각국 공사에게 조선에 있는 일본 국민을 보호하기 위해 부대와 선박을 파견한다는 일본 정부의 결의를 전달했다. 이노우에는 일본 정부의 의도가 오로지 평화주의에 입각한 것임을 강조했다. 그러나 미국 정부의 중재 알선 제의는 즉각 사절했다. 사태를 우려한 천황은 시종장 야마구치 마사사다(山口正定)를 조선에 파견해서, 서울의 사변 후의 상황을 시찰하게 했다. 야마구치는 하나부사 공사와 육해군 장관을 만나고, 8월 30일에 제물포 조약[18]이 조인될 때까지 조선에 머물렀다.

조약 체결을 위해서 한일 간에 교섭을 벌이고 있는 동안, 일본에서는 군비 확장 문제를 놓고 활발한 논의를 거듭하고 있었다. 군비 확장론자는 "일본 해군의 군함은 조선에 파견된 네 척이 전부다. 나라를 지킬 군함이 한 척도 남아 있지 않다"고 지적했다. 야마가타 아리토모는 군비 확장의 필요성을 강조하고, 그 재원은 담배의 증세로 충당하자는 상주문을 올렸다. 8월 16일, 천황은 이와쿠라에게 의견을 물었다. 이와쿠라는 "청나라가 조선을 속국으로 간주하고 있는 한, 청나라와의 교전은 피할 수 없는 일이다. 군비를 갖추는 일이야말로 시급한 문제다. 조속히 육해군을 양성하라는 명을 내려야 한다"고 답변했다. 8월 19일, 야마가타는 산조 사네토미에게 서한을 보내 '청나라와 싸우려면 지금이 호기'라고 했다.[19]

8월 20일, 하나부사는 조선 국왕에게 일본 측의 요구서를 제출하기 위해 2개 중대의 호위를 받으며 서울의 왕궁을 찾아갔다. 하나부사는 국왕에게 사흘의 회답 기한을 주었다. 요구 중에는 일본 공사관 소실 보상에 대한 50만 엔의 배상금을 지불하라는 내용도 있었다. 국왕은 정부에 명해 기한 안에 회답하라고 했다. 집정 대원군은 즉시 각의를 소집했다. 하지만 각의는 일본이 요구하는 터무니없는 금액—50만 엔은 조선 정부 전체 세입의 약 6분의 1에 해당했다—에 화를 내며 회답을 거부했다. 조선 정부가 일본의 요구에 응할 의사가 없다고 판단한 하나부사는 인천으로 돌아가기로 결심했다. 전쟁은 이제 불가피해 보였다. 이노우에의 지시대로 하나부사는 국왕에게 최후통첩을 하고 서울을 떠났다. 국왕은 즉시 하나부사에게 서한을 보내 서울로 돌아오도록 요청했다. 그러나 그때 국왕은 구체적인 제안을 아무것도 제시하지 못했다. 하나부사의 결심에는 변함이 없었다. 하나부사는 또한 영의정 홍순목(洪淳穆)이 보낸 무례한 서한에 분개하고 있었다. 홍순목이 서한에서 하나부사가 요구하는 '사죄를 위한 대관(大官) 특파' 따위는 필요가 없다고 말했던 것이다.[20] 8월 25일, 하나부사는 인천에 도착했다. 이튿날, 홍에게서 서한이 왔다. 홍은 사의(辭意)를 시사하는 동시에 회담을 요구하고 있었다. 하나부사는 이틀간 배에서 기다리기로 했다.

이러한 일이 벌어지고 있는 시점에 산중에 숨어 있던 민비가 국왕에게 청나라에 폭동 진압을 위한 군대의 파견을 요청하라는 서한을 보냈다. 언제나 왕비의 말을 잘 따르는 국왕은, 톈진(天津)에 체재 중인 조선 정부 고관과 연락을 취하기 위해 밀사를 파견했다. 국왕의 뜻을 받든 정부 고관은 베이징(北京)으로 가서, 리훙장(李鴻章)에게 부대 파견을 요청했다. 리훙장은 주저하지 않았다. 조선에 대한 청나라의 종주권은 이즈음 너무나 보잘것없이 후퇴해 있었다. 이런 상황을 일거에 만회할 기회가 온 셈이었다.

군함 세 척, 상선 여섯 척으로 이뤄진 청나라 함대가 리훙장의 명령으로 조선을 향해 떠났다. 군사 4천 명을 실은 함대가 인천 앞바다에 집결했다. 이 정도의 규모로 본다면 청나라 함대는 쉽게 인천을 점거할 수 있을 터였다. 하지만 리훙장은 쓸데없이 일본군과 충돌을 일으키지 말라고 지시했다. 인천항에서 일본 군함 곤고(金剛)—다른 일본 군함보다 먼저 도착해 있었다—를 보자 청나라 군함은 일단 철수했다. 그러나 8월 22일, 남양만으로 들어간 함대는 이튿날인 23일에 2백 명의 부대를 상륙시켰다.

하나부사가 인천에 도착하자 청나라 측은 하나부사와 접촉한 뒤, 속국인 조선의 폭동 진압을 위해 왔다는 말을 전했다. 하나부사는 조선이 어디까지나 독립국임을 주장하고, 일본과 조선의 현재의 긴장 관계는 청나라와 관계없는 일이라고 응했다. 청나라 측은 협동해서 반란을 진압하자고 말했지만, 하나부사는 "나는 지금 조선에 들이댄 최후통첩의 회답을 기다리고 있는 중이며, 청나라가 개입할 일이 아니다"라고 대꾸했다.

한사코 협동을 거부하는 일본 측의 태도에 청나라 측은 즉시

작전을 바꿨다. 청나라 함대의 제독들은 8월 25일에 대원군을 예방하고 돌아가면서 대원군에게 청나라군 막사에서 열리는 중요한 회의에 출석해 달라고 요청했다. 대원군으로서는 예방(禮訪)에 답례할 의무가 있었다. 대원군은 26일, 그들의 요청에 따라 막사로 향했다. 청나라 측과 조선 측은 의례적인 인사를 교환했다. 그러나 신호(대원군의 만수를 축하하는 건배)와 동시에 청나라 병사가 막사로 들이닥쳤다. 대원군을 붙잡아 준비한 가마 속으로 밀어넣었다. 대원군은 가마에 태워진 채 군함 웨이위안(威遠)으로 끌려가 그대로 청나라로 납치되었다. 배가 톈진에 도착할 때까지 대원군은 가마에서 나올 수가 없었다. 톈진에서 대원군은 리훙장의 심문을 받았다. 리훙장은 대원군에게 반란의 책임을 떠넘기려 했으나 실패했다. 그는 대원군을 가마에 다시 태우라고 명했다. 대원군은 그대로 베이징에서 남서쪽으로 약 1백 킬로미터쯤 떨어진 마을로 옮겨졌다. 이후 3년간 대원군은 엄중한 감시를 받으며 방에 구금되었다.

정부의 중심인물인 대원군이 없는 상태에서 조선 정부는 일본 측과 교섭해야만 했다. 8월 30일, 제물포 조약이 정식으로 조인되면서 일본과 조선의 긴장 상태는 해소되었다. 조약은 다음과 같은 사항을 규정했다.

첫째, 조선 정부는 일본인을 살해한 폭도들을 20일 이내에 체포해 처벌한다. 둘째, 조선 정부는 일본인 희생자에 합당한 장례를 집행한다. 셋째, 조선 정부는 희생자의 유족과 부상자에게 5만 엔의 보상금을 지불한다. 넷째, 조선 정부는 폭도들이 일본 공사관에 가한 손해 및 원정(遠征) 비용으로 50만 엔의 보상금을 지불한다. 이것은 매년 10만 엔씩 5년에 걸쳐 지불한다. 다섯째, 일본 공사관은 앞으로 약간 명의 일본 병사가 경호하기로 한다. 여섯째, 조선 정부는 대관을 특파해서 국서로써 일본국에 사죄한다.

이 사건으로 일본 국민 사이에는 열렬한 애국심이 움트게 되었다. 종군을 희망하거나 군자금 헌납을 신청하는 자가 줄을 이었다. 9월 5일, 천황은 부현(府縣) 장관을 통해 그들의 충성을 치하했다. 하나부사는 9월 28일에 요코하마(橫浜)로 귀항했다. 하나부사를 위해 도쿄까지 특별 열차가 준비되었다. 기병 1개 소대의 절반이 마중 나왔다. 천황은 입궐한 하나부사에게 훈2등 욱일중광장(旭日重光章)을 수여했다.

조선 국왕은 불행한 사건에 유감을 표하고 일본 정부의 성의에 사의를 표하면서, 선물을 바치기 위한 정부 고관 세 명을 특파했다. 천황은 10월 19일, 특명전권대신 박영효(朴泳孝) 등 세 명을 접견했다. 박영효는 국서를 바치면서 천황의 빛나는 업적을 찬양하고 양국의 화평과 오랜 우호를 바라는 조선 국왕의 뜻을 전했다.

11월 2일, 조선에서 순직한 호리모토 중위─사후에 육군 소위에서 중위로 승진했다─이하 열두 명이 야스쿠니(靖國) 신사에 합사되었다. 11월 17일, 하나부사 공사 일행을 구출한 플라잉피시 호 함장은 천황으로부터 구리 화병 한 쌍과 조선 정복에 관한 서적[21]을 포함한 책 몇 권을 받았다. 12월, 박영효 사절단이 일본을 떠날 때, 천황은 그들을 접견하고 칙어를 내렸다. 천황은 또 내란 진압에 쓰라는 의미였는지 조선 국왕에게 소총 5백 자루를 선물했다. 박영효는 이에 "소총은 조선에 가장 긴요한 것이다. 국왕의 기쁨은 이루 말할 수 없을 것이다"라고 감사의 뜻을 전했다.

그는 또 국왕의 명으로 천황에게 조선의 현 정세를 말하고, 일본이 조선의 독립과 재정을 도와주기를 간청했다. 박영효와 김옥균(金玉均) 등이 조직한 개화파 독립당은 일본의 지원을 받고 있었다. 그들은 청나라의 속박에서 벗어나 오랜 폐해를 개혁하고, 조선을 명실상부한 독립국가로 일으켜 세우려 하고 있었다. 독립당원의 입장에서 볼 때, 일본이라는 나라는 자신들이 조선에서 이루고자 하는 문명개화의 모범이었다.

1882년은 그런 대로 낙관적인 분위기 속에서 끝났다. 그러나 정부 각료 중에는 '청나라가 수십 년을 끌지도 모를 전쟁을 도발할 수 있는 대상'이라고 경고하는 사람도 있었다.[22] 메이지 천황은 1882년 12월 22일 다음과 같은 조칙을 내렸다.

동양 전체의 태평을 보전하는 일은 짐이 절실히 바라는 바다. 그러나 이번에 조선의 의뢰도 있었고 이웃 나라로서의 의리상 그 자위(自衛)의 실력을 방조(幇助)하고, 각 나라들로 하여금 한국이 독립국임을 인정하도록 정략(政略)으로서……

그럴싸한 이 말 속에 12년 후 청일 전쟁으로 이끈 요인이 숨겨져 있다는 것을 느끼지 않을 수 없다.

제37장 우대신 이와쿠라의 죽음

1883년은 예년과 같은 신년 의식으로 막이 열렸다. 1월 4일, 천황은 태정관에 나가 정시(政始)의 의식을 행했다. 1월 18일, 천황은 첫 와카 모임에 나와 '사해청(四海淸)'이라는 제목으로 다음과 같이 읊었다.

> 해마다 난바다 파도 타고 오는 배들
> 한해 두해 세는 세상 참으로 즐거워라

이해, 천황의 승마열이 또 도진 것 같았다. 통산 51회의 승마를 즐기고 있다. 승마 후에는 아오야마(靑山) 어소로 가서 황태후에게 문후 드리고 어원(御苑)의 요정에 신하들을 불러 주연을 벌이곤 했다.

천황은 때때로 기분 전환 삼아 노(能)를 즐기기도 했다. 장소는 아오야마의 어소나 1881년 4월 16일에 시바(芝) 공원 안에 개설된 노가쿠도(能樂堂)였다. 1883년 5월 23일, 천황과 황후는 황족, 대신, 참의, 궁내성 칙주임관(勅奏任官) 등과 함께 아오야마 어소에서 노 여덟 마당, 교겐(狂言) 여섯 마당을 관람했다.[23] 노는 다시 국가의 정식 예악의 악(樂), 즉 '음악'으로 승인받게 될 것 같았다. 그러나 가장 큰 이해자이자 후원자인 황태후의 정기적인 기부에도 불구하고 연기자들의 생활을 지탱하고 그 후계자를 육성할 만한 자금은 부족했다. 연기자들의 생활이 금전적으로 보장된 것은 20세기 초가 되고 나서였다.[24]

이해, 천황은 어전에서의 진강보다도 노 공연을 더 많이 즐긴 것 같다. 새해 첫 진강은 모토다 나가자네에 의한 『논어』「위정편(爲政篇)」, 니시무라 시게키에 의한 J. K. 브룬출리의 『공법회통(公法會通)』(번역서), 다카사키 마사카제(高崎正風)에 의한 『고금화가집(古今和歌集)』「서(序)」, 가와다 쓰요시(川田剛)에 의한 『정관정요(貞觀政要)』「군도편(君道篇)」이었다.

1883년은 밝은 전망으로 시작되었지만, 천황 개인에게는 비극적인 사건이 꼬리를 물었다. 1월 26일, 넷째 공주인 후미코(章子)가 태어났다. 생모는 곤노텐지(權典侍) 지쿠사 고토코(千種任子)였다.[25] 셋째 공주 아키코(韶子)도 1881년 8월 3일에 그녀가 낳았다. 젖먹이 때 아키코 공주는 뇌막염에 걸렸다. 의술의 효과로 완전히 치료가 된 것처럼 보였다. 후미코의 탄생으로 천황에게는 세 명의 아기, 즉 요시히토(嘉仁) 황자와 공주 두 명이 생긴 셈이었다. 그러나 기쁨은 오래가지 않았다. 8월, 지독한 더위로 아키코 공주의 병이 재발했다. 시의들의 필사적인 노력도 이번에는 아무 효험이 없었다. 9월 6일, 결국 아키코 공주가 죽었다. 어린 후미코 공주도 태어나자마자 기침 때문에 젖을 자주 토하더니 9월 들어서 만성 뇌막염 증상을 보였다. 천황은 시의를 보내 공주를 돌보게 했다. 그러나 병이 호전되지 않는 것을 알고는 군의감 하시모토 쓰나쓰네(橋本綱常)에게 진찰을 명했다. 후미코는 언니 아키코의 뒤를 따르듯 이틀 후 9월 8일에 숨을 거두었다.

천황의 일곱 명의 황자와 공주 중 여섯 명이 갓난아기 때 죽었다.[26] 황자와 공주의 죽음에 대한 천황의 반응은 통상 기록되는 법이 없었다. 그러나 이번 연이은 불행에 직면해서 천황은 분명히 비탄에 잠겨 있었다. 천황은 상을 치르기 위해 하루 동안 공무를 취소했다. 그리고 사흘간 가무음곡의 중지를 명했다. 육군에 장례 때 반기(半期)와 조포(弔砲)의 예를 갖추라고 명했다. 이날 도로 양쪽으로 군중이 줄을 지었고, 묘소로 향하는 작은 관을 비탄 속에 배웅했다.

황자와 공주 담당 시의(侍醫)인 아사다 소하쿠(淺田宗伯)[27]는 두 공주를 치료하지 못했다는 이유로 사직을 청했다. 아사다는 한방과 서양 의학을 병용해서 치료 효과를 보지 못했다고 생각했다. 그러나 공주들의 죽음에도 불구하고, 천황은 끝까지 한방과 서양 의학을 병용하는 치료 효과만을 믿었다. 천황은 서양 의학을 공부한 군의감(軍醫監) 하시모토에게 궁내성 근무를 명했다.[28] 하시모토는 같은 서양 의학을 공부한 시의 두 명[29]과 함께 한방의인 시의와 숙의해 가면서 치료하기로 했다. 두 명의 공주가 사망한 후, 천황은 하나 남은 황자에게 지금까지보다 한층 더 많은 관심을 기울였다. 요시히토 황자는 아기 때부터 줄곧 건강상의 문제가 있었다.[30]

이해, 천황도 건강이 나빠진다. 9월에 천황은 각기병 증상을 보였다. 이번이 처음은 아니었다.[31] 그러나 시의들은 병이 만성

화될까 두려워 각기의 증상이 생기기 쉬운 계절에 전지 요양할 수 있는 별궁을 건설하라고 제안했다. 천황의 각기병은 다행히 악성이 아니었다. 그러나 시의들은 다음과 같이 주장했다.

각기병이 유행하는 소굴인 도쿄에 계속 머물러 있는 것은 위험하기 짝이 없는 일입니다. 도쿄에서 30리 내외의 거리에 있는, 산수가 수려하고 공기가 맑은 곳을 골라 별궁을 건설해야 합니다. 설혹 3, 4년은 다행히 감염되지 않더라도, 매년 여름과 가을 같은 위험한 시기에는 도쿄를 벗어나 있는 것이 제일입니다.[32]

시의들은 또 황자와 공주가 연이어 요절했고, 지금까지 6명이 모두 뇌막염의 희생자였다는 점에 우려를 나타냈다.

앞으로 탄생할 황자와 공주는 지금까지의 궁중 관습과는 다른 방법으로 양육해야 합니다. 무더운 여름에는 황자와 공주가 피서할 만한 별궁을 건설해야 합니다.

여기서 중요한 사실은 시의들이 황자와 공주의 요절 원인을 선천적인 허약 체질로 본 점이었다. 그래서 회임 초기부터 될 수 있는 대로 섭생에 신경을 쓰도록 진언했다. 천황은 이들의 진언을 기꺼이 받아들였다. 별궁과 별장이 하코네(箱根)와 닛코(日光)에 지어졌다. 그 후로 황자와 공주가 전지요양을 해야 할 경우 이곳으로 보내졌다. 그러나 자신의 건강에는 별로 신경을 쓰지 않은 천황은 끝내 별궁이나 별장을 이용한 일이 없었다. 그 무렵 천황에게 가장 행복한 순간이 있었다면 아마도 궁궐을 나

와 군사 훈련을 관람할 때였을 것이다.[33]

1883년 전반, 이토 히로부미는 아직 유럽에 있었다. 장차 일본 헌법의 모델이 될 헌법 연구에 몰두해 있었다. 유럽에 머무는 동안 주로 독일과 오스트리아에서 지냈다. 두 나라의 헌법이 일본 헌법의 모범으로 삼기에 가장 적당하다고 판단했기 때문이다. 이토는 특히 헌법학자 루돌프 폰 그나이스트[34]와 로렌츠 폰 슈타인[35]에게 감명받았다. 이토는 슈타인을 일본에 초청해서 함께 귀국하려고 했다. 헌법 준비를 위해서만이 아니라 일본에서의 대학 교육 방침을 확립하고자 했던 것이다.

슈타인은 고령이라 외국 여행은 무리라며 이토의 초청을 거절했다. 슈타인은 또 이렇게 말했다.

한 나라의 법률 제도는 그 나라의 전통에 바탕을 둔 것이어야 한다. 만일 다른 나라의 법률에서 빌릴 만한 것이 있다면, 우선 그 법률의 존재 이유의 원천적인 곳까지 거슬러 올라가지 않으면 안 된다. 그 연혁을 생각해 보고 그런 다음 자기 나라에 적용할 수 있을지를 판단해야 한다.

이토는 이 답변을 듣고 슈타인에게 더더욱 깊은 감명을 받았다. 그러나 슈타인이 일본까지 여행할 수 없는 것은 분명했다. 이토는 독일 재상 비스마르크에게 슈타인을 대신할 만한 인물을 추천해 달라고 요청했다. 비스마르크는 일본의 근래의 진보를 높이 평가하고, 그 요청에 따라 세 명의 학자를 추천했다. 이토는 즉시 내각에 그들을 초빙하도록 해달라고 요구하는 전보를 보냈다. 외무경 이노우에는 이토에게 초빙을 허가한다는 답문을 보냈다. 이와 함께 이노우에는 비스마르크 및 독일 세력의 영향이 지나치게 일본에 미쳐서는 안 된다고 경고했다.

지난해 프랑스의 육군장관을 초빙했을 때, 모든 일을 프랑스식으로 실행하려 하다가 육군경 등과 불화가 생긴 일이 있었다. 또다시 이런 일이 있어서는 안 된다. 우리 정부의 의도는 순전히 독일류의 헌법과 법규를 옮겨놓는 데만 있는 것이 아니다. 고문을 인선할 때는 마땅히 초빙 조건에 맞춰 일본의 관리로서 그 직책을 감당할 만한 사람을 선택해야만 한다.

자신의 기획에 대한 이런 무덤덤한 반응에도 불구하고 이토는 독일과 오스트리아 법률 전문가를 고문으로 영입한다는 희망을 버리지 않았다. 10월 10일, 천황은 슈타인을 오스트리아 주재 일본 공사관 근무자로 임명하고 일본의 법률 제도에 관한 자문에 답하는 고문으로 채용하는 것을 승인했다.[36]

8월 초순, 이토는 사절단 일행과 함께 유럽 시찰에서 돌아왔다. 이토는 약 1년 반 동안 독일, 오스트리아, 영국, 프랑스, 러시아, 이탈리아에서 헌법을 연구했다. 이토는 유럽 체류 중 이와쿠라에게 이런 서한을 보냈다.

나는 그나이스트와 슈타인에게 국가 조직의 큰 틀에 대해 배웠다. 그리고 황실의 기초를 정하고 그 대권을 영구히 유지하기 위한 큰 안목도 터득했다. 이제는 입헌군주의 정체를 확립하고 군권을 완전한 것으로 만들고, 이를 입법과 행정 조직의 위에 놓아야 할 때다. 우리나라에는 영국이나 프랑스의 과격한 자유주의에 마음을 빼앗긴 사람이 많다. 이런 사람들을 억제하기 위해서는 나의 제안을 채용하는 일 말고는 묘안이 없다.

이토의 관심은 지나치게 일본의 장래에만 쏠려 있었다. 그래서 일본의 전통이 급속히 쇠퇴하고 있다는 사실은 깨닫지 못했다. 그렇지만 제례(祭禮) 등 일본의 전통적 신앙을 나타내는 행사를 부활시키려는 노력이 없었던 것은 아니다.[37] 7월 20일, 이와쿠라 도모미의 죽음은 일본 전통과의 연결 고리가 가장 급격하게 단절되었음을 의미했다. 이와쿠라는 1854년에 고메이 천황의 시종으로 임명되었다. 당시 메이지 천황은 두 살이었다. 아마 이와쿠라는 메이지 천황의 초기에 가장 기억할 만한 등장인물 중 한 명이었다. 그 이후로 이와쿠라는 군주제에 영향을 끼칠 대부분의 중대한 사건들에서 매우 중요한 역할을 해왔다. 이와쿠라는 하급 구게(公家) 출신이었으나 그래도 구게임에는 틀림없었다. 이 사실은 거의가 무사 계급으로 이뤄진 메이지 정부의 각료와 이와쿠라 사이에 하나의 경계선을 긋게 했다. 이런 신분의 차이는 무사 출신과의 충돌을 초래했다.[38] 동시에 이와쿠라와 천황이 특별한 관계를 누릴 수 있게 만들어주기도 했다. 이와쿠라는 자신보다 신분이 높은 태정대신이나 좌대신 같은 다른 구게보다 훨씬 의욕적인 활동가였다.

이와쿠라는 궁궐 복원을 포함하는 교토 보존 계획을 지휘하기 위해 5월에 교토로 갔다. 천황은 궁궐뿐 아니라 황폐해진 교토에 대해 이즈음 부쩍 관심을 보이기 시작하고 있었다. 이와쿠라가 더 이상의 황폐를 막기 위해서는 적극적인 조처를 취해야 한다고 제안하자, 천황은 주저 없이 동의했다.[39] 천황은 이와쿠라와 다른 참의 등을 교토로 파견해서 궁궐 보존 계획을 실행하도록 했다.

이와쿠라의 계획에는 궁궐, 어원, 별궁, 능묘 등을 관리할 궁내성 지청의 설치도 포함되어 있었다. 간사이(關西) 지방에 있는 신사와 절을 관리할 사사분국(社寺分局)도 설치하게 되었다. 가모(賀茂)의 제례를 되살리고, 또 어원 안에는 헤이안쿄(平安京: 교토의 옛 지명)로 천도한 간무 천황을 받드는 사당도 건설했다. 원래 구게의 저택이 있던 궁 주위의 어원에는 통로로 구획을 나누어 나무를 심고, 도랑을 개조해서 맑은 물이 흐르게 했다. 쓰지 않는 건물을 없애고 수학원(修學院) 별궁을 복원했고, 니조(二條) 성과 계궁(桂宮) 별장은 정식으로 별궁이 되었다. 어원 안이나 가모 강 부근에 외국 귀빈이 묵을 곳으로 새로 양관(洋館)도 건축하기로 했다.

이 계획들은 하나하나 실행에 옮겨져 교토를 크게 변화시켰다. 이와쿠라는 흉부 신경통에 걸려 위관협착증으로 음식물을 삼킬 수 없게 된 상황에서도 일터로 나가 일했다. 이와쿠라의 발병 소식을 듣고 천황은 크게 걱정했다. 곧바로 시의 이토 호세이(伊東方成)를 교토로 파견해서 이와쿠라를 진찰하게 했다.[40]

이와쿠라의 체력이 회복되어 도쿄로 돌아올 수 있을 정도가 되었다.[41] 그러나 귀경 후, 병은 다시 악화했다. 7월 5일, 이와쿠라가 염려된 천황은 그의 병상을 찾기로 했다. 뒤늦게 이를 안 이와쿠라는 너무나 황송하고 당황하여 아들을 보내 행차를 막으려 했다. 하지만 이미 천황의 가마는 벌써 이와쿠라의 집 앞에 당도해 있었다. 이와쿠라는 서둘러 의복을 갖추고 두 아들의 부축을 받아 나왔다. 천황은 이와쿠라의 쇠약해진 모습에 눈물을 흘렸다. 일주일 후, 이와쿠라가 회복할 조짐을 보이지 않자 황후는 그를 문병하길 바라며 이렇게 말했다.

우대신은 예의를 중히 여기는 분이라, 이를 알면 반드시 송영(送迎)을 하느라 몸을 움직여서 오히려 좋지 않을 것이다. 이는 나의 뜻이 아니다. 나는 오늘 이치조 다다카(一條忠香)의 딸로서 경을 문병하고자 하니 부디 병상에 누운 채로 있으라.[42]

천황이 두 번째로 이와쿠라를 문병한 것은 7월 19일의 일이었다. 이와쿠라가 위독하다는 소식을 들은 천황은 궁내경(宮內卿) 도쿠다이지 사네쓰네(德大寺實則)를 불러 "짐은 이제 친히 우대신과 영결(永訣)하려 한다"고 말했다. 천황은 즉시 가마를 부르고, 호위대가 제대로 갖춰지기도 전에 문을 나섰다. 궁내소보(宮內少輔: 궁내경 바로 아래 관직으로 현재의 차관급) 가가와 게이조(香川敬三)가 천황의 전령이 되어 먼저 이와쿠라 저택으로 들어갔다. 가가와는 이와쿠라에게 천황이 곧 도착할 것이라고 고했다. 이때 이와쿠라가 눈물을 흘리며 총권(寵眷: 총애해서 바라봄)의 두터움에 감읍했다는 기록이 있다. 천황이 병상에 도착했을 때, 이와쿠라는 몸을 일으켜 배례하려 했다. 그러나 이미 몸이 쇠약해져 마음먹은 대로 움직일 수 없었다. 그저 합장하면서 감사의 뜻을 표할 뿐이었다. 천황은 그것을 보고 눈물을 흘리며 몸의 상태에 대해 물었다. 이와쿠라는 대답할 기력조차 없었다. 오랫동안 천황과 우대신은 서로 바라보기만 했다. 이윽고 천황은 궁으로 돌아왔고 이날 이와쿠라의 사표가 수리되었다. 이와쿠라는 7월 20일 세상을 떠났다.

천황은 이와쿠라의 죽음을 애도하며, 사흘 동안 조의(朝議)를 휴정했다. 이와쿠라의 장례는 국장으로 치러졌다. 천황은 이와쿠라의 생전의 공적을 기려 신하로서 최고위인 태정대신에 추서했다. 천황은 '국가 동량'으로서의 그 위업을 기리면서 이와쿠라와의 개인적 관계에 대해 다음과 같은 감동적인 말을 하고 있다.

짐은 어릴 때 천황의 자리에 올라 오로지 이와쿠라가 이끄는 것에 의지했다. 이와쿠라는 마음을 열어 짐의 마음에 지혜를 불어넣어 주었으며, 짐은 그 가르침을 흡수했다. 그 자상함에 있어서 이와쿠라는 내 아버지와 같았다. 하늘은 이와쿠라를 이 세상에 오래 두지 않았다. 이 슬픔을 어찌 견뎌낼 수 있을까.[43]

일반적으로 메이지 천황의 공식 발언은 절반 이상이 주로 상투적인 표현으로 이뤄져 있다. 그러나 여기 인용한 천황의 말은 은사(恩師)를 잃은 데 대한 깊은 슬픔으로 가득 차 있다.[44]

그 후 얼마 지나지 않아 천황은 역시 다년간 그의 인생에서 중요한 역할을 해온 또 한 사람과 이별하게 되었다. 영국 공사 해리 파크스가 청나라로 전임하게 된 것이다. 천황은 이별 오찬에서 18여 년에 걸쳐 일본에 주재한 파크스에게 "석별의 정을 감당하기 어렵다"고 말했다. 천황은 인자하게 파크스에게 "일본과 영국의 교제를 위해 친목을 도모해 주었을 뿐 아니라 메이지 유신의 정국을 지원해 주었으며, 유익한 사업을 많이 권고해 주었다. 이에 짐은 경에게 깊이 감사한다"며 사의를 표했다.

일본은 파크스의 그동안의 공로를 생각해 욱일대수장(旭日大綬章)을 주려고 했다. 그러나 영국의 규칙상 그렇게 할 수가 없었다. 대신 천황은 자신이 아끼던 향로와 화병을 주면서 "경이 이를 애완하면서, 짐의 후의의 기념으로 삼아준다면 만족하겠다"[45]고 했다.

천황의 이 말에서도 다정함을 느낄 수가 있다. 이는 천황이 통상 외국 사신과 이별을 고할 때 쓰는 말이 아니었다. 게다가 파크스를 향해 천황이 이런 따뜻한 말을 했다는 것은 놀라운 일이다. 파크스는 오만하고 성미가 급했다. 어니스트 사토에 의하면 이 시기의 파크스는 나폴레옹이 영국인에게 그랬던 것처럼, 가증스럽고 또 가공할 만큼 일본 국민을 위협하는 '괴물'이었다.[46] 치외법권 철폐에 반대한 파크스에게 천황이 좋은 인상을 가졌을 리는 없었다. 그러나 천황은 치밀어 오르는 불쾌감을 잘 견디고, 관대하게도 감사의 선물을 주었던 것이다. 한편, 종종 파크스를 신랄하게 비판했던 사토는 이런 말을 하고 있다.

일본 측도 파크스의 덕을 보았다. 일본은 이에 보답하기는커녕 그의 노력을 충분히 인정하지도 않았다는 사실을 알 필요가 있다. 만일 그가 1868년의 혁명에서 반대편에 섰더라면, 그리고 만일 그가 다수의 공사들과 함께 부화뇌동했다면, 왕정복고 과정에서 엄청난 장해가 일어나 그렇게 일찍 내란을 종식시킬 수 없었을 것이다.[47]

이듬해인 1884년에는 메이지 천황이 주요한 일에 좀처럼 등장하지 않는다. 『메이지 천황기』에 기록되어 있는 천황의 활동은 거의 전년의 반복 같았다. 아마 천황이 최고의 만족감을 느낀일은 고카쿠(光格) 천황의 아버지(=스케히토典仁 친왕)에게 '교코

(慶光) 천황'이라는 시호를 내린 일일 것이다.[48] 고카쿠 천황은 천황의 자리에 앉아 본 일이 없는 아버지에게 효심의 표시로 '태상(太上) 천황'이라는 존호를 선하(宣下)―조칙이 공식적인 데 비해, 이는 좀 비공식적인 의미가 있다―하려고 오랜 세월 동안 계획했었다. 막부는 고카쿠 천황의 계획을 인정하지 않았다. 마침내 1792년 막부는 존호 선하를 연기할 것을 명했다. 고카쿠 천황을 지지하던 구게 중에서 가장 중요한 인물로 다이나곤(大納言) 나카야마 나루치카(中山愛親)가 있었다. 나루치카는 메이지 천황의 외할아버지 나카야마 다다야스의 증조할아버지였다. 나루치카는 심문받기 위해 에도(江戶)로 소환되었고 나중에 막부에 의해 폐문형(閉門刑: 감금형의 일종으로 문과 창을 닫고 바깥출입을 못하게 했다)이 내려졌다.[49] 메이지 천황은 스케히토에게 '교코'라는 천황의 시호를 내림으로써 조상에 대한 오랜 세월에 걸친 부정을 바로잡았다고 생각했던 것 같다.

6월, 안남(安南: 베트남의 옛 중국식 이름) 소유 문제를 놓고 청나라와 프랑스 사이에 전쟁이 일어났다. 일본 정부는 다른 중립 3국(독일, 미국, 영국)과 협력해서 교전 중인 이들 국가의 국민의 생명과 재산을 보호하기로 결정했다. 일본이 해외에서 이런 형태로 다른 나라와 협조 체제를 취한 일은 이때가 처음이었다.[50]

이 전쟁에 대한 천황의 반응에 관해서는 기록이 없다. 짐작건대 천황은, 청나라가 프랑스에 굴하지 않고 꼿꼿한 자세를 취하는 것을 보면서 희열을 느끼지 않았을까. 하와이 국왕과의 회담에서도 드러난 것처럼, 천황은 유럽 열강의 아시아 침략을 유감스럽게 생각하고 있었다. 그러나 이 시기, 일본과 청나라는 류큐 문제를 놓고 긴장 관계에 있었다. 청나라의 승리에 노골적으로 기뻐할 수는 없었다.

그러나 천황은 이 무렵 청불 전쟁에 그다지 관심이 없었던 것 같다. 4월 하순 이래, 천황은 병을 이유로 각의에 빈번하게 결석했다. 궁내경 이토 히로부미는 깊이 우려하며, 시의 이케다 겐사이(池田謙齋)의 진찰을 받으라고 주청했다. 천황은 의사 기피증이 있는 것으로 알려져 있었다. 시의의 진찰을 권고받자 천황은 단순한 감기에 지나지 않는다면서 거부했다. 이토가 거듭 간절하게 권했기 때문에 마침내 어쩔 수 없이 의사의 진찰을 받았다.[51]

무슨 병이 천황을 괴롭히고 있었는지에 대해서는 아무 이야기가 없다. 천황의 병은 어쩌면 육체적인 질병이 아니라 우울증이었는지도 모른다. 시종 후지나미 고토타다(藤波言忠)는 만년에 이 시기의 천황이 얼마나 근접하기 어려운 인물이었던가를 회상하고 있다.[52]

천황은 몸이 아프다는 구실로 곧잘 각의에 결석했다. 참의 겸 궁내경 이토 히로부미가 궁무(宮務)와 국무(國務)에 관한 일로 배알을 청원했을 때조차도 만나려 하지 않을 때가 있었다. 궁중 법도에 의하면 비상사태가 아닌 한 궁내경은 말할 나위도 없고 태정대신까지도 함부로 와병 중인 천황을 찾아갈 수는 없었다.

이토는 눈에 띄게 초조해하고 있었다. 이토는 대신이며, 천황을 직접 만나 보고해야 할 중요 사항을 안고 있었다. 그러나 이토는 어전에 나가는 것을 허락받지 못했다. 이토는 천황이 실제로 병에 걸린 것인지를 의심했다. 몸이 좀 불편하기는 했겠지만 대신을 만날 수 없을 정도로 심각하다고 여겨지지는 않았다. 이토는 긴급을 요하는 국사는 일각의 유예도 허용될 수 없다고 판단했다. 이토는 마침내 더 이상 중책을 지고 현직에 머물러 있을 수는 없다고 결심하고, 시신(侍臣)에게 사표를 맡기고 궁중을 떠나버렸다.

궁내대보(宮內大輔) 요시이 도모자네(吉井友實)를 비롯한 궁내성 간부들은 이를 알고 놀랐다. 요시이는 시종 후지나미 고토타다를 불러 "성상께서 불편하셔서 우리는 물론이거니와 궁내경조차 만나려 하지 않으신다. 우리로서는 어찌 할 바를 모르겠다. 그래서 부탁인데 궁내경이 천황을 배알할 수 있도록 손을 좀 써줄 수 없겠는가"하고 말했다. 요시이가 후지나미에게 이 일을 부탁한 것은 후지나미가 어려서부터 천황을 섬겨 언제든 내정을 드나들 수 있었기 때문이었다.

후지나미는 난색을 표하며, "이런 일을 아뢰는 것은 시종의 직무가 아니다. 게다가 이런 일을 아뢰려 한다면 다소의 간언을 올리지 않을 수가 없다. 이 역시 내 직무에서 벗어나는 일이다"라고 대답했다. 요시이가 다시 부탁했다. "경이 하는 말은 이해한다. 하지만 만일 당신이 이 일로 인해서 천황의 노여움을 산다면, 우리는 경을 위해 모든 노력을 다할 것이다.[53] 제발 신명을 걸고 아뢰어 줄 수 있겠는가." 이쯤 되자 후지나미도 결심하지 않을 수 없었다. 미리 황후에게 그 결심을 전했다. 그런 다음 여관(女官)에게도 이러한 뜻을 말했다. 때를 살피다가 마침내 후지나미는 천황을 배알해 다음과 같이 아뢰었다.

최근 궁내경 이토 히로부미가 국사를 아뢰기 위해 여러 번 배알을 청원했으나 천황께서는 병중이신 것을 이유로 만나지 않으셨습니다. 원래 폐하께서는 국무를 하루도 소홀히 하실 수 없다는 사실을 알고 계실 것입니다. 궁내경이 주상하는 말을 제삼자를 통해 들으심도 심히 타당하지 않은 일로 사료됩니다. 고대부터 성제(聖帝)는 옷깃을 바로 하고 대신의 말에 귀를 기울인다고 했습니다. 그러나 오늘의 형편으로는 이도 불가능합니다. 부디 히로부미를 만나주시옵소서.

천황은 노기를 띠며 꾸짖었다.

이 일은 그대가 나설 일이 아니니, 그대는 자신의 직분이 무엇인지 잘 파악하라.

후지나미가 다시 말했다.

신은 이러한 말씀을 드리는 것이 저의 직책에 어긋난 것임을 잘 알고 있습니다. 하지만 성상을 위해 그리고 국가를 위해 잠자코 있을 수가 없어 감히 말씀을 올립니다. 어떠한 엄벌을 내리시더라도 각오하고 있습니다. 엎드려 바라옵건대 생각을 다시 해주시옵소서.

천황은 불쾌한 얼굴로 말없이 자리를 떨치고 일어나 침실로 들어가버렸다. 황후는 후지나미를 달래서 돌아가게 했다.

다음 날, 후지나미는 황후에게 문후 드리고 천황의 건강에 대해 물어본 다음, 평상시처럼 일했다. 천황은 안쪽에서 일하는 아랫사람을 불러서 후지나미가 어떻게 하고 있나 살펴보라고 했다. 후지나미는 천황을 모시는 다른 시종에게 자신은 이미 퇴출했다고 말하게 했다. 천황이 갑자기 궁내경을 부르라고 명했다.

이토는 이 소식을 듣고 즉시 입궐해서 안채에서 천황을 배알했다. 이토는 지금까지 배알을 허락받지 못한 데 대한 불만을 전혀 내색하지 않았다. 천황 역시 굳이 그 말을 하지 않았다. 이토는 산적해 있던 국무에 대해 보고하고 천황의 의견을 물은 다음 물러갔다. 천황을 배알할 수 있었던 것이 후지나미의 간언 때문이었음을 알고, 이토는 후지나미의 충성스러움과 강직함을 기뻐하며 그 수고를 치하했다.

이런 일이 있고 나서 약 2개월 후, 천황은 복도에서 후지나미를 불러세우더니 "그대는 지난번에 짐을 위해 참으로 잘 간해주었다. 짐은 이를 매우 기쁘게 생각한다. 만일 앞으로도 이런 일이 있거든 주저하지 말고 간언하라" 하면서 후지나미에게 금시계와 피륙을 내렸다.

이 이야기는 1884년 4월부터 여름 동안에 있었던 천황의 행동에 관련된 비교적 희귀한 사례로 삽입되어 있다. 그렇다고 해서 이 시기가 전적으로 공백이었던 것은 아니다. 천황은 일본으로 온 외국 사신들을 접견했을 뿐 아니라, 우에노(上野)-다카사키(高崎) 간의 철도가 개통된 6월 25일에는 다카사키까지 열차 시승도 했다. 그래도 다른 해와 비교할 때 천황에 관한 기록은 충분하지 않아서, 천황이 국무에 전념하고 있었는지는 알 수 없다. 후지나미의 회고담이 나온 것은 이 일이 있고서도 한참 뒤의 일이었다. 어쩌면 이때의 사건과 1885년 7월에 천황을 배알, 상주할 수 없게 된 것을 이유로 또다시 이토가 궁내경을 사임하려

할 때의 일이 기억 속에서 뒤섞여버렸는지도 모른다. 그러나 후지나미가 금시계를 받은 일을 날조하지는 않았을 것이다.

어쨌든, 7월 말이 되자 천황은 통상적인 일과를 재개했다. 7월 28일, 천황은 독일 유학의 명을 받은 2등군의(二等軍依) 모리 린타로(森林太郎, 모리 오가이森鷗外)를 접견했다. 같은 날, 육군사관학교 생도 졸업증서 수여식에 나가서 우등 생도에게 상품을 주었다.

이달, 더욱 중요한 사건이 있었으나 이것은 천황과 직접 관계되는 일은 아니었다. 외무경 이노우에가 조약 개정이 급무라면서 기독교 금제를 풀자는 청원을 내각에 제출했다. 감금되어 있던 기독교도가 석방된 1873년 3월 이래 금제는 실제로 실행되지 않고 있었다. 그러나 법적으로는 아직 유력했다. 이 일이 일부 열강 제국의 불만을 사고 있었던 것이다.[54]

같은 의미에서 신경이 쓰이던 것은 반동적인 단체의 출현이었다. 그들은 황도(皇道)의 이름을 빌려 기독교를 배격하고 기독교 신자를 '교비(敎匪: 종교적인 해를 끼치는 자)'라 부르며 배척하고 있었다. 또 일반 외국인을 기피하며 유럽 열강의 영향력을 국내에서 일소하려 들었다. 이노우에에 의하면 이는 5개조 어서문에 선언된 천황의 의도에 반하는 행위였다. 이노우에는 이런 행위가 국운의 진전을 방해할 뿐 아니라 조약 개정의 교섭에도 지장을 초래할 것이라고 말했다.

이와는 또 다른 성격의 종교 문제에 대한 결정이 내려졌는데, 그것은 정부의 신도(神道) 및 불교 통계의 범위에 관한 사항이었다. 이미 1872년 교부성(敎部省: 신도와 불교를 관장하는 관청)과 신불교도직제도(神佛敎導職制度)가 설치되어 정부는 종교 문제에 직접 간섭할 수 있게 되었다. 이 제도에 대한 반발이 고조되어, 교부성은 1877년에 폐지되었고 1884년 8월에 교도직 제도도 폐지되었다. 그 대신 신도 각 파와 불교 각 종(宗)에 관장 한 명씩을 두게 되었다. 종교에 대한 이러한 통제 해제가 쌍수를 들어 환영받은 것만은 아니었다. 오사카, 교토, 효고 등 여러 부현의 신관(神官)들은 기독교가 공식적으로 허용되고 교도직이 폐지되었다는 사실을 알고 경악했다. 신관들은 이 결정으로 분명히 기독교가 전국에 만연될 것이고, 이루 헤아릴 수 없는 해독을 끼치게 될 것이라고 말했다. 그 폐해는 어쩌면, 황조(皇祖=진무천황)의 묘에 불경을 저질러 신사를 파괴할 수도 있다고 했다. 또한 군주를 섬기지 않으며, 어버이를 존중하지 않고, 법률을 무서워하지 않음으로써 충효절의(忠孝節義)의 생각을 일변시키게 될 것이라고도 했다. 결국 인심이 와해된다는 것이다. 이 문제에 대해 신관 81명은 연서해서 태정대신 산조 사네토미에게 상서를 올려 외무경 이노우에의 건의를 저지하기 위한 조속한 조처를 청원했다.

1884년 11월, 메이지 천황은 조선 국왕에게 '제물포 조약에 의해 일본이 받아야 할 배상금 50만 엔 중에서, 이미 조선이 지불한 10만 엔을 제외한 40만 엔을 반환하기로 한다'는 말을 전했다. 천황은 이미 각료들에게 동양 전체의 평화를 위해서는 조선에 재정적 원조를 하는 것이 바람직하다고 표명하고 있었다. 김옥균과 박영효는 일본을 모범으로 삼은 강력하고 부유한 국가의 건설을 지향하며, 조선 정국에 참여해서 국가의 독립 달성을 향해 정력적인 노력을 계속해 왔다. 그러나 심각한 재정 상황이 조선의 개화 촉진의 족쇄가 되어 왔다. 그래서 천황은 변리공사

(辨理公使) 다케조에 신이치로(竹添進一郎)[55]를 보내 배상금 반환에 대한 천황의 결의를 조선 국왕에게 전하게 한 것이었다. 조선 국왕은 깊은 감사의 뜻을 표했다.

그러는 사이 조선의 개화파 지도자들은 한창 프랑스와 교전 상태에 있는 청나라가 조선에 개입할 수 없다는 사실을 내다보고, 지금이야말로 부패 정부를 추방하고 근대화를 지향하는 정부로 교체할 수 있는 호기라고 판단했다.[56] 일본은 개화파를 지지하면서 청나라로부터 조선의 독립을 확보하는 것이야말로 중요한 일이라는 입장을 분명히 했다.

이 무렵 조선에는 두 개의 정당이 있었다. 정권을 쥐고 있던 쪽은 수구파 '사대당(事大黨)'이었다. 청나라를 종주국으로 받들고 있었고, 대변혁에 반대하며, 민비 일족과 밀접한 관계를 가지고 있었다. 개화파 '독립당'은 청나라로부터의 독립을 부르짖고 있었다. 독립당을 이끄는 인물들은 일본의 근대화 성공에 감명을 받은 사람들이었다. 11월 4일, 서울의 박영효의 집에서 개화파 독립당 회합이 열렸다. 일본 공사관원 한 명도 출석했다. 갖가지 안이 나왔는데, 그중 하나가 채택되었다. 새로 우정국(郵政局)이 열리는 12월 4일, 궐기해서 쿠데타를 일으키자는 것이었다.

궐기 당일 저녁, 우정국장으로 임명된 홍영식(洪英植)은 우정국에서 개설 축하 파티를 열고 있었다. 축하 파티가 시작된 것은 오후 6시였다. 그러나 7시경 화재경보기가 울려 파티는 중단되었다. 맞은편 집이 불타고 있었다. 민비의 인척 한 사람이 화재 상황을 살피느라 밖으로 뛰어나오자 일본 옷차림을 한 남자가 그를 일본도로 베어 쓰러뜨렸다. 다른 축하객들은 이를 보고 뿔

뿔이 도망쳤다.

김옥균과 박영효는 개화파에 대한 일본군의 도움을 확인하기 위해 일본 공사관으로 달려갔다. 일본군은 이미 대열을 지어 출격 태세에 있었다. 김옥균 등 개화파 사람들은 왕궁으로 향했다. 이미 왕궁은 왕궁 안의 개화파 지지자가 설치한 폭탄으로 혼란 상태에 빠져 있었다. 김옥균 일행은 국왕을 알현하고 청나라군이 국왕을 체포하기 위해 왕궁으로 오고 있다고 말했다. 국왕은 믿지 않았으나 반항할 수도 없었다. 김옥균은 국왕에게 일본 공사에게 보호를 요청하라고 권했다. 국왕은 거절했다. 그러나 개화파 중 한 명이 국왕의 이름으로 친서를 단숨에 써내려갔다. 일본 공사와 일본군은 그 후 곧 도착했다.

이튿날 새벽, 김옥균은 국왕의 옥새를 사용해서 사대당 간부에게 입궐하라는 명령서를 작성했다. 그들은 입궐하자마자 체포되어 살해되었다. 일본의 도움으로 개화파 독립당은 정권을 쥐었다. 독립당원으로 이뤄진 새 내각이 조직되었던 것이다. 쿠데타는 성공한 듯이 보였다. 국왕도 정국이 일신되었음을 선언할 준비에 들어갔다.

그러나 사건을 알게 된 사대당원들은 서울 주재 청나라군 사령관 위안스카이(袁世凱)에게로 달려가 무력 개입을 요청했다. 일본군의 일곱 배나 되는 많은 병력을 동원한 청나라군은 왕궁을 공격해서 국왕을 구출했다. 국왕은 즉시 쿠데타에 대한 반대 성명을 내놓았다. 일본군과 청나라군 사이에서 전투가 시작되었다. 그때까지 일본 편인 듯이 보이던 조선인들도 청나라군에 가담해서 청나라군의 수가 한없이 늘어났다.

일본군은 병력 150명 중에서 30명 이상을 잃었다. 일본군은 독립당 간부를 대동하고 왕궁에서 물러났다. 이윽고 일본 공사관에는 병사, 관원, 피난민 등 3백 명 이상이 몰려들었다. 그러나 식량은 하루치도 남아 있지 않았다. 변리공사 다케조에는 서울 탈출을 결심하고 일행과 함께 해안으로 향했다.[57] 인천에 도착한 것은 12월 8일이었다. 이튿날, 조선 국왕이 보낸 특사가 다케조에를 위문했다. 국왕은 다케조에에게 조속히 서울로 귀환해서 뒷일을 처리하라고 했다. 아마도 일본과 청나라의 충돌을 내다본 조처였던 것 같았다. 영국과 미국도 다케조에를 말렸다. 그러나 다케조에는 자신의 일행과 조선인 피난민을 태운 배로 12월 11일 나가사키(長崎)를 향해 출항했다.

사건은 아직 완전히 마무리된 것이 아니었다. 12월 21일, 천황은 외무경 이노우에를 특파전권대사로서 조선에 파견했다. 육군 중장 등이 그를 수행하게 했다. 천황이 이러한 조처를 취한 것은 다케조에의 귀환으로 쿠데타 실패의 자세한 내용이 밝혀지면서, 주전론이 왕성하게 일어났기 때문이었다. 일본 주재 청나라 특명전권공사 역시 청나라가 조선에 대군을 파견할 것이라고 고하고 있었다. 천황은 이노우에에게 다음과 같은 내훈장(內訓狀)을 내렸다.

조선 국왕을 알현해 조선국 전권대신과 담판해서 이번 사변의 책임 소재를 밝히고, 적절한 처벌을 해야 한다. 일본은 공사관이 입은 피해의 배상을 받아야 한다. 그리고 만일 (일본 측 주장처럼) 일본 공사에게 국왕의 호위 의뢰가 있었다는 사실이 인정되는 경우, 사건에 관한 내외의 의혹을 불식시키기 위해 조선 국왕은 일본국 천황에게 사죄의 글을 내놓아야 된다. 그리고 청나라에 대해서는 장래의 평화 유지를 위해 일본과 함께 조선 주재 군대를 철수할 것을 약속받아야 한다.

이노우에는 호위병으로 보병 2개 대대의 출동을 요청했다. 그리고 군함 세 척이 배치되었다. 이때 이노우에는 이미 일본이 자초한 사변이라는 결론을 내리고 있었다. 실제로 일본은 조선의 독립을 추진하기로 해놓고 조선의 내정에 간섭하고 있었다. 그리고 여러 나라들을 설득해서 일본의 입장을 인정받으려 애쓰고 있었다. 이노우에는 다음과 같이 말하며 일본이 나아갈 방향에 대해 조속히 묘의(廟議: 조정의 의론)를 정하라고 요구했다.

이제 일본이 취할 정책은 둘 중의 하나다. 첫째로, 설혹 그것이 청나라와의 전쟁을 의미하더라도, 조선 독립을 위한 요구를 관철하는 것이다. 원래 이웃 나라와의 화친은 중요하다. 그러나 고식적인 수단을 강구하다 장래에 화근을 남겨놓는 일이 있어서는 안 되며, 일본의 위신을 손상시킬 행위는 반드시 배제하지 않으면 안 된다. 청나라가 프랑스와 교전 상태에 있는 지금, 만일 일본이 상당한 병력을 배경으로 단호한 태도로 임하면, 조선 조정은 일본의 요구를 받아들일 것이다. 보병 2개 대대 병력을 요청한 것은 그 때문이다. 둘째로, 만일 평화 유지가 무엇보다도 중요하다는 이유에서 이 정책이 받아들여지기 어려운 것이라면, 즉시 조선 독립의 건을 포기하고 조선에 대한 청나라의 종주권을 인정해야 한다.

같은 날, 이노우에는 이토에게서 조정의 결의를 전하는 답전을 받았다.

청국과의 전쟁은 어떻게든 피하지 않으면 안 된다. 당초 2개 대대를 파병한 것은 시위 행동을 위해서가 아니라 쿠데타 사건 후의 조선이 불안정한 상태에 있었기 때문이다. 현 단계에서 청나라와의 전쟁 위험을 각오하고 조선 독립을 지지하느냐 마느냐를 결정하기는 불가능하다.

이노우에는 12월 30일, 정책 방향도 분명치 않은 상태로 인천에 도착했다. 어찌할 바를 모르고 있었던 사람은 그뿐만이 아니었다. 청나라, 일본, 조선 이 3국의 관계는 앞으로 10년이란 오랜 세월 동안 풀어야 할 문제였던 것이다.

제38장 에도(江戶)의 무도회

　1883년 11월 28일, 2층 양옥 건물 '로쿠메이칸(鹿鳴館)'의 완
공을 축하하여 외무경 이노우에 가오루 내외가 주재하는 낙성
식이 열렸다. 지금까지 에딘버러 공작을 위시한 외국 귀빈 접대
에 이용한 연료관(延遼館)은 좀 엉성한 건물이었다. 원래는 막부
가 해군병학교로 사용하기 위해 건축한 것이었다. 외국 귀빈을
위한 숙박시설로 쓰기 위해 몇 차례 실내 장식에 손을 대기는 했
지만, 이미 낡아버린 건물에는 소용이 없었다. 새 건물은 분명히
필요했다.

　로쿠메이칸을 설계한 사람은 영국 건축가 조시아 콘더(Josiah
Conder)였는데, 맨사드 지붕(상부의 유연한 경사가 하부로 가면서
급경사를 이루고 있는 이중구조)으로 되어 있어서 '프랑스풍 르네
상스 양식'이라고 불렸다. 그러나 정면의 아치형 주랑(柱廊)은 인
도의 영향을 받은 것 같다. 절충식인 이 특이한 건물에서 일본
분위기를 느낄 수 있는 곳은 소나무, 연못, 석등을 배치한 정원
뿐이다. 이 건축 양식은 이노우에의 국제적인 취미를 반영하고

있었다. 낙성식에 이노우에 부인이 참석했다는 사실은 15년 전에는 상상도 할 수 없는 일이었다. 이 일은 이 새 건물에서 장차 여성이 현저한 역할을 하리라는 사실을 암시했다.

로쿠메이칸은 옛 사쓰마 번의 에도 저택 부지에 총공사비 18만 엔—당시 외무성 건물의 공사비는 4만 엔이었다—을 들여 건축되었다.[58] 이 세상에 이 새 건물만큼 옛 사쓰마 번 무사들이 스파르타식으로 단련하던 터와 대조적인 인상을 주는 게 또 있을까 싶다. 막부 말기 무사 저택의 위엄 있고 범접하기 어려운 느낌을 주는 담장 안쪽에, 동화 속에서나 나올 법한 서양식 건물이 들어선 것이다. 로쿠메이칸은 겨우 15년간 일어난 변화가 얼마나 큰지를 상징하는 것 같았다.

로쿠메이칸이라는 이름의 출전은 고대 중국 시집 『시경(詩經)』이다. 주인이 손님을 접대하는 예법을 설명한 〈녹명(鹿鳴)〉이란 시에서 따온 것이다. 명칭은 아주 제격이었다. 외국 손님을 맞이하는 것이 이 새 건물의 주된 기능이었으니 말이다.[59] 외국인들은 어느새 신의 나라를 부정 타게 만드는 존재가 아니라, 로쿠메이칸에서 융숭한 대접을 받는 존재가 된 것이다.

로쿠메이칸의 또 하나의 중요한 기능은, 일본인이 과거의 고리타분한 관습을 버리고, 바야흐로 유럽식 식사 매너와 무도회의 예법을 자유로이 구사할 수 있게 되었음을 외국인에게 증명해 보이는 무대라는 것이었다. 로쿠메이칸에서 나오는 식사는 매우 공들여 만들어졌으며 프랑스어로 쓰인 메뉴에 수많은 요리가 나열되어 있었다.[60] 무도회가 벌어지는 큰 홀에서는 런던에서 맞춰온 야회복을 입은 일본 신사와 파리에서 맞춰온 의상을 몸에 두른 일본 숙녀가 군악대가 연주하는 유럽의 최신 선율에 맞추어 카드릴, 왈츠, 폴카, 마주르카, 갤럽을 추었다. 아직 춤을 출 줄 모르는 사람들을 위해 도쿄 주재 외국인들이 무도 선생 노릇을 했다.[61]

보수적인 논객들은 사람들 앞에서 남녀가 서로 끌어안는 것은 부도덕하기 짝이 없는 짓이라고 경고했다. 예를 들면 당시의 잡지는 무도에 대해 이렇게 보도했다.

가인(佳人: 미인)의 머리는 남자의 어깨에 살포시 기대지고, 그 호남의 귀 언저리를 향해 허옇게 드러낸 팔로 목을 휘감았는데, 출렁이는 가슴은 가슴과 밀착해서 숨결이 들락날락하고, 다리는 다리에 엉켜 칡덩굴이 소나무를 감듯 하며, 남자의 억센 오른팔은 여자의 허리를 단단히 휘감아, 빙글빙글 도는 음률에 맞추어 몸에 바짝바짝 죄어붙인다. 가인의 흐르는 듯한 눈빛은 항상 남자의 위에 있지만 어지러워서 아무것도 보지 못하며, 음악이 그들을 자꾸만 부추겨놓건만 그 소리 귀에 들리지 않은 채 아득하게 폭포의 울림을 들으며, 꿈처럼 춤추는 황홀함에 가인의 몸은 점점 더 남자의 오체에 밀착해 간다. 이 지경에 이르렀으니 숙녀의 고유한 수줍음은 어디로 갔단 말인가.[62]

많은 일본인이 무도회에 이러한 도덕적 반감을 공유하고 있었다. 그러나 상류 계급 사람들은 그것을 사교상 필요한 소양이라고 생각했다. 무도 기술을 닦기 위해 1884년 10월부터 매일 밤, 로쿠메이칸에서는 답무(踏舞)—'댄스'는 처음에 이렇게 번역되었다—강습회가 열렸다.

당시의 기사는 이렇게 보도하고 있다.

이노우에 참의, 오야마 참의, 모리 문부성 황실 담당관 부인을 비롯해서, 기타 고관 부인과 따님들은 지난 27일 오후 6시부터 야마시타초의 로쿠메이칸에 모여 무도 연습을 하게 되었는데, 이는 이달 3일 천장절(天長節: 천황 생일)에 열릴 무도회를 위한 준비라고 한다. 이처럼 귀부인과 영애가 점차로 무도에 숙달된다 하더라도 귀족 신사들이 이 테크닉을 알지 못하면 파티 때 남녀가 같이 춤을 출 수가 없다. 그래서 외무성과 궁내성을 비롯한 여러 관아의 관원들도 요즈음 답무를 연습 중이라는데, 내달 3일까지 준비가 될지 모르겠다는 소문이다.[63]

아마 로쿠메이칸에서 춤추던 많은 사람들은 자신들의 값비싼 의상과 무도 솜씨를 보여주는 일 외에는 아무 생각도 하지 못했으리라. 그러나 이노우에는 외국 귀빈과 공통 취미로 서로의 관계를 돈독하게 함으로써 '일본인은 이처럼 유럽 문화 수준의 높이에까지 도달했다. 그러므로 일본인은 대등하게 대우받아야 한다'고 외국인을 설득할 수 있을 것으로 기대했다. 이노우에의 최종적인 목표는 치외법권의 철폐에 있었다. 치외법권은 일본 사법에 대한 유럽인의 불신의 상징이며 또 일본인에 대한 외국인의 우월감을 나타내는 가장 현저한 실례였다.

로쿠메이칸이라는 향락 시설이 불평등 조약에 종지부를 찍는 일에 얼마나 유익한 공헌을 했는지는 의문이다. 일본인의 기대와는 달리 무도회에 나온 유럽인들은 자신들처럼 멋지게 행동할 수 있다는 사실을 증명하려 한 일본인의 노력에 감명받지 않았다. 사실 유럽인들로서는 값비싼 외국 의상으로 몸을 감싼 일본 남녀의 풍채가 재미있기도 하고, 한편으로는 우스꽝스럽기까지

했다. 프랑스의 화가 조르주 비고의 풍자만화에 거울 앞에 서 있는 한 쌍의 남녀를 그린 것이 있다. 여자의 머리는 거대한 투구처럼 높고 빳빳하게 풀이 먹여져 있고, 여기에 타조의 깃털이 꽂혀 있다. 스커트를 받쳐주는 페티코트와 양산을 보면 최신 유행하는 파리 패션이다. 상대방 남자의 콧수염은 밀랍으로 고정되었고, 손에는 비단으로 만든 중산모가 들려 있다. 그러나 우아하게 맞추어진 윗도리 밑으로 뻗은 다리는 성냥개비 같다. 거울에 비친 모습은 영락없는 한 쌍의 원숭이 같았다.[64]

비고의 인정사정없는 풍자만화에는 '신사숙녀 사교계에 나타나다'라는 제목이 붙어 있다. 이것이 외국인의 눈에 비친 로쿠메이칸에서 본 일본 사람들의 모습이었다. 1885년에 일본으로 건너가 11월에 있는 천장절 무도회에 초대받은 피에르 로티는, 그 체험을 일기와 소설 『에도의 무도회』[65]에 써놓고 있다. 다음은 로티가 로쿠메이칸에서 본 무도회의 인상기다.

도쿄 한복판에서 개최된 최초의 유럽식 무도회는 그야말로 원숭이 흉내 내기 같은 것이었다. 그곳에는 흰 모슬린 옷을 입고 팔꿈치 위까지 올라가는 장갑을 낀 젊은 아가씨가 상아처럼 흰 수첩을 손가락 끝으로 집어들고 억지웃음을 짓고 있는데, 알지 못할 서양 리듬이 그녀들의 귀에는 매우 낯설었겠지만, 오페레타의 곡에 맞춰 거의 정확한 박자로 폴카와 왈츠를 추는 모습을 볼 수 있었다. (중략) 이 천연덕스러운 흉내 내기는 지나가던 외국인에게는 그지없이 재미가 있었겠지만, 근본적으로 이 국민에게는 취미가 없다는 사실, 국민적 긍지가 전적으로 결여되어 있다는 사실까지 드러내 보이고 있었다.[66]

몇몇 부인들에 대해 로티는 아주 관대하게 묘사했다. 로티는 이노우에 다케코(武子)에게 가장 감명을 받았다. 계단 위의 남편 곁에 서서, 환하게 웃음 띤 얼굴로 손님과 인사를 나누고 있는 외무경 부인 다케코. 그 우아한 몸짓과 세련된 매너는—다케코는 이노우에를 쫓아 유럽에 나가 최초로 유럽에 가본 일본 여성 중 한 사람이었다—외국 생활을 경험한 사람이라는 사실을 은연중에 드러내고 있었다. 로티는 다케코가 전에는 게이샤(藝者)라는 말을 들었음을 되풀이해서 쓰고 있다. 아무튼 로티는 다케코의 의상이나 그 매너에서 흠 잡을 데가 없다는 것을 말하고 있다. 마지막으로 로티는 다케코의 친근하고 밝은 태도에 찬사를 보내며, '미국 부인네처럼 나에게 손을 내밀었다'고 썼다.[67]

1885년 현재 스무 살이 된 이노우에의 양녀 스에코(末子) 역시 이노우에를 따라 유럽에 갔었다. 스에코는 아름다울 뿐 아니라 재능도 있어서, 로쿠메이칸에 오는 외국 손님을 영어와 프랑스어로 훌륭하게 응대할 수 있었다.[68] 아닌 게 아니라 이노우에는 아내와 딸을 자랑으로 삼아도 좋았다. 그러나 이노우에의 기대와 달리 로쿠메이칸의 파티로 일본이 유럽 선진 제국과 대등해졌다고 여기는 외국 사람은 아무도 없었다. 대신 그들은 '일본인은 독자적인 문화가 결여되어 있고 그저 중국이나 서양 문화를 빌리고 모방하는 민족'이라고 평했다.

외국인들이 양복 입은 일본인을 본 것은 이때가 처음이 아니었다. 일본 남자들은 전통 옷만 고집하다가는 사람대접도 제대로 받지 못하는 게 아닌가하고 오래전부터 느끼고 있었다. 여성, 특히 상류 계급 여자들은 최신 유럽 유행에 따르기를 좋아했다. 그러나 일본인은 근대적이라는 사실을 드러내기 위해 양복을 입는 것만으로는 만족하지 못했다. 그야말로 로쿠메이칸에 어울리는 세련된 의상을 입고 그 의상에 어울리는 매너를 익히려고 애쓰는 모습을 보면서, 외국 손님들은 일본인의 '흉내 내기'를 비웃었던 것이다.

로쿠메이칸 문화가 최고조에 다다른 것은 2년 후, 이토 히로부미가 총리 관저에서 연 가장무도회 때였다. 각국 외교관 내외를 비롯해서 4백 명이 넘는 화족, 정부 고관 등이 각각 색다른 모습으로 분장하고 모여들었다. 이토와 그의 아내 우메코(梅子)는 베네치아의 귀족으로 분장했고, 딸은 이탈리아의 시골 아가씨로 분장하고 나타났다.[69]

일본 문화의 주류에 서양 문화를 곁들인 것은, 설혹 가장무도회 같은 것이라 하더라도 역시 시대의 중추를 이루는 사건이었다. 이소다 고이치(磯田光一)의 뛰어난 연구 『로쿠메이칸의 계보』에서는 예컨대 일본인이 외국 가요의 가사나 가락을 어떻게 흡수했는지를 기록하고 있다. 그것도 단순한 모방에 그치지 않고 재래의 일본 음악을 풍요하게 할 수 있는 것이라면 무엇이든 동화, 흡수한 자취 등을 기록하고 있다.

이 시대 일본인들이 서양에 대해 순진하리만치 열중한 일들이 요즈음 사람들로 하여금 웃음을 자아내게 만들지 모른다. 그러나 지금까지도 수많은 작가들이 한때 열광했던 로쿠메이칸에 대한 향수를 들춰내곤 한다. 그 시절은, 일본인이 지난날 상류 사회의 음침한 곳으로부터 나폴레옹 3세의 파리를 연상하게 만드는 현란한 무도회로 대담하게 발을 들여놓은 시대였다.[70]

외국 열강에 치외법권 철폐를 재촉하기 위해 이노우에가 취한 계획은 실패로 돌아갔다. 1887년, 이노우에는 외무경을 사임했다. 이노우에는 여러 차례 '이번에야말로 조약 개정이 눈앞에 와 있다'고 생각했다. 그러나 언제나 일부 열강의 행동으로 일이 틀어지곤 했다. 이미 1882년, 독일은 8년에서 10년 이내에 치외법권을 완전히 포기할 용의가 있음을 표명해 왔었다. 조건은 외국과의 통상 개방과 법적 제도 개선이었다. 미국 또한 꽤 오래전부터 다른 나라들이 똑같은 조처를 취하는 것을 조건으로 치외법권과 관세 통제 폐지에 동의하고 있었다. 독일이나 미국이나 상업상의 이익을 얻는 대신 사법권은 자진 양보하겠다는 태세를 보이고 있었다.[71] 치외법권을 고집하는 영국까지도 양보해도 좋다는 제스처를 보였다.[72] 파크스의 후계자인 영국 공사 프랜시스 플렁케트가 이노우에에게 보낸 1884년의 각서는, 치외법권을 영구 유지하는 게 영국의 의도는 아니라고 언명하고 있다. 일본 정부가 민법, 상법, 소송법을 완비하고, 그 번역을 완성시키면 철폐하게 될 것이라 했다.[73] 1886년 영국 상무성은 치외법권에 관한 일본의 요구를 거부하면 일본과의 통상에 손상을 받게 될지도 모른다고 우려했다.[74]

그러나 이런 긍정적인 징후들이 당장 성과를 가져다준 것은 아니었다. 일본 주재 외국인들은 일단 일본의 사법 당국이 하자는 대로 하다가는 이유 없이 체포되어, 동양의 고문을 받게 될 거라고 확신하고 있었다. 그들은 변화에 저항감을 나타냈다. 치외법권 철폐를 향한 일본인의 투쟁은 이 제도가 1899년 8월 4일에 폐지될 때까지 계속되었다. 관세 자주권은 1911년까지도 달성하지 못했다. 다음은 어떤 학자가 치외법권과 관련해 언급한 글이다.

일본인이 관세 자주권을 회복하고 싶어했던 것은 거의 틀림없는 사실이다. 하지만 막부 말에 맺어진 조약에 대한 반대 운동의 진의가 치외법권의 철폐와 독립국으로서의 일본의 주권에 대한 모욕에 종지부를 찍는 데 있었던 것 또한 의심할 수 없는 사실이다. 일본인이 1894년부터 1898년에 걸쳐 치외법권 포기 대신 완전한 관세자주권을 1911년까지 연기할 각오로 있었음은 충분히 수긍이 가는 일이었다.[75]

1885년에 로쿠메이칸은 그 위세와 화려함이 극에 달해 있었다. 그곳에서 열리는 야회의 광휘와는 전혀 별도로, 이해는 일본 문학사상 기억할 만한 한해였다.

이해에 등장한 주요한 작품 중에는 쓰보우치 쇼요(坪內逍遙)의 『소설신수(小說神髓)』 『당세서생기질(當世書生氣質)』이 있었고, 도카이 산시(東海散士)의 『가인지기우(佳人之奇遇)』가 있었다. 브루어 리튼의 소설을 번역한 주목할 만한 작품 『계사담(繋思談)』, 유아사 한게쓰(湯淺半月)의 장편시 『십이석총(十二石塚)』도 나왔다. 로마자회와 연우사(硯友社: 오자키 고요尾崎紅葉가 주동이 되어 결성한 문학 결사)가 역시 이해에 결성되었다.

그러나 메이지 천황에게 1885년은 꽤 우울한 한 해였던 것 같다. 천황은 도무지 일에 집중할 수가 없었다. 만년에 천황은 매일 장시간에 걸쳐 책상 앞에 앉아 있었던 것으로 알려져 있다. 그러나 이 무렵 천황이 집무실에 있었던 것은 아침 10시부터 정오까지 겨우 2시간이었다. 그나마 그 시간의 절반은 시종장, 시강 등과 궁무(宮務)에 관한 의논으로 허비했다. 그러는 사이 대신과 참의들은 국사를 논하기 위한 알현을 헛되이 기다리는 일이 많았다. 이토 히로부미는 천황의 두터운 신뢰를 받고 있을 뿐 아니라 궁내경으로 궁무의 최고 책임자였다. 그런 이토 역시 필요할 때마다 언제나 천황과 알현할 수 있는 것도 아니었다. 이런 일이 이토를 짜증나게 만들었고 결국 사의를 표명하는 데까지 이르렀다.

이토가 초조해진 주원인은 천황이 국무에 전념하지 않는 데 대한 불만 때문이었던 것 같다. 산조 사네토미에게 쓴 편지에서 이토는 이렇게 우려를 표명했다.

(메이지 천황의) 총명 예지(叡智)의 덕질(德質)도 마침내 헛된 이름으로 돌아가고 마나 보다. 바야흐로 천고(千古)에 미증유의 변천을 겪고서 중흥의 큰 사업을 이루시며 유훈(遺訓)을 만세 이후까지 남겨놓아야 할 터인데, 하는 일 없이 세월을 보내시는 것은 위로는 역대 조상께 아래로는 만세 황손에게 있을 수 없는 일이다.

정무에 관한 것은 대신 이하의 전결(專決)에 맡겨버리고, 내각에서 올라오는 서류를 자세히 음미하는 일도 좀처럼 없었다. 어쩌다 읽는 경우가 있더라도 의문을 표시하는 일이 없었다. '이래서야 천황이 아무리 총명하다 하더라도 현대의 복잡하기 짝이 없는 국무를 어떻게 완전히 파악할 수 있단 말인가' 하고 이토는 반문한다. 확실히 천황이 깊이 신뢰하는 시종장 도쿠다이지 사네쓰네와 천황의 유학 스승인 모토다 나가자네는 존경할 만한 인물이라면서 이토는 계속 썼다.

그러나 그들은 세계의 정세에 어둡고, 급한 일과 득실을 가릴 줄 모른다. 그러한 자리에 있지도 않을 뿐 아니라, 그 책임을 지는 입장에 있는 것도 아니다. 오늘의 형세가 얼마나 어렵고 위급한 지는 고금동서의 역사상 그 유례를 볼 수 없는데, 만일 그 방향을 잘못 잡고, 처치를 제때 하지 못하면, 국가의 존망이 걸리게 마련이다.[76]

이토가 실제로 이 서한을 산조에게 보냈는지는 확실하지 않다. 그리고 메이지 천황이 국사에 무관심했던 이유도 뚜렷하지 않다. 혹 무료했던 탓이 아니었을까. 이토의 눈에는 지극히 중요한 문제라도, 반드시 천황의 관심을 끄는 것은 아니었다. 로쿠메이칸의 무도회에 출석했더라면 어쩌면 천황에게 도움이 되었을지도 모른다. 하지만 물론 이것은 천황의 위엄에 관계되는 일이었다.[77]

천황이 우울해진 또 하나의 원인은 당시의 건강 상태에 있었는지 모른다. 이미 본 바와 같이 천황은 병을 이유로 각의에 결석하는 일이 있었다. 이해에도 천황은 계속해서 감기와 열에 시달리고 있었다. 심각한 병은 아니었다. 그러나 이것이 원인이 되어 하마(濱) 별궁의 벚꽃놀이에도 참석하지 않았다. 4월, 천황은 히로시마(廣島)와 구마모토(熊本)에서의 대규모 군사훈련을 시찰하기 위해 후쿠오카(福岡)에 갈 예정이었다. 귀로에는 야마구치(山口), 히로시마, 오카야마(岡山) 현을 순행하게 되어 있었다. 그러나 병 때문에 천황은 군사훈련에도 참석하지 못했고, 순행 역시 연기되었다. 가장 큰 즐거움을 놓친 천황은 얼마나 낙심했을까. 어쩌면 순행할 필요가 없어서 천황은 안도의 한숨을 돌렸을지 모른다. 그러나 야마구치, 히로시마, 오카야마 현의 민중들은 몹시 실망했다. 천황은 7월 말의 순행을 약속했다.

천황을 우울하게 한 일이 더 있었다. 호우와 폭풍이 전국의 가옥과 곡식에 큰 피해를 주었다. 천황은 곡물 피해에 관한 보고를 제출하라고 명했다. 보고는 비참했다. 차의 수확은 평년의 반밖에 기대할 수 없고, 밀 수확은 평년의 6할에 지나지 않았다. 정확히 50년 전, 1833년에서 1836년까지 일본에는 대기근이 닥쳤다. 이때의 대기근을 떠올리면서, 또다시 그런 고생을 하게 되는 것이 아닌가 하고 모두가 불안한 마음이었다.[78] 봄과 초여름에는 호우가 쏟아졌고, 하천이 범람했으며, 홍수가 나서 가옥에 큰 피해를 주었다.[79]

단 한 명 남은 황자인 요시히토가 천황의 위로가 될 수 있지 않을까 하는 기대를 갖게 했다. 그러나 당시, 그는 증조할아버지 나카야마 다다야스의 저택에 살고 있었다. 메이지 천황은 좀처럼 황자를 만나지 못했을 것이다. 황자가 이제 일곱 살이 되자, 천황은 교육과 건강이 걱정되었다. 3월, 황자는 궁중에서 살기로 결정되었다. 2년 전, 참의 겸 문부경 후쿠오카 다카치카가 황자 교육을 시작하면서 궁중 안에 유치원 설치를 건의하여 검토되었다. 그러나 전통적으로 황태자에게 시행되던 것과는 매우 다른 교육 방식이었기 때문에 실행에 옮기기 전에 아주 신중한 조치가 취해졌다. 유치원 새 건물이 황태후가 있는 아오야마 어소 안에 건설되고, 요시히토 황자와 같은 또래의 소년들이 학우로 선택되었다. 그러나 그가 너무 병약했기 때문에 이 계획은 결국 실현되지 않았다. 하지만 황자의 정규 교육은 시작되어야 했다. 천황은 시강 모토다 나가자네에게 학칙 및 일과표를 준비하라고 일렀다.

모토다의 제안은 놀라울 정도로 자유주의적이었다. 모토다는 교관에게 황자가 규칙에 구애됨이 없이 놀면서도 그 가운데서 교훈을 얻게 할 것을 권했다. 막막하게 정해진 시간표에 따르는 것이 아니라 완급을 조절하여 그때그때의 판단에 따라 착실하게 학업을 증진시킨다는 것이 제안의 요지였다. 오전 중 2시간이 독서, 습자, 수신, 수학. 또 오전 1시간, 오후 2시간이 체조. 그리고 격일로 오후에 30분 동안 창가(노래) 학습을 하게 했다.

이 일과는 1885년 3월부터 시작되었다. 그러나 황자의 건강은 여전히 불안했다. 6월 오래간만에 황자에게 외할아버지 나카야마 다다요시의 저택 방문이 허용되었다. 그 후 궁중으로 돌아온 황자는 갑자기 병이 났다. 고열이 나고 경련을 일으켰다. 회복되기까지 한 달 가량 걸렸다. 아마도 심신증이 아니었을까 싶다. 어린 시절의 그립고 포근한 추억이 가득한 외할아버지 나카야마의 저택에서, 엄숙한 분위기가 감도는 궁중으로 돌아가고 싶지 않은 마음이 일으킨 병이 아니었을까.

천황은 9월, 이듬해부터 황자를 가쿠슈인(學習院)에 입학시키기로 결정했다. 이것은 황족 자제에 대한 개별 지도의 전통과 결별한다는 것을 의미했다. 모토다 등은 황자의 교육 학칙을 준비하라는 명을 받았다. 황족, 공작, 후작의 자제 중에서 약 스무 명이 뽑혀 학우가 되었다. 11월, 천황은 양학을 공부한 니시무라 시게키를 교육 담당으로 임명했다. 이것은 궁중의 구식 교육 방법이 더 이상 세상에서 통용될 수 없다는 천황의 신념을 반영한 것이었다. 천황은 장래의 천황에게 어울리는 근대 교육을 시키기를 바랐다.

7월 26일, 천황은 전에 약속한 대로 야마구치, 히로시마, 오카야마 3개 현의 순행 길을 떠났다.[80] 아마도 천황의 순행 중에서도 가장 피로하고 괴로운 순행이었을 것이다. 원인은 지독한 더위에 있었다.[81] 연도에서 맞이하는 서민 중에는 생전 처음으로 지척에서 용안을 보는 기쁨에 감격한 나머지 우는 사람도 있었다. 그러나 천황은 몹시 초췌해 있었다. 평소 같았으면 천황은 여행의 피곤함을 참을성 있게 받아들였을 것이다. 그러나 이때만큼은 너무나 찌는 더위에 천황도 지쳤던 것 같다.

일행이 이쓰쿠시마(嚴島)에 도착했을 때, 천황은 이쓰쿠시마 신사에 시종 한 사람을 대리로 보냈다. 오카야마 번의 개조(開祖) 이케다 미쓰마사(池田光政)가 1668년에 창건한 유학교(儒學校) '시즈타니코(閑谷黌)'는 다른 때 같았으면 천황이 가장 좋아했을 법한 방문처였다. 그러나 천황은 시종장 도쿠다이지 사네쓰네에게 대신 시찰을 시켰다.[82] 천황에게 순행의 가장 중요한 사명은 학교를 시찰하고 전국 구석구석을 다니며 교육이 어떻게 진전되고 있는지 살펴보는 일이었다. 찌는 듯한 더위에도 불구하고 천황은 그 고장의 명사들을 만나고, 그 고장의 특산물을 보러 다니지 않을 수 없었다. 천황은 아마도 마음이 내키지 않았던 것 같다.

천황이 탄 함선이 요코하마 항에 귀항한 것은 8월 12일이었다. 정박해 있던 함선과 육상의 포대가 환영 축포를 쏘았다. 이번 순행 기간은 겨우 18일이었다. 그러나 천황은 매일 아침 4~5시에 일어나 밤 12시 가까이까지 잠을 자지 못했다. 순행 자체는 육로, 해로 상관없이 심한 더위 때문에 고통스러웠다. 천황의 순행은 백성들에게 기쁨을 안겨주었으나 천황 자신은 하루도 편안한 날이 없었다.

귀경 후 천황의 일상생활이 재개되었다. 하와이의 카라카우아 국왕은 친애와 존경의 표시로 천황에게 자신의 초상화를 보냈다. 교황 레오 13세는 가톨릭 선교사에 대한 자상한 대우에 감사의 뜻을 표하는 친서를 보내면서, 유럽과 미국의 군주와 교류하는 것처럼 일본과 외교 관계를 맺기를 희망했다. 천황은 협의한 끝에 교황의 사절을 접견하고, 일반 신민과 마찬가지로 가톨릭 교도의 보호에 힘쓰겠다고 전했다.

이탈리아의 움베르토 황제는 사육하기 위한 일본산 사슴을 요청해, 천황이 암수 한 쌍의 사슴을 선물했다. 궁중에서는 스페인의 알폰소 12세 서거 소식을 듣고 21일 동안 복상(服喪)했다.

아마도 천황에게 1885년의 가장 만족할 만한 부분은 외교 관계였을 것이다. 새해가 상서롭게 열린 2월, 조선 국왕은 1884년의 사변으로 일본인이 살해된 데 대해 정식으로 사죄하는 국서를 천황에게 보냈다.[83] 같은 달, 조선에 종군한 경험이 있는 육군 중장 자작(子爵) 다카시마 도모노스케(高島鞆之助), 해군 소장 자작 가바야마 스케노리(樺山資紀)가 상서를 제출했다. 두 사람은 상소에서 다음과 같이 말했다.

일본은 구미의 정치, 교육, 법률, 육해군의 병제를 채용해서 근대화(문명)를 향한 착실한 진전을 이루었다. 살펴보건대 청나라는 여전히 구투를 답습하고 있을 뿐이다. 양국 정략의 진로는 그 방향이 아주 다르다. 이 일로 청나라의 시기와 질투를 사고 말았다.

그래서 두 사람은 최근의 청일의 충돌—대만 토벌, 류큐 처분, 강화도 사건 등—특히 1884년의 서울 사변을 예로 들었다. 사변 때에 청나라는 조선 주재 일본병을 공격해서 이들을 살상했다. 두 사람은 '이제 의연히 결의해서 조속히 요사스러운 구름을 일소하고, 화기(禍氣)를 뽑아버리지 않으면, 양국 사이에서는 예기치 않은 변이 일어날 수도 있다'는 의견이었다. 두 사람의 확신하는 바에 의하면, 지금은 국권을 강화해서 황위를 떨칠 더할 나위 없는 호기라는 것이다.

이에 대해 조정회의에서는 참의 겸 궁내경 백작 이토 히로부미를 특파전권대사로 삼아 청나라에 파견해서, 청일 간에 자꾸만 깊어져가는 골에 대해 대처하기로 했다. 이토에게 맡겨진 사명은 더 이상 조선에 간섭하지 않을 것을 약속하는 조약 체결을 청나라에 요구하는 일이었다. 베이징 주재 공사 에노모토 다케아키(榎本武場)는 해리 파크스—오래도록 일본인을 골치 아프게 한 인물이지만 이제는 베이징 주재 영국 공사로서 일본인의 친구가 될 가능성이 있었다—를 통해 리훙장의 의도를 살피라는 밀명을 받고 있었다. 만일 리훙장이 조선에 관해 일본과 협정 맺기를 거부할 경우, 일본 정부는 배상을 요구할 용의가 있었다.

이토는 청나라 황제에게 바칠 국서 및 전권위임장을 가지고 청나라로 파견됐다. 그리고 일본 정부로부터 이런 지시를 받았다.

일본 정부는 원래부터 양국 간의 평화를 바라고 있다. 그러나 청나라는 다음 두 조건을 이행하지 않으면 안 된다. 첫째, 12월 6일의 변에서 군대를 지휘한 장관을 처벌할 것. 둘째, 한성(漢城)

에 주재하는 군사를 철수시킬 것. 청나라 정부가 이 두 조건을 받아들인다면, 일본 정부는 공관의 호위를 동시에 철거할 용의가 있다. 그러나 만일 청나라가 이 제안에 동의하기를 거부할 경우 일본은 국가 자위를 위한 행동을 취하지 않을 수 없다. 그 경우 조만간 일본과 청나라는 충돌하게 된다. 그 책임은 전적으로 청나라에 있다.

이토 전권 일행은 2월 28일, 요코하마 항을 출항해서 청나라로 향했다. 천황은 화평 협정을 맺기 위한 이토의 교섭 능력에 전폭적인 신뢰를 표명했다. 그러나 민중은 매우 격앙해서 청나라에 대한 응징의 목소리가 높았다. 그 기세는 정한론의 재연을 연상케 했다. 태정대신 산조 사네토미는 각 성의 경(卿) 이하 정부 고관에게 화평을 바라는 천황의 뜻을 강조하는 내유(內諭)를 발표하여 민심을 진정시키고 경거망동하지 말도록 조처하라고 했다.[84]

이토는 3월 14일, 톈진에 도착했다. 청나라 정부는 이토가 곧바로 리훙장과 협의에 들어갈 것이라 생각했다. 그러나 이토는 먼저 베이징으로 가서 황제를 알현하고, 국서 및 전권위임장을 전달했다. 이토는 또, 베이징에서 회담을 열기를 희망했다. 그러나 청나라 대신들은 황제가 아직 나이 어리다는 이유로 이를 거부하고, 이미 전권을 위임받은 리훙장과 협의하라고 했다. 이토 일행은 4월 2일 베이징에서 톈진으로 돌아왔다. 양 전권의 담판은 쉽게 진전되지 않았다. 그러나 4월 15일이 되자 협의가 정리되었다. 18일, 조선에서 두 나라 군대를 철수하도록 규정한 조약이 조인되었다. 12월 6일의 사변에서 청나라 군대를 지휘한 장관의 처벌에 대해서는 조약에서 다루지 않았다. 그러나 청나라는 조사한 다음 일본인 살육의 증거가 있으면 청나라 군법에 맞게 처벌하기로 했다. 이토는 당초의 요구를 수정한 이 제의를 받아들이기로 했다. "(천황이) 동양 대국(大局)을 돌아보시며, 화평을 중히 여기시는 뜻을 감안해 이를 수락한다"고 그 이유를 말하고 있다.[85]

4월 28일, 귀국한 이토는 즉시 입궐해서 복명했다. 천황은 이토가 사명을 다한 것을 기뻐하며 그 수고를 치하했다. 이튿날, 천황은 이토에게 내릴 포상에 대해 산조에게 "베이징에서 대만 교섭에 성공했을 때, 오쿠보 도시미치에게 보장금(報獎金, 1만 엔)을 주었다. 이토의 경우 이 전례에 따를 것인가, 아니면 위계를 한 계급 올려 연금을 줄 것인가" 하고 자문을 구했다. 궁중에서는 이토에게 후작 작위를 내려야 한다는 의견도 나왔다. 산조는 금 1만 엔과 금배(金杯) 한 벌의 하사를 권한 것 같았다.[86] 그러나 그 후 몇 개월간의 기록을 보면 천황이 구체적으로 이토에게 하사한 것은 말 한 마리였다. 7월 7일, 이토는 다시 조약에 대한 천황의 치하를 받았다. 이날 천황은 친왕과 대신 등 20여 명을 이끌고 이토 히로부미의 저택으로 갔다.[87]

천황은 이토를 신뢰하고 있었으나 이토의 서양 문화에 대한 무조건적인 경도에 대해서는 찬성할 수 없었다. 9월, 천황은 친왕, 참의, 정부 고관, 육해군 장관과의 금요 오찬회를 재개했다. 이것은 천황이 이제 무기력증에서 회복됐다는 증거였다. 11월, 이토는 궁내경으로서 '내외국인의 교제가 늘어나고, 회식이나 향연의 기회가 많아진 작금의 사정을 감안해서 내외국인의 회식, 야회, 무도회 등은 국화 축제와 벚꽃놀이 기간으로 한정해야 할 것'이라고 제안했다.

이 무렵, 또 한 사람의 정치가가 권력 주변에서 두각을 나타내기 시작했다. 구로다 기요타카이다. 구로다는 1883년 2월, 육군 중장[88]으로서 사의를 표명하고 청나라 시찰 허가를 신청했다. 주로 청나라에 홋카이도(北海道) 물산의 판로를 여는 것이 목적이었다. 구로다의 신청은 이노우에 가오루에 의해 기각되고 말았다. 그 이유는 '청일 간의 긴장 상태를 따져볼 때, 지금은 구로다와 같은 정부 요인이 청나라를 방문하기에 적당한 시기가 아니'라는 것이었다. 1885년 2월, 구로다는 다시 청나라행을 신청했다. 이번에는 청불 전쟁 시찰을 위해서였다. 구로다는 천황을 알현했고, 천황은 '청나라는 우리의 체맹국(締盟國) 중에서 가장 가까운 이웃'이라는 이유로 구로다의 여행을 승인했다. 천황은 구로다에게 프랑스와 교전 중인 청나라에서 보고 들은 것을 그때그때 보고하라고 명했다.[89] 공식적인 여행은 아니었지만, 구로다에게 여비로 4천 엔이 하사되었다.

구로다는 먼저 홍콩에 도착했다. 이것은 이토의 텐진 도착과 같은 날이었다. 여기서 구로다는 싱가포르로 향했다. 더 남쪽으로 나아갈 생각이었던 그는 4월 16일, 텐진에서 청일 조약이 타결되었다는 소식을 듣고, 거꾸로 베이징으로 가기로 했다. 베이징에서 베이징 공사 에노모토 다케아키와 술을 마셨다. 구로다는 9월 5일 귀국했다.

이해, 산조 사네토미는 천황에게 내각 고문 백작 구로다 기요타카의 우대신 임명 건을 주상했다. 이와쿠라 도모미의 죽음으로 우대신 직은 공석이었다. 산조의 주청은 각내에서의 조슈와 사쓰마―조슈는 이토의 출신지이고 사쓰마는 구로다의 출신지다―의 균형을 잡는 것이 그 목적이었다. 그리고 산조는 태정관을 강화하고 싶은 의향도 있었다. 산조는 이토가 태정관을 폐지하고 이토 자신을 총리로 하는 내각을 수립하기 위해 정체(政體)의 개혁을 도모하고 있다는 사실을 감지하고 있었다. 이토는 산조가 현재의 지위를 버리고 싶어하지 않는다는 사실을 처음으로 알아차렸다. 그래서 산조의 뜻대로 구로다를 우대신으로 추천하는 데 찬성하기로 했다. 11월, 산조는 참의를 소집했다. 구로다의 우대신 취임에 대해 별다른 이견은 나오지 않았다.

산조가 구로다에게 우대신 취임을 요청했을 때, 구로다는 이토의 의견을 물었다. 이토는 구로다가 우대신으로서는 최적임자라고 대답하고, 자신은 미력을 다해 돕겠다고 약속했다. 그래서 구로다는 수락 쪽으로 기울었다. 그러나 산조가 천황에게 주청을 했을 때 뜻밖에도 천황은 다음과 같이 답했다.

우대신의 자리는 지극히 무겁다. 누구나가 그 덕식과 명망을 흠모하는 인물이 아니어서는 안 된다. 구로다는 적임이라고 하기 어렵다. 설령 구로다가 우대신에 취임한다 하더라도, 실제의 권력이 이토의 손에 쥐어져 있다는 것을 깨닫는다면, 그도 불평하게 되지 않을까.

산조는 여기서 마음을 돌려 이토에게 우대신 취임을 요청했다. 그러나 이토는 자신이 이를 받으면 오히려 태정관을 강화하게 되어, 태정관 폐지의 기회를 놓치게 된다는 사실을 깨닫고 있었다. 이토는 이를 사절하고 반드시 구로다가 취임해야 한다고 주장했다. 다시 이 일을 천황에게 주청했다. 천황은 "참의들이 일치해서 구로다의 취임에 찬성하는가" 하고 반문했다. 실은 천황의 신뢰가 두터운 참의 사사키 다카유키는 이 결의에 참여하지 않았다. 사사키는 은근히 구로다의 방정하지 못한 품행, 세간의 비방, 그리고 특히 술버릇을 이유로 그의 우대신 취임에 반대를 표명하고 있었다.[90] 산조는 최종적으로 사사키를 설득했다. 아마 사사키에게 공부경(工部卿) 파면을 은근히 암시한 것이 아닌가 여겨진다.

산조는 참의 전원의 지지를 구로다에게 알렸다. 여기서 산조는 다시 놀라게 된다. 구로다가 우대신 취임을 사양했던 것이다. 사이고 다카모리나 오쿠보 도시미치조차도 누려 보지 못한 현관(顯官) 자리에 자신이 앉는 것은 마음이 편치 않다는 것이 이유였다. 그리고 참의 이토의 윗자리에 앉는 것도 내키지 않는다고 했다. 혹 구로다가 천황과 사사키가 자신의 취임에 반대했다는 말을 이미 들은 것이 아닐까 짐작된다. 구로다는 산조와 이토가 자신을 지지한 배후 동기에 대해서도 눈치채고 있었던 것 같았다. 구로다는 그 후 한동안 공직에서 벗어나 있었다. 11월 27일, 천황은 구로다의 저택으로 갔다. 아내를 죽였다는 끈질긴 소문이 따라 다니는데도 불구하고 천황이 행차한 데 대해 구로다는 몹시 감격했다.[91]

생각해 보면 구로다가 우대신으로 추천받았던 것은 홋카이도 개척장관으로서 세운 공적 덕이었지 청나라 여행 때문이 아니었다. 그래도 1881년의 홋카이도 개척사 관유물 불하 사건에 관여한 중심인물이 정부에서 세 번째로 높은 지위에 추천받아도 괜찮은 것일까.[92] 게다가 구로다의 사생활은 확실히 문제가 많았다. 구로다는 메이지 정계에서 유명한 술꾼으로 폭음 때문에 어려운 결단에 제대로 대처하지 못한 때도 있었다. 그리고 그는 흉포한 기질로도 알려져 있었다. 그의 아내는 1878년 의문의 죽음을 맞았다.[93] 그랬건만, 사람들의 기억은 오래가지 않았다. 그는 우대신으로 추천받았을 뿐 아니라 곧 총리 자리에까지 오르게 된다.

이러는 사이 이토 히로부미가 진척시키고 있던 정체 개혁은 서서히 시기가 무르익고 있었다.[94] 다이호(大寶) 원년인 701년에 있었던 다이호 율령을 모방했던 태정관제를 폐지하고, 총리가 이끄는 새로운 내각 제도가 이를 대신한다는 사실은 단순한 행정 개혁에 그치지 않았다. 그것은 화족 계급에 의한 명목적인 지배가 종언을 고하고, 그 대신 사족 계급이 지배층을 차지한다는 것을 의미했다.

산조 사네토미는 당장에라도 자신의 자리가 없어질까봐 무척 당황하고 있었다. 그러나 천황에게서 정체 조직의 재편을 검토하라는 명령이 내려졌을 때, 반대할 수는 없었다. 12월 22일, 산조는 천황에게 정체 개혁의 필요를 주청하면서, 자신은 그 임무를 감당할 수 없다는 이유로 사직을 청원했다.[95] 천황은 이를 인정했다. 같은 날, 태정대신, 좌우 대신, 참의, 각 성의 경(卿) 직제가 폐지되면서 내각 총리대신 외에 아홉 개 성(省)의 대신이 이를 대신하게 되었다. 내각 총리대신에 이토 히로부미, 외무대신에 이노우에 가오루, 내무대신에 야마가타 아리토모가 각각 임명되었다.

각료 선정은 이토의 추천에 따랐다. 천황은 당초 모리 아리노리(森有礼)의 문부대신 취임에 반대했다. 모리는 기독교를 믿고 있는 데다가 물의를 일으키는 인물이라는 것이 그 이유였다. 그러나 이토는 양보하지 않고 "신이 총리의 자리에 있는 동안에는 결코 성려(聖慮)를 어지럽히는 일이 없도록 하겠습니다"라고 말했다. 천황은 이미 이토에게 조각을 위임하고 있었다. 한동안 이토가 하고 싶어하는 대로 두고 보기로 했다.[96] 이제 이토는 천황에 이은 최고 권력의 지위에 앉았다. 로쿠메이칸의 정신이 개가를 올린 것이다.

제39장 **황태자 요시히토**

메이지 천황의 치세 19년 되는 새해는 여느 때와 달랐다. 천황은 전통인 신년 의식을 집행하지 않았다. 『메이지 천황기』는 별다른 설명도 없이, 그저 '이례적으로 사방배를 하지 않으시다'라고 기록되어 있다. 현소(賢所), 황령전(皇靈殿), 신전(神殿)에는 식부장관(式部長官) 후작 나베시마 나오히로(鍋島直大)가 대신 나가 배례를 했다. 예년과 다름없이 '설 아침상을 차렸다. 조배를 하시다'라고 되어 있으므로 천황이 병으로 꼼짝 못한 것은 아니었다. 이해에는 의식에 결석할 때마다 그 이유로 천황의 건강 상태가 들먹여졌다. 그러나 병에 대해 밝히는 일은 없었다.[97] 그런데, 이해(1886)에는 승마를 전년의 두 배 이상 했다. 짐작하건대, 병이라기보다는 오히려 의식의 따분함 때문에 천황의 결석이 되풀이되지 않았을까.

2월, 자작 히지카타 히사모토(土方久元)가 베를린에서 산조 사네토미에게 서한을 보냈는데, 이듬해에 있을 독일 황제 빌헬름 1세의 아흔 번째 탄생일을 기념하는 축전 및 연로한 황제의 국사에 대한 정력에 관해 적혀 있었다. 히지카타는 산조에게, 그 방면에 해박한 외무대보(外務大輔) 아오키 슈조(青木周藏)를 불러 천황에게 말씀을 올리게 하라고 권했다. 히지카타는 이 기회에 천황이 구미를 유람하면서 여러 나라의 형세를 시찰하고, 각국 황제와 친밀해지기를 바란 것이다.

이보다 일찍 오스트리아 주재 공사 사이온지 긴모치(西園寺公望)는 이토 히로부미에게 서한으로 같은 취지의 이야기를 권했다. 천황이 서양에 가게 된다면, 지금이 가장 적기라고 했다. 사이온지가 제대로 본 것이었다. 베를린에서 열리는 축전은 천황의 독일 방문을 위한 안성맞춤의 이유가 될 뿐 아니라 미지의 풍물로 자극을 받음으로써 무료함에서 벗어날지도 몰랐다. 그러나 이 이야기가 실제로 천황에게 들어갔는지는 분명하지 않다. 천황이 구체적으로 해외여행을 고려한 기록은 찾아볼 수 없다.

하지만 이때부터 황후의 공적인 역할이 눈에 띄기 시작한다. 이는 천황이 자주 아파 중요 행사에 수시로 결석하는 바람에 생긴 결과였다. 황후는 화족이나 정부 고관 같은 남자들만 출석하는 회합에까지 모습을 드러내기 시작했다. 예를 들면 예정된 3월 26일 금요일의 만찬 때, 건강상의 이유로 천황의 불참이 확실해지자 황후가 대리로 출석했다. 그 때문에 친왕비, 정부 고관 부인, 덴지(典侍) 등도 함께 초대되었다.

천황은 또 3월 30일, 군함 무사시(武藏) 진수식 때, 요코스카(横須賀) 조선소에 행차할 예정이었다. 그러나 몸이 찌뿌드드하다고 해서 황후가 대행했다. 황후는 군함 후쇼(扶桑)를 타고 요코스카 항에 입항했다. 천황이 행사에 출석하는 경우에도 황후를 동반할 때가 많았다. 4월 13일, 천황과 황후는 근위 제병의 군사훈련을 관람하기 위해 기타도요시마(北豊島)로 행차했다. 북군과 남군으로 갈라져서 벌인 모의전투는 황후를 어리둥절하게 했을지도 모른다. 황후는 전투 기술에 관해서는 아무런 지식이 없었다. 그러나 기록은 '황후는 마차를 타고 남군이 추격하는 것을 구경하면서 아라(荒) 강 남쪽에 도달한 다음 마침내 교량이 폭파되는 것을 보았다'고 되어 있다.[98]

황후가 처음으로 대중 앞에 모습을 보인 것은 7월 30일, 화족 여학교에 행차해서 졸업증서 및 수업증서 수여식에 출석했을 때였다. 8월 3일, 아오야마 어소로 황태후를 방문했을 때도 황후는 양장 차림이었다. 이 시기를 계기로 황후뿐 아니라 여관들 사이에서도 점차 양장이 눈에 많이 띈다. 8월 10일, 천황과 황후 앞에서 서양 음악 연주회가 열렸을 때, 황후는 양장 차림으로 외국 손님을 접견했다. 황후가 이렇게 양장을 하게 된 연유가 로쿠메이칸풍의 서양 흉내는 아니었을 것이다. 그것은 새로 발견한 자신의 역할을 말없이 주장하고 있었던 것인지도 몰랐다.

1887년 1월 17일, 황후는 여성 복제에 관한 '의견서'를 내놓았다. 그 가운데서 황후는 다음과 같이 역설했다.

작금의 일본 여성 복장은 14세기 남북조 이후의 전란이 남겨 놓은 유물이다. 오늘의 문명 세계에 어울리지 않을 뿐 아니라 고대 일본의 여성 복장과도 아주 다르다. 기모노보다는 서양 여성의 복장이 고대 일본 여자 복장과 통하는 구석이 있다. 마땅히 이를 본받아 우리의 것으로 삼아야 한다.

황후는 일본 여성의 양장 착용을 장려하면서 이것이 국산 양복감의 개량과 판매 촉진으로 이어지기를 기대했다. 이 의복 개혁 제창은, 정치에서 황후의 새로운 활동적인 역할의 한 부분을 이루는 것이었다. 1886년 11월 26일, 황후는 천황을 따라 가나가와(神奈川) 현 나가우라(長浦)에 가서 최근 건조된 순양함 나니와(浪速)와 다카치호(高千穗)를 시승했다. 기관포 발사 같은 해군 훈련을 관람하고, 또 수뢰 시험장에서 어형(魚形) 수뢰 시험 발사도 차례로 관람했다. 이날 황후는 단카 몇 수를 읊었다. 아래는 「수뢰화(水雷火)를」이라는 제목의 시이다.

> 유사시 적의 파도 타고 몰려오는 함선도
> 나라를 위해 이처럼 깨리라

이 노래의 주제는 전통적인 패턴에서 벗어난 것이었다. 양장 채택이나 수뢰를 주제로 한 와카를 보면 황후도 궁중 생활에 권태를 느끼고 있었음을 짐작할 수 있다. 궁중 생활의 나날을 기록해 놓은 시종들의 회상록이 모두 인정하고 있는 바와 같이, 천황은 언제나 황후에게 자상하게 신경을 썼다. 그러나 황후는 결혼 초부터 자신에게 아기가 생기지 않는다는 사실을 알고 있었다. 황후는 천황의 배우자로서 후계자를 낳아야 하는 가장 중요한 역할을 할 수가 없었다. 그녀는 궁중에서 주로 장식물과 다름없는 위치에 있었다. 이 사실은 총명한 황후에게는 매우 만족스럽지 못한 일이었을 것이다. 황후는 천황의 침실에 들어가는 곤노텐지에게 원망 따위를 드러낸 일이 없었다. 그러나 어쩌면 그녀들에게 질투를 느꼈을지도 모른다. 이런 시기에 기분이 좀 고조되었다고 해서 이상할 것은 없었다. 이미 네 명의 곤노텐지가 황자와 공주를 낳았고, 많은 곤노텐지들이 천황의 사랑을 나눠가지고 있었다. 그런 곤노텐지 중에서도 소노 사치코(園祥子)가 유독 천황의 총애를 독차지했던 것으로 보인다.[99] 천황에 대해 글쓰는 사람들은 이러한 측면을 다룰 때는 모두 신중한 태도를 취하고 있다. 그러나 사실 소노는 1886년부터 30년 동안 태어난 천황의 마지막 여덟 명의 자녀의 어머니였다. 그중 네 명의 공주는 천황보다 오래 살았다.

사치코는 소노 모토사치(園基祥)[100]의 장녀였다. 모토사치는 1905년까지 살았는데, 막부 말에 크게 활약한 것으로 알려져 있다. 사치코의 사진을 보면 빼어나게 예쁘다고는 할 수 없다. 그리고 사치코의 어떠한 자질이 천황의 마음을 끌었는지, 그 이유를 짐작케 하는 일화는 남아 있지 않다. 아무튼 무슨 까닭인지 사치코는 만년에 들어서 천황의 마음에 든 측실이었다.

사치코의 임신이 확실해지고 분만 시기가 다가온 1885년 말경, 태어날 아기를 한방의에게 맡길 것인가, 양방의에게 맡길 것인가를 놓고 의견이 분분했다. 그때까지 천황의 황자와 공주 가운데 여섯 명이나 갓난아기 때 죽었다. 이 일이 한방과 양방 중 어느 쪽을 선택할 것인지 망설이게 만들었다. 천황은 나카야마 다다야스의 의견을 물었다. 나카야마는 의술뿐 아니라 모든 일에서 전통적인 방법의 신봉자였다. 그러나 1883년 9월, 공주 두 명이 연이어 죽은 일로 나카야마의 확고한 신념도 흔들리기 시작했던 것 같다. 황자와 공주를 열 살까지 한방의에게 맡겨놓아도 과연 괜찮을지 의문이 생긴 것이다. 나카야마는 이제 한방이 양방보다 낫다고는 단언할 수 없다고 생각하기에 이르렀다. 게다가 근래 들어 도쿄에 한방 명의가 있다는 말을 듣지 못했다.

어쩌면 전통적인 의술은 이제 시들어버렸는지도 모른다. 나카야마는 한방과 양방 중에서 어느 쪽을 선택해야 할지 자기로서는 결정하지 못하겠다고 대답했다. 여전히 한방이 좋다고 믿는 메이지 천황은 나카야마와 시종장에게 도쿄 시내를 샅샅이 뒤져 한방 명의를 찾으라고 명했다.

천황의 다섯 번째 공주가 1886년 2월 10일, 사치코에게서 탄생했다. 16일의 첫 이렛날 밤, 천황은 공주에게 시즈코(靜子)라는 이름을 지어주었다. 그날 밤, 친왕과 대신, 그리고 공주의 외할아버지인 백작 소노 모토사치, 고관 등을 불러 궁중에서 축하연을 벌였다.[101] 3월 12일, 시즈코 공주는 처음으로 입궐해서 천황과 대면했다. 천황의 측실에게서 난 다른 황자나 공주와 마찬가지로 시즈코 공주는 정식으로 황후의 자식으로 올랐다. 물론 생모는 공주의 양육에 전혀 관여할 수 없었다.

시즈코 공주는 1887년 4월 4일 죽었다. 그해 설날, 시즈코는 갑자기 열을 내며 젖을 토했다. 병명은 생치열(生齒熱: 갓난아기의 이가 날 때 나는 열)로 진단되었다. 그리고 다른 황자와 공주의 죽음의 원인이 된 만성 뇌막염까지 발병했다. 적절한 요법에 대해 네덜란드 의학을 공부한 양방의와 한방의 사이에서 의견이 갈라졌다.[102] 최종적으로 천황의 의견을 물었고, 천황은 양방의를 택했다. 그리고 명의라는 칭송이 자자한 양의 이케다 겐사이(池田謙齋)를 초빙해서 함께 돌보도록 했다. 처음에는 새 치료법이 효과가 있는 듯 보였다. 그러나 3월 하순의 갑작스러운 한기 때문에 시즈코의 병이 도지더니 얼마 가지 않아 숨을 거두고 말았다.

천황에게 오직 하나 남은 요시히토(嘉仁) 황자는 잇따른 발병으로 고생하고 있었다. 황자와 공주를 차례차례 잃은 쓰라린 경험 탓에 천황은 아마도 요시히토가 무사히 장성할지 의문을 품었음에 틀림없다. 황족인 아키히토(彰仁) 친왕의 청원을 받아들여 그의 아들 사다마로(定麿)를 양자로 삼은 것은 어쩌면 그 때문이었는지 모른다. 영국 유학 중이었던 해군 사관 사다마로는 1886년 5월 1일 정식으로 천황의 양자가 되어, 요리히토(依仁)라는 이름이 붙여졌다. 이미 언급한 것처럼 사다마로는 하와이의 카라카우아 국왕의 마음에 들어 국왕의 상속녀인 조카딸과의 결혼을 요청받은 일이 있다.[103] 어쩌면 메이지 천황 역시 요리히토를 후계자 후보 중 한 명으로 생각했던 것이 아닐까.

천황은 요시히토 황자의 건강을 걱정하는 마음은 있었으나 황자가 황위를 잇는다는 사실에 대해서는 의문의 여지가 없도록 해둘 필요가 있었다. 황자의 교육은 천황의 최대 관심사였다. 일찍이 모토다 나가자네는 황자의 교육 계획을 짠 일이 있지만, 황자의 병 때문에 제대로 궤도에 올려놓을 수 없었다. 1885년 11월, 천황은 니시무라 시게키를 교육 담당으로 앉혔다. 서양 학문을 공부한 학자 니시무라를 기용한 이유는 천황이 이제 전통적인 궁중 교육법만으로는 근대의 실정을 감당할 수 없다고 판단했음을 시사하고 있다. 천황은 니시무라에게 이듬해부터 황자가 공부해야 할 과목과 시간 분배 등에 관한 자신의 생각을 따로 전했다. 2개월 후인 1886년 1월, 정해진 날에만 양친을 만날 수 있었던 요시히토 황자는 매달 몇 차례씩 입궐할 수 있게 되었다. 그리고 9월부터는 수시로 입궐할 수 있도록 허용되었다. 밤낮으로 양친을 만나는 일은 부모와 자식 사이의 사랑을 키워주는 자연의 정리이며, 무엇보다도 부모와 자식 사이가 소원해서는 안 된다는 믿음에서 나온 새로운 조처였다.

1886년 4월, 이미 가데노코지 스케나리(勘解由小路資生) 같은 화족 몇 명이 교대로 황자의 교육을 담당하고 있었다. 그러나 교육 방법이 구식인 탓에 만족할 만한 성과를 올리지 못했다. 이토 히로부미는 황자가 소학교 정규 교육을 받아야 한다고 보고 문부대신 모리 아리노리와 의논했다. 모리는 구교육법을 배제하고 근대에 어울리는 신교육법에 따라야 한다고 주장했다. 모리는 문부성 관리 유모토 다케히코(湯本武比古)를 천거했다. 유모토는 4월 12일, 요시히토 황자의 개인 선생이 되었다.

유모토는 일과표를 만들고 시간을 정해 독서, 습자, 산술을 가르쳤는데, 각각의 수업은 30분 이내로 했다. 유모토는 곧 황자는 규율을 지키려는 관념이 희박하고 주의가 산만하다는 사실을 깨닫게 되었다. 유모토는 다음과 같이 회고하고 있다.

교수 사항은 앞에서 말한 대로 50음(五十音: 일본어의 기본 글자 50개)과 1, 2, 3 같은 숫자여서 조금도 어렵지 않다. 그러나 전하는 아직 규칙이라는 것에 대해 아무런 관념도 갖고 있지 않다. 그래서 마음에 들 때는 30분이든 40분이든 공부를 하지만, 마음에 들지 않는 때면 "유모토, 이제 됐어" 하고 말하고는 벌떡 일어나서 다른 곳으로 가신다. 그때까지 담당 시코(祇候: 시중 드는 이)와 무관은 복도에서 대기하고 있고, 고아이테(御相手: 함께 어울려 주는 상대)는 실내 책상 앞에 앉아 있다가, 전하가 일어나시면 함께 따라가 버리고 나만 오도카니 방에 남게 된다. 그보다도 더 마음에 들지 않는 경우에는 책상을 쾅 하고 앞으로 쓰러뜨리고 어디론가 나가버린다. 한번은 습자 시간에 "유모토, 이제 됐어"

하시기에 내가 "아니오, 조금 더 하셔야 합니다" 하고 말씀 드렸더니 매우 화가 나서, 마침 들고 있던 붉은 먹을 잔뜩 머금은 굵은 붓을 나를 향해 던지셨다. 붓은 나의 단벌, 그것도 새로 맞춘 양복의 가슴팍을 맞혀서 얼룩지게 만든 일도 있었다.[104]

요시히토 황자가 어째서 이런 난폭한 짓을 했는지 이상한 생각이 들 것이다. 아마 주위에서 돌보고 있는 사람들이 황자를 나무랐다가 경련이라도 일으키지 않을까 걱정했고, 그래서 모든 일을 하고 싶은 대로 하게 두면서 방임했던 탓이 아니었을까.[105] 유모토는 궁내대신을 겸하는 이토에게 사직을 청원했다. 그러나 이토는 유모토를 설득했다. 한 몸을 내던져 군주에게 이바지하는 것이 신하된 자의 본분이라고 타일렀다. 유모토는 이토의 말에 따라 군인처럼 일신을 내던지기로 마음먹었다.

천황은 교실에서 황자가 방종하게 군 이야기를 전해들은 모양이었다. 유모토의 상주에 의해 천황은 교실에서는 유모토를 선생님이라고 부르게 하고, 선생의 지시가 있기까지는 함부로 자리를 뜨지 못하게 했다. 그리고 유모토에게는 종일 황자의 곁을 떠나지 말고, 철저하게 황자를 교육시킬 것을 명했다. 또 시종 및 여관, 때로는 시강 등에게 수업을 감시하도록 명했다. 한번은 천황이 유모토에게 『유학강요(幼學綱要)』를 가르치지 않는 이유를 물었다. 『유학강요』는 모토다 나가자네가 유아 지도를 위해 편찬한 교과서였다. 너무 고상해서 아이들에게는 적합하지 않다는 것이 유모토의 답변이었다. 유모토는 새 교과서를 준비했고, 황자의 학업은 급속도로 진전을 보였다. 천황은 크게 안심했다. 이해 5월, 이토는 '요시히토 황자는 천황의 결정으로 다른 화족 자제와 함께 가쿠슈인에 다니게 된다'고 발표했다.

9월, 아직도 황자의 교육에 마음을 쓰고 있던 천황은 원로원 의관(議官)인 자작 히지카타 히사모토에게 황자의 교육 담당을 명했다. 히지카타는 어느 누구도 자신의 결정에 참견해서는 안 된다는 조건으로 이를 수락하기로 했다. 천황은 흔쾌히 허락하고, 시종장을 나카야마 요시코(中山慶子)에게 보내 앞으로 일절 요시코의 지도는 필요없다고 했다. 유모토 역시 교육 전반을 히지카타와 상담하라는 지시를 받았다. 요시코는 손자의 교육 책임을 박탈당하게 된 데에 반감을 보인 것 같다. 10월, 히지카타는 천황의 지시로 요시코와 교육 책임을 분담하게 되었다. 옷이나 식사 같은, 안에서의 교육은 모두 요시코가 담당하기로 했다. 계획대로 마침내 요시히토 황자는 1887년 9월 19일, 가쿠슈인에 입학했다. 황자는 날마다 통학하면서 일반 학생들과 책상을 나란히 하고 수업을 받았다. 황위 계승자가 일반 교육을 받은 것은 이때가 처음이었다.

1886년 12월, 니시무라 시게키는 제국대학에서 일본의 도덕에 관해 3회에 걸쳐 강연했다.[106] 원래 '명육사(明六社: 메이지 6년, 모리 아리노리의 주창으로 결성된 일본 최초의 학술단체)' 회원이었던 니시무라는 지금까지 천황 앞에서 여러 차례 서양에 관해 강의한 일이 있으며, 이후로도 이는 계속되었다. 그러나 나중에 『일본 도덕론』이라는 이름으로 출판된 이 일련의 강연은 결코 서양에서 배워야 한다고 권하는 것이 아니었다. 훗날 『왕사록(往事錄)』[107]을 썼을 때 니시무라는 당시의 일을 이렇게 회고하고 있다.

이토 내각에 의한 서양의 법률 제도, 풍속과 예의의 모방, 그리고 야회, 가장 무도회, 활인화(活人畵: 역사적인 배경 그림 앞에서 분장한 인물이 그림 속 인물처럼 행동하는 것. 당시 유행했다) 모임 같은 서양의 유희를 그대로 흉내 내는 짓은 모두 외국인의 환심을 사기 위한 일이었다. 이것은 외국 문명을 가장해서 외국인을 우대하는 비굴한 태도에서 나왔다. 되돌아보건대 고래로 일본 국가의 기초를 이루고 있던 충효, 의리, 무용, 염치 등의 정신은 어디로 사라져버렸단 말인가. 그 무렵의 세태는 이러한 미덕은 내팽개쳐두고 돌아보지 않는 것이나 마찬가지였다. 나는 이러한 현상이 매우 우려되어, 사람들을 모아놓고 호소하고픈 생각이 들었다.[108]

최초의 강의는 도덕을 설파하는 두 종류의 가르침의 차이에 관한 고찰로 시작되었다. 니시무라는 하나는 '세교(世教)'라 부르고, 또 하나를 '세외교(世外教)' 또는 '종교'라고 불렀다. 전자는 중국의 유교나 유럽의 철학을 가리키는 말이고, 후자는 인도의 불교나 서양의 기독교를 가리키는 말이었다. 니시무라의 마음은 분명히 전자에 기울어져 있었다. 중국에서 유교는 고래로 토착화한 가르침으로 모든 계층에 널리 퍼져 있었다. 불교는 중간에 수입된 외래 종교로, 유교의 영향에는 훨씬 못 미치는 것이었다. 그러나 일본에는 유교와 불교가 함께 수입되었다. 당초 불교는 모든 계층에 받아들여지고 있었다. 그러나 후에 유교가 널리 무문(武門)에서 융성하게 되고 불교는 주로 하층 계급의 신앙의 대상이 되었다. 결과적으로 일본은 모든 계층에 공통되는 도덕을 갖추지 못하게 된 것이다. 유신 이래 도덕의 기준이 상실된 것이 사실이다.

동양은 이제 세계 각지에 식민지를 확보한 유럽 제국의 위협 앞에 놓여 있다. 위기감에 사로잡힌 일본은 필사적으로 근대화를 지향하고 있었다. '문명개화는 분명 바람직한 일이지만, 나라가 있고서야 문명개화도 쓸모가 있는 것이다. 만일 나라를 잃고 만다면 문명개화가 무슨 소용이 있단 말인가'라고 니시무라는 말한다. 일본의 가장 시급한 문제는 독립을 유지하고, 다른 나라에 국위를 짓밟히지 않도록 하는 일이다. 그러나 군함, 대포가 수백, 수천이 있다 한들 국민을 이끌 도덕이 결여되어 있다면, 외국에 어떻게 우러름을 받을 수 있겠는가. 역사의 가르침으로 볼 때, 서로마제국의 멸망은 국민이 도덕을 상실하고 인심이 부패한 결과였다. 서로마인들은 로마인처럼 부패하지는 않았으나 그들은 여러 파벌로 나뉘어 각각 제 의견만 주장하기에 바빠 끝내 나라를 지키지 못했다. 그 결과 모두가 아는 바와 같이 나라는 세 쪽이 나고 말았다.

(일본에서는) 농(農), 공(工), 상(商) 세 부류의 백성이 예로부터 교육을 받지 못했기 때문에 도덕의 높고 낮음을 논할 수 없었다. 그렇지만 사족(士族)은 조상 때부터 수대에 걸쳐 유학의 훈도를 받았고, 여기에 우리나라 고유의 무도라는 것이 있어서, 심신을 단련해 호국의 직책을 다하기에 족한 역량을 가졌다. 왕정 유신 이래로 국교라고도 말할 수 있는 유도(儒道)는 그 기세를 접어버렸고, 게다가 무도는 오늘날에 이르러서 이를 다시 말하는 사람조차 없게 되었다.[109]

니시무라는 사족들 역시 도덕이 결여되어 있는 데 크게 실망했다. 자꾸 서양만을 의지하려 하지만, 정작 그 서양 여러 나라들도 종교를 매개로 국민의 도덕을 유지하고 있다는 사실을 망각하고 있다면서, 니시무라는 다음과 같이 개괄했다.

원래 우리나라에는 타고난 기질이 민첩하고 영리한 사람들이 많다. 하지만 한편으로는 사려가 천박하고, 원대한 지식이 모자라며, 부화뇌동하는 기풍이 있어 자립 의지가 약하다. 근래 서양의 학술이 정묘하다는 것과 그 국력이 강성하고 풍요한 것을 보고 이에 무비판적으로 심취하고, 나의 발밑을 단단히 다질 줄을 모른다. (중략) 그러나 인정 풍토가 다른 서양의 학술 등을 통째로 동양에 적용시키는 일은 불가하다.[110]

니시무라는 유교 도덕으로의 복귀를 제창했다. 니사무라는 자신이 숭상하는 유교의 유파를 특별히 꼬집어 지적하지는 않았다. 그러나 배워서 깨우친 도덕을 실행으로 옮기기를 강조하고 있는 것으로 볼 때, 그것은 왕양명(王陽明)의 가르침이었을 것이다. 니시무라는 유교와 서양 철학의 결점을 감추려하지는 않았다.[111] 니시무라는 또 불교와 기독교가 받아들일 만한 가치가 있다는 사실도 인정했다. 그에게 중요한 과제는 근대 일본의 도덕을 확립하는 것이었다. 일단 도덕만 확립된다면, 나머지는 여러 종교의 교의(敎義)로부터 수시로 그 요소를 빌려오기만 하면 되는 문제였다.

니시무라의 도덕론은 특별히 새로운 내용은 아니었다. 니시무라는 교육을 중시하고, 도움이 필요한 가난한 자에게 혜택을 주는 데 찬성했다. 그리고 국가를 위한 사업에 대한 투자를 장려했다. 한편으로 사회에 계속 공헌을 해야 할 사람들을 사오십대의 젊은 나이에 은퇴시켜 버리는 일본의 제도를 비난했다. 니시무라는 서양 제국 사람들이 고령이 되어서까지 얼마나 생산적인 인생을 보내고 있는가를 역설했다. 니시무라는 또한 조혼에 크게 반대했는데, 부모가 어려서 낳은 아이는 병에 걸리기 쉽고, 나라 전체적으로 볼 때도 국민의 육체적 쇠약과 연계되기 때문이었다. 그리고 조혼은 자식을 많이 낳는 경향이 있어 빈곤을 초래한다고 여겼다. 또 사치하지 말 것을 부르짖었다. 특히 혼례나 장례식을 위해 낭비하는 것은 나쁜 관습이라고 했다.

니시무라의 주장에 이의를 제기하는 자는 없었을 것이다. 니시무라의 강연은 단순히 호의적인 반응이 아니라 오히려 열렬히 환영받는 분위기였다. 유교의 가르침을 받으며 자라난 사람들—주로 40세 이상의 사족—은 과거로부터의 가르침에 호응했다. 명육사에서 니시무라의 맹우였던 문부대신 모리 아리노리는 혁신주의자로 알려져 있었다. 모리는『일본 도덕론』에 감명받은 나머지, 이를 중학교 이상의 학교 교과서로 채용하려 했을 정도였다. 그러나 이토 히로부미는 이 책을 읽고 화를 냈다. 그것을 정권 비방과 정치 진로 방해로 간주했다. 이토는 모리를 불러 니시무라의 이론을 무조건 찬양한 일을 비난했다. 니시무라는 이토가 화가 난 것을 알고 한때 절판(絶版)을 결심했으나 후에 개정판을 냈다. 정부의 서양화 정책에 대한 비판 중 몇 가지는 나중에 삭제되었다. 그러나『일본 도덕론』은 정부의 공리주의에 대한 일종의 도전이었다. 니시무라의 논설은 이토의 정책에 이의를 제기한 첫 번째 반대 성명과도 같았으며, 이윽고 현저해지는 국수주의의 전주(前奏)가 되었다.

1886년에 일어난 또 하나의 사건에 대해 이야기하지 않으면 안 된다. 영국 화물선 노르만턴 호 침몰 사건이다. 노르만턴 호는 10월 23일, 요코하마를 출항해서 고베(神戸)로 향하던 둘째 날, 와카야마(和歌山) 현 앞바다에서 암초에 부딪쳐 난파했다. 영국인 선원은 전원 탈출했다. 그러나 영국인들은 스물다섯 명의 일본인 승객과 열두 명의 인도 선원에게 구조의 손길을 뻗치지 않았다. 영국인들을 제외한 나머지 승객과 선원들은 전원 익사했다. 사고 소식이 퍼지자마자 여론은 들끓었고, 항의의 목소리가 드높아졌다. 침몰 사건이 인종 차별의 확실한 예로 비춰졌기 때문이다. 11월 5일, 노르만턴 호 선장 존 윌리엄 드레이크는 고베의 영국 영사관에서 해난 심판을 받았다. 그러나 드레이크에게는 과실이 없다며 무죄가 선고되었다.

당시 오로지 외국인의 비위를 맞추는 데 골몰해 있던 일본 정부는 아무런 항의도 하려 하지 않았다. 하지만 온 나라 안에서 항의의 목소리가 거세지자, 더 이상 사건을 방관할 수만은 없게 되었다. 신문은 노르만턴 호 희생자 유족을 위한 성금 등을 모집했다. 너무나 지나친 백인 우월주의에 격노한 군중을 앞에 놓고 여기저기서 연설회가 열렸다. 마침내 정부는—치외법권 때문에 직접 개입할 수가 없었다—영국 측에 선장을 재판하도록 신청했다. 재판은 12월 7일과 8일 요코하마에 있는 영국 영사관에서 열렸다. 드레이크 선장은 근무 태만 살인죄로 유죄가 인정되어, 금고 3개월의 형을 선고받았다. 다른 영국인 승무원은 무죄 방면되었다.[112] 그러나 노르만턴 호 사건은 계속해서 일본인의 기억 속에 살아남았다. 특히 이 참상을 노래로 만든 〈노르만턴 호 침

몰의 노래〉는 후세에까지 전해졌다.[113]

　해사법에 정통한 전문가는 판결이 타당하다고 했다. 그러나 드레이크의 형벌이 너무 가벼워, 많은 일본인의 가슴에 응어리를 남겨놓았다.[114] 노르만턴 호 사건도, 니시무라의 『일본 도덕론』 강연도 외국인에게 알랑거리는 로쿠메이칸풍 태도로부터의 이탈을 보여준 사건이었다. 이 모두가 이듬해의 더욱 심각한 정부 공격 무대를 예고하는 것이었다. 1887년의 시작을 알리는 신년의식은 전통에 따라 치러졌다. 단 하나의 예외가 있었다. 황후가 처음으로 양장 차림으로 궁중의 하례식에 참석했다. 이후 이런 의식에서 황후의 양장은 관례가 되었다. 노르만턴 호 사건을 둘러싼 국민들의 불만의 목소리는 아직 궁중에 도달하지 않은 모양이었다. 외국 황실과의 선물 주고받기는 변함없이 계속되고 있었다.[115] 오래도록 연기되었던 새 황궁 조영은 이미 착수되었으나 재정적 문제로 인해 완성 여부가 불투명했다.

　1월 25일, 천황과 황후는 교토를 향해 출발했다. 후월륜동산릉(後月輪東山陵)에서 1월 30일, 고메이 천황의 20년 식년제(式年祭: 천황이나 황후가 서거한 지 3년, 5년, 10년, 20년, 30년 되는 해에 올리는 제사)가 거행되었다.[116] 이 순행에서 가장 주목할 만한 것은 황후의 존재였다. 이 일만 빼놓고 본다면 교토 순행이나 학교와 명소 방문은 지금까지의 순행과 별로 다를 것이 없었다. 천황과 황후는 2월 21일까지 교토에 체재했다. 이날은 닌코(仁孝) 천황의 제삿날이었다. 그러나 한 관리가 천황을 대행했다.[117]

　천황과 황후는 2월 24일 귀경해서 통상적인 활동을 재개했다. 황후는 공과대학과 육군사관학교 등에 행차했다. 4월, 황후는 천황을 따라 근위병의 야외 군사훈련을 관람했다. 공식 행사에서 황후의 존재는 불가결해진 것 같았다.

1887년 3월, 황후는 화족 여학교에 와카 두 수를 내렸다. 모두가 덕성 함양을 장려하는 것이었다. 한 수의 첫머리는 다음과 같이 시작되고 있다.

> 금강석도 닦지 않으면
> 영롱한 빛이 나지 않는 법
> 사람도 배우고 난 후에야
> 참된 덕이 우러나는 법[118]

이 두 수의 와카에는 후에 멜로디가 붙여져 화족 여학교의 교가가 되었다. 진지하고 교훈적인 이 노래는 동시대의 프로테스탄트 찬송가를 연상하게 만든다. 그러나 친서양파 정부 수뇌는 이런 호소에는 관심도 없는 듯 보였다. 그들은 로쿠메이칸에서 향락에 빠져 오로지 서양의 매너에 정통함으로써 서구 선진국의 우호와 존경을 획득하려 하고 있었다.[119] 그들은 약소국가 일본이 독립을 유지하는 최선의 방법은, 유럽인과 같은 문화를 공유하는 근대 국가라는 사실을 증명하는 것이라고 믿었다. 그렇게 되기 위해서는 유럽인과 같은 복장을 하고, 유럽인과 같은 식사를 하고, 자신들의 사회에서 구식을 제거하지 않으면 안 되었다. 그들은 일부러 서양의 법 제도를 도입, 채용하고, 기독교를 도입하고, 영어를 국어로 삼으려 했다. 나아가 일본 인종 개량을 위해 유럽인 아내를 얻으려 하기까지 했다.[120]

로쿠메이칸 축제 소동에 의한 부의 유출과 국민 대다수가 처해 있는 빈곤의 차이가 반발을 부르기 시작했다. 엄격한 유학자

모토다 나가자네는 서양풍으로 지어진 호사스러운 건물과 사치스러운 연회를 비난하며, 몇 번이나 이토를 만나려 했다. 그러나 이토는 바쁘다는 핑계로 만나주지 않았다. 1887년 5월, 가쓰 가이슈(勝海舟)는 이 시절의 폐단 21개조를 내걸면서 유럽 문화의 섭취에 너무나 걸신이 들린 나머지, 일본 고유의 미풍이 파괴되어 가고 있다는 사실을 날카롭게 비판했다. 막부 말, 가쓰는 항해술과 해군포술의 지식을 얻기 위해 네덜란드어를 배웠다. 그리고 태평양을 건너간 일본 최초의 군함 간린마루(咸臨丸) 호의 선장이 되었다. 가쓰는 외곬으로 빠진 완고한 유학자는 아니었다. 그러나 모토다 못지않게, 정부의 서구화 정책이 일본의 사회 풍속에 끼친 악영향에 화를 내고 있었다. 가쓰에 의하면 그것은 부를 물처럼 낭비함으로써 도덕의 해이를 불러오는 짓이었다.

그러는 동안 1887년 4월 22일, 조약 개정 회의는 제26차 회의를 열었다. 이 자리에서 치외법권 철폐를 성취하기 위하여 외국인에게 어떻게든 양보를 제안하기로 결정했다. 회의는 새 조약의 비준 교환 2년 내에 일본을 외국인에게 완전 개방하기로 합의했다. 일본 국민이 누리는 권리와 특권 모두를 외국인 거주자에게도 똑같이 인정했다. 일본의 사법 조직은 비준 교환 후 2년 이내에 모든 면에서 서양의 관례에 따라 개정하기로 했다. 그리고 형법 및 기타의 법률은 모두 영어—이것이 정본으로 간주되었다—로 번역해서 비준 교환 후 16개월 이내에 외국 정부에 통지하게 되었다. 영사 재판제는 개방 후에도 3년간 더 존속하고, 외국인이 관여하는 소송의 심판을 담당할 재판관의 다수는 외국인으로 하기로 했다.[121] 가증스러운 치외법권에 종지부를 찍고 상징적으로 대등한 지위를 인정받는 것을 조건으로, 일본인은 외국 측의 어떠한 요구에도 양보할 용의가 있는 것 같았다.

모든 일본인이 이러한 양보를 스스로 인정한 것은 아니었다. 그 무렵 유럽에서 귀국한 농상무대신(農商務大臣) 다니 다테키(谷干城)[122]는 이 시대의 도덕적 이완에 대해 경악하며 생각하는 바를 기탄없이 말했다. 이토가 들은 풍설에 의하면 다니는 루소 같은 프랑스 민권론자를 찬양하고, 준엄하게 정부를 공격했다. 이토는 이를 보고 다니가 선동적인 민권사상의 해악에 물든 것으로 해석했다. 천황은 이 소문을 듣고, 정부의 각료가 그런 의견을 지닌 것을 깊이 우려했다. 천황은 사사키 다카유키에게 명해서 직접 다니의 정치적 견해를 묻게 했다.

다니는 왕도론(王道論)을 부르짖는 국수주의자였지, 결코 민권론자는 아니었다. 사사키는 다니의 진의를 이해했고 천황의 우려도 사라졌다. 그러나 7월, 다니는 사임에 앞서 정부의 정책을 통렬히 비판했다. 조약 개정을 즉시 중지할 것을 요구했고, 작금의 악폐를 바로잡는 조처를 취할 것을 호소했다. 니시무라와 마찬가지로 다니는 로쿠메이칸에서 미친 듯이 춤추는 사람들의 퇴폐와 사치를 개탄했다. 또 온 나라의 유럽화에 충당할 세금 때문에 국민이 고통받고 있는 데 분노했다. 다니는 이토에게 개정 조약안의 부당성을 논하고 이를 조속히 중지해야 한다고 요구했다. 다니는 같은 취지의 의견서를 내각에 제출하고, 외무대신 이노우에 가오루와 격론을 벌이기에 이르렀다. 다니는 각료들과의 대립도 겁내지 않고, 계속해서 자신의 주장을 고집하면서 "이러한 일시적인 명분을 탐해서 백 년의 폐해를 돌아보지 않아도 되는가" 하고 정부 정책을 비난했다. 이노우에 등은 조약개정이 치외법권의 철폐를 위해 필요하다는 점을 강조했다. 그러나 다니는 이렇게 반문했다.

개정안은 이전보다도 외국인에게 내정 간섭을 허용하는 것이 아닌가. 더구나 국가의 중대사를 결정하면서 외무 당국은 독단 전행(專行)하며, 쓸데없이 비밀주의를 취하고, 각 성 대신들의 의견을 널리 묻는 일도 없다. 이는 사리가 한참 잘못된 것이 아닌가.

이토와 이노우에는 격노해서 즉각 반박했다.

국가의 모든 일에 걸쳐 일본이 구미 문명국을 모범으로 삼고 있는 오늘날, 법률의 제정과 개폐(改廢) 역시 그들을 본받는 것은 당연하다.

다니는 자신의 의견이 각의에서 받아들여지지 않자 대담한 행동으로 나갈 결심을 했다. 7월 20일, 다니는 천황을 배알하고 조약 개정을 중지해야 하는 이유, 폐습이 고쳐져야 할 이유를 상세하게 보고했다. 그리고 조약 개정의 가부를 궁중 고문관 등에게 자문하도록 상주하면서, 특히 최근 유럽에서 귀국한 구로다 기요타카의 의견을 묻도록 권했다. 천황은 깊이 경청했다. 그러나 의견은 말하지 않았다. 다니는 퇴궐하고 즉시 사표를 제출했다.[123]

이 청원에서도 드러난 것처럼 다니는 사사키 다카유키, 히지카타 히사모토, 모토다 나가자네 등 궁중 고문관들이 표명하고 있던 정부 비판의 견해를 자세히 이해하고 있었다. 귀국한 다니가 조약 개정에 의문을 가지고 있다는 사실을 안 사사키 등은 다니를 그들 편으로 끌어들였고, 다시 동지를 물색했다. 내각 고문 구로다 기요타카를 비롯, 많은 유력자가 공공연히 조약 개정안에 반대를 표명했다.

천황은 모토다의 의견을 물었고, 모토다는 "다니의 말은 모두 충성심에서 나온 것이며, 시대의 폐악의 핵심을 제대로 찌르고 있다"고 답변했다. 이것이 잘못된 생각이라고 할 사람은 천하에 한 사람도 없다고 했다. 모토다는 조약 개정을 위한 외국과의 교섭을 즉시 중단하지 않으면, 예상치 못한 사태가 벌어질 우려가 있다고 확신했다.

일련의 이러한 움직임과 함께 내각 법률고문이던 프랑스인 귀스타브 부아소나드 또한 조약 개정안에 반대하고 있었다. 부아소나드는 이노우에에게 이의를 제기했으나 받아들여지지 않았다. 사법대신 야마다 아키요시(山田顯義)에게도 의견을 내놓았으나 관할 밖이라는 이유로 소신을 밝히지 않았다. 한편 실록 편찬과 도서 관리 등을 관장하는 도서료장관(圖書寮長官) 이노우에 고와시(井上毅)는 조약 개정안에 크게 의문을 품고 있었다. 이노우에 고와시는 5월 10일, 몰래 부아소나드를 찾아가 개정안의 옳고 그름을 검토했다. 부아소나드는 개정안이 국가에 끼칠 큰 피해를 지적하면서 이노우에 고와시에게 개정안 파기에 힘쓰라고 역설했다.

부아소나드의 의견에 힘을 얻은 이노우에 고와시는 7월 12일, 이노우에 가오루에게 서한을 보냈다. 편지에서, 이노우에 고와시는 조약 개정이 부당하다고 논하면서 일본은 반독립국의 지위로 주저앉게 된다고 호소했다. 그리고 그는 이토에게 "만일 조약안을 실행하려 하다가는 개정 찬성파와 반대파로 양분되어 두

파의 대립이 내란을 부를 것이고, 그 화는 이루 헤아릴 수 없을 정도로 심각할 것이다"라고 예언했다. 마침내 이노우에 가오루는 자신이 내놓은 개정안이 초래한 혼란을 인식하지 않을 수 없었다. 만일 당초의 열강과의 결정을 수정하지 않은 채 이대로 밀고 나가다가는 국가적 위기를 초래할 것은 불을 보듯 뻔한 일이었다. 7월 18일의 개정 회의에서 이노우에는 각국 전권위원들에게, 일본 정부가 재판 관할 조약을 변경하지 않을 수 없게 되었음을 통고했다. 8월 2일, 이노우에 가오루는 천황을 알현하고 개정 회의 중지의 전말을 상주했다.

9월 17일, 이토는 내각 총리대신으로서 궁내대신 겸임을 사퇴하겠다고 알렸다. 당초 천황은 이토의 사임을 인정하려 하지 않았다. 그러면서 천황은 후계자로 구로다 기요타카를 추천하는 이토의 제안을 거절했다. 황실 전범(典範)은 아직 정해지지 않았고, 황실 재산도 아직 제도화하지 않았다. 이런 문제들을 효과적으로 해결할 수 있는 사람은 이토 외에는 없었다. 구로다에 대해서는, 천황의 성격상 궁중에 오래 두는 것을 탐탁하게 여기지 않았다. 천황은 모토다의 의견을 물었다. 모토다는 이렇게 말하며 이토의 사의를 받아들이도록 권했다.

원래 내각 총리대신이 궁내대신을 겸하는 일은 궁중과 국가의 일체화를 꾀하는 의미에서, 입헌 군주국으로서는 가장 바람직한 형태입니다. 그러나 어디까지나 이는 인물에 달린 일입니다. 일찍이 중국에는 제갈량이 있었고, 프로이센에는 비스마르크가 있었습니다. 모두가 지성인이고 큰 재주를 가진 인물입니다. 이토는 재주와 지식은 풍부하지만, 아직 덕망이 조금 결여된 데가 있습니다. 이토가 이 이상 궁중에 머물러 있으면, 혹 황실에 누를 끼치게 될 수도 있습니다.

천황은 궁내대신인 이토를 잃는 것이 싫었다. 그러나 결국에는 이토의 사임을 인정하고 후계자로 히지카타 히사모토를 앉혔다. 구로다는 농상부대신에 임명되었다. 모토다는 이노우에 가오루의 외무대신 파면을 권하고, 9월 17일에 실행에 옮겼다. 한동안은 이토가 내각 총리대신과 외무대신을 겸임하게 되었다.

일련의 정치적 변동은 천황을 크게 불안하게 만들었다. 그러나 이해 천황은 우울한 기분에 잠겨 있기만 한 것은 아니었다. 8월 22일, 천황의 네 번째 황자 미치히토(猷仁)가 탄생한 것이다. 생모는 소노 사치코였다. 그리고 8월 31일, 세는나이로 아홉 살을 맞이한 요시히토 황자가 정식으로 모케노기미(儲君: 황태자)로 인정되어 황후의 아들이 되었다. 그날 저녁, 천황, 황후, 황태후, 요시히토 황자가 모여 앉은 가운데 오붓하게 축하연을 벌였다. 황족, 대신, 궁중 관리 등 39명이 초대되어 배석했다. 이날 저녁, 천황은 크게 기뻐하며 즐겼다. 신하들을 자리로 불러 잔을 내렸다. 그리고 황태후, 황후, 요시히토 황자에게 손수 술을 권했다. 이윽고 술자리의 흥은 고조되어 궁궐 안에서 환호성이 들리기도 했다. 천황은 사람들이 마음껏 노래 부르고 춤추게 했다. 『메이지 천황기』는 '군신이 이처럼 기쁘고 즐거워한 일은 아직본 적이 없다'고 기록하고 있다. 사실, 천황의 생애에서 이러한기회는 좀처럼 없었다.

제40장 키오소네의 어진영

1888년 메이지 천황의 병이 깊어 의식은 거의 거행되지 못했고, 또 관례로 되어 있던 야외 훈련이나 졸업식에도 좀처럼 행차하는 일이 없었다. 가장 심각한 병은 2월 7일에서 5월 5일까지 계속된 비후두(鼻喉頭) 카타르성 폐렴이었다.[124] 위기를 넘긴 후 시의들은 해안의 높고 건조한 곳에서 요양하도록 진언했다. 그러나 천황은 늘 그러하듯이 군주로서의 강한 의무감 때문에 궁중을 떠나려 하지 않았다.[125] 이해 후반, 천황은 감기가 들었다. 그러나 워낙 의사를 싫어했기 때문에 시의의 조언을 깡그리 무시했다. 여러 차례, 특히 천황이 병들었을 때는 황후가 천황 대리 노릇을 했다. 예를 들면, 귀국하는 태국 특명전권대사의 접견, 순양함 다카오(高雄)의 명명식, 진수식 출석, 도쿄 제국대학 의과, 이과대학의 시찰 등이다.[126]

시의의 치료는 신통치 않았다. 그러나 아직 전통적인 한방을 고집하는 천황은 시의를 교체하지 않았다.[127] 또 한 명의 황자가 11월 12일, 뇌막염으로 숨을 거두었다. 미치히토 황자였다. 시의들의 필사적인 노력—그리고 최후에 불러들인 육해군 군의총감 등의 치료—도 허사였다. 또 한 명의 공주(여섯 번째)가 9월, 소노 사치코에게서 태어났다. 늘 하는 것처럼 탄생을 축하하는 축연이 벌어졌다. 그러나 많은 참석자들은 지금까지 황자와 공주가 몇 명이나 죽었는지 떠올리고 있었을 것이 틀림없다. 젖먹이 마사코(昌子) 공주의 건강을 기원하는 축배에 과연 얼마만한 효과가 있을 것인가 하고 말이다.

신년 초, 천황은 늘 예년처럼 진강을 개시했다. 이해는 후쿠바 비세이(福羽美靜)에 의한 『일본서기(日本書紀)』 「게이코(景行) 천황」편, 모토다 나가자네에 의한 『중용(中庸)』의 한 절, 니시무라 시게키에 의한 헨리 휘튼의 『만국공법(萬國公法)』의 「자주(自主)의 의(義)」였다.[128] 진강의 주제 선택에는 여전히 균형 잡힌 천황 교육을 위한 배려를 하고 있었다. 일본의 역사적 전통, 중국의 도덕적 교양, 서양의 실학 등을 골고루 배치한 것을 보면 알 수 있다.

이 시기 천황의 얼마 안 되는 신변 이야기 중에서 특히 흥미로운 것이 하나 있다. 궁내대신 히지카타 히사모토는 외국 황족과 귀빈에게 줄 천황의 초상으로 1873년 우치다 구이치(內田九一)가 찍은 사진보다 새로운 최근의 사진이 필요하다고 생각했다. 히지카타는 인쇄국에서 고용한 이탈리아인 화가 에두아르도 키오소네에게 천황에게 어울리는 초상화를 준비하라고 의뢰했다. 가장 손쉬운 방법은 사진 촬영이었다. 그러나 천황은 평생 동안 사진 찍는 것을 싫어했다. 그래서 이 방법은 불가능했다. 이토 히로부미가 궁내대신 시절, 천황에게 사진 촬영을 몇 번인가 주청한 일이 있었다. 그러나 천황은 그때마다 거절했다. 천황의 마음은 바뀔 것 같지 않았다. 히지카타는 키오소네에게 몰래 천황의 얼굴을 그리라고 부탁했다. 문제가 발생할 경우 자신이 모든 책임을 질 심산이었다.

먼저 시종의 승낙을 얻은 히지카타는 적절한 시기를 기다렸다. 기회는 1월 14일에 왔다. 그날 야요이(彌生) 신사 행차 때 배식(陪食)이 있었다. 키오소네는 미닫이 문 뒤에 숨어 천황의 정면 위치에서 용안을 바라보며, 그 자세와 담소할 때의 표정에 이르기까지 세심한 주의를 기울여 사생했다.[129] 히지카타는 키오소네가 그린 초상화가 잘 완성되어 매우 기뻐했다. 그는 그것을 촬영하게 했다. 히지카타는 사진을 천황에게 바치면서 사전에 천황의 허가를 얻지 않은 것을 빌었다. 천황은 사진을 보고, 입을 다문 채 좋다고도 나쁘다고도 하지 않았다. 히지카타는 그 침묵이 무엇을 의미하는지 알 수 없었으나 굳이 천황의 기분을 묻지는 않았다. 마침 이 무렵, 어떤 나라 황족에게서 천황의 사진을 증여해 달라는 요청이 있었다. 히지카타는 천황에게 키오소네가 그린 초상화 사진에 서명을 부탁했다. 천황이 사진에 서명해 주자, 히지카타는 가슴을 쓸어내렸다. 천황이 직접 서명했다는 것은 곧 그 사진이 마음에 들었다는 증거이기 때문이다.[130] 이후 키오소네가 그린 초상화의 사진은 외국 황족뿐 아니라 널리 전국 학교에까지 배포되었다. '어진영(御眞影)'으로 알려진 이 사진 앞에서 후세의 어린이들이 최고의 경의를 표하게 되었다. 초상화가 너무나 사실적이어서 거의 모든 사람이 그것을 사진으로 믿었다.[131]

1888년 2월 1일, 천황은 오쿠마 시게노부(大隈重信)를 외무대신에 임명했다. 이미 봐온 것처럼 오쿠마의 전임자 이노우에 가오루는 개정 조약안의 대립 때문에 부득이 사임할 수밖에 없었다. 그러나 이노우에는 오쿠마가 자신의 후계자가 되어 개정 조약안을 실현해 주기를 기대했다.[132] 오쿠마를 지명하는 데 있어 난제는 내각고문 구로다 기요타카를 설득하는 데 있었다. 구로다와 오쿠마는 홋카이도 개척사 관유물 불하 사건 이래 서로 반목하고 있었다.

내각 총리대신 이토 히로부미는 구로다의 설득에 협력을 약속했다. 오쿠마는 입헌개진당의 성립(1882)에 중심적 역할을 다했고, 자유당만큼 과격하지는 않았으나 이토가 싫어하는 변혁을 제창하고 있었다.[133] 그러나 이토는 오쿠마에 대한 정치적 반감을 자제하고, 구로다에게 오쿠마 지명을 설득했다. 이토의 설득은 효과를 발휘했다. 하루는 구로다가 불쑥 오쿠마의 저택에 찾아와 과거의 경위를 사과하며, 장래의 협력을 약속했다.[134]

오쿠마는 구로다의 태도에 감동했다. 그러나 입각했다가는 개진당에게 역효과가 날지 몰라 주저했다. 오쿠마는 입각 수락 조건으로 다음과 같은 것을 제의했다. 즉 국회 개설 후 7, 8년 이내에 의원 내각제[135]를 확립할 것, 국회의원의 선거 자격은 부현회(府縣會) 의원의 선거 자격보다 엄격하게 하지 말 것, 질서 있는 진보를 기하며 과격한 혼란에 빠뜨리지 않도록 할 것, 이 세 가지였다.[136] 오쿠마는 또 이러한 조건이 충족되었을 경우, 그 서약을 널리 국민에게 알리기를 원했다. 이토는 이 조건들을 수락하기가 떨떠름했다. 그래서 몇 달 동안 스스로 임시 외무대신을 겸임했다. 그러나 결국은 타협이 성립되어 오쿠마는 입각했다.

오쿠마는 이노우에 가오루 못지않게 치외법권 폐지에 단호한 결의를 가지고 있었다. 이노우에 안을 수정한 오쿠마 안에는 논의의 현안이었던 국내의 여행, 거주, 토지의 구입을 외국인에게 허가하는 항목이 들어 있었다. 그러나 외국인 재판관의 역할은 한정되었고, 또 새 민법의 정본은 영어가 아닌 일본어였다.[137] 그러나 이런 양보로는 정부 내의 조약 개정 반대파를 회유하기에 불충분했다. 비판의 화살은 1888년, 1889년에 걸쳐 오쿠마안에 집중되었다.

그러는 사이 1888년 4월 28일, 천황은 추밀원(樞密院: 중요한 국무와 황실의 대사에 대해 천황의 자문에 응하는 합의기관)을 설치했다. 천황의 칙령에는 '짐은 원훈(元勳)과 실력 있는 사람을 뽑아 국무를 자문하고, 짐을 선도하고 보좌하는 힘에 의지할 필요가 있어 추밀원을 설치하여 최고 고문기관으로 삼으려 한다'고 되어 있다.[138] 추밀원의 주된 기능은 헌법 제정에 관한 문제들을 토의하는 데에 있었다.[139] 추밀원을 구성하는 고문관은 모두 국가에 공헌한 마흔 살 이상의 연공자로 이뤄지며, 의장과 부의장 및 고문관을 포함해서 약 열다섯 명이었다. 입헌 정치가 개시됨과 동시에 추밀원은 정부와 의회 사이에서 천황을 보필하는 임무를 다하게 될 터였다.

이토는 추밀원의 주창자였다. 이토는 단호히, 헌법은 천황이 국가에 내려주는 흠정(欽定)헌법이어야 한다고 믿고 있었다. 천황의 권위는 신성불가침이며, 또 천황의 재단(裁斷)은 절대적인 것이어야 한다. 추밀원의 역할은, 특히 정부와 의회 사이에서 대립이 생겨, 가령 대신을 파면하느냐 의회를 해산시키느냐 하는 사태가 일어났을 때, 천황의 재단을 바르게 이끄는 데에 있었다.

새로 결성된 추밀원의 중요성을 강조라도 하듯, 이토는 내각 총리대신을 사임하고 추밀원 의장으로 취임했다. 이토의 추천으로 구로다 기요타카가 후임자로 지명되었다. 천황은 내각 총리대신인 이토를 잃는 것이 내키지 않았으나 추밀원 의장으로의 이적을 승인했다. 아마도 이토 이외에 추밀원을 이끌 만한 인물이 없었기 때문이었을 것이다. 추밀원 회의는 천황의 참석으로 한층 격이 높아졌다. 천황은 병이 났을 때를 제외하고는 매번 회의에 참석했다. 천황은 의사 진행에 주의 깊게 귀 기울였으나, 한마디도 발언하지 않았다. 나중에 의장을 불러 이따금 의심나는 곳을 묻는 경우는 있었다.[140] 혹서의 계절로 접어들면서 회의장은 때때로 견디기 어려울 만큼 더웠다. 그러나 메이지 천황은 더위를 호소하지도 않고 싫증내는 일 없이 의사 진행을 지켜보았다.

무엇 때문에 천황이 엉뚱하고 따분한 소리들이 되풀이되기도 하는 토의에 몇 시간씩이나 귀를 기울였는지 이상하게 여길지 모른다. 어쩌면 다른 궁중 의식이나 무수한 외국인 방문자를 접견할 때의 무료함에 비해 천황의 주의를 끄는 것이 그곳에 있었는지도 모른다. 추밀원에서의 그 수많은 토의는 어쩌면 천황의 미래의 역할을 이해하는 데 소용이 될지도 몰랐다.

1888년 4월, 이토는 헌법 초안을 천황에게 봉정했다. 이미 1884년에 이토는 궁중에 설치된 제도조사국장으로 임명되어, 헌법 조사와 씨름하고 있었다. 이노우에 고와시, 이토 미요지(伊東巳代治), 가네코 겐타로(金子堅太郎)를 조사에 투입시키고, 태정관이 고용한 독일인 헤르만 뢰슬러—후에 도쿄제국대학교 법학부 교수—를 고문으로 삼았다. 그러나 이토는 바빠서 마음먹은 대로 일을 진척시킬 수가 없었다. 1886년, 이토는 헌법의 기초 잡기에 본격적으로 착수했다. 이노우에 고와시, 이토 미요지,

가네코 겐타로에게 각각 역할을 분담시키고, 이노우에 고와시를 책임자로 삼았다.

이토는 이미 빈에서부터 헌법 연구를 해오고 있었다. 이토는 아마도 헌법 정치의 '기축(機軸)'이 얼마나 중요한지에 대해 현지에서 배운 대로 반영시키고 있었을 것이다. 1888년 6월 18일, 추밀원에서 헌법 기초의 취지를 연설하면서 이토는 이렇게 말했다.

유럽에서는 이미 먼 옛적에 헌법 정치의 싹이 터, 수세기에 걸쳐 착실하게 발전해 왔다. 그래서 인민은 이 제도에 익숙해져 있다. 그뿐 아니라 종교는 유럽 제국의 기축을 이루며, 사람들의 마음속 깊이 침투해 있어서 단결하는 데 큰 도움이 되고 있다. 일본에는 종교로서 불교와 신도가 있다. 그러나 인심을 통일하기에는 너무나 미약하여, 기축의 구실을 못한다. 일본인이 지닌 유일한 기축은 황실이다.

그는 헌법 초안을 작성하면서도 언제나 이런 생각이 머리에 맴돌고 있었다. 그래서 군권(君權)을 존중하고, 군이 속박하는 일이 없도록 애썼다고 했다. 바로 이 '군권'이 이토가 준비한 헌법 초안의 기축이 되었다.

헌법 토의는 1888년 말까지 줄기차게 계속되었다. 다른 여러 문제, 예컨대 치외법권 폐기를 향한 조약 개정 문제가 망각되었던 것은 아니다. 그러나 멕시코와의 조약이 조인된 11월까지는 거의 진전이 없었다. 멕시코와의 조약은 멕시코인의 국내 거주와 토지 소유권을 인정하지만, 치외법권은 인정하지 않고 있다.

이것은 일찍이 불평등 조약을 맺은 국가와 일본이 대등한 입장에서 조인한 최초의 조약이었다. 그러나 다른 국가들은 멕시코의 예를 따르지 않았다. 영국과 프랑스는 일본과 조인한 현행 조약의 최혜국 조항에 의해 멕시코가 누리는 특권을 자동적으로 다른 국가에도 줘야 한다고 강력하게 요구했다. 그러나 이 조약은 당장 대단한 효과를 발휘하지는 못했다. 당시 일본에 있던 멕시코인은 한 명뿐이었기 때문이다.

새 궁궐은 이해 10월 말에 완성되었다. 황족은 1889년 1월 11일, 새 궁궐로 이사했다. 메이지 천황의 궁궐은 1871년 이래 협소한 임시 궁궐이었다. 천황의 낭비 혐오증은 새 궁궐 건설을 입에 올리는 것조차 주저하게 만들었다. 그러나 결국 천황은 일본의 국위를 위해서라도 군주에게 어울리는 저택이 필요하다는 의견에 따랐다.

거액의 비용이 들어간 새 궁궐은 일본 군주의 위광이 드러나기를 의도한 것이었다. 찾아온 외국인의 태반은 새 궁궐을 보고 감명을 받았다.[141] 궁중의 동쪽은 천황이 국가적 업무를 수행하는 곳으로 사용되었다. 천황은 그곳에서 금빛 옥좌에 앉아 외국 빈객을 접견했다. 천황의 생활 터전인 서쪽은 일본풍 건물이었다. 건물 뒤쪽에는 신전이 있어서 천황은 거기서 의식을 집전했다. 각각의 건물은 일본식 복도로 이어져 있고, 그 주위에는 뜰이 있었다.[142]

메이지 천황은 새 궁중 체제에는 아주 무관심한 듯 보였다. 히노니시(日野西) 자작의 회상에 의하면, 학문소 복도에 장식된 벚꽃 조화는 3, 4년이나 그대로 두어 색이 바랬는데도 천황은 알아채지 못한 것 같았다. 이 조화들은 너무나 더러워져서 천황이 서거했을 때 모두 태워버렸다.[143] 궁중에는 전기 배선이 되어 있어서 공무를 보는 방에서는 전기를 사용했다. 그러나 천황이 생활하는 서쪽에서는 전등을 사용하지 않았다. 누전이 큰 화재를 불러일으킬지 모른다고 두려워한 탓이었다. 그 바람에 양초를 사용하여 천장은 거뭇거뭇해지고, 특히 천황의 만년에는 궁궐의 꼴이 꽤 스산해졌다.

새 궁중으로의 이동은 임시 궁궐에서 행렬을 지어 갔다. 천황과 황후는 친왕과 각료, 기타 고관 등에 둘러싸여 오전 10시에 임시 궁궐을 출발, 1시간 후 새 궁중에 도착했다. 연도에는 여러 학교의 생도가 줄을 지어 국가인 〈기미가요(君が代)〉를 불렀다. 새 궁궐 정문 밖에서는 군악대가 연주로 일행을 맞이했다. 행렬이 니주바시(二重橋)에 도착하자 대낮인데도 폭죽을 쏘아올리고, 수많은 시민이 환영하는 만세를 불렀다.

1889년, 천황의 건강 상태는 전년보다 많이 나아졌다. 병 때문에 가끔 국사에 결석하는 일이 있기는 했지만, 이해는 천황의 치세 중에서도 가장 분주한 한 해였다. 천황이 재단할 일이 쉴 새 없이 들어왔다. 그중에서도 난제를 꼽으라면 육군 중장 다니 다테키에 관한 것이었다. 다니는 확실히 유능한 인물이었다. 그러나 토론을 좋아하고, 이토 히로부미, 이노우에 가오루와 첨예하게 대립해서 농상무대신의 자리를 사임할 수밖에 없었다. 그는 벌써 1년 반이나 공무에서 멀어져 있었다. 그가 남몰래 무엇인가를 기도하지 않을까 의심한 정부는 탐정을 풀어 그의 신변을 살피게 했다.

천황은 다니가 불평 많은 무리와 어울려서 에토 신페이나 사이고 다카모리의 전철을 밟아 반기를 들지나 않을까 우려했다.

최선책은 다니를 추밀원에 넣어 그 행동을 제어하는 것이었다. 1888년 12월, 천황은 모토다 나가자네에게 다니를 방문하게 해서, 추밀원에 나올 마음이 있는지 여부를 타진했다. 다니는 고사하고 움직이지 않았다.

다니를 설득하기 위해 요시히토 친왕의 교양 주임이며 과거 다니의 친구이기도 한 소가 스케노리(曾我祐準)[144]가 모토다와 함께 빈번히 다니의 객사를 찾아갔다. 다니는 천황이 진심으로 고문관 취임을 원한다는 사실을 알고 감격의 눈물을 흘렸다. 그러나 다니는 동지와의 약속을 깰 수는 없다고 말했다. 이미 동지에게 상원의 의관(議官)이 되어 반정부 소신을 피력하겠다고 약속했던 것이다.[145] 만일 자신이 이제 와서 추밀원에 출사한다면, 동지의 신뢰를 잃고 만다는 것이다. 다니는 자신의 반정부 입장은 황실에 대한 불충을 의미하는 것이 아니라면서 "일본의 반정부 세력은―독일 사회주의자나 러시아 허무주의자와는 달리―황실의 신봉자다. 정부가 탐정을 놓아 나의 언동을 정탐시키는 것은 우스꽝스러운 짓이다"라고 주장했다.[146]

추밀원에서의 심의는 계속되고 있었다. 1889년 1월, 개회를 하면서 이토는 다음과 같이 말했다.

헌법을 유럽어로 번역하고, 또 법률학자의 의견을 들은 결과 아직도 미흡한 점이 있다는 사실을 알았다. 아무리 세심한 주의를 기울여 가며 새 헌법을 작성하더라도 비판을 면할 길은 없다. 그러나 부주의로 인해서 후세에 결점을 남기는 일만큼은 피하지 않으면 안 된다.

반포 시기가 임박한 이 시점에 와서도 이토는 최후의 수정 조항을 제출했다. 예를 들면 황위 계승자는 남자에 한정한다는 것을 헌법에 명시해야 한다는 내용이다.

2월 5일, 추밀원은 황실 전범, 제국 헌법, 의원법(議院法), 중의원 의원 선거법 및 귀족원령(貴族院令)을 결정하여 각 세 통씩을 정서한 뒤, 두 통을 천황에게 봉정했다. 6일 후, 진무 천황의 즉위를 기념하는 기원절(紀元節) 제삿날인 2월 11일, 천황은 현소(賢所: 신전神殿, 황령전皇靈殿과 함께 궁중 삼전三殿의 하나)에서 황실 전범 및 헌법 제정 고문(告文)을 아뢰었다. 역대 선조들에게 아뢴 고문에서 천황은 이날의 대사가 달성된 것은 오로지 선조들이 이끌어준 덕이라고 말하고, 헌법을 준수하겠노라고 맹세했다. 천황은 황령전에 배례하고 다시 고문을 아뢰었다.

이어서 오전 중에 헌법 반포식이 열렸다. 황족, 내각 총리대신 및 각 대신, 각 부, 현 지사, 기타 국가 기관의 총수들, 그리고 각 국 공사 등이 한자리에 모여 천황의 칙어에 귀를 기울였다. 천황은 역대 천황뿐 아니라 그들의 충직한 신민을 찬양하고, 그 자손된 우리가 신민과 더불어 제국의 광영을 널리 내외에 선양하여 선조의 유업을 영구히 공고하게 만들 것을 서약했다.

칙어가 있은 후, 천황은 대일본제국 헌법을 내각 총리대신 구로다 기요타카에게 내려주었다. 이것은 천황이 국가에 헌법을 내려줌을 의미하는 상징적인 행위였다. 황족의 시의였던 에르빈 벨츠는 이날의 반포식을 다음과 같이 표현했다.

천황의 앞에는 조금 왼쪽을 향해 여러 대신들과 고관들이 정렬하고, 그 뒤에는 귀족이 있었다. 그 가운데는 유신만 일어나지 않았더라면 현재 쇼군이었을 도쿠가와 가메노스케(德川龜之助)라든지, 유일하게 양복을 입고 아직도 진짜배기 옛 일본 상투 촌마게(丁髷)를 틀고 있는 전 사쓰마 번주 시마즈(島津)를 볼 수 있었다. 묘한 광경이다! 천황의 오른쪽은 외교단, 홀 주변의 로비는 수많은 고관들과 다수의 외국인을 위해 개방되어 있다. 황후는 공주, 여관들과 함께 뒤를 따랐다. 긴 옷자락을 끄는 장밋빛 양장 차림이었다. 그러자 옥좌 좌우에서 대관들이 하나씩 두루마리를 들고 나왔는데, 그중 한 사람은 전 태정대신 산조 공이었다. 공의 손에 있는 것이 바로 헌법이다. 다른 쪽 두루마리를 천황이 집어들고 펼쳐서 소리 높이 읽었다. 그것은 일찍이 약속한 헌법을 자발적으로 국민에게 주게 되었다는 결정을 말하는 것이었다. 이어 천황은 헌법의 원본을 구로다 총리에게 내려주었는데, 총리는 이를 최고의 경의로 받아들었다. 의식이 끝나자 천황은 고개를 숙이고, 황후와 시종들을 거느리고 홀을 나갔다. 식은 겨우 10분 정도로 모두 종료되었다. 이러는 사이 축포 소리가 울리고 모든 종들이 울렸다. 의식은 시종 엄숙하고 화려했다. 다만 옥좌가 놓인 곳이 그 자체로는 호화로웠으나 바탕색이 너무나 붉고 어두웠다.[147]

1889년, 제국 헌법은 아시아 제국의 어떤 헌법보다 진보해 있었다. 그리고 유럽 제국의 몇몇 헌법보다도 자유주의적이었다. 그러나 이 헌법에서 '신성불가침'의 존재로서의 천황 및 천황에 부여된 주권의 강조는 주권이 국민에게 있다는 것과는 거리가 멀다는 사실을 보여주고 있었다.[148] 그러나 헌법의 수여는 일본에서의 대의(代議) 정체의 개시를 알리는 것이었다. 그날 공포된 상유(上諭)는 제국 의회가 1890년에 소집되면서, 의회 개회로 헌법이 유효하다는 것을 말하고 있었다.

헌법 반포식 거행에 앞서 새로 제정된 욱일동화대수장(旭日桐花大綬章)이 이토 히로부미에게 수여되었다. 당시, 조슈 출신 이토에게 포상하는 것과 균형을 맞추기 위해 사쓰마 출신인 내각총리대신 구로다 기요타카에게도 포상해야 한다는 의견이 있었다. 그러나 메이지 천황은 모토다의 지지가 있었음에도 불구하고 이를 물리쳤다.[149] 이 경사스러운 날에 옛 상처를 어루만져주는 의미에서 반란죄로 처벌된 사람들이 사면되고, 또 서훈되었다. 사이고 다카모리에게 정3위가, 요시다 쇼인(吉田松蔭)에게 정4위가 내려졌다.

같은 날, 문부대신 모리 아리노리가 헌법 반포식에 참석하기 위해 관저를 나오려 할 때였다. 한 사나이가 모리에게 면회를 요청했다. 모리는 아랫사람에게 이 남자를 맡기고 현관을 나오려 했다. 사나이는 모리에게 덤벼들어 부엌칼로 모리를 찔렀다. 모리는 중상을 입었다. 니시노 후미타로(西野文太郎)라는 그 사나이는 그 자리에서 칼에 맞아 죽었다. 모리를 찌른 이유가 밝혀졌다. 니시노는 모리가 이세(伊勢)의 대신궁에 참배했을 때, 구두를 벗지 않고 올라가 지팡이로 신렴(神簾)을 들춰 안에 안치된 신경(神鏡)을 보았다는 소문을 믿었다. 니시노는 이에 분개해서, 모리의 행위가 신명에 대한 모독일 뿐 아니라 황족을 모욕하는 짓이라고 해석했던 것이다.

니시노의 주머니에서 발견된 참간장(斬奸狀)은 자신이 이세에 가서 모리가 사실상 불경한 짓거리를 했음을 확인하고, 소문이 거짓이 아니라는 확신을 갖게 되었다고 적혀 있었다. 그러나 모리가 죽은 후 문부차관이 조사한 결과, 이는 터무니없는 헛소문이었다. 모리는 이튿날 숨을 거두었다. 천황은 모리의 업적을 치하하면서 동시에 애도의 뜻을 표하는 말을 내렸다. 천황은 모리에게 정2위를 내렸다.[150]

헌법 반포의 흥분이 일단 가라앉자 정부 각료는 미완의 사업, 특히 조약 개정 문제에 본격적으로 매달리기 시작했다. 오쿠마는 동양 제국에 대해 툭하면 연대하는 구미 국가의 정책을 깨는 일이 급선무라고 판단했다. 즉 연합 담판을 배제하고 나라별 담판 방침을 채택하기로 했다. 개정 조약안은 1888년 11월, 먼저 독일 공사에게 제시되었다. 그리고 다시 12월, 오쿠마는 미국 공사에게 개정 조약안을 건네고 조속히 본국 정부의 승인을 얻도록 요구했다. 그러면서 오쿠마는 이런 약속을 했다.

다른 나라의 진퇴가 어찌되든 미국 국민은 새 조약에서 생기는 이익을 누릴 수 있게 된다. 만일 다른 나라 정부가 최혜국 조항을 내걸고 동등한 이익을 요구해 와도, 미국 정부처럼 치외법권의 폐기를 받아들이지 않는 한, 똑같은 이익을 누릴 수 없다는 사실을 각 공사에 통고하겠다.

오쿠마는 유럽 제국으로부터 개정 조약에 대한 동의를 얻지 못하면 미국과의 조약은 아무런 의미가 없다는 사실을 알고 있었다. 그러나 오쿠마는, 만일 일본과 미국 사이에서 새 조약이 조인되려 하는 상황을 다른 나라 정부에 알릴 수 있다면, 그들도 자극을 받아 조약 체결을 위해 움직이지 않을까 하는 생각을 했다.

1889년 2월 20일, 오쿠마와 미국 공사 리처드 B. 하버드에 의해 조인된 화친 통상 및 항해 조약은 치외법권 철폐를 위한 커다란 한 걸음으로 기록됐다. 조약은 헌법 반포 기념일인 1900년 2월 11일에 실시되기로 했다. 미국은 조인을 서둘렀다. 새 공화당 정부가 민주당의 하버드가 취한 조치를 승인하지 않을지도 모른다고 우려했던 것이다.[151]

이미 예측했던 것처럼 영국은 조약 개정에 반대했다. 그러나 일본 측은 영국에 동의를 촉구하기 위해 최대한의 노력을 기울였다. 1888년 12월 29일, 오쿠마는 영국 공사에게 다음과 같은 점을 강조했다.

영국은 일본 수입 무역의 대부분을 차지하고 있으며, 양국의 무역량은 일본 해외 무역 총량의 3분의 1에 해당한다. 일본에 거류하는 외국인의 약 절반은 영국인이며, 그 이해(利害)는 다른 나라를 훨씬 웃돌고 있다. 메이지 유신 때 해리 파크스 공사에게서 받은 은혜를 일본인은 결코 잊지 않고 있다. 그러나 만일 영국이 조약 개정을 계속 저지해 나간다면, 일본인의 감사의 마음은 원망하는 마음으로 변할지도 모른다. 만일 영국이 개정안을 받아들이게 된다면 다른 나라들도 자연히 따르게 될 것이고, 일본인은 영국의 지지에 진심으로 감사하게 될 것이다. 즉 귀국은 극동에서 4천만의 인구와 18만 명의 정병(精兵)과 수십 척의 군함을 가진 신흥국을 동맹국으로 삼게 될 것이다.[152]

오쿠마의 웅변에도 불구하고 영국은 도무지 일본의 요구에 응할 기미를 보이지 않았다.

영국 측은 다음과 같은 점을 지적했다. 일본의 법률 편찬은 서양의 표준을 따른 것이 아니며, 개정 조약안에는 미비한 점이 여러 군데 있다. 만일 외국인에게 일본 재판권을 따르기를 바란다면, 즉시 국내를 개방해야 한다. 지금부터 5년이 경과해서 재판소의 구성이 확립되고, 법전의 편찬도 완료되고, 재판소가 만족할 만한 운영을 한다는 합리적이고 충분한 보증을 얻게 되면, 그때 비로소 영사 재판소는 폐지되고 치외법권은 파기될 것이다. 영국은 이 비슷한 조건을 관세율의 개정에 관해서도 주장했다.

일본 측에서 개정 조약에 관한 의문을 처음으로 제기한 사람은 미국 주재 특명전권공사 무쓰 무네미쓰(陸奧宗光)였다. 미일 조약 부속 공문에 의하면 조약 실시 후 적어도 12년간은 몇 명의 외국 국적을 가진 재판관을 대심원에 임용한다고 되어 있다. 그러나 무쓰는, 이것이 제국 헌법 제24조 및 제58조에 저촉되는 일이라고 주장했다.[153] 무쓰의 지적에 오쿠마는 저촉되는 사항은 없다고 대답했다. 그러나 외국 국적을 가진 재판관을 둘러싼 논의는 계속되었다.

1889년 6월 11일, 일본과 독일 사이에 개정 조약이 조인되었다. 마지막 막다른 길에서 다시 일본 측에 양보가 요구되었다. 그러나 독일 주재 특명전권공사 사이온지 긴모치는 독일 외상 헤르베르트 폰 비스마르크에게 일본의 결의를 보이면서 개정안에 대한 의향을 물어보았다. 비스마르크 외상이 의외로 일본 측에 호의를 보이는 바람에 사태는 호전되었다. 일본 정부는 개정 조인 성공을 기뻐하면서 일본 주재 각국 공사에게 개정 조약안을 건넨 뒤 본국 정부에 보낼 것을 요청했다.[154]

미국 및 독일과의 교섭이 성공했다고 해서 개정 조약에 대한 국내의 반발에 종지부를 찍은 것은 아니었다. 개진당의 기관지 〈우편보지신문(郵便報知新聞)〉은 '조약 개정 문답'이라는 제목으로 새 조약안에 관한 질의응답을 14회에 걸쳐 연재했다. 주필 야노 후미오(矢野文雄)의 목적은 새 조약의 영향에 불안을 느끼는 사람들을 안도시키는 데 있었다. 어떤 사람은 예컨대, 외국인 재판관의 임용은 외국의 내정 간섭을 초래하는 것이 아니냐고 우려했다. 그러나 야노는 '재판관의 임면, 징계의 권한은 완전히 일본인의 손에 있다. 그리고 만일 재판관이 일본에 귀화하면 내정 간섭의 위험 같은 것은 있을 수 없다'고 답했다. 또 외국인에게 국내를 개방해서 토지의 소유권을 인정한다면 일본의 주권이 위협받게 되지 않겠는가 하는 의문에 대해서는 '국제 관계는 대등하지 않으면 안 된다. 일본인은 이미 다른 나라를 자유로이 여행하고 토지를 구입할 수가 있다. 똑같은 권리를 외국인에게 인정하지 않는다면 불공평하지 않은가'고 주장했다. 또한 외국인에게 일본의 토지가 매점되어버리지 않겠느냐는 의구심에 대해서는 '토지보다 돈벌이가 잘 되는 투자의 대상은 많으며, 또 일본의 토지보다도 이익을 가져다주는 땅은 세계에 얼마든지 있다. 외국인이 일본의 토지를 매점하려고 몰려드는 일은 있을 수가 없다'고 답하기도 했다.

야노의 논거는 매우 설득력이 있었다. 그러나 개정 조약에 반발하는 국민들의 목소리는 높아져가기만 했다. 천황은 모토다 나가자네를 오쿠마에게 보내 개정 조약에 붙인 공문의 내용이 제국 헌법에 저촉된다는 비난에 대한 설명을 요구했다. 오쿠마의 설명은 석연치 않았다. 모토다는 천황에게 이토의 의견을 묻도록 권했다. 7월 24일, 천황은 이토를 불러 외국인 귀화법 및 재판관 고용 건에 대해 물었다. 이토는 처음에는 오쿠마의 개정 조약안에 찬성했고 천황에게도 승인을 요구했다. 그러나 조약안이 헌법에 저촉된다는 목소리가 높아짐에 따라 이토의 의견은 흔들리기 시작했다. 29일, 천황이 다시 이토를 불렀을 때 그의 답변은 비관적으로 바뀌어 있었다. 이토는 앞으로의 난처한 상황을 예견하면서 힘이 모자라 천황에게 올릴 해결 방법을 알아내지 못했노라고 고백했다.

많은 의문들이 답을 기다리고 있었다. 맨 먼저, 대국이 개정 조약을 받아들이지 않는 경우 그 나라와 맺어진 현행 조약은 무효로 할 것인가. 가장 중요한 대국 영국은 조약의 개정에 눈길조차 던지지 않았다. 일본이 국내에서의 교역권을 미국에 주었을 때, 예측한 대로 영국은 최혜국 조항을 내밀면서 미국과 똑같은 권리를 요구했다. 오쿠마는 영국의 요구를 거절했다. 영국 측은 시기상조라고 판단해서 일단 주장을 유보했다. 멕시코와의 수호 통상조약이 공포되었을 때도, 영국 공사는 멕시코가 누리는 모든 특권을 영국도 누릴 권리가 있다고 주장했다. 이에 대해 영국 공사에게, 만일 영국이 치외법권에 대해 양보한다면 같은 특권을 누릴 수 있다고 설득했다. 교섭은 오래 끌었다. 그러는 사이, 8월에 러시아와의 개정 조약이 조인되었다.

8월 14일, 추밀원 고문관 백작 소에지마 다네오미(副島種臣)와 자작 도리오 고야타(鳥尾小彌太) 등 몇 명이 외무대신 관저로 오쿠마를 찾아가 조약 개정에 대해 논의했다. 도리오는 외국인 재판관 문제를 끄집어냈다. 도리오의 생각으로는 대심원 판사에 외국인을 임용하는 것은 헌법 위반이었다. "외국인의 이익 보호에 급급해서 국민의 이익을 도외시하는 까닭이 무엇인가" 하고 도리오는 따졌다. 오쿠마는 도리오의 비판에 일리가 있다는 것을 인정하면서도, "치외법권에 의해 일본이 받고 있는 피해는 지금 요구되고 있는 양보로 생기는 피해보다 훨씬 크다. 만일 큰 해를 제거하기를 원한다면, 약간의 양보는 부득이하다"고 대답했다. 도리오는 다시 조약 개정을 꼭 단행할 생각이냐고 다그쳤다. 오쿠마는 그럴 생각이라고 답하면서도 천황이 비준하지 않는다면 달리 방법이 없다고 덧붙였다. 도리오는 반박하면서 오쿠마가 지금 할 수 있는 일은 사직하고 조약 개정을 중지하는 일이라고 윽박질렀다.

조약 개정 반대파는 정치가에 국한되어 있지 않았다. 조약 개정 중지를 요구하면서 각 부와 현에서 상경하는 자들이 줄을 이었다. 8월 18일, 반체제파의 신문, 잡지를 포함하는 여러 단체의 유지들이 전국 비조약 개정론자 연합 대간담회를 개최했는데, 참가자는 180여 명에 달했다.

그리고 25일부터 사흘간, 전국동지연합 정담(政談) 대연설회가 열렸다. 22일, 조약 개정 중지 운동 단체인 '일본 구락부'가 결성되었다. 〈일본신문〉은 조약 개정 중지를 외치는 논지를 폈다. 그리고 천황의 신뢰할 만한 추밀원 고문관, 특히 모토다와 사사키 다카유키를 통해 천황에게 그들의 뜻을 전달하려는 시도까지 했다. 이윽고 오쿠마의 사임 또는 탄핵을 요구하는 소리가 높아졌다.

항의의 소리는 공공연히 외국인 혐오의 색채를 띠기 시작했다. 특히 일본의 법정에 외국인 재판관을 임용한다는 데 대해 맹공격을 퍼부었다. '아, 지난날 막부를 공격한 여러분, 어찌 막부에는 용감하고 외국에 대해서는 이리도 비겁하단 말인가, 만일 개정안이 실시된다면 국가의 독립은 어찌 되는가' 등등 교묘하고 신랄하게 정부를 비아냥거리는 의견서가 나왔다.[155]

법제국(法制局)장관 이노우에 고와시는 내각 총리대신 구로다 기요타카에게 서한을 보내 조약 개정 교섭의 중지를 요구했다. 이노우에 가오루는 당초 재판관의 귀화인 채용설을 내놓고 있었다. 그러나 이제 조약 개정의 시도를 모두 단념하지 않는 한, 일본은 돌이킬 수 없는 일대 난국에 직면하게 된다고 확신하기에 이르렀다. 이노우에는 사직을 결심하고 구로다에게 청원했으나 받아들여지지 않았다. 이노우에는 사법대신 야마다 아키요시에게 서한을 보내 말했다.

1883년, 이와쿠라 도모미는 죽음의 자리에서 나에게 이렇게 명했다. 구미 제국이 법적 특권을 요구하는 한, 국내에서 함께 사는 것을 허용해서는 안 된다. 나라의 명운은 오로지 이 둘의 균형에 달려 있다. 이 일을 결코 잊지 말라.

이노우에가 두려워한 것은 다음과 같은 일이었다.

만일 일본이 조약 개정을 단행한다면 국권론자는 더 기승을 부릴 것이고, 애국자들은 거칠게 나오는 정론가(政論家) 편을 들어 외세 배척 운동을 일으킬 것이 틀림없다. 그럴 경우 일본은 결국 이집트와 같은 꼴이 되고 말 것이다.

지금까지 정부 수뇌가 제창하는 조약 개정에 찬성하는 것처럼 보인 천황도 이제는 마음이 불편했다. 천황은 오쿠마를 불러 영국과의 협의 경과 및 조약 조인 후 러시아와의 관계에 대해 물었다. 오쿠마는 영국과의 교섭은 매우 어려운 상태이지만 곧 조인될 전망이라고 보증했다. 천황은 납득하지 못했다. 지금까지 천황은, 구로다가 모든 일을 오쿠마에게 일임하고 있고 오쿠마가 독단적으로 전횡하고 있다는 인상을 가졌다. 이런 일을 한 사람에게 맡겨도 좋은 것인지 천황은 불안했다. 이토는 조약 개정 이야기를 끄집어낼 당시, 그것이 헌법에 저촉될 가능성에 대해서는 말한 일이 없었다. 그래서 천황도 동의했던 것이다. 문제는 이제 무엇을 해야 할 것인가였다. 공문을 철회할 것인가, 조약 개정 시도를 단념할 것인가. 아니면 조약 개정안을 좀 더 수정할 것인가. 천황은 이토에게 의견을 상주하라고 명했다.

이토에게는 답변할 묘안이 전혀 없었다. 그러나 오쿠마 파면을 요구하는 반개정파의 목소리는 나날이 거세졌다. 이 지경에 이르자 우국의 예언자들이 기세를 올렸다. 니시무라 시게키는 조약 개정 반대의 논진을 펴고, 의견서에 반대하는 이유를 다음과 같이 썼다.

구미인들의 영악하고 거센 기질은 끊임없이 그들을 침략으로 몰아대고 있다. 만일 우리가 그들의 학문에 감복하고 그들의 부에 눈이 휘둥그레져서 그 감언이설을 믿고 그 종교에 현혹되는 날이면, 마침내 그들의 술수에 빠지게 될 것이다. 일본이 인도, 터키, 이집트 등의 전철을 밟을 것은 정한 이치다. 일본과 구미의 국세의 강약, 그리고 국민들의 지혜롭고 어리석음, 재산의 빈부 등의 차를 비교해 보라. 만일 구미인에게 국내 거주를 허용하고 토지 소유권을 준다면, 이로운 것은 전적으로 그들뿐이고, 일본인에게는 해만 초래할 것이다. 1백 년쯤 지나면 땅의 주인은 모조리 구미인이 될 것이고, 오늘날의 지주는 소작인이 되어 있을 것이다. 국가 건설 이래로 수천 년 동안 황실의 소유였던 토지는 외국인의 소유가 될 것이고, 상공업의 실권도 모조리 외국인이 장악하게 된다. 일본인은 그야말로 노예처럼 학대받게 될 것이다. 현행 조약에도 결점이 없는 것은 아니다. 그러나 개정 조약에 비한다면, 나라에 해를 끼칠 일이 아주 적다. 현행 조약의 취지는 애써 외국인을 멀리하자는 데 있다. 그러나 개정 조약은 그들을 우리들 가까이로 끌어들임으로써, 국가를 위태롭게 만들 우려가 있다.[156]

니시무라가 천황의 시강으로 선택된 것은 서양의 제도에 정통해 있었기 때문이다. 그러나 니시무라의 외국인 평가에는 준엄한 데가 있었다. 과거 수년 동안 치외법권은 일본에 대한 서구 우월주의의 가장 가증스러운 체현으로 여겨져왔다. 그러나 니시무라의 생각으로는, 치외법권의 폐기 대신에 일본이 강요당할 희생에 비한다면 그것은 그리 대단한 것이 아니었다. 얄궂게도 일본인을 치외법권의 희생자라고 전혀 생각하지 않고 있는 영국인들로서는, 독일이 얻는 것도 별로 없으면서 일본에 많은 양보를 한 것이 이상하기 짝이 없었다.[157]

10월 3일, 사태가 점점 심각해지는 것을 우려한 천황은 궁내차관 요시이 도모자네를 통해 구로다에게 조속히 이토와 협의해서 조약 개정의 단행이냐 중지냐의 여부를 정하라고 했다. 구로다는 온갖 반대를 무릅쓰고서라도 개정을 단행할 결심을 굳히고 있었다. 그러나 이토는 당초 개정에 찬성하고 있었지만, 이제는 그것을 수행할 용기를 잃고 말았다. 구로다는 이를 불쾌하게 여겨 병이 났다면서 아무와도 만나려 하지 않았다. 오랜 세월 동안 천황의 두터운 신뢰를 받고 있던 추밀원 고문관 사사키 다카유키는, 천황에게 조약 개정 반대 운동이 나날이 그 세를 불리고 있는 현상을 보고했다. 사사키는 만일 천황이 결단을 내리지 않으면 예측할 수 없는 사태를 초래하게 될 것이라고 예견했다. 그러나 천황은 영국과의 교섭이 결말 날 때까지 기다릴 계획이었다. 동시에 천황은 이토, 구로다, 오쿠마의 협의 결과를 기다리고 있었다.

천황이 있는 자리에서 내각 회의가 열렸다. 그러나 쌍방 모두의 견해가 팽팽히 맞서 교착 상태에 빠졌다. 사태를 우려한 추밀원 고문관 등은 조속히 내각 회의에서 조약 개정의 가부를 결정하여 추밀원에 돌리라고 천황에게 주청했다. 그러나 천황은 이토로부터 구체적 제안이 없는 상태에서 행동하기를 주저하고 있는 것 같았다. 찬성파나 반대파 모두 내무대신 야마가타 아리토모에게 지지를 요구했으나 야마가타는 시기상조라면서 연기를 권고했을 뿐이었다.

10월 18일, 한 '애국자'가 오쿠마를 습격했다. 그날, 각의를 마치고 오쿠마가 관저로 돌아가기 위해 외무성 문밖까지 왔을 때였다. 한 남자가 튀어나와 오쿠마의 마차에 폭탄을 던졌다. 오쿠마는 중상을 입었다. 치료를 위해 달려온 벨츠 박사는 대퇴부 절단밖에는 방법이 없다는 진단을 내렸다. 벨츠는 일기에 다음과 같이 썼다.

일찍이 일본인 모두가 바라고 있던 숙원을 엄청난 노고와 수완으로 달성한 오쿠마가 이제 외국인에게 나라를 팔아먹으려 하는 국적(國賊)이라느니, 그 밖의 엉뚱한 비난을 받기에 이르렀다. 이러한 일반 감정이 최고조에 달해서 이번과 같은 비열한 암살 행위로 나타난 것이다. 추밀원 의장인 이토 백작은 며칠 전에 사표를 제출해 놓고 있다. 그는 참으로 교활한 여우다![158]

결국 오쿠마는 한쪽 다리를 절단하고 부상에서 회복했다. 그러나 조약 개정은 적어도 당분간 암초에 부딪쳐 있었다. 벨츠는 분노의 심정으로 이렇게 쓰고 있다.

일본인의 이야기를 듣거나 일본 신문을 읽다 보면, 이 조약의 시정을 열망하고 있는 쪽은 외국인이며, 일본인에게 강요하고 싶어서 안달이 나 있다! (중략) 1년쯤 지나면 진상이 더 명백해질 것이다. 그때는 일본인도 반드시 스스로 개정을 요구하게 되리라고 믿는다.[159]

구로다는 스스로 조약 개정 실패의 모든 책임을 지고 천황에게 사직을 주청했다. 후계자로는 야마가타를 추천했다. 그러나 결국, 무난하기는 하지만 행동력이 좀 모자라는 산조 사네토미가 내각 총리대신에 취임했다. 이것은 야마가타 내각이 준비를 갖출 때까지의 잠정적인 조처였다. 오쿠마는 외무대신 직을 사임했다. 적어도 당분간은 불평등 조약 개정을 위한 전투는 휴전에 들어갔다.

제41장 학(學)을 닦고 업(業)을 익히고

1890년 새해, 세는나이로 서른아홉 살이 된 천황은 작년에 이어 사방배를 하지 않았다. 기록에는 '감기 탓'이라고만 되어 있다. 그러나 헌법 논의를 비롯한 아주 중대한 문제에 관한 심의를 몇 시간씩이나 큰 관심을 가지고 들었던 천황이었다. 병이라기보다는 늘 하던 의식에 진력이 났을 것이다. 이렇게 때때로 의식을 소홀히 하는 일은 있었지만, 이해의 천황은 지금까지보다도 더 열심히 공무에 힘을 쏟으며, 하루도 쉬는 날이 없었다. 7월 19일, 시종장 도쿠다이지 사네쓰네는 일기에 '근자에 폭염이 찌는 듯하건만, 성상은 매일같이 납시어, 모든 일을 친히 재단하시면서 지치는 기색도 없으시다'[160]라고 썼다

1월 7일, 첫 강의가 언제나처럼 어전에서 세 과목의 진강으로 시작되었다. 우선 모토다 나가자네의 『주역(周易)』한 절, 다음에 니시무라 시게키에 의한 『만국사』에서 독일사 한 장, 마지막으로 모즈메 다카미(物集高見)에 의한 『속일본기(續日本記)』에서 교운(慶雲) 4년(707)의 조사(詔詞)에 대한 진강이 있었다. 고대

중국, 서양, 일본이라는 주제의 조화는 유지되어 있었다. 천황 교육의 일환인 이들 진강이 천황에게 그리 큰 관심거리가 된 것 같지는 않았다. 천황의 일상에서는 재미를 느낄 만한 부분을 찾을 수 없었다.

관례의 의식은 상당한 시간 낭비가 되고 있었다. 응접해야 할 외국인 방문자의 줄은 끊일 줄 몰랐고, 형식에 맞춘 환영, 송별 인사가 몇 번이고 되풀이되었다. 그리고 궁중이 외국 황실과의 교제에 너무나 열심인 나머지, 천황은 유럽 황족에게 아기가 태어날 때마다 축전을 보내지 않을 수 없었다. 게다가 더 재미없는 의무는 외국 군주나 황족의 사망 소식을 받을 때마다 덩달아 상을 치러야 한다는 점이었다. 유럽 나라들끼리야 왕실이 혈연, 혼인 관계로 서로 연결되어 있으므로 이런 의무는 당연한 것이었다. 그러나 1월 8일의 고 빌헬름 1세의 황후 아우구스타 사망은 메이지 천황에게 별로 의미가 없는 소식이었을 것이다. 그러나 일본 궁중은 21일간 거상(居喪)하지 않을 수 없었다. 역시 1월 20일, 잘 알지도 못하는 이탈리아 황제의 동생 아오스타 공 사망 소식으로 다시 6일간 거상 기간을 두어야 했다. 천황의 '사촌'들의 죽음은 꽤 빈번하게 일어났다. 그래서 거상 기간에 대해 내규를 정할 필요가 생겼다. 교제 제국들을 대국(러시아, 영국, 독일, 오스트리아, 이탈리아)과 소국(네덜란드, 스페인, 벨기에, 하와이, 스웨텐, 포르투갈 등)으로 구분했다. 대국의 황제나 황후, 황태자가 사망했을 경우 궁중의 거상 기간은 21일로 잡았다. 그러나 소국의 황족 사망에 대해서는 겨우 사흘인 경우도 있었다.[161]

천황의 신변 가까이서 일어난 일로는, 천황은 여전히 황태자의 건강에 대해 마음 쓰고 있었다. 1월, 소노 사치코가 천황의 일곱 번째 공주를 낳았다. 그러나 황태자인 요시히토의 건강은 언제나 천황의 근심거리였다. 건강 상태가 시원치 않기 때문에 황자는 혹서나 혹한기에는 도쿄를 떠나 있을 수밖에 없었다. 그렇게 해야 한다는 사실을 알았을 때 천황이 얼마나 상심했을지 짐작이 간다. 언제나 군주에게 과해진 의무를 염두에 두고 있었던 천황은 자신의 위안을 위해 도쿄를 떠나기를 계속 거부해 왔다.[162]

이 시기 천황의 또 하나의 근심거리는 전 당상 화족들의 곤궁함이었다. 그 대다수는 근년 들어 부쩍 어려움을 면치 못하고 있었다. 하나의 해결책은 그들을 신관(神官)으로 삼는 일이었다. 그러나 이것은 그리 간단한 일이 아니라는 사실이 밝혀졌다. 그런가 하면 황족 중에서 가장 언변이 좋은 아사히코(朝彦) 친왕은 국사 자문 등에 관해 집요하게 탄원하는 바람에 천황을 괴롭게 만들었다. 4월의 교토 행차 때, 천황은 화족들의 어려운 처지를 애처롭게 여겨 1만 엔을 하사했다.[163]

이런 문제들은 천황에게는 직접 관련이 있는 중요한 일이었다. 그러나 천황의 주된 관심은 이미 정치로 쏠려 있었다. 특히 7월 1일로 예정되어 있는 중의원 총선거는 아시아에서는 전례가 없는 사건이었다. 그렇다고 전해부터 상당히 심각한 논의거리가 되어 온 외국과의 조약 개정 문제가 아주 잊혀진 것은 결코 아니었다. 그러나 별 진전도 없이 시간만 허비하고 말았다. 1월 29일, 신임 외무대신 아오키 슈조―전년 12월 24일 취임했다―는 천황의 승인을 얻기 위해, 일본이 각국에 제시할 조약 개정에 관한 각서안을 상주했다. 궁내대신 히지카타 히사모토는 천황 자신이 크게 분발하지 않는 한, 조약 개정에 대처하고 교섭을 성공으로 이끌기는 불가능하다는 생각을 분명히 했다. 히지카타는 인심을 수습하는 일이야말로 가장 중요하다고 판단했다.

천황은 우려를 표하며 이토 히로부미와 오래도록 고문 노릇을 한 사사키 다카유키에게 의견을 물었다. 사사키는 조약 개정 문제를 결정하기에 가장 적절한 기관은 내각이라고 주장했다. 또, 나아가 국체와 경신(敬神)에 대해 논한 다음, 일본은 구미 제국들과는 사정이 다르다고 말했다. 천황은 이에 대해 내각 및 사회의 상층에 있는 사람들이 생각하는 것과, 지방 백성들이 생각하는 것 사이에도 상당한 차이가 있다. 이 점을 충분히 고려하지 않으면 안 된다고 했다.

모든 국민의 목소리를 대변하고 있다고 자처하는 관리에게 천황은 이런 형태로 비판을 가한 것이다. 천황이 내비친 이 의견에 대해서는 지극히 보수적인 사사키조차도 깊은 감명을 받았다.

천황은 의회 개설 후의 여러 문제들에 대해 이토에게 물었다. 천황의 질문에는 여태까지와는 다른 예리함이 엿보였다. 가령 "내각이 제출한 의안으로서 행정상 긴급을 요하는 것임에도 불구하고 의회가 협조하지 않는 경우 어찌되는가"라는 것이 있었다. 이토는 "의회의 협조 없이는 아무 일도 진행되지 않는다. 그런 경우 내각은 의회의 협조를 얻기 위해 최대한의 노력을 하지 않으면 안 된다"고 답변했다. 천황은 계속해서 "그렇다면 예를 들어 귀족원과 중의원이 서로 견해를 달리하고, 또 내각과 의회의 견해가 어긋나는 경우에는 어찌하는가"라고 반문했다. 그런 경우에는 추밀원이 중요한 역할을 하지 않으면 안 된다는 것이 이토의 대답이었다.

그리 심오한 질문은 아니었다. 그러나 이미 천황이 정치에 진지하게 관심을 가졌음을 엿볼 수 있다. 이러한 관심은 각료들도 마찬가지였다. 지금까지 각료들의 각의 출석은 들쭉날쭉이었다. 천황 자신도 이에 대해 불만을 토로했다. 그러나 이제 각료들은 모든 각의에 출석할 의무가 있었다. 물리적으로 출석할 수 없는 각료는 미리 그 사정을 통지하지 않으면 안 되었다. 대신이 제출한 의안이 심의될 때, 해당 대신은 다른 각료에게 설명과 의견을 개진해야 하고, 또 참석한 각 대신에게 주의해야 할 사항을 제시해야 했다. 그렇게 함으로써 각의가 정숙해지고, 민첩하게 운영되기를 기대했던 것이다. 각의가 비로소 각의다워졌다는 인상을 주게 되었다. 지금까지는 각의는 이름뿐이고, 실은 한 패거리끼리 또는 라이벌끼리 농담을 주고받으며 정치적 이권을 나누는 자리에 지나지 않았다. 의사 진행에 관해서 이토가 해외에서 배운 것들이 열매를 맺기 시작한 것이다.

2월 8일, 외무대신 아오키 슈조는 각국에 앞으로 어떠한 조약이 되었든 '대등'이 필수 조건이 된다는 내용의 각서를 제시했다. 의회 소집 기간이 박두하고, 헌법의 실시도 눈앞으로 다가온 지금, 조약 개정 성취를 위해 역대 외무대신이 제안해 온 갖가지 양보는 이제 적절하지 않다는 것이 분명해졌다. 입법부와 헌법을 소유한 일본은 더 이상 서양 선진국에 뒤떨어진 대접은 받을 수 없었다. 아오키는 일찍이 이노우에 가오루, 오쿠마 시게노부가 제안한 양보에 관해 다음 네 개 항목의 개정안을 제시했다.

첫째, 외국 출신의 재판관을 대심원에 임용하는 데 관한 허약(許約)의 취소. 둘째, 제국(帝國) 제 법률의 조사 편성 및 공포에 관한 약관의 철회. 셋째, 외국인이 부동산을 소유할 수 있는 권리에 관한 약관의 철회. 넷째, 외국인으로 하여금 내국인과 같은 지위를 얻게 하는 데 대해 그 권리에 약간의 제한을 두는 일.

그러고 나서 아오키는 '30년 전 각국에 준 권리를 하루아침에 일소할 수 없다는 점은 알고 있다. 그러나 일본은 앞으로 국민의 복리를 손상시키고, 입헌국으로서의 위엄을 손상하는 조약을 일절 체결할 수 없음을 선언한다'고 덧붙였다

유럽 제국, 특히 영국이 이렇게 일방적으로 변경된 사항을 받아들일 것으로 여겨지지는 않았다. 그러나 전년에 고조된 조약 개정에 대한 반발의 목소리는 불가피하게 교섭의 새로운 공통 기반을 만들 필요가 있음을 느끼게 했다. 조약 개정 문제는 그저 무시한다고 해서 끝나는 일이 아니었다. 전년의 교섭 실패를 상기한 천황은 모든 논의를 충분히 한 다음에 일을 추진하라고 은근히 모토다 나가자네에게 말했다. 모토다는 천황의 뜻을 추밀원 고문관 등에게 전했다. 그러나 외교적 수단에 의한 진전은 거의 찾아볼 수 없었다. 그 대신 일본은 법적 조직의 변경에 착수했다. 일찍부터 유럽 제국은 일본의 구식 불문법 아래 자국민이 고통을 당하지 않을까 우려를 표명해 왔다. 이것은 그러한 우려의 근거를 없애버리기 위한 조처였다.

3월 18일, 재판소의 재편이 결정되었다. 이것은 이해에 벌어진 갖가지 변혁의 시작이었다. 같은 달 27일, 오랜 준비가 열매를 맺어 민법이 공포되었다. 나폴레옹 법전의 번역에 착수한 것은 이미 1870년의 일이었다. 1876년 민법 편찬 위원이 지명되어 민법의 기초를 잡는 일에 착수한 뒤, 초안이 완성된 것은 1878년 이었다. 정부는 이에 만족하지 않고 좀 더 좋은 법전을 편찬하

기 위해 구미의 입법과 학설을 조사하도록 했다. 1879년, 사법성 촉탁인 프랑스인 귀스타브 부아소나드에게 새로운 초안의 기초를 명했다. 부아소나드가 작성한 초안이 심의되고, 이것이 번역된 것은 1886년이었다. 그리고 많은 수정이 가해지고 완성을 서둘렀으나 이때가 되어서야 겨우 원로원과 추밀원의 승인을 얻을 수 있게 되었다. 민법과 동시에 민사소송법, 상법도 공포되었다. 이런 새로운 움직임으로 일본의 사법 제도가 전횡이나 부정으로 이루어진 것이 아니라는 사실을 외국인들에게 납득시킬 수 있었다. 그러나 그들은 아직 조약을 개정하려는 시늉조차 하지 않고 있었다. 대등한 조약을 요구하는 일본인의 소망은 이뤄지지 않고 있었다.[164]

이들 사법 조직의 변혁에 대한 천황의 반응에 대해서는 기록이 없다. 아마 천황의 머릿속을 차지하고 있었던 것은, 아이치(愛知) 현에서 시찰하기로 되어 있는 대훈련에 관한 것이 아니었을까 여겨진다. 천황은 3월 28일 오전 7시 30분, 열차로 나고야를 향해 떠났다. 도중에 몇 번의 휴식을 취하고, 나고야에 도착한 것은 오후 5시였다. 시민들은 대단한 열기와 환희로 천황을 맞이했다. 폭죽을 쏘아올리고, 붉은 등이 거리를 비추었으며 환영을 나타내는 푸른 잎의 아치가 설치되었다. 나고야를 기점으로 하는 이번 행차는 순행이라고는 할 수 없다. 아마 이 행차의 목적이 훈련 시찰에 있었기 때문일 것이다. 그러나 이 행차는 천황의 인기를 높이는 데 도움을 주었다.

육해군의 연합 훈련은 동군(일본군)과 서군(침입군)으로 패를 나눈 모의전쟁 형태로 진행됐다. 서군은 강대한 함대로 바다를 제압하여 이미 이즈 오시마(伊豆大島)와 시모다(下田) 등 연안 지역에 부대를 상륙시켰다. 동군의 사명은, 도쿄 공략을 목적으로 다방면에서 접근해 오는 서군의 공격에 맞서 도쿄 만을 방어하는 데 있었다. 30일 밤부터 시작되어 이튿날까지 계속 내린 폭우 속에서 강행된 훈련은 어려움이 많았다. 천황은 비바람을 무릅쓰고 질척거리는 도로에도 아랑곳없이 말을 종횡으로 달리면서 훈련을 시찰했다. 폭우와 진흙으로 함께 간 문무 제관들이 천황을 따라가지 못했다. 천황을 따라붙은 사람은 좌대신 다루히토 친왕뿐이었다. 천황과 다루히토는 완전히 길을 잃어 도중에 마주친 한 농부에게 관전하기 적당한 장소를 안내하게 했다. 천황은 농부에게 마실 것을 청했다. 그러나 농부가 차를 가지고 돌아왔을 때는 이미 따라온 문무 제관이 천황을 둘러싸는 바람에 접근할 수가 없었다. 차는 시종을 통해 천황에게 건네졌다. 이때야 비로소 농부는 자신에게 말을 건넨 상대가 누군지 알아차렸다.

모의 전투는 당초 동군에게 유리한 듯이 보였다. 그러나 침략군인 서군은 노기 마레스케(乃木希典) 등 유능한 장교의 지휘 아래 공세로 전환했다. 침입군이 반드시 격퇴되리라 기대하고 있던 천황은 어쩌면 낙담했을지도 모른다. 육지와 바다에서 5일간 치러진 대훈련은 끝났다. 그러나 그사이에 갖가지 일화가 남겨졌다. 예를 들면 천황이 그 고장의 초등학교에서 교탁을 식탁 삼아 오찬을 들었는데, 학생용 찻잔으로 학교에서 마시는 차를 마셨다는 것이다.[165]

황후는 나고야에서 합류해서 4월 5일, 천황과 함께 교토로 갔다. 도쿄와 교토를 연결하는 철도는 1889년 7월에 준공되어 이제까지의 행차보다 편하게 이동할 수 있었다. 그날 저녁, 천황과 황후가 교토 어소에 도착했을 때, 궁중에는 벚꽃이 활짝 피어 있었다. 교토를 자신의 고향으로 여기고 있는 천황은 옛 추억에 잠겨 노래를 읊었다.

고향의 꽃잔치를 와서 보니
우는 꾀꼬리 소리도 반갑구나

교토에 도착한 지 며칠 후, 천황 내외는 고메이 천황의 묘소를 참배했다. 그리고 황후는 교토 시립 맹아원으로 행차했고, 천황은 제3고등학교로 가서 학생들의 체조 등을 관람했다. 4월 9일, 교토 지사와 시가(滋賀) 현 지사의 간곡한 청원으로 천황 내외는 최근 막 준공된 비와(琵琶) 호의 수로를 보러 갔다. 수로는 교토로 물을 끌어대기 위해 만든 것이었다. 이 수로 시찰을 하기 위해서는 터널을 통과해야 했다. 이를 안 아사히코 친왕이 크게 놀라 궁내대신을 불러 "만일 터널을 지나다가 자갈 하나라도 떨어져 옥체를 다치게 하면 어쩔 텐가" 하고 따졌다. 대신들은 송구해하며 수로 시찰에는 대리인을 파견하기로 천황에게 상주했다. 그렇게 해서 천황 대리가 수로를 시찰하는 동안 천황 내외는 휴게소에서 수력발전소를 관람했다.

4월 15일, 빅토리아 여왕의 셋째 왕자 콘노트 공작 아서와 그 아내인 루이즈 마르그리트가 세계 유람 도중 도쿄에 들렀다. '다행히' 천황은 교토 행차 중이었다. 그 바람에 어수선하게 이들 귀빈을 환대할 절차를 마련할 필요가 없었다. 천황과 황후는 귀경을 서두르지 않았다. 또다시 해군을 경시한다는 소리를 들을 것을 우려한 천황은 18일, 고베 항에서 거행되는 해군 관병식을 보기 위해 교토를 떠났다. 가는 길에 해군의 주요 군항인 구레(吳)와 사세보(佐世保) 항에도 들렀다. 황후는 나라(奈良)로 가서 주요 신사를 방문했다. 천황 내외가 귀경한 것은 5월 7일의 일이었다.

그러는 동안 공작 부부는 인력거를 타고 골동품을 사는가 하면 벚꽃도 감상하며 도쿄 체재를 즐겼다. 영국 공사 부인 메리 프레이저는 편지에 다음과 같이 쓰고 있다.

공작 부인은 참으로 열성스러운 '경승(景勝) 탐방가'로 걱정거리라고는 오직 하나뿐입니다. 그것은 자신이, 보통 여행가라면 혼자 힘으로 찾아낼 만한 무언가 흥미로운 경험을 놓쳐버리지나 않을까하는 거랍니다. 도착하시기 전, 전언이 있었는데 가능한 선에서 관광의 자유를 얻기 위해 비공식적으로 여행하고 싶다는 희망이었습니다.[166]

천황이 귀경한 것은 공작 내외가 5월 8일에 밴쿠버를 향해 떠나기 바로 전날이었다. 내외가 출발하는 날 아침, 황족인 고마쓰노미야(小松宮) 아키히토가 천황 부부의 선물을 전하기 위해 공작 내외가 머무르는 영국 공사관을 찾아갔다. 당시의 일본인은 지나치게 꼼꼼하다 싶을 정도로 시간관념이 정확해 외국인을 놀라게 하곤 했다. 이것은 오늘날까지도 일본인들 사이에서 이어져오고 있는 전통이다. 프레이저 부인은 이렇게 회상하고 있다

고마쓰노미야 친왕은 9시 15분 전, 아무 기별도 없이 불쑥 찾아왔습니다. 그런데 공작이나 부인이나 그렇게 이른 시간의 방문

에 대해 충분한 준비가 되어 있지 않았습니다. 하지만 11시 이전에 내외분은 요코하마로 떠나기로 되어 있었으니까, 이 시간이야말로 유일하게 만날 수 있는 때였던 것입니다. 다행히도 휴(남편인 프레이저 영국 공사)는 준비가 되어 있었던 터라……**167**

콘노트 공작 내외의 일본 방문은 사고 없이, 그리고 불필요한 부산을 떨지 않고 끝났다. 이것은 외국 귀빈 방문자를 접대할 때의 새로운 선례가 된 경우다. 공작 내외가 일본을 떠난 지 오래지 않아, 내각 총리대신 야마가타 아리토모는 의미 있는 내각 개조를 차례로 진행해 갔다. 그것은 일본의 정치에 새로운 시대가 왔음을 보여주는 것들이었다. 이미 개혁은 전년의 제1차 야마가타 내각이 성립할 때, 경시총감에 사쓰마 출신자가 아닌 인물을 앉힌다는 야마가타의 결단에 의해 시작되었다. 경시청은 지금까지 총감 이하 많은 자리를 사쓰마 출신들이 독차지해 왔다. 이런 특정 지역 지배가 지금까지 숱한 권력의 남용을 낳았다. 야마가타는 의회 개회에 앞서 개혁 단행을 결심했던 것이다. 1889년 12월, 도사(土佐: 지금의 고치高知 현) 출신인 다나카 미쓰아키(田中光顯)가 경시총감에 임명되었다.

이 임명은 전례를 깨는 것이었다. 그러나 별로 충격적인 것은 아니었다. 왜냐하면 도사는 각료를 독점하고 있던 서국(西國: 서쪽 지방) 4개 번의 하나였기 때문이다.**168** 이듬해인 1890년 5월에 행해진 야마가타의 다음 조처는 더 극적이었다. 야마가타는 서국 4개 지역 이외의 출신자 두 명을 입각시켰다. 문부대신인 요시카와 아키마사(芳川顯正: 현재의 도쿠시마德島 현인 아와阿波 현 출신), 농상무대신인 무쓰 무네미쓰(현재의 와카야마 현인 기이

紀伊 현 출신)이다.[169] 이 두 대신의 임명은 서국 4개 지역 출신 정치가의 반발을 초래했다. 천황까지도 여기에는 보류를 표명했다. 천황은 전부터 무쓰를 좋아하지 않았다. 천황에 의하면, 무쓰에게는 '1878년의 사건'이 있었다.[170] 그 인물을 갑자기 믿기는 어렵다고 판단한 천황은 망설였다. 그리고 요시카와는 사람들에게 인기가 없다고 했다. 이 두 명을 발탁하기 전에 좀 더 숙고할 필요가 있다고 했다. 야마가타는 이에 대해 다음과 같이 답변했다.

무쓰는 이미 감옥에서 수년간 죄값을 치렀습니다. 이제 만일 무쓰에게 그 재능에 어울리는 지위를 주지 않는다면, 무쓰는 반정부 활동을 일으킬 정치 결사에 다시 가담할지도 모릅니다. 만일 배신하는 일이 있으면 제가 책임지겠습니다. 성상의 마음을 어지럽히는 일은 결코 없을 겁니다.

그리고 옛 친구인 요시카와에 대해서도 이렇게 보증했다.

요시카와는 내무를 맡기기에는 아직 무리가 있지만, 문부성의 일을 해낼 만한 능력은 충분히 갖추고 있습니다. 제가 책임지고 요시카와를 지도하겠습니다.

야마가타는 교육은 국가의 대사라면서 계속 말을 이었다.

제가 여러 차례 문부대신 에노모토 다케아키를 설득해 장차의 교육 기준을 정하려 했습니다. 그러나 에노모토는 우유부단해서 아무것도 달성하지 못했습니다. 만일 요시카와를 문부대신으로 임용한다면, 문부대신이 경질되더라도 변경할 필요가 없는 교육의 대원칙을 반드시 확립할 것입니다.

천황은 마침내 두 사람의 임용을 승인했다. 임용은 성공적이었다. 천황은 야마가타의 수완에 매우 감명을 받아 6월에 그를 육군 대장으로 승진시켰다.

선거의 시행으로 입헌 정치가 활동을 개시하기까지는 아직도 많은 문제가 남아 있었다. 6월 28일, 선거 직전에 행정재판법이 제정되었다. 그리고 이틀 후 새로 선출될 의회를 향해 정치의 직권을 명확히 하려면 추밀원과 내각의 활동 범위를 정해야 한다는 의견이 나왔다.

7월 1일, 제1회 중의원 의원 선거가 치러졌다. 선거는 헌법 반포 때인 1889년 11월에 천황의 이름으로 내려진 중의원 의원 선거법 규정에 의해 시행되었다.[171] 홋카이도, 오키나와(沖縄), 오가사와라(小笠原) 제도를 제외한 일본 전국의 선거구에서 3백 의석을 놓고 싸웠다. 선거권은 엄격하게 제한되었다. 여성은 투표할 수 없었다. 남성에게는 연령, 거주, 재산에 따라 자격이 주어졌다. 스물다섯 살 이상으로 해당 부현(府縣)에 1년 이상 영주자로 거주하며, 국세를 적어도 15엔 이상 내고 있는 사람이어야 했다. 4천만 명 중 45만 365명이, 다시 말해서 인구의 약 1.14퍼센트만이 투표를 할 수 있었다. 기권을 하더라도 법적 제재는 없었으나 투표 자격이 있는 자의 93.9퍼센트가 투표했다. 이는 선거에 대해 국민들이 지대한 관심을 가졌음을 의미한다.[172]

바로 얼마 전까지 나라를 분열시킨 내전을 돌이켜볼 때, 선거는 폭력 사태 없이 놀라울 정도로 순조롭게 진행되었다. 일반적으로 선거 부정은 없었던 것 같다. 그렇지만 글을 읽고 쓸 줄 모르는 유권자가 투표할 때면 사소한 속임수가 있었다.[173] 그러나 R. H. P. 메이슨은 이렇게 논평하고 있다.

2년 후의 제2회 총선거 때와는 아주 대조적으로 정부는 대항 세력의 패배를 확실한 것으로 만들기 위한 행정, 사법상의 권력을 남용하는 짓을 전혀 하지 않았다. 선거법은 중립이었고, 경찰 및 정치, 사법 당국의 집행 역시 중립이었다.[174]

『메이지 천황기』는 선거에 대한 천황의 반응에 대해서는 아무런 언급도 하지 않고 있다. 직접 영향은 없었다지만, 천황이 선거 결과에 무관심했던 것 같지는 않다. 이토 히로부미에게 귀족원 의장의 지위를 수락할 것인지, 추밀원 의장으로 다시 취임하겠는지를 계속 설득하고 있었던 것을 보더라도, 천황이 정치의 장래에 깊은 관심을 가지고 있었다는 사실을 알 수 있다. 이토는 최종적으로 귀족원 의장 취임을 수락했다. 단, 한 회기만 하겠다는 조건으로 수락했다.[175]

의회 정치가 개시되면서 집회, 결사의 자유가 전보다 확대되었다. 7월 25일, 정담(政談) 집회의 개최와 결사 신고 절차를 간략화하는 법률이 제정되었다. 해산 명령을 받은 집회의 연설자에 대해 1년간 정치 연설을 금지한다는 조항은 현행법에서 삭제되었다. 또 경관이 집회의 해산을 명할 수 있는 범위를 규제해서 직권을 남용할 수 없게 했다. 그러나 동시에 새로운 규정으로 미성년자 및 여성의 정담 집회 출석 및 정치 결사 가입이 금지되었다. 의회 개회 중에는 의회에서 3리 이내에서의 옥외 집회, 그리고 대규모 대중운동이 금지되었다.

이 시기의 황실 역사상 특징적인 일이라면, 전국의 여러 지역에서 황실 소유지가 착실하게 증가했다는 점이다. 『메이지 천황기』는 새로이 황실 부속지로 편입된 곳의 소재와 면적을 되풀이해서 기록하고 있다.[176] 당연한 일이겠지만, 소유지의 증가와 여기서 발생하는 세입은 황실의 권위 강화와 연결되었다. 천황이 새롭게 황실의 소유가 된 갖가지 수렵지, 온천, 경승지를 이용하는 일은 거의 없었다. 그러나 이들 소유지는 천황 주변 사람들의 마음을 안심시키는 데는 도움이 되었을 것이다. 과거에 여러 천황이 경험한 빈곤을 메이지 천황은 겪지 않게 된 것이다.

의회는 11월 29일까지 소집되지 않았다. 막판에 이르러 온갖 개혁이 제안되었다. 9월 24일, 추밀원 고문관 백작 사사키 다카유키를 비롯한 고관들이 연서해서 신기(神祇)에 관한 관청 설치를 요구하는 건의서를 내각 총리대신에게 제출했다.[177] 이 관청의 기능은 국가의 제사, 예식 및 세치에(節會: 조정에서 절일節日이나 의식이 있는 날 베풀던 연회), 대소 신사와 대상제(大嘗祭), 문무관이나 제국 의회 의원의 선서 등에 관한 사무를 취급하는 일이었다. 그 장관은 경중(敬重)해야 할 최상의 지위를 지닌다는 의미에서 황족이나 명문가에서 선출되어야 한다고 했다. 이 관청의 장관은 천황을 보필해서 주로 제사의 대임을 담당하게 된다. 사사키는 국가의 질서를 바르게 하기 위해서는 우선 천고 불변의 국체를 유지하지 않으면 안 된다고 확신했다. 국체에서 빼놓을 수 없는 것은 신기 숭경의 일이다. 민심의 결속을 단단히하기 위해서는 충군애국의 황도(皇道)를 확충해 나가야 했다.

'조상 및 천신지기(天神地祇)를 제사할 최고의 관아(관청)가 없다는 것은 메이지 성대(聖代)의 일대 결함이 아니겠는가' 하고 사사키는 역설했다.[178]

야마가타는 이 건의를 각의에 내놓았다. 당초 궁내성에 신기원(神祇院)을 두는 일은 어렵지 않게 각의의 동의를 얻을 수 있을 것 같은 분위기였다. 그러나 궁내대신 히지카타 히사모토는 사사키의 취지에는 동의하지만 실행에 옮기기는 곤란하다고 지적했다. 사사키의 안에 의하면 대소 신사는 모두 신기원의 관할 하에 두게 된다. 그러나 전국에는 3만여 신사가 있는 데다가 자격 미달의 신사까지 합친다면 8만이 넘었다. 이것을 전부 관리하는 건 큰 문제가 아닐 수 없었다. 난관에 부딪힌 내각은 가장 안전한 길을 선택했다. 천황에게 재단을 내려달라는 건의서를 올린 것이다.

천황은 이토 히로부미를 불러 의견을 물었다. 이토는 "본디 신기 존숭은 당연한 일이므로 더 이를 말이 없습니다. 그러나 새로이 관제를 마련한다는 것은 여간 큰 일이 아닙니다. 각의에서 충분히 논의를 한 다음 천황의 재가를 받아야 할 것입니다"라고 답했다. 궁내차관 요시이 도모자네는 산조 사네토미에게 의견을 물었다. 산조는 새로 관사(官司)를 마련하는 것은 경비 문제가 있다면서 사사키의 제안에 반대했다. 그리고 공연히 신관을 우쭐하게 만들게 된다고 경고했다. 다른 각료 중에도 이의를 제기하는 자가 있었다. 만일 사사키의 제안이 받아들여진다면 구미인에게 '외래 종교 배척을 위한 정략이 아닌가'라는 오해를 살 우려도 있었다. 또 국내에서는 '신도를 국교로 삼아 종교에 차별을 두자는 것이 아닌가' 하는 불교도의 의심을 받을지도 몰랐다.

입헌 정치가 창시되는 마당에 정치와 종교의 혼동을 초래할 수도 있는 일을 추진하는 것은 온당한 생각이 아니라는 것이 대부분의 반대 이유였다.

사사키는 이에 대해 "조상을 존숭하는 일은 바로 황국의 국체를 세우는 것이다. 신기원 설치는, 신기를 종교 위에 우뚝 세우는 일이며 신기 숭배가 황국 고유의 도라는 것을 명확히 해서 종교의 자유를 확보하는 것이다"고 응수했다. 하지만 결국 아무런 결정도 내려지지 않았다. 그러나 신도와 국가의 특별한 관계는 앞으로 몇 년간 상당히 중요성을 띠게 된다.

10월에 접어들어, 장기간에 걸쳐 간접적으로 큰 영향을 미치게 될 일이 있었다. 당초 관립 학교에만 배포되어 있던 천황과 황후의 '어진영(御眞影)'이 점차로 각 현립 학교에서 촌립(村立) 학교에까지, 각 학교 부담으로 복사 봉안되게 되었다. '어진영'은 충군애국의 정신을 함양하는 수단으로써 3대 명절 같은 때에 교직원과 학생들에게 경배하게 했다.[179] 아마 거의 모든 교직원과 학생들이 적어도 처음에는 이 의무를 애국 행위로 받아들였을 것이다. 그러나 경배의 대상이 국기 같은 상징물이 아니라 한 장의 사진이었다. 이런 사실 때문에 이윽고 종교나 다른 여러 가지 이유로 경배를 거부하는 자가 나타나게 되었다. 천황 숭배, 나아가 천황 신격화의 씨앗은 '어진영' 앞에서 최고의 경의를 표하는 자들에게 심어지고 있었다.

10월 30일, 천황은 〈교육 칙어〉를 내렸다. 이바라키(茨城) 현 이와마하라(岩間原)에서 상당히 고된 훈련 관람을 마친 천황은 전날 막 귀경했다. 천황은 평소 행차하는 곳마다 학교 수업을 참관하는 등 교육에 특별한 관심을 쏟아왔다. 천황은 유학의 고문

모토다 나가자네에게 진작부터 교육의 기반으로써 젊은이들에게 충효사상을 불어넣어줄 책을 쓰라고 권했다. 모토다는 일본이 서양의 문물과 제도를 채용하고 모방할 필요성이 있다는 사실은 인정했다. 그것은 열강의 위협 가운데서 일본이 독립과 위엄을 유지하기 위해 필요한 일이었다. 그러나 한편으로 국체의 본질, 교육의 연원을 돌아보지 않고 국민이 성지(聖旨)로부터 자꾸만 멀어져가는 경향이 있음을 개탄했다. 모토다는 거듭 개탄스러운 현상을 바로잡아 보려고 했었다. 궁중 고문관 니시무라 시게키 역시 국민 도덕의 근원이 언제나 황실에 있다는 점을 강조했다. 지방 장관 등은 문부대신에게 구미 편중의 교육을 배제하고, 일본 고유의 도덕을 키울 수 있도록 조속히 교육 방침을 확립해야 한다고 건의했다.

천황 역시 현 교육 상황을 우려하고 있었다. 천황은 문부대신 에노모토 다케아키에게 학생이 늘 암송할 잠언 편찬을 명했다. 에노모토는 편찬을 시도했으나 해내지 못했다. 에노모토의 후계자로 요시카와 아키마사가 문부대신에 취임했을 때 천황은 다시 편찬을 명했다. 요시카와는 천황의 뜻을 받든 칙유의 문부성 안을 작성했다. 쉽게 말해 요시카와의 취지는 다음과 같았다.

우리나라에는 충효인의(忠孝仁義)의 도가 있다. 알기 쉽고 또 행하기 쉽다. 사실 이는 국체의 본질로서 교육의 본원이다. 우리나라의 교육 방침을 정하는 일을 이외의 어디에서 구할 것인가.

여기 게시된 교육 방침을 보고 한눈에 깨닫게 되는 결점은, 그것이 지극히 유교적—적어도 당시 사람들이 유교적이라고 생각하고 있던 것—이어서 아무런 참신함도, 일본 고유의 특징도 없어 보인다는 사실이었다. 아닌 게 아니라 일본 국가의 본질이라고 할 충효의 가치를 부정하는 사람이 있으리라고는 여겨지지 않는다. 교육 방침이 독자적인 일본의 특색을 띠게 하는 유일한 방법은 황실의 중요성을 강조하는 일이었다. 이런 방향성의 부여는 사실상 교육 칙어 작성 때 채택되었다.

이노우에 고와시는 이제 지적 문제를 처리하는 전문가로 인정받고 있었다. 이토 히로부미는 그를 '지혜 주머니'라고 불렀다. 이노우에에게 문부성 안에 대한 의견을 묻자 이런저런 이유로 반대했다. 우선 이노우에는 교육에 관한 칙유가 정치상의 칙어와 같아서는 안 되며, 또 군사 교육에서의 군령과 같아서도 안 된다고 말했다. 날카로운 지적이었다. 또 이노우에는 '경천(敬天)' '존신(尊臣)' 등의 말을 사용해 종교상의 논쟁을 불러오는 일은 피해야 한다고 주장했다.

난해한 철학 논리를 구사하거나 정치적 냄새를 풍기지 않아야 한다. 한학자의 말투, 혹은 양학자의 기질 습관에 치우치는 것도 안 된다. 제왕의 훈계는 끝없는 대해의 물처럼 의젓해야 하며, 또 어리석음을 경계하고 악을 경계하는 언사를 사용하되 소극적인 교훈이어서도 안 된다. 한 종파를 기쁘게 하고 다른 종파를 노하게 하는 어투가 있어서도 안 된다. 이러한 점을 피해가면서 진실된 옥 같은 말을 완성하기란 12누대(고층 건물)를 세우기보다 더 어려운 일이다.

이 견해의 개요를 살펴봐도 알 수 있는 것처럼 이노우에의 비판은 대체로 부정적이었다. 이노우에는 나중에 스스로 원고를 기초했다. 이것을 모토다에게 보이고 그 의견을 받아들여 두 번째 원고를 기초했다. 야마가타와 문부대신 요시카와는 문부성안을 버리고 이노우에의 두 번째 원고를 채택하기로 했다. 약간 문체를 수정한 다음 천황에게 봉정했다. 천황은 이를 찬찬히 읽어보았는데 마음에 덜 차는 부분이 있었다. 특히 충효인의 등의 덕목 조항에 미진한 곳이 있다고 지적했다. 8월 26일, 모토다는 천황의 지적을 참작해서 원고를 손질한 뒤 이노우에에게 보냈다. 이노우에는 모토다와 함께 퇴고를 거듭하고, 한 글자 한 글자 들어내고 보태는 일을 되풀이했다. 마침내 내각 안으로써 최종 원고가 완성되어 10월 21일 천황에게 상주했다. 천황은 꼼꼼하게 읽으며 일언일구를 음미했다. 천황의 재가는 10월 24일에 내려졌다. 학자들 사이에서는 아주 오래전부터 알려져 있었던 일이지만, 천황의 이름으로 반포되는 칙어는 실제로 천황이 쓰는 것은 아니다. 그러나 최종 원고에 천황이 손을 대는 일은―그것이 다른 사람이 쓴 것이기는 하지만―적어도 1인칭으로 전하는 연설문에 군주나 대통령이 가하는 수정과 마찬가지로 의미있는 일이었다.

칙어 자체는 짧고 간결하다. 그러나 좀처럼 보기 힘든 어려운 한자를 사용하고 있었기 때문에 원문으로 이해하기란 영어 번역문보다도 어렵다. 칙어는 이렇게 시작되고 있다.

짐이 생각하건대, 우리 황조(皇祖)와 황종(皇宗)이 나라의 기초를 놓은 것은 아득한 옛날로 거슬러 올라가는데, 그 사업은 참으로 위대했다. 도덕을 확립하고, 두터운 은혜를 신민에게 끼쳤다. 우리 신민이 충효를 중히 여기고 온 신민이 마음을 하나로 모아 대대로 미풍을 온전하게 전해 온 일은 우리 국체의 정화(精華)로서, 교육의 근본도 그곳에 있다. 그대들 신민은 부모에게 효행하고 형제는 사이좋게, 부부는 화목하게, 붕우끼리는 서로 믿으며, 스스로는 삼가고 깊이 절도를 지키며, 박애를 민중에게 끼치며, 학문을 닦고 기능을 익힘으로써 지능을 계발하고, 훌륭한 인격을 닦으며, 스스로 나아가 공익에 이바지하고, 이 세상에서 해야 할 의무를 넓히고, 언제나 국헌을 중히 여겨 법률을 따르며, 일단 국가에 큰 일이 일어나면 바르고 용감하게 공(公)을 위해 봉사하고, 천지와 함께 영구히 이어질 황운(皇運)을 보필하라. 이렇게 한다면 그대는 단순한 짐의 충량한 신민일 뿐 아니라, 그대 선조의 유풍을 세상에 밝게 드러내는 일을 다하는 것이 된다.[180]

천황의 선조 및 역대 천황에 대한 숭경의 말로 시작되는 문장이 그야말로 일본적이라는 데는 의문의 여지가 없다. 여기서는 충효의 덕목이 마치 고대로부터 이어져 내려온 것처럼 쓰여 있다. 하지만 『고사기(古事記)』 같은 곳에서는 그런 것을 강조하고 있지 않다. 그리고 주자학의 정통을 이룩해놓은 주자의 가르침에도 맞지 않는다. 주자가 효심의 중요성을 말한 것은 틀림없다. 그러나 주자의 주장은, 나라에 대한 충성 대신 아우가 형을 존경하는 것으로 대표될 수 있는 연장자에 대한 존경의 미덕이었다. 주자가 격물(格物: 자연의 원리)의 연구에 부여한 중요성이 칙어에서는 빠져 있다. 여기서 강조된 것은 학문적으로 뛰어나야 한다는 점이 아니었다. 강조된 것은 건국 이래 몇 세대에 걸쳐 일본인이 황실에 충성을 바쳐왔다는 사실이었다. 칙어는 다음과 같이 맺고 있다.

여기서 말하는 도덕은 모두가 우리 황조 황종의 유훈(遺訓)으로 자손인 천황과 신민이 함께 따르고 지켜야 할 것들이다. 이들 도덕은 고금을 통해 잘못된 것이 없으며, 이를 세계에 베풀더라도 도리에 어긋나는 바가 없다. 짐은 그대들 신민과 더불어 이를 항상 잊지 않고 지켜서, 모두 한결같이 훌륭한 인격을 닦기를 염원하는 바이다.[181]

천황의 신민이 학문을 닦고 기능을 익히기 바란다는 것 말고는, 칙어에는 현재 및 장래의 교육 내용에 대해서는 거의 언급하지 않고 있다. 천황의 신민은 선량한 시민으로서 국헌을 중시하고 국법을 따르라고 강요하고 있다. 그리고 위급한 때에는 용감하게 국가에 자신을 바치라고 명하고 있다. 그러나 교육과 밀접한 관계가 있는 다른 문제에 대해서는 전혀 언급이 없다. 교육은 모든 국민에게 과해진 의무 교육일까. 만일 그렇다면 어디까지가 의무 교육이라는 것인가. 여자는 남자와 평등하게 교육받아야 하는가. 과학, 법률, 의학 같은 서양의 학문은 도덕 교육과 마찬가지로 중시해야 할 것인가. 전통적인 일본의 기예는 교육에서 빼놓을 수 없는 한 고리를 이루는가. 체육은 중요한가. 칙어는 얼핏 보기에 소년 천황이 선서한 5개조 어서문에 비해 진보한 것이 없어 보였다.

그러나 이 칙어는 5개조 어서문과 달리 찬양받았을 뿐 아니라 숭배받기까지 했다. 1891년 1월, 칙어가 반포된 지 몇 달 후의 일이다. 고등중학교 촉탁 교원이던 우치무라 간조(內村鑑三)

는 교육 칙어에 있는 천황의 서명 앞에 다른 교사, 생도와 함께 경의를 표해야만 했다. 그것은 마치 '불교와 신도 의식에서 으레 하는 것처럼 조상의 위패 앞에서 머리를 숙이는 것과 같은 방식' 이었다. 우치무라는 이 일이 있은 지 2개월 후 미국인 친구에게 다음과 같은 편지를 보냈다.

나는 이러한 기묘한 의식을 받아들일 준비가 되어 있지 않았다. 이것은 학교장의 새로운 발상이었다. 나는 세 번째로 단 위로 올라가 90도로 허리를 깊이 숙이는 경례를 하게 되어 있었다. 그러므로 찬찬히 생각할 틈이 없었다. 당황하고 주저한 끝에 나는 기독교도의 양심을 걸고 안전한 길을 택했다. 위엄 있는 60명의 교사(기독교도는 한 명도 없었고, 나 이외의 기독교 교사 2명은 결석했다)와 1천 명 이상의 생도 앞에서 나는 나의 입장을 고집해서 그런 식의 경례를 하지 않았다! 나로서는 공포의 순간이었다. 내가 한 짓의 결과를 한순간에 깨달았기 때문이다.[182]

학교에서 동료들이 허리를 90도로 굽혀 경의를 표하라고 권했을 때 우치무라는 "현명한 천황이라면, 신민에게 그 같은 인사를 시킬 것이 아니라 오히려 우리가 일상생활 속에서 지켜야 할 교훈을 줘야 마땅하다"고 대답했다. 그러나 결과적으로 우치무라는 '학교, 학교장, 그리고 자신의 학생들을 위해' 경의를 표시할 수밖에 없었다.[183] 우치무라의 해고를 바라지 않는 교장이 그것이 숭배를 뜻하는 것은 아니라고 보증했기 때문이었다. 우치무라처럼 '이 의식을 매우 우스꽝스럽다고 생각한' 사람들은 또 있었을 것이다. 그러나 동료들이 모두 하는데 혼자 거부하는 행동은 용기가 필요한 일이었다. 마음속으로는 어떠한 반감을 가지고 있다 하더라도 거의 모든 사람들은 결국 허리를 굽혀 경례를 한 뒤 한목소리로 '문명의 위대한 초석'이라며 찬양했다.

교육 칙어의 영향이 눈에 띄게 금방 나타난 것은 아니었다. 교육 칙어 반포에 앞선 1890년 8월, 문부대신 요시카와 아키마사는 고등 교육에 관한 성명을 발표하면서 제국대학 이하의 모든 관립학교 및 6대 사립학교가 도쿄에 집중해 있는 현상을 우려했다. 도쿄에 집중된 학생들의 수는 약 5천 명이라고 했는데, 전국적인 수를 놓고 따지자면 매우 편중되어 있었다. 특별 인가 학교라는 사립학교 중에는 정당의 기관이 되어 있는 곳도 있었다. 그리고 영국, 프랑스, 독일 학문 일변도여서 일본 전통과는 거리가 먼 곳도 있었다. 교육의 기본적인 소양이 없는 혈기 왕성한 젊은 이들은 막연히 법률, 정치학의 한 자락을 배우고, 국가의 복지에 헌신하기는커녕 공리공론의 늪 속으로 빠져들기 일쑤였다. 이러한 현상을 시정하기 위해서는 지방에도 대학을 설치해서 학생들이 도쿄로 몰리는 일을 피해야 했다. 하지만 이 문제는 다음 세기에 들어서도 해결되지 않았다.

1890년 11월 29일, 기다리고 기다리던 제1회 제국 의회 개원식이 거행되었다. 그날 아침, 천황의 행렬은 오전 10시 30분에 황궁을 출발하여 귀족원으로 향했다. 다루히토 친왕, 내대신(內大臣) 공작 산조 사네토미, 내각 총리대신 백작 야마가타 아리토모, 추밀원 의장 백작 오키 다카토(大木喬任)를 비롯한 고등관 등이 수행했다. 의원 문전에서는 귀족원, 중의원 양원 의장 등이 천황 일행을 맞이했다. 양원 의원은 이미 식장에 정렬했고, 각국 공사와 공사관인, 친임관, 훈1등 수장자(受章者) 같은 초청객이 착석해 있었다. 천황은 식부장(式部長)의 선도로 식장에 모습을 드러냈다. 시종은 신검(神劍)과 검새(劍璽)를 들고 시립하고, 친왕 이하 수행원도 자리에 앉았다. 천황은 옥좌에 앉아 참석자로부터 최상급의 인사를 받았다. 내각 총리대신이 칙어서를 받들어 들고 나갔고, 천황은 이를 낭독했다.

칙어에서 천황은 즉위 이래 20년 동안 국가 제반의 제도가 대체로 달성된 것에 만족의 뜻을 표명했다. 그리고 그 발전으로 해서 앞으로도 제국의 영광과 신민의 충성스럽고 용맹한 기질이 내외에 알려지기를 바랐다. 천황은 또 각국과의 수호 통상을 더 넓혀 국세를 확장하기를 바랐다. 다행히 조약 체결국과의 교제는 점차로 돈독해졌고, 천황은 그 성과에 기쁨을 나타냈다.

그 어조는 확실히 교육 칙어보다는 외교적이었다. 그러나 여기서도 또다시 일본 국민의 발전은 황조, 황종의 덕택이라고 했다. 귀족원 의장 백작 이토 히로부미는 앞으로 나아가 천황에게서 칙어서를 받았다. 여기서 의원 일동이 경례를 하고, 천황은 절을 받았다. 천황이 나가자 의식은 끝났다.

황실에서 일하던 독일인 의사 에르빈 벨츠 박사는 일기에 짤막하게 '역사상 기억할 만한 사건 현장에서 이제 막 돌아왔다, 천황에 의한 제1회 일본 의회 개원식'[184]이라고 적어놓았다.

제1회 제국 의회 소집은 많은 사람들의 꿈이 실현된 것이었다. 그중에서도 오쿠마 시게노부의 꿈이 비로소 현실로 이뤄졌다. 대중소설 작가들까지도 눈앞으로 다가온 의회 개설을 맞아 흥분에 들떠 있었다. 수많은 독자들이, 서양 선진국처럼 국민 모두의 자유를 보장하고, 보다 나은 생활을 약속하는 의회에 의해 일본이 지배되는 것을 꿈꾸고 있었다. 새로운 종류의 소설―메이지 10년대의 정치소설—은 이들 방대한 수의 독자들의 마음에 호소하기 위해 쓰였다. 이처럼 고매한 희망을 품고 있던 수많은 사람들은, 이윽고 실제 의회의 의사 진행에서 으레 발생하는 너절한 입씨름에 환멸을 느끼게 된다. 그래도 일본이 민주주의 달성을 위해 거대한 발걸음을 한 발 내디딘 것만은 의심할 여지 없는 사실이었다. 그러나 그 앞길에는 어두운 그림자가 드리워져 있었다.

1891년 설날, 천황은 전통에 따른 신년 의식을 거행했다. 그러나 이틀 후 심각한 병에 걸렸다. 유행성 독감이 온 나라에 퍼졌는데, 황실도 예외는 아니었다. 먼저 많은 여관들이 감기에 걸렸고, 이어 황후 그리고 천황에게까지 미쳤다. 천황은 40일간 어쩔 수 없이 자리에 눕고 말았다. 공무에 복귀한 것은 2월 16일이었다. 그사이에도 천황의 재단을 필요로 하는 문제에 대해서는 항상 보고를 받고 있었다.

유행성 독감은 천황 측근의 목숨을 앗아갔다. 1월 22일, 모토다 나가자네가 발병 후 일주일 만에 숨을 거두었다. 모토다의 발병을 안 천황은 즉시 에르빈 벨츠 박사를 파견해서 진찰하게 했다. 그리고 여러 차례 병문안을 했고 안부를 염려했다. 21일, 모토다가 위독하다는 보고가 들어왔다. 천황은 유학 고문이자 시강으로서 20여 년간 천황을 섬겨온 모토다를 화족에 올리고, 남작 작위를 제수(除授)하며 종2위에 봉했다. 천황은 추밀원 고문관 이노우에 고와시를 파견해서 이를 직접 모토다에게 고하게 했다. '나가자네, 감읍하다. 합장하며 오래도록 머리를 땅에 대고 예를 표하며 두터운 천황의 은혜에 감사했다'고 기록되어 있다. 그리고 얼마 지나지 않아 모토다는 숨을 거두었다.

모토다가 천황에게 전한 것은 교육의 중요성, 그리고 천황은 천부의 직무를 충실히 다해야 한다는 유학적인 신념이었다. 천황은 성년이 된 다음에도 국가의 방침을 모토다와 의논했고, 스승의 의견을 늘 존중했다. 모토다는 도쿠가와 시절의 유학자치고는 서양에 대해서도 상당한 지식이 있었다. 그러나 기본적으로 모토다는 보수적이어서 좀처럼 신지식의 가치를 인정하려 하지 않았다. 이 점에 관해서는 천황에게 좋은 영향을 끼치지 못한 것 같다. 그러나 직무에 대한 천황의 대단한 헌신, 절약 정신, 신민과 고생을 함께 나눈다는 결의는 확실히 이 스승에게서 배운 것이었다. 모토다의 죽음을 알았을 때, 이토 히로부미는 후임을 둘 필요가 없다면서 "모토다의 업적은 모토다였기에 해낼 수 있었다. 석학 박식의 인물이라 하더라도 그를 대신할 수 없다"고 상주했다.

유행성 독감은 2월이 되어서도 여전히 기승을 부렸다. 산조 사네토미 역시 2월 18일에 죽었다. 그날 새벽, 천황은 산조가 위독한 상태에 빠진 것을 알고 죽기 전에 그를 만나야겠다고 생각했다. 행렬이 제대로 갖춰지기도 전에 천황은 시종장 등 세 명을 대동하고 산조의 저택으로 향했다. 당직 근위 사관 두 명, 전령 기병 세 명만이 호위를 맡았다. 병상으로 안내되자 천황은 직접 상태를 물었다. 산조는 병에 대해서는 언급하지 않고 "오랜 세월 동안 큰 은혜를 받아 감명이 깊은 터에 이제 또 친히 방문을 받으니 망극한 은혜를 말로 다 표현할 수 없으며, 병상에 있는 채로 맞이하는 비례를 용서해 주시기 바란다"라고 대답했다. 천황은 직접 산조를 정1위로 봉하고 그 위훈을 치하하며, 궁내대신 히지카타 히사모토에게 증서를 보이게 했다. 산조는 이를 병상에 누운 채 받았다. 히지카타를 통해 천황이 미리 손을 쓴 것이 틀림없었다. 천황은 산조가 억지로 몸을 움직이다가 병이 악화될까 두려워했던 것이다.

천황은 오래 머물지 않았다. 그러나 그 직후 서위(敍位) 칙서를 산조에게 보냈다. 여기서 천황은 산조에 대한 은공을 말하며, 산조를 '사부(師父)와 같다'고 치하하고 있다. 이 말은 이와쿠라 도모미가 죽었을 때 천황이 애도하던 말을 떠올리게 한다. 그러나 천황의 기분에는 미묘하게 다른 점이 있었음이 틀림없다. 유신 이전의 산조는 격렬한 존왕양이파 구게였다. 1863년, 산조는 고메이 천황을 억지로 이와시미즈하치만(石淸水八幡) 신궁으로 양이(攘夷) 기원을 위한 참배를 하게 만든 일이 있다. 같은 해 조정의 공무합체(公武合體) 방침에 반대한 산조는 다른 여섯 명의 과격한 구게들과 함께 조슈로 낙향했다. 메이지 천황은 당시 너무 어려서, 천황에게 거역한 이런 사실을 기억하지 못하고 있는지도 모른다. 어쨌든 메이지 천황은 이미 산조를 용서한 지 오래였다.

산조는 우유부단한 것으로 알려져 단호한 결단을 내리지 못하는 것처럼 보였다. 유신 후 산조는 변했다. 메이지 천황은 이와쿠라, 기도, 이토에 비해 산조에게는 그다지 신뢰하는 마음이 가지 않았다. 산조가 정부에서 중직을 차지할 수 있었던 것은 그가 높은 신분의 구게 출신이었기 때문이다. 신정부 수립에 공헌한 구게는 거의 없었다. 가문의 무게를 항상 염두에 두고 있던 천황이 산조를 실력 이상으로 평가하고 있었는지도 모른다. 산조의 장례는 국장의 예로 치러졌고, 호국사(護國寺)에 안장되었다. 산조는 일반 국민에게 영합하는 일은 일절 한 적이 없었다. 그러나 군중은 연도에 나와 울면서 산조의 장례를 배웅했다고 한다.

천황이 병드는 바람에 보통 때 같으면 신년 초에 개최되는 와카 모임이 2월 28일까지 열리지 않았다. 금년의 어제(御題)는 '사두기세(社頭祈世: 신사 앞에서 세상을 위해 기도함)'였고 천황은 다음과 같은 와카를 읊었다.

영원히 백성이 평안하기를 비노니
우리 세상을 지키시라 이세(伊勢) 대신(大神)이여

유행성 독감으로 가까운 인물 두 사람을 잃으면서 맞이한 이 한 해에 대해 천황은 위구심을 느끼고 있었을지 모른다. 그런데 좀 더 고약한 일이 천황을 기다리고 있었다.

천황이 아직 유행성 독감으로 고생하던 1월 9일, 러시아 황태자 니콜라이가 일본 방문을 계획하고 있다는 소식이 들려왔다. 아마 이 소식은 천황을 매우 기쁘게 했음에 틀림없다. 일찍이 러시아와는 북방 영토 문제를 놓고 대치한 일이 있었다. 그러나 러시아는 이웃 나라이고, 양국의 우호 관계는 아주 중요했다. 게다가 메이지 천황은 지금까지 다른 외국 황족의 방문은 받은 일이 많았지만, 니콜라이는 국빈 대우를 해야 할 정도로 가장 중요한 인물이었다.[185] 러시아 황제 알렉산드르 3세의 장남인 니콜라이는, 장차 러시아 국민의 황제로서 세계 최대의 국가에 군림하게 될 터였기 때문이다.

니콜라이는 사촌인 그리스의 게오르기오스 왕자와 동행하기로 되어 있었다. 아마 당시 러시아 정부에서 가장 유능한 인물이었을 세르게이 비테 백작은 회고록에서 두 왕자의 여행 배경을 다음과 같이 쓰고 있다.

그(황태자)는 성년이 되었다. (중략) 그를 해외로 파견하기로 결정했는데, 그것은 정치적 성장의 마무리를 짓기 위해서였다. 이 시점에서 황제 알렉산드르 3세는 황태자를 극동으로 보내기로 했다. 황태자에게는 원래 동생인 게오르기가 함께 가기로 되었으나 도중에 귀국했다. 감기와 부주의로 인한 폐렴 증세를 보였기 때문이다. 황태자는 그리스의 게오르기오스 왕자도 동반하고 있었다. 게오르기오스 왕자의 행동거지는 도저히 제정 러시아 황자들이 본받을 만한 모범이라고는 찾아볼 수 없었다.[186]

일본 측은 황태자 방일에 대비해서 주도면밀한 준비를 했다. 빈객들이 도쿄에서 머무를 곳은 가스미가세키(霞ヶ關)에 있는 아리스가와노미야 다루히토 친왕의 서양풍 저택이었다. 저택의 수선과 새로운 설비를 위해 천황은 2만 엔의 대금을 하사했다.[187] 영국 공사 부인 메리 프레이저는 러시아 황태자 방일에 의한 도쿄의 흥분을 이렇게 묘사했다.

이 황족의 방문 때문에 준비를 아주 대대적으로 하고 있습니다. 바다 옆 궁중[188]의 방이란 방은 모두 내장이 일신되었습니다. 개선문과 일루미네이션도 준비되고, 궁중 무도회도 개최될 예정입니다. 천황 폐하는 이 손님에게 영예뿐 아니라 즐거움도 흠뻑

대접하려 하고 있습니다.[189]

니콜라이 황태자 일행은 4월 27일, 나가사키(長崎)에 도착했다. 일행은 전년 11월에 상트페테르부르크를 출발해서 오스트리아–헝가리 제국의 주요 항구 트리에스테에서 군함 파미아티 아조바 호에 승선했다. 배는 이집트, 뭄바이, 실론, 싱가포르, 자바, 사이공, 방콕, 홍콩, 광둥(廣東), 상하이를 거쳐 일본에 도착했다. 니콜라이는 일본 각지를 방문할 예정이었다. 그 후 블라디보스토크로 가서 거기서 블라디보스토크–하바로프스크 간에 개통된 우스리선 제1구의 철도 기공식에 참석하기로 되어 있었다.[190] 젊은 니콜라이(23세)를 동쪽으로 보내기로 한 결정에서 러시아의 동아시아에 대한 높은 관심을 엿볼 수 있다.

나가사키에서 니콜라이는 국빈의 예로 영접을 받았다. 아리스가와노미야 다루히토의 동생인 다케히토(威仁) 친왕이 환영단을 이끌고 황태자의 일본 체재 기간 동안 접대를 담당하게 되었다. 니콜라이에 대한 환영은 아주 대규모였다. 온갖 계획이 세워졌는데, 예를 들면 황태자 일행이 시내 순행 중에 각각의 휴게소에 들렀을 때 내놓을 다과의 종류까지도 기획되었다.[191]

젊은 니콜라이는 다과보다는 다른 것을 원하는 듯했다. 나가사키 상륙 전야, 니콜라이는 피에르 로티의 『국화 부인』을 탐독했다.[192] 그 결과 순간적으로 '일본인 처'를 얻었으면 하는 자극을 받았던 모양이다. 나가사키에 도착한 날 밤, 니콜라이는 이나사(稻佐)에 머무르고 있는 러시아 해군 사관 여덟 명과 만나, 그들 모두가 일본 여성과 결혼했다는 사실을 알았다. 니콜라이는 자신의 일기에 내심 부러운 마음을 적고 있다. 하지만 '이런 생각을 하다니 부끄러운 일이로구나. 부활절 직전의 기독교 고난 주간이 시작되고 있는데……'라고 자기반성을 덧붙이고 있다.[193]

5월 3일은 부활절이었다. 니콜라이는 그에 앞서 일주일 동안 기도를 드리도록 되어 있었다. 이 사실을 안 일본 측은 5월 4일까지는 공식 행사를 준비하지 않았다. 그러나 니콜라이는 나가사키 거리를 무척 구경하고 싶어했다. 니콜라이는 배 위에서 기도하는 대신 남몰래 인력거를 불러 시내 구경을 나갔다.[194] 깨끗이 청소된 거리와 집들의 청결함, 사람들의 상냥함에 니콜라이는 매우 감동했다. 가는 곳마다 호위를 맡은 일본 사복 경관이 니콜라이의 뒤를 밟았다. 니콜라이의 행동에 관한 그들의 기밀 보고서는 니콜라이가 어디로 갔는지, 기념품 가게에서 무엇을 샀는지, 모두 정확하게 보고하고 있다.[195] 로티를 흉내 내어 니콜라이도 오른팔에 용 문신을 새겨 넣었다. 이것을 새겨 넣는 데만 밤 9시부터 이튿날 새벽 4시까지 7시간이나 걸렸다.[196]

5월 4일, 공식적으로 금족령이 내려졌던 종교적 제약에서 벗어난 니콜라이는 나가사키 시민들로부터 열렬한 환영을 받았다. 나가사키와 러시아 태평양 함대 사이의 30년 이상에 걸친 교류는 러시아인에 대한 우호적인 태도를 낳았다. 일기에서 니콜라이는 러시아어를 할 줄 아는 사람이 많은 데 놀라움을 표시하고 있다. 그날, 니콜라이는 나가사키 현 지사 주최로 열린 환영 만찬에서 정성 들인 일본 요리를 대접받았다.[197] 오찬 후, 니콜라이와 그리스의 왕자는 아리타야키(有田燒: 아리타 지방에서 생산되는 유명 도자기) 같은 일본의 미술 공예 전시를 구경했다. 그리고 나가사키의 대표적 신사인 스오(諏訪) 신사를 방문했다. 그 후 일행은 군함으로 돌아갔다. 그러나 그날 밤, 니콜라이와 게오르기오스는 배를 빠져나와 뭍으로 올랐다. 이나사로 가서, 그곳에서 나가사키 주재 러시아 사관과 일본인 처들을 만났다. 게이샤가 두 사람에게 춤을 보여주었다. 니콜라이는 일기에 다들 조금씩 술을 마셨다고 써놓았다.[198]

그날 밤의 향연에 관한 경찰의 기밀 보고서는 니콜라이의 일기에 기록되지 않은 세세한 이야기를 말해주고 있다. 보고서에는 러시아인 일행은 마루야마(丸山)의 게이샤 다섯 명을 불러 술자리를 벌였으며, 게이샤들은 춤을 추고, 두 왕자는 러시아 노래를 불렀다고 되어 있다. 그날 밤 늦게 두 사람은 마쓰라는 여자가 경영하는 서양 요리점을 찾았다. 두 사람은 아침 4시까지 배에 돌아가지 않았다. 그리고 다른 정보에 의하면 마쓰는 두 명의 왕자를 위해 주거 2층에 비밀 연회를 마련했다. 여기에 관여된 여인들의 이름은 논의의 표적이 되어 있다.[199] 니콜라이는 나가사키를 떠나는 걸 아쉬워했다. 특히 그 깨끗함을 칭찬해 마지않았다.

다음 방문지는 가고시마(鹿兒島)였다. 사쓰마가 외국인을 혐오하던 것을 감안하면 이것은 기묘한 선택이었다고 해야 옳다. 상투를 자르지 않고, 양복을 입지 않는 것만 봐도 분명하듯이, 공작 시마즈 다다요시(島津忠義)는 지극히 보수적이고 외국인을 싫어했다. 그러나 러시아 황태자가 천황의 국빈으로 일본을 방문한다는 소식을 듣자 다다요시는 황태자를 가고시마로 초대할 결심을 했다. 러시아 황태자 일행의 가고시마 도착은 5월 6일이었다.

시마즈 다다요시의 접대는 옛 법식을 따른 것이었다. 니콜라이가 다다요시의 저택에 도착했을 때 다다요시는 선조 대대로 내려오는 갑옷을 입은 원로 무사 170명과 함께 니콜라이를 맞이했다. 원로 무사들은 다다요시의 여섯 살 된 아들 다다시게(忠重)의 지휘로 사무라이춤을 보여주었다. 그리고 다다요시 자신은 질주하는 말 위에서 움직이는 표적을 활로 쏘는 이누오우모노(犬追物: 개를 움직이는 표적으로 사용하며 개가 다치지 않도록 화살 끝을 뭉툭하게 했다)를 선보였다.[200] 니콜라이는 가고시마에서의 환영을 마음 깊이 즐겼다. 특히 놀랐던 것은 시내에서 유럽인을 한 사람도 만나지 못했다는 사실이었다. 그것은 이 고장이 아직 '오염되지 않은' 증거였다. 니콜라이는 옛 법식에 따른 일본 요리를 즐겼다. 그러나 무엇보다도 니콜라이가 좋아한 것은 시마즈 다다요시의 보수성이었다. 그것이 니콜라이 자신의 기호와 멋지게 맞아떨어졌던 것이다.

러시아인 모두가 이러한 감명을 받은 것은 아니었다. 황태자와 동행하고 있었던 E. E. 우프톰스키 공작은 가고시마가 사무라이주의와 외국인 혐오증의 발상지이며 신도와 봉건적 전통의 소굴이라는 사실이 마음에 들지 않았다. 우프톰스키 공작에게는 사무라이춤의 음악은 음울하기만 했고, 무사들이 질러대는 환성은 귀에 거슬리는 잡음에 지나지 않았다.[201] 그러나 니콜라이와 시마즈 일족 사이에 구축된 인연은 그 후 수년간에 걸쳐 유지되었다. 러시아 군함은 그날 해질 무렵 가고시마를 떠났다.

5월 7, 8일은 바다 위였다. 파미아티 아조바 호가 시모노세키(下關) 해협을 통해 세토(瀬戶) 내해로 들어가 고베에 도착한 것은 9일 정오가 지나서였다. 2시간가량 시내 구경을 한 다음, 러시아인 일행은 기차로 교토로 향했다. 교토 도착은 저녁때였다.

니콜라이는 교토가 마음에 들었다. 양쪽 모두 전에는 수도였으므로 니콜라이는 교토를 모스크바와 비교했다. 니콜라이가 교토에서 체재한 곳은 근대적인 여관 '도키와(常盤) 호텔'이었다. 그러나 모처럼 준비된 서양식 방을 거절하고, 전통적인 다다미방을 선택했다. 그날 밤, 니콜라이는 갑자기 교조로(京女郎: 교토 유녀)의 춤이 보고 싶다고 했다. 기온(祇園)의 나카무라(中村) 누각으로 안내받아, 돌아온 것은 새벽 2시였다.

다음 날은 관광과 쇼핑이었다. 일행은 대궁궐, 교토 궁, 니조별궁, 동서 양쪽 본원사(本願寺)를 방문했다. 대궁궐에서는 아스카이(飛鳥井) 가의 축국(蹴鞠) 경기를 관람했다. 그리고 궁술과 가모(賀茂) 경마를 보았다. 모든 구경거리가 니콜라이의 마음에 든 것 같았다. 말할 나위도 없이 니콜라이는 군중의 환영을 받았다. 공예 물산회에서는 미술품을 1만 엔 이상 구입했고, 서본원사(西本願寺)에서는 빈민 구제를 위해 2백 엔을 헌금했다. 니콜라이는 건물에 들어갈 때마다 구두를 벗느냐고 물었다. 일본인은 그 사려 깊음에 감명을 받았다.

이튿날 5월 11일 아침, 니콜라이와 게오르기오스 일행은 교토를 떠나 오쓰(大津)로 갔다. 비와 호와 그 주변의 산을 감상하기 위해서였다. 니콜라이는 줄무늬 나사 양복 차림에 회색 중산모를 쓰고 인력거를 탔다. 교토와 시가 현의 경계에는 식물 잎으로 된 아치가 세워지고, 그 위에 일본, 러시아, 그리스 3국의 국기를 교차시켜 게양해 놓았다. 일행이 이 아치를 지나자 오쓰 위수(衛戍) 보병 제9연대장, 시가 현 경찰청장, 정회(町會) 의원, 교사, 생도 등이 연도에 줄을 지어 황태자 일행을 맞이했다.[202]

길이 1백 미터 이상에 이르는 인력거의 긴 행렬이 오쓰의 거리로 들어섰다. 지금까지 니콜라이가 방문한 다른 일본 거리와 마찬가지로, 군중은 환호성을 지르고 기를 흔들었다. 행렬은 우선 미이데라(三井寺: 천태종의 총본산)로 향했다. 빈객들은 절의 보물을 구경하고 그 오랜 역사에 대한 설명을 들었다. 미이데라에서 비와 호의 경관을 즐기고 나서, 미호가사키(三保ヶ崎)에서 기선 호안(保安) 호를 탔다. 푸른 잎과 꽃들로 알록달록하게 꾸며진 호안 호는 가라사키(唐崎)로 향했다. 외국 왕자 일행이 가라사키로 다가가자, 대낮의 폭죽—보이지 않고 들리기만 했다—이 쏘아올려졌다. 가라사키 신사에서 갑주(甲冑) 전시회를 본 다음 일행은 다시 호안 호를 타고 오쓰로 돌아왔다.[203]

현청(縣廳)에서 오찬을 마친 뒤 오후 1시 30분, 러시아 황태자 일행은 교토를 향한 귀로에 올랐다. 인력거 행렬은 시가 현 경찰, 교토 경찰, 현 지사 등이 탄 네 대가 선도했다. 니콜라이는 다섯 번째 게오르기오스는 여섯 번째, 다케히토 친왕은 일곱 번째 인력거에 타고 있었다.[204] 이전부터 이날 러시아 황태자의 신변에 무슨 일이 일어날지 모른다는 소문이 돌았다. 그래서 경비경찰이 연도에 배치되어 있었다. 행렬이 좁은 길 양쪽에 늘어서 있는 군중 속을 현청으로부터 예닐곱 마장 지났을 때였다. 느닷없이 경비경찰 한 명이 뛰어나오더니, 황태자의 머리를 노리고 양검(洋劍)을 휘둘렀다. 첫 번째 일격은 황태자의 모자 테를 베어 냈고, 오른쪽 귀 위쪽에 상처를 입혔다. 니콜라이는 일기에 다음과 같이 기록하고 있다.

인력거로 같은 길을 지나 귀로에 접어들었는데, 길 양쪽에 군중이 도열해 있는 좁은 도로를 왼쪽으로 돌았다. 그때 나는 오른쪽 관자놀이에 강한 충격을 느꼈다. 돌아다보니 기분이 나쁘도록 추악한 얼굴을 한 경찰관이 양손으로 양검(洋劍)을 움켜잡고 다시 공격해 왔다.

반사적으로 "이놈, 무슨 짓이냐!" 하고 외치면서 인력거에서 포장도로로 뛰어내렸다. 그 정신이상자가 나를 쫓아왔다. 하지만 아무도 이 사나이를 저지하려 하지 않았던지라 나는 피가 흐르는 상처를 손으로 누르면서 도망치기 시작했다. 군중 속으로 숨고 싶었지만 불가능했다. 일본인들이 혼란스럽게 사방으로 흩어져 버렸기 때문이다. 뛰면서 다시 한 번 뒤돌아보니 나를 쫓아오는 경찰관 뒤를 게오르기오스가 추격하고 있는 것이 보였다. 60보 정도 뛴 다음 골목길 모퉁이에 서서 뒤돌아보니 고맙게도 모든 상황이 끝나 있었다. 생명의 은인 게오르기오스가 대나무 지팡이로 일격을 가하여 정신이상자를 쓰러뜨렸다. 내가 그곳으로 다가가자, 인력거 차부와 몇 명의 경관이 그자의 양쪽 다리를 붙들고 있었고, 그중 한 명은 양검으로 그의 목덜미를 내리쳤다.

모든 사람이 망연자실하고 있었다. 나는 어째서 게오르기오스와 나와 저 광신자만이 거리에 남겨진 채, 군중 가운데 어느 누구도 나를 도우러 달려오지 않았는지 도무지 이해할 수 없었다. 수행원 중 아무도 나를 도우러 오지 못한 이유는 이해가 간다. 왜냐하면 인력거로 긴 행렬을 지어 행진하고 있었기 때문이다. 아리스가와노미야 전하도 세 번째 인력거에 있어서 아무것도 보이지 않았을 것이다.

나는 모두를 안심시키기 위해 일부러 가능한 한 오래도록 선채로 있었다.[205]

니콜라이의 기록은 가장 믿을 수 있는 자료일 터였다. 그러나 수많은 다른 목격자의 증언을 종합해 볼 때 몇 가지 점에서 오류가 있음이 분명하다. 게오르기오스가 일격으로 괴한을 쓰러뜨리고, 또 피습 때 니콜라이와 게오르기오스의 주변에 아무도 없었다고 한 말은 정확하지 않았다. 재판에서 목격자들은 확실히 게오르기오스가 습격자에게 최초로 저항했음을 증언했다. 게오르기오스는 그날 바로 얼마 전 기념품으로 산 대나무 지팡이를 사용했다. 그러나 습격한 괴한을 쓰러뜨린 것은 대나무 지팡이가 아니었다. 그것은 괴한을 머뭇거리게 했을 뿐이었다. 그 틈새를 노리고 니콜라이의 인력거 차부가 괴한에게 덤벼들었던 것이다. 쓰러지면서 양검이 그의 손에서 떨어졌다. 게오르기오스의 차부 중 하나가 그것을 집어들어 괴한의 목과 등을 베었던 것이다. 러시아 황태자를 구하기 위해 두 명의 차부가 한 결정적인 역할은 이윽고 일본인뿐 아니라 러시아인들도 알게 되었다.

니콜라이의 잘못된 기억은 극도의 심적 동요와 부상 탓으로 여겨진다. 그러나 후에 니콜라이가 인력거 차부에게 준 사례는 그들의 용기를 인정했다는 사실을 증명하고 있다.[206] 그렇지만 오쓰 사건 기념일인 매년 5월 11일, 니콜라이는 교회에서 기도하면서 차부가 아니라 게오르기오스에게 목숨을 구해준 일을 감사했다.[207]

어쩌면 '니콜라이는 무기도 없는 자신을 미치광이에게 내팽개치고 꽁무니를 뺀 일본인들에게 아직 언짢은 감정이 남아 있는 게 아닐까' 하고 억측할 수도 있다. 그러나 니콜라이의 일기에는 그런 감정을 드러낸 말이 없었다. 반대로 일기가 지적하는 바에 의하면, 니콜라이는 일본인들이 길바닥에 꿇어앉아 기도하듯이 합장하면서, 그에게 닥친 재난에 용서를 비는 듯한 모습에 감동하고 있다.[208] 그리고 습격 직후 니콜라이는 다케히토 친왕에게 "재수 없게 나는 한 미치광이 때문에 가벼운 부상을 입었다. 하지만 그렇다고 해서 이 나라를 나쁘게 기억하는 일은 결코 없을 것이다"라고 단언했다.[209]

그러나 비테 백작은 회고록에서 황태자의 반응에 대해 전혀 다른 해석을 내리고 있다.

습격은 황태자에게 일본과 일본인에 대한 적의와 경멸의 자세를 안겨주지 않았을까 여겨진다. 공식 보고로 알 수 있듯이 그는 일본인을 가리켜 '비비 원숭이'라 부르고 있다.

만일 일본인이 불쾌하고 비열하며, 거의 러시아의 일격으로 붕괴될 수 있는 무력한 국민이라는 황태자의 확신이 없었더라면, 우리는 일본과의 불행한 전쟁으로 우리를 이끈 극동 정책을 채용하는 일은 없었을 테니까 말이다.[210]

비테 자신의 니콜라이 2세에 대한 '적의와 경멸'이 어쩌면 이 견해에 영향을 주고 있었는지 모른다. 그러나 비테는 자신의 군주에 대해 잘 알고 있었다. 비테가 일부러 니콜라이에 대한 편견을 날조했을 것으로 보이지는 않는다. 지금 와서 돌이켜 생각해 보면, 아주 사소하게 여겨지는 이 오쓰 사건은 13년 후의 러일전쟁을 향한 중대한 첫 걸음이었을지 모른다.

도쿄에 도착한 니콜라이 황태자 암살 미수 사건 소식은 처음에는 매우 과장되어 있었다. 메리 프레이저에 의하면 제1보는 '머리 두 곳에 깊은 상처. 회복 불능'이었다. 뒤에 새로운 전보가 들어왔을 때, 프레이저는 다음과 같이 보고했다. '황태자는 불행하게도 상당히 깊은 상처를 입고 있습니다. 그러나 처음에 누군가가 겁이 난 나머지 전보로 알린 내용처럼 생명이 위태로운 정도의 상처는 아니었습니다.'[211] 그러나 니콜라이가 경상을 입었고 곧 회복된다는 사실이 확실해진 후로도, 일본인이 받은 충격은 쉽게 가시지 않았다.

첫 반응은 공포였음에 틀림없다. 많은 일본인은 황태자 피습이 러시아와의 전쟁으로 발전하지 않을까 두려워했다. 전쟁이 발발한다면, 일본은 유럽과 아시아에 걸친 대제국에 대적할 수 있을 턱이 없었다. 또 한편으로는 '근대 문명국인 일본의 위신에 일대 타격을 준 것이 아닐까' 하는 인식도 있었다. 메리 프레이저는 습격 사건에 대해 다음과 같이 쓰고 있다.

만일 이 일이 유럽에서 일어났더라면 대단한 불행으로 여겨졌겠지만, 그 이상은 아니었겠지요. 그것으로부터 아무런 연역적인 추론도 나오지 않았겠지요. 어쨌든 문명 제국의 국민들은 이런 나라와 우호 관계를 맺는 게 아니었다든지, 조약을 맺는 따위는 가당치도 않은 일이며, 대등한 관계란 몽상에 지나지 않는다는 사실을 보여주느라 좌절감에 빠져 어쩔 줄 모르는 이 나라의 얼굴을 앞에 두고, 적대자가 그 기록을 휘두르는 일은 있을 수 없었겠지요. 외국의 이러한 모든 공격이 상처받은 일본에 퍼부어졌는데, 상처 중에서도 가장 쓰라린 명예의 손상 때문에 몸부림치는 일본에 가해진 것입니다. 천황 폐하가 환영하려 한 손님이 배신당한 것입니다.[212]

메이지 천황에게 도달한 오쓰 사건의 제1보는, 습격이 있은 지 10분 후의 다케히토 친왕의 전보였다. 전보는 러시아 황태자가 중상을 입었다는 사실을 알리고, 즉시 육군 군의감 하시모토 쓰나쓰네를 파견해 달라고 의뢰하고 있었다. 약 1시간 후, 다케히토는 천황에게 교토로 와 달라는 전보를 쳤다. 천황은 충격적인 사건에 놀라 내각 총리대신 등 각료와 의논했다. 천황은 즉시 황족 요시히사를 교토로 파견했다. 그리고 하시모토 군의감, 시의국장 등 몇 명의 의사에게 명해 그곳으로 급히 가게 했다. 그리고 천황은 다케히토에게 자신이 다음 날 아침 황태자 위문을 위해 교토로 간다는 사실을 알렸다. 메이지 천황은 또 니콜라이에게 '나의 친우인 황태자'로 시작되는 전보를 쳐, 습격에 대한 분노와 우려의 뜻을 표하며, 조속한 회복을 기원하는 마음을 전했다. 황태자는 이에 대해 천황을 통탄하게 만든 것을 유감스럽게 여긴다면서, 자신은 다행히 무사하다는 답전을 쳤다. 메이지 천황은 러시아 황제 알렉산드르 3세에게 친전(親電)을 쳐서 황태자의 부상을 알렸다. 황후는 같은 내용의 전보를 러시아 황후에게 보냈다.

천황은 예정대로 다음 날인 12일 아침 6시 30분, 신바시 정거장에서 교토를 향해 출발했다. 같은 날 밤, 교토에 도착하자마자 천황은 러시아 황태자가 머물고 있던 도키와 호텔로 가서, 니콜라이를 위문하려 했다. 러시아 공사는 이를 사양하며, '심야의 방문은 오히려 환자에게 좋지 않다'고 말했다. 이것은 메이지 천황의 생애에서 좀처럼 일어날 수 없는 사건 중의 하나였을 것이다. 천황의 요구가 거절된 것이다. 그러나 천황은 내일 아침 다시 방문하겠다는 뜻을 전했다. 그러는 사이 천황이 파견한 의사단은 황태자 치료를 청원하고 있었으나 러시아인 의사가 거절했다. 상처에는 아무런 이상이 없으며, 붕대는 풀지 않는 것이 좋겠다는 것이 그 이유였다. 그리고 러시아인 의사에 의하면, 황태자는 다른 의사의 진찰을 받는 것을 좋아하지 않는다고 했다. 그리고 다음 날 일본 의사단이 재차 진찰을 청원했을 때, 러시아인 의사는 이를 또다시 거절했다. 이날, 황태자는 고베 항에 정박 중인 파미아티 아조바 호로 옮겨졌기 때문에 끝내 일본인 의사단은 황태자를 진찰할 수 없었다.[213]

다음 날 13일, 궁궐에서 하룻밤을 지낸 천황은 도키와 호텔로 니콜라이를 위문했다. 게오르기오스 왕자가 천황을 맞이해서 부상한 황태자의 방으로 안내했다. 천황은 사건에 대해 깊은 유감의 뜻을 표하고, 멀리서 걱정하고 있을 니콜라이의 양친에게 미안한 마음을 나타냈다. 황태자에게는 범인이 조속히 처벌될 것임을 알리고, 또 회복 후에 황태자가 도쿄를 방문하고 일본 각지의 명소를 구경해 주었으면 좋겠다는 희망을 말했다. 이에 대해서 니콜라이는 자신이 뜻밖에 한 미치광이 때문에 경상을 입었으나 폐하를 비롯한 일본 국민이 보여준 후의에 감사하는 마음을 가지고 있으며, 이 마음은 부상당하기 이전과 조금도 다름이 없다고 대답했다. 도쿄 방문에 관해 니콜라이는 본국에서 올 명령을 기다려야 했다. 13일 오후, 니콜라이는 교토에서 고베로 옮겨졌다. 모후(母后)의 명령에 의해 파미아티 아조바 호 함상에서 요양하게 되었다. 천황은 황태자가 군함으로 돌아간다는 사실을 알고 크게 놀랐다. 그것은 황태자가 도쿄를 방문하지 않는다는 것을 의미했기 때문이다. 천황은 이토 히로부미를 러시아 공사에게 파견해서, 황태자가 일본에 머무르도록 종용했다. 공사는 러시아 국민들이 황태자의 안전을 크게 우려하고 있음을 설명했다. 특히 모후의 깊은 우려를 전했다. 황태자는 개인적으로는 도쿄에 가고 싶었으나 부모의 말에 따르지 않을 수 없었다. 최종적으로 공사는 이토에게 "폐하께서 황태자를 내 자식처럼 여기시어 황태자의 안전 확보를 위해 함께 고베까지 따라가주실 수는 없겠느냐"고 눈물로 탄원했다.[214] 이토는 공사의 요청을 전하기로 수락하고, 천황이 자상한 마음으로 그 일을 청허해 주실 것이라고 했다.

천황은 실망하면서도 공사의 요청을 받아들였다. 천황의 마차는 도키와 호텔에 들러 니콜라이를 태우고 정거장으로 향했다. 천황은 니콜라이와 함께 특별 기차를 탔으며, 게오르기오스와 다케히토가 수행했다. 기차는 계엄 태세였다. 일행이 산노미야(三宮) 정거장에서 파미아티 아조바 호가 정박하고 있는 항구까지 가는 연도는 보병과 헌병이 경비했다. 천황은 고베 부두까지 황태자를 배웅하고 헤어질 때는 악수를 나눴다.

이것이 천황과 니콜라이의 마지막 대면은 아니었다. 5월 16일, 니콜라이는 천황에게 전보를 보내 아버지인 황제의 명령으로 19일에 일본을 떠나지 않을 수 없게 되었음을 알렸다.[215] 천황은 19일, 니콜라이를 고베의 관저로 오찬에 초대했다. 그러나 니콜라이는 의관의 진언으로 부득이 이를 거절할 수밖에 없었다. 대신 천황을 파미아티 아조바 호 함상에서의 오찬에 초대했다. 천황은 즉각 승낙했다. 초대 소식이 대신들에게 도달했을 때, 대신들은 대경실색했다. 일찍이 한성(漢城) 사변 때 조선의 대원군이 청나라 사람들에게 납치되어 배로 실려 간 끝에 청나라에 3년간이나 유폐되었던 사실을 떠올렸던 것이다. 고베 항에는 일본의 군함을 능가하는 수의 러시아 군함이 정박하고 있었다. 대신들은 러시아 측이 틀림없이 천황을 데리고 갈 것이라고 확신했다. 대신들의 기우에 대해 천황은 태연히, "짐은 응하겠다. 러시아는 선진 문명국이다. 어찌 감히 그대들이 우려하는 것 같은 만행을 저지르겠는가" 하고 대답했다.

19일, 천황은 러시아 군함으로 거동했다. 황족 다루히토와 요시히사가 따라갔다. 오찬은 순조롭게 진행되었다. 후에 러시아 공사는 천황이 그처럼 큰 소리로 담소하는 것을 듣기는 처음이라고 말하고 있다. 천황은 오쓰 사건을 니콜라이에게 사과했다. 이에 대해 황태자는 "어느 나라에나 미친 사람은 있게 마련이고, 다행히 상처는 아주 가볍다. 폐하가 우려하실 일은 아니다"라고 대답했다. 두 사람은 식사 중에 담배를 피우는 관습을 따랐다. 각각 서로의 담뱃대를 내밀어 상대에게 권했다.[216] 천황은 오후 2시에 퇴함했고, 파미아티 아조바 호는 오후 4시 40분 블라디보스토크를 향해 떠났다. 요시히사 친왕이 군함 야에야마(八重山) 호로 시모노세키까지 러시아 군함을 배웅했다.

천황의 러시아 군함 방문은 무사하게 치러졌다. 아마도 이 일은 두 인물에게 많은 것을 가져다주었음이 분명했다. 그리고 니콜라이의 마음에서 불쾌한 기억을 씻어냈을 것이다. 천황 측에서 볼 때는 상당히 용기가 필요한 일이었다. 자신이 필요하다고 인정하는 일은 대신들의 의견을 고려할 것 없이 실행했던 천황은 여기서도 역시 의연한 태도를 보인 셈이었다.

그러는 동안 국민들은 이 사건 때문에 전국적으로 동요를 보이고 있었다. 아마 가장 깊은 상심에 빠진 사람은 황후였을 것이다. 프레이저 부인은 이렇게 쓰고 있다.

또 한편에서는 불운한 젊은 황태자를 도와주는 일도, 습격자를 벌하는 일도 스스로의 힘으로는 아무것도 할 수 없는 분이 있었습니다. 매우 자상한 황후 폐하는 그의 성장 과정에서 몸에 밴자제력도, 그 입장상 모든 기회에 보여주었던 온화함도 모두 잊어버리시고, 그 비참한 하룻밤이 밝을 때까지 슬픔의 눈물이 흘러나오는 대로 마음속으로부터 계속 울면서 왔다갔다하셨습니다. (중략) 오직 젊은이와 그 어머니만을 생각하고 계셨던 것입니다.[217]

온 일본이 슬픔에 잠겨 있는 것 같았다. 라프카디오 헌은 『유코 회상(勇子回想)』을 이렇게 시작하고 있다.

온 시내의 이상한 정적, 사람들은 엄숙하게 거상(居喪) 중이었다. 행상인조차도 여느 때보다 절제된 목소리를 외치고 있었다. 보통 때 같았으면 아침 일찍부터 밤늦게까지 혼잡스러울 극장이 모두 닫혀 있었다. 모든 환락가, 모든 공연이 덧문을 닫았고, 꽃가게 앞에도 꽃이 없었다. 요정도 모두 문을 닫아 조용한 게이샤의 거리에서는 샤미센 소리조차 들리지 않는다. 선술집에서 왁자지껄 떠들어대는 자도 하나 없다. 손님들은 소리 죽여 말했다. 거리에서 스쳐지나가는 사람들의 얼굴에서도 평소의 웃음이 사라져 버렸다. 게시문에는 연회와 오락의 무기 연기를 알리고 있다.[218]

라프카디오 헌은 모든 사람이 자발적으로 속죄하려 하고 있는 모습을 계속해서 '부자도 가난한 사람도 그들의 가장 가치 있는 가보, 가장 귀중한 가재를 내놓고 파미아티 아조바 호로 보냈다'

고 묘사했다. 헌은 그중에서도 씩씩함을 뜻하는 이름을 가진 유코(勇子)라는 하녀에게 감동했다.

4천만 명이 슬픔에 잠겨 있었다. 그러나 그녀의 슬픔은 다른 누구보다도 더했다. 서양의 이성이 어찌, 그리고 어떻게 완전히 이를 이해할 수 있을까. 그녀의 생명은 우리가 지극히 막연하게 밖에는 그 성격을 추측할 수 없는 감정과 충동에 지배되고 있었다.[219]

5월 20일, 하타케야마 유코(畠山勇子)는 교토 부청(府廳) 문 앞에서 목을 찔러 자살했다. 스물일곱 살이었다. 시신에서 몇 통의 유서가 나왔다. 그 한 통은, 헌의 표현에 따르면 '아무 가치도 없는 젊은 목숨이 속죄한 것을 아시고 천자님이 슬퍼하시지 않기를 바라는' 편지였다.[220] 나중에 유코를 기리는 비석이 세워졌다.

온 나라 사람들이 파미아티 아조바 호에 위문품을 보냈다. 그 바람에 배가 선물 때문에 가라앉는 게 아닐까 여겨질 정도였다.[221] 그리고 사건에 대한 일본 국민의 수치와 유감의 뜻을 전하는 수만 통의 편지가 황태자에게 보내졌다.[222]

러시아 황태자에게 보인 넘쳐나는 동정심과는 대조적으로, 일본인은 암살 미수범인 쓰다 산조(津田三藏)에 대해서는 증오심 밖에는 가질 수 없었다. 야마가타(山形) 현 모가미(最上) 군 가나야마무라(金山村)에서는 사람들에게 쓰다라는 성, 또는 산조라는 이름을 금하는 조례까지 내놓았다.[223] 쓰다는 일개 경찰관에 지나지 않았으나 쓰(津) 번 도도(藤堂) 가에서 대대로 의사로 일하면서 가록 1백여 석을 받던 집안 출신이었다. 안세이(安政) 원년 12월(1855)에 태어났다.[224] 후에 당시의 공립학교에 다니며 한자와 무예를 익혔다. 1872년, 육군에 입대했다. 서남 전쟁 때 공을 세워 훈7등을 받으며, 군조(軍曹: 중사)로 승진했다.[225] 1882년에 제대해 미에(三重) 현과 시가 현 경찰관으로 봉직했다. 과묵해서 남과 잘 사귀지 않는 사나이였다고 한다.[226]

당장에 문제가 된 것은 쓰다의 범행 동기였다. 벨츠 박사는 아주 간단히 설명하고 있다.

어느 정도, 이는 일종의 매명 행위라고 생각한다.[227] 그러나 근년 들어 점차 증대하고 있는 러시아에 대한 증오도 여기에 곁들여 있음이 확실하다. 이 나라에서는 이미 그전부터 무엇이든지 집어삼켜버리곤 하는 러시아가 언젠가는 일본에 덤벼들지 않을까 두려워하고 있었다.[228]

다른 자료는 암살 동기로 다음 세 가지 점을 지적하고 있다. 쓰다는 러시아에 사할린을 할양한 데 분개했다. 그리고 일본 침략에 대비해 러시아 황태자가 미리 정찰하러 일본에 온 것으로 단정하고 있었다. 또 니콜라이가 천황을 알현하기 위해 처음부터 도쿄로 가지 않고 나가사키와 가고시마에서 여흥을 즐기며 각지를 유람한 것에 화가 났다.[229] 쓰다의 범행 동기로 단연 흥미를 끄는 설명이 있었는데 이는 어떤 소문과 관련이 있었다. 사이고 다카모리가 사실은 살아 있으며, 이미 러시아인과 함께 일본으로 귀환했다는 소문이었다. 서남 전쟁에 종군한 쓰다는 사이고의 귀환을 환영할 수 없었다. 쓰다는 그때 세운 공로를 박탈

당할지 모른다고 우려했다.[230]

재판에서 쓰다가 밝힌 사실은 대략 다음과 같았다. 당초는 앞서 경비하던 미이데라에서 러시아 황태자를 죽일 작정이었다. 니콜라이와 게오르기오스는 전망이 좋은 곳을 찾아 인력거로 조금 높은 언덕으로 올라갔다. 1878년, 천황이 방문한 것을 기념해서 이름 붙인 미유키(御幸) 산이었다. 그곳의 기념비는 서남 전쟁 때 죽은 오쓰 출신 군인을 기려 세워졌다. 비문을 본 쓰다는 전쟁 때의 자신의 영광과 지금의 경찰로서의 비참한 현실을 비교하게 되었다. 이런 일이 외국인 방문자에 대한 울화를 치밀게 만들었다. 쓰다는 분개한 마음을 풀기 위해 러시아 황태자의 암살을 궁리하게 되었다. 두 명의 외국인이 언덕 위에 모습을 드러낸 것은 마침 그때였다. 두 사람은 죽은 자들의 비석에 조금도 경의를 보이지 않았다. 그저 인력거 차부에게 경치에 대해 물었을 뿐이다. 쓰다는 두 사람의 질문을 정찰 행동과 연관된 증거로 해석했다. 그의 분노는 더욱 커졌다. 그러나 쓰다로서는 두 외국인 중 어느 쪽이 러시아 황태자인지 알 수가 없었다. 그래서 암살을 보류하기로 했다. 동시에 쓰다는 경찰서장의 아침 훈시를 떠올렸다. 서장은 러시아 황태자의 방문이 천황에게는 매우 중요한 일임을 부하에게 강조했다.[231] 그리고 가라사키 유람을 위한 경호를 하게 되었을 때, 쓰다는 니콜라이를 습격하기에 충분한 거리까지 접근했으나 역시 그만두었다. 그러나 니콜라이 일행이 곧 오쓰를 떠난다는 사실을 알게 되자 쓰다는 이것이 최후의 기회라는 사실을 깨달았다. 만일 니콜라이를 살려서 돌려보내면, 언젠가는 침략자가 되어 되돌아올 것이 틀림없다는 것이 결행 이유였다.[232]

쓰다의 황태자 습격은 분명 계획적이었다. 모두의 생각으로는 쓰다는 조속히 처형해야 마땅했다. 단 하나, 형법의 어느 조항을 적용시켜야 하는지가 문제였다. 원로와 각료들은 쓰다가 처형되지 않는 한 러시아가 만족할 리 없다고 주장했다. 그 결과 무슨 일이 일어날지는 물을 것도 없는 일이었다. 러시아 황제 및 러시아 국민을 만족시키기 위해서라도 쓰다는 결단코 극형에 처해야 했다. 형법 116조의 규정에 의하면, 천황과 3후(태황태후, 황태후, 황후), 황태자에게 위해를 가하거나 가하려 한 자는 사형에 처한다고 되어 있었다. 문제는 이 조항이 외국 황족에게도 적용되느냐였다.

5월 12일, 내각 총리대신 마쓰카타 마사요시(松方正義), 농상무대신 무쓰 무네미쓰는 대심원장 고지마 고레카타(兒島惟謙)를 관저로 불러 러시아의 감정을 상하게 할 수도 있는 위험에 관해 설명했다. 고지마는 형법 116조를 외국의 황태자에게 적용할 하등의 이유는 없다며 사법권의 독립을 주장했다. 마쓰카타는 "국가가 있은 다음에야 법률도 있는 것이지, 법률의 중요성을 강조하느라고 국가를 망각한다는 것은 미친 짓"이라고 반박했다. 무쓰도 고지마에 이의를 제기하면서 "형법 116조는 단순히 천황이라고만 했지 일본의 천황이라고는 못 박지 않았다. 따라서 어느 국가를 막론하고 모든 군주에게 적용해도 이상할 것이 없다"고 주장했다. 그러나 고지마의 답변은 이랬다. "원로원은 1890년, 형법 초안의 '일본 천황'에서 '일본'을 삭제했다. 굳이 '일본'이라고 하지 않은 이유는 천황이라는 칭호가 이전부터 일본의 군주에게만 사용된 존칭이기 때문이다." 그러면서 고지마는 결코 입장을 양보하려 하지 않았다.

다음 날인 13일, 고지마는 대심원에 판사를 모아놓고 116조에 대한 해석을 구했다. 전원 일치로 조문의 '천황'은 일본의 천황만을 가리키는 것이라고 확정했다. 이에 대해 사법대신은 형법에 우선하는 계엄령 발령으로 대항할 가능성도 있다고 응했다. 같은 날, 쓰다를 재판하게 되어 있는 오쓰 지방 재판소장으로부터 쓰다의 범죄는 형법 292조와 112조에 의해 판결해야 한다는 보고가 있었다. 이것은 일반인의 모살(謀殺) 또는 모살 미수에 적용되는 조항인데, 최고가 무기 징역이었다.

이렇게 해서 문제가 해결된 것은 아니었다. 고지마는 일본의 사법권 옹호를 위해 과감히 몸을 던졌다. 고지마는 러시아 형법에 의하면 외국 군주 암살 미수는 러시아 황제 암살 미수보다 관대하게 재판된다는 것, 그리고 독일 형법으로는 1년 이상 10년 이하의 형에 지나지 않는다는 것을 지적했다. 모살 미수로 무기 징역형에 처한다면 다른 나라들보다 엄벌에 처하는 셈이었다. 고지마는 때와 경우에 따라 법률을 곡해하거나 적용을 다르게 한다면, 그것은 분명히 헌법을 파괴하는 행위라고 주장했다. 쓰다가 처형되지 않으면 러시아는 가공할 복수 수단으로 나올 것이 분명하다는 경고에 대해서 고지마는 다음과 같이 답했다.

러시아는 결코 야만의 나라가 아니다. 비굴하고 무모한 수단으로 나올 까닭이 없다. 외국에서는 항상 일본 법률의 불완전성과 재판관의 부적성에 대해 불평하고 있다. 지금이야말로 일본인의 법에 대한 존엄을 표할 수 있는 절호의 기회다.

5월 20일, 고지마 원장을 비롯한 대심원 판사 등은 교토 궁에 입궐해서 천황으로부터 "이번 러시아 황태자 암살 미수 사건은 국가의 대사이니 주의해서 속히 처분하라"는 칙어를 받았다. 이 수수께끼 같은 칙어의 해석은 사람에 따라 현저하게 달랐다. 어떤 사람은 '주의해서'라는 말을 러시아인을 자극시키는 일이 없게 하라는 경고로 받아들였다. 어떤 사람은 이를 신헌법을 함부로 변경해서는 안 된다는 천황의 말로 받아들였다.[233] 고지마의 해석에 의하면, 이는 법률을 왜곡시켜 가면서까지 116조를 외국 황족에게 적용하려는 내각의 횡포에 끝까지 대항하라는 천황의 명령이었다.

이루 말로 다할 수 없는 압력이 일곱 명의 판사에게 가해졌다. 판사들은 쓰다 산조에게 형법 116조를 적용하는 일이 헌법에 부합되는지 판단을 내리려 하고 있었다. 각료들은 각각 같은 지역 출신 판사에게 접근했다. 116조의 적용에 찬성을 요구하는 각료들의 설득이 성공한 듯이 보였다. 그러나 결국은 판사들의 사법관으로서의 양심이 승리를 거두었다. 판사 일곱 명 중 다섯 명이 116조의 적용에 반대했다. 쓰다의 재판이 시작되기 전날인 5월 24일, 고지마는 사법대신 야마다 아키요시(山田顯義)에게 116조의 적용 가능성은 없다고 전했다.

야마다는 대경실색했고, 내무대신 사이고 쓰구미치(西鄉從道)는 노발대발했다. 사이고는 고지마에게 이러한 결정을 하게 된 이유에 대한 상세한 설명을 요구했다. 고지마는 이렇게 대답했다.

재판관은 오로지 천황의 명령을 존중했을 뿐이다. 116조의 적용은 형법의 성문을 깨는 것이고, 헌법을 침범해서 일본 역사에 천 년을 두고도 씻을 수 없는 오점을 남기게 된다. 이는 성덕(聖德)을 모독하는 일이 된다. 동시에 또 재판관은 불법 불신의 오명을 후세에 남기게 된다.

내무대신 사이고 쓰구미치는 다음과 같이 반박했다.

나는 원래 법률론을 알지 못한다. 그러나 만일 과연 경이 말하는 처분으로 나갈 것 같으면 이는 성상의 뜻에 합당한 것이 아니다. 러시아의 함대가 시나가와(品川) 만으로 쇄도하면 단 한 방에 우리 제국은 박살이 나고 말 것이다. 그렇게 되면 법률은 국가의 평화를 유지하기 위한 도구가 아니라 국가를 파괴하는 도구라 해야 할 것이다. 이번 사건으로 폐하는 매우 마음 아파하고 계시다. 우리가 여기에 이렇게 온 것은 칙명에 의한 것이다. 재판관은 칙명이라 해도 승복하지 않을 텐가.

사이고의 공박에도 불구하고 고지마는 굴하지 않았다. 고지마의 마음에 변함이 없다는 사실을 안 야마다, 사이고 등은 다른 재판관에게 접근을 시도했다. 그러나 모두들 접견을 피했다. 예정대로 5월 25일, 쓰다 산조의 재판이 시작되었다. 판결을 내리는 데는 아무런 곤란이 없었다. 쓰다 산조는 무기 징역을 선고받았다. 판결 소식이 러시아에 알려졌지만, 러시아 정부는 시나가와 포격을 위해 러시아 함대를 파견하지 않았다. 사실 러시아 공사가 외무대신에게 전한 바에 의하면, 만일 사형 판결이 내려졌다면, 러시아 황제는 천황에게 사일등(死一等)을 감해달라고 부탁할 생각이었다.[234] 쓰다는 홋카이도의 감옥에 수감되어

1891년 9월 30일, 폐렴으로 죽었다.[235]

오쓰 사건은 정부 각료가 우려했던 것처럼 전쟁으로 발전하지는 않았다. 암살 미수 사건 탓으로 니콜라이가 13년 후 발발한 러일 전쟁의 이유가 될 만한 반일 감정을 갖게 되었을 가능성은 고려할 수 있다. 그러나 이는 정확히 알 수 없는 일이다. 사건이 가져다준 가장 중요한 성과는 의심할 나위 없이 일본의 사법권이 강화되었다는 사실이다. 이는 고지마 고레카타가 보여준 용기의 결과였다. 고지마 자신은 정치가에게 반대했다고 해서 불리한 입장에 처해지지는 않았다. 1894년, 고지마는 귀족원 의원이 되었다. 오쓰 사건에 대한 고지마의 수기는, 관계자의 생존 중에는 출판이 금지되었다가 1931년에 처음으로 간행되었다.[236] 고지마는 틀림없는 근대 일본의 영웅 중 한 사람이었다.

당시 일본에 주재해 있던 외국인들은 부상한 황태자를 동정하면서도 러시아인을 의심의 눈초리로 바라보았다. 벨츠 박사는 1875년, 러시아에 사할린을 넘겨준 일본인은 바보라고 썼다. 벨츠 박사는 또 도쿄 스루가다이(駿河臺)에 있는 거대한 러시아 정교회의 건물을 예로 들면서 이렇게 말하고 있다.

얄궂게도 이곳에는 러시아 평민이 한 명도 살지 않는다. 이는 언젠가 러시아가 침략할 수 있다는 징후로도 해석할 수 있다.[237]

아마도 암살 미수 사건에 대해 가장 동정적인 평가를 내린 사람은 라프카디오 헌이었을 것이다. 헌은 1893년 8월 26일, 친구인 니시다 센타로(西田千太郎)에게 보낸 편지에서 다음과 같이 말하고 있다.

여기서 내 생각으로는, 앞으로의 세대들이 쓰다 산조에게 좀 더 정상을 참작해서 판단 내리지 않을까 싶다. 그의 죄는 그저 '충성이 지나쳤다'는 것뿐이다. 그는 그때 제정신이 아니었을 것이다. 그는 대의와 시기만 잘 타고났더라면 최고의 가치가 되었을지도 모를 광기 가운데 있었다. 그가 눈앞에 목도했던 것은 영국까지도 덜덜 떨게 만든 가공할 군사력의 화신이었다. 실제로 이 군사력에 대항하느라 서유럽은 150만 명 이상의 군대를 소집하지 않았는가. 그는 보았다. 아니면 보았다고 믿은 것이다. 일본의 대적을 말이다. 그래서 그는 습격을 했다. 용기를 떨쳐, 분별도 잊은 채……[238]

제43장 무쓰 무네미쓰의 조약 개정안

1891년의 나머지는 일단 오쓰 사건의 흥분이 가라앉으면서 비교적 평온하게 지나갔다. 가장 두드러진 변화는 니콜라이 황태자가 규슈 체재 중일 때 일어났다. 이미 4월 9일, 야마가타 아리토모가 내각 총리대신 자리를 물러나겠다고 주청해 놓고 있었다. 야마가타는 3월에 유행성 감기에 걸렸다가 그 후 회복되었으나 여전히 건강이 시원치 않았다. 야마가타는 후임으로 귀족원 의장 이토 히로부미를 밀었다. 천황은 야마가타가 내각 총리대신에 머물러 있을 의사가 없다는 것을 알고 야마가타와 함께 이토가 그 자리를 맡아줄 것을 설득했다. 이토는 당시 귀족원 의장 사표를 제출하고 간사이 지방을 여행 중이었다. 천황은 이토가 있는 곳으로 궁내대신 히지카타 히사모토를 보내 귀경을 종용했다.

4월 27일에 이토가 입궐했다. 천황은 알현을 받고 이토를 내각 총리대신으로 임명하려 했다. 이토는 고사하면서 다음과 같이 말했다.

1881년 오쿠마 시게노부가 국회 개설을 상주했을 때 저는 반대했습니다. 준비가 아직 갖춰지지 않았고, 국민의 의식은 아직 성숙하지 않다고 생각했기 때문이었습니다. 저는 해외 여러 나라의 헌법과 정치 제도를 조사하기 위해 유럽에 가서 돌아올 때까지 국회 개설을 연기하도록 상주하고, 천황의 재가를 얻었습니다. 귀국 후, 헌법이 제정되고 이어 국회가 개설되었습니다. 그러나 민도는 여전히 낮고 헌법 정치를 실시하기에는 여전히 미흡하다고 여겨집니다.

이토의 의견에 의하면 지금은 누가 총리가 되든 그 자리를 오래 지탱하기가 불가능했다. 만일 이토가 억지로 그 자리에 앉으면 언제 암살당해도 이상하지 않을 정도라는 것이다. 원래 목숨 따위는 아까워할 것이 못 된다고 이토는 말했다. 그러나 만일 이토의 신상에 예측하지 못한 사태가 일어난다면, 도대체 누가 황실의 힘이 되어 정부를 유지할 것인가.

이토는 내무대신 사이고 쓰구미치, 대장대신(大藏大臣) 마쓰카타 마사요시 중 한 사람이 임명되는 게 합당하다고 했다. 천황은 사이고가 응하지 않자 마쓰카타를 지명했다. 마쓰카타도 고사했으나 천황은 물러서지 않았다. 5월 6일, 마쓰카타가 내각 총리대신에 취임했다. 마쓰카타가 이 지위에 앉아 있던 6개월여 동안 의회는 끊임없는 분규에 휩싸였다. 12월에 중의원은 해산되고 이듬해 일찍 선거를 실시하게 되었다.

이해 7월, 청나라 북양해군 제독 딩루창(丁汝昌)이 천황을 알현했다. 알현은 시종일관 매우 정중한 '동양적'인 의례의 교환으로 이뤄졌다. 그러나 요코하마에 정박한 여섯 척의 군함으로 이뤄진 청나라 함대―일본 해군의 어떤 군함보다도 강력했다―는 일부 일본인들에게 공포를 안겨주기에 충분했다. 당시 〈국민신문〉의 한 기자는 다음과 같은 희시(戲詩)를 썼다.

찬찬 까까중은 으시댄다네
세상의 겁쟁이는 무서워한다네[239]

그러나 대체로 청나라 함대의 방문은 전통적 교육을 받은 일본인에게는, 중국 문화에 관한 지식을 뽐낼 수 있는 호기였다. '지나(支那)와 우리는 형제 같은 사이'라면서 중국인을 형으로 추켜세우는 자도 있었다.[240] 딩 제독을 위시한 청나라 함대 함장들은 가는 곳마다 융숭한 대접을 받았다. 그들은 일본의 정경에 흠뻑 취했다. 그것은 유럽인들로서는 도저히 흉내 낼 수 없는 일이었다. 일본의 학자나 문인들은 이들 청나라 빈객들과 마음껏 한시를 교환하며 즐겼다.[241] 아마 이러한 우호적인 분위기가 감도는 자리에 모여 있던 사람은 누구도 불과 3년 뒤에 일본과 청나라가 비참한 전쟁을 벌이리라고는 전혀 상상하지 못했을 것이다.

1892년 여름, 천황에게 가장 기쁜 소식은 곤노텐지 소노 사치코가 8월 7일에 여덟 번째 황녀 노부코(允子)를 낳은 일이었다. 천황은 이제 황태자, 마사코 공주, 후사코 공주, 노부코 공주 이렇게 네 명의 자녀를 두게 되었다. 많은 황자와 공주를 어려서 잃고 난 이래, 마침내 천황은 자신의 아이들이 어른으로 성장해가는 모습을 지켜보는 즐거움을 실감할 수 있게 된 것이다.

이해는 그 밖에는 별다른 일 없이 지나갔다. 10월에 천황이 러시아 황태자 니콜라이에게 갑옷 한 벌, 장검 한 자루, 단도 한 자루, 활 한 쌍, 자신의 사진 한 장을 보내며 서한을 곁들여 보낸 일이 있었을 뿐이다.[242] 아마 이 선물들은 오쓰 사건을 거듭 사죄하는 의미였을 것이다.

1892년의 첫 번째 중요한 행사는 2월 15일에 행해진 중의원 의원 총선거였다. 천황은 국회의 앞날에 우려를 표명하고 있었다. 천황은 마쓰카타에게 "선거에서 만일 많은 의원이 재선된다면, 몇 번이고 해산을 거듭하게 될 것이다. 지방장관에게 훈계해서 반드시 그 고장의 양민을 의원으로 뽑도록 힘써야 한다"고 말했다.

천황의 말을 가장 마음에 새겨서 받아들인 각료는 내무대신 자작 시나가와 야지로(品川彌二郎)였다. 시나가와는 지방장관에게 정부 방침을 제시하고, 엄정 중립과 불편부당한 명사를 뽑으라고 훈시했다. 시나가와는 지금까지 정당에 깊이 관여하고 있던 관리는 면직되어 마땅하다고 여겼던 것 같다. 그리고 경찰관들에게는 협박과 수뢰 행위를 엄중히 단속하라고 지시했다. 시나가와는 이러한 행위를 정당의 소행으로 간주하고 있었던 것 같다. 그러나 시나가와가 단단히 다그친 지시와는 정반대로, 1892년의 선거는 일본 사상 최악의 부정 선거가 되고 말았다. 가장 크게 위반을 한 사람은 다름 아닌 시나가와 야지로 자신이었다.

1892년의 중의원 의원 선거는, 2년 전의 평온한 선거와는 달리 방화와 폭력이 두드러졌다. 야당인 민당(民黨)과 정부 지지 세력 이당(吏黨)의 알력이 극대화되는 바람에 각지에서 사상자가 나왔다.[243] 고치(高知) 현 제2구에서는 폭도에게 투표함을 빼앗기는 바람에 재투표를 하게 되었다. 사가 현 제3구에서는 투표가 불가능해졌다. 대부분의 사람들은 이런 부정행위가 시나가와 등의 계획적인 간섭 때문에 일어난 것으로 믿고 있었다. 시나가와는 정부에 반대하는 당을 불충지배(不忠之輩)로 생각했고, 압박해야 할 대상으로 간주했다. 양당의 알력이 고조된 결과, 고치 현민들은 행정 관리나 경찰관을 원수처럼 보게 되었다고 한다. 그러나 그 같은 음모와 잔학 행위에도 불구하고 중의원에서 이당계가 137명인 데에 비해, 민당계는 163명으로 다수를 차지했다.[244]

선거 후 곧바로, 위법 행위가 가장 극심했던 이시카와, 후쿠오카, 사가, 고치, 4개 현에 시종 등이 파견되었다. 천황은 위협과 폭력이 있었던 사실을 알고 깊이 우려한 모양이었다. 5월 6일, 새로 제국 의회가 소집되었다. 11일, 귀족원은 선거 간섭에 관한 다음 건의안을 가결했다.

중의원 의원 선거에 관리들이 직권으로 간섭할 수 없음은 원래부터 두말할 나위가 없다. 따라서 정부가 간섭하여 명령 또는 훈유할 이유는 아무것도 없다. 그럼에도 불구하고 금년 2월의 중의원 의원 총선거에서 관리가 그 경쟁에 간섭했고, 그로 인해 인민의 반동을 불러 마침내 유혈의 참화를 보기에까지 이르렀다. 이들 사건은 인민의 관심의 초점이 되었고, 관리의 선거 간섭이 각지에서 분개의 대상이 되었으며, 이제 관리들은 적대시되고 있는 상황이다. 정부는 조속히 사태를 수습하고 그 공정성을 인민에게 보여주지 않으면 안 된다. 만일 이를 소홀히 하면, 국가의 안녕을 해하고, 급기야 돌이킬 수 없는 큰 불행을 초래하게 될 것이다. 따라서 정부는 이 문제를 돌이켜 따져본 뒤 즉시 적절한 조처를 취해, 장차 화를 남기지 않기를 기원하면서 본원은 이에 건의하는 바이다.[245]

선거에 관해 내각 안에서 견해가 대립되었다. 마쓰카타는 이토를 찾아가 조언을 구하기로 했다. 그러나 이토는 마쓰카타의 방문에 선수를 쳐서 무쓰 무네미쓰에게 서한으로 '마쓰카타는 내각이 분규를 일으킬 때마다 나에게 해결책을 구하러 온다'며 투덜거렸다. 이토는 이 단계에서는 관여하지 않았다. 이토가 시사한 것은, 조언을 구하기 전에 마쓰카타가 우선 원로들과 앞날의 방침에 대해 합의해야 한다는 것이었다. 숙고한 끝에 원로들이 도달한 결론은 '현 시국을 타개해 나가자면 이토가 내각을 조직하는 수밖에 없다'는 것이었다. 이토는 그들의 요구를 거절했다.

이토가 다시 추밀원 의장직을 사임하려 하는 바람에 문제는 더욱 복잡해졌다. 이런 경우의 통례대로 이토는 병을 핑계로 댔다. 그러나 천황은 이를 들어주지 않았다. 천황은 자신이 가장 신뢰하고 있는 인물이 도와주지 않을 경우, 그 앞날이 어찌 될지 우려했다. 3월 11일, 천황은 시종장 도쿠다이지 사네쓰네를 칙사로 삼아 이사라고(伊皿子)의 이토 저택으로 파견했다.

짐은 경의 진정이 지극히 절실하다는 것은 이해한다. 다만 짐은 경이 항상 지척에서 나를 이끌고 보필해 주기를 바란다. 경은 이제 음식으로 몸을 보하고 정양해서 짐의 마음을 위로하라. 추밀원 의장직을 그만둠은 짐이 허락할 수 없다.[246]

이토는 매우 감읍하여 즉시 입궐해 사의를 거둬들였다.

시나가와 야지로는 선거 기간 중에 제 딴에는 충성스러운 행위로 여겨 벌인 일에 대한 각료들의 반응에 지극히 불만이었다. 자신은 적절한 행동을 했다고 확신하고, 또 자신의 의도가 곡해되었음을 알자 화가 나서 사표를 제출했다.[247] 마쓰카타는 제국의회 소집이 이미 정해진 시기에 각료를 경질하는 꼴이 되어 당혹감을 감추지 못했다. 마쓰카타는 야마가타 아리토모에게 시나가와를 구슬려 보자고 했다. 그러나 시나가와는 거부하면서 야마가타에게 자신의 기분을 담은 와카 두 수를 내놓았다.

인정 있는 이는 알리라. 인정 없는 사람에게
진정한 인정이 있다는 사실을

어리석은 몸조차 잊어버리고
천지에 맹세한 일 부끄러운가

시나가와는 아프다는 핑계로 사표를 던졌고, 천황은 그날로 이를 허락했다. 다양한 인물들(당연히 이토도 포함된다)이 내무대신 후계자로 지목되었다. 가장 유력한 후보는 소에지마 다네오미였다. 그러나 천황은 소에지마가 격무를 견디기에는 너무 나이가 많다고 반대했다. 천황은 소에지마가 중도에 사직할까 우려했다. 소에지마가 '제2의 다니 다테키'가 되지 말라는 법은 전혀 없었다. 천황이 소에지마 대신 추천한 사람은 고노 도가마(河野敏鎌)였다. 그러나 마쓰카타는 소에지마의 평판이 고노를 훨씬 능가한다고 지적했다. 그리고 고노는 지방관에게 신용이 낮다면서 끝까지 소에지마를 밀었다. 천황은 어쩔 수 없이 마침내 이를 허락했다.

이 일화는 메이지 천황이—천황은 좀처럼 정치적 의견을 솔직하게 표명하는 일이 없었다—정부 각료를 날카롭게 관찰하고 있었다는 사실, 그들의 능력에 대해 나름대로 판단을 가지고 있었다는 사실을 입증한다. 이 일은 동시에 천황이 각료 임명에 관해 의견을 말한다고 해서, 꼭 마음먹은 대로 되지는 않는다는 사실을 보여주고 있다. 정부의 주요한 인물에 대한 천황의 의견은 오랫동안 천황의 고문이었던 사사키 다카유키의 일기에 자세하게 기록되어 있다. 가령 3월 19일의 담화에서 천황은 다음과 같이 말하고 있다.

시나가와는 정직하기는 하지만 마음이 좁고 참을성이 적으며, 회의 중에 분개해서 우는 등, 사리를 분별하지 못하는 경우가 많다. 요즈음 이토가 선거에 관해 미심쩍은 점을 물으며 선거 간섭을 비난했다. 그랬더니 시나가와는 매우 화가 나서, 이토가 사직한 뒤 정당을 조직한다는 말을 들었는데, 당신의 정당 조직에 내가 관여할 일이 아니지만, 만일 과격한 언론이 나온다면 나는 즉시 예계령(豫戒令)으로 처분할 것이라고 했다. 그러자 이토가 안색이 변해서 말하기를, 내무대신의 직권을 휘두른다 한들 어찌 자신을 마음대로 처분할 수 있겠느냐며 서로 싸우더라.[248]

메이지 천황은 분명 시나가와와 이토가 서로 싸우는 것을 계속 최대한 주의 깊게 듣고 있었다. 천황의 두 사람에 관한 인물평은 소에지마, 고토 쇼지로, 무쓰 무네미쓰에 대한 것과 마찬가지로 솔직하고 정확했다. 사사키는 천황이 속마음을 자유롭게 털어놓은 몇 안 되는 측근 중의 한 사람이었다. 사사키 역시 천황에게 자신의 기분을 털어놓곤 했다.

소에지마는 천황이 예견한 대로 내무대신의 자리에 오래 머물러 있지 못했다. 6월에 사직하고 추밀원 고문관에 임명되었다. 이것은 사직 또는 해임된 각료에 대한 관례적인 조처였다. 정치적 상황을 살펴보면 개인과 정당 사이의 수많은 반목이 두드러지고 있었다. 이노우에 고와시는 천황이야말로 정국을 안정시키는 유일한 희망이라고 생각했다. 이노우에는 천황의 재단에 의해 '대호(大號)'를 발해 천황이 솔선해서 의사를 표명해야 한다고 청원했다. 천황은 평소 검약을 중시하는 것으로 알려져 있었다. 이노우에는 특히 천황에게 의식(儀式) 등에 들어가는 쓸데없는 지출을 삭감하도록 제안했다. 이것은 은근히 궁정 비용의 10퍼센트가 해군의 군비 확장에 충당되기를 의도한 것이었다.

천황은 원칙적으로 이노우에의 검약 청원에 찬성했음이 분명하다. 천황은 자신의 군복을 새로 맞추기보다는 덧대어 꿰매는 쪽을 선택하는 인물이었다. 그러나 동시에 천황은 사치를 좋아하는 인물들에게 둘러싸여 지내고 있었다. 천황은 이에 적절하게 대응해야 했다. 귀족 구게나 대신의 집을 방문할 때 천황은 경비야 어찌되었든 상황에 따라 선물을 해야 했다. 예컨대 7월 4일, 천황은 다카나와(高輪)의 고토 쇼지로의 저택으로 갔다. 선례에 따라 천황은 고토에게 황실 문장이 든 은배(銀杯) 한 벌, 동칠보 꽃병 한 쌍, 1천 엔을 선물했다. 그리고 고토 부인에게는 홍백 비단 두 필을 주었고 자녀들에게도 선물을 했다. 고토는 히젠노카미(肥前守) 가문의 명도(銘刀) 하나, 조선 전래의 다호(茶壺),

도기로 된 너구리 장식물을 천황에게 바쳤다.

오후에는 간제 데쓰노조(観世銕之丞), 호쇼 구로(寶生九郎), 우메와카 미노루(梅若實) 등 당대 최고의 노가쿠시(能樂師)에 의한 노 공연이 있었다. 만찬 후 천황은 모모카와 조엔(桃川如燕)의 만담, 니시 고키치(西幸吉)의 사쓰마 비파 연주 등을 즐겼다. 모두가 그 방면의 명인들이었다. 이들 특별한 연예물과는 별도로 궁내성 악사가 종일 전통 음악과 서양 음악을 연주해서 자리의 흥을 돋우었다. 밤이 되자 수천 개나 되는 전등불이 켜지고, 나무 밑에는 모닥불이 피워졌다. 1만 마리의 반딧불이를 연못가에 풀어놓아 말로 표현할 수 없이 멋진 광경을 그려냈다. 천황이 고토의 저택을 나온 것은 밤 12시가 지나서였다. 이튿날은 황후가 행차해서 같은 접대를 받았다. 아무리 간소한 것을 좋아한다고는 하지만, 고토가 이날 밤 마련한 호사스러운 접대를 천황은 기꺼이 즐겼을 것이다.

그로부터 2주가 채 지나지 않은 7월 9일, 천황은 나가타초(永田町)의 나베시마 나오히로(鍋島直大)의 저택으로 행차했다. 향연의 규모는 고토 정도는 아니었다. 틀에 박힌 선물 교환이 있은 다음, 무술 시합과 만찬, 기술(奇術), 만담 등이 이어졌다. 노는 공연되지 않았다. 천황의 행차는 주인에게는 대단히 영광스러운 일이었다. 그러나 천황의 절약 방침 촉진에는 전혀 도움이 되지 않았다.

후에 천황은 궁내대신을 불러 "궁정의 비용을 절약해서 군함 제작비에 보태는 것이 나의 소원이다. 단단히 절약하여 그 뜻을 성취하자"고 말했다. 그러나 여기서 다시 천황은 지출을 아껴서는 안 될 예외 두 가지를 제시하고 있다. 황조, 황종의 제사 및 능에 들어가는 비용, 그리고 황태후의 경비였다. 황태후는 궁정에서 실시되는 절약 이야기를 듣고 자신에게 들어가는 경비 10퍼센트를 절감하고 싶다는 의향을 비쳤다. 그러나 천황은 어떠한 절감도 절대 받아들이지 않았다. "이런 것은 태후께서 심려하실 일이 아닙니다"라고 했다.

아무튼 황실 비용은 천황과 황후만을 위해서 사용되는 것이 아니었다. 큰 불, 지진 등의 재해가 지나간 마을의 학교 재건, 구제 등에도 쓰였다.[249] 동시에 황실에는 예술 등을 보호 육성할 의무가 있었다. 예를 들면 7월 12일, 황후는 미국 콜럼버스 세계 박람회 일본 부인회에 1만 엔의 큰돈을 하사했다. 이것은 시카고 세계 박람회에 내놓을 일본 전시품의 질을 향상시키기 위한 자금으로 충당되었다.[250] 오랜 세월 동안 돌보지 않아 황폐해진 절에는 건축물과 고미술품의 복원을 위한 자금을 주었다.[251] 설혹 천황과 황후가 오로지 검소한 생활을 바라고 있었다 하더라도 어쨌든 황실에는 이러한 공적인 일에 쓸 충분한 자금이 필요했다.[252]

1892년의 가장 중요한 정치적 변화는, 지금까지 오다와라(小田原)에 은거하며 정계의 흑막으로서 정치를 조종해 온 이토의 현역 복귀였다. 이토는 계속해서 내각 총리대신으로의 재취임을 거절해 왔다. 7월 말에 마쓰카타가 사임한 뒤, 이토에게 말을 붙여 보았으나 그는 몸이 아프다는 핑계로 훌쩍 도쿄를 떠나 오다와라로 돌아갔다. 이토는 또다시 재임 요청을 피하려는 것처럼 보였다. 그러나 천황은 궁내대신을 파견해서 이토에게 귀경을 촉구했다. 이토는 내각 총리대신으로 취임할 때가 무르익은 것으로 판단한 것 같았다. 그렇지만 이토는 원로 전원이 내각에 참여하고, 자신을 지원한다는 확약을 원했다. 이 소원은 청허되었다. 제2차 이토 내각은 야마가타 아리토모(사법대신), 구로다 기요타카(체신대신), 이노우에 가오루(내무대신), 오야마 이와오(大山巖, 육군대신), 고토 쇼지로(농상무대신), 무쓰 무네미쓰(외무대신), 고노 도가마(문부대신), 니레 가게노리(仁禮景範, 해군대신), 와타나베 구니타케(渡邊國武, 대장대신)로 구성되었다. 이보다 더 유능한 인물들로 내각을 구성하기도 어려웠을 것이다.

이토는 내각 총리대신 취임을 승낙하면서 천황에게 "신(臣)은 비록 부족한 사람이지만, 중책을 맡기시려면 만사를 위임해주시기 바랍니다. 큰 사건은 모두 성상의 뜻을 받들기를 게을리하지 않겠지만, 그 밖의 일은 모두 본인의 책임으로 맡겨주시기 바랍니다"라고 요청했다. 이에 대해 천황은 "경의 말이 옳소. 짐은 군이 아무 일에나 간섭할 뜻이 없으며, 오로지 물어오는 일이 있으면 의견을 말하겠소"라고 대답했다.[253]

이토 내각은 전 내각보다 효과를 올리면서 장기간에 걸쳐 정권을 유지했다. 그러나 11월 이토가 탄 인력거가 마차와 접촉해서 뒤집히는 바람에 머리와 아랫입술 등 몇 곳을 다쳤다. 이 바람에 이토는 이듬해 2월까지 입궐할 수 없었다. 1892년은 별다른 큰 사건 없이 끝났다.

1893년은 이제 새로운 관례가 된 의식들로 막이 올랐다. 천황은 사방배를 하지 않았고, 현소(賢所) 제전 등에는 식부장(式部長) 나베시마 나오히로가 대신했다. 시강은 역사 『영국지(英國志)』, 유학의 고전 『예기(禮記)』에서 한 편, 『만엽집』 진강으로 시작되었다. 천황은 예년과 같이 아오야마 어소로 가서 황태후에게 문후를 드렸다. 이해 와카 모임의 어제(御題)는 '바위 위의 거북'이었다.

모든 일이 순조롭게 흘러가는 듯이 보였다. 그러나 신년 기분은 1월 12일, 돌연 깨지고 말았다. 중의원이 관리 봉급, 군함 제조비를 삭감하는 예산 사정안을 가결시켰던 것이다. 이전부터 정부가 항상 절감을 외쳐오기는 했지만 이 두 개 분야만큼은 삭감을 허용하지 않았었다. 그 밖의 삭감 항목까지 포함한 전체 삭감액은 정부 예산 원안의 약 11퍼센트에 이르렀다. 중의원 예산위원회의 견해에 의하면 관리의 봉급 삭감은 타당하며, 업무 능률 저하와는 상관없다는 것이었다. 또 위원회는 국방의 큰 방침을 정하지 않은 채 해군 규모를 확대하는 것은 시기상조라 했다. 이에 대해 대장대신 와타나베 구니타케는 관리의 봉급 삭감은 행정 기관의 기능에 지장을 초래하게 된다고 반박했다. 쌍방 모두 양보하지 않은 채, 중의원은 1월 17일부터 5일간의 휴회에 들어갔다. 정부와 의회가 처음으로 정면충돌한 것이었다. 이 일로 근본적인 의문이 제기되었다. 그것은 설혹 헌법이 보장하는 의회의 특권을 무시하고라도 매우 중요하다고 판단되는 문제에 대해서 정부는 단호하게 결행할 권리를 가지느냐의 여부였다.[254]

이제는 천황에게 호소하는 수밖에 없다고 생각한 중의원은 1월 23일, 146명의 연서로 내각 탄핵 상주안을 제출했다. 그러나 같은 날, 천황의 조칙에 의해 중의원은 2월 6일까지 정회(停會)에 들어갔다. 중의원 의장 호시 도루(星亨)의 이름으로 제출된 상주안은, 헌법에 명기된 대로 의회의 예산 삭감 결정은 정당한 것이므로 의회의 권리를 보호함에 있어 천황의 조정을 요구한 것이었다. 2월 7일, 중의원은 내각 탄핵과 천황의 조정을 요구한 상주안의 의사(議事)를 재개했다.[255] 이토는 중의원에 재고를 촉구하는 반론을 펴면서 또 천황의 마음을 어지럽히지 말라고 호소했다. 그러나 중의원은 103대 181의 다수로 상주안을 가결했다.

확실히 이 대결을 끝낼 수 있는 유일한 인물은 천황이었다. 때때로 천황은 역사가들에 의해 명목상의 우두머리에 지나지 않는 것으로 평가되는 일이 있다. 천황에게 재단해 달라는 청원은 전통에 따른 의식적 수법에 따라 올려졌다. 그러나 그것은 그저 무의미한 형식적인 행위가 아니었다. 이 경우도 바로 그 많은 예 중의 하나였다. 천황의 재단은 바로 누구나가 존중하는 유일한 결정이었다.

이토는 2월 9일, 각 대신이 연서한 상서 중에서 다음 갑, 을 2개 안에 대한 칙재를 바랐다.

(갑) 중의원의 상주에 대해 칙답을 내리시고, 나아가 정부와의 화협(和協)을 위한 의사를 열게 한다. 단, 의회가 칙지에 따르지 않는 경우, 그리고 화협의 결과를 얻을 수 없는 경우에는 해산도 부득이하다.

(을) 즉시 중의원에 해산을 명한다.

이튿날 천황은 조칙을 내렸다. 천황이 강조한 것은 열강 제국의 위협이 날로 커지고 있는 지금, 일본은 방비를 단단히 할 필요가 있다는 것이었다. 천황의 결정은 '궁정의 출비를 줄여서 6년간에 걸쳐 연액 30만 엔을 하사한다. 동시에 문무 관료의 봉급에서 같은 기간 10퍼센트를 거두어, 군함 제조비를 보조한다'는 것이었다.

중의원은 조칙을 받아들고, 정부와 타협하기로 약속했다. 귀족원 역시 14일, 의원 봉급 10퍼센트를 군함 제조비에 보태는 일에 동의했다. 천황의 결정은 타협을 이끌어내고 있었다. 문무 관료는 중의원이 제안한 것처럼 봉급을 삭감 당하게 되었다. 그러나 그 돈은 군함 제조비에 충당되었다. 이것은 중의원이 가결한 것은 아니었다. 황족은 전체적으로 모든 경비를 5퍼센트에서 15퍼센트 삭감했다. 당초 황후의 궁정 경비는 삭감의 대상이 되지 않았다. 그러나 황후의 청원으로 앞으로 6년간 5퍼센트 삭감하기로 했다.

1893년에 이룬 중의원의 큰 업적이라면, 따로 조약 개정에 관한 조처를 내린 것이었다. 열강 제국과의 불평등 조약은 그 태반이 막부의 쇠퇴기에 조인된 것이었다. 이들 조약은 오랜 세월 동안 일본인의 불만이었다. 누구나 치외법권의 철폐와 관세 자주권의 회복을 바라고 있었다. 그러나 목표 달성의 반대급부로 일본인이 치러야 할 대가—외국인의 국내 거주를 허용하는 일—가 거듭 앞을 가로막았다. 때로는 '뻔뻔스러운 외국인에게 일본인의 토지 및 생활을 부당하게 빼앗길 바에야 치외법권의 굴욕을 견뎌내는 편이 낫겠다'는 강한 의견이 나오기도 했다.

중의원은 이미 1892년 5월, 치외법권과 외국인의 관세 지배 철폐를 요구하는 상주안을 제출해놓고 있었다. 최종적인 목표는 대등한 조약의 체결이었다. 이 목적을 달성하기 위해, 상주안은 외국인의 국내 거주를 인정했다. 그러나 토지, 광산, 철도, 운하, 조선소의 소유권 및 영업은 인정하지 않았다. 동시에 상주안은 동맹 체결 각국에 대해 최혜국 대우를 요구했다. 이 상주안은 결실을 맺지 못했다. 심의에 들어가기 전, 의회가 해산되었던 것이다. 새 의회가 소집된 12월, 상주안이 다시 제출되었다. 1893년 2월, 정부의 요구로 소집된 비밀회의에서 토의된 상주안은 다수결에 의해 가결되었다.

상주문에는 늘 하는 것처럼 역겨울 정도로 천황의 성명(聖明)을 찬양하는 말뿐 아니라 자진해서 불평등 조약을 조인한 막부에 대한 분노가 표명되어 있었다. 그리고 1871년의 이와쿠라 사절단부터 시작되는 조약 개정의 발자취를 더듬으며, 마지막에 가서는 '엎드려 원컨대, 여론의 소재를 가납하여 주시기를 바란다'고 맺고 있었다.

이 상주문은 대단한 성과를 낳은 것 같지 않았다. 그러나 문제는 결코 잊혀진 것은 아니었다. 7월, 천황은 외무대신 무쓰 무네미쓰가 기초하고 각의에서 결정된 조약 개정안을 재가했다. 무쓰의 판단으로는 조약 개정 노력의 역사는 모조리 실패의 역사였다. 실패의 원인은 언제나 내정에 있었으며, 일본인이 협동하지 않은 것이 원인이었다. 무쓰는 스스로 통상 항해 조약안을 기초해서 각의에 내놓았다. 조약안을 작성하면서 무쓰는 1883년 체결된 영국과 이탈리아와의 조약을 본받고, 일본과 멕시코의 조약을 참조했다. 두 조약 모두 대등한 조건을 바탕으로 한 것이었다. 또 무쓰는 이 조약이 조인된 후 일정 연한, 가령 5년 뒤에 실시되는 것이 바람직하다고 여겼다. 현행 조약에서 새 조약으로의 이행에 충분한 준비 기간을 두기 위해서였다.

무쓰의 생각에 최선의 방법은 각국과 개별적으로 교섭을 벌이는 국별 담판이었다. 우선 대등 조약을 오랫동안 반대해 온 영국 정부와의 교섭에 착수하기로 했다. 무쓰는 교섭자로 독일 주재 특명전권공사 아오키 슈조를 발탁했다. 아오키는 9월, 일본 주재 영국 공사 휴 프레이저―당시 휴가로 런던에 체재 중이었다―를 만나 예비 교섭에 착수했다.

조약 개정은 결코 쉽지 않았다. 일본에 주재하는 외국인은 줄곧 국내 거주 금지에 항의하고 있었다. 그들은 주요 서양 각국에서 일본인이 자유로운 여행과 거주를 즐기고 있는 실정을 예로 들어 항의했다.

일본인 중에는 국내 거주를 허용했을 때 일어날 재액을 두려워하여, 외국인을 폭행하는 자도 있었다. 특히 구마모토와 이바라키에 이런 부류의 반대론자가 많았다. 폭력 행위로 시위함으로써 환영받지 못한다는 사실을 외국인들에게 이해시키려 하고 있었다. 그러나 그들의 행동은 정부 측에서 볼 때 매우 달갑지 않은 일이었다. 외국인들은 이전부터 치외법권이 철폐되면, 일본의 재판소가 이러한 폭력을 처벌하지 않게 될까 두려워하고 있었다. 정부에서는 외국인들을 설득하기가 점점 더 어려워졌다.

그러나 조약 개정은, 많은 일본인들에게 헤아릴 수 없을 만큼 큰 심리적 중압감을 지니고 있었다. 그것은 일본이 근대 국가로 인정된다는 것을 의미하고 있었다. 조약 개정에 대한 중의원의 반대에 직면했을 때, 이토는 불온분자를 처분하기 위해서는 보안 조례 사용도 부득이하다고 판단했다.

조약 개정 찬성파와 현상 유지를 바라는 현행 조약 유지파 사이의 반목은 1893년 내내 지속되었다. 문제의 핵심은 다수의 일본인에게 공통된 외국인 공포증이었다. 12월, 무쓰는 중의원에 제출된 현행 조약 여행안(勵行案), 기타 조약 개정에 관한 법안 등을 검토하고 나서 그 내용에 깜짝 놀랐다. 무쓰는 다음과 같이 논평하고 있다.

　이들 안을 살펴보면 일본 사람들은 외국인을 전적으로 별종으로 보고 있는데, 마치 러시아 정부가 유대인을 대하는 것과 같아서, 우리나라 개국의 황모(皇謨: 제왕의 길)에 패려(悖戾: 도리에 어긋남)하는 것이다. 그러므로 정부는 이제 단호하게 유신 이래의 방침인 개국주의를 명시하고, 이에 반대하는 비개국주의를 박멸 진압하는 수단을 취하지 않을 수 없다. 만일 그렇게 하지 않고 이를 묵과하는 일이 있다면, 그 기세가 온 나라 안에 퍼져서 결국 내외 교섭을 벌이는 일에 대분란을 야기할 우려가 있을 뿐 아니라, 지금 착수하고 있는 조약 개정 교섭에 다대한 지장을 주게 될 것이다. 정부는 이제 하루도 머뭇거릴 때가 아니다.[256]

　무쓰는 그 대책을 강구해서 각의에 내놓았다. 각의는 좀처럼 결단을 내리지 못했다. 무쓰는 각의의 우유부단함에 분개하면서, 12월 11일 사의를 표명했다. 그러나 이토는 "초조와 단려(短慮)는 오늘의 큰 계획을 처단하는 소이가 될 수 없다"며 무쓰를 달랬다. 이토는 무쓰에게 "경솔함을 버리고 숙고하라"고 충고했다. 무쓰는 사의를 철회했다.

　조약 개정에 대한 반발은 아직도 중의원에서 계속되고 있었다. 12월 19일, 중의원은 정부에 현행 조약의 권리와 의무를 명확히 하고, 이를 준수할 것을 요구하는 건의안을 제출했다. 그리고 이유서를 첨부해서 국권이 정당하게 행사되지 않기 때문에 외국인이 제멋대로 행동하고 있는 현상을 설명했다.

　의회가 자꾸 분규에 빠진 탓으로 제국 의회에 열흘간 정회를 명하는 조칙이 내려졌다. 이번 회기의 의회 개회 이래, 중의원과 정부 간의 알력이 커질수록 천황은 점점 불안해졌다. 언제나 시종을 의회로 보내 의사를 방청하게 하고 중대 문제에 관한 의사분규의 내용을 시시각각 전화로 보고시켰다.

12월 29일, 의회가 재개되었다. 무쓰는 현행 조약 여행안에 대한 반대 연설을 했다. 여기서 또다시 무쓰는 유신 이래 정부의 기본 방침이 개국 진취에 있다는 점을 강조했다. 무쓰는 이렇게 말했다.

현행 조약의 여행(勵行)은 국시에 반한다. 현행 조약은 이미 조인 이래 진보를 거듭해온 오늘날의 사회에 적합하지 않다. 바야흐로 옛 막부의 '쇄양주의(鎖攘主義)'를 배제하고, 잃어버린 권리를 회복할 때다. 현행 조약에 없는 특권을 외국인에게 주는 것은 그에 대한 대가를 주는 것이다. 그러나 동시에 이것만은 잊어서는 안 된다. 만일 외국인이 자유로이 국내를 다니게 된다면, 그 씀씀이는 바로 인민의 이익이 된다. 조약 개정을 원한다면, 먼저 외국인에게 일본이 이만큼 진보했다는 실정을 알리지 않으면 안 된다. 그것을 실현하기 위해서는 개국 방침으로 나가는 수밖에 없다.

결론으로 무쓰는 중의원에 현행 조약 여행안의 철회를 요구했다. 의원들은 철회에 응하지 않았다. 조칙이 갑자기 내려져 의회는 다시 14일간 정회했다.

30일, 내각 총리대신 이토 히로부미, 추밀원 의장 야마가타 아리토모가 천황을 알현했다. 이어 중의원이 해산되었다. 이토는 중의원의 현행 조약 여행안을 저지하기 위해 미리 정회를 주청해 놓고 있었다. 전날 갑작스러운 정회 조칙이 내려진 것은 그 때문이었다. 그러나 의원들은 반성의 빛을 보이지 않았다. 이토는 어쩔할 바를 모르고 결국 중의원 해산을 결단했다. 같은 날, 천황은 중의원 해산을 명했다. 천황은 이토와 같은 결론에 도달해 있었다. '몇 번을 정회시키건 의회의 분위기는 바뀌어야 하므로 해산시키는 방법밖에는 없다'는 것이다.[257]

　해가 바뀐 지 얼마 안 돼서 천황은 사사키 다카유키에게 다음과 같이 심중을 밝히고 있다. "이러한 충돌은 요컨대 급진의 폐단에서 기인하는 것이다. 국회 개설을 너무 서둘렀다는 느낌이 든다."[258] 천황의 정치적 견해가 확실히 보수적이 되었음을 느끼지 않을 수 없다. 천황은 근대적 군주로서 자랑스럽게 여긴 헌법의 수여와 의회의 인가가 이제 돌이켜보니 시기상조였던 것이 아닌가 하고 생각하기 시작했다.

제44장 청나라에 선전을 포고하다

1894년 설날에도 천황은 역시 사방배를 하지 않았고, 또 현소와 그 밖의 제전(祭典)은 쇼텐초(掌典長) 공작 구조 미치타카(九條道孝)가 대신 치렀다. 천황이 사방배와 그 밖의 제전을 집행하지 않는다고 해서 새삼스럽게 놀라는 사람도 없었다. 근년, 천황은 기분이 썩 내키지 않는다는 이유로, 때때로 아무 설명 없이 의식 출석에 빠지는 일이 많아졌다. 사람들은 지난 몇 세기 동안에 걸쳐 의식 주재가 천황의 중요한 의무라는 사실을 잊어버린 것 같았다.

이 시기, 궁정 사람들의 인상에 깊이 남은 것이라면, 세배를 위해 황태자가 입궐한 일일 것이다. 이해, 황태자는 매달 몇 번씩 천황을 방문했다. 지금까지 천황과 황태자의 관계는 애정의 유대 때문이라기보다는 오히려 궁정의 의례에 지배되어 있었다. 황태자의 잦은 입궐로 두 사람의 관계가 친밀감을 더해 가는 것을 볼 수 있었다. 물론 천황은 지금까지도 황태자가 병에 걸릴 때마다 마음을 졸이곤 했다. 그러나 어쩌면 천황은 황태자의 생명보다 오히려 황위 계승 문제를 더 걱정했는지 모른다. 다른 황자들은 모두 어린 나이에 죽고 말았다. 병약함에도 불구하고 요시히토 황자가 천황의 후계자가 될 가능성은 점점 커지는 것 같았다. 단 한 명 살아남은 황자는, 같은 나이였을 때의 천황 자신처럼 건강하지도 않고 활발하지도 않았다. 천황으로서는 유감스럽기 짝이 없었을 것이다.

그래도 황태자를 장래의 천황 자리에 앉히기 위해서는 그에 합당한 준비가 필요했다. 천황은 황태자가 정규 교육을 받아야 한다고 생각했다. 이미 봐왔던 것처럼 일찍이 천황은 황태자를 다른 화족 자제와 함께 가쿠슈인(學習院)에 다니게 하고 있었다. 지금까지 황족은 개별 지도를 받는 것이 보통이었다. 황태자는 특별히 공부를 열심히 하는 편이 아니었다. 그러나 학구적인 적성이 모자란다고 해서 공부를 일찍 그만둘 수는 없었다. 메이지 천황은, 다음 세대 일본 천황은 일본 및 중국의 역사와 문화뿐 아니라 서양에 대해서도 알고 있어야 한다고 생각했다. 동시에 황태자쯤 된다면, 글씨도 잘 쓰고 전통적인 작법에 따라 와카를 읊을 줄도 알아야 했다.[259] 하지만 교육 계획에 상당한 배려가 있었음에도 불구하고 언제나 황태자의 건강 상태가 교육보다 우선하게 되었다. 황태자의 공부는 질병 탓에, 그리고 어떤 때는 '황태자가 공부를 계속하기에 도쿄는 너무 춥다'는 의사의 판단에 의해 빈번하게 중단되었다.

황태자는 좀처럼 자상한 애정을 보여주지 않는 아버지에게 겁을 먹은 것으로 보인다. 메이지 천황의 냉엄함은 그리 이상할 것도 없었다. 천황은 유교적인 아버지상에 어울리는 방식으로 황태자를 대했다. 아마도 천황은 아들을 대하면서, 자신에게 엄격했던 아버지 고메이 천황을 모범으로 삼았던 것 같다. 그러나 그는 고메이 천황과는 달리, 자식에게 와카를 가르치는 일을 일과로 삼은 일은 없었다.[260] 천황은 실제로 자신의 후계자 교육에 직접 관여한 적은 없었던 것 같다.

1894년에 들어서면서 빈번해진 요시히토 황자의 입궐은 부자간의 자연스러운 애정이 싹텄음을 엿보게 하는 것이었다. 그것은 청일 전쟁이 발발한 이해 말쯤에 증명되었다. 1894년 11월 17일, 요시히토 황자는 천황을 방문하기 위해 히로시마에 도착했다. 청일 전쟁 당시 천황은 전선에서 가까운 히로시마로 자리를 옮겨놓고 있었다. 황태자는 다음 날인 18일 아침 10시 30분, 대본영(大本營)에 모습을 드러냈다. 천황과 환담한 후, 천황이 만주산(産) 말을 관람하는 자리에 함께 참석했다. 그 후 두 사람은 함께 천수각(天守閣: 성 중심부에 있는 최대 누각)에 올라 히로시마의 전망을 즐겼다. 도노모노카미(主殿頭: 궁내의 가마, 마당 청소, 등촉 따위를 관장하는 부서의 장관)인 야마구치 마사사다(山口正定)가 안내를 하고, 망원경과 지도를 사용해 가며 전망을 설명했다. 천황 부자는 그곳에서 오찬을 들었다. 평소에 황태자에 대한 천황의 애정이 부족하다고 걱정하던 측근들은, 이날 천황의 자상한 태도에 기뻐하며 어서 황후에게 이 일을 알려야겠다고 서둘렀다. 그러나 이 모처럼의 친밀함 때문에 천황이 자신의 의무를 소홀히 한 것은 아니었다. 황태자는 11월 24일, 도쿄를 향해 떠났다. 결국 천황이 황태자와 오찬을 함께 한 것은 단 세 번뿐이었다.

사실 황태자가 아버지와 함께 시간을 보내는 경우는 좀처럼 없는 일이었다. 그러나 1887년 이후 황태자는 천황 부부와 함께 니시키에(錦繪: 원색의 풍속 판화)에 빈번하게 등장하게 되었다. 그중에는 천황과 황후 사이에 황태자가 서 있는 구도도 있는데, 그것은 마치 황실 가정의 조화를 강조하고 있는 것 같았다.[261] 그리고 천황 일가의 가정생활을 엿보게 하는 일로, 1894년의 천황의 결혼 25주년 기념일 축전이 있었다. 일본 군주의 결혼기념일이 국민의 축하 대상이 된 적은 아직 한 번도 없었다. 그러나 천황은 구미 제국에서 황실의 은혼식을 축하하는 풍습이 있다는 사실을 알고 축전을 거행하자는 건의를 기꺼이 받아들였다. 축전 준비에 소홀함이 없도록 축전 위원회가 조직되어 해외 제국의 예를 조사했다. 축전은 3월 9일에 거행하기로 했다.

축전을 기념해서 금제, 은제 축전장(祝典章)이 만들어졌다. 축하에 걸맞게 앞면에는 황실의 국화 문장, 한 쌍의 학 같은 경사스러운 의장이 조각되었다.[262] 축전장은 축전 당일 입궐한 자에게 주어졌으며, 종신 패용과 자자손손 물려줄 수 있도록 허용되었다. 3월 9일, 축전을 기념해서 1천5백만 장의 우표가 발행되었다. 이것이 일본 기념우표의 효시다.

축전 당일은 우선 현소, 황령전, 신전의 제전으로 시작되었다. 천황 부부는 이들 제전에 참석하지 않았다. 그러나 황태자, 황족, 각료 등이 차례로 배례했다. 근위 포병 연대, 해군 각 군함이 예포를 발사했다. 오전 11시, 천황 부부는 봉황홀에 모습을 드러내어 황족, 각료 부처를 비롯한 2백여 명의 축하를 받았다. 천황은 정장으로 국화대수장(菊花大綬章) 등 온갖 훈장을 달고 있었다. 황후는 흰색 중례복(中禮服)에 훈1등 보관장(寶冠章)을 달고 왕관을 쓰고 있었다. 의상에는 은실로 화조(花鳥)가 수놓아져 있었다. 이어 프랑스, 영국, 독일, 러시아, 미국, 벨기에, 조선, 오스트리아 등 각 나라 공사가 군주나 대통령이 보낸 경하의 친서 축사를 봉정했다. 천황은 각 공사에게 칙어를 내렸다.

오후 2시, 천황 부부는 관병식을 위해 함께 마차를 타고 아오야마(靑山) 연병장으로 향했다. 궁성 정문 앞에 정렬한 제국대학생을 비롯한 각 단체, 그리고 이 호화스러운 행사를 보려고 몰려든 사람들이 연도를 메웠다. 2시 45분경 식장에 도착한 천황을 아키히토 친왕이 맞이했다. 모든 부대는 받들어총을 하고, 군악대는 국가를 연주했다. 이곳에 온 황족, 대신, 외국 사신 등의 알현을 받고, 다시 마차에 동승하여 휘장을 열어놓은 채 장내를 일주하며 열병식을 했다. 이후 분열식도 관람했다.

축전은 온종일 계속되었다. 축하연이 벌어지고 무악이 상연되었다. '은혼식'이라는 말은 정식으로 사용되지는 않았다.[263] 그러나 증답품들은 과자, 그릇, 장식물, 꽃병 등 주로 은제품이 많았다. 불행히 축전에 초대받지 못한 일반 신민에게도 천황에게 헌상품을 바치는 일은 허용되었다. 신민들의 선물은 은제품이 될 수가 없었다. 그러나 시가(詩歌), 술, 간장, 오징어, 가쓰오부시, 도검, 그림, 도기, 칠기, 분재 등 그 종류도 다양했다. 25주년이라는 숫자에 맞추어 황족과 대신 이하 남녀 스물다섯 명이 노래를 바쳤다. 내려진 제목은 '앵화계만춘(鶯花契萬春)'이었다. 피로하고 지친 천황 부부가 자리에 든 것은 오전 1시 50분이었다.[264]

그러나 은혼식의 축제 기분은 3월 28일 무참히 날아가고 말았다. 이날, 조선의 정치가 김옥균이 상하이의 한 일본 여관에서 살해되었다. 일본에서부터 김옥균과 동행한 자객은, 김옥균을 개화파의 일원으로서 증오하던 조선의 수구파 지도자의 명령으로 김옥균의 암살을 결행했다.

김옥균은 1884년 미수로 끝난 쿠데타 이전부터 일본에 살고 있었다. 1881년 처음으로 일본에 온 후 곧 후쿠자와 유키치와 친해졌다. 후쿠자와는 조선의 개화파를 적극 지지하며, 일본이 조선과 청나라에서의 근대화 운동을 주도해야 한다고 믿고 있었다.[265] 그러나 개화파가 정변에 실패하면서 조선 정국을 장악하지 못했던 1885년, 후쿠자와는 유명한 '탈아론(脫亞論)'을 발표했다. 여기서 후쿠자와는 '우리나라는 이웃 나라가 개명되기를 기다려 함께 아시아를 일으킬 여유가 없다. 오히려 그 대오를 벗어나 서양 문명국과 진퇴를 함께하지 않을 수 없다'고 주장했다.

김옥균은 1884년 12월, 여덟 명의 조선인과 함께 일본으로 망명했다. 모두가 개화파의 동지였는데, 조선은 일본의 근대화의 선례를 본받아야 한다고 믿는 자들이었다. 이 조선인 망명자들은 일본 지도층의 호감을 얻기 위해 일본식 이름을 쓰고 양복을 입었다.[266] 그들은 아마도 일본 정부로부터 후대를 받을 것으로 기대한 모양이다. 그러나 최소한의 보호를 받았을 뿐이었다. 1885년 2월, 조선 정부는 일본에 사절을 파견해서 김옥균을 인도하라고 요구했다. 일본 측이 거부하자 조선 정부는 자객을 보냈다. 자객은 김옥균과 박영효의 살해를 명하는 조선 국왕 고종의 서명이 든 명령서를 가지고 있었다.[267] 암살 계획을 안 김옥균은 내각 총리대신 이토 히로부미, 외무대신 이노우에 가오루에게 그러한 사실을 알렸다. 이노우에는 조선 정부에 서신을 보내 자객 소환을 요청하고, 대신 김옥균을 국외로 추방하기로 약속했다.

김옥균은 당시 요코하마의 그랜드 호텔에 머무르고 있었다. 가나가와 현 지사는 그를 치외법권 지역에 있는 그랜드 호텔에서 미쓰이(三井)의 별장으로 옮기고 구금했다. 1886년 6월, 내무대신 야마가타 아리토모는 그를 보름 안에 국외로 추방시키라고 지사에게 명령했다. 김옥균의 체류는 일본의 치안을 방해하고, 나아가 외교상의 평화를 방해할 우려가 있다는 것이 그 이유였다.[268] 일본 정부는 김옥균이 친일파임에도 불구하고 분명 그를 거추장스러운 존재로 보고 있었다. 그리고 김옥균의 존재가 일본이 군비도 갖춰지기 전에 전쟁을 불러일으킬지 모른다고 생각한 일본 정부는 이를 두려워했다.[269] 최종적으로 김옥균은 국외 추방이 아니라 멀리 떨어진 오가사와라(小笠原) 열도 지치시마(父島)로 보내졌다. 그곳에서 2년간, 고독한 유폐 생활을 보냈다. 고도(孤島)의 기후는 김옥균의 건강을 해쳤다. 김옥균은 홋카이도로 이송되어 1890년에 도쿄로 돌아오도록 허용되기까지 그곳에서 유폐 생활을 하고 있었다.[270] 김옥균은 다수의 일본인 지지자에게서 헌금을 받아 그럭저럭 유폐의 나날을 견디고 있었다.

1894년 3월, 김옥균은 조선 개화운동에 대한 일본 정부의 지원을 단념하고 상하이로 향했다. 김옥균의 목적은 리훙장을 만나는 것이었다. 그는 주일 청국 공사였던 리징팡(李經方: 리훙장의 아들)과 친했다. 리가 귀국한 다음에도 편지를 주고받고 있었다. 김옥균은 리가 청나라 최고 실력자인 아버지 리훙장을 만나게 해줄 것으로 기대했다. 김옥균은 특히 서양 열강의 침략을 저지하기 위해 동아시아 3국이 제휴한다는 그의 계획을 이 노련한 정치가 앞에서 설명하고 싶어했다.[271] 김옥균은 상하이행이 위험하다는 경고를 받았다.[272] 그러나 단 5분간이라도 리훙장과 이야기할 시간을 얻을 수 있다면 위험을 무릅쓸 만한 가치는 있다고 확신하고 있었다.[273]

일본 체재 중에 진 빚의 청산과 뱃삯은 오사카 주재 조선인 이일식(李逸植)이 부담했다. 그는 또 청나라에서의 활동 자금으로 김옥균에게 어음 5천 엔을 주었다. 그러면서 이 어음을 현금화하기 위해서는 홍종우(洪鐘宇)가 따라가지 않으면 안 된다고 했다. 홍종우는 최근까지 프랑스에 유학하고 있던 조선인이었다.[274] 일행 중에는 일본인 친구 와다 노부지로(和田延次郎)도 있었다.

김옥균은 3월 27일 상하이에 도착했다. 이튿날 와다가 볼일을 보러 나간 동안 김옥균은 침대에서 책을 읽고 있었다. 그때 홍종우가 불쑥 방으로 들어오더니 다짜고짜 김옥균에게 두 발의 총탄을 쏘았다. 침대에서 복도로 기어 나온 김옥균은 다시 등 뒤에서 한 발의 총탄을 맞았다. 이것이 치명상이 되었다. 재기와 방랑벽이 있는 매력적인 희생자는 이때 마흔셋이었다.[275]

와다 노부지로는 관을 사서 김옥균의 시체를 거두었다. 와다는 김옥균 일행이 상하이로 타고 온 사이쿄(西京) 호의 사무장과 의논해서 관을 일본으로 송환하는 절차를 밟았다. 그러나 출항 전야, 일본 영사관 관원이 출항을 보류하라고 와다에게 명했다. 와다가 거절하자 영사관원은 거류지 경찰에 알렸다. 거류지 경찰은 관을 청나라 관헌에게 넘겼다.[276] 김옥균의 암살 소식을 들은 리훙장은 관과 자객을 군함 웨이위안(威遠)에 태워 조선으로 송환하라고 명했다. 청나라 정부와 일본 정부 모두 이 골치 아픈 이상주의자의 시체를 빨리 처분하고 싶었던 모양이다.

관이 조선에 도착하자 조선 정부는 김옥균의 시체를 관에서 꺼내 머리와 양팔, 양다리를 절단해서 '모반대역부도죄인옥균(謀叛大逆不道罪人玉均)'이라고 쓴 깃대와 함께 말뚝에 매달았다. 몸통은 말뚝 옆에 방치되었다.[277] 조선 정부의 복수는 이 참형으로 끝난 것이 아니었다. 김옥균의 가족 역시 처형되었다.[278] 홍종우는 영웅으로 환영받았다.

일본인은 김옥균의 암살에 분노했다. 청나라가 사건에 간여했기 때문에 이 일은 청나라에 대한 증오를 조장하는 결과가 되었다. 그것은 중국 숭경(崇敬) 1천 년 전통과의 결별을 의미했다. 외무차관 하야시 다다스(林董)는 회고록에 '수개월 후의 청나라와의 전쟁 발발은 김옥균 암살과 이 사건에 대한 청나라의 관여 때문에 앞당겨지게 되었다'고 썼다.[279]

후쿠자와 유키치는 암살된 김옥균에게 동정적인 말을 써놓고 있다. 후쿠자와는 청나라가 김옥균의 시체를 조선에 인도한 일에 대해 분노를, 그리고 조선이 치욕적인 시체 절단형을 단행한데 대해 증오를 표명했다. 그리고 청일 양국이 협동해서 조선의 치안을 유지하기로 정한 톈진 조약을 위반했다고 청나라를 비난했다.

지나(支那) 제국의 중앙 정부는 만주인이 장악하고 있는데, 제도와 문물이 고대의 동양류로서 조금도 개진(改進)의 열매를 보이지 않으며, 속이 썩어 들어간 고목과 같다.

후쿠자와는 청나라가 조선을 속국으로 간주하고 있는 한 충돌은 피할 수 없다고 보고 있었다. 그리고 개혁의 징후를 보이지 않는 한 청나라는 독립을 유지하기도 벅찰 것이라고 말하고 있다.[280]

그러나 일본이 청나라와 전쟁을 시작하기에는 아직 직접적인 이유가 없었다. 그런데 그 계기가 된 것이 동학당(東學黨)이라고 불리는 조선의 종교단체가 일으킨 반란이었다. 동학당은 1894년 4월과 5월, 전라도와 충청도 각지에서 일제히 봉기했다.[281] 동학운동의 주창자 최제우(崔濟愚, 1824~64)는 서양의 영향을 배제하고, 조선 토착의 교의―'서학(西學)'에 반해 대립하는 의미에서 '동학(東學)'이라고 불렀다―의 부활을 신도들에게 부르짖었다. 최제우는 원칙적으로 유교에 반대했다. 유교는 중국 전래의 교의였고 중국은 외국이었기 때문이다. 그러나 실은 그의 교의는 유교, 불교, 도교를 절충한 것이었다. 최제우가 겨냥한 적은 기독교였다. 정부는 동학운동을 금지시켰다. 그 이유는 교의 때문이 아니라 오히려 농민들 사이에서 얻고 있는 인기 때문이었다. 당국은 농민들이 동학운동의 선동으로 반란을 일으킬까봐 걱정했다.

결국 최제우는 체포되어 정부의 명령으로, 그것도 가톨릭교도로서 참수당했다. 동학당의 의식은 얼핏 보기에 당시 조선에서 박해받고 있던 로마 가톨릭교와 비슷했다. 그래서 경찰은 반가톨릭교의 교주에게 순교자의 죽음을 부여한 꼴이 되고 말았다. 동학당은 초대 교주를 잃고 지하로 잠복했다. 그러나 농민에 대한 영향력은 그대로 유지되었다. 농민의 마음을 사로잡은 것은 동학당의 불가사의한 주문이나 부적이 아니었다. 평등과 현세 이익을 약속하는 교리 그 자체였다.[282]

포교 금지에도 불구하고 동학당 신도의 수는 늘어나기만 했다. 1893년까지 한반도의 남쪽 반은 동학당 일색이 되고 말았다. 제2대 교주로 추대된 최시형(崔時亨)은 이해 1월, 동학당 대집회를 열었다. 초대 교주 최제우의 오명을 씻고, 동학당에 대한 포교 금지를 해제해 달라고 호소했다. 3월, 신도 간부들은 서울로 가서 최제우의 무죄를 호소했다. 사흘 밤낮으로 왕궁 정문 앞에 엎드려 전 교주의 원죄(冤罪)를 호소하고, 국왕에게 직소했다.[283] 직소는 받아들여지지 않았다. 그러나 이 일은 동학 신도의 신념이 얼마나 강한지 알린 결과가 되었다. 이 시기 이후 동학당의 외국인 배척 운동의 목소리가 기세를 올리게 되었다. 원래 유럽인만이 대상이었던 배척 운동의 표적으로 이제는 일본인도 포함되게 되었다. 농민들은 유럽인에 대해서는 막연한 인상밖에 없었다. 그러나 악랄한 일본 상인들에게 한번쯤 당한 기억은 누구나 갖고 있었다. 일본인 상인들은 농민들의 쌀이나 보리를 매점했고, 그들에게 고리로 돈을 빌려주고 있었다.

동학 신도들은 자신들의 운동이 조선 정부를 위협하고 있다는 사실에 고무되었다. 각국 공사관, 영사관의 벽과 담에 외국인 배척 슬로건을 크게 쓴 방과 대자보를 마구 붙였다. 그리고 문 안을 향해 욕설을 퍼붓기도 했다.[284] 청나라 대표 공관도 예외는 아니었다. 청나라 정부 대표 위안스카이(袁世凱)는 이들의 행동이 더 큰 소동으로 발전할 우려가 있다는 사실을 알아차렸다. 위안스카이는 리훙장에게 급보를 띄워, 군함 두 척을 파견해 달라고 요청했다. 리훙장은 즉각 군함 징위안(靖遠)과 라이위안(來遠)을 인천으로 급파했다. 일본 공사관은 신도들의 습격에 대비해 일본도로 무장하고 임전 태세를 갖추었다.

청일 전쟁 발발에 이르는 경위를 밝힌 무쓰 무네미쓰의 보고는 아주 중요하다. 무쓰는 많은 것을 볼 수 있었던 사건의 관찰자인 동시에, 외무대신으로서 의사 결정에 적극적으로 관여하고 있었다. 무쓰의 청일 전쟁 기록인 『건건록(蹇蹇錄)』[285]은 동학당의 난의 성질에 관한 고찰부터 시작하고 있다.

조선의 동학당에 대해서는 내외국인들이 여러 가지 해석을 내리고 있다. 혹은 유교, 도학이 섞인 일종의 종교적 단체라 하기도 하고, 혹은 조선 국내의 정치 개혁 희망자의 한 파벌 단체라 하기도 하고, 혹은 단순히 난리를 좋아하는 흉악한 자들이 몰려든 무리라 한다. 지금 그 성질을 검토하고 연구하는 일은 여기서는 필요 없는 일이므로 생략한다. 요는 이 명칭을 가진 일종의 난민(亂民)들은 1894년 5월 무렵부터 조선국 전라, 충청 양도의 각처에서 봉기해서 그곳 민가를 약탈하고, 지방관을 쫓아낸 다음, 이제 그 선봉 본부가 경기도 방면으로 진격, 전라도의 수부(首府)인 전주 역시 한때 그들의 손에 떨어졌으며, 그 기세가 매우 창궐해 있음은 사실이다.[286]

초기 동학란의 성공에 대한 일본 측의 반응은 여러 가지였다. 어떤 사람은 약한 조선 정부의 반란 진압을 원조하기 위해 조선에 일본군을 파견해야 한다고 주장했다. 또 어떤 사람은 동학당은 고통받는 조선 인민을 부패 정부로부터 벗어나게 하는 것을 목적으로 하는 개혁자라고 생각했다. 현대의 학자 중에는 반란에 대한 동학의 종교적 교의의 중요성을 간과하는 사람도 있다. 종교 체제를 갖추고 있다고는 하지만 본질적으로는 농민운동이었다는 것이 그 이유다.[287]

당초 사건을 지켜본 사람들에 의하면 동학당은 현 체제를 전복시킬 정도로 강력하지 않다는 견해가 주였다. 그러나 동학당이 서울에 접근하자 조선 정부는 허둥거리며 위안스카이에게 반란 진압을 위한 원병을 요청했다. 6월 2일, 무쓰는 조선 주재 임시 대리공사 스기무라 후카시(杉村濬)로부터 조선이 청나라에 원병을 요청했다는 보고를 받았다. 무쓰는 즉각 각의에서 청일 양국 간의 권력 균형을 위해 한반도에 '상당한 군대'를 파견해야 한다는 견해를 밝혔다. 각의는 일치해서 찬동했다. 내각 총리대신 이토 히로부미는 즉각 입궐해서 출병에 대한 재단을 요구했다. 천황은 즉시 재가했고, 짤막한 칙어를 내렸다.

이번 조선 국내에 내란이 봉기해서 그 세가 창궐했다 한다. 따라서 그 나라에 기류(寄留)하고 있는 우리 국민을 보호하기 위해 군대를 파견하고자 한다.

조선 주재 공사 오토리 게이스케(大鳥圭介)는 마침 휴가로 귀국 중이었다. 6월 5일, 오토리는 특명전권공사로서 조선 귀임의 명을 받았다. 그때 오토리는 다음과 같은 지시를 받았다. '전력을 다해 일본국의 영예를 지키고, 청나라와의 권력 균형을 저울질한다는 당초의 목적을 관철하는 것은 두말할 나위도 없다. 다만, 어디까지나 평화적 해결을 제일의 의(義)로 삼으라.' 무쓰는 이렇게 쓰고 있다.

청일 양국이 각각 군대를 파견하고 있는 이상 언제 충돌해서 교전의 전단을 벌이게 될지 알 수 없다. 만일 이러한 사변이 닥치게 된다면 (중략) 우리는 가능한 한 피동자의 자세를 취하고, 언제나 청나라로 하여금 주동자가 되게 해야 한다.[288]

청나라 정부는 일본 주재 청나라 공사 왕펑짜오(汪鳳藻)를 통해 일본 정부에 다음과 같이 고했다. 청나라는 조선 국왕의 요청으로 동학당의 난 진압을 위해 조선에 '약간의 군대'를 파견했다. 무쓰에 의하면 왕 공사는 '일본에서 관과 민이 서로 싸우는 일이 날이 갈수록 격렬해지는 것을 보고, 일본은 도저히 외국에 대해 신경을 쓸 여력이 없을 것으로 망녕되게 속단하고 있었다'는 것이다.[289]

청나라가 이러한 인상을 갖게 된 것은 일본 의회에서의 끝도 없는 격론 때문이었다. 이런 일은 청나라에서는 좀처럼 볼 수 없는 정치 현상이었다. 이토 히로부미는 자신 및 그의 내각에 대한 끊임없는 공격에 화가 나서 다음과 같은 상서를 했다.

> 헌법 실시 이후 이미 5년이 경과했는데, 국가의 앞날을 위한 대계는 아직도 '망양지탄(亡羊之歎: 여러 갈래의 길 앞에서 어찌할 바를 모름)'을 면치 못하고 있다. 각 정당은 앞다투어 정부에 반대하는 데만 열을 올리고, 오히려 국가 대계를 경시하는 폐단에 빠져 있다. 원컨대 각 당의 수령을 어전에 불러서, 폐하의 뜻이 어디에 있는지 알리고 나라의 앞날의 대계를 심의하게 하시기를……

이토가 실제로 이 글을 천황에게 바쳤는지는 알 수 없다. 아무튼 천황은 이에 대해 아무런 반응도 보이지 않았다.

청나라 사람들은 일본 의회에서 표명된 현격한 견해 차이에 정신이 팔려(분개한 이토가 때로 망각하기도 한) 일본인의 강렬한 애국심을 알아채지 못했다. 즉 일단 나라가 위험에 처하게 되면 견해 차이 따위는 일순간에 날려버리는 일본인의 강렬한 애국심 말이다. 청나라의 육해군이 일본의 군대보다 우수하다는 청나라 사람들의 착각은, 동시에 많은 일본인이 동의하는 생각이기도

했다. 하야시 다다스는 '청일 전쟁 전에 일본인은 입으로는 청나라 사람의 고루함을 비웃고 업신여겼지만, 실은 이를 매우 두려워했다'고 적고 있다.[290]

6월 7일, 무쓰는 베이징 주재 임시 대리공사 고무라 주타로(小村壽太郎)에게 훈령을 내려 일본 정부가 조선에 '약간의' 군대를 파견할 것을 톈진 조약 규정에 따라 알린다고 청나라 정부에 통고했다. 이에 대해 청나라 정부는 조선의 요청으로 내란을 진압할 원군을 파견한 것은 속방(屬邦: 속국) 보호의 관례라고 주장했다. 마지막의 '속방'이라는 두 글자를 일본이 잠자코 지나칠 리가 없었다. 무쓰는 '우리나라는 아직 조선을 청나라의 속방으로 인정한 일이 없으며……'라고 응수했다.[291] 이어지는 청일 전쟁에서 일본은 줄곧 이 점을 강조하고 있었다. 그러나 조선이 보호를 요구한 상대가 일본이 아니라 청나라임은 사실이었다.

오토리는 6월 9일, 인천에 도착했다. 해군 3백여 명을 이끌고 서울로 귀임했고, 다시 육군 1개 대대가 가세했다. 그러는 사이 이미 동학당은 기세가 꺾여 현실적으로 서울 진출을 못 하고 있었다. 직접적인 원인은 청나라군의 존재였다. 오토리는 서울이 의외로 평온한 것을 알고, 정부에 많은 군대를 조선에 파견할 필요가 없다고 했다. 그러나 이런 상황도 무쓰의 신념을 바꾸지 못했다. '만일 위기일발일 때에는 성패가 전적으로 병력의 우열에 달려 있다'고 무쓰는 믿고 있었다.[292] 6월 11일, 육군 소장 오시마 요시마사(大島義昌)가 이끄는 혼성 여단은 히로시마 현 우지나(字品) 항을 출발해서 인천으로 향했다. 같은 달 15일 현재, 이미 동학당의 난은 진압된 것처럼 보였다. 그러나 청나라 군사와 일본군은 한반도에서 철수할 기미조차 보이지 않았다.

이 중대한 국면에서 이토는 청일 양국이 협력해서 조속히 난을 일으킨 무리들을 진정시키고, 각각 상설 위원 약간 명을 파견해서 조선의 내정, 특히 재정과 군비를 개혁해야 한다고 제안했다. 그리고 만일 청나라의 찬동을 얻지 못하는 경우, 독자의 힘으로 개혁해야 한다고 말했다. 이 제안은 각의를 거쳐 천황에게 상주되었다. 그러나 천황은 필요하다면 일본이 혼자 힘으로라도 행동한다는—이토의 원안에 무쓰가 추가했다—단서 부분에 우려를 표시한 것 같았다. 시종을 파견해서 무쓰에게 그 취지를 물었다. 무쓰는 입궐해서 자세하게 설명했고, 천황도 결국 재가했다.

무쓰가 예상한 대로 청나라는 이 제안을 쉽게 받아들이지 않았다. 6월 12일, 청나라 공사는 청나라 정부가 일본 안에 동의할 수 없는 이유로서 다음 세 가지 점을 들었다.

첫째, 조선의 내란은 이미 평정되었다. 이제 청나라 군대가 조선 정부를 대신해서 이를 토벌할 필요가 없음이 분명해졌다. 그러니 청일 양국이 상호 협력해서 이를 진압할 필요는 없다고 본다. 둘째, 일본 정부의 조선국에 대한 선후책은 매우 훌륭하지만, 조선의 개혁은 조선 스스로가 행해야 할 것이다. 셋째, 사변 평정후 양국이 군대를 철수하는 것은 톈진 조약이 규정하는 바다. 이제 양국이 서로 철병하는 것은 당연한 일이므로 이 이상 논의할 필요는 없다.[293]

청나라의 논거에는 반박의 여지가 없었다. 그러나 무쓰는 '우리 정부가 보는 바로는 처음부터 조선의 내란은 그 밑바닥에 도사리고 있는 화근을 도려내지 않고서는 안도할 수 없다'고 쓰고 있다.[294] 무쓰는 청나라 정부에 이렇게 고했다.

제국 정부는 결단코 현재의 조선국에 주재하는 군대를 철거하라는 명령을 내릴 수 없다. 지금 조선국에서 일어난 참상에 대해 잠자코 방관하면서, 이에 손을 내밀지 않는다는 것은 이웃 나라의 우의에도 어긋날 뿐 아니라, 우리나라의 자위를 위해서도 상반되는 행동이라 하지 않을 수 없다.

야마가타 아리토모는 6월 23일, 마침내 청나라와 전쟁을 하지 않을 수 없다는 의견을 표명했다. 6월 26일, 오토리 게이스케는 조선 국왕을 알현하고, 내정 개혁의 필요성을 역설했다. 그리고 28일, 청나라 세력을 타파하지 않는 한 조선의 개혁은 도저히 가망이 없다는 견지에서 조선 정부 당국자에게 "조선은 과연 독립국인가. 아니면 청나라의 속국인가"라고 힐문했다. 조선 정부는 이에 바로 공황 상태에 빠지고 말았다. 논의는 결론에 도달하지 못했다. 이 단계에서 오토리는 일본 정부로부터 조선 내정 개혁안의 훈령을 받고 있었다. 오토리는 이에 힘을 얻어 조선에 강하게 회답을 요구했다. 6월 30일, 마침내 조선 정부는 조선이 독립국이라고 언명했다.

조선이 독립국이라는 언질을 얻은 오토리는 7월 3일, 조선 국왕을 알현했다. 오토리는 조선의 행정, 재정, 법률, 군비, 교육의 내정 개혁안을 제언했다. 조선 정부는 아직 수구파 사대당의 세력이 강해서 청나라를 두려워하고 개혁을 싫어했다. 그러나 오토리의 제언의 배후에는 일본군 병력이 도사리고 있었다. 이를 거부할 수는 없었다. 국왕은 위기의 책임이 자신에게 있음을 시인하는 조칙을 발표했다. 오랜 세월 쌓여온 악정을 뉘우치며, 내란이 줄지어 일어나는 것을 안타까워했고, 그 모든 원인이 자신의 부덕과 관리의 무능에 있다고 했다. 그러면서 개혁위원을 임명해서 일본 공사와 협의하라고 명했다.

일본의 원로들은 계속해서 전쟁 지지를 표명했다. 백작 마쓰카타 마사요시는 7월 12일, 전날의 각의에서 청나라와의 전쟁을 결정하지 않은 것을 알고 이토 히로부미를 찾아갔다. 마쓰카타는 정부의 우유부단함을 나무라며 "청나라의 오만은 날로 커지고 조선 또한 무례한 언행을 자행하고 있다. 그럼에도 일본 정부는 우물쭈물하며, 기회를 놓치려 하고 있다"고 이토를 다그쳤다. 이토의 판단으로는 개전 이유가 아직 불충분했다. 그러나 마쓰카타에 의하면 정부에 반대하는 입장에 서 있는 자까지 포함해서 여론은 하나같이 전쟁을 지지하고 있었다. 마쓰카타는 "만일 헛되게 며칠을 허비하다 보면, 민중의 불온은 억제할 수 없게 된다. 그리고 언제라도 열강이 간섭해 오지 말라는 보장도 없다. 이제 와서 일본군이 조선에서 철수하면 국제적으로 국위를 실추하게 되고, 국내에서는 또다시 인심의 이반을 초래할 것은 정한 이치"라고 말했다. 마지막으로 마쓰카타는 만일 자신의 의견을 무시한다면, 두 번 다시 서로 만날 일이 없을 것이라고 위협했다.

이토는 마쓰카타의 의견에도 일리가 있다고 여겼다. 그러나 내각 밖에 있는 마쓰카타와는 달리 이토에게는 내각 총리대신으로서의 입장이 있었다. 그 책임은 당연히 달랐다. 그리고 이토는 천황 가까이에 있으며, 천황이 개전을 내켜하지 않는다는 사실을 알고 있었다. 천황은 청일 간에 전쟁을 벌이다 보면 제3국에 개입의 기회를 주게 되지 않을까 걱정하고 있었다.

리훙장은 러시아에 조정을 의뢰했고, 러시아는 기꺼이 조정역을 맡았다. 조선에 대한 러시아의 관심은 부동항을 한반도—혹은 중국의 랴오둥(遼東) 반도—에서 얻는 데 있었다. 러시아의 이런 생각은 앞으로 이 지역 상황 진전의 중요한 요소였다. 일본은 러시아 조정에 사의를 표하고, 사정이 허락하는 대로 조속히 한반도에서 군대를 철수하겠다고 언명했다.

영국 또한 동아시아의 평화를 바라고 있다는 것을 표명했다. 이해 4월, 영국 정부는 조약 개정에 동의했다. 치외법권 철폐에 대한 영국의 거부는 일본인으로서는 오랜 세월에 걸친 통한의 역사였다. 그러나 영국은 이제 다른 구미 제국에 앞서서 일본을 대등하게 인정하는 최초의 대국이 되려 하고 있었다. 이때의 글래드스톤 내각은, 조각 당시 일본에 아직까지 있는 영사 재판권을 그대로 유지하는 것은 부당할 뿐 아니라 이를 철폐하는 일은 영일 양국의 우호의 기반을 단단히 하는 데도 중요한 일이라고 했다. 그러나 영국이 7월 17일에 중재 신청을 했을 때, 일본은 이미 개전을 결정한 상태였으며 영국의 제안에 관심을 보이지 않았다. 일본 측은 일부러 청나라 정부가 받아들이기 힘든 다음과 같은 조건을 내놓았다. 즉 일본 정부가 단독으로 조선의 내정 개혁에 착수한 사항에 대해서 청나라는 결코 간섭을 하면 안 되며, 조선에서의 청나라군의 어떠한 증파도 일본 정부는 도발 행위로 간주한다고 했다. 영국은 이 조건이 톈진 조약의 정신에 반하는 것이라며 항의했다. 그러나 일본 정부는 일본 정부가 청나라 정부에 요구하는 것은 결코 영국 정부의 힐문을 받을 일이 아니라고 회답했다. 영국은 중재를 포기했다.

7월 23일 새벽, 일본군 혼성 여단이 서울에 진입했다. 왕궁에 접근하자 조선병이 돌연 발포했다. 일본군은 응전하며 왕궁 안으로 돌입했다. 조선병을 성 밖으로 내쫓고, 대신 왕궁을 수비하게 되었다. 조선 국왕은 대원군에게 정국의 운영을 맡기고 있었다. 대원군은 원래 통렬한 반일파였다. 그러나 청나라에서의 유폐 경험이 그의 신념을 바꾸었다. 대원군은 오토리를 만나서 국왕이 국정 개혁의 전권을 자신에게 위임했다고 말했다. 앞으로 어떠한 조처를 취하더라도 사전에 반드시 오토리 공사와 협의할 것을 약속한다고 했다. 7월 25일, 대원군은 한청 조약의 폐기를 선언했다.

청일 간의 최초의 충돌—아직 선전 포고는 하지 않았다—은 7월 25일에 일어났다. 일본의 연합 함대 제1유격대가 아산(牙山)을 향해 남하하는 두 척의 청나라 군함—순양함 포함—과 마주쳤다. 청나라 군함은 일본의 사령관 깃발을 보고도 예포를 발사하지 않았을 뿐 아니라, 전투 배치로 들어갔다. 쌍방의 함대가 약 3천 미터까지 접근했을 때 청국 순양함 지위안(濟遠)이 발포했다. 일본 측은 이에 응전했다. 약 1시간 정도 계속된 전투 끝에 순양함 지위안은 심하게 손상을 입고 도주했다. 청나라 포함(砲艦) 광이(廣乙)는 좌초되었다. 또 다른 두 척의 배가 서쪽에서 접근해 왔다. 청나라 군함 차오장(操江)과 아산으로 향하는 청나라 군사 1천여 명을 수송하는 영국 상선이었다. 계속된 전투 중 군함 차오장은 백기를 들고 항복했다. 일본 함대의 함장인 해군 대령 도고 헤이하치로(東鄉平八郎)는 영국 상선에 닻을 올리고 따라오라고 명령했다. 영국 상선은 명령을 무시하는 바람에 격침되었다. 영국인 선장 이하 세 명을 구조하고, 청나라 승무원과 1천여 명의 군사는 익사하게 놓아두었다. 영국 상선 격침 소식은 영국민들을 격앙시켰다. 그러나 영국의 국제 공법 권위자들은 일본군이 취한 행동을 전시에 적절한 것으로 옹호했다. 영국은 문제가 조용히 해결되도록 내버려두었다. 영국 정부로서는 그것이 편했기 때문이었다.[295]

최초의 육상전은 7월 29일에 일어났다. 육군 소장 오시마 요시마사가 이끄는 혼성 여단은 성환(成歡)에서 청나라 군대와 마주쳤다. 늘 그러하듯이 일본 측의 전기(戰記)는 청나라군이 먼저 발포하고, 일본군은 이에 응전했을 뿐이라고 주장하고 있다. 일본군은 어쨌든 승리를 거두었다. 청나라군을 전부 패주시켰을 뿐 아니라 아산을 점령했다.

8월 1일, 일본은 청나라에 선전을 포고했다. 천황은 선전 조칙을 내렸다.

짐은 청국에 대해 전쟁을 선포한다. 짐의 백료유사(百僚有司: 여러 관리들)는 짐의 뜻을 받들어 육상에서나 해면에서나 청나라와의 교전에 종사하며, 국가의 목적을 달성하도록 노력하라. 적어도 국제법에 어긋나지 않는 한, 각자가 권능에 따라 모든 수단을 다해서 반드시 유루(遺漏)함이 없도록 기하라.[296]

일본인들 사이에 강렬한 전쟁열이 달아오른 것은 의심할 나위가 없었다. 실패로 끝난 도요토미 히데요시의 조선 침략 이래 3백 년 만에 일본의 군대가 해외에서 처음으로 외국과 일전을 벌인 것이다. 그리고 이 전쟁으로 세계에 일본의 새로운 지위를 확인시켜 주었다. 일본은 청나라를 지금까지 일본이 거절해 온 모든 것의 화신처럼 여겼다. 일본인이 볼 때 청나라는 있는 그대로의 현실보다는 오히려 과거의 영광을 과시할 줄만 아는 '무지몽매'한 나라였다.

계몽주의를 주창한 후쿠자와 유키치는 한 논문에서 청나라와의 전쟁은 불가결했다고 말하고 있다. 이 전쟁을 계기로 중국인은 완고한 만주인 지배자가 부정해 온 문명의 은혜를 맛보게 되었다고 했다. 후쿠자와는 청나라의 조선 간섭을 문명의 보급을 방해하는 용서할 수 없는 폭거라고 생각하고 있었다. 이 전쟁은 청일 양국 간의 전쟁이라고는 하지만, 실은 '세계의 문명을 위한' 싸움이라고 후쿠자와는 쓰고 있다.[297]

나중에 반전론자로 알려지게 되는 우치무라 간조는 이해 8월, 「조선 전쟁의 정당성」이라는 제목의 영어 논문을 발표했다.[298] 우치무라는 '이번 청일 간에 불을 뿜게 된 조선 전쟁'은 정의의 싸움이라고 확신하고 있었다.

조선 전쟁—청일 전쟁을 가리키는 말이다—은 다음 어느 쪽인가의 운명을 결정하는 전쟁이 될 것이다. 즉 서양에서 오래도록 그러했듯이, '진보'가 동양을 지배하게 될 것인가. 아니면 일찍이 페르시아 제국이, 그리고 카르타고가, 나아가 스페인, 그리고 만주인 제국—이것이 사상 최후이기를 바란다—이 조장해 온 '퇴보'가 동양을 영원히 지배하게 될 것인가. 일본의 승리가 의미하는 것은 지구 이쪽에 사는 6억의 민중에게는 정치의 자유요, 종교의 자유이며, 교육의 자유요, 상업의 자유인 것이다.[299]

우치무라는 "일본은 동양 '진보'의 옹호자다. 그 불구대천의 적인 청나라—구제 불능으로 '진보'를 혐오하는 자—를 제외하고는 일본의 승리를 바라지 않는 자가 어디 있을까!" 하고 결론을 내리고 있다.

조선에서 일본군이 거둔 서전의 승리는 일본인의 애국열을 전국으로 파급시켰다. 그것은 승전보가 일본에 도착함과 동시에 그려져서 인쇄된 채색 목판화에 의해 한층 고조되었다. 성환에서의 전투는 두 명의 영웅을 낳았다. 그 무훈은 다양한 화가에 의해 묘사되었고, 일본뿐 아니라 외국의 시인에 의해서도 노래가 되었다. 성환 육전의 최초의 영웅은 마쓰자키 나오오미(松崎直臣) 대위였다. 다리에 총탄을 맞은 마쓰자키는 계속 싸우다 결국 머리에 총탄을 맞았다. "당했다"가 그의 마지막 말이었다. 그러나 마쓰자키의 명성은 이윽고 같은 해 7월 29일에 전사한 병졸 시라가미 겐지로(白神源次郎)[300]의 명성에 의해 광채를 잃었다. 전장에서의 보고에 의하면, 시라가미는 총탄을 맞고서도 마지막까지 나팔을 불었다. 시체가 발견됐을 때, 나팔은 입술에 댄 채로 있었다. 이윽고 이 영웅적인 나팔병에게서 영감을 받은 시가(詩歌)와 채색 목판화가 봇물이 터진 듯이 넘쳐났다. 가령 도야마 마사카즈(外山正一)가 쓴 장편시 「우리는 나팔수」에 다음과 같은 한 구절이 있다.

오카야마 현 사람 시라가미 겐지로
그는 일개 나팔수였다
사람들은 말한다
그는 그저 나팔수일 뿐이라고

그는 말한다

나는 그저 나팔수일 뿐이라고[301]

이 시구의 안목은 시라가미가 무사 계급이 아니라 단순한 징집병이라는 데에 있었다. 사실 청일 전쟁의 영웅 대부분은 출신 신분이 낮은 사내들이었다. 이런 군대가 지금까지 무사 계급 특유의 속성으로만 알려져 온 용맹성을 드러냈다는 사실은, 모든 일본 국민이 용감하고 충성스러운 미덕을 갖추고 있다는 증거와 같았다.

8월 11일, 현소, 황령전, 신전에서 청나라에 대한 선전 봉고제(奉告祭)가 거행되었다. 같은 날, 쇼텐초 공작 구조 미치타카가 이세 신궁에, 쇼텐(掌典) 이와쿠라 도모쓰나(岩倉具綱)가 고메이 천황의 후월륜동산릉에 파견되어 각각 선전 포고했음을 고했다.

이 며칠 전, 천황의 선전 조칙이 공포된 직후, 궁내대신 자작 히지카타 히사모토는 천황의 어전에 문후를 하며 신궁 및 고메이 천황릉에 파견할 칙사 인선에 대해 물었다. 천황의 대답은 "그럴 필요 없다. 이번 전쟁은 원래 짐의 본의가 아니다. 각료 등이 전쟁을 하지 않을 수 없다고 하는 바람에 이를 허락했을 뿐이다. 이를 신궁과 선제릉에 아뢴다는 것은 짐으로서는 매우 괴로운 일이다"라는 것이었다. 히지카타는 그 말이 너무나 뜻밖이라 "먼저 이미 선전의 조칙을 재가하셨습니다. 그런데 이제 이러한 말씀을 하시는 것은 혹시 잘못된 일이 아닌지요"라고 간했다. 이 말을 들은 천황은 낯빛이 변하더니 "시끄럽다. 다시는 그대를 보고 싶지 않다!"고 화를 냈다. 히지카타는 황공해서 퇴출했다.[302]

관저에 돌아와 히지카타는 진지하게 이 상황을 돌이켜보았다.

선전의 조직은 이미 내외에 공포되어 있었다. 육해군은 출정 도상에 있었다. 전쟁이 장차 어떻게 돌아갈지 실로 우려하지 않을 수 없었다. 그런데 조금 전의 천황의 그 말은 무엇인가. 그 의미하는 바는 분명했다. 히지카타는 견딜 수가 없어 이토에게 의논하려 했다. 하지만 일이 자꾸만 복잡하게 꼬일 뿐이라고 생각되어 그만두었다. 히지카타는 번민과 고뇌로 밤새도록 잠을 이룰 수가 없었다. 그러나 이튿날 아침 시종장이 히지카타의 관저를 찾아와 천황의 뜻을 전했다. 천황은 이세, 교토에 파견할 칙사의 인명을 조속히 선정해서 올리라고 명하고 있었다. 히지카타는 급거 입궐했다. 문후를 여쭙자 천황은 전날 밤과는 딴판으로 기분이 좋았다. 히지카타는 인선을 보고하고, 천황은 그 자리에서 재가했다. 히지카타는 감읍하고 물러났다.

천황은 분명 사태를 살펴본 끝에 이제는 이 전쟁을 중지하라고 선언하기가 불가능하다는 사실을 깨달은 것 같았다. 그러나 천황이 선전 포고를 시인하기에 마음이 내키지 않았던 까닭은 무엇일까. 아마도 전에 천황 자신이 언급한 것처럼, 전쟁은 여러 외국의 간섭을 불러들일 것이고, 나아가 그것이 일본을 해칠 것을 두려워했기 때문이었으리라. 어쩌면 분명 많은 일본인이 죽게 될 전쟁에 생각이 미치자 참을 수가 없었고, 이에 관여하고 싶지 않았던 것인지도 모른다. 혹은 어쩌면 일본이 도저히 청나라와 대적할 수 없다는 것을 우려했는지도 몰랐다. 외국 신문은 한결같은 목소리로 청나라의 승리를 예측하고 있었다. 훈련과 군비를 볼 때, 서전은 일본에게 유리할지 모른다. 그러나 일단 서전의 우위가 무너지고 나면 청나라의 승리는 틀림없다고 했다.[303] 아니면 오로지 유교의 고전에 기초한 교육을 받아온 천황으로서는 현자들을 낳은 나라와 싸우는 일이 달갑지 않았는지 모른다.

　메이지 천황은 어째서 청나라에 대한 선전 포고를 조상신들과 아버지의 능에 보고하고 싶어하지 않았을까. 아마 우리는 그 이유를 알 수 없을 것이다. 그러나 이튿날 아침 천황의 마음은 변해 있었다. 그 시점부터 전쟁이 종결될 때까지, 아시아 대륙과 그 주변 해역에서 벌어진 일본인의 전투에 전념하는 천황의 자세에는 이미 망설임이 없었다.

제45장 뤼순 학살을 목격하다

　청나라와의 전쟁은 일본으로서는 더할 나위 없이 바람직한 형태로 전개되고 있었다. 이미 전승 후 조선에 대응할 방침까지 논의되고 있었다. 1894년 8월 17일, 외무대신 무쓰 무네미쓰는 다음과 같은 네 가지 대책을 각의에 제출했다.

　첫째, 일본 정부는 내외에 이미 조선이 독립국임을 표명하고, 그 내정 개혁의 필요성을 선언했다. 국운을 열기 위해서는 모든 것을 조선의 자주, 자립에 맡겨야 한다. 둘째, 명목상으로는 조선을 일개 독립국으로 취급하지만, 일본국 정부는 직간접적으로 영구히 혹은 장기에 걸쳐 그 독립을 받쳐주고, 조선이 외국의 모욕을 받지 않도록 노력한다. 셋째, 만일 조선이 자력으로 독립을 유지할 수 없고, 또 일본이 단독으로 조선을 보호하는 일이 득책이 아닌 경우, 조선 영토의 보전은 청일 양국이 협동으로 책임져야 한다. 넷째, 만일 제3책이 타당하지 않을 경우, 유럽의 벨기에나 스위스처럼 조선을 각국이 담보하는 중립국으로 삼아야 한다.

각의는 현 단계에서는 부동의 정책을 채용하는 일이 시기상조이므로, 당분간 제2책을 대략의 전략으로 삼기로 의결했다.[304]

조선에 대한 우호적 지지 방침에 따라 8월 20일, 천황은 추밀원 고문관 후작 사이온지 긴모치에게 조선 파견을 명하고, 조선 국왕에게 보내는 친서와 선물을 맡겼다. 천황은 친서에서 최근의 조선 정세에 대한 깊은 우려와 조선 국왕의 영명과단(英明果斷)이 국가 융창(隆昌)의 기초를 공고히 할 것이라는 확신을 표명하고 있었다. 변함없는 우호의 표시로 천황은 대도 한 자루와 꽃병 한 쌍을 보냈다. 이에 대해 조선 국왕은 메이지 천황이 일본과 조선의 우호의 기반을 단단히 하기 위해 대사를 파견한 것에 기뻐하며 또 조선의 독립 유지를 위해 일본군을 파견한 일에 감사의 뜻을 표했다.

일본 정부가 걱정하고 있었던 것은 조선에 대한 일본군의 행동이 여러 외국에 주게 될 인상이었다. 외무대신 무쓰 무네미쓰는 특명전권공사 오토리 게이스케와 대본영을 통해 조선 주재 육해군 지휘관들에게 동일한 훈령을 내렸다.

첫째, 설혹 군사상의 불편이나 비경제적인 일이 있더라도 조선의 독립권을 침해할 만한 행위는 절대 피해야 한다. 둘째, 조선 정부에 부득이 여러 가지 청구를 해야 할 경우가 있음은 알고 있지만, 이런 것들은 조선국 정부가 독립국의 면목을 상실해 가면서까지 받아들이도록 해서는 안 된다. 셋째, 조선은 적국이 아니라 동맹국이다. 군사상으로나 기타 필요한 물품에 대해서는 상대방이 만족할 만한 대가를 보상해야 한다. 무슨 일이 있더라도 결코 침략의 인상을 주는 일이 있어서는 안 된다.

8월 26일, 한일 공수동맹 조약이 조인되었다. 조약은 양국이 협력해서 청나라 병사를 조선 국경 밖으로 철수시키고, 조선이 독립국이라는 사실을 확실하게 해서 두 나라의 이익을 증진할 것을 내세우고 있다.

천황은 당초, 이미 봐온 것처럼 청나라와의 전쟁이 내키지 않았다. 그러나 때를 놓치지 않고 일본군 대원수로서의 직무에 몰두하기 시작했다. 정치와 군사의 권한을 통합할 수 있는 인물은 천황뿐이었다. 그래서 빈번하게 천황의 결단이 필요했다. 청일 전쟁이 계속되는 동안 어전회의는 90회 가량 열렸다. 여기에는 군 장성뿐 아니라, 천황의 요청으로 이토 히로부미도 출석했다.[305] 문관으로서 이토의 관심은 두 가지 문제에 쏠려 있었다. 하나는 전쟁 수행을 성공으로 이끄는 것이고, 또 하나는 특히 전쟁을 오래 끌 경우 다른 나라가 개입해 올지 모를 가능성에 대해서였다.[306] 다행히 영국과의 조약 개정 교섭은 성공리에 끝나고, 가증스러운 치외법권은 완전히 철폐되었다.[307]

9월 1일, 천황은 참모총장 다루히토 친왕을 만났다. 그는 조선에서 싸우는 부대와의 밀접한 연락을 유지하기 위해 대본영을 히로시마로 옮기자고 주청했다. 대본영 진주(進駐) 안은 원래 이토에게서 나온 것이었다. 이토는 조선에서 가장 가까운 항구로서 시모노세키—이토의 출신지인 조슈—가 최적이라고 제안했다. 그러나 군부는 제5사단 사령부가 있는 히로시마를 권장했다. 히로시마는 일본 본토 종단 철도의 서쪽 종점에 있으며, 히로시마의 외항인 우지나(宇品) 항은 조선으로 가는 주력 부대의 출발지점이었다. 대본영의 히로시마 진주는 전선과의 통신 향상에는 도움이 되었으나 태반이 도쿄에 있는 각국 공사와의 교섭에는

매우 불편했다.[308]

대본영을 히로시마로 옮기라는 명령이 내려진 것은 9월 8일의 일이다. 대원수인 천황은 당연히 자리를 히로시마로 옮기지 않으면 안 되었다. 천황에게는 시종, 시의, 비서관 등이 따라가게 되었다. 내각 총리대신 이토 히로부미에게도 수행령이 내려 히로시마로 가게 되었다.

천황은 9월 13일, 열차로 도쿄를 떠났다. 황후를 비롯한 많은 귀빈이 신바시 역에서 천황을 배웅했다. 역으로 향하는 연도에는 병사, 학생, 일반 시민이 열을 지었고 마차의 통과와 더불어 만세를 불렀다. 마차가 지나가는 연도의 시가지는 말할 것도 없고, 촌락이 있는 곳에서는 온 마을 사람이 철도 노선 양쪽에 늘어서서 천황을 배웅했다. 천황은 나고야에서 1박하고, 다음 날 아침 고베로 향했다. 고베에는 청나라 사람이 많이 있었기 때문에 바다와 지상의 경계가 지극히 삼엄했다. 그러나 천황은 신변의 위험에 대해서는 무관심해서, 그날 밤 중추(仲秋)의 보름달을 바라보면서 밤늦게까지 담소로 시간을 보냈다. 측근들은 대범한 천황에게 깊은 감명을 받았다.

히로시마 도착은 9월 15일 저녁이었다. 천황은 즉시 대본영이 차려진 제5사단 사령부로 향했다. 그곳은 초라하고 아무 장식도 없는 목조 2층집이었다.[309] 메이지 천황의 거실, 욕실, 화장실, 탈의실은 2층에 있었다. 2층의 나머지와 1층 방은 군사 회의실, 시종장 등의 대기실, 수행원의 각 부서로 할당되었다. 천황의 거실임을 나타내는 것이라면 옥좌 뒤쪽에 놓인 금병풍과 검새(劍璽)와 옥새를 안치한 두 개의 책상이었다. 같은 방을 공무, 식사, 침소로 사용했다. 아침에 일어나면 세수한 뒤에 침대가 치워지고,

책상과 의자가 놓였다. 도쿄에서 가지고 온 책상과 의자 등 두세 가지 외에는 가구가 없고, 벽을 장식하는 것이라고는 팔각시계 뿐이었다.[310] 나중에 구레(吳) 주둔군 병사가 만들어 바친 조화, 그리고 전선에서의 전리품을 이용해 천황 자신이 마련한 꽃병이 장식되었다.

그러나 천황은 더 쾌적하지 않아도 상관없었다. 신하들은 안락의자와 난로를 권했으나 천황은 "전쟁터에서 그런 것이 필요하겠는가" 하고 반문하며 거절했다. 어떤 사람은 거실이 협소하다며 증축을 제안했다. 천황은 다시 거절하며, 혼자 편하자고 건물 증축을 원하지는 않는다면서 "출정 장병의 노고를 생각한다면 무엇이 불편할까"라고 말했다.[311]

천황이 히로시마로 거처를 옮기던 날, 조선의 일본군은 평양을 방어하는 청나라군 진지를 공격했다. 전투에 참가한 청나라군과 일본군 부대는 거의 동수인 약 1만 2천 명이었다. 그러나 상식적으로 포위 공격이 성공하려면 공격 측이 세 배의 병력을 가져야 했다. 게다가 청나라군은 근대 병기로 무장하고 있었다.[312] 물량적으로 불리한 이러한 상황에 더해 일본군은 평양까지의 오랜 행군으로 매우 지쳐 있었다. 그러나 일본군은 새벽에 총공격을 감행했다.

청나라군의 저항은 완강했다. 일본군은 거점 몇 곳을 확보했으나 정작 주목표물인 성채는 워낙 단단해서 공격하기 어렵다는 사실이 분명해졌다. 전투의 승패가 결정될 순간, 일본군 한 명이 성벽을 기어올라가 북문인 현무문(玄武門)을 열었다. 일본군은 성 안으로 쇄도하여 시내로 쏟아져 들어갔다. 성채를 지키던 총사령관 예즈차오(葉志超)를 포함한 청나라군의 태반은 정세가 불리한 것을 알고 평양을 포기하고 청나라 국경이 있는 압록강 쪽으로 후퇴했다. 한 청나라 무관이, 말하자면 돈키호테 같은 용맹성을 보여줘 사람들의 기억에 깊이 남았다. 총병관(總兵官) 쭤바오구이(左寶貴)는 항복을 거부하고 황제가 내린 정복을 입고 병졸 몇 명을 이끌고 돌격을 감행했다. 이윽고 일본군의 포탄을 맞은 그는 그 자리에 쓰러졌다. 일본군은 전사자 180명, 부상자 5백여 명이었다. 그러나 청나라군은 전사자 2천여 명에 6백여 명이 포로가 되었다. 평양은 조선에서 청나라군의 최후 거점이었다. 이 단계부터 전장은 청나라 영토로 옮겨 갔다.

평양의 승리에서 한 명의 영웅이 탄생했다. 하라다 주키치(原田重吉)라는 이름의 일등병인데, 바로 현무문을 연 사나이였다. 일본군을 승리로 이끈 무훈으로 하라다는 상등병으로 승진했다. 눈부신 용기에 대한 보상으로는 미흡한 조처였다고 하지 않을 수 없다. 하라다는 나중에 금치(金鵄) 훈장을 받았다. 그리고 하라다의 용감한 행위를 오래 칭송하는 뜻에서 많은 목판화가 그려졌다. 안쪽에서 문을 열기 위해 성벽을 기어올라가는 하라다. 성벽 안에서 청나라 병사와 싸우는 하라다. 막 쓰러뜨린 청나라 병사 곁의 성벽 위에 서서 불타는 평양을 바라보며 홀로 명상에 잠기는 하라다의 모습 등이 그려졌다.[313] 또 하라다는 이렇게 시작되는 군가로도 불려졌다,

빗발보다 더 많은 탄환 속으로 달려서
성벽을 원숭이처럼 기어올라가
홀쩍 뛰어드는 그 사람은 바로 하라다 주키치 씨
연이어 미무라(三村) 소대장 죽음을 무릅쓴 분투 끝에

강타당한 적병이 허둥지둥하는 그 틈새에
성문을 활짝 밀어젖혀서 우리 군대를 손짓해 불렀지
평양을 이렇게 함락시켰지
(후략)[314]

　하라다의 활약은 〈해륙연승일장기(海陸連勝日章旗)〉라는 연극
으로 꾸며져 가부키 극장에서 상연되었다. 하라다—연극 중의
이름은 사와다 시게시치(澤田重七)—로 분한 배우는 5대 오노에
기쿠고로(尾上菊五郎)였다. 그러나 영웅 역할을 하기에는 하라다
로서는 짐이 너무 무거웠다. 전쟁이 끝나자 하라다는 훈장을 팔
아서 그 돈으로 술을 마셔버렸다. 한때는 스스로 무대에 올라가
용맹스러운 행위를 재현해 보이기도 했다. 하라다가 훈장을 술
로 마셔버리게 된 이유는 어쩌면 자신이 성벽을 넘은 최초의 일
본군이 아니었기 때문인지도 모른다. 실은 하라다보다 먼저, 이
미 결사대가 성벽을 넘어가 있었던 것이다. 전사했다고 여겼던
결사대의 한 사람, 마쓰무라 아키타로(松村秋太郎)가 살아서 일
본으로 귀환했던 것이다. 당국은 마쓰무라의 이야기가 세상에
알려지면 하라다의 영광에 상처가 생길까 두려워 마쓰무라에게
진상을 말하지 못하게 했다.[315]
　천황은 평양 함락 소식을 듣고, 군인들의 충성과 용기를 치하
하는 칙어를 보냈다. 칙어는 전보로 제5사단장 노즈 미치쓰라(野
津道貫)에게 전해졌다. 노즈는 '장교와 하사관, 졸병 모두 감읍해
서 더욱 분진(奮進), 죽음으로 성은에 보답하기를 선서했습니다'
라고 답했다.[316]
　곧바로 해상에서의 대승 보고가 이어졌다. 평양 함락 다음 날

인 9월 17일, 황해에서 일본 연합 함대와 청나라 북양 함대가 서로 포화를 교환했다. 증기력을 사용한 군함끼리의 최초의 해전이었다. 열한 척의 군함으로 이뤄진 연합 함대 사령관은 기함 마쓰시마(松島)에 탄 해군 중장 이토 스케유키(伊藤祐亨)였다. 열두 척의 청나라 함대는 연합 함대보다 총 톤수로는 약간 못 미쳤고 속도도 느렸다. 그러나 두 척은 철갑함으로서, 동양에서는 최강이라는 말을 들었다.[317] 청나라 군함에는 지도관으로 독일 육군소령 외에 영국과 미국의 장교 몇 명이 타고 있었다.

전투가 있던 날 아침, 수평선상에 한 줄기 연기가 보이기 시작했다. 이윽고 같은 모양의 연기의 수가 늘어나면서 청나라 함대와의 조우를 확인할 수 있었다. 오후 1시경, 청나라 함대의 기함 딩위안(定遠)이 약 6천 미터 거리에서 발포를 시작했다. 연합 함대는 3천 미터 거리에 이르러 처음으로 포문을 열고 맹렬히 응전했다. 정통으로 포탄을 맞은 마쓰시마를 비롯해, 일본 군함은 심하게 손상을 입었다. 그러나 상처 없이 도망한 청나라 군함은 한 척도 없었고, 세 척은 격침되었다. 두 대의 철갑함은 간신히 뤼순으로 퇴각했다. 하지만 조선 근해는 물론 청나라 북양의 제해권은 일본 해군이 장악하게 되었다.[318]

이 해전에서도 영웅이 탄생했다. 마쓰시마에 타고 있던 한 수병이 청나라 강철함의 포열탄을 맞아 중상을 입고 숨을 거두면서 자기를 격려하는 장교에게 다음과 같이 물었다. "딩위안은 아직 침몰하지 않았습니까?" 사사키 노부쓰나(佐佐木信綱)는 이 수병의 말을 시로 만들었다. 시에 가락이 붙고, 많은 전쟁 노래 중에서도 오랫동안 잊혀지지 않는 노래가 되었다. 그 시 「아직 가라앉지 않았나요, 딩위안은」의 마지막은 다음과 같이 끝을 맺는다.

아직 가라앉지 않았나요, 딩위안은
진심어린 이 말은
황국을 생각하는 국민의
가슴에 오래 새겨지리라[319]

이 수병은 이미 이야기한 나팔수와 성벽을 기어오른 용사와 마찬가지로 신분이 낮은 병사였다. 그들이 불후의 명성을 얻음으로써 청나라에 대한 승리는 옛날 일본에서의 전투처럼 무사의 칼의 승리가 아니라 일본 국민 전체의 승리가 되었다. 천황은 대원수였으나 전투 지휘에 간섭하는 일은 없었다. 천황이 히로시마에 있는 이유는 언제나 싸우고 있는 병사들과 함께 있으면서 그들의 마음의 버팀목이 되며, 병사들의 용감함을 이끌어내고 투철한 애국심으로 위업을 이룰 수 있도록 용기를 북돋워주기 위해서였다.[320] 천황은 항상 어디까지나 불편을 이겨내는 일을 강조했다. 그리고 군복을 새로 맞추는 식으로 전선의 병사들이 함께 누릴 수 없는 사치를 하느니, 차라리 군복에 천을 덧대고 꿰매어 입는 쪽을 택했다. 이런 것들은 모두 병사들과 함께한다는 것을 염두에 둔 일이었다. 천황이 황후나 여관들에게 시중을 들게 하지 않은 것은, 전선에는 병사들의 뒤치다꺼리를 할 여성이 없기 때문이었다. 천황은 대신 시종들을 의지했으며, 이들은 알뜰하지는 못했지만 천황의 신변 일을 거들었다.[321] 전선에서 온 급송 문서를 보고 있지 않을 때면, 천황은 축국이나 활쏘기를 즐기기도 했다. 측근에 있는 사람들은 천황의 무료함을 달래기 위해 히로시마 각지의 도검이나 미술품 등을 보여줄 때도 있었다. 어떤 때는 천황이 그림을 잘 그린다고 소문이 난 측근들에게 제목을 주며 그림을 그리게 하기도 했다. 그리고 손수 붓을 드는 일도 있었다. 시종인 히노니시 스케히로(日野西資博)는 이렇게 회상하고 있다. "천황이 그린 그림은 그리 잘 그린 것은 아닙니다. 이것을 가만 놓아두었더라면 소중한 보물이 되었을 터인데, 금방 찢어버리시는 바람에 아주 유감이었습니다."[322]

놀랍게도 천황은 히로시마 체재 중 노래를 별로 읊지 않았다.[323] 성환의 전투가 끝난 후, 천황은 군가 「성환 전투」를 지었다. 그 노래는 이렇게 끝을 맺는다.

> 우리의 씩씩한 용사는 피아(彼我)의 시체를 넘고 넘어
> 용맹하게 나아간다. 여기는 아산의 본영이란다.
> 나아가자 나아가, 아군의 매섭게 쏘아대는 포격에
> 지키는 적군은 풍비박산, 포대도 문제없이 빼앗았다네.
> 만세삼창을 불렀다오. 만세삼창을 불렀다오.[324]

이 시에는 가락이 붙여져서 9월 26일의 만찬 때 육군 군악대 연주로 불렀다. 그러나 이 곡은 천황의 마음에 들지 않았다. 이틀 후 가토 요시키요(加藤義清) 작시 「나팔의 울림소리」의 선율에 맞춰 불려졌다. 이 멜로디는 천황이 좋아해서 이전부터 매일 밤 만찬 후에 연주시키던 곡이었다.[325] 천황은 또 「성환역」이라는 제목으로 노래를 지었다. 이것은 내대신 비서관 사쿠라이 요시미(櫻井能監)에게 가락을 붙이게 해서 어전에서 부르게 했다.[326]

히로시마에서의 천황의 일상은 10월 18일부터 22일까지 히로시마에 소집된 임시 제국 의회 때문에 활기를 띠게 되었다. 체신대신 구로다 기요타카, 내무대신 이노우에 가오루는 전부터 히로시마에서의 제국 의회 소집을 제안하고 있었다. 구로다 등에 의하면, 도쿄에서 대리가 칙어를 읽기보다는 천황 자신이 개원식에 나오게 되면 의원들의 감격은 한층 크고, 사기도 높아지리라는 것이었다. 그래서 소집된 임시 의회였다. 개원식에서의 천황의 칙어는, 청나라가 동양의 평화를 지킬 책임을 잊고 오늘의 사태를 초래한 데 대해 유감의 뜻을 표했다. 이미 전단(戰端)은 열리고 말았으니 일본은 목적을 달성할 때까지 싸워나가지 않으면 안 된다. 제국 신민은 일치 협력해서 완전한 승리를 획득하고, 조속히 동양의 화평을 회복하며, 제국의 위광을 선양하기를 바란다고 맺고 있다.

의회는 주로 전비 조달에 관한 의논으로 시종했다. 재원의 부족분은 1억 엔의 공채 발행으로 충당하게 되었다. 청나라와의 교전 목적을 관철하는 일에 대해 이야기할 때, 그 의사 표시 방법에 있어서 각파 의원들의 견해는 약간씩 달랐다. 그러나 무엇보다도 전쟁을 성공시키자는 데는 전원 일치해서 건의서가 가결되었다. 그리고 천황의 친정(親征)의 노고에 감사하는 상주문이 만장일치로 가결되었다.

히로시마에서의 제국 의회 개회 중에도 제1군은 조선과 청나라 국경인 압록강 쪽을 향해 진격하고 있었다. 10월 24일, 제1군은 압록강을 건넜다. 청나라군의 저항은 완강했다. 그러나 일본군은 모든 전투에서 계속해서 이겼다. '연전연승'이라는 말은 바로 이런 때를 위해 있는 것 같았다. 11월 2일, 천황은 제국 의회

임시 의사당에서 열린 전승 축하회에 나갔다. 구내 벽면에는 위안스카이의 허풍, 리훙장의 우는 얼굴, 쮜바오구이의 전사(戰死) 등을 그린 그림이 장식되었다. 연회 후 노가쿠와 교겐이 상연되었다.[327] 이튿날 천장절 밤, 천황 거처에서 열린 연회에서 천황은 노의 한 가락인 〈유야(熊野)〉를 불렀다.

11월 8일, 미국 특명전권공사 에드윈 딘은 외무대신 무쓰 무네미쓰에게 미국 정부로부터 온 훈령을 전했다.

통탄할 청일 양국 간의 전쟁은 아시아에서의 미국의 정략을 조금도 위태롭게 하는 것은 아니다. 양쪽 교전국에 대한 미국의 자세는 불편부당, 우호의 정을 중히 여기면서 중립을 지킬 것이며, 양국의 행운을 희망하는 바이다. 그러나 만일 전투가 오래 끌어서 일본군의 해, 육군 진군을 제지할 길이 없게 될 경우에는 동방의 국면에 이해관계가 있는 유럽 강국들은 결국 일본국 장래의 안정과 강복(康福)에 불리한 요구를 하게 될 것이고, 이런 방식으로 전쟁의 종국을 촉구하게 될지도 모른다. 미국 대통령은 종래 일본국에 대해 가장 돈독한 호의를 안고 있는 터이므로, 만일 동방 평화를 위해 청일 양국이 모두 명예를 훼손하지 않는 방향으로 중재를 한다면, 일본 정부는 이를 수락할 것인지 여부를 알아보라.[328]

이 글에서는 여전히 미국이 영국을 불신한다는 뜻을 비치면서, 미국은 동아시아에서 영토적 야심이나 기타 야심을 갖지 않은 일본의 우호국이라는 뜻을 전하려는 의도가 감지된다. 그러나 무쓰는 미국의 중재 신청에 감사의 뜻을 표하면서도 천황과 정부의 동의 아래 다음과 같이 회답했다.

개전 이래로 제국의 군세는 가는 곳마다 승리를 거두고 있는데, 이제 새삼스럽게 전쟁을 종식시키기 위해 공연히 우방국의 협력을 구할 필요가 없을 것으로 생각한다.

무쓰는 '찬찬히 청나라의 정세를 살펴보건대, 그들은 타격을 좀 더 입기 전에는 진심으로 뉘우치고 성실하게 강화할 필요성을 느끼지 않는 것 같으며, 또 국내의 인심은 주전(主戰)의 기염이 조금도 줄어들지 않으니, 이 시점에서 강화의 단서를 연다는 것은 시기상조'라고 판단하고 있었다.[329]

무쓰는 던에게 일본 정부는 '승리를 거둠으로써 이번 전쟁에 따를 정당한 결과를 확실히 확보하면 족하지, 공연히 한도 이상으로 그 욕망을 탐하지는 않겠다'라고 확약했다. 그러나 다른 일본인은 좀 더 야심적인 계획을 안고 있었다. 제1군 사령관 야마가타 아리토모는 11월 7일, 조선의 장래에 관한 건의서를 제출해, '조선국의 독립을 돕고, 그러기 위해 청나라의 간섭에서 벗어나게 하는 일은 현 상황을 살펴볼 때 매우 어려운 일'이라는 견해를 분명히 했다. 야마가타는 부산-서울 간 철도 건설에 대한 밀약을 지적하면서 그러나 그것만으로는 불충분하다고 말했다. 만일 평양 이북인 의주까지 철도를 연장하지 않는다면, 일본은 반드시 후회하게 된다는 것이다. 이 땅은 전략적으로 중요하기 때문에 일본인의 이주를 장려해서 청나라로부터의 영향을 최소한으로 억제하지 않으면 안 된다고 말했다. 부산과 의주를 잇는 길은 바로 인도(印度)로 통하는 대로나 다름없으므로 만일 동양에서 패권을 쥐고자 한다면, 조속히 철도를 부설해야 한다고 했다.

이 건의는 결의에까지 이르지는 못했다. 그러나 전날 제2군의 진저우(金州) 성 공략 이후, 야마가타는 일본의 대륙 진출을 초미의 급무라고 설명하고 있었다. 청나라 군사는 영토 깊숙이 진출한 일본군의 기세를 저지할 수 없어, 필사적으로 조기 전쟁 종결을 바라고 있었다. 전해진 바에 의하면, 리훙장은 어떠한 배상을 하더라도 일본과 강화를 맺지 않으면 안 된다고 결심하고 있었다. 그는 독일, 러시아 등 외국에 일본의 강화 조건을 이끌어내 달라고 의뢰했다. 독일 공사는 중재를 거절하면서 일본 정부와의 직접 교섭을 권했다. 러시아 공사도 같은 회답을 했다.

다음 주전장이 된 뤼순은 요새가 견고한 청나라 북양 함대의 모항(母港)이었다. 청나라는 엄청난 재물과 10여 년의 세월을 들여 이곳에 요새를 구축했다. 그곳은 세계 3대 요새의 하나로 알려져 있었다. 청나라 수비군 1만 명 이상[330]이 약 150문의 대포를 가지고 있었다. 일본군(=제2군)은 11월 21일 오전 6시 40분, 포격을 개시했다. 제1선의 방어선은 돌파하기가 어려웠다. 그러나 일단 포대들이 함락되자 청나라군의 저항은 무너지기 시작하여 거의 모든 수비병들이 뿔뿔이 흩어지며 도망치고 말았다. 청나라가 자랑하는 요새 뤼순은 힘들이지 않고 일본군의 수중에 떨어졌다.[331]

미일 통상 항해 조약이 조인된 같은 해 11월 22일, 베이징 주재 미국 공사 찰스 덴비는 도쿄 주재 미국 공사 에드윈 댄에게 다음과 같이 타전했다. '청나라 정부는 직접 강화 담판을 열도록 본 공사에게 위임하고 의뢰했다.' 청나라 정부가 내놓은 강화 조건은 조선의 독립을 승인한다는 것과 일본의 군사적 비용에 대해 타당한 보상을 한다는 두 건이었다.[332] 일본 정부는 이 강화 조건 제의─무쓰는 '시장에서 물건을 매매하는 것 같은 거래'라고 비난했다─를 청나라가 진실로 화평을 바라고 있지 않는 증거라고 해석했다. 일본 정부는 다음과 같이 회답했다. '만일 청나라 정부가 성실하게 화목을 희망한다면, 일본국 정부가 전쟁 종결 조건을 전할 정당한 자격을 가진 전권위원을 임명해야 한다.'

일본으로서는 모든 일이 순조롭게 진행되는 듯이 보였다. 바로 그런 때에 뤼순 점령을 목격한 외국인 기자가 타전한 기사가, 외국인들에게 충격을 주었을 뿐 아니라 한때는 일본이 쌓아올린 근대 문명국가로서의 성가를 위협하기까지 했다.

뤼순 점령 후의 일본군의 행동에 관한 제1보는 〈런던 타임스〉 해외특파원 토머스 코웬이 타전한 기사였다. 뤼순을 떠난 코웬은 11월 29일, 히로시마에 도착했다. 이튿날, 코웬은 외무대신 무쓰 무네미쓰를 회견했다. 코웬은 자신이 목격한 소름끼치는 장면을 자세하게 이야기해서 무쓰를 놀라게 했다. 그날 밤, 무쓰는 외무성 사무차관 하야시 다다스에게 다음과 같이 타전했다.

오늘, 뤼순에서 돌아온 기자 한 사람 만났는데, 일본군은 전승 후에 계속해서 난폭한 행동을 했다고 한다. 생포한 사람을 묶어놓은 채 살해하기도 하고 때로는 평민, 특히 아녀자까지 죽인 일이 실제로 있었던 모양이다. 이러한 사실은 구미 각 신문이 목격했을 뿐 아니라, 각국 함대의 사관, 특히 영국 해군 중장 등도 실제로 보았다고 한다.[333]

코웬은 무쓰에게 일본 정부가 취할 선후책을 물었다. 무쓰는 "만일 이 보고가 사실이라면 실로 통탄할 일이다. 그러나 제2군 사령관 오야마 이와오에게서 정식 보고가 오기까지는 뭐라고 말할 수 없다"고 답했다. 무쓰로서는 항상 규율을 지키는 일본인이 그런 행위를 저질렀다는 사실을 믿기 어려웠다. 만일 진짜 그러한 일이 일어났다면, 뭔가 원인이 있었을 것이라고 생각했다. 그 이유만 안다면 조금쯤 죄가 가벼워질지 몰랐다. 무쓰는 하야시에게 얻을 수 있는 정보는 모두 보고하라고 명했다.

전투에 관한 코웬의 최초의 기사는 12월 3일의 〈런던 타임스〉에 게재되었다. 첫머리에 코웬은 청나라 병사가 군복을 벗고 민간인 옷을 입고 폭탄 같은 무기를 감추고 있었다고 지적했다. 이어, 사건에 대한 일본의 공식 견해가 다음과 같이 기록되었다.

민간인도 전투에 참가해서 집집마다 발포하고 있었다. 그래서 일본군은 그들을 근절하지 않으면 안 된다고 판단했다. 일본군을 다시 격앙시킨 것은 산 채로 불태워지고, 또 팔다리가 절단된 일본군 포로의 시체를 보았기 때문이라고 했다.

코웬은 이어서 자신의 체험을 썼다. 일본군이 승리를 거두는 공격이 이어지는 나흘간, 코웬은 시내에 있었다. 시내에서는 아무런 저항이 없었음에도 불구하고 거의 모든 남자가 학살되었고, 그 서슬에 덩달아 죽은 부녀자도 있었다고 했다. 일본군은 온 시내에서 약탈 행위를 했다. 코웬은 이미 무쓰 외무대신에게 보고한 것을 이렇게 묘사했다.

의복이 벗겨지고 양손이 뒤로 결박되어 있던 많은 청나라 포로가 칼로 저며지고, 찢겨 있는 것을 나는 보았다. 사람에 따라서는 창자가 끄집어내어지고, 팔다리가 절단된 경우가 많았다. 많은 시체들은 부분적으로 불에 타 있었다.[334]

외국 신문에 게재된 이러한 기사에 대해 일본 정부는 즉각 반응했다. 그것은 외국 보도기관을 통해 일본에 유리한 기사를 타전시키는 일이었다.[335] 로이터 통신은 뇌물을 받고 일본을 편드는 기사를 타전했다. 〈워싱턴 포스트〉 같은 몇몇 신문이 금방 매수되어 일본에 유리한 기사를 게재했다.[336] 이 무렵 많은 외국인 기자가 일본 정부에서 보조금을 받고 있었다.[337]

일본의 보도기관에 대한 군의 검열이 시작된 것은 이 시기였다. '내외 신문 종군기자 주지 사항' 10개 조항이 정해졌는데, 그 마지막에 '충용의열(忠勇義烈)의 사실을 기록하도록 힘쓰고, 적개심을 장려할 것'으로 시작되는 네 개의 주의 사항이 적혀 있었다. 이들 규칙을 위반하는 자는 '상당(相當)한 처분'을 받게 되었다.[338]

뤼순에서 일어난 사건에 온 세계의 관심을 끌도록 만든 것은 뉴욕 신문 〈월드〉의 기자 제임스 크릴먼이 보낸 짧은 타전이었다.[339]

일본 군대는 11월 21일, 포트 아서(뤼순의 별칭)에 들어가 냉혹하게도 거의 모든 시민을 학살했다. 무방비로 무기조차 갖지 않은 주민이 집집마다 학살당했다. 그 시체들은 말로 내뱉기에도 끔찍하지만, 팔다리가 잘려 있었다. 무제한의 살인 행위가 사흘간 계속되었으며, 온 시가지가 몸서리쳐질 정도의 잔학 행위를 당하고 있었다. 그것은 일본 문명에 아로새겨진 최초의 오점이었다. 여기서 일본인은 야만으로 되돌아갔다. 잔학 행위를 정당화하는 사정이 있었다는 변명은 모조리 거짓말이다. 문명사회는 그 상세한 이야기를 알고는 전율할 것이 틀림없다. 외국 종군기자들은 참상을 눈뜨고 볼 수 없어, 한 덩어리가 되어 군과 작별했다.[340]

일본의 신문은 청나라 군사의 말로 다할 수 없는 책략을 끄집어내가며 일본 병사들의 행위를 정당화함으로써 이에 응수했다. 청나라 병사는 군복을 벗고 민간인의 옷을 입은 다음에도 계속 저항했고, 그들은 사람들 가운데 풀어놓은 미친 개처럼 위험했다는 기사를 내보냈다. 일본군은 물리기 전에 그들을 죽이지 않을 수 없었다고 했다.[341] 일본인 포로의 시체에 청나라 군인들이 가한 잔학한 행위는 일본군이 청나라 병사들을 증오한 이유로 되풀이 인용되었다.[342]

'학살'에 관해서는 영국인이 인도에서 저지른 잔학한 행위가 인용되었다. 마오리족이 뉴질랜드에서 학살된[343] 것과 터키 정부의 불가리아인 부대에 의한 최근의 아르메니아인 학살은 동양의 청일 문제보다 훨씬 잔혹했다는 주장도 했다.[344] 또 텍사스에서 린치를 당한 흑인의 유일한 죄는 지나친 학구열이었다. 이 흑인 린치 사건은 사람들이 얘기하는 것처럼 인종 차별의 개탄스러운 예로 인용된 것이 아니었다. 문명인(=미국의 린치 집행자와 일본인)이 야만인(=흑인과 중국인)에게 연민의 정을 느끼기 어렵다는 실례로서 인용된 것이었다.[345]

뤼순 학살 사건의 전모는 세 명의 외국인 특파원―코웬, 크릴

먼, 그리고 영국 신문 〈스탠다드〉의 프레드릭 빌리어스―이 목격한 바와 같이 그야말로 전율할 만한 것이었다. 아무런 저항이 없었음에도 불구하고 일본인 부대가 눈에 보이는 모든 사람을 죽였다는 사실에 대해서는 세세한 증언이 있었다. 꿇어앉아 자비를 구하는 노인을 총검으로 찔러죽이고 머리를 베었다.[346] 언덕을 향해 도망친 부녀자는 쫓긴 끝에 총에 맞아 죽었다.[347] 살육에는 가리는 것이 없었다. 움직이는 것은 개, 고양이, 길 잃은 당나귀까지 쏘고 베어 죽였다.[348] 코웬에 의하면 그들이 집 안에서 일본군을 향해 발포하는 모습은 한 번도 없었다. 그럼에도 불구하고 일본인은 무모한 총격을 멈추지 않았다.[349] 시가지는 사진이 보여주듯이, 시체로 가득 찼고, 피의 강이 넘쳤다. 외국인 특파원에 의하면 시체들은 어느 하나도 군인 같지가 않았고, 무기 또한 눈에 띄지 않았다.[350]

포로는 한 명도 없었다. 공식적으로는 355명의 포로가 후한 대접을 받고 있으며, 곧 도쿄로 연행되는 것으로 되어 있었다.[351] 12월 4일자 〈만조보(万朝報)〉는 포로의 수가 적었던 이유에 대해 이렇게 쓰고 있다.

만일 일본의 육해군이 패잔병을 포로로 삼으려 마음먹었다면, 한 명도 남김없이 바라는 대로 할 수 있었을 것이다. 그러나 대량의 포로를 얻어 보았자 거추장스러울 뿐이다. 그래서 제2군은 총포 도검을 가진 자, 일본병에 저항을 시도하는 자는 모조리 죽여버렸다. 그래서 포로가 조금밖에 없는 것이다.[352]

죽음을 당하지 않은 청나라 사람도 있었다. 아마 시체를 묻는 작업에 그들의 도움이 필요했기 때문이었을 것이다. 그들에게는 '순민(順民)이니 죽이지 말라' '이자는 죽이지 말 것. ○○부대' 등의 글씨를 쓴 흰 헝겊 또는 종이가 주어졌다.[353]

일본군 부속 군부(軍夫: 군의 인부)는 국제법으로 무기 휴대 등이 금지되어 있었음에도 불구하고 여기저기서 살육에 참가했다. 이윽고 학살 사건이 있었다는 사실을 육군이 부정할 수 없게 되자 이때 일어난 일들을 모두 술에 취한 군부(軍夫) 탓으로 돌렸다.[354] 일본군이 뤼순 시가의 민가에서 재화를 약탈했다는 비판에 대해서는 "재화의 약탈은 결단코 없었다, 사실 무근이다"라고 오야마 대장이 정식으로 부정했다.[355]

11월 23일의 신상제(新嘗祭: 천황이 햇곡식을 천지신명에게 바치고 먹기도 하는 궁중 행사) 날, 축연이 뤼순 조선소에서 벌어졌다. 파티가 최고조에 이르렀을 때, 오야마 이와오, 제1사단장 야마지 모토하루(山地元治), 보병 제2여단장 니시 간지로(西寬二郎) 등이 차례차례로 행가래쳐졌다. 그날 밤 늦게 제2군 사령부 법률 고문인 아리가 나가오(有賀長雄)는 외국인 특파원 숙사로 찾아갔다. 아리가는 일찍이 도쿄대학 우등생이었고, 어니스트 페놀로사의 미학 강의를 완전히 이해할 수 있는 학생이라는 평가를 받은 적이 있었다.[356] 그러나 이 시기의 아리가는 일본 군부를 변호하는 입장에 있었다. 아리가는 빌리어스에게 지난 며칠간에 일어난 일이 '학살(massacre)'인지 아닌지 이것저것 눈치 보지 말고 대답해 달라고 요구했다. 빌리어스는 직답을 회피했다. 그러나 기사 속에서 빌리어스는 다른 단어를 사용해서 사건을 묘사했다. 그것은 '도살(butchery)'이었다.[357]

만일 외국인 특파원이 그 자리에 있지 않았더라면, 이런 언어

도단의 사건은 결코 기록되는 일이 없었을지 모른다.[358] 뤼순 학살 사건은 아직까지도 쓰라린 기억으로 남아 있다. 짐승도 아닌 인간들이 어떻게 해서 이러한 처참한 행위를 저지를 수가 있단 말인가. 전투 중에 팔다리가 절단된 전우들의 시체를 보면 저도 모르게 피가 거꾸로 솟구쳐 일상의 규율쯤이야 날려버리는지도 모른다. 인간으로 타고난 예절을 포함해서 개인의 신념은 용해되어 하나의 정념으로 화하고, 살육의 본능만이 지배하는 획일적인 집단적 행동으로 치달아 미쳐 날뛰게 되었는지도 모른다.[359]

구미의 군대가 세계의 한 구석에 사는 '원주민'을 학살한 기사를 서양 사람들이 읽었다 치자. 그들은 그 기사를 가볍게 받아넘기며, 야만인에게는 문명인에게 처신하는 법을 가르쳐줘야 한다고 말했을지 모른다. 그러나 똑같은 그들이 일본인에 의한 잔혹 행위를 기사를 통해 읽었을 때는 어찌되는가. 아름다운 경치와 고상하고 아취 있는 미술을 가지고 있지만 역시 일본은 대등하게 상종할 수 없는 야만국이라는, 그들 일부가 지니고 있던 의구심이 입증된 꼴이 되고 마는 것이다.[360]

미국 상원에 의한 미일 조약 비준은 곧바로 이 사진의 영향을 받게 되었다. 12월 14일, 구리노 신이치로(栗野愼一郎) 공사는 무쓰에게 '미국 국무대신[361]이 본 공사에게 말하기를, 만일 일본 병사들이 뤼순에서 청나라 사람을 학살했다는 풍문이 사실이라면 필연코 원로원(=상원)에서 지대한 곤란에 봉착할 것이라 했다'고 타전했다. 무쓰는 즉각 구리노 공사에게 '뤼순 건은 풍설만큼 대단한 것은 아니지만, 다소의 무익한 살육이 있었던 모양이다. 그러나 제국 병사들은 다른 곳에서의 거동은 모두 칭찬을 들고 있다'[362]는 답전을 보냈다. 상원은 상당한 승강이를 거듭한 끝에 마침내 조약 문제를 다루게 되었다. 청나라에서 일본군이 저지른 잔학 행위 때문에 치외법권 철폐에 대한 반대가 있었다. 수정안이 제안되었는데, 그것은 무쓰에 의하면 '거의 조약 전체를 파괴하는 결과가 되는' 정도의 것이었다.[363] 상원이 재수정 조약을 의결한 것은 1895년 2월 들어서의 일이었다.

크릴먼은 육군 대장과 다른 장군들은 학살이 매일 일어나고 있다는 사실을 알고 있었다고 썼다.[364] 한편 히로시마에 있는 천황은 사건을 알고 있었던 것 같지 않다. 천황의 측근들은 제국 육군의 행동을 욕되게 하는 보고를 해서 천황의 마음을 아프게 하고 싶지 않았다. 천황은 좀처럼 신문을 보지 않았다. 설혹 신문을 자세히 본다 하더라도 천황은 외국인 특파원의 기사를 부정하는 내용 쪽으로 주로 눈길을 던졌을 것이다. 천황으로서는 자신의 신민보다 외국인을 믿을 이유가 전혀 없었기 때문이다.

아마 천황이 전투에 대해 가장 직접적으로 얻은 지식은, 주로 천황을 기쁘게 해주기 위해 내놓은 전투 중의 노획물을 통해서였을 것이다. 노획물에는 미술품도 있었으나 주로 청나라 사람의 의류나 군기(軍旗)가 많았다. 가장 잊지 못할 전리품의 하나는 한 쌍의 낙타였는데, 이는 처음 발견한 일본군이 야마지(山地) 장군에게 선물한 것이었다. 야마지는 여기에 두루미를 곁들여 천황에게 헌납했다.[365] 낙타는 11월 29일, 우지나에 도착했다. 천황은 기분이 좋아서 장난삼아 낙타를 시종인 자작 호리카와 야스타카(掘河康隆)에게 주기로 했다.[366] 곤혹스러워진 호리카와는 이 환영할 수 없는 선물을 거절했다.[367] 이듬해 2월, 낙타는 황태자로부터의 하사품이라는 형식으로 우에노(上野) 동물원

에 기증되었다.[368]

천황은 뤼순에서의 전투를 단카 두 수에 담아 읊었다.

헤아릴 수 없는 적들이 쌓은 성채를
용감하게 공격하는 총소리
세상에 이름난 쑹수(松樹) 산을
함락시키는 승리의 함성이여[369]

이것이 뤼순 함락을 알게 되었을 때 천황이 보인 가장 솔직한
심정의 표현이었다.

청나라는 뤼순에서의 괴멸적인 패배 후, 다시금 전쟁 종결을 향해 움직이기 시작했다. 리훙장의 헌책(獻策)으로 텐진 해관세무사(海關稅務司)인 독일인 구스타프 데트링이 일본에 파견되었다. 데트링은 리훙장이 내각 총리대신 이토 히로부미에게 보낸 서한을 가지고 왔다. 서한에 의하면 청국 황제가 데트링을 일본에 파견하도록 리훙장에게 명한 것은 중국에서 오래도록 일을 맡아 했고 충실하며 믿을 수 있는 인물이었기 때문이었다. 데트링의 사명은 청일 양국의 문제를 '적절히' 처리하는 일이었다. 어떻게 하면 양국의 평화를 회복하고, 옛 친교를 회복할 수 있는지 그 조건을 알아오라는 지시를 받았던 것이다.[370] 리훙장은 또 서한에 첨부된 이토에게 쓴 서한에서, 몇 년 전 텐진에서 이토와 만났을 때의 우의에 대해 이야기하며, 이토와 자신이 추구하는 바는 똑같다는 신념을 피력했다.

데트링은 1894년 11월 26일, 고베에 도착했다. 즉시 효고 현 지사를 통해 이토와의 면회를 요구했다. 그러나 이토는 단연코 면회를 거부했다. 데트링은 교전국의 사자로서의 정당한 자격이 없다는 것이 그 이유였다.[371] 이토가 법 해석상의 이유로 사자를 거부한 것은, 일본이 이 단계에서 전쟁을 종결시킬 의사가 없었음을 시사하고 있다. 사실, 전쟁은 일본 측에 상당히 유리하게 전개되고 있었다.[372]

이미 야마가타 아리토모 대장 휘하의 제1군은 압록강을 건너 청나라에 들어가 있었다. 탄약, 식량 등의 보급을 확보하기 위한 병참선이 너무 늘어나 야마가타는 힘든 결단을 강요당하고 있었다. 이대로 진군을 계속할 것인가, 아니면 겨울용 병사(兵舍)를 설치할 것인가. 대본영은 후자를 추천했다. 이 시기가 공세에서 수세로 전환하는 호기라고 보았기 때문이었다. 그러나 제1군의 장군들은 어디까지나 청나라 영토 깊숙이 진군하기를 고집했다. 뤼순에서의 제2군의 승리에 걸맞은 전공을 세우고 싶었고, 오래 대기하다 보면 사기 저하를 초래할 뿐이라고 판단했다. 야마가타는 이미(12월 3일), 대본영에 다음과 같은 3책을 올려 대본영이 선택하는 대로 실행할 생각이었다.

(1) 산하이관(山海關) 부근에 상륙해서 베이징 공격의 거점을 확보한다.

(2) 뤼순 반도에 집결해서 해안선의 부동항에 병참 기지를 건설한다.

(3) 북진해서 평톈(奉天: 지금의 선양瀋陽)을 공격한다.[373]

대본영은 3책을 모두 물리쳤다. 그러나 야마가타는 대본영의 회답에 불복하며 11월 25일, 제3사단에 하이청(海城) 공격을 명했다. 하이청은 전략적으로 볼 때 육상 교통의 요충지였다. 이토는 야마가타가 대본영의 명령을 무시한 데 격노했다. 11월 29일, 이토는 천황에게 야마가타의 본국 소환을 명하는 칙어 발령을 요청했다. 소환은 공식적으로는 야마가타의 위장병과 천황이 '전쟁의 전반 상황'을 직접 듣기 위해서라고 발표되었다. 천황은 칙어에서 야마가타의 건강을 걱정하는 말을 하고 있다. 그러나 칙어의 진의는 야마가타에게 즉시 귀국하라는 것이었다.[374]

그러나 이 무렵 이미 제1군은 하이청 부근에 도착해서, 지금까지와는 달리 완강한 청나라군의 저항에 봉착해 있었다. 일본군은 12월 13일, 하이청을 점거했다. 그러나 청나라군은 서전(緖戰) 후의 행동과는 딴판으로, 하이청을 단념하려는 기색을 보이지 않았다. 청나라군은 5회에 걸쳐 하이청 탈환을 시도했다.[375] 일본군은 청나라군을 격퇴하는 데 무척 고전했다. 한때는 전세가 역전되는 것이 아닌가 싶을 정도였다.[376] 가장 심각한 위협은 2월 말쯤에 다가왔다. 청나라군의 총대장인 동정총군(東征總軍) 사령관 류쿤이(劉坤一)가 10만 대군을 동원해서 하이청 등지의 일본군을 섬멸시킬 작전을 세웠다. 류쿤이의 작전은 청나라군 사령부의 반대에 부딪혀 황제의 재가가 내려지지 않았다. 청나라 최고 사령부가 류의 작전을 채택하지 않은 것이 일본을 괴멸적인 패배에서 구해 주었다고 해도 좋을 것이다.[377]

적의 군사 행동 이상으로 전선의 일본군에게 고통을 준 것은 추위였다. 수백 명의 병사가 동상에 걸렸다. 12월 19일 새벽, 제3사단은 하이청을 출발해서 뉴장(牛莊)으로 이동하고 있는 청나라군을 공격했다. 깊은 적설에 발이 빠져 행군은 난항이었다. 일본군은 선전해서 거점 몇 곳을 확보했다. 그러나 청나라군의 저항도 만만치 않아서 날이 저물기까지 일본군은 전투와 추위로 피로가 극에 달했다. 밤이 되자 사단장 가쓰라 다로(桂太郎)는 부대에 곧장 하이청으로 귀환하라고 명했다. 그러나 병사들의 체력은 이미 소진되어 있었다. 간신히 하이청으로 돌아간 시간은 다음 날 정오 가까워서였다.

청일 전쟁이 벌어진 동안에 만들어진 무수한 목판화 중에서도 가장 감동을 주는 것은 얼어붙는 만주 벌판의 추위와 눈 속의 병사들—모닥불을 둘러싼 병사, 총을 정조준하고 눈 속에 누운 병사, 인간과 마찬가지로 가혹한 추위에 고통받고 있는 말에 매달린 병사—을 묘사한 그림이다.[378] 당초 일본군은 동복 지급이 제때 되지 않아 극한임에도 불구하고 하복을 입고 있었고 군마는 빙상용 편자를 장착하지 못했다.[379] 그러나 일본군의 행군은 계속되었다.

데트링은 결국 이토와 면회하지 못했다. 그 후 청나라 정부는 베이징 주재 미국 공사 찰스 덴비와 도쿄 주재 미국 공사 에드윈 던을 중개로 해서 일본 측에 강화 조건의 개요를 제시하도록 요구해 왔다. 조건을 알지도 못하고 사절을 임명할 수는 없다는 것이 청나라의 주장이었다. 일본 정부는 이에 대해, 정당한 자격을 가진 전권위원을 만나지 않고서는 조건을 제시할 수 없다고 응했다. 청나라 정부는 다시 양쪽 미국 공사를 사이에 두고 일본의 의견에 따라 전권위원을 임명한다는 뜻을 전했다. 동시에 상하이에서 일본 전권위원과 회합하고 싶다는 뜻을 전했다. 일본은 회합 장소는 일본 국내가 아니면 안 된다고 답했다. 청나라는 왕복에 편리한 나가사키를 제안했으나, 일본 측은 히로시마를 주장했다. 청나라 전권위원의 히로시마 도착 후, 48시간 이내에 회합을 열기로 했다.

전쟁 종결을 바라는 청나라 측의 절박한 공기와는 반대로, 청나라 전권위원이 히로시마에 도착한 것은 1895년 1월 31일이 되어서였다. 일본 정부는 일본 측의 전권위원으로 이토 히로부미와 무쓰 무네미쓰를 임명했다. 그러나 청나라 사절이 비교적 격이 낮아 처음부터 불만이 있었다. 청나라 정부가 과연 성의를 가지고 교섭할 의사가 있는지 의문이었다. 한 가지 더 밝혀진 것은, 청나라 사절은 전권위임장을 가져오지 않았다. 그들이 가져온 것은 국서라고 칭하는 신임장과 청나라 황제가 두 사람을 사절로 임명한 명령서뿐이었다. 교섭을 하면서도 이 두 사람의 권한은 확실하지 않았고, 청나라 황제는, 그들이 교섭할 때마다 전보로 보고하고, 교섭을 진행하기 전에 황제의 명령을 기다리기를 기대하고 있었다. 일본 측은 청나라 사절에게 그들이 사실상 강화 체결을 위한 일체의 권한이 위임되어 있는지 여부를 서면으로 확답하도록 요구했다. 2월 2일에 제출한 공문에서 청나라 사절은 자신의 판단으로 결단할 권한이 없음을 인정했다. 이토는 더 이상의 교섭은 불가능하다고 선언했다.[380]

이들 회담이 벌어지고 있는 동안에도 일본군의 행군은 계속되었다. 1월 20일, 일본군은 산둥(山東) 반도 북안인 룽청(榮城) 만으로 상륙해서 청나라 최후의 거점인 군항 웨이하이웨이(威海衛)를 향해 진군하고 있었다. 2월 2일, 제2군은 적의 저항을 받지 않고 웨이하이웨이를 점령했다. 그리고 일본 연합 함대는 웨이하이웨이 항 내에 정박 중인 청나라 북양 함대의 나머지 군함을 봉쇄하는 데 성공했다.[381] 류궁다오(劉公島)의 청나라군 포대에서의 포격은 여전히 맹렬했으며, 청나라 북양 함대에 대한 군사 행동은 계획대로 진행되지 않았다. 일본군의 수뢰정 부대는 2월 5일 새벽, 간신히 류궁다오를 통과했다. 표적에서 50 내지 1백 미터 가까운 거리까지 접근한 수뢰정이 어뢰를 발사했고, 적 함대의 기함 딩위안은 크게 파손되었다.[382] 6일 새벽에 결행된 제2차 공격에서 주력 함 두 척을 포함하여 세 척의 함선을 격침시켰다. 7일, 일본 연합 함대는 군항 내의 류궁다오와 르다오(日島) 섬에 함포 사격을 퍼부었다. 르다오 포대의 화약고가 포탄을 맞고 폭발했다. 이것이 치명적인 타격이 되어 청나라군은 전의를 상실한 듯했다.[383]

9일 정오경, 일본군의 포탄이 순양함 징위안의 탄약고에 명중해서 징위안은 가라앉았다. 이를 본 기함 딩위안의 함장은 이미 대파 상태였던 군함의 자폭을 명하고 자신은 권총으로 자살했다. 이튿날, 나머지 청나라 북양 함대의 각 함장은 일제히 딩루창(丁汝昌) 제독에게 항복을 촉구했다. 제독은 최후의 결전을 호소했으나 어느 누구도 찬동하는 자가 없었다. 제독은 하는 수 없이 연합 함대 사령장관 이토 스케유키(伊東祐亨)에게 항복을 전하는 군사(軍使)를 파견했다.

이보다 일찍 이미 이토 사령장관은 딩 제독에게 항복을 권고하고 있었다. 이토의 항복 권고문은 영어로 쓰여 있었다. 딩 제독의 외국인 고문을 항복의 군의(軍議)에 참석시키기 위해서였다. 권고문은 다음과 같이 시작되었다.

각하, 불행한 사정으로 우리는 적이 되었습니다. 그러나 오늘의 전투는 우리 모두 개인 간에 적의가 있어서가 아닙니다. 우리는 다음과 같은 것을 각하에게 보증하기에 충분할 만큼, 우리의 옛 우정이 아직도 따뜻한 것이기를 희망하는 바입니다. 즉 각하에게 드리게 된 이 서한은 단순한 항복 권고보다는 높은 차원의 동기에 의해 구술된 것입니다.[384]

항복 문서를 받았을 때, 이토 사령장관은 제독에 대한 위로와 의례로 포도주, 샴페인, 곶감 등을 보냈다. 2월 12일 아침, 백기를 든 청나라 포함(砲艦) 전베이(鎭北)가 연합 함대 기함 마쓰시마에 접근했다. 군사는 북양 해군 제독 딩루창이 이토 사령장관에게 보낸 정식 투항서를 가지고 있었다. 딩 제독은 웨이하이웨이 해역에 있는 함선, 포대, 병기를 내놓는 대신에 청나라 부대와 외국인 고문의 안전 보장을 요구했다. 16일, 딩 제독은 청나라 해군을 잃은 책임을 진다는 뜻의 한시 한 편을 남기고, 독약을 마시고 자결했다.[385]

딩 제독의 최후는 일본인의 마음을 움직였고, 제독에 대해 경의를 표현하게 했다. 음독하기 전의 딩 제독의 마지막 모습은 목판화 작가들에 의해 묘사되었다. 미즈노 도시카타(水野年方)의 목판화에서 딩 제독은 손에 독배를 들고, 항 내에서 불타고 있는 함선을 바라보고 있었다. 마찬가지로 딩 제독의 최후의 모습을 그린 미기타 도시히데(右田年英)의 목판화에서는 좀 더 허우대가 좋은 인물이 의자에 힘없이 기대 유서를 바라보고 있고, 가까이 있는 탁자 위에는 독이 든 유리병이 놓여 있었다.

딩 제독의 죽음을 안 이토 사령관은 함대에 명해, 반기를 게양하게 하고 의식 이외의 주악을 금했다. 이토는 항복 절차를 위해서 온 청나라 사관에게 사람을 가장 많이 태울 수 있는 함선은 어느 것이냐고 물었다. 사관은 "캉지(康濟) 말고는 모두 군함이므로 부대의 수송에는 적합하지 않다. 캉지는 원래 운송선이어서 약 2천 명을 실을 수 있다"고 답했다. 이토는 이렇게 말했다.

어제 이야기를 나누는 가운데 고(故) 딩 제독의 관 이야기를 하면서, 귀관은 다른 관과 함께 청나라 정크(바닥이 평평한 범선)에 실어 항구 밖으로 나가면 된다고 했다. 그러나 그는 실로 북양 해군의 장관이다. (중략) 패전했다고는 하나, 제독의 관을 한낱 지나(支那) 정크에 싣는다는 것은 일본 남아로서 견딜 수 없는 일이다. 나는 제독의 영을 위로하기 위해 특히 캉지만큼은 접수를 하지 않고, 귀관의 자유 처분에 맡기려 한다. 만일 제독의 관을 태우고도 여지가 있으면 사관 이하가 타는 것을 방해하지 않겠다.[386]

딩 제독의 관을 실은 캉지의 출항에 입회한 외국인 저널리스트는 이렇게 보도하고 있다.

일본 함대는 용감한 적에게 조사를 바쳤다. 관을 실은 증기선이 출항할 때 모든 함선은 반기를 게양했고, 이토 백작의 기함에서는 배가 나아감에 따라 장례 예포인 분시포(分時砲)가 수시로 발사되었다. 웨이하이웨이 항에 정박한 유럽의 군함 또한 제독이 생전에 발휘한 용기를 치하하며 반기를 게양했다.[387]

이토 사령장관은 패한 적에게 이례적으로 관대한 조처를 취했다. 캉지에 청나라군을 최대한 수용해 철수하게 했을 뿐 아니라 비전투원 중에서도 희망하는 사람은 모두 웨이하이웨이에서 떠날 수 있었다. 웨이하이웨이에서의 전투는 단순한 승리로 끝났던 것만이 아니었다. 뤼순의 전율할 만한 사건 후, 일본의 무사도를 자랑스럽게 보여준 것이었다.

대원수로서의 천황은 그 후 곧 일본군의 승리를 들었을 것이다. 하지만 천황의 일상은 그런 일을 제외하고는 아주 단조롭게 흘러간 것으로 보인다. 천황은 수많은 정책 회의에 참석했다. 그러나 헌법 편찬이 논의될 때 그랬던 것처럼 발언을 한마디도 하지 않았던 것 같다. 1895년 설날 통상적인 궁정 의식은 집행되지 않았다. 그러나 천황은 축국을 구경하고,[388] 신하에게 『헤이케 이야기(平家物語)』를 낭독하게 했다. 이것은 아마도 최초로 천황이 직접 선택한 진강이었을 것이다.

전년 12월, 참모총장 아리스가와노미야 다루히토 친왕이 장티푸스에 걸렸다. 천황은 발병 소식을 듣고 과자와 포도주 한 상자를 보냈다. 친왕은 잠시 회복될 조짐을 보이다가도 재발을 되풀이했다. 친왕은 히로시마를 떠나 효고 현의 바닷가에 있는 마이코(舞子) 별장에서 요양하도록 했다. 그러나 전지 요양도 효과가 없었다. 그의 병은 비밀에 부쳐졌다. 청나라와 교전 중인 부대에 악영향을 미칠 것을 두려워했기 때문이다. 천황은 빈사 상태인 그에게 국화장 및 금치(金鵄) 훈장을 내렸다. 그는 천황에게 금치 훈장을 받은 최초의 인물이었다. 온갖 치료법을 다 써봤지만, 1월 15일 다루히토는 숨을 거두었다. 공식적인 발표는 미뤄지다가 23일, 친왕이 위독하다는 발표가 나고 유해는 도쿄로 운반되었다. 천황까지도 그의 죽음을 몰랐다. 23일, 용태를 확인하기 위해 시종이 파견되어서야 비로소 친왕의 죽음이 알려졌다. 1월 29일, 장례는 국장으로 치러졌다. 장례 때에 천황은 비쭈기나무(신에게 바치는 신성한 나무) 한 쌍을 내렸다. 직계가 아닌 황족의 장례에서 비쭈기나무를 내리는 것은 이례적인 일로 이때가 처음이었다.

다루히토의 죽음을 알았을 때 천황이 어떤 기분이었는지는 알 수 없다. 그러나 유신 시대의 측근 인물을 또 하나 잃었다는 사실로 충격을 받았던 것은 확실하다. 다루히토의 후임자로 참모총장에 아키히토(彰仁) 친왕이 임명되었다.

3월 19일, 황후가 히로시마에 도착했다. 대본영에서 천황을 섬기고 있는 사람들은, 어설픈 솜씨로 천황에게 완전한 시중을 못 들고 있다는 것을 잘 알고 있었다.[389] 그래서 진작부터 황후의 내방을 바라고 있던 터였다. 마침내 천황의 허가가 내려졌다. 황후는 여관들과 함께 왔다. 그들 중에는 곤노텐지 지쿠사 고토코(千種任子)와 소노 사치코도 있었다. 곤노텐지는 궁정 깊이 있는 처소에서 나오는 일이 거의 없었기 때문에 얼굴이 창백했다.[390] 그 누구도 지금까지 여행을 해본 적이 없었다.

유럽의 귀부인들이 이처럼 조신하게 처신할 수 있을 거라고는 도저히 상상할 수 없다. 황후는 남편의 침소에서 이 여인들이 자신의 자리를 차지한다는 사실을 뻔히 알면서도, 천황의 욕구를 채워주기 위해 이들과 함께 온 것이었다. 공식 기록을 볼 때, 천황이 이 시기까지 히로시마 여자를 불러들였다는 것을 암시할 만한 대목은 발견할 수 없다. 그리고 천황이 두 명의 곤노텐지를 만나 과연 기뻐했는지도 알 수 없다. 히노니시 스케히로 자작의 회상에 의하면, 히로시마 체재 중 황후는 대본영 뒤쪽 건물에 머물고 있었다. 그러나 도착하고 나서 한 달 가까이 지나는 동안에도 천황은 황후를 찾아가는 일 없이 종전처럼 대본영의 방에서 기거했다. 어느 날 밤, 천황은 불쑥 황후의 방을 찾아가더니 그

이후로 매일 밤 황후의 처소로 가서 아침까지 대본영에 돌아오지 않았다.[391]

히로시마에 도착한 날, 황후는 당장 다음 날부터라도 부상병이 수용되어 있는 병원을 방문하겠다는 의향을 비쳤다. 황후의 시의 등은 먼저 오랜 여행에서 오는 여독부터 풀기를 권했다. 그러나 3월 22일부터 황후는 하루걸러 병원을 방문해서 부상병을 위문했다. 목판화는 열심히 병동을 위문하는 황후의 모습을 그리고 있는데, 그 장면에는 붕대를 칭칭 감은 환자가 경외의 표정으로 병상 위에서 엎드려 있는 모습이 묘사되어 있다.[392] 황후는 한 달 이상 히로시마에 머물렀다.

황후가 히로시마에 도착하던 날, 일본 측과 전쟁 종결을 위한 교섭을 위해 리훙장이 이끄는 청나라 전권대표단이 시모노세키에 도착했다. 이번에는 전권대표의 자격에 아무런 의문의 여지가 없었다. 리는 청나라 정부의 중진이었다. 일본이 전권 담판 장소로 시모노세키를 선택한 이유 중 하나는 1864년의 4개국 연합 함대에 의한 시모노세키 포격 이래로 이 지명이 서양에 알려져 있었기 때문이다.

교섭은 청나라 전권대표단 도착 이튿날부터 시작되었다. 일본 전권대표단은 이토 히로부미, 무쓰 무네미쓰 외 몇 명이었다. 이번에는 무사히 전권위임장이 교환되고, 리는 강화 담판을 시작하면서 정식으로 휴전을 요청했다. 이것은 몇 개월 전, 베이징 및 도쿄 주재 미국 공사 중개로 제의된 요청과 같은 것이었다. 이튿날인 3월 21일, 이토는 휴전 조건을 다음과 같이 내놓았다.

일본은 다이구(大沽), 톈진, 산하이관 및 그 주변의 성루를 점령한다. 그리고 이 지방에 있는 청나라 군대는 일체의 병기, 군수품을 일본군에 인도한다. 일본 군무관은 톈진-산하이관 간의 철도를 관할한다. 휴전 기간 중 청나라는 일본군의 비용을 부담한다. 만일 청나라 측이 이들 조건에 이의를 제기하는 경우, 청나라 측에서 마땅한 수정안을 제출하지 않으면 안 된다.

일본은 다시 별도의 안을 재고하는 일은 하지 않겠다고 했다. 리훙장은 가혹한 조건에 깜짝 놀랐다. 그러나 일본 측의 제안을 숙고하기 위해 며칠간의 유예를 원했고, 사흘간의 유예 기간이 주어졌다.

3월 24일, 리훙장과 이토 전권 등은 시모노세키의 춘범루(春帆樓)에서 회담했다. 리훙장은 휴전 제의를 철회하는 대신에 강화조약을 담판 짓고 싶다고 했다. 이토는 다음 날 조약안을 제출하겠다고 약속했다. 회담 후 리훙장은 여관으로 향했다. 귀로에 고야마 도요타로(小山豊太郎)라는 폭한이 리훙장을 단총으로 저격했다. 리훙장은 얼굴에 부상을 입었다.[393]

리훙장 암살 미수 소식이 히로시마의 대본영에 도달했을 때 천황은 즉각 보고를 받았다. 천황은 매우 놀라 육군 군의총감 두 명을 시모노세키로 파견하여 리훙장을 치료하게 했다. 황후는 간호사를 시모노세키로 파견하면서 손수 만든 붕대를 보냈다. 25일, 천황은 조칙을 내려 '청나라와 교전 상태에 있다고는 하지만, 이러한 습격 사건이 일어난 데 대해 슬픔과 유감을 느낀다'고 했다. 천황은 범인—범인은 이미 잡혀 있었다—이 법에 따라 엄중한 처벌을 받을 것이라고 말하고, 모든 신민에게 더 이상 국가의 위신을 떨어뜨리는 일이 있어서는 안 된다고 경계했다.

습격 사건 이전에 목판화에 그려진 리훙장의 모습은 추레한 노인이었다. 얼핏 보기에도 힘없고, 교활한 중국인을 상징하고 있었다. 그리고 리훙장을 조소하는 노래도 있었다.[394] 그러나 습격 사건은 리훙장에 대해 대단한 동정을 불러일으켰다. 선물과 위문편지가 시모노세키에 쇄도했다. 무쓰 무네미쓰는 이렇게 회상하고 있다.

리훙장의 신분에 대해 듣기에도 거북한 욕설을 퍼붓던 자들이 오늘에 와서는 갑자기 리의 조난을 안타까워하며, 왕왕 아첨으로까지 들리는 지나친 미화의 말을 하며, 심한 경우는 리의 지난날의 공적을 나열하면서 동방 장래의 안위는 리의 생사에 달려 있는 듯이 말하는 자도 있더라.[395]

암살 미수 사건에 대한 반응은 오쓰의 러시아 황태자 습격의 경우와는 달랐다. 청나라가 보복으로 나올 우려는 없었다. 그러나 이번 전쟁의 승리가 가져다준 해외에서의 일본의 명성이 떨어질 위험은 있었다. 그리고 서양의 동정을 끌기 위해 리훙장이 사건을 이용할 경우도 생각해 볼 수 있었다. 이것은 제3국이 전쟁에 개입할 훌륭한 구실을 제공할 수도 있었다.[396]

무쓰는, 일본이 습격 사건을 진심으로 유감스럽게 생각한다는 것을 청나라와 세계 각국에 납득시키려면 어떤 적극적인 의사 표시를 할 필요가 있다고 느끼고 있었다. 무쓰는 리훙장의 휴전 요청을 무조건 받아들여야 할 것이라고 주장했다. 이토 히로부미는 무쓰의 의견에 동의하며, 히로시마에 있는 각료와 대본영의 중신들에게 휴전을 인정하라고 했다. 개중에는 휴전이 일본을 불리한 입장에 놓이게 한다고 믿는 사람도 있었다. 천황의 칙어가 내려졌다. 무쓰는 3월 28일, 휴전 조약의 초안을 가지고 병상의 리훙장을 찾아갔다. 휴전 조약의 글은 다음과 같이 시작되고 있었다.

대일본 황제 폐하는 이번 뜻하지 않은 변고로 인해 강화 담판을 방해받았으므로, 이에 일시 휴전을 승낙하라고 그 전권변리대신에게 명하셨다.[397]

무쓰는 '휴전은 전적으로 우리 황상의 뜻에 의해 윤허하신 것'이라고 했다. 그러나 분명 천황의 역할은 아주 작았다. 천황은 초안을 재가했을 뿐이며, 그 초안은 무쓰가 생각해 내고, 이토가 천황의 재가를 상주한 것이었다. 글의 내용에는 청나라 사람의 눈에 천황의 권위를 보이려는 의도가 들어 있었음이 분명했다.[398] 아무튼 리훙장은 기쁜 마음으로 휴전을 받아들였다. 리는 "부상 탓에 회의장에 나아가는 일은 불가능하지만, 담판을 짓는 일이라면 병상에서라도 언제든 기꺼이 응하겠다"고 말했다. 30일로 조인된 휴전 조약은 조인한 날부터 3주간, 일부 원정군을 제외한 모든 육해군의 휴전을 규정하고 있었다.

4월 1일, 일본 측은 리훙장에게 강화조약안을 전달했다. 조약안에는 청나라에 불리한 조건이 대부분이었다. 이미 몇 개월 전, 청나라는 조선의 독립국 인정을 수락했다. 그와는 별도로, 일본은 청나라에 펑톈 성 남부, 타이완, 평후(澎湖) 열도를 할양할 것을 요구하고 있었다. 그뿐 아니라 고평은(庫平銀: 청나라 강희康熙 연간에 만든 납세용 저울로 단 순은) 3억 냥의 배상금을 일본에 지불하지 않으면 안 되었다. 그리고 청나라에서의 일본 신민의 상업적 특권을 요구했다.

리훙장은 일본의 요구를 삭감하기 위해 모든 수단을 다했다. 리는 이보다 먼저 일본에 대해 "서양의 큰 물결이 쉴 새 없이 우리 동방을 향해 밀려오고 있다. 지금이야말로 우리가 한마음으로 협력해서 이를 방어할 방책을 강구하고, 황색 인종이 서로 결합해서 백석(白晳: 살갗이 흼) 인종에 대항할 계비(戒備)를 서둘러야 할 때가 아닌가"[399] 라고 말했지만, 이는 먹히지 않았다. 이제 리는 일본의 제안에 대한 장문의 각서 중에서 '만일 이번에 일본이 요구한 땅을 억지로 할양하게 된다면, 당장 다툼을 피할 수 없을 뿐 아니라 훗날 반드시 분규가 계속 발생할 것이고, 양국 인민이 자자손손 서로 원수시하게 되면 이를 막을 수 없게 될 것'이라고 경고했다.

그리고 리는 일본이 요구하는 거액의 배상금에 의문을 제기하며, 전쟁을 시작한 것은 일본이고 청나라에 침입한 것도 일본이라는 사실을 호소했다. 그러면서도 리는 이미 미국 공사에게 전한 것처럼 자진해서 배상금을 지불할 생각이었다. 그러나 그 금액은 타당한 액수여야 하고 강화의 대상으로서 이런 거액을 설정한다는 것은 위험한 일이라고 말했다. 만일 청나라가 요구 금액을 지불할 수 없게 된다면, 그것은 새로운 청일 전쟁의 발발을 초래하게 될지 모른다. 끝으로 리는 자비에 호소하며 다음과 같이 각서를 맺고 있다.

본 대신이 관(官)에 머무른 지 근 50년, 이제 문득 돌이켜보니 죽을 날도 얼마 남지 않았다. 나라를 위한 봉사도 아마 이번 강화 사건으로 끝이 될 것 같다. (중략) 동양 2대 국민이 앞으로 영원히 친목하고, 서로 걱정하며, 복택(福澤)을 오래도록 누릴 수 있느냐 없느냐는 실로 이번 결정에 달려 있다. 더욱 귀 대신께서 숙고하고 계획하기 바란다.[400]

일본 정부는 리의 말에 꿈쩍도 하지 않았다. 리훙장에게 일본은 승자이고 청나라는 패자라는 것을 말했다. 만일 담판이 결렬된다면, 그 시점에서 베이징의 운명을 걸고 60~70척의 운반선에 부대를 싣고 전장으로 향할 용의가 있다며 이토는 리에게 일본 제안에 대한 가부의 확답을 요구했다.

청나라의 수정안이 제출되었는데, 거기에는 일본에 할양하는 토지의 삭감과 배상을 1억 냥으로 줄이도록 요구하고 있었다. 리는 또 장차 청일 양국의 분규나 전쟁을 피하기 위해 강화조약과 기타 조약의 해석 또는 실시에 관해 문제가 일어나는 경우에는 양국이 협의해서 중재자로서 제3국을 선정, 의뢰하고 그 재단(裁斷)에 일임할 것을 제안했다. 만일 협의가 조정되지 않는 경우에는 미국 대통령이 중재자를 지정하기로 하자고 했다.

일본 측은 4월 10일, 청나라 수정안에 대해 최종안을 제출했다. 여기서도 일본은 청나라 전권에게 확답을 요구했다. 일본 측은 영토 할양은 랴오둥(遼東) 반도, 타이완, 펑후 열도로 삭감하고, 배상금을 2억 냥으로 삭감했다. 다른 규정은 그대로였다. 다시 한 번 리는 대폭적인 양보를 얻고자 시도했으나 소용이 없었다. 결국 리는 일본 측의 조건을 수락했다. 강화조약은 4월 17일에 조인되었다. 무쓰는 다음과 같이 쓰고 있다. '우리의 국광(國光)을 빛냈고, 우리 민복을 증진시키고, 동양의 천지가 다시금

태평의 성운(盛運)을 열게 된 것은 모두 오직 황상의 위덕(威德)에 의한 것이다.'[401]

4월 21일, 천황은 청일 양국의 우호 관계 회복에 관한 조서를 발표했다. 맨 먼저 국운은 평화시에만 높일 수 있다는 천황의 확신을 말하고 있다. 평화의 유지야말로 천황의 사명이라는 것이 조상 대대로 이어받아온 천황의 신념이었다. 이것은 즉위 이래 천황이 지향해 온 일이었다. 그러나 불행하게도 양국 간에 전쟁이 발발해서, 부득이하게 10개월 이상 전투를 벌이지 않을 수 없었다. 천황은 승리를 가져다준 모든 신민, 특히 견디기 힘든 고난을 이겨낸 부대에 감사의 뜻을 표했다. '짐이 조종(祖宗)의 위령(威靈)에 의지한다 하더라도, 백관과 신민이 충실하고 무용(武勇)과 성실을 다하지 않았던들 어찌 이를 달성할 수 있었으랴.'[402]

조서는 마지막으로 일본이 승리에 교만해지고 까닭 없이 남을 모멸해서 우호국의 신뢰를 잃는 일이 있어서는 안 된다고 경고하고 있다. 청나라와 강화조약을 비준 교환한 후로는 양국의 우호 관계를 회복해서 선린 관계가 지금까지보다 더 좋아지기를 바란다고 했다.

천황 자신이 직접 작성한 글인지는 알 수 없지만, 이 성명은 아마도 천황의 진심과 일치하는 것이었으리라. 사실 천황이 조서에서 선언한 것처럼 전쟁을 승리로 이끌어 일본의 위신을 해외에 선양하게 된 것이 천황 혼자만의 힘과 덕에 의한 것은 아니라고 말하고 있다. 승리는 신민의 노력과 희생 없이는 달성할 수 없었다. 천황은 20세기의 군주가 그랬던 것처럼 증오하는 적에게 승리를 거둔 것 때문에 으쓱거린다든지, 조선 독립에 대한 청나라의 위협이 제거된 데 만족의 뜻을 표명한 것이 아니었다. 오히려 천황은 피할 수 없는 전쟁에 의해 어쩔 수 없이 중단되었던 전통적인 우호 관계가 재개되기를 원했다. 일본과 청나라와의 선린 관계가 지금까지보다 좋아질 것에 대한 기대의 표명은, 어쩌면 청나라에 선전 포고를 결의했을 때 천황이 분노한 이유를 설명해 주는 것이었을지도 모른다.

시모노세키에서의 강화조약 조인 후, 천황은 교토를 방문하고 싶다는 뜻을 밝혔다. 천황은 항상 이 옛 도성을 사랑했다. 히로시마에서의 생활로 천황은 궁궐에 머무를 날을 고대하고 있었을 것이다. 교토로의 출발은 4월 27일로 잡혔다.

4월 23일, 러시아, 독일, 프랑스 각국 공사는 외무차관 하야시 다다스를 방문해서 '3국 정부는 일본의 랴오둥 반도 할양에 이의가 있다'고 밝혔다. 러시아 황제 정부가 보낸 각서의 내용은 이렇다.

일본의 랴오둥 반도 영유는 조선의 독립을 유명무실하게 할 뿐 아니라, 이를 영유함으로써 야기되는 베이징에 대한 위협은 극동의 영구적인 평화라는 견지에서 항상 장애가 될 것이다. 러시아 황제 정부는 천황 폐하의 정부에 대한 성실한 우의의 증거로서 일본이 랴오둥 반도 영유를 포기할 것을 권고한다.[403]

말할 것도 없이 일본 정부는 이 말만 번지르르한 우호 표명을 액면 그대로 받아들인 것은 아니었다. 이들 유럽 3국은 청나라에 대해 영토적 야심을 갖고 있었다. 모두들 일본의 대륙 진출에 의심의 눈초리를 던지고 있었다. 동맹의 중심은 러시아였다. 4월

11일, 일본에 대한 대응책을 결정하는 특별회의 석상에서 재무상 세르게이 비테 백작은 다음과 같이 발언했다.

일본은 승리자로서, 나름대로 배상을 받을 자격이 있다. 러시아는 강화조약에 규정되어 있는 타이완의 할양을 일본에게 인정할 용의가 있다. 그러나 어떠한 희생을 치르더라도 필요하다면 군사력을 행사해서라도, 랴오둥 반도에서 일본군을 몰아내지 않으면 안 된다.[404]

비테는 만일 일본이 동의하지 않는 경우에는 직접 행동을 취하라고 권고했다. 이미 3월 말경부터 블라디보스토크에 러시아 해군이 집결했고, 또 오데사에서 부대 파견이 준비되고 있다는 보고가 일본에 도달해 있었다.[405]

러시아 정부는 프랑스와 독일을 동맹으로 끌어들였다. 프랑스의 동맹 참가는 적어도 표면상으로는 불가사의한 일이었다. 청나라와 프랑스의 이해관계는 지금까지 거의 남중국에 한정되어 있었다. 프랑스는 영국이 동맹을 거부한 것을 알고 한때 결정을 망설였다. 그러나 최종적으로 동맹국 러시아에 반대할 수 없다고 마음을 먹었다. 영국은 보통 때 같았으면 동양의 새로운 정세를 타개해 나가는 지도적 입장에 있었을 것이다. 그러나 동맹에 참가하지 않은 이유는, 강화조약 자체는 영국의 이익에 반하지 않는다고 생각했기 때문이었다. 독일이 동맹에 참가한 것은, 러시아와의 관계 긴밀화가 러시아, 프랑스 동맹을 약하게 할지 모른다고 은근히 기대했기 때문이었다. 독일은 또 청나라에 은혜를 베풀어서 청나라에 군사 기지를 확보할 실마리를 얻으려 하고 있었다.

일본의 전체적인 반응은 당황 그 자체였다. 승리와 강화조약에 대한 만족감은 유럽 최강 3개국의 위협으로 찬물을 뒤집어쓴 꼴이 되고 말았다. 4월 24일, 이토는 일본이 취할 3책을 열거했다.

첫째, 설혹 새로 적국이 증가하는 불행을 겪는 한이 있더라도 단연 3국의 권고를 거부한다. 둘째, 열국 회의를 열어 랴오둥 반도 문제를 처리시킨다. 셋째, 3국의 간섭을 받아들여, 청나라에 은혜를 베푸는 의미에서 랴오둥 반도를 되돌려준다.[406]

이 3책을 검토한 각료는 만장일치로 제1책은 제외시켰다. 육해군의 주력이 청나라에 있는 지금, 본토는 무방비였다. 게다가 부대는 10개월에 걸친 전투로 지쳐 있고, 군비는 부족한 상태였다. 3국은커녕 러시아 한 나라에조차 대항할 수 있는 태세가 아니었다. 제3책은 유럽에 겁을 내는 증표로 받아들여질지도 몰랐다. 결국 내부적으로 제2책을 선택하기로 결정했다. 그러나 열국 회의는 열리지 않았다.[407]

영국과 미국은 모두 중립을 주장했다. 일본은 기본적으로 미국이 일본에 호의적이라고 판단하고 있었다.[408] 일본으로서 의외였던 것은, 이탈리아가 일본을 원조할 입장에 있지 않았음에도 불구하고 무조건 지지를 표명한 일이었다. 러시아, 프랑스, 독일 3국 간에는 각각 입장에 차이가 있었다. 러시아와 프랑스는 자국의 요구를 주장하면서도 유연한 태도를 보였다. 그러나 독일 공사는 말투도 강하게 떠들어댔다. "일본은 독일의 호의적인 조언을 무시하고, 지나친 양보를 요구하는 조약을 맺었다. 독일의 항의는 당연하다"는 것이다. 이에 대해 하야시 다다스는, "만일 일본이 요구에 응하지 않을 경우, 독일은 일본에 전쟁의 위협으로 요구할 생각인가"고 반문했다. 독일 공사는 잘못을 인정하고 온당치 못한 발언은 기록에서 삭제해야 한다고 답했다. 그러나 공사의 태도가 위협적인 데에는 변함이 없었다.

4월 27일, 천황은 히로시마를 떠나 교토로 향했다. 대본영은 이후 교토로 옮겨졌다. 이미 러시아에 일본이 랴오둥 반도를 청나라에 돌려주기 곤란한 이유로 천황이 강화조약의 비준을 끝내버렸다는 사실을 통고했다.[409] 그러나 3국 간섭에 대한 천황의 개인적 반응을 보여주는 것은 아무것도 없다. 신민은 아직 열강 3국의 요구에 대해서는 아무것도 알지 못했다. 히로시마에서 교토로 향하는 연도에는 집집마다 승리를 축하하며 국기를 게양했다. 사람들은 천황의 차 앞에서 만세를 불렀다. 각 정거장에서는 많은 군중이 천황을 환호성으로 맞이했다.

전날 미리 교토에 도착해 있던 황후는 자신전(紫宸殿) 계단 아래서 천황을 맞이했다. 천황으로서는 몇 년 만의 방문이었다. 천황은 즐거운 마음으로 궁궐의 건물과 뜰을 둘러보았다. 천황은 신하들에게 각각의 건물과 정원의 유래를 이야기해주며, 어렸을 때 놀던 장소를 가리켰다. 아버지 고메이 천황의 명령으로 만들어진 지원(池苑)의 작은 언덕에 올라, 돌 한 개를 집어들었다. 스스로 흙을 털어 시종 무관에게 주면서 "오래 보존하라"고 말했다. 시종 무관은 천황의 효심이 두터운 데 감읍했다.

천황은 차를 마시는 곳인 작은 정자 청설(聽雪)도 둘러보았다. 청설은 아버지 고메이 천황이 설계해서 1857년 세워진 것이었다. 천황은 세탁물 건조장까지 보고 다녔다.[410] 천황은 또 전에 도쿠가와 쇼군 가의 교토 숙소였던 니조(二條) 별궁도 방문했다. 이미 천황은 1854년, 궁궐에 대화재가 났을 때 피란했던 전 계궁(桂宮)을 니조 별궁으로 옮겨놓아, 선조(先朝)의 유적 보존에 힘쓰고 있었다. 궁전 3층에 오른 천황은 그 전망이 아름답다고 거듭 감탄했다.

천황은 분명 교토로의 귀향을 진심으로 즐기고 있었다. 대본영이 5월 29일자로 도쿄로 옮겨진다는 것이 발표되었을 때, 천황은 아직 청나라에서 대총독 등이 개선하지 않았다는 것을 이유로 교토를 떠나고 싶어하지 않았다. 그러나 대총독 아키히토 친왕이 5월 22일, 제2군 사령관 오야마 이와오가 25일, 제1군 사령관 노즈 미치쓰라(野津道貫)가 28일 개선한 이상, 이제는 교토에 체재할 이유가 없었다. 천황은 5월 29일 도쿄로 떠났다.

그러나 전쟁은 아직 끝난 것이 아니었다. 강화조약의 합의에 의하면 일본은 식민지의 일부로 타이완 섬을 받기로 되어 있었다. 그러나 당장에 일본 부대가 타이완에 상륙한 것은 아니었다. 해군 군령부장 해군 대장 가바야마 스케노리(樺山資紀)가 타이완 총독으로 임명되었다. 무엇보다도 중요한 것은 타이완이 일본 소유가 되었다는 것을 가능한 한 일찍 내외에 선포하는 일이었다. 청나라는 3국 간섭이 다시 이뤄지기를 기대하며 가바야마의 출발 연기를 요청했다. 그러나 일본 정부는 그 속셈을 간파하고 타이완 문제는 랴오둥 반도의 경우와는 전혀 그 성질이 다르다며 연기 요청을 거절했다. 가바야마는 5월 17일 타이완 부임을 위해 교토를 떠났다.

타이완 도민은 결코 타이완이 일본 소유가 되기를 바라지 않았다. 강화조약의 타이완 관계 조항 소식이 전해지자 섬 안에 폭동이 빈발했다. 일본 측에서는 약간의 반항은 예상하고 있었다. 그러나 폭동 진압에 필요한 병력을 결정할 군사력은 전혀 없었다. 대총독부는 천황의 친위병인 근위사단을 파견하기로 했다. 근위사단은 이미 청나라에 와 있었으나 때가 늦어 청일 전쟁에 참가할 기회를 잃고 말았다. 근위사단은 5월 22, 23일에 걸쳐 타이완을 향해 출발했다. 타이완에서는 주둔군 임무를 맡게 되어 있었다. 같은 시기 일본 정부는 청나라 정부로부터 '5월 20일자로 청나라 정부는 타이완 주재 문무 제관에게 본국 귀환을 명했다'는 통보를 받았다. 관리(管理)를 인계할 상대가 사라지는 바람에 타이완은 이른바 무정부 상태에 놓여 있는 것과 같았다.

타이완 도민은 그들을 위해 다시 3국 간섭이 있기를 기대했다. 그러나 그런 일이 없다는 것을 알게 되자, 섬 주민의 일부는 타이완 순무(巡撫: 장관) 탕징쑹(唐景崧)을 대통령으로 하는 공화국을 건설하려 했다. 국기(남색 바탕에 황색 호랑이)가 만들어졌고, 공화국의 독립이 온 섬뿐 아니라 구미 제국에도 통지되었다. 당시 섬에는 약 5만 명의 청나라 정규군이 주둔하고 있었다. 여기에 더해 그 숫자와 맞먹는 수의 비정규군, 즉 일이 일어나면 무기를 들고 일어날 수 있는 농민들이 있었다.

요시히사 친왕 휘하의 근위사단은 5월 29일, 지룽(基隆) 부근의 싼댜오(三貂) 만에 상륙했다. 지룽은 6월 3일 점령되었다. 일본군의 표현으로는 '적군(賊軍)'의 저항이 있었고, 그 수는 대략 2천 내지 3천이었다. 최초의 전투에서 그중 적어도 2백 명이 죽었다.

패배 소식이 전해지자 반란군의 지도자 탕징쑹은 6월 6일, 청나라 군사 1천여 명과 함께 섬을 탈출해서 샤먼(廈門)으로 도피했다. 성도(省都) 타이베이(臺北)는 6월 7일 새벽, 일본군의 손에 떨어졌다. 타이완 북부의 진압은 6월 25일까지 거의 완료됐다. 가바야마 대장은 전투가 도민에게 끼친 고통을 불쌍히 여겨 타이완 남부의 반란 지도자 류융푸(劉永福)에게 글을 보내 정중히 항복을 권했으나 류는 거절했다.

일본 측은 타이완의 전투가 이처럼 오래 끌 것은 예상하지 않았던 모양이다. 사상자는 착실히 증가해 7월 9일, 황후는 부상병들을 위해 수제 붕대 3천 개를 보냈다. 8월 3일까지 이미 적군은 타이베이와 신주(新竹) 간 일대 지역에서 일소되었다. 타이완 중심부의 타이중(臺中), 장화(彰化)는 8월 말까지 함락했다. 타이완 남부에는 아직 2만의 반란군이 있을 것으로 추정됐다. 근위사단과 제2사단을 주력으로 하는 남진군이 편성되어 남부 평정을 시작했다. 10월 21일에는 일본군 전위 부대가 나머지 반군의 거점인 타이난(臺南)에 들어갔다. 비로소 타이완 전체가 평정되었다.

전비는 막대한 액수에 이르렀다. 전투에 의한 사망자는 596명뿐이었다. 그러나 1만 236명이 열대병으로 죽었다.[411] 말라리아로 죽은 사람 중에는 근위사단장인 황족 요시히사가 있었다.[412] 그의 죽음은 11월 4일까지 비밀에 부쳐졌다. 그동안 마치 살아 있는 것처럼 전장에서의 공적을 기려, 천황이 국화장(菊花章)과 금치 훈장을 내리고, 육군 대장으로 승진했다. 그의 죽음이 공식으로 발표된 후, 천황은 이 지난날의 반역자를 위해 국장을 명하고, 군무에 헌신한 생애를 찬양하는 글을 내렸다.[413]

근위사단은 11월 18일, 개선했다. 같은 날, 가바야마 대장을 통해 타이완 남부를 수비하는 제2사단에서 아직 초적(草賊)들의 작은 소란은 있으나 일본의 점령에 대한 조직적 반란은 평정되었다는 보고가 있었다. 12월 16일부터 18일까지, 야스쿠니 신사에서 임시 대제가 거행되었다. 1894, 1895년의 전쟁으로 전사한 육군 1,345명, 해군 151명의 영혼이 합사되고, 청일 전쟁은 공식적으로 끝이 났다.[414]

전쟁의 결과, 일본은 타이완 영유라는 큰 전과를 올렸다. 랴오둥 반도의 포기는 애국자들을 격노하게 만들었다. 그 쓴 추억은 좀처럼 사그라지지 않았다. 그러나 일본은 바야흐로 그 역사상 처음 나타난 거대한 '제국'이 된 것이다. 모든 성명과 문서는 승리의 중심인물로 천황을 찬양했다. 많은 일본인은 의심 없이 이를 진실로 받아들였다. 해외에서조차 천황은 지금까지 볼 수 없었던 칭찬을 들었다. 1894년 12월 27일자 〈더 뉴욕 선〉의 논설은 다음과 같이 시작하고 있다.

금년 초에는 천황에 대해 별로 들리는 이야기가 없었으나, 금년 말에 와서는 이미 각국 군주 중 가장 뛰어난 위치를 차지하기에 이르렀다. 그리고, 그가 이뤄낸 일들의 발자취를 알게 된다면, 누구나 그가 불세출의 영주임을 의심할 수 없을 것이다. 천황은 유신의 대업을 완성했고, 봉건제도를 폐했으며, 이어 헌법을 제정하고 의회를 창설했으며, 제국 고래의 습속을 보존하면서도 유럽 문명을 받아들였다. 육해군을 정비해서 동양의 최강국이 되게 하고, 또 산업을 장려하는 등 (중략) 세계 역사상 아직 이런 군주를 본 일이 없다.[415]

어떤 일본 신문은 1895년 4월, 이렇게 보도했다.

시카고 대박람회 이래 우리나라의 문명에 대해 겨우 외국인이 아는 바 되었으나, 그것은 고작 화려한 도자기, 차, 견사를 생산하는 나라에 그치고 말았다. 그런데 작년 청일 교전 이래로 일본을 존경하는 기풍이 도처에서 갑자기 일어 이것도 일본, 저것도 일본 하면서 (중략) 특히 우스운 일은 일본 부인복의 유행이다. 그들에게는 일본 옷이 아주 어색하고 어울리지 않음에도 불구하고, 부인네들은 이를 파티장에 많이 입고 가서 사사건건 전승국으로서의 일본을 과찬하는 것이 마치 자기 나라 자랑을 하는 듯하다.[416]

오카쿠라 텐신(岡倉天心, 본명은 가쿠조覺三. 도쿄미술대학장, 일본 미술원 창립자, 보스턴 미술관 동양부장)은 비아냥거리는 투로 '평화롭고 조용히 예술에 전념하고 있을 때 일본은 야만국으로 간주되었다. 그러나 전쟁에 이기는 순간, 외국인은 일본을 문명국으로 부르게 되었다'고 적었다.[417]

제47장 **민비 암살**

청나라와의 전쟁에서 겉으로 내세운 대의명분은 조선의 독립을 보호한다는 것이었다. 천황은 1895년 5월 10일, 청일 강화조약 비준서 교환 후에 내린 조서에서 '생각건대, 짐은 항상 평화에 마음을 두고 있는 바, 마침내 청국과 교전하게 된 것도 진심으로 동양에서 평화를 영원히 공고히 하기 위한 목적 때문이었다'고 말했다.[418]

조선 국왕 고종은 5월 30일, 조선 독립이 승인된 데 대해 감사의 뜻을 메이지 천황에게 전했다. 그러나 조선 독립의 승인을 획득하기 위한 전쟁에 이겼으므로 조선 국민은 틀림없이 이에 감사하고, 일본과의 유대를 강하게 하고 싶어할 것이라는 생각은 착각이었다. 조선 조정의 강력한 친러시아파 중에는 박영효가 있었다. 그는 1884년의 반란에 실패한 후, 10년 동안 일본에 망명해 있었다. 박영효가 조선 귀국을 허락받게 된 것은 이노우에 가오루의 중재 때문이었다. 이노우에는 1894년 10월 20일, 조선 공사에 취임한 후 조선 국왕에게서 특사를 얻어냈다.[419] 아마도 이노우에는 이 일 때문에 박영효가 강력하게 일본 편을 들어줄 것으로 기대했을 것이다. 그러나 박영효는 김옥균과 마찬가지로 일본에 체재하는 동안 후대를 받았던 것은 아니었다. 아마 이 일이 걸림돌이 되어 감사의 마음까지는 품지 못한 것 같았다. 친러시아파인 박영효는 가장 실력 있는 인물로 두각을 나타내기 시작했다.

이노우에는 잠시 일본으로 귀국해 6월 21일, 천황을 알현했다. 이노우에는 정부의 정책 변경을 촉구할 생각이었다. 그러지 않았다가는 조선이 러시아의 지배하에 놓일 것이라는 위기감을 가지고 있었다. 7월 1일, 이노우에는 대한(對韓) 정책 안건으로서 공채, 철도, 전신, 서울 수비, 일본인 도한자(渡韓者) 단속 등에 대해서 건의했다.[420] 이노우에는 이번 전쟁으로 조선 국민이 체력적으로, 그리고 재정적으로 피폐해 있음을 지적하고, 청나라가 일본에 지불해야 할 배상금에서 5백만 내지 6백만 엔을 조선에 주자고 제안했다. 그중에서 일본 정부가 대여해 준 3백만 엔을 갚게 하고, 나머지의 절반가량은 황실에, 절반은 조선 정부의 식산흥업(殖産興業)에 충당하게 하면 좋겠다고 했다.[421] 이노우에는 또 서울-인천 간 철도를 부설하고 일본군이 설치한 전신선은 조선 정부에 준 뒤, 관리만 일본이 하자고 제안했다. 그리고 서울 수비를 위해 일본군 약 2개 대대를 주둔시킬 필요가 있다고 주장하면서도, 그러나 이는 조선의 확실한 요청 아래 행해야 할 것이라고 했다. 마지막으로 이노우에는 최근 한국으로 건너가는 일본인에 대해 특히 주의를 기울이라고 경고했다. 이노우에에 의하면 이들 도한자들은 신원이 지극히 불확실한 자들이었다. 그들의 활동은 조선 국민 사이에 반일 감정이 움트게 만들고 있었다. 그러므로 이런 자들을 단속하기 위해 최대한의 주의를 기울여야 한다고 했다.

이노우에 가오루는 조선 국민에 대해 깊은 관심을 가지고 있었던 것 같다. 일본인이 조선에서 보인 행동에 대해서 매우 비판적인 조선의 학자들도 이노우에의 노력에는 칭찬을 아끼지 않았다.[422] 이노우에 부인으로 로쿠메이칸 사교계의 꽃이었던 다케코는 민비(閔妃)[423]와도 가까운 사이였다.[424] 조선의 왕비 민비는 당시 일본을 공공연한 적으로 보고 있었다. 만일 이노우에가 조선의 일본 공사로 계속 있었더라면 어쩌면 그해의 비극적 사건은 일어나지 않았을지도 몰랐다.

이노우에는 일본 정부의 개화 정책과 같은 형식으로 조선 정부를 개혁할 생각이었다. 이노우에의 후계자인 미우라 고로(三浦梧樓)의 의견에 의하면, 이노우에의 계획이 실패한 까닭은 조선 정부가 반드시 재정적 개혁 등이 필요하다는 점을 이해하지 못했기 때문이었다. 예를 들어 이노우에가 데리고 온 일본의 재무 고문관은 정확하게 예산을 정해놓고 지출을 그 한도 안에서 억제해야 한다고 주장했다. 그러나 이것이 조선 국왕의 기분을 상하게 했다. 지금까지 국왕은 재원이야 있건 없건 마음 내키는 대로 돈을 사용하고 있었다. 국왕은 재정적 자력(資力)이 중요하다는 긴 설명에 겉으로는 열심히 듣고 있었다. 그러나 국왕이 평상시의 낭비로 되돌아가는 데는 오랜 시간이 걸리지 않았다.[425]

3국이 간섭한 끝에 일본으로 하여금 랴오둥 반도를 포기하게 만들자, 일본이 겉보기만큼 강하지 않다는 사실을 조선 국민들은 똑똑히 깨닫게 되었다. 이 무렵, 민비는 러시아 공사 카를 베베르 내외와 친하게 지내고 있었다. 베베르는 당연히 민비의 싹

싹한 처신에 기분이 좋았다. 이를 기회로 조선 조정에 있는 일본 세력을 몰아내려 시도해 보았다. 베베르는 사람을 통해 민비에게 일본과 민씨가 역사적으로 서로 받아들일 수 없는 사이라는 것을 상기시켰다.

이웃 나라라고는 하지만 조선과 일본은 바다를 사이에 두고 떨어져 있다. 그 친밀도는 땅으로 이어져 있는 조선과 러시아에 비할 바가 못 된다. 지형상으로 볼 때도 분명 조선과 러시아는 친구로 있는 것이 바람직하다. 게다가 러시아는 세계 최강국이다. 일본에 랴오둥 반도를 반환시킨 것이 그 증거가 아닌가. 러시아는 조선의 독립을 해치는 일도 없고, 내정에 간섭하는 일도 없다. 조선으로서 가장 안전한 길은 러시아에 보호를 청하는 일이다. 군주 전제국인 러시아는 반드시 조선의 군권을 보호할 것이다.[426]

조선 국왕은 대체로 왕비가 하자는 대로 움직이고 있었다. 7월 6일, 국왕은 박영효의 관위를 박탈하고, 반역 혐의로 체포를 명했다.[427] 박은 간신히 도망쳤다. 그러나 이제 왕비를 누를 만한 실력자가 없어지고 만 것이다. 이노우에가 조선에 귀임하게 된 것은 바로 이런 시기였다. 이노우에는 분위기가 달라져 있음을 감지했다. 이노우에는 이제 자신의 임무가 정부의 개혁을 장려하는 데 있는 것이 아니라 국왕과 왕비의 환심을 사는 데 있다고 생각했다. 이노우에는 국왕 알현을 주선하여 일본 정부가 국왕에게 일금 3백만 엔을 기증할 계획이라고 아뢰었다. 그리고 왕비의 친족과 깊이 있는 교제를 해서 왕비의 마음을 잡아 보려고 했다. 이노우에는 지난날의 맹우였던 개혁파까지도 멀리했다.

그러나 그런 노력에도 불구하고, 이노우에는 이윽고 조정이 금전적인 선물로도 움직이지 않는다는 사실을 알아차렸다. 강력한 배일친러 공기는 여전히 사라질 기미가 없었다. 이노우에는 공사 해임을 자청했다.

7월 19일, 궁중 고문관 자작 미우라 고로가 특명전권공사로 임명되었다. 당초 부임할 나라는 정해져 있지 않았다. 그러나 8월 17일, 조선 부임 명령이 떨어졌다.[428] 회고록에 의하면, 미우라는 이 부임에 마음이 썩 내키지 않았다. 자신은 외교에 서투르다고 항의했다. 과거에도 미우라는 프랑스 공사 자리를 권하자 거절한 일이 있는데, 이번 새 임무에 대해서도 재삼 거절했다. 거듭되는 명령에 하는 수 없이 이를 맡게 되었다. 수락하기는 했지만 미우라로서는 자신에게 일본 정부가 어떤 일을 기대하고 있는지 전혀 알 수가 없었다. 미우라는 조선을 독립시키겠다는 것인지, 아니면 일본에 합병하겠다는 것인지, 아니면 러시아와의 공동 지배를 기도하고 있는지, 정부가 어떤 방침을 취할 것인지를 명시해 줬으면 좋겠다고 했다.[429] 그러나 그가 받은 유일한 지시는 가능한 한 속히 조선에 부임하라는 야마가타 아리토모의 훈령뿐이었다. 확실한 방침도 없이 미우라는 임기응변으로 자신이 판단해서 행동하는 수밖에 없었다.[430]

미우라는 9월 3일, 조선 국왕에게 신임장을 봉정했다. 미우라는 일본 정부가 자신에게 무엇을 기대하고 있는지 모른다고 공언하고 있었으나 군인을 공사로 발탁한 것으로도 짐작할 수 있듯이 정부 수뇌가 바라고 있던 것은 행동으로 나가는 일이었다. 즉 일본의 적에 대한 단호한 행동이었다. 이미 이노우에의 우호적 원조 정책은 신용을 잃고 있었다. 이노우에는 스스로 미우라를 후계자로 밀었다. 병상에 있던 무쓰 무네미쓰는 이 인선에 반대했으나 조슈파에 의해 밀어붙여진 꼴이 되고 말았다.

미우라는 조선에 부임하면서 다양한 고문을 동행했다. 그중에 시바 시로(柴四朗)가 있었다. 『가인지기우(佳人之奇遇)』의 작가이며 도카이 산시(東海散士)로 알려진 시바는 계몽사상과 국수주의적 열정을 함께 지닌 인물이었다. 미우라를 둘러싸고 있는 인물들 모두 비슷비슷했다. 과격주의자인 오카모토 류노스케(岡本柳之助)는 민비 암살 계획에 깊이 관여한 인물인데, 개혁파 김옥균의 친구이기도 했다. 김옥균이 상하이에서 암살되자 오카모토는 일본에서 상하이로 달려갔다. 유해가 김옥균의 적인 조선, 일본, 청나라 정부로부터 욕을 당하지 않게 하기 위해 직접 인수할 생각이었다.[431] 오카모토의 도착은 너무나 늦었다. 그러나 그는 조선인 친구에게 계속 성실했다. 민비 암살 계획에 오카모토가 관여하게 된 것은 일본 제국주의 사상 및 조선의 개혁을 자신의 눈으로 보고 싶다는 희망에서 촉발된 것이었다.

부임한 지 얼마 되지 않아, 미우라는 조선 조정으로 나갔다. 조정은 미우라에게 호감을 가졌다. 미우라는 무공을 한 번도 세운 일이 없고, 또 외교에도 시원치 않은 무능한 군인이라고 자기소개를 했다. 국왕 폐하가 부르시지 않으면 관저에 들어앉아 사경(寫經)이라도 하면서[432] 이 땅의 풍토를 즐길 계획이라고 했다. 그중 관음경 일부를 깨끗이 베껴 황후 폐하에게 바치고 싶다고 했다.[433]

그 말대로 미우라는 좀처럼 관저를 나오는 일이 없었다. 미우라는 거의 매일 경문을 읽으며 지냈다. 그 바람에 '독경(讀經) 공사'라는 이름으로 알려졌다.[434] 그러나 미우라는 은근히 조선 왕비 암살을 계획하고 있었다. 일본을 떠나기 전 미우라가, 민비에 대해 무슨 소리를 듣고 있었는지 분명하지 않다. 그러나 서울에 도착한 미우라가 일본 공사관 관원과 일본인 거주지의 지도자들로부터 왕비가 지독한 반일파이고, 개혁에 대해서는 완고한 반대자라는 사실을 알게 되었음은 틀림없다. 미우라의 외곬인 군인 기질로 볼 때, 그리고 일본에서 그에 반대하는 지시가 없는 상태에서 현 상황의 유일한 타개책은 '왕비 제거'라고 판단했다고 해서 이상할 것이 없었다. 즉 왕비야말로 한일 관계 개선의 최대 장애물인 것이다.

당초, 미우라는 11월에 왕비 암살을 결행할 예정이었다. 그러나 일정이 앞당겨졌다. 국왕이—아마도 왕비의 명령으로 움직였다고 여겨지는—훈련대 해산의 내지(內旨)를 내렸다는 소식이 들어온 것이다. 훈련대는 일본군 장교의 지도를 받은 약 8백 명의 부대로서 근대식 장비가 잘 갖춰져 있었다.[435] 이 친일파 부대를 암살 계획에 빼놓을 수가 없었다. 암살은 훈련대가 해산되기 전에 결행하지 않으면 안 되었다.[436]

미우라의 책략은 미우라 자신을 비롯한 일본인 관리에게서 암살 혐의를 벗게 하는 데 있었다. 왕비의 죽음은 어디까지나 대원군이 이끄는 쿠데타의 흐름 속에서 일어난 일이어야 했다. 청일 강화조약에 따라 왕궁 근처에 주둔하고 있던 일본군을 원군으로 쓸 수 있었다. 그러나 왕비 살해는 서울에 있는 일본인의 손에 맡겨졌다. 이른바 '장사(壯士)'들이다. 조선인의 참가는 훈련대에 국한되어 있었다. 계획은 소수의 일본인 이외에는 모르도록 비밀리에 진행됐다.[437]

이 계획에는 쿠데타를 이끄는 대원군의 동의가 필요했다. 그러나 대원군에게는 쿠데타 때 왕비 암살 계획도 들어 있다는 사실은 알려주지 않았다. 10월 5일, 오카모토 류노스케는 미우라의 요청으로 대원군을 방문했다. 일본에 돌아가기 전에 배알하고 싶다는 것이 겉으로 내세운 구실이었다. 오카모토는 궐기가 임박했다는 자신의 생각을 말하고, 일본 공사관에서 기초한 네 개 항목의 '약조'를 대원군이 승낙하는지를 물었다. 첫째로 대원군은 주로 궁중을 정리하는 일을 맡고, 국정에는 간섭하지 않는다. 제2, 제3의 약조는 각료의 등용과 임명에 관한 것, 제4의 약조는 대원군의 손자를 3년간 일본에 유학시키는 일이었다.[438]

이들 약조에 대한 대원군의 대답은 분명치 않다. 훗날 민비 암살 관계자에 대한 히로시마 재판 때, 피고 중 한 사람이 대원군은 일언일구도 정정하지 않고 기꺼이 네 개의 약조 모두에 동의했다고 증언했다.[439] 그러나 본인의 회상에 의하면, 이와는 반대로 대원군은 처음에는 마음이 내키지 않아, "나도 벌써 늙어서 도저히 근기가 버텨주지 않아서, 이대로 죽어야 할 때라고 체념하고 있노라"며 거절했다고 말했다. 한동안 설득한 끝에 대원군도 마침내 승낙했다.[440] 오카모토는 이튿날 인천으로 떠났다. 왕비는 오카모토가 간 것을 알고 가슴을 쓸어내렸다.[441]

민간인 동원은 주로 일어 신문 〈한성신보(漢城新報)〉 사장인 아다치 겐조(安達謙藏)가 담당했다. 미우라는 조선 부임 후 얼마 지나지 않아 "어차피 한 번은 여우 사냥을 해야 할 텐데, 자네 수하에 젊은이—당시는 '장사'로 칭하고 있었다—가 얼마나 있는가"고 아다치에게 물었다고 한다. 아다치는 '여우'가 민비를 의미하는 것임을 알아듣고 "좀 있지"라고 대답했다. "하지만 신문 경영을 위해 데리고 있기 때문에 대체로 온후한 자밖에 없네. 만일 힘쓰는 애들이 필요하다면, 암호 전보 한 통이면 언제든지 고향에서 필요한 만큼 불러들일 수 있지. 어때, 지금 부를까?"[442] 미우라는 그럴 필요는 없다고 대답하고 지금 말한 것은 절대 비밀이라고 아다치에게 못을 박았다. 아다치는 목적을 감춘 채 현지 조달로 지원자를 그러모았다. 10월 7일 오후, 미우라는 급사를 보내 아다치를 공사관에 부른 다음 "형세가 절박하므로 오늘 밤에 계획을 결행한다"고 말했다. 아다치는 비로소 친구들에게 왕비 암살 계획을 밝혔다. 그들은 주저하지 않고 참가를 결의했다.[443]

10월 8일 새벽, 일본인들과 순사가 대원군의 저택에 난입했다. 순사 중에는 조선 순경의 제복을 입은 자도 있었다.[444] 몰래 인천에서 돌아온 오카모토 류노스케도 그중에 있었다. 몇몇 관계자들의 증언에 의하면, 대원군은 희희낙락하며 일본인을 맞아들여 자진해서 왕궁으로 향한 것으로 되어 있다.[445] 그러나 사실 대원군은 일본인이 도착했을 때 깊은 잠에 빠져 있었으며, 그날 새벽 그들이 방문할 것을 예상조차 못하고 있었다. 일본인들이 도착한 다음에도 대원군은 아직 잠이 덜 깨서 출발 준비에 시간이 걸렸다. 늦어지면 미명의 어둠을 틈타서 민비를 살해할 수가 없게 될 것을 걱정한 장사들은 마침내는 대원군을 재촉해서 밖으로 나오게 한 다음 가마에 태웠다.[446] 왕궁으로 향하는 도중 대원군은 가마를 세우고, 국왕과 왕태자에게 위해를 가하지 않도록 오카모토에게 약속시켰다.[447] 자신을 둘러싸고 있는 자들이 사실은 왕비 살해를 계획하고 있다는 것을 대원군이 알고 있었는지는 분명하지 않다.

대원군의 가마가 왕궁에 도착했을 때에는, 이미 주변이 훤해

지려 하고 있었다. 왕궁 앞에서 60여 명의 장사와 일본군 수비대가 합류했다. 그중에는 평복 차림인 자도 있었다. 사나이들은 왕궁의 담을 기어올라 문을 열었다.[448] 안으로 들어가자 시위대(侍衛隊)의 산발적인 발포가 있었다. 그러나 시위대는 얼마 지나지 않아 패주했다. 조선 당국이 발행한 〈1895년 10월 8일 사건에 관한 공식 보고〉는 장사들이 국왕과 왕비의 궁에 난입한 후 무슨 일이 일어났는지 다음과 같이 보고하고 있다.

일본인 장교가 이끈 이들 30여 명의 장사는 빼어든 칼을 휘두르며 건물로 난입했다. 개인 방을 뒤지고 닥치는 대로 궁녀들을 붙잡아, 머리채를 휘어잡고 끌어내고 때리며, 왕비가 있는 곳을 알아내려 했다. 그것은 많은 사람이 목격한 사실이었다. 그중에는 폐하의 호위에 관계하던 외국인 중 한 사람인 사바틴 씨도 있었는데, 그때 그는 앞뜰에 있었다. 사바틴 씨는 일본 부대를 지휘하는 일본인 장교도 보았고, 조선 궁정의 궁녀들에 대한 폭행을 목격했다. 그 자신에게도 몇 번 일본인들이 왕비의 거처를 물으며 위협했는데, 그가 아무 말도 하지 않는 바람에 생명의 위협을 받기도 했다. (중략) 방이라는 방을 모두 수색한 끝에 장사들은 곁방 중 하나에서 왕비를 발견했다. 왕비는 그곳에 숨으려 하고 있었다. 장사는 그녀를 잡아 칼로 베었다. 심한 부상은 입었지만, 왕비가 그 시점에서 실제로 죽었는지는 확실하지 않다. 그러나 왕비는 두꺼운 판자 위에 눕혀졌고, 새털을 넣은 비단 이불로 덮여져 앞마당으로 운반되었다. 그 직후 일본인 장사의 지시로 시체는 앞뜰에서 그리 멀지 않은 녹원(鹿苑)이라는 숲으로 운반되었다. 그곳에서 시체와 그 주변에 쌓인 장작더미에 등유를 끼얹은 다음 불이 붙여졌다. (중략) 이렇게 해서 우리가 숭배하고 가장 사랑하는 조선 왕비, 왕태자 전하의 어머니는 무참히 암살되고, 그 시신은 불태워져 범죄의 증거가 인멸되었다.[449]

이 조선 당국의 공식 보고는 살해 상황을 과장한 것이 아니었다. 일본과 조선에서 열린 재판의 증인들은 일본인이 국왕과 왕태자에게 폭행을 가한 사실을 증언하고 있다. 국왕의 방으로 밀려 들어간 자들은 국왕과 왕태자에게 왕비가 숨은 곳을 말하라고 요구했다. 국왕과 왕태자가 대답하지 못하자 그들은 두 사람을 거칠게 다루며, 칼과 권총으로 위협했다.[450] 궁녀들도 위협하면서 왕비가 있는 곳을 대라고 닦달했다. 그러나 일본어를 모르는 궁녀들은 그저 공포로 비명을 지를 뿐이었다.[451]

쳐들어온 일본인들은 국왕의 제지를 뿌리치고 다음 방으로 난입해서 그곳에서 왕비의 방을 지키려던 궁내대신 이경식(李耕植)을 살해했다. 왕비의 방에서 그들은 세 명의 궁녀를 살해했다. 세 명 모두 용모와 복장이 아름다워, 누가 왕비인지 알 수가 없었다. 그들은 어느 누구도 왕비를 본 일이 없었다. 다른 궁녀와 왕태자가 방으로 끌려 들어와 왕비를 확인했다.[452]

실제로 누가 민비에게 손을 댔는지 그것은 분명하지 않다. 오카모토 류노스케는 왕비 살해 죄로 고발되었다. 그러나 다른 사나이들도 왕비 살해는 자신의 짓이라고 신이 나서 떠들고 있었다. 데라사키 야스키치(寺崎泰吉)라는 약장수는 일본인 두 명과 함께 왕비의 방에 난입했을 때를 이렇게 회상하고 있다.

방으로 들어갔어. 궁녀 20~30명이 몰려 있더군. 우리들은 궁녀 하나하나를 집어던지며 이불 밑을 보니 복장은 그들 궁녀하고 똑같지만 조용하고 서두르지 않고 귀인풍인 여자가 있더란 말씀이야. 이게 ○○구나 하고 눈치챘지. 머리채를 휘어잡아 끄집어냈는데, 그 태도가 과연 조금치도 흐트러짐이 없는 거야. 내가 단칼에 내리쳤지. 나카무라가 머리채를 잡고 있었기 때문에 그 녀석 손을 조금 베었어. 머리에 일격을 맞아서 쓰러지고 말았지. 밖에서 다른 녀석들이 "데라사키, 저 녀석은 좀 난폭하단 말이야. ○○인지도 판명되지 않았는데 베어버렸으니……" 하고 비난을 했지만 나중에 역시 그게 ○○였다는 걸 알았지.[453]

민비가 죽었다는 사실을 알자, 폭도들은 민비의 소지품을 훔쳤다. 일본 영사 우치다 다다쓰치(內田定槌)는 '사사키 마사유키(佐佐木正之)는 왕비가 몸에 찬 향주머니와 기타 귀중한 물건을 빼앗아갔으며, 다른 자들 역시 왕비의 방에서 갖가지 물건들을 가지고 갔다'고 보고했다.[454]

왕비의 몸 두세 곳을 칼로 벤 다음 그들은 왕비를 '발가벗겨 국부 검사를' 했다고 한다.[455] 왕비의 시체는 뜰로 끌어내어 그곳에서 불태워졌다. 왕비는 세는나이로 마흔다섯이었다. 그러나 스물대여섯 살로밖에 보이지 않았다고 한다.[456]

민비는 오만하고 부패한 여인이었다.[457] 평소의 행동을 아는 조선 국민들로서는 민비의 단호한 반일 입장을 평가하고 있었지만 민비가 그들이 '숭배하고 가장 사랑하는' 왕비가 아니었던 것만큼은 분명했다. 그러나 민비를 죽인 방법이 이루 말할 수 없이 야만스러웠다. 일본인의 기대와는 정반대로 민비의 죽음은 조선에서의 일본인 문제를 해결할 수는 없었다. 조선의 한 외교관은 이렇게 말하고 있다.

사건에 대한 책임을 최소한으로 억제하려던 일본인 관리의 기대와는 달리, 이 사건은 서구 세계의 눈에 당시의 어떤 사건보다도 일본을 해롭게 만들어놓은 것 같았다. 청일 전쟁의 승리가 형성해 준 조선에서의 모든 세력을 일본은 한꺼번에 잃고 말았던 것이다. 사실, 그것이 회복되기 위해서는 한 단계 규모가 큰 러시아를 상대로 한 전쟁 때까지 기다려야 했다.[458]

암살의 정보는 좀처럼 외부 세계에 알려지지 않았다. 두 외국인이 사건을 목격하지 않았더라면 그것은 영원히 비밀에 붙여졌을지도 모른다. 두 명의 외국인이란, 시위대(侍衛隊) 군사교관인 미국인 윌리엄 매킨타이어 다이 장군과 러시아인 전기(電氣) 기사인 알렉산드르 사바틴이다. 모두 왕궁 안에 거주했고, 일본인의 난입을 바로 눈앞에서 목격했다.[459] 분명히 두 사람은 그 사건을 누구에겐가 이야기했고, 그 소문은 서울의 외국인 거주 구역으로 퍼져나갔다.

사건 직후, 미국과 러시아 두 공사가 미우라를 방문하여 설명을 요구했다. 미우라는 냉정 그 자체였으며, 두 공사의 무릎이 떨리고 있었다는 것을 비아냥거리는 투로 기록하고 있다.

귀하들은 거류지를 갖고 있지 않지만, 나는 많은 거류민을 거느리고 있다. 그 거류민의 행위에 대해 나는 본국 정부에 무거운 책임을 지게 되지만, 귀하들이 나에게 책임을 물을 일은 아니다. 하기야 이 사건 중에는 일본인도 있었겠지만, 이들 모두가 과

연 일본인이냐 아니냐는 것은 이제부터 조사를 해보지 않고서는 알 수 없다. 조선인은 남들에게 깔보이는 일이 있기 때문에 특히 일본인처럼 행세하는 일도 있다. 그중에는 일본도를 사용한 자도 있었을 것이다. 하지만 진짜 일본인이 몇 명 있었는지, 또 가짜가 몇 명 있었는지는 이제부터 조사해야 한다. 일본 옷차림에다 일본의 칼을 가지고 있었다고 해서 일본인이라고 단정하는 것은 속단이다. 어쨌든 이것은 나의 책임이다. 하지만 귀하들에게 질문을 받을 만한 사안이 아니다.[460]

미우라는 그 이상 대답하기를 단호히 거부했다.

아주 우연하게 〈뉴욕 헤럴드〉의 저명한 특파원 코크릴 대령이 서울에 있었다. 다이 장군으로부터 민비 암살 이야기를 듣자, 코크릴은 본사에 기사를 타전하려 했다. 그러나 미우라는 전신국에 압력을 가해 기사가 국외로 나가는 것을 금했다. 10월 14일, 마침내 기사는 워싱턴에 도달했다. 일본 공사관은 보도의 확인을 요구받자 다음과 같이 발표했다.

(공사관은) 왕비가 무장 해제와 부대 해산을 명했다는 소식을 듣고 흥분한 조선군의 한 무리가 대원군에게 이끌려 왕궁을 향해 진군했다는 보고를 받았을 뿐이다. 급송 공문서는 왕비가 살해되었는지 여부에 대해서는 언급하고 있지 않다. 그러나 공사관원이 전문의 내용으로부터 추측하건대, 왕비는 그런 운명을 맞은 것이 아닌가 여겨진다.[461]

미우라가 의도하고 있었던 것은, 사건은 순수하게 조선의 내정 문제라고 세상 사람들이 믿게 하는 일이었다. 즉 왕비의 군대 해산 결정에 불만을 품은 조선군 부대의 도움을 빌려 대원군이 쿠데타를 일으킨 것이라고 말이다.[462] 이 그럴싸한 거짓말은, 만일 미우라가 거짓말을 하고 있다는 사실을 알고 있는 두 명의 외국인 목격자만 없었더라면, 어쩌면 곧이 들렸을지 몰랐다. 미우라가 도쿄에 타전한 제1보(10월 8일 도착)는 표현이 애매모호했다. 그로 인해 일본 정부는 무엇인가 감춰지고 있는 게 틀림없다고 의심했다. 천황은 외무성으로부터 도착한 전언이 매우 불확실해서 몹시 동요했다.[463] 사건을 보고한 가와시마 레이지로(川島令次郎) 시종무관에게 천황은 "고로는 일단 결심한 것은 단행하는 데 주저하지 않는 자거든"이라고 중얼거렸다고 한다.[464] 천황은 분명히 이 사건의 배후에 미우라가 있음을 눈치채고 있었다.

10월 9일 저녁, 천황은 가와시마를 참모본부에 파견해서 사건에 대해 캐묻고, 육군에서 조사하라고 명했다. 가와시마가 만난 사람은 참모본부 차장 가와카미 소로쿠(川上操六)였다. 가와카미는 즉시 사람을 서울로 파견해서 조사하겠다고 대답했다. 13일, 허가 없이 일본인이 조선으로 건너가는 일을 금하는 칙령이 나왔다. '무도한 패거리'들이 또 다른 외교상의 문젯거리를 만들까 우려했던 것이다. 10월 17일, 미우라 고로는 귀국 명령을 받았다. 후임 공사로는 숙련된 외교관인 고무라 주타로(小村壽太郎)가 임명되었다.

10월 19일, 조선국 특파대사가 조선 국왕으로부터의 친서 및 천황과 황후에게 보내는 선물을 가지고 왔다. 국왕은 친서에서 청일 강화조약 조인에 기쁨을 표했고, 조선 독립과 정치 개혁이 천황의 선린 우호의 선물이라고 감사의 뜻을 표했다. 대사는 천황과 황후로부터 조선 국왕을 위한 답례의 선물을 받았다. 가장 부적절한 시기에 행해진 선물 교환이라는 의식적 행위는 어찌되었든 복잡한 본심을 가려주었다.

10월 21일, 이토 히로부미는 특파대사로서 이노우에 가오루의 조선 파견을 결정했다. 이토에 의하면 이번에 발생한 민비 사건은 일본 정부가 종래 채택해 온 정책에 반할 뿐 아니라 국제적으로도 심상치 않은 반응을 불러일으켰다. 그래서 이토는 장차 오해가 생기지 않도록 특파대사로서의 이노우에의 권한과 직분을 명확히 지시했다. 이노우에의 사명은 민비의 죽음에 대한 황실의 동정심과 일본 신민이 사건에 관여한 데 대한 유감의 뜻을 조선 국왕에게 전하는 일이었다.[465]

앞으로의 정책에 관해 이토는 "조선의 내정 개혁을 원조하고 개혁을 조선 국민에게 강요하는 일은 아무런 유익한 목적에 합당하지 않다. 조선의 일은 점차로 조선에 맡겨나가는 불간섭 정책을 채용해야 할 것"이라고 했다. 이토는 조선에 대한 정책이 소극적이어야 한다고 생각했다. 만일 적극적인 조처로 나갈 필요가 생기게 되면 주재 공사는 사전에 정부의 훈령을 기다려야 한다고 생각했다.

10월 24일, 사명을 마친 조선국 특파대사가 귀국할 때, 천황은 대사를 접견하고 민비의 죽음에 유감의 뜻을 표했다. 같은 날, 미우라 고로는 조선 주재 중에 정부의 명령을 어긴 죄로 특명전권공사 직을 정식으로 박탈당했다. 11월 5일, 화족령 제15조 제2항에 의해 미우라의 화족 예우가 정지되었다.

민비 암살은 거의 모든 관계자에게 재앙을 가져다주었다. 조선 국왕은 아름다운 아내를 잃었을 뿐 아니라 조칙에 서명을 강요당했다. 그 가운데서 국왕은 '짐의 감각을 둔하게 하고, 국민을 강탈당하게 했으며, 짐의 정치를 혼란하게 만들고, 관직 작위를 매매하게 했다'고 민비를 비난하지 않을 수 없었다. 그리고 왕비는 칭호를 박탈당하고 최하층 계급으로 끌어내려졌다.[466] 암살 주모자인 미우라는 신세를 망쳤다. 이토 히로부미의 강대한 구상, 즉 일본이 세계의 열강 속에서 대등한 대접을 받는다는 구상은 미우라가 너절한 짓거리를 하는 바람에 좌절되고 말았다. 조선 정부를 개혁한다는 이노우에의 소원은 조선의 내정에 간섭하지 않는다는 새로운 방침에 의해 무산되었다. 러시아인은 그들의 지기인 민비의 죽음으로 궁정에서의 세력을 잃고 말았다.

이러한 상황 속에 오직 한 사람, 만족감을 느꼈을 법한 인물이 있었다. 바로 대원군이었다. '그의' 쿠데타가 성공하자 대원군은 내각을 자기가 뽑은 친일파로 바꾸도록 국왕에게 요구했다.[467] 국왕의 호위를 맡은 시위대는 훈련대로 편입되었고, 국왕은 사실상 연금당한 신세였다. 국왕은 별 수 없이 대원군의 요구에 모조리 동의했다. 국왕은 독살을 걱정했다. 외국 공관에서 넣어주는 것 이외에는 어떤 음식도 먹지 않았다.[468]

그러나 살해에 관여한 일본인을 처벌하라는 의견이 점차 높아지고 있었다. 미우라는 이제 더 이상 일본인은 전혀 개입하지 않았다고 우길 수 없었다. 미우라는 마지못해 조사에 착수했다. 그 결과 '몇 명'을 중형에 처하고 약 스무 명을 조선에서 추방하기로 했다. 일본은 조선에서 치외법권을 누리고 있었다. 그래서 조사한 것은 조선인이 아니라 사건 자체에 깊이 관여한 당시의 경부가 이끄는 일본 경찰이었다.[469]

시바 시로는 대원군으로부터 '은인들'에 대한 분배금으로 6천 엔을 받게 되어 있었다. 이 돈은 아마도 대원군에게서 나온 것이 아니라 대원군이 사건의 주모자라는 주장을 뒷받침하기 위한 수단으로 미우라에게서 나온 돈이었을 것이다.[470] 그것은 동시에 조선에서 추방당하는 자에 대한 위로금이고 입막음 용이었다.[471] 일본 정부는 그러나 이 시나리오에 동조하지 않고 '사건에 관여한 자의 처분은 신임 공사 고무라 주타로가 도착하기까지 일절 하면 안 된다'는 지시를 내렸다. 그리고 사건에 관여한 것으로 알려진 용의자 전원이 재판을 위해 일본으로 송환되었다. 이것은 국제법을 준수한다는 정부의 결의를 외국에 보이기 위한 의사 표시였다.

용의자는 세 집단으로 나뉘어 일본에 송환되었다. 장사, 미우라 공사와 그 부하, 나머지 인물들이다. 그들은 각각 10월 19일, 20일, 25일에 서울을 출발했다. 배는 간몬(關門) 해협에 기항하지 않고 히로시마 현 우지나 항으로 직행했다.

육군 검역소에 도착하자 그들은 목욕하라는 명을 받았다. 목욕탕에서 나오자 체포장이 제시되고, 수갑이 채워졌다. 혐의는 모살죄 및 흉도 취중(聚衆: 불러모음) 죄였다.[472] 미우라는 우지나에 도착하자 다른 자들과 똑같은 대접을 받았다. 미우라는 당연히 매우 격노해서 각료 이하의 신분을 가진 자와는 상대하지 않았다. 미우라는 그나마 편한 감방에 연행되어 그곳에 90일간 구속되었다.[473]

1896년 1월 14일, 민비 암살에 가담했다는 일본 육군 장교를 재판하는 군법회의가 열렸다. 그리고 1월 20일, 히로시마 지방재판소에서 오카모토 류노스케, 미우라 고로, 스기무라 후카시

(杉村濬) 등에 대한 예심이 열렸다. 다들 "용의자 누구도 그들이 기도한 죄를 실제로 저질렀다는 사실을 증명할 충분한 증거가 없다"는 것이 판명되었다. 피고들은 석방되었다.

재판소의 사실 인정은 자세히 진술되었고 그 나름의 범위에서 정확했다. 판결이 분명히 밝힌 것은 조선인이 아니라 일본인이 왕궁 습격과 민비 암살을 계획하고 실행했다는 것이었다. 예컨대 판결은 다음과 같이 말하고 있다.

미우라 고로는 다시 서울 수비대장 우마야바라 무혼(馬屋原務本) 소령에게 지시를 내렸다. 훈련대의 배치를 지시하고, 그 원군으로서 황군(皇軍)을 소집해서 대원군이 왕궁에 들어가는 일에 편의를 주라고 명했다. 미우라는 또 용의자 아다치 겐조, 구니토모 시게아키(國友重章)를 불러, 패거리를 그러모아서 용산에서 오카모토와 합류하고, 왕궁에 들어갈 때 대원군의 호위를 맡도록 요청했다. 미우라는 과거 20년간에 걸쳐 조선 왕국에 갖가지 재앙을 가져다준 해악을 근절할 수 있느냐 없느냐는 오로지 이 거사의 성공 여부에 달려 있다고 말했다. 미우라는 그들을 선동해서 왕궁 안에서 왕비를 처분하게 했다.[474]

판결은 오카모토가 대원군의 저택 앞에 집합한 일동을 향해 "왕궁에 도달한 다음에, 여우를 임기(臨機) 처분하라"고 호령했다고 말하고, 이 호령이 지향하는 것은 분명히 그들의 동지들을 선동해서 왕비를 살해하는 일이었다고까지 지적하고 있다.[475] 판결은 계속해서 오카모토가 광화문을 통해 왕궁에 들어가 다시 안쪽 침실로 향한 것까지 말하고 있다. 그러나 기술은 여기서 중단되어 있다. 법정은 미우라 등이 이 범죄에 관여했다는 반박할 수 없는 증거를 제출하고 있으면서도, 그들을 유죄로 만드는 마지막 한 발자국을 내딛지 못했다. 즉 일본의 재판관은 법관으로서 성실하기 위해 최대한의 노력을 했으나 결국에는 피고를 무죄로 만들어야 한다는 정부 명령에 따랐다고 판단할 수 있을 것이다.

조선에서의 미우라의 실책은 1896년 2월 11일, 극적으로 드러났다. 조선 국왕이 연금되어 있던 왕궁을 빠져나와 러시아 공사관으로 망명했던 것이다. 왕궁 탈출은 세심하게 계획되었다. 조선 당국의 공식 보고에 따르면 다음과 같다.

국왕 폐하는 자신의 결의를 왕궁의 관리들에게도 내각에 관계된 모두에게도 감추고 있었다. 엄중하게 감시받고 있었음에도 불구하고, 이른 아침 궁녀가 사용하는 상자형 가마로 무사히 왕궁의 동문을 빠져나갔다. 왕태자는 똑같은 가마로 국왕을 수행했다. 궁녀와 왕궁에 출입하는 부인네가 이러한 가마로 이 문을 드나드는 것은 관습이 되어 있었다. 문지기는 가마 안의 인물은 부인네일 것이 틀림없다고 여겨 살펴보지도 않고 통과시켰다.

폐하와 왕태자는 호위를 대동하고 있지 않았다. 왕궁 사람들은 두 사람이 취침 중일 것으로 생각하고, 한동안 두 사람의 모습이 사라진 것을 알아차리지 못했다. 두 사람은 그대로 러시아 공사관으로 향했고, 그곳에 7시 20분경에 도착했다. 즉각 폐하는 자신에게 충실하고 믿을 만한 조선인 몇 명을 불렀다. 구 내각의 인물 거의 모두를 해임하고, 그 대신 다른 사람을 지명하는 칙령을 내리고, 여섯 명의 옛 각료를 비난했다. (중략) 구 내각의 수상 김홍집(金弘集), 농상공부대신 정병하(鄭秉夏)는 어떠한 포고에서도 비난받은 일이 없었음에도 불구하고 경찰에 체포되어 소란과 흥분 속에 살해되었다. 시체는 길바닥에 내버려진 채 격노한 사람들에게 돌팔매 등의 수모를 당했다.[476]

국왕이 러시아 공사관으로 망명한 이유는 공식적으로 밝혀지지 않았다. 그러나 국왕은 대원군이 국왕을 퇴위시키고 자신의 손자를 왕위에 앉히려 하고 있다는 보고를 이미 들었던 모양이었다. 국왕은 민비를 살해한 일본인을 용서하지 않았다. 국왕이 러시아 공사관에서 최초로 내놓은 성명은 암살범들에 대해 극형을 요구한 것이었다.

친일파 내각의 경질은 국왕이 지금까지 취한 조처 중 가장 대담했다. 조선에서의 일본 세력은 바로 몇 달 전까지만 해도 매우 강력해 보였다. 그러나 이제는 바닥으로 떨어져 있었다. 러시아 공사관은 조선 정부의 중핵이 되었다. 일본 공사 고무라 주타로는 국왕을 알현하고 왕궁으로 돌아갈 것을 권했다. 그러나 국왕은 고무라의 권고를 들은 체도 하지 않았다. 일본인 교관에게 훈련된 군대는 해산되고, 조선 정부의 일본인 고문 거의 모두가 해임되었다.

이 사건은 일본인을 매우 당황하게 만들었다. 공식적인 해석에 의하면, 국왕의 러시아 공사관 망명은 일본의 야망에 대한 통렬한 일격이었을 뿐 아니라 조선 독립에 대한 위협이며, 동양의 장래를 위해서는 엄청나게 중대한 사건이었다. 간주(觀樹: 미우라의 호) 장군 미우라 고로는 최대의 실책 때문에 처벌받기는커녕 화려한 정치적 경력을 쌓아나갔다. 미우라는 1910년 추밀원 고문관으로 지명되었다. 같은 해 한일 합병이 발표되었다. 일본이 조선의 독립을 위한다며 러시아, 청나라와 전쟁을 하고 미우라가 조선의 왕비까지 암살했지만, 결국 조선은 이 세상에서 그 모습이 지워졌다.

1896년 설날, 메이지 천황은 여전히 정례 신년 의식을 집행하지 않았다. 세는나이로 마흔다섯 살이 된 이제, 이미 천황은 전통적인 의식 거행에 관심을 잃은 것처럼 보였다. 천황의 머릿속을 온통 차지하고 있는 것은 과거가 아니라 살벌한 열강의 세계에서 치러내야 할 앞으로의 일본의 역할이었다. 일본은 오랜 세월 동안 스승으로 우러러보던 중국과의 전쟁에 이겼다. 그러나 이 승리가 동아시아의 긴장에 종지부를 찍은 것은 아니었다. 조선 정세는 여전히 혼미했고, 위험을 안고 있었다. 타이완은 이미 공식적으로 진압되었다고는 하지만, 아직 일본의 지배에 대한 저항이 산발적으로 계속되고 있었다. 그런 와중에 청나라와의 우호 관계 회복은 매우 드물게 반가운 일 중 하나였다. 와카 시작 모임에서 천황이 읊은 노래의 밝음은 어쩌면 이 일에서 촉발되었던 것인지도 모른다.

하늘 밑 북적이는 세상 즐거워라

깊은 산속까지 길은 훤히 열리고[477]

1월 25일, 마사코(昌子) 공주와 후사코(房子) 공주[478]가 같이 입궐했다. 수행한 것은 두 공주의 양육주임 사사키 다카유키의 아내 사다코(貞子)였다. 천황과의 알현이 끝난 다음 황후는 사다코를 불러 "황태자를 비롯해서 천황의 황자와 공주가 많이 허약한데 두 공주만큼은 매우 건강해 보인다. 천황께서는 매우 위안을 얻고 계시며 항상 사사키 내외의 노력을 칭찬하고 있다"고 했다. 사실 천황은 두 공주에게 사랑을 느끼고 있었다. 그러나 천황이 그다음에 두 공주를 대면한 것은 그해 말인 12월 29일이 되어서였다. 오랜만에 아버지를 알현한 두 딸들은 독서, 화술, 도화 등의 솜씨를 자랑했다.

아무리 수행해야 할 국사가 많았다고는 하지만, 거의 1년 동안 딸들을 한 번도 만나지 않고 지냈다는 것은 의외라 하지 않을 수 없다. 많은 황자와 공주들이 어려서 죽었기 때문에 황태자의 잦은 병치레는 언제나 천황의 고민거리였다. 보통의 경우라면, 천황은 이렇게 건강하게 자라준 두 공주를 만나고 싶어했을 것이다. 사사키는 이전부터 공주들의 양육이 늙은 자신에게는 벅차다는 말을 해오고 있었다. 9월 초, 사사키는 궁내차관 다나카 미쓰아키(田中光顯)에게 두 공주는 언제 궁중으로 들어갈 것이냐고 물었다. 1891년경까지는 두 공주 모두 천황을 쉽게 만나볼 수 있었다. 그러나 최근에는 그 기회가 점차 줄어들다가 올 들어서 알현 허락을 받은 것은 단 한 번뿐이었다. 사사키는 천황에게 그 유감스러운 마음을 전해야겠다고 생각하면서도 좀처럼 그러지 못하고 있었다. 9월도 반이 지나 사사키는 두 공주를 따라 입궐했다. 사사키는 천황이 두 공주의 성장한 모습을 보면 매우 기뻐하리라 기대했다. 그러나 이번에도 천황은 두 공주를 만나려 하지 않았다.[479] 혹시 천황은 자신의 아이에게 특별한 관심을 보이는 일을 부끄럽게 여겼던 것일까. 그 결과, 천황은 싸늘하고 애정이 결핍된 아버지로 보였다. 그러나 이 차가움은 애정의 부족이라기보다는 아이를 대하는 아버지의 태도에 관한 유교의 가르침에 의한 것일지 모른다.[480]

두 공주의 양육은 1896년 내내 중요한 과제였다. 사사키 다카유키는 1월, 여름 방학 피서지에서 귀경 후 쓰네노미야(常宮) 마사코 공주를 아카사카(赤坂) 동궁궐에서 황후궁 대부 자작 가가와 게이조(香川敬三)가 양육하게 되었다는 말을 전해들었다. 사사키는 계속해서 가네노미야(周宮) 후사코 공주를 돌보면서, 5월에 태어날 새 아기의 양육도 맡게 될 것이라고 했다. 사사키는 항의하면서 말했다. "우리 부부는 이제 노령이라 새 아기의 양육을 감당해 내지 못할 것이다. 가네노미야는 이제 학령에 이르렀으므로 우리 손을 떠나도 좋을 나이다. 아무튼 두 공주를 헤어지게 하는 것은 좋은 생각이라고 볼 수 없다." 천황은 가가와 게이조에게 두 공주의 양육을 맡기는 문제는 양보했다. 그러나 새 아기의 양육은 어디까지나 사사키에게 맡기고 싶었다. 아마 천황은 황자와 공주들이 대부분 어려서 죽었지만, 두 공주가 무사히 성장할 수 있었던 것은 사사키가 진력한 덕분이라고 생각하고 있었을 것이다.[481]

아기가 탈 없이 자란다는 것은 물론 기쁜 일이었다. 그러나 모두 공주였다. 황위 계승은 황자가 아니면 안 된다. 1896년 4월, 시종장 도쿠다이지 사네쓰네(德大寺實則)는 더 많은 여관들을 두는 것이 좋겠다고 천황에게 청원했다. 도쿠다이지는 '국민은 은근히 천황의 후계자인 황자가 적은 것에 대해 마음 아파하고 있다. 보다 많은 황자가 태어난다는 것은 황실의 번영을 증진시키고, 국가 흥륭의 기초를 이루는 일'이라고 말했다. 야마가타 아리토모, 마쓰카타 마사요시를 비롯한 많은 애국적 인사들은 이전부터 되풀이해서 이 문제를 도쿠다이지와 의논했다. 서둘러서 새 여관을 불러들이도록 천황에게 청원해야 한다는 결론과 함께 앞으로 삼군(三軍)을 통솔할 황자가 꼭 필요하다고 했다.

도쿠다이지는 대본영이 해산되어 평화가 회복되기를 기다렸다가, 천황에게 말을 꺼냈다. 측실의 숫자를 늘리는 게 바람직하다는 것이 꼭 천황의 기쁨을 위해서 하는 말은 아니다. 선대에 대한 큰 효를 다하기 위해서라고 했다. 그러나 천황은 이 조언을 받아들이지 않았다.

천황의 마지막 여덟 명의 자녀는 모두 곤노텐지 소노 사치코가 낳았다. 여섯 명은 공주이고, 그중 네 명이 순조롭게 자랐다. 황자 두 명은 모두 2년도 못 채우고 단명했다. 뇌막염의 저주는 다시금 천황의 막내인 열 번째 공주 다키코(多喜子)에게까지 미쳤다. 다키코는 1899년 1월 11일, 한 살 반도 안 되어 사망했다.[482] 도쿠다이지와 정부 각료들이 생각해낸 일이 어쩌면 옳은 일이었을 수도 있다. 만일 천황이 더 많은 여성과 사랑을 나누었더라면, 좀 더 많은 후계자가 태어났을지 모른다. 그러나 오늘날까지 뒤에서 속닥거리는 소리와는 딴판으로 천황은 확실히 후계자 문제를 가장 중요한 사항으로 보기는 했으나 이른바 '오오쿠(大奧: 황후와 측실이 모여 사는 곳)'를 선호한 적은 한 번도 없었다. 후계자인 장래의 다이쇼(大正) 천황에 대한 엄격한 양육 방침을 보면, 메이지 천황이 역대 천황의 전통적인 특권이기도 했던 방탕을 인정하지 않았음은 분명하다.

두 공주의 양육은 최종적으로 시모다 우타코(下田歌子)의 손에 맡겨지게 되었다. 시모다는 이미 화족 여학교 학감으로서 자녀 교육의 풍부한 경험을 쌓고 있었다. 시모다는 공주 교육에 관한 의견서를 올리고, 천황의 승인을 얻었다. 그러나 공주 양육 주임인 가가와 게이조와 교육 방침에서 일치하지 않았다. 시모다는 사사키 다카유키와 함께 하는 것이 아니면 공주 교육에 관한 일을 할 수 없다면서 그 소임을 사퇴했다. 최종적으로 천황은 의견서를 상주한 시모다의 제안을 모두 채용했다. 시모다는 사사키와 함께 공주의 교육을 맡게 되었다.

1896년 5월 11일, 천황의 아홉 번째 공주 도시코(聰子)가 탄생했다. 생모는 소노 사치코였다. 탄생한 것이 남아가 아니어서 모두를 실망시켰음에 틀림없다. 만성적으로 골골거리는 병약한 체질이라고는 하지만, 이제는 황태자가 황위를 잇는다는 것은 피할 수 없어 보였다. 도시코의 명명을 축하하는 잔치를 벌인 이틀 후, 앞으로는 토요일마다 황태자가 입궐하는 날로 정해졌음이 공표되었다.

화족 자제의 교육에 대해서도 이 시기에 재검토가 있었다. 지금까지 가쿠슈인(學習院) 졸업생은 육해군 무관이나 귀족원 의원이 되는 수가 많았다. 그러나 1895년 가쿠슈인 원장으로 취임한 고노에 아쓰마로(近衛篤麿)는 가쿠슈인이 유럽 각국에서 임무를 맡을 장래의 외교관도 양성해야 마땅하다고 판단했다. 고노에는 1896년 6월, 가쿠슈인 과정 개정안을 상주했다. 추가할 과목 중에는 사회학, 서양 외교사, 동양 외교사, 국제 공법, 국제

사법, 외국어가 있었다. 그러나 동양철학, 서양철학, 국문학, 한자학 기타 '쓸모없는' 과목은 대학과 고등학과에서 모두 삭제되었다. 젊은 화족들까지도 실학적 교육을 받게 되었던 것이다.

자기 딸과도 만족스럽게 만나지 못하는 메이지 천황의 바쁜 일상은 아마 외정, 내정 양쪽에 원인이 있었을 것이다. 외정에서 가장 손이 많이 가는 문제는 조선 정세였다. 조선 국왕은 1896년부터 서울의 러시아 공사관에 계속 머무르면서 왕궁으로 돌아갈 기색을 보이지 않았다. 국왕이 이렇게 오래 공사관에 머무르는 일은 러시아인에게도 성가신 일이었다. 조선에서의 러시아 세력은 날로 강화되어 나갔다. 일본이 보유하고 있는 세력을 어떻게든 그대로 유지하기 위해서는, 러시아와 협정을 맺어 조선 독립을 공동으로 보장하고 조선 내정을 공동으로 감독하기로 할 수밖에 없었다. 특명전권공사 고무라 주타로와 러시아 대표 특명전권공사 카를 베베르는 5월 14일, 이 건에 관한 러일 각서에 조인했다. 양국의 동의 사항은 조선 국왕에게, 조속히 왕궁으로 돌아가서 관대하고 온화한 대신을 임명한 뒤 어진 정사를 펴도록 권고하는 일이었다.[483] 그리고 두 전권은 조선에 체류하는 러일 양국의 병력수를 제한해서 조선 내부가 완전히 평정으로 돌아가면 전군을 철수하기로 동의했다.

5월의 니콜라이 2세 대관식은 조선의 장래에 관해 러일 간의 토의를 진전시키기에 안성맞춤의 기회였다 천황은 대관식에 즈음해 특명전권대사로 야마가타 아리토모를 파견했다. 5월 22일, 야마가타는 황제 니콜라이를 알현해서 천황이 보내는 국서를 봉정했다. 러시아 황제는 국서를 받으며 "이러한 사절로서 걸맞은 특별한 자격을 갖춘 인물은 야마가타밖에 없다. 아무쪼록 짐의 성의를 일본국 천황에게 전하라"고 답했다. 그러나 아마 러시아 황제도 작년 4월, 야마가타가 러일 동맹을 추진하라고 외무대신 무쓰 무네미쓰에게 강력하게 권했다는 사실은 알지 못했음에 틀림없었다. 야마가타의 생각으로 일본은 이미 동양의 패권을 단독으로 유지하기는 불가능했다. 야마가타에 의하면, 1891년의 러시아 황태자 니콜라이의 일본 방문은 일본과의 우호를 깊게 하기 위한 것이었다. 오쓰 사건은 확실히 불행한 사건이었다. 그러나 러시아는 사건을 구실로 적대 조처를 취하기는커녕, 서로 친목을 도모하고 양국의 국익을 이뤄나가자는 의사를 보이고 있었다. 바야흐로 결단을 내려 외교 정책을 변화시키는 것이 득책이라고 야마가타는 설득했다. 일본이 동맹할 상대는 영국이 아니라 러시아라고 말이다.[484]

야마가타의 제안은 결실을 맺지 못한 것 같았다. 그러나 제안이 아주 잊혀진 것은 아니었다. 야마가타는 특명전권대사로서 대관식에 파견된다는 사실을 통고받는 동시에 이 기회를 이용해서 조선 독립의 원조와 방위에 관해 러시아와 근본적인 협의에 들어가라는 지시를 받았다. 황제 알현 후인 5월 24일, 야마가타는 러시아 외무대신 알렉세이 로바노프-로스토프스키와 회담하며, 조선에서의 러일 양국의 장래 협력을 위한 의정서 초안을 건넸다. 그러는 사이에 로바노프가 몰래 리훙장—역시 대관식 참가를 위해 러시아에 와 있었다—과 러청 동맹을 체결하고 있다는 사실을 야마가타는 몰랐다. 러청 동맹은 본질적으로 일본의 침략으로부터 동아시아를 지키기 위한 협정이었다. 로바노프는 이 동맹에 대해서는 일절 언급하지 않으면서 조선의 재정 위기와 관련된 다양한 문제에 대해 야마가타와 합의에 도달해 러일 협정에 조인했다.

의정서에는 따로 두 개의 비밀 조항이 있었다. 제1조는 조선의 질서가 어지러워지거나 혹은 어지러워질 우려가 있는 사태가 생기면, 양국은 협정에 의거한 추가 군대를 파견하게 될 것인데, 그때 양국의 부대는 충돌을 피하기 위해 쌍방 군대 사이에 완충지대를 설치해야 한다는 것이었다. 제2조는 조선 군대가 자체 방위를 위한 훈련을 받아 제대로 조직되기까지, 러일 양국은 조선 국민을 지키기 위해 같은 수의 군대를 조선에 주둔시켜야 한다는 항목이었다. 그러나 러시아는 일본과 협조한다는 약속을 어겼다. 러시아는 조선 군대의 훈련을 독점하고, 또 조선의 재정 관리를 장악하기 위해 조선 정부의 영국인 고문을 해고하고 러시아인 고문으로 교체시켰다.

일본의 내정 문제는 천황을 더욱 곤혹스럽게 하는 것이었다. 외무대신 무쓰 무네미쓰가 5월 30일, 병으로 사임했다.[485] 내각 총리대신 이토 히로부미는 외무대신의 교체를 계기로 내각 개조를 단행해야겠다고 판단했다. 이토는 마쓰카타 마사요시를 대장대신으로, 오쿠마 시게노부를 외무대신으로 지명했다. 이를 안 내무대신 이타가키 다이스케는 만일 오쿠마가 입각한다면 자신은 사임하겠다고 말했다. 이토는 하는 수 없이 마쓰카타만 지명할까 망설였다. 그러나 마쓰카타는 만일 오쿠마가 동시에 지명되는 것이 아니라면 포기하겠다고 했다. 이토는 난감했다. 만일 이타가키의 반대를 무시하고 오쿠마, 마쓰카타 두 사람을 지명하다가는 자유당과의 결별은 뻔한 수순이었다. 한편, 만일 오쿠마를 지명하지 않게 되면 진보당과 결별하게 된다. 양당 모두 이토로서는 중요했다. 결정을 내리지 못한 채 이토는 8월 28일, 병을 핑계로 사직을 청원했다.

어느 쪽을 선택하느냐는 이제 천황의 손에 달려 있었다. 최종적으로 천황은 마쓰카타와 오쿠마를 지명했다. 그러나 이토의 사임은 청허해 주었다. 애초부터 이토는 천황이 가장 신뢰하는 정치가였다. 천황은 이토의 후임으로 추밀원 의장 구로다 기요타카를 임명해서, 새로운 내각 총리대신이 뽑힐 때까지의 임시 겸임 내각 총리대신으로 삼았다. 오쿠마, 마쓰카타의 지명을 놓고 분분하게 여러 설들이 일었다. 예를 들면, 양쪽을 지명하는 의도는 새 내각에서 조슈 세력을 몰아내는 데에 있다는 것이다.[486] 조슈파의 중진인 야마가타는 이토의 후임에 대해 마쓰카타 등 노신(老臣)과 숙의하라는 요구를 받았다. 천황은 사실 야마가타를 내각 총리대신에 앉힐 심산이었다. 그러나 천황의 의사가 야마가타에게 전해졌을 때, 야마가타는 병을 핑계대며 중책을 감당할 수 없을 것이 두렵다며 이를 사양했다.

내각 총리대신으로 이토의 후계자가 될 인물은 아무도 없는 것 같았다. 천황은 더 이상 이 문제에 관여하고 싶지 않았다. 그래서 후임자 선택을 원로들에게 일임했다. 이 무렵 경시총감 남작 소노다 야스카타(園田安賢)는 내각 총리대신의 중책을 맡으려는 자가 없다는 현실을 탄식하며, 천황에게 의견서를 올렸다. 천황은 더 이상 겸덕(謙德)을 지키고 있을 때가 아니며, 이제야말로 결단을 내려 친정(親政)을 천하에 분명히 밝힐 시기라고 소노다는 설득했다. 일찍이 독일 황제는 '짐은 짐의 내각의 총리대신'이라고 언명했던 일을 인용하며[487] 천황도 스스로 내각을 통괄해야 하며, 대신의 임용을 원로에게 일임할 일이 아니라고 했다. 소노다에 의하면 내각대신은 천황이 지명하는 형식이지만,

사실은 그렇지 않았다. 천황의 신뢰 여부에 상관없이 누구나 내각에 들어갈 수 있었다. 소노다는 내각이 이제는 국가의 안녕과 질서를 어지럽히는 분란의 장이 되고 있다고 지적하면서 '만일 천황이 친정의 열매를 올리게 된다면, 누가 이의를 제기할 수 있을 것인가'라고 했다. 천황은 스스로 정국을 책임지고 믿을 만한 인물을 스스로 발탁해서 보필의 임무를 맡겨야 한다는 것이다. 이것이야말로 천황이 해야 할 가장 긴급한 일이었다.

천황의 친정은 유신의 하나의 이상이었다. 그러나 헌법 반포, 국회 개설과 더불어 친정의 이상은 망각되고 말았다. 정치에 적극적으로 참여하는 천황이 아니라 손이 닿지 않는 궁극의 권위로서의 천황의 개념이 자리 잡았다. 천황의 권력은 원칙적으로 절대적이었다. 그러나 천황이 그 권력을 행사하는 일은 좀처럼 없었다. 소노다가 탄식한 '겸덕'이 천황이 취해야 할 입장이 되고 말았다. 소노다의 의견서에 천황이 어떻게 반응했는지 그 기록은 없다. 아마 반응은 없었을 것이다. 다행히도 천황은 전제군주인 독일 황제와는 비슷하지 않은 인물이었다.[488]

새 총리대신 지명을 둘러싼 위기는 마쓰카타가 내각 총리대신 겸 대장대신으로 임명됨으로써 일단락되었다. 마쓰카타는 처음에는 좀처럼 총리대신의 자리를 맡으려 들지 않았다. 정부가 직면해 있는 난제에 어떤 해결책도 발견해낼 수 없었기 때문이었다. 자문을 거듭한 끝에 마쓰카타는 으레 하듯이 황공해하면서 지명을 고사했다. 그러나 메이지 천황은 고사를 인정하지 않고 구로다와 숙의하라고 명했다. 도리 없이 마쓰카타는 취임을 승낙했다. 새 내각의 취임식이 9월 20일, 궐내에서 거행되었다. 대신은 다들 낮익은 얼굴뿐이었다. 천황은 특히 육군대신의 선임에 신경을 많이 썼다. 천황은 마쓰카타에게 "앞으로 군비 확장, 타이완 출병 같은 일이 기다리고 있다. 새 대신은 참모본부와 의견이 맞아야 하고, 육군 행정을 신속히 처리할 수 있는 자가 아니면 안 된다"고 말했다. 마쓰카타는 제1차 마쓰카타 내각에서 육군대신을 지낸 다카시마 도모노스케를 지명했다.

새 각료 중에서 가장 물의를 빚은 인물은 오쿠마 시게노부였다. 오쿠마는 언론, 집회, 출판의 자유를 확대해야 한다고 했다. 그리고 육군의 확대는 12개 사단으로 그쳐야 하며, 그중에서 타이완 수비를 위해 3개 여단을 파견해야 한다고 했다. 나아가, 재정 정비를 해야 한다고 제언했다. 만일 이 제언들이 받아들여지지 않는다면 취임을 거절하겠다고 했다. 오쿠마의 제언은 당연한 일이지만 육군의 확장 억제에 이의를 제기하는 육군대신의 반대에 부딪혔다. 그러나 최종적으로 군비에 관한 사항만 보류되고, 오쿠마의 조건이 받아들여졌다.

새로운 '출판의 자유'는 이해 10월 큰 시련을 맞이했다. 오사카에서 발행된 한 잡지가 궁내대신 히지카타 히사모토(土方久元)의 악행을 열거하며 통렬하게 공격했다. 기사는 다음 날 신문 〈일본〉에 전재되어 널리 알려지게 되었다. 히지카타는 진퇴를 묻는 상주를 올리는 동시에, 기사가 날조된 것이라면서 비난했다. 이것은 황실의 존엄을 모독하는 짓이라고 했다. 히지카타는 마쓰카타를 비롯한 각료 등에게 호소해서 중상하는 자들의 준엄한 처분을 요구했다. 처분의 의미는 아마도 잡지와 신문의 발행 금지 또는 정지뿐 아니라 불경죄 및 관리 모욕죄의 적용이었을 것이다.

마쓰카타는 각의에 올려, 발행 금지 및 정간의 행정 처분에 대한 가부를 물었다. 오쿠마와 내무대신 가바야마 스케노리는 정부가 채택한 '출판의 자유'의 원칙에 반한다면서 어떠한 조처에도 반대했다. 다른 각료는 금지나 정간 처분이 부득이하다는 견해를 표명했다. 마쓰카타는 오쿠마의 의견에 동조하며, 다시 사법 처분의 시비를 물었다. 사법대신 기요우라 게이고(淸浦奎吾)는 미리 사법성에서 논의를 거듭해 사법 처분에 대해 단호하게 반대했다. 기요우라는 이렇게 주장했다.

기사는 궁내대신을 비방했지 황실을 직접 비난한 것이 아니다. 따라서 불경죄가 성립되지 않는다. 그리고 만일 기사의 필자를 관리 모욕죄로 고발해 봤자 공연히 사건의 확대만 초래할 뿐이다. 피고 및 변호인에게 법정에서 궁내성을 공격할 기회를 주면, 오히려 황실의 존엄을 모독하는 일이 벌어지지 말라는 법도 없다.

내각은 행정 처분이나 사법 처분을 모두 하지 않기로 결정했다. 마쓰카타는 히지카타에게 이 사실을 알렸다. 히지카타는 매우 격분했다. 그러나 시종장 도쿠다이지 사네쓰네와 추밀원 의장 구로다 기요타카는 마쓰카타에게 행정 처분이 불가피하다고 했다. 결국 잡지사에는 발행 금지, 신문사에는 발행 정지 처분을 내렸다. 히지카타는 그래도 분이 풀리지 않았다. 벌이 너무 가볍다고 생각했다. 일반 민중은 내각이 '출판의 자유'를 부르짖으면서 상반되는 조처를 취한 것에 대해 실망했다. 천황은 아무 의견도 말하지 않았다.

청일 전쟁의 마지막 여운이 들려온 것은 12월 8일, 천황이 사다나루(貞愛) 친왕의 저택에 행차했을 때였다. 이날, 특별한 공연이 있었다. 당시의 노가쿠(能樂) 계를 대표하는 두 명의 배우 호쇼 구로와 우메와카 미노루가 〈고소데 소가(小袖曾我)〉 등 몇 마당을 공연했다. 그리고 천황의 요망으로 우메와카 미노루가 천황의 작품 〈성환역(成歡驛)〉을, 그리고 호쇼 구로가 황후의 작품 〈평양(平壤)〉을 불렀다. 일찍이 사쿠라이 요시미(櫻井能監)가 가락을 붙였고, 지금 새로 우메와카 미노루에게 명해서 악보를 만든 것으로 둘 다 일본 군인의 충용(忠勇)을 찬양하는 내용이었다. 12월 21일, 조선 도항 금지령이 해제되었다. 조선의 형세가 이제 평온해졌기 때문이었다.

2년에 걸쳐 청나라와 포화를 주고받은 흥분이 가라앉은 1896년은, 천황에게는 매우 무료한 한 해였다. 천황은 이제 다시 자신의 틀 안으로 들어가버린 것 같았다. 신년을 맞이한 1897년 설날, 천황은 전통적인 의식에 일절 출석하지 않았고, 황후가 대리로 각국 공사 등의 하례를 받았다.

해가 바뀐 지 얼마 되지 않아, 이전부터 건강이 부실했던 황태후가 급성 폐렴에 걸렸다. 8일, 황태후는 갑자기 오한이 났다. 자꾸 기침이 나고, 가슴에 심한 동통(疼痛)을 느꼈다. 육군 군의총감 하시모토 쓰나쓰네는 황태후를 진찰하고, 카타르성 폐렴이라고 진단했다. 10일, 지금까지 몇 번에 걸쳐 황족을 진찰한 일이 있는 제국대학 의과대학 고용 외국인 에르빈 벨츠 박사가 황태후를 진찰했다. 벨츠의 소견은 하시모토 군의총감과 일치했다. 벨츠는 황태후의 증상이 매우 중증이라고 경고했다. 만일 심장마비나 폐수종(肺水腫)이 계속 일어나면 생명까지 위험하다고 했다.

1월 11일, 천황은 황태후의 병이 어떤지 시의에게 물어보았다. 시의는 황태후가 중병이라고 보고했다. 단순한 감기로 생각하고 있던 천황과 황후는 중병이라는 사실을 알고 매우 놀랐다. 당장에 아오야마 어소로 황태후를 문병가기로 했다. 그러나 시의들은 천황과 황후의 감기가 악화될 수도 있다며 방문은 무리라고 말렸다. 그러나 천황은 황후와 함께 오전 9시 30분에 가겠다고 고집을 꺾지 않았다. 마침, 황태후가 위독 상태에 빠졌다는 소식이 들어왔다. 천황과 황후는 갑자기 예정을 앞당겨 오전 8시 50분, 행렬이 갖춰지기도 전에 황궁을 나왔다.

천황은 병실로 들어가자 무릎걸음으로 황태후의 병상으로 나아갔다. 초췌한 모습을 보고, 천황은 비통한 나머지 소리 내어 울었다. 황태후는 누운 채로 천황을 맞이했다. 천황은 황태후를 보고 그저 울면서 묵례할 따름이었다. 황태후가 시녀에게 "나는 몸을 일으켜 양 폐하에게 배례를 할 수가 없다. 그대가 부디 절을 올리라"고 말했다. 천황의 시신들은 황태후와 천황, 황후의 병이 서로 악화되는 것을 우려해서 천황에게 돌아가기를 재촉했다. 두 사람은 곧 일어났다.

황태후는 그날 저녁 숨을 거두었다. 세는나이로 예순다섯이었다.[489] 1867년 1월에 고메이 천황이 서거한 이래, 황태후는 미망인으로서 꼭 30년을 지냈다. 천황은 자신의 생모가 나카야마 요시코라는 것을 잘 알고 있었다. 그러나 정식으로는 황태후가 어머니였으며, 천황은 언제나 황태후에게 아들로서의 경의를 표해왔다. 황태후의 죽음을 진심으로 슬퍼했다. 개인적 애정과는 별개로, 황태후는 천황과 천황의 소년 시절의 기억을 이어주는 마지막 한 사람이었다. 젊은 천황 가까이에 있던 원로들 대부분은 이미 세상을 떠나고 없었다. 메이지 천황은 지금까지 '감읍하는 남자들'에 둘러싸이는 일이 많았다. 그러나 자신이 우는 일은 좀처럼 없었다. 그의 눈물은 자신이 불효자였음을 한탄하는 것은 아니었으리라. 모든 자료를 볼 때 확실한 것은 고메이 천황 사후, 천황이 황태후를 잘 돌봐주었다는 것이었다. 미망인이 된 뒤의 황태후의 세월은 여행으로, 노가쿠 관람으로, 그리고 미술 전람회 감상 등 즐거운 일들로 이뤄져 있었다.

황태후의 사후 5일간 궁정의 업무는 정지되었다. 궁중상이 발령되고, 그 기간은 서거 날로부터 1년으로 잡혔다. 그러는 동안 궁중에서는 상복 착용을 하기로 정해졌다. 신민의 거상은 30일간으로 정하고, 가무음곡이 중지되었다. 거상 중 문무관은 상장(喪章)을 착용했다. 애도를 위해 국기에는 검은 천 조각이 함께 게양되었다. 서거한 다음 날인 12일부터 15일간, 그리고 발인과 매장 당일은 사형 집행이 정지되었다. 그리고 14일부터 5일간, 발인 매장 당일은 특히 죄수의 복역이 면제되었다.

장례에 대해서는 다음과 같은 의견이 있었다. 황태후의 장례는 황실의 번영에 비추어 볼 때, 국운의 발전을 상징하는 것이어야 하며, 그 장례를 성대하게 치러 황위를 드높이기에 힘써야 한다는 것이다. 그리고 황태후 장례를 위해 설치된 대상사(大喪使) 제관들로부터 '고메이 천황의 산릉은 너무 작으므로 황태후 능은 확장되어야 한다'는 의견이 들어왔다. 그러나 천황의 의견은 이랬다. "황비의 장례는 본디 장중해야 한다고는 하지만 모든 일에는 한도라는 것이 있으니 공연히 과장해서 선황의 전례를 넘지 말라."[490]

대상사 사무관 등은 당초에 대상의 제비용으로 금 80만 엔을 계상했다. 그러나 대상사 장관 다케히토 친왕은 천황의 의사를 존중해서 액수를 줄이라고 요구해 70만 엔이 되었다. 천황 부부는 교토의 장례에 나가지 못했다. 모두 감기가 낫지 않은 상태고 겨울 날씨가 감기를 더 악화시킬 수도 있다는 시의 등의 판단 때문이었다. 천황의 대리로서 황족인 아키히토 친왕 부부가 장례에 참가하게 되었다.

황태후는 이후 '에이쇼(英照) 황태후'로 불리게 되었다. 이는 극히 예외적인 영예로서 아마 황태후에 대한 천황의 헌신적 애정을 나타내는 것이었다. 황태후, 또는 황후에게 시호를 내리는 전례는 아주 드물었다.[491] 그리고 '에이쇼'라는 명칭은 불교에서 유래한 것이 아니었다. 이는 당나라 시인 이억유(李德裕)의 「담상(潭上: 연못가) 자등(紫藤)을 노래함」이라는 시에서 따온 것이었다.[492] 이 시호가 내려진 것은 황태후가 후지와라(藤原) 집안 출신이었기 때문이다.[493]

1887년 2월 2일, 에이쇼 황태후의 관은 아오야마 어소를 떠나 교토의 대궁(大宮) 어소로 향했다. 발인에 앞서 어관전제(御棺前祭)가 치러지고, 황족과 대신, 추밀원 의장, 각국 공사 부처가 관에 배례했다. 천황 부부는 아직 감기로 고생하고 있었으나 아오야마 어소에서 황태후에게 마지막 고별을 하고 싶었다. 그러나 시의가 바깥바람 쐬는 것을 엄하게 금했다.

장례가 집행된 것은 2월 7일이었다. 대궁 어소에서 월륜산 재장(齋場)까지 이르는 장례 행렬은 길고도 인상 깊은 것이었다. 이차(轜車: 관을 실은 수레)는 소 네 마리가 끌고, 의관(衣冠) 또는 대례복을 입은 황족과 귀족들이 도보로 뒤따랐다. 신관 등은 비쭈기나무, 금기(錦旗), 호코(위 끝에 장식물이 달린 장대) 또는 횃불을 들고 행렬의 좌우를 따랐다. 근위사단과 제4사단은 해군 제병과 함께 의장병으로 이차의 앞뒤를 호위했다. 제4사단 야전포병대는 분시조포(分時弔砲)의 예를 올렸으며, 군악대는 〈슬픔의 극한〉을 취주했다.[494]

장례 행렬이 '꿈의 부교(浮橋)' 부근에 이르렀을 때 길이 좁아졌다. 관은 어련(御輦: 손으로 운반하는 가마)으로 옮겨졌다. 장례 행렬은 오후 10시에 월륜산 재장에 도착했다. 재장식(齋場式)이 시작된 것은 오후 11시였다. 관은 재장 중앙에 안치되고 황족, 대신 등 참석자가 좌우에 도열했다. 참석자들은 차례로 좌우에서 나아가 관에 배례하고 다마구시(玉串: 비쭈기나무 가지에 베나 종이오리를 단 것)를 바쳤다. 매우 엄숙하고 아름다운 광경이었을 것이다. 빅토리아 여왕의 장례도 이보다 더 감명 깊지는 않았을 것이다.

아마도 황태후의 장례식에서 가장 놀라운 특징은 불교색이 하나도 없었다는 점일 것이다. 승려도, 독경도, 향불도 없었다.[495] 옛 신관들은 죽음의 부정을 탈까 두려워 장례 집행을 싫어했다. 그러나 유신 이래로 불교의 인기가 떨어지는 바람에, 신도식의 장례가 치러지게 되었다.

의식은 2월 8일 오전 0시 12분에 끝났다. 그러나 매장 의식이 거행된 것은 오전 5시 30분이 되어서였고 매장을 완료한 것은 11시 55분이었다.[496] 장례에 참석한 외국인은 아마도 조선국 특명전권대사 이하영(李夏榮)뿐이었을 것이다. 이하영은 조선 국왕이 바친 조화병 한 쌍을 영구 앞에 바쳤다. 이하영의 참석에 일본 측은 매우 감사해했다. 후일, 이하영은 훈1등 욱일대수장(旭日大綬章)을 받았고, 수행원 두 명도 서훈되었다. 천황은 이 대사를 접견하고 조선 국왕의 조사(弔辭)에 감사의 뜻을 표했다. 이해 11월 21일, 민비—지금은 '명성황후(明成皇后)'로 불린다—의 국장 때 일본 측은 답례로 특파공사를 참석하게 해서 은제 향로 한 쌍을 바치며 조의를 표했다. 장례에 참석한 특파공사는 얼마나 복잡한 심경이었을까.[497]

황태후의 장례에 참석하지 못한 천황과 황후는 4월 19일, 에이쇼 황태후 후월륜동북릉을 참배했다. 그들은 그대로 4개월 이상에 걸쳐 교토에 머무르게 되었다. 처음에는 5월 4일, 귀경할 예정이었다. 그것이 도카이도(東海道) 선의 재해 때문에 중순으로 연기되었다. 이 무렵 하필이면 도쿄에 홍역이 유행하면서 만연될 조짐이 있었다. 시의 등은 조심스럽게 다시 연기를 권했다. 천황은 분명 옛 도읍지 체재를 즐기고 있었다. 이미 홍역이 가라앉았다는 말을 듣고서도 천황은 도쿄로 돌아갈 기색을 보이지 않았다. 마침내 홍역이 완전히 끝났다는 것을 알고 나서 가기 싫은 발걸음을 억지로 떼며 교토를 떠난 것은 8월 22일의 일이었다.[498]

당초 열차는 8월 19일 오전 8시 55분에 교토를 떠날 예정이었다. 그러나 천황은 출발 시각을 20분 늦추려 했다. 이유는 분명하지 않았다. 혹시 조금이라도 더 오래 교토를 즐기고 싶었던 것이었을까. 체신성 운수과는 시각표의 변경은 곤란하다는 점을 지적했다. 그러나 천황은 "특별 황실 열차에 대해 시간 조정도 할 수 없다는 것이 무슨 소리냐"면서 아주 불쾌해했다. 결국 궁내대신이 차관에게 명해서 체신대신과 협의한 다음 출발 일시가 변경되었다. 이것은 천황이 자신의 고집을 밀어붙인 희귀한 예였다. 아마 다른 경우와 마찬가지로, 천황은 다음 날 그 일을 후

회했음에 틀림없다.

이해, 천황을 괴롭힌 내정 문제는 아시오(足尾) 구리 광산 광독(鑛毒) 사건이었다. 이 문제는 계속해서 꼬리를 물게 되었다. 1897년 3월 24일, 내각은 광독 사건 조사위원회를 설치했다. 나쁜 환경과 도치기(栃木) 현의 주민들이 받은 고통은 이루 말할 수 없었다. 와타라세(渡良瀬) 강 및 그 지류에서 물고기가 사라지고, 논밭 2만 정보(町步) 이상이 황폐해졌다. 근년 들어 홍수가 빈번하게 일어나 그 참혹한 폐해는 해마다 증가하고 있었다. 중의원 의원 다나카 쇼조(田中正造)는 회의 때마다 그 참상을 이야기하고 방지 조처와 구제를 호소했다. 그러나 정부나 광산주도 지역 주민을 어떻게 구제해야 할지 알지 못했다. 그래서 지역 주민의 고통은 자꾸 커질 뿐이었다. 주민들은 대거 상경해서 정부에 직소할 기세였다.

위원회가 발족되기 직전, 농상무대신 에노모토 다케아키는 평복 차림으로 조용히 아시오로 가서 광독 사건의 실태를 살펴보았다. 너무나 지독한 참상에 충격을 받은 에노모토는 깊은 책임감을 느끼고 사표를 제출했다.

아시오의 참상 이야기가 천황에게 전해지자 천황은 크게 걱정했다. 4월 7일, 천황의 요청으로 내무대신 후작 도쿠다이지 사네쓰네가 군마, 도치기, 사이타마, 이바라키 현 지사에게 서한을 보내 다음과 같은 질문을 했다.

갑자기 공중의 비판이 쏟아져나오게 되었는데, 이 일은 작년의 홍수로 말미암아 일어나게 된 해독의 만연에 기인한 것인가. 아니면 그 해독의 가공할 영향이 처음으로 발견된 1892, 1893년으로 거슬러 올라간 시점에 그 원인이 있는 것인가. 만일 수년 동안 줄곧 피해를 본 것이라면, 그때마다 주무 관청에 공보하거나 내신을 올려서 보고했어야 했다. 또 일설로는 무차별적인 삼림 벌채로 산이 무너지고, 토사를 이뤄 강바닥을 메우는 바람에 물의 흐름이 방해를 받고, 제방이 붕괴되면서 그동안 침전되어 있던 광독이 더불어 범람해서, 피해가 커졌다고 한다. 만일 그것이 사실이라면, 각 현의 지사는 주무 관청에 보고하지 않으면 안 된다. 이 두 건에 관해 있는 그대로 상세하게 지급 회보할 것.

내각 위원회의 조사 보고를 바탕으로 해서 광산주 후루카와 이치베(古河市兵衛)는 5월 27일, 도쿄 광산 감독서장 이름으로 37개조에 걸친 명령서를 받았다. 명령서는 침전지, 여과지, 굴뚝, 연실(煙室) 등 설비를 완전히 하고, 갱수(坑水)의 유실을 방지하며, 연독(煙毒)을 제거하라고 했다. 보완 공사는 150일 이내에 완성하지 않으면 안 되었다. 광산에서의 조업은 침전지, 여과지의 준공 때까지 정지되었다. 만일 광산주가 이 명령에 따르지 않을 경우 광산업을 정지시키기로 했다.

11월 27일, 내각은 위원회에 의한 아시오 구리 광산 광독 사건의 조사가 거의 완료된 것에 만족해서 위원회를 해산했다. 그리고 해당 관청에 지시를 내려서 광독 예방의 감독, 피해지의 복구 등 앞으로의 조치를 명했다. 그러나 광독 문제는 메이지 시대 후반에 이르기까지 오래 끌었다. 당시 정부의 오염 관리를 엄중히 하라는 명이 이행되지 않았음이 분명했다. 근대적인 부국강병 국가의 건설을 향한 욕구는 여전히 일본인들에게 강하게 작용하고 있었다. 이러한 일이 아시오 구리 광산 같은 극단적인 경우에도 환경오염을 묵인하는 태도를 취하게 만들었다.

11년 전인 1886년, 스에히로 뎃초(末廣鐵腸)는 메이지 시대 정치소설의 최고 걸작이라는 영예를 받은 『설중매(雪中梅)』를 간행했다. 소설의 설정은 2040년으로 메이지 천황의 치세 173년이었다. 맨 처음 제국 의회 150주년을 기념하는 대포와 나팔 소리로 이 작품은 시작되었다.

삽화에는 미래의 도쿄가 그려져 있었다. 그것은 벽돌로 지어진 웅장한 건물이 도열해 있는 도시로서 높은 굴뚝들이 무수하게 솟아 있으며, 시꺼먼 연기를 토해 내고 있었다. 뎃초는 열정적으로 '전깃줄은 거미줄처럼 뻗쳐 있고, 기차는 팔방으로 왕래하며, 노상의 전등은 마치 대낮과 다를 바가 없다'고 쓰고 있다.[499]

현대의 독자는 이렇게 오염되고, 공장 매연에 찌든 도시를 머리에 떠올리며 몸서리를 칠지 모른다. 그러나 뎃초는 틀림없이 독자들이 연기를 토해내는 굴뚝으로 상징되는 발전된 풍요한 미래에 기뻐할 것이 틀림없다고 여기고 있었다. 뎃초는 도쿄가 서양 최대의 도시 런던을 닮으면 닮을수록 일본인은 행복해질 것이라고 믿고 있었는지 모른다. 시종 히노니시 스케히로의 회고록 중에는 다음과 같은 한 구절이 있다.

그리고 간사이 지방으로 행차하게 될 때면, 오사카를 통과하기 조금 전, "벌써 연기의 도시에 가까이 왔어"라고 말씀하곤 하셨다. 오사카 근처가 되면 창 바깥을 내다보시고 연기를 힘차게 내뿜는 모습을 바라보시며 매우 만족하셨다.[500]

스에히로 뎃초와 마찬가지로 메이지 천황의 '연기의 도시'는 칭찬의 말이었다. 그러나 아시오 구리 광산은, 이러한 발전의 대가로 자연과 사람이 치르지 않을 수 없었던 희생의 쓴 기억으로 남게 되었다.

제49장 번벌 삿초의 종언

1897년 말, 내각 위기가 한 번 더 있었다. 내각 총리대신 마쓰카타 마사요시는 정당의 의견을 깡그리 무시해 버리고 사전 협의도 하지 않은 채 의회에서 법안을 통과시키려 했다. 그에 대해 질문을 한 추밀원 의장 구로다 기요타카에게 마쓰카타는 "천황의 뜻에 따라 사력을 다해 국사에 매진할 뿐이다. 정당의 향배, 의회 통과 성공 여부는 일절 생각하지 않는다"고 답했다. 중의원에서 내각 불신임 결의안이 제출되어 마쓰카타는 의회의 해산을 주청하려 했다.[501] 그러나 내각 내에서도 반대의 목소리가 나와 마쓰카타는 진퇴양난에 빠졌다.

1897년 12월 25일, 마쓰카타는 의회를 해산한 뒤 내각이 통일되지 않은 책임을 지고 천황에게 사의를 표명했다. 여러 대신들도 그와 행동을 같이했다. 천황은 마쓰카타에게 명을 기다리라고 전하면서 동시에 대신들에게는 도쿄를 떠나지 말라고 명했다. 대신들은 천황이 조언을 필요로 하는 중요한 때가 되면 지방으로 내려가버리는 습성이 있었다. 천황은 그러한 고충을 상기했을 것이다. 아프다는 것 다음으로 천황의 명령에 응하지 않아도 되는 합당한 구실은 도쿄를 떠나버리는 일이었다.

천황은 의회의 해산이나 정회(停會)가 불가피하다는 것을 알았다. 게다가 마쓰카타의 사의 결심이 확고해서 그를 설득하기가 어려웠다. 같은 날, 천황은 시종장 도쿠다이지 사네쓰네를 구로다 기요타카 저택으로 보냈다. 구로다에게 일의 경위를 고하고 선후책을 강구해 봉답하라고 명했다. 구로다는 병을 핑계로 사나흘의 말미를 달라고 했지만, 천황은 이를 꾀병으로 판단한 것 같았다. 3시간 후, 도쿠다이지는 다시 천황의 뜻을 받들어 구로다 저택을 방문해 "중의원은 이미 해산되었고 내각 총리대신은 사의를 주청하고 있다. 당장 입궐해서 선후책을 아뢰라"고 전했다. 그러나 구로다는 태연히 28일에 입궐하겠다고 답했다. 도쿠다이지는 26일, 구로다에게 편지를 보냈다. 천황이 매우 화가 났으니 내일 당장 입궐해서 하문에 답하라는 내용이었다. 평소에는 절대 충성을 공언하면서 난처한 일만 생기면 대신들은 천황의 의사를 무시했다.

구로다는 입궐해 "내각 총리대신의 후임에 대해서는 뭐라 이야기할 입장이 아니다. 후계자로는 이토 히로부미나 야마가타 아리토모가 적임자다"라고 말했다. 그날 밤, 천황은 궁내대신 히지카타 히사모토를 시켜 이토에게 입궐하라는 전보를 쳤다. 이 무렵 이토는 오이소(大磯)에 있는 별장에 있었다. 이토는 히지카타에게 곧바로 답전을 쳤다.

전년 퇴직한 이래로 나는 내외 정세에 어둡다. 하문하신 일에 대해서는 오히려 성명(聖明)을 흐리게 하지나 않을까 걱정이 된다. 또 최근 안질에 걸려 아직 치유되지 않은 상태다. 원컨대 입궐을 잠시 유예해 줄 수 없겠는가.[502]

28일, 천황은 시종을 시켜 구로다에게 이토를 내각 총리대신으로 임명한다는 뜻을 전했다. 이토에게도 조속히 자신의 뜻을 전하고 내각의 어려운 형편을 설명한 뒤 승낙을 받으라고 했다. 구로다는 즉시 오이소로 갔다. 이토에게 당장 상경해서 어명을 받들고 천황의 마음을 편안케 하라고 설득했다. 이토는 매우 감격하여 승낙했다.[503]

29일, 이토는 상경하자마자 바로 입궐했다. 천황이 이토를 부른 이유를 설명했다. 이토는 일이 매우 심각하니 생각할 시간을 이틀만 달라고 했다. 31일, 이토가 각 성의 인선을 상주했다. 이토는 각료를 일신할 계획이었다. 그러나 천황은 그의 생각에 반대하면서 당분간 궁내대신과 참모본부는 그대로 두도록 설득했다.[504]

내각 총리대신을 비롯한 각료 교체 그 자체는 오늘날에서 보면 그다지 대단한 흥미를 끄는 일은 아니다. 그러나 배경의 암묵적인 양해 사항은 중요하다. 사쓰마 출신인 마쓰카타는 내각 총리대신 직을 수행할 수 없었다. 같은 사쓰마 출신인 구로다는 조슈 출신인 이토나 야마가타가 적임자라고 추천했다. 정당은 여전히 의회에서 중요한 역할을 하고 있었지만 후임자가 어느 당을 지지하느냐는 후임자를 추천할 때의 중요한 요인이 되지는 못했다. 이토나 야마가타가 어느 정당을 지지하든 그와는 무관하게 내각 총리대신은 모든 사람이 인정하는 역량을 갖추고 있어야 했다. 그것은 꼭 정부가 직면한 긴급 사태에 대처할 수 있어야 하는 것뿐만이 아니다. 그다음 조건은 내각 총리대신은 국가의 중추를 이루는 인물을 번갈아가며 배출해 온 사쓰마나 조슈 번 출신이 아니면 안 된다는 것이었다. 향후 수년간은 내각 총리대신과 각료 사이의 정치적 제휴가 중요해진다.

1898년은 늘 그렇듯 천황이 아니라 대리인이 신년 의식을 거행하면서 막이 열렸다. 천황은 이토가 감기에 걸렸다는 말을 듣고 시종을 시켜 용태를 알아보도록 했다. 천황은 또 국무에 한층 더 진력하기를 바라는 뜻에서 관례화된 선물인 포도주 한 상자와 오리 열 마리를 보냈다.

야마가타는 정초부터 이토를 찾아가 분발해 조각(組閣)에 힘쓰라고 했다. 이튿날 이토는 야마가타에게 서한을 보내 속마음을 토로했다.

나는 급한 성미를 타고났습니다. 그리고 이노우에 가오루는 감정의 기복이 심한 편이고, 걸핏하면 우는 버릇이 있습니다. 이러한 결점이 화를 불러 내각을 파탄에 이르게 하지나 않을까 염려됩니다. 반면 야마가타 당신은 일찍이 내각 총리대신 자리에 있으면서 관용과 엄격함을 잘 조화시키는 수완을 보여주었습니다.

이토는 야마가타에게 도움을 구했다. 1월 8일, 이토는 조각을 하면서 어전회의를 주청했다. 사실 이토는 종래 하던 대로 야마가타와 사이고 쓰구미치에게 협력을 요청할 작정이었다. 그리고 진보당에서 오쿠마 시게노부를 각료로 초빙해 정당과 제휴를 맺으려 했었다. 이토는 전년 말, 오쿠마의 입각을 놓고 의견을 나눴다. 그러나 오쿠마는 좀처럼 승낙할 기미를 보이지 않았다. 오쿠마는 자신이 내무대신을 맡고 진보당 세 명을 주요 대신으로 삼아야 한다는 입각 조건을 내걸었다.

이토는 그의 입각 조건을 받아들일 수 없었다. 도리 없이 이토는 자유당과 손잡고 정국의 안정을 도모하기 위해 이타가키 다이스케에게 접근했다. 그러나 이타가키 역시 내무대신 자리를 요구했다. 이토는 이타가키의 조건을 거절했다. 정당 당수를 내무대신 자리에 앉히면 다음 선거에서 공정을 기하기 어려울 것 같아서였다. 이토는 천황을 알현하고 이렇게 보고했다.

정당의 도움으로 새 내각을 강화하려는 노력은 실패했습니다. 하지만 동아시아의 형세가 긴박하고 내외에 산적한 문제가 있어 더 이상 조각을 지연시킬 수 없는 상황입니다. 조속히 원로원[505]을 소집해 어전회의를 열어주셨으면 합니다. 그 자리에서 의견을 말할 작정입니다.[506]

1월 10일, 어전회의가 열렸다. 이토는 동아시아의 정세에 대해 비관적인 견해를 표명했다.

러시아는 시베리아에서 청나라에 압박을 가하여 랴오둥, 다롄(大連), 뤼순을 점령했다. 프랑스는 청나라 남부 윈난(雲南) 지방을, 영국은 양쯔(揚子) 강 하구를 점령하고 있다. 독일은 자오저우(膠州) 만, 산둥(山東) 지방을 점령하려 하고 있다. 영국 군함은 또 지금 인천항을 위협하고 있다. 만일 영국과 러시아 사이에 충돌이 발생할 경우 일본은 어느 쪽 편에 서야 할 것인가. 최선책은 군비가 충실하지 못하고 재정이 갖춰 있지 않은 현 상황으로 볼 때 중립 자세를 취하면서 안전을 기하는 수밖에 없다.

야마가타를 비롯한 원로들은 만장일치로 이토의 제안에 찬성했다. 천황 역시 찬성했다.[507] 예전에는 어전회의를 하는 동안 한마디도 하지 않던 천황이 이제는 자신의 의견을 기탄없이 표명하고 있었다. 이토만이 현재의 어려운 상황을 수습할 수 있다는 의견이 모아져 원로들이 이토를 내각 수반으로 추대했다. 해군, 외무 두 대신만 유임시키고, 이노우에 가오루가 대장대신, 가쓰라 다로(桂太郞)가 육군대신, 사이온지 긴모치가 문부대신, 요시카와 아키마사(芳川顯正)가 내무대신으로 각각 추천되었다. 이토가 결국 대명을 받들기로 하자 1월 12일, 마쓰카타는 사임했다.

3월 15일의 중의원 선거를 위해 내무대신 요시카와 아키마사는 지방장관을 소집해서 선거가 얼마나 중요한 일인가를 설명했다. 요시카와는 선거 절차의 악폐를 열거하고 유권자가 자신이 선택한 후보에게 투표할 수 있도록 단속을 강화해야 한다고 말했다. 지금까지 선거가 공정하게 치러지지 않았음은 말할 나위도 없었다. 투표권을 금전, 물품, 약속어음 또는 공사(公私)의 재물로 매수하거나 유권자를 폭행, 위협하고 투표소나 선거장을 교란하는 행위들은 일체 엄금되었다. 그럼에도 불구하고 그러한 악폐는 점점 더 심해졌다. 총선거 기일은 이제 한 달 앞으로 다가와 있었다. 정부는 공정한 선거가 실시되도록 세심한 주의를 기울여야 했다. 후보자가 득표하기 위해 금전을 뿌려도 안 되며, 유권자가 폭행과 위협을 받아서도 안 되었다.[508] 2월 8일, 긴급 칙령이 발표되었다. 선거운동을 하는 자는 도검, 총포, 삼지창,

죽창, 곤봉 같은 물건을 휴대할 수 없다는 내용이었다.[509]

선거 결과는 자유당 98석, 진보당 91석, 야마시타(山下) 구락부 48석이었다.[510] 나머지 63석은 소수당과 무소속이 차지했다. 이타가키 다이스케를 제3차 이토 내각 내무대신으로 임명하면서 시작된 정부와 자유당의 제휴가 아직 단절된 것은 아니었다. 이미 이토는 이타가키의 새 내각 입각을 거절하고 있었다. 선거후 자유당은 다시 이타가키의 입각을 요구했다. 요구를 받아들이지 않으면 의회가 분열되어 수습이 힘들어질 것이라고 했다. 한편 각료들은, 특히 이노우에는 이타가키를 위해 각료 한 사람을 밀어내는 일이 일어나면 사임하겠다고 위협했다. 이토는 4월 15일, 자유당에 서한을 보내 이타가키의 입각을 다시 거절했다. 그 때문에 제휴가 단절되더라도 어쩔 수 없다고 판단했다.[511]

5월 19일, 의회가 개회되었다. 26일, 정부가 토지세, 소득세, 주세의 증세법안을 의회에 제출했다. 마쓰카타 내각은 심각한 세입 부족에 직면하여 이미 전년에 토지세와 주세의 증세 법안을 제출해 놓은 상태였다. 그러나 의회가 해산되었기 때문에 법안이 통과되지 않았다.[512] 이토 내각은 다시 법안을 제출했다. 6월 10일, 의회는 찬성 27표, 반대 247표라는 압도적인 차이로 법안을 부결시켰다. 이토의 주청으로 중의원이 해산되었다.[513]

내각과 의회의 교착 상태는 예기치 않은 방향으로 발전했다. 과거 적이었던 자유당과 진보당이 손을 잡고 헌정당(憲政黨)을 결성했다. 6월 16일, 합동 집회가 열렸다. 거기서 오쿠마와 이타가키는 양당이 협력해야 하는 일이 얼마나 급무인가를 강조했다. 다음은 헌정당 결성 선언서다.

헌법 반포, 의회 개설 이래 바야흐로 10년의 세월이 흘렀다. 그런데 그동안 5회나 의회가 해산되었고 헌정은 결실을 맺지 못했다. 정당의 힘 역시 크게 신장되지 않았다. 그런 까닭에 번벌(藩閥)의 여폐(餘弊)가 아직까지 심하다. 이것이 조야(朝野)의 화합과 협력을 깨고 국무의 지체를 초래하고 있다. 이는 거국 충애(忠愛)의 지사들이 깊이 개탄하는 바이다. 이제 우리는 내외의 형세에 비추어 단연코 자유, 진보 양당을 해체한다. 그런 다음 널리 동지를 규합해서 일대 정당을 조직하여 처음부터 일신해서 헌정 완성을 기하기 위해 이에 선언하는 바이다.[514]

신당의 강령 아홉 개 항목 중에서 가장 중요한 항목은 제2항이다.

정당 내각을 수립해서 각신(閣臣)의 책임을 분명히 밝히도록 한다.

즉 앞으로 내각은 종래와 같이 천황이 유신 때 공적이 있던 사쓰마나 조슈 번 출신의 인물을 총리대신으로 정하는 것이 아니라 최강의 정당에서 인물을 뽑아 그의 주도로 조각을 한다는 뜻이었다.

헌정당 결성 움직임과 거의 때를 같이하여 이토는 실업가 등 근왕(勤王) 유지들을 모아 스스로 정당을 조직할 생각을 하고 있었다. 각료는 이토를 적극적으로 지지했다. 그리고 이토에게 다가올 총선거에 대비해 전국을 유세하면서 정부의 방침을 알려야 한다고 지적했다. 이미 총선거는 눈앞에 다가와 있었다. 구로다 기요타카는 만일 이토가 정당을 결성한다면 늙은 몸에 채찍질하고 지팡이에 의지해서라도 유세하는 데 따라가겠다고 약속했다. 이노우에 가오루는 야마가타를 찾아가 이토의 정당 조직을 지원해 주도록 호소했다. 야마가타는 이렇게 답했다.

뜻을 모아 정당을 조직하려는 것을 굳이 안 된다고 할 수는 없다. 하지만 정당에 의지해서 내각을 조직하려는 것은 메이지 정부의 역사를 파괴하고 제국 헌법 정신에 어긋나는 일이다. 만일 이를 수행한다면 스페인이나 그리스 같은 나라와 운명을 함께하는 결과가 되고 말 것이다.[515]

야마가타가 강력하게 반대했기 때문에 구로다는 신당 지지 결의를 거둬들였고, 이토 자신도 결국 신당 결성을 단념할 수밖에 없었다. 헌정당이 결성된 후, 육군대신 가쓰라 다로는 속히 정국을 안정시켜야겠다고 결심했다. 가쓰라는 야마가타, 이노우에, 사이고에게 이렇게 말했다.

이토는 정당 조직이 실현되지 않을 경우 사직할 결심인 것 같다. 이는 매우 유감스러운 일이다. 만일 이토가 정국을 감당할 뜻이 없다면 원로가 급한 불을 꺼야 한다. 의회가 정부 일에 계속 반대한다면 몇 번을 해산해도 상관없다. 필요하다면 아예 헌법을 중지하는 일도 부득이하다.

이 과격한 제안이 과연 얼마나 지지를 얻었는지는 분명치 않다. 사태를 우려한 천황이 6월 24일, 이토, 구로다, 야마가타, 사이고, 이노우에, 오야마 이와오를 궁전으로 불러들였다. 그 자리에서 이토는 오쿠마와 이타가키의 새 정당이 의회에서 다수를 차지하고 있는 이상, 두 사람에게 조각을 맡기는 방법 외에 달리 시국을 수습할 길이 없다고 말했다. 야마가타와 구로다는 이토의 의견에 강하게 반대했다. 만일 내각이 한 정당의 강령에 의해 운영되는 일이 벌어진다면 그것은 제국의 국체에 어긋나며 동시에 헌법 정신에 위배되는 일이라고 반박했다.

어전에서 벌인 토론은 결론이 나지 않은 채 계속되었다. 천황은 점점 걱정되어 토의가 끝난 후 이토를 따로 불러 내각 총리대신으로 남아서 지금까지처럼 계속 자유당에 협력을 호소해야 한다고 말했다. 이에 이토는 양당이 합당해 버린 지금은 불가능한 일이라고 대답했다. 이토가 진언한 최선책은 오쿠마와 이타가키에게 난국을 맡기는 일이었다. 천황은 이를 받아들이려 하지 않았다. 이토는 사의를 표명하면서 아울러 훈위(勳位)와 영작(榮爵)을 반납하겠다고 청원했다.

6월 25일, 천황은 야마가타, 구로다, 오야마, 사이고, 이노우에를 다시 불러 이토를 설득하기 어렵다고 말했다. 중의원에서는 마침내 오쿠마와 이타가키를 지지하지 않을 수 없다고 판단하여 그들을 후임자로 결정했다. 일곱 명의 대신은 즉각 사의를 표명했다.[516] 그날 밤, 이토는 조용히 오쿠마와 이타가키를 관저로 불러 내외 국정의 위기 상황을 설명했다.

두 분을 추천한 까닭은 중의원에서 다수를 차지하는 정당의 수령이기 때문이오. 두 분이라면 위기에 대처할 만한 법안을 의회에서 통과시킬 수가 있을 것이오. 만일 천황의 대명이 내려지면 조속히 수락하시오.

오쿠마와 이타가키는 이튿날 대임을 사양하지 않겠다고 이토에게 말했다. 6월 27일, 천황이 오쿠마와 이타가키를 불러 내각 조직을 명했다. 단, 육해군 대신은 그대로 두라고 했다. 두 사람은 '삼가 명을 받들고 분골쇄신해서 성은에 보답하겠다'고 서약했다.[517]

28일, 오쿠마와 이타가키가 입궐해서 각 성 대신들의 인선이 끝났다고 보고했다. 천황은 각료 후보자 명부를 보면서 추천된 인물의 성격을 물었다. 대개는 정당원이었으므로 관리로서의 경력, 위계(位階), 훈등(勳等)에는 별다른 것이 없었다. 그러나 천황은 추천받은 대신들이 어떤 인물들인지를 알고 싶어했다. 오쿠마와 이타가키는 교대로 각 인물에 대해 설명했다. 명부 중에는 오자키 유키오(尾崎行雄)의 이름이 있었다. 천황이 놀라며 "오자키는 지난해 징계 처분을 받고 아직 사면받지 못했다. 어째서 이 자를 각료로 추천하는가" 하고 물었다.[518] 오쿠마와 이타가키는 황송해하며 그 건에 대해서는 다시 봉답하겠다고 말했다. 이튿날 천황은 오쿠마와 이타가키의 봉답에 이렇게 경고했다.

내각대신은 국가의 중책이다. 성의를 가지고 그 직책을 다하고 국무에 잘못이 없도록 노력하게 하라.[519]

이토는 이미 의회의 다수당이 내각을 짜야 한다고 확신하고 있었다. 그것은 두말할 나위도 없이 사쓰마와 조슈의 지배가 종언을 고했음을 의미했다. 동시에 유신 시절 자신과 밀접한 관계에 있던 옛 친구들의 권세도 종지부가 찍혔음을 의미했다. 마쓰카타가 그의 친구들에게 "성상의 우려하는 마음이 이토록 깊은 경우는 일찍이 본 적이 없다"고 말했을 정도로 천황은 새로운 상황을 깊이 우려했다.[520]

정당 내각의 출현이 분명해지자 오래 가지 못할 것이라는 억측이 나돌았다. 이것은 특정 정당 내각에 한해 사실로 판명되었다. 와이한(隈板) 내각—오쿠마(大隈)와 이타가키(板垣)의 성에서 한 글자씩 조합해서 일본어로 음독한 것—은 원래 분열될 운명이었다. 각료가 정당에 속해 있기 때문이 아니었다. 오쿠마와 이타가키의 정치적 신념이 애당초부터 양립할 수 없었기 때문이었다. 6월 30일, 신내각 임명식이 거행되었다. 오쿠마는 내각 총리대신 겸 외무대신에, 이타가키는 내무대신에, 오자키 유키오는 문부대신에 임명되었다.

내각 수반이 정해지자 오쿠마는 지방장관을 소집해서 정당 내각의 특징을 설명했다. 그리고 공정한 선거와 현 행정의 쇄신을 약속했다. 오쿠마는 선거가 입헌정체의 골수라는 점을 강조하면서 확실하게 공정 선거를 하기 위해서는 폭행, 협박, 뇌물 등을 엄중히 단속해야 한다고 말했다.

쓰네노미야(常宮)와 가네노미야(周宮)의 양육을 맡은 사사키 다카유키가 7월 14일 두 공주와 함께 입궐했다. 사사키는 천황이 편하게 말할 수 있는 몇 안 되는 이야기 상대 중 한 사람이었다. 천황에게 사사키가 이번 내각 경질로 얼마나 속이 상했을지 짐작이 간다고 먼저 말을 꺼내자 천황은 이렇게 답했다.

이번 내각의 대변혁은 해일이 엄습하듯 그 기세를 도저히 거스를 수 없었다. 이 모두는 전적으로 세월이 그렇게 만든 것이다. 이토의 주청을 들어 오쿠마와 이타가키에게 내각을 조직하라고 명했다. 그런데 짐은 처음에는 오쿠마가 진보당의 수령이고 이타가키는 자유당의 총리로서, 이제 함께 헌정당을 이끈다고 하기에 헌정당이 두 사람의 지휘에 따라 움직이고 인선도 다 할 줄 알았는데 결코 그렇지 않았다. 두 사람의 영향력은커녕 그들의 뜻이 조금도 반영되지 않았다. 인선은 모두 당 본부에서 결정했다는 것이다. 게다가 자유와 진보 양파가 아직도 조화를 이루지 못해, 자유파에서 추천하면 진보파가 안 된다고 하고 진보파에서 추천하면 자유파가 안 된다고 하는 판이니 오쿠마나 이타가키도 어쩌지 못하는 모양이었다. 언제나 당원들에게 조종당하면서 그들의 요구에 시달리는 모양이었다. 두 사람 다 내각에 있는 동안이 그래도 지내기 편안하다고 한다. 일단 관저로 돌아가면 당원 수십 명이 둘러싸서 온갖 청탁을 들이밀며 강요한다는 것이다. 오쿠마와 이타가키에게 일을 맡겨놓으면 알아서 잘 처리하고 국정을 수행하리라 여겼는데 이는 짐의 오해였다.

내각의 현상이 참으로 걱정스러워 연합 정권이 과연 국무를 잘 처리할 수 있을지 모르겠다는 사사키의 말에 천황은 이렇게 대답했다.

장래의 일을 예측하기는 어렵지만 확실히 문제는 있다. 그중에서도 고약한 것은 문부성이다. 먼젓번 대신들의 평을 들어보면 도야마 마사카즈(外山正一)는 학식이 있었고 기쿠치 다이로쿠(菊池大麓)는 사무 처리의 재주가 있었지만 하마오 아라타(濱尾新)

는 각별한 재주가 없는 위인이었다는 말이 있다. 그런데 새 대신 오자키 유키오는 하마오와 비슷하다고 한다. 당장 문부성이 난국에 처해 있는 터에 교육의 진흥을 기하기는 애당초 어렵게 되었다.[521]

오자키 유키오에 대한 비판은 천황의 개인적인 반감을 은연중 내비치고 있는 것 같다.

7월 8일, 러시아 황제 니콜라이 2세의 사촌인 키릴 블라디미로비치 대공이 일본을 방문했다. 대공은 천황으로부터 합당한 환영 인사를 받았지만, 이제 국빈 방문이 신기할 것도 없어서 궁정에서는 그다지 관심을 갖지 않았다. 8월 5일, 이타가키는 오쿠마에게 외무대신을 사임하라고 권고했다. 오쿠마는 외무대신 직을 그만둘 마음이 없었다. 이 일이 연합 양파의 첫 충돌을 초래했다. 이타가키는 이렇게 주장했다.

애초 오쿠마가 외무대신을 겸했던 것은 러시아 대공 접대의 편의를 위해서였다. 대공이 떠났으니 이제 오쿠마는 겸무를 풀고 내각에서의 구 자유당파와 구 진보당파의 균형을 맞춰야 한다.

이타가키는 새 외무대신으로 호시 도루(星亨)나 에하라 소로쿠(江原素六)를 추천했다. 최종적인 판단은 천황에게 맡겨졌다. 천황은 오쿠마가 외무대신으로 유임해야 한다고 판단했다. 천황의 결단에 쌍방이 따랐음은 말할 나위도 없다. 그러나 양파의 균열은 심각해져 갔다.

헌정당 안에서 다시 충돌이 빚어진 것은 구 진보당파가 경시청(警視廳) 폐지를 들고 나왔을 때였다. 이타가키는 경시청을 폐지할 수 없는 이유를 열거해 천황에게 봉정했다. 하지만 아무 조처도 취해지지 않았다. 뒤이어 의견 충돌이 거듭되는 동안 구 자유당파는 전통적인 자유주의와는 딴판으로, 기본적으로 구 진보파보다 보수적이라는 사실이 판명되었다.

8월 11일, 문부성은 1881년 이래 발령해 온 교원 및 생도의 집회, 언론, 결사의 단속에 관한 성령(省令), 하달, 비공식적인 시달, 훈령, 내훈 등의 폐지를 단행했다. 문부대신 오자키 유키오는 그토록 철저한 조처를 단행한 이유를 이렇게 설명했다.

지난날의 성령은 관련법 제정으로 이미 불필요해졌다. 그리고 여러 폐단들을 교정하기 위해 내놓은 법령들이 세월의 추이와 더불어 아무 소용이 없게 되었다. 그중에는 다소 필요가 인정되는 것이 있음은 확실하다. 그러나 교육 문제는 원래 지방장관이나 학교장, 교원 등이 행하는 것이 지당하다.

오자키는 그러한 성령을 옛 사상의 유물로 간주해 폐지함으로써 문교 정책의 쇄신을 기하고자 했다. 8월 22일, 오자키는 제국 교육회 여름 강습회 종료식에 나가 연설했다. 그런데 연설 내용 중 불온한 대목이 있었다.

일본에서 공화 정치를 하게 될 염려는 없으나 만일 이를 행하게 된다면 미쓰이(三井)나 미쓰비시(三菱)가 대통령 후보가 될 것이다.

오자키의 말은 아마 배금주의가 팽배하고 있으므로 언젠가 미쓰이나 미쓰비시 같은 부를 상징하는 재벌이 나라를 지배할 날이 도래하리라는 뜻이었을 것이다. 이 말은 정적들에게 그의 애국심을 의심할 절호의 기회를 제공했다. 〈도쿄일일신문(東京日日新聞)〉은 비분강개의 말투로 오자키를 공격했다.

문부대신이라는 자가 일본의 공화 정치의 가능성 운운하는 것이 무슨 뜻인가. 이것이 국체를 파괴하는 짓이 아니고 무엇인가.

오자키는 신문이 자신의 발언을 거짓되게 전한 데 격노하면서 기사를 정정하기 위해 속기한 연설 내용을 공개했다. 그러나 정적들은 오자키가 그 기록을 수정했다고 주장했다. 마침내 오자키의 연설 파문은 정부 안팎에서 큰 문제가 되고 말았다. 25일, 시종장 도쿠다이지 사네쓰네는 오자키에게 서한을 보내 연설문 초안 제출을 요구했다. 오자키는 원래 원고 없이 연설했었다. 그래서 연설 속기록을 정서해서 대신 제출했다. 시종장의 이 요청은 천황이 오자키의 무례한 발언 소문을 듣고 직접 조사하려 했음을 시사하고 있다. 천황은 또 시종직 간사 공작 이와쿠라 도모사다(岩倉具定)를 시켜 오쿠마에게 이런 말을 전하게 했다.

유키오가 공화 정치 운운하는 연설로 여론이 시끄럽게 들끓고 있는데 장차 어떤 어려움을 야기할지 짐작조차 할 수 없다. 이런 대신은 믿을 수 없으니 조속히 사직하게 하라.

오쿠마는 황공해하면서 즉시 입궐해서 설명하려 했다. 그러나 이와쿠라 도모사다는 "이미 위에서 결정하신 일이니 경이 다시 아뢰어도 아무 소용이 없다. 만일 꼭 아뢰고 싶은 말이 있으면 내게 하라. 내가 대신 전하겠다"며 그를 제지했다. 그러자 오쿠마는 "신 역시 신임을 안 하시는가"라고 물었다. 이와쿠라는 "나로서야 그런 것까지는 알 수 없다"고 답했다. 이와쿠라는 궁으로 돌아와 처리한 일을 보고하면서 오쿠마의 말을 전했다. 그의 보고를 듣고 천황은 이렇게 말했다.

이번 일은 문부대신에 한정된 일이고, 다른 대신과는 무관하다. 그대는 이를 전해서 일동을 달래고 그런 연후에 유키오에게 사표를 내게 하라.

오자키의 연설 파문에 대한 천황의 처분이 지나치게 여겨질지 모르겠다. 아닌 게 아니라 일본에 공화국이 존재할 수 있다는 가능성을 지적하는 것조차 메이지 천황으로서는 만세일계의 황통을 위협하는 일이었다. 그러나 오자키가 한 연설의 표적은 군주제가 아닌 돈밖에 모르는 재벌이었을 것이다. 메이지 천황은 오자키가 1881년의 사건에 관련된 이래로 오자키에 대해 뿌리 깊은 반감을 품고 있었던 모양이다.

이때의 천황의 반응은 사사키 다카유키의 일기에 기록되어 있다. 일기에는 천황 주위의 다양한 인물에 대한 천황의 비평의 말이 기록되어 있다. 그러나 천황이 이처럼 감정을 드러낸 일은 처음이었다.

천황의 명령은 의회 정치에서는 매우 미묘한 문제였다. 만일 천황이 절대군주제의 지배자였다면 오자키에게 참수를 명하든,

재판 없이 외딴 섬으로 유배시키든 마음대로 할 수 있었을 것이다. 그러나 일본에는 헌법이 있고, 천황의 추종자가 아니라 어엿한 강령을 구비한 정당의 당원이 내각을 구성하고 있었다. 이와쿠라 도모사다가 우려했던 것은 오쿠마가 이러한 논리를 내세워 어명에 따르지 않으면 어쩌나 하는 점이었다. 그러나 다행히도 오쿠마는 천황의 명을 따랐다

천황은 은밀히 이와쿠라 도모사다와 시종장 도쿠다이지를 육군대신 가쓰라 다로에게 보내 오쿠마에게 내린 유지에 대해 설명했다. 가쓰라는 이를 해군대신 사이고 쓰구미치에게 전하면서 함께 선후책을 강구했다. 만일 천황이 내각 총리대신의 주청도 기다리지 않고 대신을 파면하는 일이 벌어진다면 각 신문들이 틀림없이 크게 다룰 것이다. 그러면 국민은 파면의 이면에 뭔가 있다고 의심할 가능성이 있었다.

결국 천황의 측근이 오자키를 탄핵했다는 소문이 돌았다. 그 진상을 묻는 사사키 다카유키에게 도쿠다이지는 이렇게 대답했다.

오자키의 연설문을 읽고 크게 동요했다. 그러나 천황에게 그 이야기를 전하는 일은 자제했다. 그러나 내무대신 이타가키는 오자키의 말이 부당하다며 오쿠마에게 그 처치를 요구했다.

혁신계 신문인 〈만조보〉에 '오자키를 공격했던 자들은 모두 가짜 근왕, 가짜 충신이다'라고 비난하는 내용의 논설이 실렸다. 문부성 고등학무국장 다카다 사나에(高田早苗) 역시 고등교육회의 연설에서 〈만조보〉에 실린 글과 같은 취지의 주장을 했다. 사

람들은 이를 오자키가 사주한 것이라고 간주했고, 이타가키는 경시청에 조사를 명했다. 경찰이 공모의 확증을 잡은 것 같지는 않았다. 그러나 이타가키는 〈만조보〉의 논설과 다카다의 연설이 결국은 오자키의 주장에서 나온 것으로 확신하고 다시 오쿠마에게 그 처분을 요구했다.

오쿠마로부터 만족스러운 답변을 얻을 수 없었던 이타가키는 천황에게 사실을 알렸으며, 천황이 오쿠마에게 오자키 파면을 명했던 것이다. 사사키는 궁내대신 다나카 미쓰아키에게 "오자키가 시종이 전한 말 때문에 파면되었다는 것이 사실인가" 하고 따졌다. 다나카는 "직접 원인은 이타가키의 탄핵 주청에 있다. 이타가키를 배후에서 조종한 사람은 육군대신 가쓰라 다로와 참모총장 가와카미 소로쿠(川上操六)다"라고 말했다. 그리고 다나카에 의하면 가쓰라와 가와카미는 다나카에게 오자키의 진퇴를 여러 차례 주청했다. 그러나 다나카는 국무대신의 진퇴는 궁내대신이 왈가왈부할 일이 아니라며 단호히 거절했다.

사사키가 사실을 확인한 결과 오자키의 일을 천황에게 보고한 자가 이타가키 다이스케라는 점에서는 일치했다.[522] 이타가키를 선동한 군부의 목적은 단순히 오자키의 파면에 있었던 것이 아니었다. 오쿠마 내각을 타도하고 야마가타가 이끄는 조슈파의 정권을 회복하려 했던 것이다. 육군대신 가쓰라 다로는 아무런 증거도 제출하지 않고 "오자키의 연설로 전국 각지의 군대에 불온한 공기가 퍼지고 있다"면서 각료들을 위협했다. 내무대신 이타가키는 각지의 인심이 동요해 불온한 형세에 있다는 허위 보고서를 제출했다.[523]

가쓰라는 자서전에 '오자키로 하여금 조속히 어전에 엎드려 과실을 사죄하게 하라고 오쿠마를 부추겼다'고 쓰고 있다.

천황은 관대한 분이라 오자키에게 감정을 품는 일은 없을 것이다. 그러나 사죄의 기회를 놓치게 된다면 내각 총리대신에게까지 그 책임이 돌아갈지 모른다.

오쿠마는 가쓰라가 말한 대로 오자키를 설득했다. 오자키는 즉시 입궐해서 천황에게 깊이 사죄했다. 그러나 오자키는 어리석게도 자꾸만 주절주절 변명을 늘어놓았다. 천황은 이를 듣고 기뻐하지 않았다. 오자키는 결국 사임했다. 가쓰라는 자서전에 오자키의 사죄가 효과가 없어 안타까웠다고 쓰고 있다. 그러나 당초의 목적을 달성하기 위해 고의로 소동을 부채질한 장본인이 가쓰라라는 사실로 볼 때 신빙성이 없는 이야기다.[524]

오자키가 빠지자 문부대신의 후계자 인선이 또 문제였다. 헌정당은 양분되어 의견 일치를 기대하기 힘들었다. 이타가키는 이런 조건을 붙여 교육자인 에하라 소로쿠를 밀었다.

오쿠마는 에하라의 취임에 반대하고 자신이 원하는 사람을 지명할 수 있다. 대신 그는 외무대신 직을 사임하고 호시 도루에게 그 자리를 양보해야 한다.

오쿠마는 모든 제안을 일축했다. 그는 즉시 입궐해서 이누카이 쓰요시(犬養毅)를 문부대신으로 추천했다. 천황은 이를 승인했다. 이누카이는 10월 27일 정식으로 문부대신에 취임했다.

예상대로 이타가키는 격분했다. 취임식에 앞서 천황을 배알하고 만일 이누카이가 문부대신으로 임명된다면 자신과 두 명의 각료는 사임하겠다고 했다. 29일, 구 자유당파 당원 대회가 열렸다. 현재의 헌정당을 해산한 뒤 구 진보당파 당원을 배제한 신당을 결성하기로 결의했다. 이타가키는 이러한 불만을 상세히 적은 사표를 천황에게 올렸다.

사태가 점점 확산될까 우려한 천황은 시종직 간사 이와쿠라 도모사다를 시켜 이타가키에게 유임을 설득하게 했다. 공교롭게도 천황이 의논할 만한 상대인 이토 히로부미는 청나라에 가 있었다. 야마가타나 이노우에 역시 도쿄에 없었다. 천황은 시종직 간사 이와쿠라 도모사다를 구로다와 마쓰카타에게 보내 헌정당 분열시 선후 조처를 물었다. 사임한 구 자유당파 각료 세 명 대신 구 진보당파 당원을 자리에 앉힌다면 구 자유당파의 반발은 더 심해질 것이 틀림없었다. 천황은 바로 그 점을 두려워했다. 특히 천황은 사직할 대신들의 후임으로 구 진보당파 이외의 자를 임명해 혼합 내각으로 할 것인가, 아니면 모든 각료의 사임을 받아 다시 조각할 것인지를 물었다.

오쿠마는 사임할 뜻이 없었다. 사임한 구 자유당파 세 명 대신 구 진보당파 당원을 앉혀서 내각을 유지하려 했다. 29일, 오쿠마가 천황을 배알하고 그러한 뜻을 밝혔다. 천황은 승인하지 않았다. 대신 가쓰라 다로의 의견을 받아들여 이타가키를 유임시키려 했다. 한편 정당 내각 자체를 타도하려던 구로다는 오자키의 연설이 그럴 기회를 준 것을 은근히 반기고 있었다. 이타가키가 사표를 제출하자 구로다는 오쿠마의 내각 총리대신 유임에 단호히 반대했다. 구로다는 육군대신과 해군대신의 지원을 받았다. 31일, 오쿠마는 본의 아니게 사표를 제출해야 할 처지가 되었다.

표면상의 이유는 늘 그렇듯이 건강 문제였다. 오쿠마에 이어 구 진보당파 각료 전원이 사표를 제출했다. 당에 속해 있지 않은 육군대신과 해군대신만 유임했다. 천황은 사표를 받아들이고 구로다, 마쓰카타, 오야마 이와오에게 선후책을 물었다. 최초의 정당내각은 이미 소멸해 버린 상태였다.

11월 1일, 야마가타가 교토에서 귀경했다. 다음 날, 야마가타는 구로다, 사이고, 마쓰카타, 오야마와 함께 입궐해서 새로운 내각 조직 방법에 대한 자문을 받았다. 천황은 '무당파(無黨派) 내각을 조직해서 예전처럼 의원을 조종해야 할 것인가' '가령 원로로 구성된 내각을 조직한다손 쳐도 현 상황에서 정당에 의지하지 않고 의회에서 법안을 통과시키기란 어려운 일이다. 최대 정당과 원로 중에서 각각 몇 명씩을 선출해서 연합내각을 조직하면 의회에서 의안을 원활하게 통과시킬 수 있을까' 등 몇 가지 질문을 했다.

야마가타는 질문에 직접 대답하지 않고, 모든 일은 누구에게 내각을 조직시킬 것인가 하는 천황의 선택에 달려 있다고 말했다.

어려운 결단을 내려야 할 경우 천황은 이토에게 조언을 구하곤 했다. 이번에도 예외가 아니었다. 천황은 청나라에 가 있는 그에게 급전을 보내 즉시 귀국하라고 명했다. 구로다는 그가 귀국하면 다시 오쿠마를 내각 총리대신으로 추천하지 않을까 우려했다. 구로다는 야마가타를 설득해서 이토의 귀국을 기다리지 말고 즉시 오쿠마를 파면한 다음, 새 내각 총리대신을 지명해 주기를 주청했다. 천황은 마침내 이 주청을 받아들였다. 다만 이토가 귀국하고 나서 구로다와 마쓰카타가 이토에게 이 일을 설명하고 양해를 구하는 것을 조건으로 했다.

야마가타는 11월 5일, 오쿠마가 아직 정식으로 사임하지 않은 상태에서 조각 명령을 받았다. 오쿠마는 이토의 지원을 얻고자 청나라에 급전을 쳤다. 한편 구로다와 야마가타는 천황에게 제국 의회 개회까지 시간이 촉박하므로 내각 개편을 서둘러야 한다고 말했다. 구로다는 당파를 초월한 내각을 만들어야 한다고 강조했다. 육군대신 가쓰라 다로는 야마가타에게 새 내각을 조직하면서 오쿠마를 적대시하는 구 자유당파와 제휴하라고 설득했다. 그는 구 자유당파가 조종하기가 쉬울 것이라 생각했다. 11월 8일, 야마가타가 천황에게 각료 인선을 보고했다. 외무대신에 아오키 슈조, 대장대신에 마쓰카타 마사요시, 내무대신에 사이고 쓰구미치가 지명되었다. 이날, 오쿠마는 육군대신 가쓰라 다로를 제외한 모든 각료와 함께 사임했다.

정당은 정권은 상실했지만 아직 의회를 지배하고 있었다. 야마가타는 무당파 내각을 주장했으나 헌정당 이타가키파와의 협력이 불가피하다는 사실을 알고 있었다. 야마가타의 보수적 정부와 자유주의를 표방하는 구 자유당파는 정책상 협력하기로 합의했다. 구 자유당파 당원으로 이뤄진 헌정당은 정부를 지원하는 조건으로 당원의 입각을 요구했다.

마침내 이토가 귀국했다. 12월 8일, 이토는 천황을 배알하고 청나라와 한국―조선은 1897년 10월 12일, 나라 이름을 '대한(大韓)'으로 개칭했다―양국 황제를 알현한 일을 보고했다. 이토는 덧붙여 천황에게 어떠한 경우라도 종교와 종파에 공평해야 한다고 진언했다. 이번 청나라와 한국 유람에서 그가 깨달은 것인지는 분명하지 않다. 그러나 만일 그의 말대로 한다면 더 이상

신도(神道)는 불교보다 우위에 설 수 없게 된다.[525]

1898년은 천황에게 그다지 좋은 해가 아니었다. 복잡한 정치 상황에도 관여하게 되지만 그 일 말고도 황태자의 건강과 교육에 대한 근심이 끊이지 않았다. 황태자는 스무 살이 되었다. 이는 그가 성년이 되었다는 사실을 의미했다. 그런데 황태자의 교육은 잦은 병치레로 많이 뒤처지고 있었다. 이토는 황태자의 건강 회복이 무엇보다도 급선무라는 것을 알고 있었다. 그러나 동시에 황태자의 정신적 성장을 도모해야 한다고 주장했다. 황태자는 정치와 군사 문제에 정통해 있지 않으면 안 된다고 했다. 이토는 황태자에게 의회 방청을 권했다.[526] 황태자는 비로소 자신의 새로운 책임을 심각하게 받아들이는 것 같았다. 6월, 황태자가 처음으로 각국 공사를 접견해 악수와 인사를 나누었다.

그러나 때때로 천황은 아들을 일깨워줄 필요성을 느꼈다. 한 번은 황태자가 재주 없고 무능하다는 이유로 측근 인물을 파면하고 싶다는 뜻을 남에게 털어놓은 적이 있었다. 이 사실을 알고 천황은 깊이 우려했다. 천황은 황태자를 불러 그것은 신하를 대하는 적절한 방법이 아니라고 타일렀다. 만약 측근의 행동이 마음에 들지 않는 경우, 먼저 은밀히 동궁대부나 궁내대신에게 알린 뒤 천황의 명이 있을 때까지 기다려야 한다고 말했다.

황태자는 11월, 육군 보병 소령 및 해군 소령으로 승진했다. 지난해까지는 연륜을 더 쌓아야 한다는 이유로 천황이 허락하지 않았다. 그러나 이해 들어 천황은 이를 양보했다. 물론 황태자는 그 계급에 따르는 의무를 다할 수는 없었다. 황태자의 건강은 이해 후반 들어 눈에 띄게 회복한 듯 보였다.[527]

이해, 천황에게 가장 유쾌한 경험은 오사카 지방에서 벌어진 육군의 대훈련을 시찰한 일이었을 것이다. 날씨와 상관없이 천황은 매일 아침 5시에 일어나 '전선(前線)'으로 나갔다. 천황이 시찰한 것은 모의전이었다. 오사카를 점령하려는 외국 침략군인 남군과, 오사카 시를 수비하는 국방군인 북군의 전투였다. 훈련이 끝난 후, 천황은 제반 성적에 만족스러운 표정을 지으며 '날로 새로워지는 세상의 운세는 결코 잠시의 안일도 허용하지 않는다. 앞으로 더욱 노력해서 장차 공을 이루도록 하라'는 칙어를 내렸다.[528]

독자들로서는 천황의 개인적인 기분이 어땠는지 좀 더 알고 싶을 것이다. 그러나 이해 천황이 읊은 노래는 기술적으로는 훌륭했지만 감정 표현은 틀에 박힌 것이었다. 아마 다음 단카는 천황의 내심을 토로한 것이었음에 분명하다.

줄기찬 빗소리만 듣고 지내는 나날
궁궐 깊은 곳까지 울적하게 하는구나

제50장 의화단의 난

1899년, 오랜 세월 동안 치외법권 철폐를 위해 애써온 싸움이 마침내 결실을 맺게 되었다. 일본이 세계 여러 나라와 대등한 나라임을 인정받은 것이다. 그러나 마흔여덟이 된 메이지 천황에게 있어서 가장 중요한 사건은 그러한 조약 개정과는 관계가 멀었다.

새해는 불길하게도 천황의 막내딸 다키코(多喜子)의 죽음으로 시작되었다. 2년 전 에이쇼 황태후가 죽은 날과 같은 날이었다. 반기가 게양되고 모든 학교는 휴교했으며, 늘 하듯이 가무음곡을 금지하는 금령이 도쿄에 내려졌다. 그러나 〈고향집 연기〉라는 제목으로 천황이 읊은 새해의 노래에는 그 슬픔의 흔적을 찾아볼 수 없다.

오야마다(小山田) 고향집
해마다 연기 피어오르는 이 세상 즐거워라[529]

이해 처음으로 황태자가 와카 모임에 참가했다. 이제 성년이 된 황태자가 와카를 짓는 일은 당연하게 받아들여졌다. 황태자의 교육 문제가 한 해 동안 내내 논의의 대상이 되었다. 황태자의 건강을 해치지 않고 부지런히 공부하게 하려면 어찌해야 좋은가가 화두였다. 메이지 천황과 황태자의 관계는 여전히 의례적이고 서먹서먹했다. 황태자나 공주가 입궐해도 천황은 좀처럼 배알을 허락하지 않았다. 2월, 아키코와 후사코 공주가 도쿄의 추위를 피해 가마쿠라(鎌倉)에 있는 별장으로 떠나기 전에 인사하기 위해 입궐했다. 천황은 몸이 편찮다는 이유로 공주들의 알현을 허락하지 않았다. 결국 두 공주는 황후에게만 하직 인사를 하고 떠났다.[530]

천황은 공주들에게 옷을 선물할 때면 그 색과 무늬 같은 소소한 부분까지 직접 지시할 정도로 신경을 썼으나 무슨 까닭인지 알현은 허용하지 않았다. 기회 있을 때마다 공주들을 만나도록 진언하는 여관들은 천황의 기분을 알 수가 없었다.

사사키 다카유키는 천황이 냉엄을 가장하고 있는 것은 유교적 가르침 때문이라고 해석했다.

천황은 어린 시절부터 중국의 경서(經書)와 사기(史記)를 숭경해 왔다. 어째서 어떤 나라는 번성하고 어떤 나라는 멸망했는가. 천황은 이러한 경사(經史)에서 볼 수 있는 국가 치란(治亂)에 대해 진지하게 생각했다. 천황이 여관들의 말에 귀 기울이지 않는 것도 어쩌면 중국의 황제가 여인의 말에 너무나 귀를 기울이다가 생긴 숱한 국난을 알게 된 결과인지 모른다. 천황은 너무나 신중하여 때로는 측근들의 올바른 조언까지도 채택하지 않는 듯이 여겨지는 일조차 있었다.

그러나 사사키는 조정이 후궁들의 말에 좌우되는 것보다는 낫다고 봤다. 천황은 오랜 세월의 악폐를 제거하려 했을지 모른다.[531] 아무리 그렇더라도 딸을 만나는 일이 국난과 연결될 리는 없었다. 천황은 역사의 교훈을 너무 고지식하게 받아들인 것 같다.

그해 2월, 시의들은 천황의 건강을 걱정했다. 시의국장이 시종장 도쿠다이지 사네쓰네를 통해 교토 행차를 적극 권했으나 천황은 이들의 의견을 받아들이지 않았다. 이번에는 궁내대신 다나카 미쓰아키가 나섰다. 다나카는 고풍스러운 수사법을 써서 천황에게 기탄없이 말했다.

폐하께서는 한 나라의 주인이자 만민이 의지하는 분이십니다. 그 일신은 폐하의 일신이면서도 폐하 혼자만의 일신이 아니십니다. 섭양에 힘쓰심은 오로지 폐하를 위해서뿐만 아니라 실로 천하창생을 위한 일입니다. 그런데 근년 들어 정무가 번잡해진 탓이겠지만 시의들이 폐하의 건강을 염려하고 있습니다. 폐하께서 계속 도쿄에 계시다보면 아마 쉴 틈을 얻기 힘드실 것입니다. 신이 듣건대 일찍이 1895년 청일 강화조약을 마무리 지으신 후 천황기(天皇旗)를 히로시마에서 교토로 회수하시고, 한 달 남짓 그곳에 머무시는 동안 아침저녁으로 운동하셔서 건강이 매우 좋아지신 일이 있습니다. 더구나 교토는 폐하께서 탄생하신 곳, 그곳 산천 풍물에 익숙하신지라 고향에서 쉬시는 일은 옥체를 위해서도 좋을 것입니다.

도쿄의 궁성은 폐하께서 오신 지 30년의 세월이 흘렀다지만 원래가 막부의 성이었습니다. 광활한 정원과 연못에 풍취도 부족하지 않지만 폐하도 낯익은 곳도 아닌 데다가 수위(守衛) 또한 삼엄해서 산책하시기에도 불편합니다.

작년 셋쓰(攝津)와 이즈미(和泉) 들판에서의 육군 특별훈련을 시찰하실 때 대본영을 오사카에 두시면서 거리로는 겨우 10여 리밖에 안 되는 교토에 가시지 않았습니다. 그 바람에 당시 그곳 사람들은 폐하께서 오사카만 사랑하시는 게 아니냐는 말이 나돌았습니다. 1895년에 그런 일도 있었으니 엎드려 원하옵건대 시의들의 주청을 받아들이셔서 잠시 교토에 행차하시어 성체의 건강을 회복하셨으면 합니다.

자신의 간언이 천황을 화나게 하리란 것을 다나카는 잘 알고 있었다. 예상대로 천황은 안색까지 붉히며 화를 냈다.

시의국장의 말을 짐이 아무 까닭 없이 무시하는 것이 아니다. 교토는 짐의 고향이며 항상 사랑하는 곳임을 경도 잘 아는 바와 같다. 하지만 그렇다고 그곳에서 지낼 수는 없다. 일신의 섭양도 좋지만 정무 때문에 꼼짝할 수가 없다. 지난날 대훈련 시찰 때 교토에서 머물지 않은 것은 짐이 교토를 아끼지 않아서가 아니다. 오히려 잠시 들렀다가는 다시 도쿄에 돌아가고 싶지 않을까 두려워 스스로 억제했을 뿐이다. 경들은 이를 이해하지 못하겠는가. 경이 틀린 말을 한 것은 아니지만 만일 짐이 하루라도 정치를 폐하다 보면 숱한 관리들에게 그 누가 미칠 것이다. 이런 이유로 하루도 정무를 안 볼 수 없다. 짐은 오로지 제왕의 길을 갈 뿐이다.

천직을 행하다 쓰러지는 것이 바로 짐의 소원이 아니겠는가.

천황의 말투는 점차 누그러졌다.

경들이 짐을 위해서 우려하는 바 역시 귀담아듣지 않을 수 없 겠지. 이제부터 건강에도 유의할 테니 경들은 다시는 깊이 신경 쓸 것 없다.

그 후 한동안 천황은 이따금 어원(御苑)을 산책하기도 했다. 그러나 얼마 지나지 않아 더 이상의 노력을 포기한 것처럼 보였 다.[532]

천황은 자신의 몸무게에 과민 반응을 보였다. 시종인 자작 히 노니시 스케히로(日野西資博)는 천황이 신문을 읽지 않게 된 까 닭은 천황의 체중이 20관을 넘었다고 쓴 〈중앙신문〉을 본 이후 부터라고 했다. 기사를 읽고 화가 난 천황은 "당최 신문이란 건 거짓말만 써서 안 되겠군. 사실을 쓰는 거라면 괜찮지만 자꾸 거 짓말만 늘어놓아서 어디 되겠나. 그래서 내가 신문을 안 보는 거 야"라고 투덜거렸다고 한다.[533]

그러나 때때로 천황이 신문을 읽었음을 시사하는 1905년에 읊은 와카가 있다.[534]

천황의 체중 증가는 승마 열기가 식은 것과 관계가 있었다. 승 마는 일찍이 천황의 기분풀이 수단이었다. 그런데 이제는 관심 이 오로지 일에만 쏠려 있었다. 천황이 집무실에서 매일 몇 시간 씩 지냈는지는 알 수 없다. 동시대 인물인 오스트리아 황제 프란 츠 요제프처럼 천황이 하루 종일 책상에 앉아 직무상의 문서를 들여다본 것 같지는 않다. 천황은 일본 술에서 와인으로 취향이 바뀌기는 했지만 여전히 술을 아주 즐기고 있었다. 식욕도 왕성했다. 이는 국빈을 대접할 때의 메뉴만 봐도 알 수 있다.[535]

이 무렵, 천황의 관심사 중 가장 큰 일은 황태자비 물색이었다. 황태자는 1899년 8월로 만 스무 살이었다. 천황은 황태자비가 황족 출신이길 바랐다. 하지만 황족 중 장래의 천황에게 어울릴 만한 상대가 없는 경우 옛 셋케(攝家: 관백關白이 될 수 있는 고위 가문. 예를 들면 고노에近衛, 구조久條, 니조二條, 이치조一條, 다카쓰카사鷹司 같은 집안)나 세이카(清華: 구게 가문) 집안 출신 중에서 찾기로 했다. 이렇게 탐색의 범위를 넓혀서도 마땅한 상대를 찾지 못할 경우 다시 공작이나 후작 집안에서 물색할 수도 있었다.[536] 이미 1890년 천황은 도쿠다이지 사네쓰네에게 황족 및 공작의 딸 가운데 황태자에게 어울릴 만한 아이를 마사코와 후사코 두 공주의 놀이 상대로 고륜(高輪) 어전에 불러들이게 했다. 그곳에서 사사키 다카유키에게 명해 각자의 생김새와 성품을 살피도록 명했다. 사사키의 눈에는 한 후보자가 단연코 눈에 띄었다. 제10사단장 사다나루(貞愛) 친왕의 딸 사다코(禎子)였다. 화족 여학교 학감인 시모다 우타코(下田歌子)도 사다코를 극찬했다. 당시의 궁내대신 히지카타 히사모토가 이를 천황에게 알렸다. 사다코가 황태자비로 선택될 것이 거의 확실해 보였다.

1897년 12월, 천황과 황후는 사다나루의 집을 찾아가 직접 사다코를 봤다. 황태자비로서 사다코가 적당한지 여부를 결정하는 최초의 공식 회의가 열린 것은 1899년 2월이었다.[537] 회의석상에서 사다코가 2년 전 맹장염을 앓은 일이 논쟁거리가 되었다. 시의국장이 "맹장염은 완쾌되었지만 사다코의 오른쪽 가슴에서 수포음이 들린다"는 소견서를 제출했기 때문이다. 하지만 다른 시의들은 2, 3년 살펴봐서 괜찮으면 문제가 없을 것이라고 판단했다.[538] 그러나 천황은 시의국장의 보고를 듣고 깊이 우려하며 그 결함이 황통을 위협하게 될지도 모른다고 봤다. 1899년 3월 22일, 천황은 히지카타를 보내 사다코와의 황태자비 내약을 취소시켰다.[539]

황태자가 이러한 일로 실망한 것 같지는 않다. 어쩌면 황태자는 황태자비를 물색하기 시작했다는 사실조차 모르고 있었을지도 모른다. 황태자도 1895년의 심각한 병에서 아직 완전히 회복하지 못했다. 공부도 마음먹은 대로 진척되지 않았다. 황태자의 성미는 측근들이 불평할 정도로 변덕스럽고 까다로웠다. 천황은 또 황태자가 서양풍에 물들까 걱정했다. 전통 학문의 기초도 신통치 않은데 말할 때 일부러 프랑스어를 섞어 표현하기를 즐겼다.[540] 황태자는 이 무렵 스페인의 황금 양모 훈장, 프랑스의 레종도뇌르 대수장, 덴마크의 코끼리 훈장 등 외국 훈장을 자주 받았다.[541] 서양에 대한 애착을 갖게 된 것은 그 때문인지 모른다.

이 무렵 황태자는 하야마(葉山)나 누마즈(沼津)에 있는 별장을 자주 찾았다.[542] 훗날 황태자가 도쿄를 기피하게 된 것은 천황과 천황의 고문들이 지켜온 궁정의 엄숙한 분위기를 싫어했기 때문이 아닐까.

1899년 10월 28일, 천황은 이미 7월 17일과 8월 4일에 발효된 조약 개정을 축하하는 파티를 열었다. 이 축연에 참석한 각국 공사들과 그들의 군주 및 대통령의 건강을 기리며 건배했다. 그리고 내빈과 일일이 악수를 나눴다. 치외법권은 대포 소리가 아닌 샴페인 코르크 터지는 소리로 종언을 고했다.[543] 이는 전국적으로 축하해야 할 일이었으나 조용히 지나갔다.

많은 외국인 거주자들은 더 이상 영사재판소의 보호를 기대할 수 없다는 사실을 알게 되자 극도로 긴장했다. 그러나 외국인의 대량 체포도 없었고 일본 경찰의 수사도 없었으며, 외국인이 고문을 당했다는 보고도 없었다. 시간이 지남에 따라 자신들이 공연한 공포심을 가졌다는 사실을 깨달았다. 외국인들은 왜 치외법권이란 방패가 없으면 안 된다고 여겼는지 스스로 다시 한 번 생각하게 되었다. 그러나 새로운 시대가 되었어도 외국인은 우월감을 쉽게 버리지 않았다. 또 일본인들은 나라를 운영할 자격이 있다는 사실을 외국인에게 증명하느라 지금까지 해온 노력을 떠올리며 씁쓸해했다.

영국의 어떤 학자도 논평하고 있듯이 이미 몸에 익은 태도는 정세가 변했다 해도 간단하게 바꿀 수 있는 것이 아니었다.[544] 치외법권 철폐를 일본 민중이 그다지 기뻐하지 않았던 것은 바로 그러한 사정 때문이었는지 모른다.

8월 21일, 황태자가 종1위 훈1등 공작 구조 미치타카(九條道孝)의 넷째 딸 사다코(節子)와 결혼하기로 내정되었다. 그러나 황태자의 건강 상태가 좋지 않아 혼례는 이듬해 봄으로 연기했다.[545] 황태자에게 황태자비 결정 사실을 알린 것은 1900년 2월이었다. 천황은 2월 11일, 시종직 간사 공작 이와쿠라 도모사다를 시켜 하야마에 있는 어용저(御用邸: 황실 별장)로 간명한 칙서를 보내 황태자에게 선택된 황태자비의 이름을 알렸다.[546]

황족을 돌본 의사 에르빈 벨츠는 1900년 3월 23일, 자신의 일기에 이렇게 쓰고 있다.

오늘 하야마 어용저에서 동궁의 건강 상태가 5월에 있을 성혼식을 치르는 데 지장이 없을지 여부를 의논하는 중대한 회의가 있었다. 지장이 없다고 주장한 시의 하시모토와 오카(岡)의 의견에 동의는 했으나 솔직히 나로서는 황태자의 체중이 작년만큼 나가지 않아 그 점이 마음에 걸린다. 그러나 천황에게는 보고하지 않기로 했다. 이토나 아리스가와노미야 측에서는 동궁이 성혼 전에는 다른 여성을 만날 수 없도록 결정해 놓았으므로 성혼을 마냥 연기할 수는 없다고 했다. 내 생각 역시 성혼을 일찍 하는 편이 동궁에게 나을 것 같다.[547]

1899년 10월, 황태자는 군함으로 누마즈에서 고베, 쇼도(小豆) 섬, 히로시마, 에타(江田) 섬, 그 밖의 세토(瀨戶) 내해 연안 지방을 돌았다. 1년 후, 황태자는 다시 규슈 행차에 나선다. 이런 행차는 황태자를 앞으로 자신이 군림할 나라와 친숙하게 만듦과 동시에 신민과의 유대를 강하게 만들었다. 이 무렵만 해도 메이지 천황의 치세 초기만큼 순행이 힘들지는 않았다. 야하타(八幡)의 철강업, 나가사키의 미쓰비시(三菱) 조선소 등 황태자가 방문한 곳만 봐도 메이지 천황 때와는 많이 달랐다.[548]

1900년 5월 10일, 황태자 요시히토와 구조 사다코의 성혼례가 치러졌다. 5월 8일, 천황은 황태자에게 속대(束帶: 문무백관의 정장)와 검 한 자루를 내렸다. 시종장이 동궁에게 천황의 선물을 전할 때 우연히 황태자의 생모 야나기하라 나루코(柳原愛子)가 황태자를 찾아왔다. 황태자는 나루코에게 황궁으로 돌아가 천황의 선물에 감사한다는 말씀을 드려달라고 부탁했다.[549]

황태자는 처음 자신이 나루코의 아들이라는 사실을 알았을 때 매우 놀라고 또 실망했다고 한다. 황태자는 자신이 황후의 친아들인 줄 알고 있었다.[550] 이 일이 여관들의 입소문으로 돌고 돌아 나루코의 귀에까지 들어갔다. 나루코는 메이지 천황의 측실 중에서도 가장 아름답고 지적인 여성이었다. 그러나 그녀는 황태자의 건강이 나쁜 데 대한 책임감을 느끼고 있었다. 메이지 천황의 생모 나카야마 요시코의 경우는 큰 영예를 얻었으나, 나루코는 『메이지 천황기』에 좀처럼 이름이 등장하지 않는다.[551]

성혼례 전날인 5월 9일, 황후는 사다코에게 황태자비에게 걸맞은 최고 훈장인 훈1등 보관장(寶冠章)을 주었다. 동궁의 성혼을 축하하며 천황은 도쿄 시에 8만 엔, 교토 시에 2만 엔을 교육비로 하사했다.[552] 그리고 계몽 활동의 중심인물인 후쿠자와 유키치에게 하사금 5만 엔과 그의 공헌을 치하하는 글을 내렸다.

다음 날인 10일 새벽, 식부직(式部職: 의식 담당 고등관)은 현소, 황령전, 신전에 황태자 성혼을 고했다. 오전 8시 40분, 황태자와 황태자비가 현소에 배례했다. 황태자는 신들에게 고문(告文)을 아뢰고 황태자비와 함께 신전에서 신주(神酒)를 받았다. 식부는 천황과 황후에게 성혼례가 종료되었음을 알렸고 육해군이 일제히 예포를 쏘았다. 10시 40분, 천황은 정장을 하고 황후와 함께 내정 알현소에 모습을 드러냈다. 황태자와 황태자비가 식부의 선도로 어전에 나아갔다. 천황과 황후는 황태자와 황태자비에게 잔을 내렸다.

의식은 종료되었고 11시 20분, 황태자 부부는 마차로 동궁으로 향했다. 궁성 정문 밖에 군중들이 모여들어 행렬은 20분간 지체되었다. 천황이 시종장 도쿠다이지 사네쓰네를 보내 황태자에게 국화장경식(菊花章頸飾: 대훈위를 수여받은 사람에게 내리는 목걸이 모양의 훈장)을 내렸다. 황태자 부부는 공선례(供膳禮)를 마친 다음 다시 입궐했다. 4시 30분, 천황과 황후, 황태자와 황태자비가 봉황 홀에 나타나 황족, 공신들, 각국 공사의 축하 인사를 받았다.[553]

황실의 큰일을 치른 뒤의 흥분이 아직 가라앉지 않은 가운데 이전부터 여러 차례 사의를 표명했던 내각 총리대신 야마가타 아리토모가 5월 24일, 다시 천황에게 사의를 주청했다.

내각 총리대신을 맡은 지 1년 반이 지났고 그러는 사이에 조약이 개정되었습니다. 장래의 총리는 해외 각국의 사정을 잘 아는 인물이어야 합니다. 애초 제게 그런 자격이 결여되어 있음을 알면서도 감히 대명을 받들었던 것은 오쿠마 내각 붕괴 후 정계가 매우 혼란한 상태였기 때문입니다. 그러나 이제 정계는 평온을 되찾았고 앞날에 별다른 난국의 징조도 보이지 않습니다. 그만두기에는 지금이 호기인 것 같습니다.[554]

천황은 야마가타를 달래며 재고를 촉구했다. 그러나 야마가타의 결심은 흔들리지 않았다. 천황은 마침내 야마가타의 유임을 단념했다. 천황은 이토 히로부미를 후임으로 앉히기로 하고 그런 자신의 의사를 그에게 전했다. 이토는 아무리 칙명이라 하더라도 수락할 수 없다면서 사절했다.

입헌 정체(政體) 하에서는 의회의 협조가 있어야 비로소 내각을 조직할 수 있습니다. 정부는 정당의 협력을 얻어가면서 행동할 수밖에 없습니다. 야마가타와 달리 소신은 야전 장군이 명령을 내리듯 행동할 수는 없습니다. 자칫 진퇴를 잘못하다가는 천황께 직접 누를 끼치게 될 수 있기 때문입니다.

일이 이렇게 되자 천황은 대장대신 마쓰카타 마사요시를 불러 잠시 내각 총리대신 직을 겸하라고 명했으나 마쓰카타는 육군대신 가쓰라 다로를 추천했다. 그러나 천황은 이를 받아들일 수 없었다. 육해군 사이에 도사리고 있는 경쟁의식을 더욱 심화시킬까 염려했던 것이다.[555]

이때 마침 청나라에서 동란이 일어났다는 보고가 들어왔다. 천황은 걱정하며 5월 31일, 야마가타에게 사임을 연기하라고 전했다. 이에 대해 야마가타는 "북청의 동란은 무지한 농민의 폭동에 지나지 않는다. 심각하게 받아들일 일이 아니"라고 고했다. 아닌 게 아니라 야마가타가 사임 의사를 번복할 정도로 중대한 사건으로는 보이지 않았다. 그러나 야마가타는 후임자가 결정된 뒤 한두 달쯤은 총리대신 직에 머물러 있기로 했다.[556]

야마가타는 서양에서 '복서의 난Boxer Rebellion'으로 알려져 있는 북청 동란의 중요성을 너무 과소평가하고 있었다.[557] 천황은 야마가타보다 청나라의 심각한 상황을 더 잘 파악하고 있었던 것으로 보인다. 천황은 당분간 유임하기로 한 야마가타에게 북청 동란에 대처하라고 명했다.

야마가타가 '농민 폭동'에 지나지 않는다고 말한 북청 동란 진압을 위해 열강 8개국에서 약 4만 5천 명의 부대[558]—대략 반수가 일본군—가 동원되고 수만 명의 청나라 사람이 이 전투에서 죽었다. 반란—좀 더 적절하게 표현한다면 전쟁[559]—은 청나라와 열강 8개국 사이에 벌어진 일대 투쟁이었다. 그것은 1902년의 영일 동맹, 그리고 1904년에서 1905년까지 일어난 러일 전쟁의 직접적인 원인으로 더욱 중요한 의미가 있었다.

의화단(義和團)이란 이름에서 이 반란 조직이 스스로 정의와 평화를 위해 성전(聖戰)을 벌이고 있다고 믿고 있었음을 알 수 있다. 그런 점에서 새로운 지배자를 중국 황제로 앉히려는 목적에서 일어난 지난날의 반란들과는 성격이 다른 것이었다. 반란자들은 외국인 및 기독교에 빠진 청나라 사람을 중국에서 추방하는 일이 자신들의 목표를 달성할 수 있는 유일한 방법이라고 여겼다.[560] 반란자―당시의 문서에는 비적 강도 집단으로 되어 있다―모두가 광신자는 아니었으나 대다수는 중국의 신들이 자신들을 수호하고 있다고 믿었다. 그들은 자신들의 대의가 올바르다고 확신하며 무자비하게 사람들을 죽였다. 이 반란으로 약 250명의 유럽 선교사와 수많은 외국군 병사, 그리고 아마도 2만 3천 명 가량의 청나라 기독교도가 살해되었다.[561]

의화단의 난은 중국에서 발발한 19세기 마지막 반란이었다. 모든 반란은 부패한 청나라 정권 및 외국 열강의 거듭된 굴욕적 행위에 대한 불만이 쌓인 결과 일어난 것이다. 그중에서도 '태평천국(太平天國)의 난'으로 알려진 최대 동란은 1851년부터 1864년까지 이어져 대략 2천만 명의 목숨을 앗아갔다. 태평천국의 난은 원시 공산주의라 해도 좋을 기독교주의를 표방하고 있었다. 모든 재산은 신자들이 공유하고 남자와 여자는 동등한 권리를 누려야 했다. 매춘, 노예 제도, 전족, 도박, 아편, 술, 담배를 금지했다. 의화단도 여기서 상당 부분을 계승했다. 이는 청나라의 사회 정세에 대한 민중의 불만을 표출한 것이었다. 태평천국의 난은 진압하는 데 많은 어려움이 따랐다. 외국 열강의 개입이 없었다면 이 반란은 성공을 거뒀을지도 몰랐다.

또 하나의 반란은 한 불교 종파 신도들이 일으킨 '백련(白蓮)교도의 난'[562]이다. 태평천국의 난에 가담하지 않은 산둥 성을 무대로 1861년부터 1863년까지 맹위를 떨쳤다. 의화단의 난 역시 산둥 성에서 발단해서 청나라 북부 지역으로 세력이 커졌다. 의화단의 기반이 된 것은 전통적인 중국의 신들에 대한 심취와 기독교 증오가 결합한 종교적 신념이었다. 그들은 기독교가 마을의 평화와 조화를 파괴했다고 믿었다.

의화단은 가난한 농민 계급의 열렬한 지지를 받았다. 여기에 참가한 지역 내 지식인 수가 적었던 것은 아마도 산둥 성 출신인 공자(孔子)의 평화적인 이상과 인연을 끊을 수 없었기 때문이 아닐까 싶다.

의화단의 증오는 기독교 개종자들의 냉혹하고 무참한 행동에 기인한 것 같았다. 신앙에 몰입한 기독교 개종자들은 무자비하게 '우상'을 때려 부수고 마을 사람들 대다수가 모시고 있는 절과 사당 자리에 교회를 세웠다.[563] 기독교도와의 불화는 마을의 생활 구조 자체를 바꾸고 말았다. 그런 변화로 인한 분노는 '서양 귀신(洋鬼)'과 청나라인 기독교도에 대한 폭력 행위로 발전해나갔다.[564]

산둥 성에서의 폭동은 1897년, 독일인 선교사 두 명이 살해된 사건이 발단이었다. 이 사건으로 1898년, 독일 정부는 칭다오(青島)와 자오저우(膠州) 만을 99년 동안 조차(租借)했다. 그해 독일과 같은 이권을 노린 영국은 산둥 성 북쪽에 있는 웨이하이웨이(威海衛)를 일본으로부터 인수받았다. 웨이하이웨이는 청일 전쟁 종결 후 시모노세키에서 합의한 결과에 따라 배상금에 대한 담보로 일본이 보유하고 있던 땅이었다. 이들 사건은 더욱 규모가 큰 배외(排外) 운동을 한꺼번에 유발했다. 배외 운동은 산둥성에 인접한 허베이(河北) 성으로 확대되어 나갔다.

마을마다 기독교도의 공격으로부터 사묘(寺廟)를 지키기 위한 향단(鄉團)이 조직되었다. 마을 사람들은 신들이 그 보답으로 자신들을 지켜줄 것이라 믿었다. 제단이 마련되고 그 앞에 엎드린 자들은 신에게서 초자연적인 힘을 얻어 총을 맞아도 죽지 않을 것이라 여겼다.[565] 그들은 전투에 대비해 오로지 권법과 봉술 연마에 열중했으며, 외국제 총포 사용을 혐오했다.

의화단은 여러 가지 점에서 일본의 신풍련(神風連)과 흡사했다. 학자 중에는 외국에 저항한 의화단의 용기를 칭찬하는 사람도 있다. 그러나 의화단의 난으로 희생된 사람이 대부분 농민이었다는 사실을 잊어서는 안 될 것이다.

1900년 5월 30일, 외무대신 아오키 슈조는 천황에게 북청에서 일어난 폭동에 관해 보고했다. 아오키는 이미 5월 초, 독일인 선교사가 의화단에 의해 살해된 사건을 미국인 선교사들로부터 들어 알고 있었다.[566] 그가 보고한 내용에 이런 이야기가 나온다.

청일 전쟁에서 청나라가 패하는 바람에 약점이 내외에 폭로되고 말았다. 유럽 열강은 청나라에 이권을 강요해서 언젠가는 전략 기지가 될 요지를 조차했다. 전에는 청나라 정부에 강력한 진보파가 존재했다. 그러나 여러 외국의 침략적 행위로 배외양이(排外攘夷)를 주장하는 수구파가 반동주의인 서태후(西太后) 밑에서 정부의 실권을 쥐기에 이르렀다. 무력한 황제는 궁에 유폐

되고 진보파는 일소되었다.[567] 거리에서 외국인을 만나면 욕설을 퍼붓고 공공연히 폭력을 행사하는 등 외국인을 향한 증오심이 빈번하게 표출되기에 이르렀다. 소문에 의하면 청나라 정부는 항만을 폐쇄하고 양이주의를 실행하려 하고 있다.

일본인의 눈에는 40년 전 일본의 모습을 보는 것 같았으리라. 존왕파가 '존왕양이'라는 구호 아래 일치단결했던 것처럼 의화단은 '부청멸양(扶淸滅洋: 청조를 돕고 외국을 멸한다)'을 외쳤다. 이 선언은 청나라 정부를 기쁘게 했다.[568] 그러나 의화단 사람들이 '부청'을 외쳤을 때 그들이 의도한 것은 아마 청나라 정부의 구출이 아니라, 외국으로부터 중국을 지키고자 함이었을 것이다.[569]

아오키는 6월 6일, 톈진 주재 일본 영사인 데이 에이쇼(鄭永昌)[570]로부터 반란이 점점 격화되고 있다는 보고를 받았다. 청나라 정부는 사태를 진정시킬 방법이 없어 점차 반란자 지지를 표명하기 시작했다. 일본에 들어온 보고에 의하면, 러시아 부대가 시베리아를 경유해 청나라로 향했고, 독일 부대가 칭다오에서 출병할 태세를 갖추고 있었다. 일본 공사관 관원 한 명이 반란자에게 살해되었으므로 일본 정부도 수수방관하고 있을 수는 없었다. 6월 15일, 각의에서 청나라에 거주하고 있는 일본인의 생명 보호를 위해 보병, 포병, 기병, 공병을 파견하기로 결정했다. 천황은 즉시 이를 재가했다.[571]

연합군[572] 함대는 이미 톈진의 다구(大沽) 항 앞바다에 집결해 있었다. 6월 17일, 연합국 함대가 청나라 포대를 포격해서 점거했다. 이 군사적 행동의 표면적인 목적은 베이징에 발이 묶여 있는 각국 국민의 생명을 보호하기 위함이었다. 그러나 청나라 사람들은 격노했다. 청나라 정부는 의화단을 이용하여 외국인 및 청나라 기독교도를 추방하기로 결정했다.

6월 18일, 해군 중장 도고 헤이하치로(東鄕平八郞) 사령관이 이끄는 일본 함대는 연합국 군함과 공동 행동을 취하기 위해 다구 항으로 직행했다. 총리아문(總理衙門: 청나라 외무부)은 19일, 베이징 주재 각국 공사에게 24시간 이내에 베이징을 떠나라고 통고했다. 공사들은 톈진까지 청나라 군대의 호위를 받게 되었다.[573] 이튿날, 독일 공사가 총리아문으로 향하던 도중 청나라 군사의 습격을 받아 살해되었다. 이 사건으로 청나라군의 호위를 받아 톈진으로 퇴거할 생각이었던 외국인들은 청나라 정부를 불신하게 되었다. 그들은 각 공사관에 들어박혀 구원부대가 도착할 때까지 자위할 각오를 굳혔다.[574]

6월 21일, 청나라 황제는 열국과의 개전(開戰) 조칙을 내놓았다.

청나라는 언제나 외국인을 후대해 왔음에도 불구하고 외국인은 청나라 영토를 점거하려 하고 청국 인민을 위협, 강탈함으로써 이에 보답했다. 그 방자한 행동에 애국자들은 발분해서 교회를 불태우고 기독교도를 살해하게 되었다. 청나라 정부는 외국인의 무도(無道)한 행위에도 불구하고 그 보호에 전력을 다했다. 그런데 외국인은 이러한 은혜를 알지 못하고 군사력을 행사해서 다구 항의 포대를 포기하라고 강요했다. 이에 청나라 황제는 살아서 굴욕을 견디기보다는 전력을 다해 외국인과 교전하기를 눈물을 머금고 서약한다.

청나라 조정은 이러한 조칙을 내놓으면서 애국자들에게 전투에 지원하거나 군비를 대라고 호소했다.[575]

6월 29일, 이번에는 태도가 완전히 바뀌어 청나라 황제가 정반대 조칙을 내놓았다. 반란자의 진압과 외국과의 우호관계 회복을 바란다는 것이었다. 처음 조칙은 돤(端) 군왕(郡王: 작위의 하나로 청대에 친왕의 다음 자리)이 내린 것이며, 청국 황제의 진의가 아니었다고 했다.[576] 그러나 두 번째 조칙은 인정받지 못한 것 같았다. 전투는 그칠 줄 몰랐고 공사관 포위 공격은 베이징이 연합군에 의해 해방될 때까지 약 2개월간 계속되었다.[577]

그러는 사이 서태후의 명령으로 베이징 입성이 허용된 의화단 군은 온갖 난동을 다 부렸다. 교회와 외국인의 집들을 불태우고, 기독교 개종자 및 외국인과 교제하고 있던 청나라 사람을 찾아내 닥치는 대로 살해했다. 공사관은 계속 공격당하여 완전히 소실된 건물도 있었다. 그러나 외국인들은 항복하지 않았다.

7월 3일, 청나라 황제는 메이지 천황에게 친전을 보내 사태 회복을 위한 조처를 부탁했다. 첫 문구는 '대청국 대황제 문 대일본국 대황제(大淸國大皇帝問大日本國大皇帝)'로 시작되었다. 이는 청나라 황제가 대등한 군주로서 메이지 천황에게 간청하고 있음을 보여주었다. 예전 같으면 상상조차 할 수 없는 일이었다. 청나라 황제는 청나라와 일본을 이어주는 상호 의존 관계를 언급한 다음 일본 공사관 관원이 살해된 데 대해 유감의 뜻을 표했다. 그러나 '청나라 당국이 죄를 지은 자들을 체포, 처벌하려 하고 있었음에도 불구하고 외국 열강은 다구 항 포대를 공격해서 점거했다'고 말했다. 또 황제는 동양과 서양의 대립 구도를 언급하며 서양 제국이 호시탐탐 노리고 있는 상대는 청나라만이 아닐 것이라고 천황에게 호소했다. 만일 청나라가 외세를 감당해 내지 못한다면 일본 역시 홀로 버텨내기는 힘들 것이라고 했다. 청나라 황제는 양국의 전투를 잠시 접어두고 힘을 합쳐 안정을 유지하자고 호소했다. 또 청나라 군사가 비적(匪賊) 제거를 위해 끊임없이 노력할 것이라고 굳게 약속했다.[578]

메이지 천황은 청나라 황제의 제언에 응하지 않았다. 대신 '만일 청나라 정부가 반란 진압에 성공하고 외국과의 전쟁을 바라지 않는 것이 분명해진다면 일본은 기꺼이 전통적인 우호 관계를 재개하겠다'고 언명했다. 청나라 정부는 베이징 포위를 풀어야 했다. 만일 그렇게 하지 않았다가는 일본이 반란 진압과 일본인 구출을 위해 부대를 파견할 판이었다.[579]

마침 이 무렵, 시종장 도쿠다이지 사네쓰네가 천황에게 사의를 주청했다. 천황은 격노해서 이렇게 말했다.

무릇 화족으로서 조정을 섬기는 자들은 마땅히 그 몸을 희생해서 성의를 다하려는 결심이 없어서는 안 된다. 그럼에도 불구하고 함부로 직책을 벗어 던지고 일신의 안일을 도모하려는 행위는 그 뜻이 참으로 가증스럽다. 경이 몇 번인가 직책을 물러나려 했지만 짐은 결단코 이를 듣지 않았다. 도대체 오늘날의 관리들을 살펴보건대 사족 출신자들은 대체로 방자하고 방종에 빠져 핑계만 있으면 사직함으로써 일시 몸을 도사려 일신의 평안만을 탐하려 한다. 짐은 항상 이를 마땅치 않게 여기고 있는 터에 화족 출신인 자들까지 이를 본받으면서 짐으로 하여금 홀로 곤경에 빠지게 만들려 한다. 불충이 이보다 더할 수 없다.[580]

메이지 천황도 치세 초기에는 직무를 태만히 해서 이토 히로부미에게 책망을 들은 일이 있었다. 그러나 이제 천황은 전적으로 국사에 마음을 쏟고 있는 것 같았다. 천황은 천황이라는 자리를 특권이 아니라 책무로 여기게 되었다. 그것은 도쿠다이지 같은 화족도 마찬가지로 가져야 할 자세이며, 화족은 무사 계급 출신 이상으로 책임감을 보여줄 의무가 있을 터였다. 유교 교육으로 배양된 의무 관념은 이미 메이지 천황의 사고방식을 지배하고 있었던 것이다. 천황으로서 '건강상의 이유'에 의한 사임은 모두가 배반 행위에 다름 아니었다.

7월 9일, 톈진 경마장 부근에서 연합군과 청나라군이 충돌해 결전이 펼쳐졌다. 선봉을 맡은 일본군은 이날 가장 활약이 컸다. 일본군은 약 2천 명의 정예 부대와 약 5백 명의 의화단으로 편성된 청나라 수비대를 격파했다. 청나라의 직예제독(直隷提督) 녜스청(聶士成)은 전사했으며, 그의 부대는 막대한 피해를 입고 패주했다. 연합군 사상자는 일본군 장교 이하 30여 명, 영국군 여덟 명이었다. 일본군 보병 부대가 보여준 용기와 기량은 열국의 찬사를 받았다.[581]

연합군의 톈진 공략은 7월 13일에 시작되었다. 일본, 영국, 미국, 프랑스 부대는 남쪽에서, 그리고 러시아와 독일 부대는 북동쪽에서 공격했다. 청나라군은 약 1만 4천 명의 정규군과 1만 명의 의화단으로 구성되었고, 연합군은 약 8천 명이었다. 톈진 성은 높이 약 8미터의 견고한 직립 벽으로 에워싸여 있었다. 이날 전투는 언제 끝날지 짐작조차 할 수 없었다. 그러나 14일 오전 3시, 톈진 성 남문 폭파 명령을 받은 육군 공병 소위 이노우에 겐키치(井上謙吉)는 하사 이하 여섯 명을 이끌고 성문에 잠행했다. 문에 폭약 장치를 했으나 도화선이 적탄에 절단되고 전기 기구 역시 파괴되었다. 이노우에는 목숨을 걸고 직접 폭약에 점화해야 했다. 성문은 멋지게 폭파되어 산산조각이 났다. 함성을 지르는 일본군을 선두로 연합군이 성문 안으로 돌진했다. 그런데 제2성문이 굳게 닫혀 있었다. 성벽 위에서는 적병이 총탄을 퍼부어 댔다. 이런 곤란한 상황에서 허둥거리지 않고 육군 보병 일등병 마스다 센타로(增田千太郎)가 벽을 기어올라가 성문을 열었다. 일본군은 성 안으로 밀려들어갔고 프랑스, 영국, 미국군이 뒤따랐다. 청나라가 버리고 간 시체는 약 4백 구였다. 연합군도 860여 명이 사상했는데 그중 반수 이상이 일본인이었다.[582]

8월 8일, 독일 황제 빌헬름 2세가 메이지 천황에게 친전을 보내 알프레트 발데르제 원수를 연합군 총지휘관으로 임명하도록 요청했다. 독일군은 일본군보다 그 수가 훨씬 적었으나 천황은 쾌히 승낙했다. 천황은 독일 공사 살해 사건을 떠올렸는지도 모른다. 그러나 천황은 아마 이런 사실은 몰랐을 것이다. 7월 하순, 독일 원정군이 청나라로 출발하려던 때에 독일 황제는 장병들 앞에서 격려의 연설을 했다. "적에게 자비심을 보이지 마라. 포로를 만들지 마라. 청나라 사람이 두 번 다시 독일인을 멸시하지 못하게 하라."[583]

이 독일 황제의 연설은 열국 사이에서 대단히 평이 나빴다. 오스트리아 주재 특명전권공사 마키노 노부아키(牧野伸顯)는 독일인 원수가 연합군 총지휘관으로 임명되었다는 말을 듣자 독일 황제의 연설이 각국에서 강한 반발을 부른 사실을 근거로 반대를 표명했다.[584] 그러나 메이지 천황이 이미 독일 황제의 요청에 동의하는 답전을 보낸 뒤였다. 천황은 자신도 모르는 사이에 '황화(黃禍: 황인종의 발흥으로 백색 인종이 당하는 화)'에 대한 증오심으로 가득 찬 군주에게 힘을 실어주려 했던 것이다.

연합군의 베이징 진격은 너무나 민첩했다. 독일인 원수가 총지휘관으로 취임할 시간이 없었다. 8월 14일, 연합군은 베이징을 함락시켰다. 베이징 포위가 풀리고 외국 시민들이 구출되었다. 청나라 황제와 서태후는 북서쪽으로 도망가고 시내에는 평복 차림의 패잔병과 비적이 횡행했다. 미, 일 양국군이 황궁을 수호했다.[585] 그러나 시내의 다른 지역에서는 연합군이 마음 놓고 약탈을 했다.

청나라의 위기는 사라졌다. 야마가타도 마침내 사임할 수 있었다.

제51장 황손 히로히토 탄생

의화단의 난이 진압되자 야마가타 아리토모는 다시 천황에게 내각 총리대신 사임을 주청했다. 천황도 이제 더 이상 그의 사임을 말릴 수 없었다. 후보자는 모든 사람이 주목하는 이토 히로부미였다. 그러나 이토는 이를 고사하고 있었다. 게다가 그는 새 정당을 결성하는 일로 머리가 꽉 차 있었다. 이토는 입헌 정체 하에서 정당이 생기는 것은 필연적인 일이며 자신의 정당이 필요하다고 판단하고 있었다. 정당의 기반을 갖지 못한 정부는 의회 내의 당파로 인해 정책 수행에 제약을 받기 쉬웠다. 사실 기성 정당이 몇 개 있기는 했다. 그러나 모두 위축되거나 쇠퇴해서 주도권을 발휘하지 못하고 있었다. 이토는 이러한 폐단을 고치기 위해서는 새로운 정당이 필요하다고 판단했다. 이토는 야마가타에게 자신의 생각을 말하고 양해를 구했다. 그리고 궁내대신을 통해 천황에게도 그러한 사정을 알렸다.

천황은 이토의 신당 결성을 허락했을 뿐 아니라 1900년 9월 14일, 시종직 간사 공작 이와쿠라 도모사다를 이토의 관사로 보내서 2만 엔과 홍백 비단 각 두 필씩을 주었다. 그리고 이토의 충성에 대한 천황의 신뢰가 두텁다는 말과 앞으로도 이토의 솔직한 조언을 절실히 바라고 있다는 말을 전했다.[586]

9월 15일, 이토를 총재로 하는 입헌정우회(立憲政友會)의 발회식이 거행되었다. 헌정당 당원은 즉시 당의 해산을 선언하고 새 당에 합류한다는 의사를 표명했다. 그들은 입헌정우회의 핵심이 되었다. 새 정당 입헌정우회를 조직하면서 이토가 미리 천황의 허락을 받았으므로 '칙허 정당'이라고 비아냥거리는 사람도 있었다.

9월 24일, 천황은 마쓰카타 마사요시와 이노우에 가오루에게 이토를 설득해 내각 조직을 하게 하라고 명했다. 두 사람이 따로따로 이토를 찾아갔으나 두 사람 다 거절당했다. 야마가타가 9월 26일 갑자기 천황에게 사표를 제출하기로 한 것은 어쩌면 이노우에가 이토를 찾아갔다는 소식을 듣고 서두른 것인지도 모르겠다. 야마가타는 자신의 건강 상태가 나빠 더 이상 내각 총리대신의 격무를 계속할 수 없다고 주상했다. 한때 야마가타를 지지하던 헌정당 당원 전부가 이토의 신당에 참가하기로 했으며, 이 일이 야마가타의 결단에 박차를 가했을 것이다. 야마가타 내각은 이제 정당의 지지를 완전히 잃고 말았다.

마쓰카타가 이토에게 내각 총리대신 취임을 설득했을 때 이토는 오히려 마쓰카타에게 후임자가 돼달라고 권했다. 천황은 사람을 시켜 설득해 봤자 소용이 없다는 것을 깨달았다. 마침내 천황은 이토를 불러 직접 대명을 내리기로 했다. 이토는 여전히 결심을 바꾸지 않았다. 이토는 정우회[587]를 조직하는 일만으로도 손이 모자라는 형편이었다. 게다가 과로로 몸이 지쳐 있었다. 대명이 아주 힘든 시기에 내려졌던 것이다. 10월 6일, 마쓰카타는 마지막으로 이토를 설득했다. 내외의 정세로 볼 때 더 이상 지연해선 안 될 것 같았다. 이튿날 어전에서 이토는 내각 조직을 명령받았다.

10월 19일, 천황 집무실에서 벌어진 친임식(親任式: 천황이 직접 주재하는 임명식)에서 이토는 내각 총리대신에 임명되었다. 처음부터 새 내각의 각료들 사이에 충돌이 있었다. 1월 20일, 육군대신 가쓰라 다로—전 내각에서 유임된 관료 중 한 명—는 건강상의 이유로 사의를 주청했다. 천황은 이를 허락하지 않고 내외 정세가 위태로워 육군대신 자리가 하루라도 공석으로 있어서는 안 된다고 설득했다.[588]

11월 15일, 훈련 시찰을 위해 이바라키 현으로 행차한 천황은 예전처럼 그곳 소학교에서 숙박했다. 그런데 이튿날부터 날씨가 변하더니 갑작스러운 눈비가 쏟아졌다. 미리 정비해 놓은 천황의 행차 길도 연일 계속되는 악천후로 엉망이 되어 있었다. 나가카타(長方)에서 천황은 마차에서 내려 고지에 올랐다. 그곳에서 모의전을 관람했다. 천황은 1시간 이상 훈련이 끝날 때까지 휘몰아치는 비바람을 무릅쓰고 자리를 지켰다. 최고사령관으로서 불굴의 정신을 군에 보여야 한다고 생각했을지도 모른다.

이때 무리를 해서였을까. 그해 말 천황은 감기에 걸려 이듬해 1월 13일까지 병상을 벗어나지 못했다. 천황은 1901년 설날, 통상적인 의식과 축연에 일절 출석하지 못했다. 그의 나이도 이제 쉰 살이었다.

1월 23일, 빅토리아 여왕 서거 소식이 있었다. 권력의 절정기에 있던 영국은 일본이 유럽 열강과 대등함을 증명하는 데 최대의 장애 노릇을 해왔다. 그러나 일본 조정은 3주 동안 거상 기간에 들어갔다. 영국 주재 특명전권공사 남작 하야시 다다스가 장례식에 참석할 특파대사로 임명되었다. 하야시는 이해 후반 영일 동맹 교섭에서 중요한 역할을 하게 된다.

이미 정우회를 결성하고 있던 이토는 당의 방침에 따라 내각을 조직했다. 귀족원은 즉각적으로 정당 내각을 탄핵했다. 그러나 이토는 귀족원의 불평을 무시했고, 그 바람에 화족 계급의 적대 감정을 사고 말았다. 정부는 의화단의 난 진압에 들어간 비용을 지불해야 하는 다급한 형편이었다. 중의원은 주세, 설탕세, 관세 증징(增徵)으로 재원을 확보하려는 정부안을 가결했다. 담배 전매 수입으로도 증수(增收)가 예상되었다. 그러나 증세에 귀족원이 반대하고 나서 정부안은 부결될 것이 분명해 보였다. 이토의 주청으로 천황은 2월 27일, 제국 의회에 열흘간의 정회를 명했다.[589]

이토는 열흘 안에 귀족원을 설득해서 타협할 생각이었다. 그러나 귀족원은 강경하게 증세 법안에 대한 철저한 논의만을 요구했다. 이토는 귀족원에 영향력이 있는 야마가타에게 조정을 부탁하려 했다. 이 무렵 야마가타는 교토에 있었다. 마쓰카타가 야마가타를 찾아가 협의했으나 그는 조정을 사절했다.[590] 궁리 끝에 이토는 천황에게 두 사람의 소환을 주청했다. 시종직 간사 이와쿠라가 야마가타와 마쓰카타에게 전보를 치자 두 사람은 다음 날 상경길에 올랐다.

이토는 3월 5일, 천황을 배알했다. 이토는 국가의 부채 지불에 필요한 재원 확보에 귀족원이 협력을 거부하고 있는 심각한 상황을 설명했다. 이토는 재계의 엄청난 반격을 두려워했다. 이토는 천황에게 주청해서 야마가타 아리토모, 사이고 쓰구미치, 마쓰카타 마사요시, 이노우에 가오루 등 원로 네 명에게 의견을 물으라고 했다. 천황은 이토가 돌아간 직후에 야마가타와 마쓰카타를 접견했다. 다시 사이고, 이노우에의 저택으로 이와쿠라를 파견해서 야마가타, 마쓰카타와 함께 시국 수습에 노력하라고 명했다.

그러나 야마가타와 마쓰카타는 조정이 실패로 끝났다고 보고했다. 9일, 천황이 다시 명한 5일간의 의회 정회 기간은 코앞에 닥쳐 있었다. 이토는 초조하기 그지없었다. 몰래 궁내대신 다나카 미쓰아키를 통해 귀족원에 의사 방해를 질책하는 칙어를 내려달라고 천황에게 주청했다. 천황이 이에 응해 3월 12일, 귀족원 의장 고노에 아쓰마로(近衛篤廳)를 불러 이렇게 말했다.

짐은 요즈음 귀족원이 증세 문제로 정부와 충돌했다고 들었다. 불행히도 정부는 지금 귀족원의 주장을 받아들일 능력이 없다고 한다. 짐 역시 이를 매우 유감스럽게 생각한다. (생략) 무릇 짐이 뜻하는 바는 이 글 속에 있으니 경은 의원 일동에게 이를 보여주고 조속히 융화의 길을 강구하라.[591]

천황이 기록한 칙어는 그의 입장을 잘 보여주고 있었다.

짐은 내외의 정세가 매우 어려운 데 대해 깊이 우려하고 있다. 필요한 군비를 지불하고 재정 기반을 다질 계획을 세우는 일은 참으로 국가의 급무이다. (중략) 짐은 전에 의회를 열 때 짐의 의사를 표시한 바가 있다. 그리고 짐이 정부에 명해서 제출하게 한 증세 법안은 이미 중의원에서 의결되었다. (중략) 짐은 귀족원의 충성스러운 각 의원이 또한 짐이 날마다 우려하고 있는 바를 공유하고 있을 것으로 믿는다. 조정이 결정한 여러 법안을 조속히 승인해서 국가로 하여금 앞날에 유감스러운 일을 남기지 않도록 하기 바란다.[592]

이러한 사태를 전혀 예상하지 못했던 것은 아니었으나 고노에는 천황의 질책에 얼이 빠졌다. 귀로에 시종직 간사 이와쿠라 도모사다를 찾아갔다. 이전부터 이와쿠라는 이토가 궁지에 몰리면 으레 칙어를 내려달라고 매달리는 버릇이 있다고 탄식하곤 했다. 그래서 이번 칙어의 속사정도 혹시 알고 있지 않을까 여겼던 것이다. 그러나 이와쿠라는 전혀 모르고 있었다. 고노에가 칙어를 내밀자 이와쿠라는 놀라는 표정을 지었다. 칙어에는 서명과 옥새가 없고 국무대신의 부서(副署)도 없었다. 이는 매우 이례적인 일이었다. 그날 밤, 고노에는 이토에게 편지를 보내 칙어의 내용을 각료들이 모두 알고 있냐고 물었다.

이튿날, 이토는 귀족원으로 고노에를 찾아가 자세한 이야기를 했다. 의회 정회 중 귀족원과 교섭하려고 자신이 얼마나 노력했는지를 설명했다.

조정 노력이 실패로 돌아가자 사태를 깊이 우려한 천황이 스스로 조정할 결심을 하고 그 칙어를 내기에 이른 것 같다. 각료들은 아무도 이 일을 모른다. 그러나 그것과는 상관없이 내각 수반으로서 나는 보필의 대임을 맡고 있다. 그 책임이 천황의 정치상 발언에까지 미치는 것은 당연한 일이다.[593]

이토의 말이 암시하고 있는 것은 설혹 각료가 사전에 한 사람도 칙어에 대해 알지 못했다 하더라도, 이토 자신의 조언이 천황에게 영향을 끼쳐 이러한 표현을 취하게 되었는지 모른다는 것이었다. 서명과 옥새, 부서 같은 것이 빠져 있는 까닭은 천황이 그 자리에서 스스로의 판단으로 행동했음을 보여주고 있었다.[594]

고노에는 3월 14일, 귀족원에서 칙어를 봉독했다. 천황의 설득은 효과가 있었다. 귀족원은 증세 법안을 한 자도 수정하지 않고 그대로 가결했다.[595]

그달 말, 천황은 전혀 다른 일로 위광을 보였다. 3월 27일, 사법대신 가네코 겐타로가 사직을 원하는 판검사 열여섯 명의 파면을 주청했다. 판검사들이 집단행동을 벌일 만한 이유가 있었다. 이 무렵 중의원은 사법관 등의 봉급 증액을 인정하지 않기로 의결했다. 그 결과 1901년도 예산안은 봉급 증액 안을 무시한 채 가결되었다. 실망한 판검사들은 예산안 반대 운동을 전개하기 시작했다. 그중에는 임지를 떠나 상경해서 운동을 벌이는 자까지 나타났다.

가네코는 재삼 그들에게 관기(官紀)에 저촉되지 않도록 경거망동을 삼가라고 경고했다. 그러나 경고는 아무 효과도 없었다. 주모자들은 전국의 사법관과 연대해서 일제히 사직하자고 호소했다. 이윽고 각지에서 사표가 속속 도쿄로 배달되었다. 그중에는 전보로 연락하는 자도 있었다. 가네코는 사법권의 위신을 지키기 위해 단호한 결단을 내렸다. 봉급 증액을 요구하는 판검사들이 제출한 사표를 당장에 수리하기로 한 것이다. 가네코는 판검사들의 사표를 모아 이토에게 보냈다. 그리고 천황에게 이들의 사직서를 올리도록 청원했다.

이토가 일의 경위를 설명하면서 천황의 재단을 바랐다. 천황이 이토에게 "그런데 사법대신은 사직자들 충원은 계획하고 있는가"고 물었다. 이토는 천황의 질문을 그대로 가네코에게 전했다. 가네코는 판검사 유자격자 8백여 명의 명단을 보이면서 보결(補缺) 걱정은 전혀 없다고 답했다. 이토는 천황에게 명단을 보이면서 설명했다. 천황은 "향후 사표를 제출하는 자가 있으면 한밤에라도 바로 제출하라. 짐이 즉시 이를 재가하리라"고 말했다. 천황의 결단은 효과가 있었다. 이미 사표를 제출하고 있던 자들이 사표 철회를 청구했다.

천황은 판검사들이 부족한 봉급으로 곤경에 처해 있다는 사실은 전혀 고려하지 않고 결단을 내렸다. 천황이 걱정한 것은 오직 판검사 보결 문제였다. 유교를 받드는 군주로서 천황은 판검사들에게 좀 더 깊은 배려를 했어야 했다. 메이지 천황은 아마 공직을 내팽개치고 반대 운동에 전념하는 자들을 먼저 법률 위반자로 간주했음이 틀림없다. 질서를 어지럽히는 것을 싫어한다는 점에서 천황은 역시 유교에 충실했던 도쿠가와 쇼군과 비슷했다.

5월 2일, 내각 총리대신 이토가 사의를 표명했다. 조의(朝議)에 참석할 수 있을 만큼 회복하기는 했지만, 이토의 건강은 앞으로 산적해 있는 재정 문제를 비롯한 국사에 대처할 만한 상태는 아니었다. 이토의 병이 단순한 핑계가 아니란 사실을 천황도 알고 있었다. 이토의 사표를 받아든 날, 천황은 그를 대신할 임시 내각 총리대신으로 사이온지 긴모치(西園寺公望)를 임명했다.

이토는 정부가 직면한 난제를 과장한 것이 아니었다. 금년도 예산안과 증세 법안은 간신히 의회를 통과했다. 그러나 재정 위기는 아직 해결되지 않았다. 1895년의 청일 전쟁 후 정부는 국방력 강화를 최우선으로 고려해 왔다. 막대한 돈이 새로운 군사 사업 계획에 집중 투자되는 바람에 국가 재정 적자가 심각한 상황이었다. 끝없이 증세와 채권 모집을 되풀이하고 있었다. 자칫하다가는 공황이 닥치지 않을까 우려될 지경이었다.

이미 대장대신 와타나베 구니타케(渡邊國武)가 관업(官業) 중지를 포함한 재정긴축안을 각의에 제출했다. 그러나 그의 제안은 각료 다섯 명의 반대에 부딪혔다. 와타나베와의 개인적 감정 때문이었다. 이토가 조정을 시도했으나 결과적으로 각의의 분열만 초래했다. 최종적으로 와타나베를 제외한 전 각료가 사표를 제출했다.

5월 3일, 와타나베는 천황을 만나 재정 상황에 관해 보고했다. 그 후 천황이 사이온지를 불러 와타나베의 진퇴에 관한 의견을 물었다. 사이온지는 이렇게 대답했다.

내각대신이 모조리 사표를 제출했는데 와타나베만 혼자서 자기주장을 고수하며 이탈 행동하고 있습니다. 이런 일을 방치하게 되면 후세에 좋지 않은 선례를 남기게 될 것입니다. 와타나베가 사표를 제출하도록 설득해야 합니다. 그래도 고집을 부릴 경우 천황께서도 사표 제출을 바라신다고 말할까 합니다.

사이온지는 와타나베를 찾아가 마침내 사표를 제출하겠다는 승낙을 받아냈다. 그날, 와타나베는 시종장 도쿠다이지 사네쓰네를 찾아가 사표 두 통을 제시했다. 하나는 병을 사임의 이유로 쓴 것이고, 또 하나는 내각 총사직에 따르겠다는 내용이었다. 도쿠다이지는 이런 경우 건강상의 이유를 드는 것이 관례라면서 병을 사임 이유로 쓴 사직서를 받았다.

그러는 사이 4월 29일, 황태자비 사다코가 최초의 황손인 황자를 낳았다. 이를 축하하기 위해 내외 군신이 잇따라 방문했다. 5월 3일, 황태자는 하야마에서 돌아와 아들을 대면하자마자 그날로 다시 하야마로 떠났다. 갓난아기는 건강했다. 그 탄생을 기뻐하는 사람들의 마음에는 메이지 천황의 자녀 탄생 때마다 따라다니던 불안감이 조금도 느껴지지 않았다. 5월 5일, 천황은 황손에게 이름과 칭호를 내렸다. 추천된 이름들 중에서 '히로히토(裕仁)'와 '미치노미야(迪宮)'가 선택되었다.[596] 천황은 이 두 개의 이름을 대고단지(大高檀紙: 희고 주름이 진 일본 종이)에 써서 같은 종류의 종이로 싼 다음, 도쿠다이지를 불러 동궁 처소의 황태자에게 보내라고 했다. 이날 아침, 하야마에서 돌아온 황태자는 다음 날 6일 오다와라(小田原)로 떠났다.

이토의 사직 청원은 5월 10일에 수리되었다. 이노우에 가오루에게 조각의 대명이 내렸으나 조각은 실패로 끝났다. 5월 26일, 천황은 원로들의 강력한 추천이 있었던 육군 대장 가쓰라 다로에게 조각을 명했다. 가쓰라는 배명(拜命)하기 전 약간의 유예를 청하면서 이토를 설득해서 재고를 촉구하고 싶다고 했다. 가쓰라는 천황도 이토의 재임을 설득해 달라고 청원했다. 천황은 도쿠다이지에게 전보를 치게 해서 이토에게 속히 상경하여 입궐하라고 명했다.

5월 30일, 천황을 배알한 이토는 재임을 고사했다. 가쓰라가 내각 총리대신의 배명을 주저한 것은 이토에 대한 배려 때문이었지 자신이 없어서가 아니었다. 가쓰라는 6월 1일, 도쿠다이지를 통해 조각 준비가 완료되었음을 천황에게 주상하면서 동시에 다음 날 친임식을 집행하기를 주청했다.

내각의 면면은 천황의 요청으로 유임된 육해군 대신을 제외하고는 일신되었다. 각료에 원로가 단 한 명도 없는 것은 이례적인 일이었다. 다만 가쓰라가 현역 육군 대장이라는 점이 문제였다. 육군의 규정에 의하면 새로운 내각 총리대신은 현역에서 물러나 예비역으로 들어가야 했다. 그러나 천황의 요청으로 가쓰라는 현역인 채로 있게 되었다. 신내각의 군사색(軍事色)은 가쓰라 한 사람으로 끝나지 않았다. 그리고 모든 각료가 야마가타와 잘 통하는 사이였다. 야마가타의 입김이 작용하는 내각이라는 점에서 귀족원과의 관계는 원활해졌으나 정우회가 다수를 차지하는 중의원과의 관계는 신경이 쓰였다.

6월 21일, 중의원 의원이자 정우회 간부인 호시 도루가 암살되었다. 호시는 메이지 시대의 가장 수수께끼 같은 인물이었다. 백과사전에는 주로 오만하고 부패한 정치가로 묘사되어 있다. 또 때로는 그를 그럴듯한 현대 일본의 정치가와 비교하기도 한다. 호시의 결점을 집요하게 들추려는 논자들은 그가 칭찬받아 마땅한 공적 앞에서는 언제나 잰걸음으로 지나쳐 버린다. 어쨌든 호시는 지극히 현대적 특징을 갖춘 최초의 정치가로서 독자들의 마음을 흔들지 모른다.

호시는 평민 계급 출신 정치인이다. 다시 말해 사회의 밑바닥에서 '날아올라' 거물급 정치인이 된 최초의 인물이었다. 호시의 친아버지는 대단한 술꾼으로 미장이였는데, 처자식을 버리고 사라졌다. 호시의 큰누나는 홍등가로 팔려갔고 둘째 누나는 식모

살이를 했다.[597] 가난에 지친 어머니는 호시를 연못에 던져버리려고 했던 일도 있었다. 그러나 호시가 아들이었기 때문에 간신히 마음을 고쳐먹었다.[598] 그 후 어머니는 점쟁이를 겸한 돌팔이 의사인 심성 고운 남자와 재혼을 했다. 에도의 빈민굴 같은 곳에서나마 이들 가족은 함께 살 수 있었다.

호시가 공부할 나이가 되었을 때 양부는 자신이 지난날 신세를 진 적이 있는 가나가와 행정관 소속 양의(洋醫)에게 호시를 맡겼다. 가능하다면 자기처럼 의사를 시키고 싶어했다. 호시가 유별나게 똑똑한 것은 아니었다. 그러나 타고난 끈기와 인내력으로 의학의 기초와 사서오경을 익혔다. 그리고 호시는 장래 중요한 경력이 될 영어를 공부했다. 1866년, 열여섯 살이 된 호시는 무사 집안에 양아들로 들어갔다. 그래서 막부 참모들의 자제를 위한 학교인 개성소(開成所)에 다니게 되었다. 호시는 후에 일본의 우편제도 창시자로 알려지는 마에지마 히소카(前島密)에게 영어를 배웠다. 마에지마는 호시에게 특별한 관심을 갖고 있었다. 그래서 호시가 무사 집안과 양자 관계가 파기되고 나서도 계속 호시를 맡아 교육시켰다.[599]

마에지마는 호시를 개성소 교수인 가 노리유키(何禮之)[600]에게 소개했다. 가는 호시의 재능을 알아보고 그를 해군 전습소(傳習所) 생도 영어 보조교사로 추천했다. 막부 와해와 더불어 해군 전습소가 폐지된 후 가 노리유키는 추천장을 써서 호시에게 다른 자리를 소개했다. 가는 호시를 효고 현 지사 무쓰 무네미쓰에게 소개했겼다. 무쓰는 호시를 자신이 창설한 고베에 있는 학교의 교사로 고용하기로 했다. 무쓰의 발탁은 이후 호시의 성공에 아주 중대한 역할을 하게 된다.

호시는 비천한 출신에 허약한 체질이었으나 세상에서 두각을 나타내고자 하는 단호한 결의가 있었다. 타고난 운명에 대한 분노는 사족 계급에 대한 증오와 정권을 쥔 자들을 능가하겠다는 강한 충동으로 바뀌었다. 상대방이 강하게 나올수록 호시의 투지는 불타올랐다.[601] 자신의 불리한 조건을 면학과 무술 단련으로 극복해냈다. 만년에 촬영된 호시의 사진을 보면 비만한 체구에 자신감이 넘치고 강인해 보인다. 무쓰는 1871년 가나가와 현 지사가 되었고 이듬해 대장성 조세국장이 되었다. 무쓰의 천거로 호시는 대장성에 일자리를 얻었다. 일은 주로 구미 제국의 세법 번역이었다. 그런데 호시는 얼마 되지 않아 실직하고 폐문 처벌을 받았다. 인력거꾼을 때리고 나졸에게 거역한 탓이었다. 폐문 처벌을 받는 동안 호시는 서양의 영웅전을 번역했다.[602] 무쓰는 폐문 처벌이 풀린 호시에게 처신에 조심하라면서 자기 집에 와서 살도록 했다. 호시는 무쓰의 호의를 순순히 받아들여 블랙스톤의『영국 법률 전서』번역에 착수했다.

1873년, 무쓰의 천거로 호시는 요코하마 세관에 일자리를 얻었다. 순식간에 승진해서 다음해 1월에는 조세 곤스케(權助) 겸 요코하마 세관장에 취임했다. 2월, 호시는 스물네 살의 젊은 나이에 종6위로 봉해졌다.[603] 모든 게 순조로운 듯이 보였다. 그러나 호시가 번역하여 영국 영사관에 보낸 문서에서 문제가 발생했다. 호시는 'Her Majesty'를 '여제(女帝)'가 아니라 '여왕 폐하'라고 번역했다. 영국 영사는 불경스럽고 무례하다면서 호시를 고발했다. 호시는 빅토리아 여왕 자신이 '여왕'이라 자칭하고 있으며 '여제'라고 하지 않는다는 사실을 지적했다. 그러나 공사 해리 파크스는 외무성까지 직접 와서 항의하며 호시의 면직과 사죄를 요구했다. 재정대신 산조 사네토미(三條実美), 외무경 데라시마 무네노리(寺島宗則)는 호시에게 사과를 권했다. 그러나 호시는 잘못한 것이 없다며 거절했다. 영국과의 관계 악화를 우려한 정부는 호시를 요코하마 세관장 직에서 해임시켜 파크스의 기분을 달랬다.[604]

그러나 조세 곤스케의 지위는 그대로였다. 조약 개정 이사관(理事官)의 사령을 받은 호시에게 그해 9월, 영국으로 유학하라는 명이 내려졌다. 1875년 1월, 호시는 미들 템플 법학원에 입학했다. 2년 후, 법정 변호사 자격을 땄다. 호시는 이 영예를 얻은 최초의 일본인이었다. 런던에서는 거의 온종일 방에 틀어박혀 법률서와 철학서 공부에 몰두했다.[605]

귀국 후 호시는 사법성 대변인 사령을 받았다. 이 시기, 호시는 변호사로 일하고 있었다. 그러나 갑자기 자유 민권 운동 및 자유당과의 관계가 깊어져 당국의 의혹을 샀다. 1882년, 후쿠시마 현에서 전제적인 현령(縣令)의 행위에 항의한 자유당원 몇 명이 체포되었다. 그들은 정부 전복을 기도한 혐의로 고발되었다. 호시는 고발당한 중심인물인 고노 히로나카(河野廣中)[606]를 변호했다. 내란음모죄를 적용할 수 없다는 점을 논리정연하게 입증했으나 그럼에도 불구하고 피고들은 유죄 판결을 받았다.[607]

그러는 동안 호시는 자유당에 입당했다. 당의 강령은 호시의 사회적 신념과 거의 일치했다. 그러나 호시는 당 기관지가 너무 고매한 문투로 쓰여 있어 대부분의 일본인이 이해하기 힘들 거라고 생각했다. 1884년, 호시는 대중신문 〈자유의 등불〉을 간행했다. 밑바닥 계층 사람들도 쉽게 이해할 수 있도록 쉬운 말로 글을 쓰고 그림도 실었다. 대중을 계몽하려 한 호시의 시도는 투

표권이 국민의 극히 일부에 한정되어 있던 당시로서는 획기적인 일이었다.[608]

1884년 9월, 호시는 니가타에서 '정치의 한계'라는 제목으로 연설을 했다. 호시는 특히 러시아와 독일의 전제적이고 군국주의적인 정치가 시민의 사생활을 간섭한다고 공격했다. 호시는 일본의 정치 상황에 저촉되지 않게 하느라고 세심한 주의를 기울이면서 함의(含意)를 분명하게 드러냈다. 경찰은 1880년에 발령된 집회 조례를 근거로 연설을 중지시키고 집회를 해산시켰다. 호시는 니가타 경찰서에 출두하라는 명령을 받았다. 그러나 경찰이 자신을 소환할 권한은 없다며 소환장을 수차례 무시했다. 경찰은 마침내 호시를 체포하지 않을 수 없었다. 호시는 관리 모독죄로 몰리고 말았다. 호시는 어떤 관리도 비판한 일이 없었다. 그럼에도 불구하고 호시는 산조 태정대신 및 내무, 육군, 해군, 문부, 농상무, 공부, 궁내경을 모욕했다며 유죄 판결을 받았다. 중금고 6개월과 벌금 40엔이었다. 그리고 대변인 자격도 박탈당했다.[609]

호시는 이 일로 좌절하지 않았다. 여전히 신문을 계속 발행했고, 보석 기간 중에 해산된 자유당을 재건할 기회를 노리고 있었다. 그러나 1888년, 호시는 다시 체포되었다. 이번에는 조약 개정 교섭에 관한 비밀문서 출판 혐의였다. 호시는 경금고 1년 6개월의 판결을 받았다. 신문도 매각하지 않을 수 없었다.[610]

호시는 옥중 생활을 주로 공부로 보냈다. 감옥은 결코 책을 읽기에 알맞은 장소는 아니었다. 그러나 새벽 동이 틀 무렵부터 해가 지기까지 일본어로 쓰인 책뿐 아니라 영어, 독일어, 프랑스어, 이탈리아어로 된 책을 탐독했다. 1889년 2월, 헌법 반포 때의 대사면령으로 호시는 풀려났다.

출옥 후 호시는 정치 제도를 연구하기 위해 유럽으로 건너갔다. 그곳에서 주로 한 일 역시 가는 곳마다 서점에서 도움이 될 만한 책을 사서 싸구려 하숙방에 틀어박혀 독서에 몰두하는 것이었다.[611] 호시는 이토 히로부미 같은 정치가 흉내는 원치 않았다. 이토는 그나이스트나 슈타인 같은 저명한 학자에게 가르침 받은 것을 자랑으로 삼고 있었다. 하지만 호시가 보기에 이들 학자는 일본에서 평가받는 것만큼 유럽에서는 고명하지 않았다. 그 강의를 듣고 나서 양행(洋行)을 했노라고 뻐기는 것은 가소로운 일이라고 호시는 말하곤 했다.[612]

호시는 거의 모든 구미 열강들을 방문했다. 이 일은 호시를 크게 변화시켰다. 귀국 후 한 연설에서 호시는 자유 민권 운동을 함께 했던 및 동료들을 실망시켰다. 호시는 연설에서 군비 확장,[613] 식민지 획득, 일본인의 해외 이주 장려, 해외에서의 적극적인 홍보 활동을 강하게 주장했다.[614] 호시의 해외에서의 경험, 그리고 해외에서 탐독한 서적들은 세계정세의 가혹한 현실에 대해 그의 눈을 뜨게 만든 것 같았다. 이제 호시는 무력 외교를 주장했다.

귀국하자마자 호시는 입헌자유당으로서 자유당을 재건하는 작업에 나섰다. 1890년 3월의 당 대회에서 호시의 파벌이 주도권을 잡았고, 이듬해인 1891년 2월의 제2회 총선거에서 호시는 중의원 의원으로 당선되었다. 무쓰 무네미쓰의 후광[615]을 입어 호시는 중의원 의장에 선출되었다. 다른 이들은 호시가 의장직을 이용해 자유당에 유리한 법안을 밀고 나가지 않을까 우려했다. 그러나 호시는 철저하게 공평하게 행동했다. 결코 자신이 속

한 당의 편을 들거나 하는 일은 없었다.[616]

호시는 이윽고 사쓰마와 조슈에서 지원하던 내각 총리대신 마쓰카타와 대립하게 되었고, 호시의 오만한 태도는 중의원 대다수 의원과도 멀어지게 만들었다. 여기서 당시의 정치 상황을 길게 이야기할 수는 없다. 다만 호시가 중의원에서 불신임 고발을 당했다는 사실만 지적해 두면 충분할 것이다. 호시는 모든 고발이 잘못되었음을 증명할 수도 있었다. 그러나 그렇다고 해서 호시가 유죄라는 인상을 불식시키지는 못했다. 그 이후로 항상 호시의 주변에서는 부패의 냄새가 감돌게 되었다.[617] 호시는 결국 중의원 의장석에서 밀려나게 되었다. 1896년, 호시는 주미 공사로 임명되었다. 처치 곤란해서 이타가키 다이스케를 비롯한 자유당원이 그를 멀리 보냈다는 설도 있었다.[618] 공사로 있던 2년 동안 호시는 두 가지 중요 사항을 매끈하게 처리했다. 하나는 일본 제품에 부과하는 관세 인상 문제였고, 또 하나는 눈앞에 임박한 미국의 하와이 합병이 하와이 주재 일본인에게 끼칠 영향에 관한 것이었다.

호시는 미국의 공화당 정권이 내건 새로운 관세법안을 상원에서 수정하게 함으로써 대폭적인 세율 인하에 성공했다.[619] 하와이 건에 대해서는 하와이 왕국이 일본에 제공한 기득권을 미국에 승인시킬 결의였다. 호시는 설혹 미국과 전쟁을 벌이는 한이 있더라도 일본이 하와이 섬을 점령해야 한다는 극단적인 입장을 취한 적도 있다.[620] 외무대신 오쿠마 시게노부는 이 제안을 도발적이라며 물리쳤다. 그러나 호시는 하와이 주재 일본인 이민이 영국을 비롯한 기타 유럽인 이민과 동등한 권리를 누린다는 보장을 받는 데는 성공했다.[621]

새 정당(헌정당)의 결성을 알았을 때 호시는 즉시 귀국할 결심을 했다. 호시가 바란 것은 다음 내각의 외무대신 지위였다. 호시는 외무성에 귀국하겠다고 타전했으나 그대로 유임하라는 지시를 받았다. 호시는 외무성의 지시를 무시하고 샌프란시스코에서 요코하마를 향해 출항했다. 호시가 염원하던 외무대신의 지위를 얻지 못한 것은 주로 오쿠마의 반대 탓이었다.

호시는 그 후 정우회를 조직하는 일에 진력했고, 당내 최고 실력자로서 1900년 제4차 이토 내각의 체신대신의 지위에 앉게 되었다. 이것은 각료로서 주요한 지위는 아니었다. 그러나 지역 파벌과 인연이 없는 호시 같은 인물이 이처럼 높은 지위에 오른 일은 일찍이 없었다. 호시는 각료로 취임했을 뿐 아니라 이보다 먼저 1899년에는 도쿄 시회(市會) 의원에 선출되어 도쿄 시 참사회원(參事會員)이 되었다. 호시는 주로 그 자신의 이익과 그의 파벌을 위해 시회를 움직인 것으로 알려져 있다.[622] 이 소문은 입증되지 않았다. 그러나 호시가 정치적 이익단체를 만든 것은 분명했다. 호시의 수하들은 강경한 밀어붙이기 수법을 주저 없이 구사했다. 호시 자신은 부정한 수단으로 이익을 추구하지 않았다. 공공사업의 이권으로 재산을 쌓았다는 고발 기사가 있었음에도 불구하고 호시가 세상을 떠나면서 남긴 것은 빚뿐이었다.

호시는 1900년 10월, 도쿄 시 참사회원을 사임해야 할 처지에 몰렸다. 그리고 12월, 체신대신마저 사임하지 않을 수 없게 되었다. 그러나 마지막까지 나쁜 일은 하지 않았다고 주장했다. 그럼에도 호시에 대한 원망은 자꾸만 높아졌다. 1901년 6월, 열성스러운 유교 도덕가이며 검술 사범인 이바 소타로(伊庭想太郎)가

호시의 정치적인 부패에 의분을 느낀 나머지 불의에 습격을 가해 호시를 찔러 죽였다.[623]

많은 사람들은 무턱대고 호시의 부패 소문을 믿었다. 그러나 한편에서는 호시를 칭찬하는 사람들이 많이 있었다. 몇 천이나 되는 사람들이 의위병(儀衛兵)이 부르는 구슬픈 가락이 흐르는 호시의 장례 행렬에 참석했다. 다음 세대를 짊어질 두 사람의 정치가 하라 다카시(原敬)와 마쓰다 마사히사(松田正久)가 장의위원장이 되었고, 이타가키 다이스케가 조사를 읽었다.[624] 온갖 고발과 악평이 있었으나 호시는 누가 뭐래도 현대 일본식 정당 정치의 기초를 닦은 인물이다. 천황은 호시에게 종3위 훈2등을 추서하고 서보장(瑞寶章)을 내렸다.[625]

천황은 호시 도루를 둘러싼 논쟁을 잘 알고 있었다. 때로는 천황의 재단이 요구되는 일도 있었다. 1893년 11월, 중의원이 의장 불신임안을 가결한 후에도 호시는 계속해서 의장직에 있었다. 12월 2일, 중의원 부의장 구스모토 마사타카(楠本正隆)가 입궐해서 상주서를 올렸다. 중의원 의장 호시 도루의 불신임 결의를 천황에게 보고하고, 중의원이 호시를 의장으로 천거한 것을 사과하는 내용이었다. 메이지 천황은 상주서를 읽고 나서 그 의도가 분명치 않다며 구스모토를 불러 이렇게 말했다.

상주서는 중의원 의장 경질을 청원하고 있는 것인가, 아니면 그저 중의원의 과실을 빌고 있는 것인가. 다시 명확히 원의(院議)를 밝히라.

구스모토가 다시 입궐해서 새 상주서를 올렸다. 새 상주서에서는 먼저 올린 상주서가 중의원의 과실을 천황에게 사과하는데 있었음을 고한 뒤, 명료하지 못한 문장으로 천황의 심기를 어지럽게 한 일을 사과하고 있었다.[626]

천황은 분명 호시의 경질을 피하고 싶었을 것이다. 상주서에 대한 천황의 물음은 천황이 호시를 경질해 주었으면 하는 구스모토의 기대를 단념시켰다. 천황이 호시를 어떻게 생각하고 있었는지는 알 수 없다. 그러나 호시의 사후에 증위추서(贈位追敍)한 결정을 보면 국가에 대한 호시의 공헌을 천황이 인정했다고 해야 할 것이다.

1901년 7월 6일, 천황 부부는 동궁의 처소를 찾아가 지난해 황태자 성혼 때 내외에서 헌상된 물건을 구경했다. 그러고 나서 태어난 지 얼마 되지 않은 황손 히로히토를 봤다. 이튿날 갓난아기는 마미아나(狸穴)에 있는 노제독 가와무라 스미요시(川村純義)의 집으로 옮겨졌다. 천황은 가와무라에게 1백 엔을 주며 양육을 명했다. 히로히토 양육 건은 겉으로는 황태자의 요청으로 되어 있었다. 그러나 사실은 천황 자신의 의사에 의한 것이었다.

8월 1일, 영국 주재 특명전권공사 하야시 다다스(林董)는 외무대신 소네 아라스케(曾彌荒助)에게 전신을 통해 이런 말을 전했다. 영국 외무대신 랜스다운 경과 청나라 문제에 관해 회담한 결과 영국 정부가 일본과 동맹을 체결할 의향을 가지고 있다는 사실이 밝혀졌다는 것이다. 하야시는 계속해서 '우리 정부는 과연 동맹을 체결할 용의가 있는가. 또 우리가 원하는 조건을 그들이 받아들인다면 굳이 동맹을 사양하지 않을 것인지 정부가 조속히 회답하기 바란다'고 대응을 촉구했다.[627]

애초에 영일 동맹 이야기가 나오게 된 발단은 러시아의 극동 정책에 있었다. 청일 전쟁 종결 후 이미 본 바와 같이 일본은 3국 간섭에 의해 청나라의 랴오둥 반도를 반환하지 않을 수 없었다. 그러나 러시아는 곧 이 땅을 조차한 뒤 청나라와 몰래 조약을 체결하여 철도 건설에 착수했다. 러시아는 바야흐로 뤼순, 다롄 만을 그 관할하에 두게 되면서 착실하게 중국 북동부의 패권을 키워가고 있었다. 이미 철도선 연변에는 러시아인 마을이 건설되고 있었다.[628] 동아시아에 이권을 가지고 있는 다른 열강 제국은 한국 국경으로 육박해 오는 러시아의 남하 정책에 위기감을 느끼고 있었다. 사람들은 언젠가는 러시아와 일본이 충돌하게 될 것이라고 여겼다. 그러나 일본은 분쟁에 대비한 군사력이 갖춰져 있지 않았다. 일본이 혼자 힘으로 러시아를 몰아낸다는 것은 분명 힘든 일이었다.

일본은 두 가지 정책 중 하나를 선택해야 했다. 첫 번째 안은 러시아와 협상해서 만주는 러시아에 맡기고, 그 대신 한국에서 일본의 우월권을 인정받자는 안이다. 이는 이토 히로부미가 지지하는 의견이었다.[629] 그리고 또 하나의 안은 유럽 열강과 제휴해서 러시아를 견제하자는 것이다. 이쪽은 이토 이외의 거의 모든 원로와 각료가 지지하는 안이었다. 프랑스는 러시아와 동맹을 체결하고 있어서 반러시아 연합에 참가할 것 같지 않았다. 일본과 동맹을 맺을 만한 상대는 독일과 영국이었다. 양국 모두 동아시아에서 이권이 러시아에 넘어갈까봐 노심초사하고 있었다. 이미 1901년 4월, 하야시는 랜스다운 경과의 회담에서 "동아시아의 영원한 평화를 위해서는 일본과 영국의 확고한 관계가 불가결하다"고 자신의 견해를 말했다. 랜스다운 경도 그의 견해에 동의했다. 하지만 이것은 어차피 두 사람의 사견에 지나지 않았

다.[630]

이 시기에 앞서 이미 일본과 영국 쌍방에서 이런 동맹을 부르짖는 인물이 있었다. 후쿠자와 유키치는 1895년, 〈시사신보(時事新報)〉에 영일 동맹을 제창하는 사설을 썼다.[631] 영국에서는 식민대신 조지프 체임벌린이 일본 공사와 비공식적으로 이 문제에 대해 회담하고 있었다.[632] 1898년, 일본 정부는 웨이하이웨이를 포기하면서 영국이 웨이하이웨이를 조차한다는 제안에 동의했다. 그 반대급부로 일본이 자국의 안전을 확보하기 위한 행동을 취한다든지, 혹은 자국의 이익을 증진시키기 위한 조처를 취할 필요가 생길 경우에는 영국이 이에 동조하고 원조하기를 바란다고 덧붙였다.[633] 의화단에게 점거된 베이징에서 일본군이 영국 시민을 구출한 1900년, 영국에 친일 감정이 퍼지게 되었다.[634] 이해 주 영국 공사로 취임하게 된 하야시 다다스는 일본이 러시아에 대항해서 동맹을 체결할 수 있는 나라가 영국밖에 없다는 결론을 내리고 있었다.[635]

앞에서 말한 랜스다운 경과의 회담 후, 하야시는 개인적으로 마련한 6개조의 조건을 제시했다.

제1조, 청나라의 문호 개방, 영토 보전주의는 유지한다. 제2조, 이미 조약으로 양보한 것 이외의 청나라 영토 취득은 일절 허용되지 않는다. 제3조, 일본은 한국에서 다른 나라에 우선하는 권리를 가지고 있으므로 그 나라에 대한 일본의 행동의 자유를 인정한다. 제4조, 동맹국 한편이 다른 나라와 전쟁 상태에 돌입하는 경우 다른 한편의 동맹국은 중립을 지킨다. 그러나 만일 제3국이 적국을 도울 경우에는 전쟁에 참가한다. 제5조, 청나라에 관한 영

독 협상은 아직 효력을 지속한다.[636] 제6조, 본 동맹은 극동에 한정하는 것으로 한다.[637]

제안된 동맹에 대해 열띤 논의가 있은 다음 몇 가지 점에서 확실히 후퇴한 것으로 여겨지는 것도 있었다. 그 후, 영국은 협약안을 정리해서 일본 측에 조속한 회답을 요구했다. 11월 30일, 런던에 타전된 일본의 수정안은 주로 말의 표현에 관한 것이었다. 전보에 의하면 협약 수정안을 주상했을 때, 천황은 먼저 이것을 원로에게 보여 의견을 묻고 또 이토의 의견도 들으라고 요구했다고 한다.[638]

원로들은 숙의 끝에 수정안을 시인하고 조속히 일을 추진시키도록 결의했다. 이노우에만이 영국보다는 오히려 러시아와 동맹을 맺는 데 적극적이었다. 이노우에는 아직 이토의 의견을 듣지 못했다는 이유로 난색을 표했다. 기다리다 못한 이토로부터의 전보가 12월 8일에 도착했다. 이토는 협약안에 이의를 제기했다. 문장에 애매한 부분이 꽤 많다고 강하게 주장했고, 또 독일이 영일 동맹에 어떤 태도를 취할지 모른다고 지적했다. 그리고 러시아와의 교섭이 협상 체결이라는 결과를 가져올 가능성도 있었다. 이토는 심사숙고가 필요하다면서 자신의 견해를 천황에게 전하도록 요청했다.

내각 총리대신은 이튿날 이토의 전보를 천황에게 상주했다. 천황은 언제나 이토의 의견을 중시해 왔으나 내각과 원로 쌍방이 동맹 협약을 지지하고 있는 이상 이제 승인을 늦출 수는 없다고 판단했다. 그러나 가쓰라에게 명해 만약을 위해서 이토의 의견에 대한 원로의 반응을 확인시켰다. 가쓰라는 원로와 의논을 거듭한 끝에 러시아와의 협상이 성립된다는 보장도 없으며, 또 자꾸 주저하여 질질 끌다보면 영국이 동맹 제의를 철회할 우려가 있다고 염려했다. 10일, 가쓰라는 천황을 배알한 뒤 영국과의 동맹을 지지하기로 중의가 모아졌다고 말했다. 천황의 재가를 받아 12월 12일 하야시에게 수정안 승인을 알렸다. 영일 동맹 협약이 공표된 것은 1902년 2월 12일이었다.

영일 동맹이 일본에 가져다준 이익을 정확하게 확인하기는 어렵다. 하야시는 이 동맹이 러일 전쟁을 승리로 이끌었다고 봤다.[639] 또 일본이 제1차 세계 대전에 참가하게 되었고, 남태평양에 있는 독일의 식민지였던 곳을 일본이 공략해 해외 영토를 획득하게 했다. 어떠한 물질적인 이익보다도 이 동맹은 천황과 일본 국민을 기쁘게 했다. 일본은 이제 세계 최강국과 대등한 동맹국으로 인정받은 것이었다. 더군다나 영국은 지난날 여러 차례 일본에 굴욕을 안겨준 나라가 아닌가.

제52장 러시아 동방 진출

1902년의 의식은 간소하게 치러졌다. 신년 의식이 점점 풍화 작용을 일으키고 있음을 상징하기라도 하듯 언제나 1월 5일에 거행되던 신년 연회가 하루 연기되었다. 5일이 일요일이었기 때문이다. 일본의 전통에 따르기보다는 기독교 안식일 쪽을 중시한 셈이다. 쉰한 살이 된 천황은 진강을 시작하는 날 일본, 중국, 서양 역사의 진강을 받았다. 그해 서양사는 주로 영국의 의회 개혁에 대해 공부했다. 아마도 영일 동맹 체결과 관련이 있었을 것이다.

1월 10일, 덴지(典侍) 정3위 무로마치 기요코(室町淸子)가 예순셋의 나이로 사망했다. 1856년, 입궁하자마자 당시 아직 세는 나이로 다섯 살이었던 미래의 천황 사치노미야의 보모가 되어 46년간 천황을 받들었다. 1876년, 사치노미야가 황위를 계승함과 동시에 무로마치는 덴지의 지위에 올랐다.

천황의 언행에 납득이 가지 않는 일이 있으면 무로마치는 주저 없이 질책했다. 천황은 그때마다 무로마치의 간언을 마다하며 무로마치를 '오타후쿠(阿多福)'라고 불렀다. 간사이(關西) 말로 '못생긴 여자'라는 의미다. 그러나 그 말투에는 정이 있었다. 놀리는 말을 들으면 무로마치는 이렇게 대답했다. "제가 못생긴 건 타고난 복이라 아무리 어명이라도 어쩔 수 없습니다. 하지만 제발 제가 말씀드리는 것을 들어주세요." 그러면 천황은 조용히 오타후쿠의 말을 들었다. 언제나 마지막에는 무로마치의 간언에 따랐다. 천황 부부는 무로마치의 오랜 세월에 걸친 노고를 치하하고 2천 엔을 하사했다. 무로마치의 신분에 비해 이례적으로 많은 액수였다.

곁에서 모시고 있는 사람들과 천황과의 인간적인 접촉에 대한 기록이 거의 없어 이러한 일화는 신선하다. '오타후쿠'라는 말은 아직 천황이 표준어가 아닌 교토 말도 쓰고 있었다는 사실을 시사한다.

이해 봄에 거행된 전통 행사 중에 와카 시작 모임이 있었다. 천황은 어가소장(御歌所長) 다카사키 마사카제(高崎正風)가 주상한 '계명고효(鷄鳴告曉)'와 '기신축(寄神祝)'이라는 제목이 영 마음에 들지 않았다. 다카사키는 좀 더 평범한 제목을 내놓아야 했다. 천황은 '신년매(新年梅)'라는 제목으로 노래를 불렀다.

신년 아침 햇살에 매화 피어나
눈 쌓인 사이로 향기가 풍겨나네[640]

흠 잡을 데 없는 노래지만 기억에 남을 정도는 아니다. 그러나 천황은 바야흐로 가인으로서 성숙기에 접어들려 하고 있었다. 천황이 지은 시 중 알려진 것들은 대부분 이 무렵부터 치세가 끝날 때까지의 작품이다.

신년의 축하 기분은 1월 28일, 완전히 식어버렸다. 보병 5연대 제2대대가 행군 중 폭설로 조난했다는 보고가 시종 무관을 통해 들어왔다. 이미 천황이 침실에 든 후였으나 시종은 바로 보고했다.

도쿄와 아오모리(青森) 사이로 부산하게 전신이 오가면서 비참한 소식이 속속 들어왔다. 겨울철 대훈련에 나선 2백여 명이 1월 23일, 핫코다(八甲田) 산 부근에서 갑작스러운 폭설을 만났다. 여름철부터 여러 차례 행군했던 곳이라 병사들은 일대의 지세에 정통해 있었다. 그러나 장비 부족과 갑작스러운 폭설로 길을 잃고 말았다. 대대가 귀대하지 않아 구원부대가 파견되었으나 폭설로 수색이 어려웠다. 27일, 실종 부대원 중 한 명이 발견되었다. 병사는 눈보라 속에서 거의 죽음에 직면해 있었다. 병사는 자초지종을 이야기했고 구원부대가 현장으로 달려갔다. 몇 안 되는 생존자와 조난자들의 시체가 발견되었다. 마지막 시체는 5월 들어서 발견되었다.[641]

천황은 사건의 보고를 듣고 깊이 우려하며 시종 무관 미야모토 데루아키(宮本照明)를 현장에 파견했다. 2월 7일, 조난 부대가 가지고 있던 총기 94정이 발견되었다는 소식이 들어왔다. 그러나 참사의 전모가 밝혀진 것은 훨씬 뒤의 일이었다. 장교와 사병 등 199명이 비명횡사했고 생존자는 겨우 11명이었다.[642]

비보가 전해졌을 당시는 엄동설한에 장비도 제대로 갖추지 않고 훈련한 군의 무모함을 비난하는 목소리가 높았다. 그러나 비극의 전모가 밝혀지자 사람들의 분노는 연민으로 변했다. 희생자 유족은 아들과 손자의 죽음이 헛된 것이 아니라 황군의 장래에 공헌하게 될 것으로 확신하며 오히려 그 일을 기뻐하기까지 했다고 한다.

4월 8일, 외무대신 고무라 주타로(小村壽太郎)는 러시아와 청나라가 만주 반환 협약에 조인했음을 각의에서 보고했다. 일본 측은 이 일을 환영했다. 일본은 러시아가 주도한 3국 간섭으로 청나라에 랴오둥 반도 반환을 강요당한 역사가 있었다.

만주를 둘러싼 러시아와 청나라의 교섭은 리훙장이 니콜라이 2세의 대관식 출석을 위해 모스크바를 방문한 1896년으로 거슬러 올라간다. 당시 러시아와 청나라 사이에 비밀리에 체결된 러청 동맹 내용은 다음과 같다.

첫째, 침략 당했을 때 상호 원조한다. 둘째, 긴급 사태 시 러시아 군함이 청나라 항만을 사용할 수 있다. 셋째, 러시아군 부대와 보급품 운반에 사용될 만주 북부를 관통하는 블라디보스토크까지의 철도를 건설한다. 그 관리는 치외법권을 가진 러시아군이 한다.

이 동맹은 15년간 유효했다.[643] 동맹의 입안자들이 말한 침략의 주체는 바로 일본이었다. 그러나 1897년 독일이 자오저우(膠州) 만을 점령한 것은 분명 침략이며, 이 동맹으로 청나라와 러시아가 말려드는 결과가 되었다. 이언 니시는 그 상황을 이렇게 묘사하고 있다.

청나라 사람은 독일의 행동을 러시아에 의지해서 대항하려 했다. 독일이 자오저우 만에 상륙했다는 보고가 베이징에 당도했을 때, 리훙장은 1896년 러청 동맹에 의거해서 즉시 대항 수단으로서 청나라 항구 하나를 일시적으로 점거하도록 러시아에 요청했다.[644]

이것은 러시아가 내심 바라던 바였다. 이후 러시아는 자오저우 만 조차권에는 더 이상 신경 쓸 필요가 없었다. 러시아는 청나라에서 뤼순과 다롄 만을 조차하고 남만주에 철도를 부설할 권리를 얻었다. 러시아는 이제 오랜 세월동안 꿈꾸어 온 태평양으로 통하는 부동항을 손에 넣게 된 것이다. 그해 말이 되자 청나라 사람들은 '오랑캐로 오랑캐를 제압한다'는 자신들의 전략이 잘못이었음을 깨닫게 되었다.[645]

1898년 4월 25일, 일본과 러시아는 1896년에 야마가타가 조인한 의정서 4조에 의해 새로 한국의 독립을 확인하고, 한국의 내정에 간섭하지 않겠다는 러일 의정서에 조인했다. 만일 일본이나 러시아가 한국에서 군사적 혹은 재정적 문제에 관해 조언이나 원조 요청을 받아서 한 나라가 어떠한 조치를 취하게 될 때 다른 동맹국과도 반드시 의논해야 했다. 그리고 러시아는 일본과 한국의 상공업상 관계를 방해하지 않는다는 데도 동의했다. 이 협정은 최초로 한국의 경제적인 면에 관한 일본의 특수한 역할을 인정한 것이었다.[646]

2년 후 1900년, 만주의 시베리아 횡단 철도 선로가 의화단의 난으로 파괴되는 바람에 러시아는 군대를 파견할 구실을 얻었다. 러시아는 만주 동부 3성인 지린(吉林), 헤이룽장(黑龍江), 펑톈(奉天)을 점령했다. 러시아는 만주 합병 의사가 없다면서 질서가 회복되기만 하면 즉시 부대를 철수하겠다고 약속했다.[647]

러시아의 만주 동부 3성 점령은 당연한 일이겠지만 일본을 당황하게 만들었다. 1901년 2월, 일본은 청나라에 더 이상 러시아의 요구에 응하지 말라고 경고했다. 그러나 리훙장은 러시아와 제휴하기 위해 만주에서의 이권을 희생시켜도 좋다고 판단한 것 같았다. 1901년 가을, 의화단의 난을 진압한 열강 제국은 러시아를 제외하고 모두 베이징에서 부대를 철수했다.

일본과 영국은 되풀이해서 러시아에 항의했으나 일본의 항의는 조심스러웠다. 러일 협정서 조인 당시 외무대신이었던 니시 도쿠지로(西德二郎: 일찍이 상트페테르부르크 대학에서 유학한 적이 있었다)와 이토는 러시아와의 협조가 중요하다고 보고 있었다. 만일 만주에서 러시아의 야망이 채워진다면 러시아는 한국에서의 일본의 우위를 인정할 것이 틀림없었다. 이토와 니시는 그러한 희망을 품고 있었다.

1901년 11월, 러시아를 방문한 이토는 따뜻한 환영 인사를 받았다. 이토는 상트 알렉산드르 네프스키 금수장(金綏章)을 받았고, 러시아 황제는 이토에게 시베리아 횡단 철도로 일본으로 돌아가라고 권했다. 재무대신 세르게이 비테 백작은 "러시아는 한국에서 아무런 이권도 주장하지 않겠다"고 단언하며 일본의 한국 관리를 용인하는 듯한 도량을 보여주었다. 그러나 사실 러시아는 만주에서 일본의 간섭 없이 자유롭게 행동하기 위해 자진해서 양보했던 것이다. 계속 러시아의 양보를 얻을 것으로 기대했던 이토는 크게 실망했다. 그러나 일본 정부는 그 대신 영일 동맹을 추진하기로 했기 때문에 더 이상 러시아와의 동맹을 모색할 필요가 없어졌다.[648] 그래도 이 시점까지는 일본과 러시아가 평화를 유지하기 원한 것은 분명하다.

1902년, 일본은 한국에서의 입장을 계속 강화해 나갔다. 친일파 한국인 정치가로 핵을 구축해 나갔다. 수많은 일본인이 한국 동남부로 이주했으며, 일본은 점차로 광산, 우편, 전신을 관리하게 되었다. 이 무렵 일본은 새로운 우군을 얻었다. 우군이란 바로 외교 문제에 휘말리기를 거절해 왔던 미국이었다. 1902년 초, 미국 대통령에 막 취임한 시어도어 루스벨트가 메이지 천황에게 친서를 보냈다. 또 루스벨트는 영국, 일본과 보조를 맞춰 러시아에 주어진 특권은 문호 개방 정책에 반한다고 청나라에 경고했다.[649] 미국이 끼어들게 된 큰 이유는, 만주뿐 아니라 청나라 북부를 러시아가 차지하면 미국과 청나라의 무역에 영향을 미칠 우려가 있었기 때문이다.

1901년 2월, 흑룡회(黑龍會)가 결성되었다. 범아시아주의를 부르짖으며 러시아인을 만주와 시베리아 국경인 아무르 강(=헤이룽장) 이북으로 몰아내고자 했다. 이보다 일찍 1900년 9월, 공작 고노에 아쓰마로가 결성한 국민동맹회는 러시아의 만주 영구 점거를 막아야 한다고 강력하게 주장하며 한국과 만주에서의 일본 철도 부설을 주장했다.[650] 이 시기에 결성된 같은 종류의 단체들은 만일 그들의 주장이 받아들여진다면 러시아와의 전쟁을 피할 수 없으리란 사실을 너무나 잘 알고 있었다.

일본인에게 철도 부설은 무역 및 한국 관리에 있어서 매우 중요했다. 그러나 러시아인에게 시베리아 횡단 철도가 의미하는 것은 애매모호했다. 1900년에 출판된 『철도 편람』에 이런 내용이 있다.

동양에서 러시아의 개화 정책은 다른 나라에서 볼 때 예외적인 것으로 간주될지 모른다. 러시아의 개화 정책은 다른 원리에 의해 이끌어지고 있으며, 그 목적은 광대하게 펼쳐진 러시아 영토 전역에 평화를 유지함으로써 여러 나라들과의 상호 번영을 기하는 데 있다. 아시아에 기독교 문명의 기치를 세운 영예는 러시아의 것이다.[651]

발기인 가운데 재무대신 비테 백작만큼 철도 건설에 적극적인 인물은 없었다. 비테는 경비도 고려하지 않고 집요하게 사업을 추진해서 철도가 자꾸만 연장되어 나갔다. 지금까지 늘 유럽 선진국에 밀리기만 했던 나라가 이처럼 엄청난 규모의 사업을 추진하게 된 사실은 믿기 어려웠다. 그러나 그것은 '제국주의의 충동'에 의해 지탱되고 있었다. 러시아와 일본의 철도 경쟁은 이제 피할 수 없었다.

1902년 8월, 비테 백작은 러시아 황제의 요청으로 블라디보스토크, 포트 아서(=뤼순), 다롄 같은 극동 지역을 시찰했다. 비테는 시찰하면서 몹시 놀랐다. 그렇지 않아도 러시아는 이미 시베리아의 주민 이주 문제만으로도 어려운 상태였다. 귀로에 비테는 크리미아에 들러 자신이 받은 인상을 황제에게 보고했다. 비테는 나중에 '이 지역을 정상적으로 복구하기 위해서는 러시아가 만주에서 철수하는 수밖에 없다'는 보고서를 썼다. 비테는 또 일본과 협약을 맺어야 한다고 강조했다. 일본과 협약을 맺지 않으면 최악의 사태를 초래하게 된다고 했다.[652]

이미 이해 4월, 러시아는 만주에서 점진적 철수를 약속하는 만주 반환 협약에 조인했다. 더 이상 소동이 발생하지 않아야 된다는 조건부 협약이었다. 러시아는 동시에 1900년 이래 점거해

온 철도 선로를 소유자에게 반환하기로 합의했다. 일본과 영국은 이 발표를 문호 개방 정책의 승리라며 열광적으로 환영했다. 그러나 더 이상 소동이 발생하지 않아야 된다는 조건은 러시아인에게 빠져나갈 큰 구멍을 제공했다. 그 고장은 소동이 빈번하게 일어나는 지역이었다. 비테도 나중에 인정하고 있지만 러시아는 처음부터 철수 협약을 진지하게 실행할 마음이 전혀 없었다.[653]

러시아와의 긴박한 정세만 빼놓는다면 1902년은 메이지 천황으로서는 파란이 없었던 한 해다. 다만 황태자의 건강과 교육 문제는 여전히 천황의 걱정거리였다. 그래도 이 시기의 황태자는 놀라울 정도로 근면했다.[654] 천황과 황태자 사이가 매우 냉랭하고 서먹서먹하다는 것을 느낀 에르빈 벨츠 박사는 자신의 일기에 이렇게 쓰고 있다.

천황은 언제나 많은 관리들이 입회해 있을 때 동궁을 만났고 동궁은 예의 바르게 행동했다. 동궁이 아프면 천황은 그 용태를 자주 묻곤 했지만, 최악의 사태에 빠질 염려가 없는 한 친히 병문안을 하는 일은 극히 드물었다.[655]

5월, 황태자는 혼슈(本州) 중부와 북부의 각 현을 둘러봤다. 출발하기에 앞서 천황이 이런 지시를 내렸다.

이번 순행의 목적은 황태자가 각 고장의 민속과 풍토를 견학하는 데 있다. 따라서 지방 관민은 황태자의 송영과 접대로 통상적인 업무에 지장이 있어서는 안 된다.[656]

순행은 천황의 지시대로 간소하게 끝났다. 다시 말해서 황태자가 흥분할 만한 행사가 되지 못했다. 황태자는 각지의 학교, 나가노(長野)의 광선사(光善寺), 가와나카지마(川中島)의 옛 전장, 현회(縣會) 의사당, 각종 공장과 그 밖의 볼 만한 곳을 방문했다. 후쿠시마 현 이북에 홍역이 도는 바람에 순행은 중단되었다.

순행으로 건강이 다소 나빠진 황태자는 좋아하는 하야마에서 한 달 동안 요양할 수 있었다. 6월 말, 황태자의 두 번째 아들이 탄생했다. 황족 이하 내외 신하들이 축하하기 위해 입궐했다. 그러나 황태자는 소식을 받았음에도 하야마에 계속 머물렀다. 천황은 이번에 태어난 손자를 야스히토(雍仁)라 명명하고 아쓰노미야(淳宮)란 칭호를 내렸다.[657]

이 시기에 황태자를 위한 동궁을 짓자는 이야기가 있었다. 당초 예산 250만 엔은 이미 천황의 재가를 받았다. 그러나 8월 초순, 동궁 조영국장이 물가가 자꾸 오른다는 이유로 조영비 증액을 상신했다. 1907년에 준공 예정인 동궁 어소의 예산은 5백만 엔으로, 당시로서는 거액이었다. 1889년에 황궁을 건축할 때 오로지 간소함과 검약을 모토로 했던 천황은 동궁 어소 조영비의 견적서를 보고 소스라치게 놀랐다. 이해 12월, 천황은 동궁 조영에 대해 오로지 튼튼하게 짓되 화려하고 아름다움을 추구하는 일은 없어야 한다고 명했다. 또 향후 조영비 증액 요구는 일절 들어줄 수 없다고 했다.[658]

동궁의 어소를 짓는 데 거액을 쓰고 있다는 것은 일본 정부가 전쟁 발발을 전혀 예상하지 못했음을 입증한다. 일본과 러시아 조정과의 우호 관계는 여전히 계속되고 있었다. 예를 들면 8월 27일, 천황은 러시아 황제에게 아들 아키히토가 러시아에 체재했을 때 잘 대접해 줘서 감사하다는 친전을 보냈다.[659] 그러나 전쟁을 예언하고 적절한 각오를 촉구한 사람도 있었다. 해군대신 야마모토 곤베(山本權兵衛)는 〈제국 국방론〉을 올려 천황의 사비를 절약해서 군함 건조 자금으로 충당했기에 청일 전쟁에서 승리할 수 있었다고 말했다. 그는 계속해서 이렇게 썼다.

다행히 동양의 천하에서 이제 요사스러운 구름과 안개가 걷히고 있는 듯한 느낌이 들기는 합니다. 하지만 신은 가까운 장래에 평화를 교란할 재앙의 징조가 청나라와 한국에 있다고 봅니다. 삼가 생각하건대 제국 해군이 동양에서 군림하고 있다고 해도 될 것입니다. 그러나 열강의 군사력이 급속히 신장되고 있습니다. 특히 이웃 나라 강국은 새로이 해군을 확장해서 곧 제국의 몇 배나 되는 강력한 동양 함대를 배치할 계획을 가지고 있다고 합니다. 만일 해상에 긴급 사태가 일어날 경우, 바다로 둘러싸인 제국 일본은 베개를 편히 하고 잠잘 수 없을 것입니다.

야마모토는 1등 전함 세 척, 1등 순양함 세 척, 2등 순양함 두 척의 건조 비용과 기타 비용으로 총액 1억 5천만 엔을 요구했다.[660] 일본이 대비해야 할 이웃의 강국이란 바로 러시아였다. 러시아의 동방 진출을 우려한 원로들은 야마모토의 해군 확장안을 승인했다.

1902년 11월, 메이지 천황이 특별 대훈련 시찰을 위해 구마모토 현으로 행차했다. 이에 앞선 몇 개월 전, 현에서 콜레라가 발생해서 순식간에 만연했다. 순행을 중지해야 한다는 논의가 있었으나 다행히 10월 들어 날씨가 서늘해지자 콜레라의 위세가 수그러들었다. 11월 7일, 메이지 천황은 황후와 황태자비의 배웅을 받으며 신바시 정거장에서 기차를 탔다. 하야마에 체재 중인 황태자는 동궁의 시종장 기도 다카마사(木戶孝正)를 오후나(大船) 정거장에 보내 천황의 기차를 봉송하게 했다.[661]

구마모토 행차는 도중에 차에서 내려가며 하는 편한 여행이었다. 천황은 도처에서 단카를 읊었다. 가장 주목할 만한 작품은 1877년의 관군과 사이고군의 격전지 다바루(田原) 언덕을 열차가 통과할 때 지은 것이다.

> 그 옛날 무사들이 치열하게 싸웠던 다바루 언덕
> 소나무도 이제 노목이 되어 가는가

천황은 이 노래를 수행 중인 육군 중장 노기 마레스케에게 주었다. 아마도 그가 전에 다바루 언덕에서 분전했던 일을 떠올려 특별히 주었을 것이다. 노기의 노래는 한층 빛을 발했다.

> 들과 산에서 전사한 전우들
> 그 핏빛 보여주는 단풍잎이여

이보다 일찍 천황은 여러 신하들에게 '봉홍엽(峯紅葉)', '해상월(海上月)'의 두 가지 제목을 내려 와카를 읊게 했다. '해상월'을 제목으로 읊은 이런 노래를 보아도 노기가 걸출한 가인임을 알 수 있다.

> 동틀녘 해 뜨는 곳을 쳐다보니

구슬 같은 후타지마(二島) 바다 위로 떠오르네

천황은 이번 행차에서 특히 와카에 적극적인 관심을 보여줬다. 천황은 보통 군사훈련 참관을 즐겼다. 그런데 이번에는 왠지 마음이 내키지 않았다. 구마모토 성내에서 황족 이하 내외 신하들을 초대해서 향연이 벌어진 11월 14일, 천황은 역정을 냈다. 향연은 오후 2시 30분에 시작하기로 되어 있었다. 시종장 후작 도쿠다이지 사네쓰네가 시간이 되었다고 알렸지만 천황은 나가려 하지 않았다. 기다리던 사람들은 무슨 일이 일어났나 싶어 걱정을 했다. 야마가타 아리토모는 참석자들이 목을 길게 늘이고 천황이 나오기만을 기다리고 있다면서 시종들에게 화를 냈다. 나중에 야마가타가 직접 천황을 찾아가 연회장으로 가기를 권했다. 천황은 생각하는 바가 있어 오늘 행차는 그만두겠다고 했다. 야마가타가 당황하여 이렇게 말했다.

뛰어난 무덕을 갖추신 폐하께서 멀리 이 고장까지 오셔서 연일 풍우도 무릅쓰고 나오는 모습을 보고 장졸들은 감격하고 분투했습니다. 만일 폐하께서 향연에 모습을 보이지 않으면 얼마나 실망할지 상상하기 어렵지 않습니다. 폐하 일신의 행동은 국민 모두가 우러르며 모범으로 삼고 있습니다. 그런데 지금 폐하께서 아무 까닭 없는 행동을 하시면 전군의 사기가 저하될 뿐 아니라 지방 관민을 실망시키게 될 것입니다. 나아가 천하 사람들이 폐하의 성명을 의심할까 우려됩니다. 원컨대 속히 연회에 나가시기 바라옵니다.

야마가타는 격앙된 어조의 열변을 맺었다. 천황은 야마가타의 말을 가로막으며 이렇게 답했다.

처음 서쪽으로 순행한다는 이야기가 나왔을 때 나쁜 병이 유행한다는 이유로 일부 관리들이 순행 계획을 취소하기를 청했다. 이에 군무 당국은 "나쁜 질병쯤은 음식만 엄하게 조심하면 할 수 있다. 순행은 군대의 사기에 미치는 영향이 심대하다"며 짐에게 간절하게 서행(西幸)을 청했다. 짐도 그 말에 일리가 있다고 여겨 마침내 서행하기로 결정했다. 이후로 관리들이 요리하는 주방을 엄중하게 관리했고 짐 스스로도 이를 조심한 것은 경도 잘 알고 있는 바다. 이제 훈련은 끝났다. 오늘 연회는 위로일 뿐이다. 게다가 음식을 삼가하고 있는 때라 나가기를 원하지 않는 것이다. 그런데 이제 와서 경이 자꾸만 가자고 재촉하고 있다. 전에는 음식을 철저히 가리기로 하고 서행을 촉구하더니 이제는 오히려 짐에게 음식 먹는 자리에 나가자며 강요한다. 경들은 짐을 가지고 농락하는 것인가.

천황의 표현은 아주 신랄했다. 그러나 야마가타는 조심스럽게 계속 설득했다. 마침내 천황이 양보하여 스스로 마차를 불렀다. 이미 3시 20분이었다. 마차가 연회장에 도착하자 천황은 옥좌에 나아가 일동의 인사만 받고 나서 바로 그 자리를 떠났다.

연회석에 나가는 일을 천황이 왜 이처럼 단호하게 거부했는지 이해하기 어렵다. 어쩌면 단순히 훈련이 끝난 뒤라 피곤해서였는지 모른다. 아니면 자신을 숭배한다는 신하들에게 조종당하는 기분이 들어 분개하고 있었다고 볼 수도 있다. 아무도 천황이 구마모토에 가기 싫으냐고 묻지 않았다. 야마가타를 비롯한 정부 수뇌는 콜레라 감염의 위험이 있었음에도 불구하고 천황의 순행을 결정했고, 천황의 의사와 관계없이 향연에 출석하기를 강요했다. 천황의 행동을 촉구할 때 외경의 마음이 담긴 공손한 말씨를 쓰고 있으나 결과적으로 그것은 지시였다. 천황의 기분이 상할 만했다.

천황은 구마모토에서의 군사훈련을 즐기지 못했다. 그러나 귀로에 시종무관에게 명해 훈련을 기념하는 군가를 만들게 했다. 그 노래는 이렇게 시작되었다.

때는 메이지 30년 하고도 5년 음력 11월 중반
대원수의 깃발을 세우고
히(肥: 히젠肥前 히고肥後의 총칭)의 구마모토로 나가신다

군가는 대훈련뿐 아니라 귀로의 여행에 대해서도 묘사했으며, 포획한 청국 군함 얘기를 담아 청일 전쟁에서 일본이 승리한 일까지 언급하고 있다.

용안이 매우 환해 지쿠시(筑紫: 규슈 북부)의 기차를 타시며
환어(還御) 길 조슈 앞바다에 지위안(濟遠)이 정박해 있네

1902년 12월 말, 중의원이 해산되었다. 해산 이유는 해군 확장의 재원으로서 토지세를 더 거두려던 정부 제안의 실패에 있었다. 이토 히로부미의 정우회는 헌정본당(憲政本黨)과 손잡고 정부 안에 반대했다. 천황이 거듭 의회 정회를 명했지만 난국은

타개되지 않았다. 28일, 중의원은 이미 해산이 결정되어 해산 조
칙이 내려졌다. 이듬해 3월 1일, 다시 총선거를 하기로 했다.

1903년 1월 6일, 진강을 시작했다. 이해엔 새롭게 서양사를
배우기 시작했다. 프레스콧의 『가톨릭교도 페르난도와 이사벨라
조정의 역사』 중에서 콜럼버스가 탐험 자금을 페르난도 왕과 이
사벨 여왕에게 청원하는 내용을 다룬 부분이 선택되었다. 늘 그
렇듯이 진강 중 메이지 천황이 무슨 생각을 했는지를 암시하는
기록은 전혀 없다. 바야흐로 일본이 식민지를 획득해서 제국주
의 열강의 대열에 끼어들려 하고 있을 시점에, 그는 어쩌면 콜럼
버스처럼 상상력을 갖춘 일본인이 자기 앞에 나타나 제국 확장
을 약속해 주기를 바라고 있었는지 모른다.

그러나 그와는 상관없이 천황은 자신의 주변 문제에 관해서는
여전히 보수적이었다. 1월 9일, 마사코와 후사코 공주의 양육 담
당 사사키 다카유키가 어용 담당 나가사키 쇼고(長崎省吾)를 통
해 시종장 도쿠다이지 사네쓰네에게 두 공주를 따뜻한 해변으로
피한시키고자 한다는 뜻을 전했다. 이 의견을 전해들은 천황은
다음과 같은 이유로 허락하지 않았다.

두 공주는 혼기가 가깝다. 여자는 결혼하면 시집간 집의 가풍
에 순응하지 않으면 안 된다. 시가는 어쩌면 추위와 더위를 피해
옮겨다닐 만큼 여유롭지 않을 수도 있다. 공주들이 혹서와 혹한
을 피해 다른 곳에서 지내는 일에 익숙해지면 곤란하다. 습관은
쉽게 고치기 힘들다. 그것은 오히려 후에 건강에 이롭지 않을 것
이다. 더위와 추위를 견뎌내는 법을 지금부터 배우는 편이 훨씬
낫다. 공주들은 금년 겨울은 도쿄에서 지내는 게 좋다. 만일 바깥

운동이 건강을 위해 필요하다면 때때로 별장이나 영지에서 놀면 된다.

천황 자신도 결코 더위나 추위를 피해 어디로 간 적이 없었다. 그러나 황태자에게는 도쿄에 남아 있어야 한다고 주장한 일이 한 번도 없었던 것 같다. 천황은 날씨가 황태자의 건강에 악영향을 줄까 두려워하고 있었던 것이 틀림없다. 또 싫어하는 일을 황태자에게 강요하다가 지난번처럼 발작이나 신경장애를 일으킬까 두려워하고 있었을 것이다. 황태자는 마음 내키는 대로 살 수 있는 단 한 명의 황족이었다.

2월 2일, 동궁 보도(輔導) 다케히토 친왕이 천황을 배알하고 보도직 폐지안을 내놓았다. 최근 황태자가 스스로 공부하려는 의욕을 보이고 있으며 병세도 차차 회복되고 있기 때문이다. 다케히토의 판단으로는 황태자의 독립심을 양성할 시기가 온 것 같았다. 스물다섯 살 된 황태자에게 아직 보도가 필요하다는 사실을 이상하게 여기는 사람들도 있었다. 그런 일은 황실의 이미지를 손상시킬 수도 있었다. 다케히토의 우려에 천황은 "성인이 된 황태자에게 보도가 있는 게 부적절하다면 그 명칭을 바꾸면 되지 않는가"라고 말했다. 천황은 아직도 황태자에게는 보도가 필요하다고 믿고 있었다. 이토 히로부미 역시 다케히토가 상담해 왔을 때 황태자에게는 아직 보도가 필요하다고 말했다. 하지만 이토는 다케히토가 수년간에 걸쳐 보도의 소임을 다하느라고 심신이 지쳐 있음을 눈치챘다. 그에게 계속 보도의 책임을 맡기는 게 어려울 것 같았다. 2월 6일, 다케히토의 직함이 동궁 고문으로 바뀌었다. 그러나 하는 일은 그대로였다.

한 달 후, 다케히토가 또다시 천황에게 주상했다. 그러나 천황은 황태자의 언동에 점점 더 주의를 기울이게 된 것 같았다. 천황은 "만일 앞으로 황태자의 의견을 듣고자 할 일이 있으면 서면으로 올리고 황태자에게도 서면으로 답하게 하라"고 명했다

1월 28일에는 황족의 또 하나의 문제 인물이었던 고 요시히사(能久)의 동상이 근위보병 1, 2연대 영문(營門) 앞에 세워졌다. 요시히사가 전쟁에서 활약하다 타이완에서 객사했기 때문일 것이다. 그러나 과거 린노지노미야(輪王寺宮) 시절과 방탕했던 독일 유학 시절을 생각하면 이 영예는 결코 어울리지 않았다. 다른 군주들, 특히 같은 시대의 빅토리아 여왕은 스스로 석상이나 동상으로 불멸의 존재가 되는 데 이의를 달지 않았다. 하지만 메이지 천황은 그와 달리 세워진 동상이 하나도 없다.

1903년 3월 1일의 중의원 선거는 거의 현직 의원이 재선되는 것으로 끝났다. 정우회는 193석을 차지해 최다 의석 정당을 유지했고, 헌정본당이 91석으로 그 뒤를 이었다. 정부가 요구하는 토지세 증수라는 난국을 타개하기에는 까마득했다.

4월 7일, 메이지 천황은 해군 대훈련 관함식(觀艦式) 및 제5회 내국 권업(勸業) 박람회에 참석하기 위해 교토, 오사카, 효고를 향해 출발했다. 천황의 기차는 주요 역에 정차해 가면서 이튿날인 8일 오후 마이코(舞子)에 도착했다. 마이코에서 머물 곳은 다케히토 친왕의 가시와야마(柏山) 별장이었다. 천황의 기차가 고베를 통과할 때 항구 밖에 모여 있던 함정들은 모두 만함식(滿艦飾)으로 치장하고 함마다 예포를 쏘았다. 마이코 앞바다에 정박한 군함은 낮에는 깃발 장식으로, 밤에는 전등 장식으로 화려하게 치장했다. 만찬 전후 약 2시간 동안 해군 군악대의 연주가 있

었다. 천황의 특명으로 해군 군악대는 지난해 11월 구마모토 대훈련 귀로에 시종 무관이 만든 군가를 연주했다.

천황이 해군보다 육군을 좋아한다는 사실은 누구나 다 알고 있었다. 천황은 군함에 타는 것을 싫어했다. 특히 중유 냄새를 싫어했다. 10일의 해군 대훈련 관함식 당일, 천황은 육군 군복을 착용했다. 장소나 계절과 무관하게 천황은 육군 군복을 입었다. 천황은 시종 무관에게 명해 관함식 군가를 만들게 해서 해군에 하사했다. 그러나 해군 장교 이하 병졸에 이르기까지 천황이 해군 대원수의 군복을 입지 않아 아마도 실망이 컸을 것이다.

몇 년이 지난 후, 해군이 다시 관함식을 하려 했을 때 천황이 이번에는 해군 군복을 입었으면 하는 바람에서 군복이 만들어졌다. 천황은 아무 반응도 보이지 않았다. 혹 거부의 표시인가 싶어 해군대신 야마모토 곤베는 천황에게 재고를 촉구할 요량으로 배알을 요청했다. 천황은 "야마모토, 옷 이야기인가"라고 야마모토보다 먼저 말을 꺼냈다. 천황은 결국 관함식에서 해군 정장 차림을 보여줘 해군의 사기를 아주 높였다고 한다.[662]

천황은 4월 13일, 마이코를 떠나 교토로 향했다. 차 안에서 군가와 비슷한 와카 한 수를 지었다. 시종 시보(試補) 남작 사와 노부모토(澤宣元)에게 필기시킨 다음, 다시 사와가 수행원들에게 회람시켰다.

마이코 바닷가의 가시와 산
임시 행궁을 수행하면서 달리는 열차에 몸을 실었네
어느새 오사카에 피어오르는 연기
햇빛 가려 하늘이 컴컴하니

이에 상업이 번창함을 비로소 깨닫는 수행의 여행

봄바람에도 춥지가 않네

드디어 교토에 다 왔구나

드디어 교토에 다 왔구나[663]

사와는 천황의 와카가 오사카의 번영을 찬양한 것이니까 그곳 시민이 감격하리라 여겨 그 공표를 제안했다. 그러나 시종장 도쿠다이지 사네쓰네는 천황의 노여움을 살까 염려하여 공표의 주청을 하지 않았다.

천황은 교토에서 황후와 합류했다. 소년 시절을 떠올리며 그는 매일 아침에 '오아사노모노(御朝之物)'를 올리게 했다. 짠 맛이 가미된 붉은 팥소를 지름이 세 치(=약 9cm)쯤 되게 둥글게 빚은 것으로 안에 떡이 들어 있다. 궁정에서 이를 먹기 시작한 것은 무로마치(室町) 시대(1392~1573)까지 거슬러 올라가지만 그 전통은 메이지 시대에 들어서 사라졌다. 그로부터 30년이 지난 지금 천황이 그것을 원했던 것이다. 과거 이 과자를 만들었던 가와바타(川端) 가의 젊은 주인은 제조법을 몰랐다. 그러나 다행히도 그의 노모가 기억하고 있었다. 이 과자는 원래 먹기 위해서가 아니라 황실이 쇠미해 있던 시절을 돌이키며 매일 아침 바라보기 위해 만든 것이었다. 그러나 천황은 오후 간식으로 단팥죽에 넣어먹었다. 천황은 이따금 시신을 불러 그것을 권하면서 맛이 어떠냐고 묻곤 했다. 모두들 맛없다는 말은 못하고 웃으며 얼버무렸다. 천황은 크게 웃으며 단팥죽에 넣어먹는 방법까지 알려줬다.

4월 20일, 천황이 제5회 내국 권업 박람회 개회식에 나갔다.

공업을 비롯한 농업, 상업, 교육 등 각 분야에서 일본이 이룩한 발전을 직접 바라보며 대단히 기뻤을 것이다.[664] 천황, 그리고 수행하는 사람들 모두가 정장 정복 차림이었다. 식전에는 13개국 주일 공사를 비롯해서 일본의 귀족들도 다수 참석했다. 그것은 일본이 '연기(煙氣)의 도시'가 되었다는 만족감을 나타내는 제전이었다.

그러는 동안 청나라에서는 불온한 정보가 들어오고 있었다. 러시아군의 만주 철병은 지지부진하기만 했다. 러시아는 3단계에 걸쳐 철병하기로 약속했었다. 제1차 철병은 이미 완료해서 산하이관(山海關)과 잉커우(營口) 사이의 철도가 반환되었다. 그러나 이것은 러시아와 이해관계가 적은 랴오시(遼西)로부터 주요 기지가 있는 랴오둥(遼東)으로 군대를 이동한 것에 지나지 않았다. 뤼순, 다롄을 포함한 제2차 철병을 할 기미는 전혀 보이지 않았다. 제2차 철병 날인 4월 8일이 지나갔다. 이날 러시아는 오히려 청나라 정부가 해야 할 7개 조항을 요구했다. 요구 사항은 러시아가 만주의 행정, 경제 지배권을 온전히 장악하겠다는 내용이었다. 이것은 다른 모든 열강과 청나라의 통상이 힘들어진다는 것을 의미했다.[665]

일본은 러시아의 새로운 요구를 듣고 당황했다. 그 대처 방법에 대해 의견 일치를 보지 못했다. 3월 15일의 원로회의에서 이토 히로부미가 "영국과 독일은 실력 행사까지 해가며 만주에서의 러시아의 움직임에 대항할 마음이 없다"는 사실을 전했다. 만일 일본이 다른 열강의 지원 없이 러시아에 대적해 우위에 서기 위해서는 최종적으로 전쟁까지 각오해야 했다. 그것은 위험하기 짝이 없는 일이었다. 이토는 영국과 독일의 태도를 따라야 한다고 주장했다. 한국에 관해서는 현상 유지를 목적으로 하고, 기회를 봐서 러시아와 협상해서 충돌의 빌미를 만들지 않도록 애써야 한다고 했다.

이토의 견해는 무시할 수 없었다. 그러나 러시아가 청나라에 새로운 요구를 했다는 보고받았을 때, 내각 총리대신 가쓰라 다로(桂太郎)와 외무대신 고무라 주타로는 즉시 러시아의 요구에 굴하지 말라고 청나라에 엄중 경고했다. 동시에 러시아와 직접 교섭을 개시할 시기가 왔다고 판단했다. 가쓰라와 고무라는 이토를 재촉해서 교토의 야마가타 아리토모의 별저를 찾아가 교섭의 근본책을 의논했다. 때마침 청나라 주재 공사 우치다 고사이(內田康哉)에게서 전보가 와 있었다. 전보에 의하면 러시아군이 평황청(鳳凰城) 근처에서 활동을 개시했으며 한 무리가 압록강 강가의 삼림을 점령하려 하고 있다는 것이었다. 한국 주재 공사에게서도 러시아군이 행동을 개시했다는 같은 종류의 소식이 왔다.

야마가타의 별저에서 열린 4월 21일의 회담 결론은 만주 및 북한에서의 러시아의 행동은 한국의 존립을 위협하고 일본의 정책에 반한다는 것이었다. 네 명[666]은 "만주는 양보할 수 있다. 그러나 한국에서의 일본의 권리는 전쟁을 해서라도 요구를 관철해야 한다"는 방침을 정했다.[667]

이 시점에서 천황이 예상할 수 있는 위기 상황을 알고 있었다는 흔적은 전혀 없다. 천황은 교토에 머무르면서 박람회 방문을 위해 몇 번씩이나 오사카를 왕복하고 있었다. 황후는 보통 천황이 방문한 곳을 다음 날 방문하곤 했다. 5월 2일, 천황은 마쓰모토 부이치로(松本武一郎)가 박람회에 출품한 축음기를 들었다. 천황은 이 새 발명품이 너무 마음에 들어 75엔에 구입했다. 그 후 마쓰모토는 죽음 납관(蠟管)—초기의 레코드는 판이 아니라 관이었다—다섯 개를 천황에게 바쳤다. 하나는 미야코(都) 음악대의 〈기미가요〉 합주, 또 하나는 지쿠젠(筑前) 비파 연주자인 다치바나 지조(橘智定)가 연주하는 〈난코사쿠라이(楠公櫻井) 역〉, 나머지는 모두 군가였다. 마쓰모토는 분명히 천황의 기호를 알고 있었다.

이틀 후, 천황은 천용사 뒷산에 있는 고메이 천황의 후월륜동 산릉 북릉을 참배한 뒤 아마도 지금까지 지은 것 중에서 가장 감동적인 노래를 읊었다.

후월륜동산릉 참배 길 소매에
늙은 소나무 잎도 어지러이 떨어지는구나[668]

5월 10일, 교토 화족들의 전송을 받으며 천황은 귀로에 접어들었다. 짧으나마 이번 교토 방문은 행복한 나날이었다. 그러나 이틀 후, 도쿄에 돌아온 천황은 참모총장 오야마 이와오로부터 한국에서 일어나고 있는 위기 상황에 관한 보고를 받았다. 한국 주재 육군 무관은 러시아가 압록강 입구 왼쪽 강가의 한국 영토를 점령해서 일본의 진출을 저지할 목적으로 군사 시설을 건설하고 있다고 보고했다. 러시아가 만주에서 철병할 의사가 없다는 것은 분명했다. 오야마의 추측에 의하면 러시아의 노림은 동 3성을 영속적으로 수중에 넣는 데에 있었다.

오야마는 러시아와 일본의 군사력을 비교했다. 러시아는 시베리아 횡단 철도의 완성으로 이전보다도 빨리 군대를 동아시아로 수송할 수 있게 되었다. 그러나 철도는 아직 그 기능을 충분히 발휘하고 있지 않았다. 러시아 부대가 착실히 증강된 것만은 분명했다. 현재 러시아 해군은 일본의 약 4분의 3에 지나지 않았다. 그러나 만일 목하 진행 중인 확장 계획을 착실하게 실행에 옮긴다면, 몇 년 안에 일본을 능가할 것은 거의 틀림없는 일이었다. 이러한 상황을 토대로 오야마가 결론을 내렸다.

러시아의 탐욕스러운 욕망을 제지시키고 청나라와 한국의 독립을 보전하며 일본의 이권을 유지하기 위해, 일본은 지금이야말로 행동을 일으켜야 한다. 공연히 허송세월만 하다 보면 한국의 독립은 이미 소멸한 것이나 같으며, 청나라 역시 위기에 빠지게 마련이다. 이들 두 나라의 독립이 침해된다면 어찌 일본인들 안전하게 있을 수 있을까.

오야마는 이미 러시아의 동향에 대해 한국 정부에 경고를 했다. 그러나 한국 정부는 무력해서 어찌할 바를 모르고 있으므로 일본 정부가 스스로 이에 걸맞은 수단을 취해야 했다. 일본은 러시아에 단호히 대적할 것을 표명하지 않을 수 없었다.[669]

이 보고를 듣고 천황이 어떤 반응을 보였는지 『메이지 천황기』에는 쓰여 있지 않다. 그러나 아마도 천황은 세계 최강국과의 전쟁이 임박했다는 사실에 크게 놀랐을 것이다. 지난 세월을 모처럼 즐길 수 있었던 목가적인 교토 방문 후, 천황은 갑자기 '현실의 충격'에 직면하게 된 것이었다.

제53장 폭군 니콜라이 2세

1903년 6월 10일, 법학박사 일곱 명이 내각 총리대신 가쓰라 다로에게 러시아 정책에 관한 건의서를 제출했다.[670] 만일 러시아가 일본의 요구에 응하지 않는다면 전쟁도 불사한다는 강경한 논조였다. 법학박사 일곱 명의 의견은 8개월 동안 계속된 러일 교섭에서 일본의 수뇌진이 표명한 견해를 상징하는 것이었다.

건의서에 의하면 가장 중대한 국면은 청일 전쟁 후 3국 간섭에 직면한 일본이 랴오둥 반도를 보유하지 못한 데에서 비롯되었다. 이것이 간접적인 원인이 되어 현재의 만주 위기를 초래했다. 둘째로, 독일이 자오저우 만에 눈독을 들일 때 일본은 독일 군을 물리칠 만한 군사력이 없었다. 만일 독일의 청나라 영토 점거를 막았더라면 러시아는 쉽사리 뤼순과 다롄을 조차하겠다는 요구를 하지 못했을 것이다. 셋째로, 의화단의 난이 종결된 후 만주에서의 부대 철수 규정을 면밀하게 작성하지 않았다. 그것이 결국 러시아에게 철수를 연장할 기회를 주었다는 것이다.

새로운 중대 국면은 러시아가 2차 철수 약속을 이행하지 않은 데서 비롯되었다. 만일 일본이 이를 불문에 부치면 난국 타개의 천재일우의 호기를 놓치는 결과가 된다. 법학박사들의 판단에 의하면 일본은 이미 세 번의 호기를 놓쳤다. 이런 실책은 두 번 다시 되풀이해선 안 된다고 했다. 법학박사들은 또 러시아가 이미 만주 침략 계획을 착착 진행 중이라는 사실을 지적했다. 육지에서는 철도, 성벽, 포대를 건설하고, 해상에서는 함대에 군세를 집중시켜 군사력을 강화해 나가고 있었다. 최근 보고에 의하면 이들 군비 증강의 목적은 일본을 위압하는 데 있었다. 하루를 늦추면 위기는 그만큼 늘어나게 된다. 일본이 현재의 군사적 우위를 유지할 수 있는 기간은 기껏해야 1년 정도라고 했다.

현재 러시아는 군사적으로 일본에 대항하기에 충분해 보이지는 않았다. 하지만 일단 군사력에 자신이 붙게 되면 러시아가 만주뿐 아니라 한국에까지 손길을 뻗치게 될 것은 거의 의심의 여지가 없었다. 러시아가 한국을 수중에 넣고 나면 다음 희생물은 어느 나라가 될지 분명했다. 만주 문제가 해결되지 않으면 한국은 사라질 운명에 있고, 한국이 사라지고 나면 일본의 방위는 위협을 받게 된다. 그러나 법학박사들은 아직 일본에 승산이 있다고 덧붙였다.

사실 이것은 하늘이 주신 기회였다. 러시아는 아직 극동에 확고한 근거지를 갖지 못하고 있다. 일본은 지리상 유리하다. 우리 4천만이 넘는 동포는 러시아의 행위를 증오하는 점에서 하나이다. 이만한 조건이 갖춰져 있는데도 결단을 내리지 않는다면 일본은 조상의 위업을 위태롭게 할 것이요, 자손의 행복을 상실하게 된다.

법학박사들은 즉각적인 행동을 주장하면서 외교 관계이므로 신중해야 한다는 의견을 배척했다.

신중파는 영국과 미국의 태도를 연구하고 독일과 프랑스의 의향을 탐지하라고 하지만 이미 제국들은 태도를 정한 상태다. 독일과 프랑스는 당연히 일본 편을 들지 않을 것이고 러시아의 전열에 가담하지도 않을 것이다. 왜냐하면 영일 동맹 조약 하에서 일본을 적대한다는 것은 동시에 영국을 적으로 돌린다는 것을 의미한다. 독일과 프랑스가 만주 때문에 이런 위험을 무릅쓸 리가 없다. 미국의 경우 이들의 목적은 만주의 문호 개방에 있다. 문호가 개방되어 있는 한, 주권이 어느 나라에 있건 미국은 신경 쓰지 않는다. 미국의 관심은 오로지 통상의 이익에 있다. 극동의 평화, 청나라의 보전을 목적으로 하는 외교 정책에서 미국을 확고한 동지로 간주하면서 그 결의를 기다린다는 것은, 일본이 스스로의 행동의 자유를 속박하는 것과 같은 행위다. 무슨 일이 있더라도 한국을 잃으면 안 된다고 주장하는 사람들이 있는데 이 주장은 옳다. 그러나 만일 한국을 지키고 싶다면 만주를 러시아에 넘겨주면 안 된다. 이 외교 논의에서 중요한 점은 마치 이미 만주가 러시아의 세력하에 있는 것처럼 논의의 중심을 한국으로 한정시켜서는 안 된다는 점이다.

법 이론상으로 보더라도 러시아는 만주에서 부대를 철수할 의무가 있다면서 법학박사들은 말을 이었다.

이것은 단순히 만주의 A지점에서 B지점으로 부대를 이동시킨다는 것을 뜻하는 것은 아니다. 철도 수비대 역시 동시에 철수해야 한다. 일본은 러시아에 약속 이행을 요구할 권리가 있다. 무엇보다 중요한 것은 만주와 한국의 교환을 내비치거나 그 비슷한 말을 하는 러시아 정치가를 경계해야 한다. 만주 반환 문제를 근본적으로 해결하고 극동의 항구적인 평화를 유지하기 위해서 일본은 이제 단호한 조처를 취해야 한다.

확실하게 단정 짓지는 않았으나 법학박사들은 분명 일본이 러시아에 최후통첩을 들이대야 할 것으로 생각하고 있었다. 만일 러시아가 만주 반환 요구에 응하지 않고 끝까지 거부한다면 개전은 일본이 군사적 우위에 있을 때 시작해야 한다는 것이다.

법학박사들에게는 지지자들이 있었다. 그러나 전쟁은 그리 급박해 보이지 않았다. 건의서가 제출된 직후 블라디보스토크와 뤼순 방면의 시찰 여행을 끝낸 러시아 육군대신 알렉세이 니콜라예비치 쿠로파트킨이 열 명의 장성을 거느리고 일본을 방문했다. 쿠로파트킨 일행은 국빈에 준하는 대우를 받으며 6월 13일, 천황을 알현했다. 쿠로파트킨 일행과 러시아 공사 등을 위해 황궁에서 오찬회가 열려 야마가타 아리토모와 오야마 이와오, 내각 각료들이 배석했다. 같은 날, 쿠로파트킨은 훈1등 욱일동화대수장(旭日桐花大綬章)을 받았고, 수행원들도 각각 훈장을 받았다. 쿠로파트킨이 일본을 방문한 목적은 러시아 황제의 명령으로 일본의 형세를 시찰하고 일본의 의향을 탐지하는 데에 있었다. 일본 측은 단순하게 러시아 육군대신의 방문을 영광으로 여겼다.

일본 측은 군사적 문제를 꺼내기를 피했다. 그래도 담소하는 가운데 양국이 극동 문제로 끊임없이 반목하고 있는 데 대한 유감의 뜻이 표해졌다. 쿠로파트킨 역시 전쟁 없이 사태가 평화롭게 해결되기를 바란다고 했다. 돌아가기에 앞서 쿠로파트킨은 러시아 황제가 천황에게 전하는 말을 상주했다.

귀국은 다른 나라와 달리 러시아의 이웃 나라다. 게다가 시베리아 철도가 이미 개통되었으니 앞으로는 양국 간의 교제가 더욱 친밀해지기를 희망한다.[671]

이러한 우호적인 말과는 딴판으로 양국의 전쟁 추진파는 이전보다도 더 과격해졌다. 6월 22일, 천황을 알현한 참모총장 오야마 이와오는 필요하다면 무력에 호소해서라도 한국 문제의 해결이 급선무라고 상주했다. 같은 날, 상주에 앞서 오야마는 이러한 취지의 의견서를 내각에 제출했다.

만일 일본이 러시아가 하는 대로 방관하며 이를 내버려두면 한반도는 3, 4년이 지나지 않아 러시아 영토가 된다. 아주 좁은 해협을 사이에 두고 일본이 사나운 호랑이 같은 강대국과 접하게 됨을 뜻한다. 나는 교섭을 통해 러시아와 평화적 해결을 도모하는 데는 찬성이었다. 그러나 만일 불행하게도 전쟁을 벌이게 된다 하더라도 일본군은 러시아군과 대등하게 싸울 실력이 있다. 지금이야말로 국가 대계를 위해 한국 문제를 해결할 호기다.[672]

6월 23일, 천황은 가쓰라와 외무대신 고무라 주타로의 요청으로 어전회의를 열었나. 원로, 주요 각료 등 아홉 명을 오게 해서 러시아 문제에 대한 장래 방침을 토의했다.[673] 고무라는 법학박사들의 건의서와 비슷한 내용의 대 러시아 교섭안을 준비한 뒤 "러시아가 만주 철수를 이행하지 않음으로써 일본은 몇 해 동안 지지부진하던 한국 문제를 해결할 호기를 얻게 되었다. 우선 한국은 이유 여하를 막론하고 러시아에 그 일부도 양보해서는 안 된다"고 말했다. 한편 고무라는 러시아가 우세를 보이고 있는 만주는 양보할 수밖에 없다면서 도쿄에서 담판하기를 제안했다.[674]

가쓰라 역시 어떻게든 한국은 러시아에 넘기지 않을 각오였다. 그러나 공공연히 한국이 일본의 소유라고 했다가는 러시아와의 충돌을 피할 수 없을 것 같았다. 상트페테르부르크의 일본 공사에게 훈령을 보내서 러시아에 일본과 담판할 의향이 있는지 알아보게 했다.

어전회의에서 보여준 수뇌들의 외향적인 의견 통일은 꼭 믿을 수 있는 것이 아니었다. 그 자리에서는 협력적인 태도를 취하고 있었지만, 이토 히로부미가 이끄는 정우회는 가쓰라 내각에 대한 공격의 고삐를 늦추지 않았다. 이튿날 가쓰라는 이토와 야마가타를 관사로 불렀고, 해군대신 야마모토 곤베도 참석시켰다. 가쓰라는 현재의 위기에 대처할 수 있을 것 같지 않다면서 사의를 표명했다. 가쓰라는 위기가 닥치면 원로들만이 지도력을 발휘할 수 있다고 생각했다. 가쓰라는 이토와 야마가타에게 둘 중 누군가가 내각을 조직하도록 설득했다. 가쓰라 자신은 한 발 물러나 곁에서 협력하겠다고 했다. 이토가 이의를 제기했지만 신병을 이유로 사의를 표명했다.[675]

난국의 타개책이 나오지 않은 채 지금까지 종종 그랬던 것처럼 천황에게 결정권이 맡겨졌다. 천황은 가쓰라를 불러 "이제 바야흐로 한국과 만주에 관해 러시아와 교섭이 벌어지려 하고 있다. 이처럼 중대한 시기에 사의를 들어줄 수가 없다. 유임해서 정양에 힘쓰라"고 말했다.

7월 13일, 천황은 이토 히로부미를 추밀원 의장으로 임명했다. 천황은 내각의 그 누구보다도 이토의 의견을 높이 평가하고 있었다. 이보다 일찍 7월 6일, 천황이 이토를 불러 러시아와의 관계에 대해 의견을 말했다. 만주와 한국 문제를 둘러싼 러시아와의 교섭은 쌍방이 어떻게 나오느냐에 따라 전쟁의 위험도 있으며, 그 전망은 결코 낙관할 수 없었다. 천황은 이토를 추밀원 의장에 앉힘으로써 국가 주요 업무에 관한 자신의 상담역으로 삼을 작정이었다. 이토는 결정하는 데 시간을 달라고 했다. 8일, 천황은 거듭 이토에게 서한을 보내 군이 이토를 국가의 중직에 앉히려는 까닭은 솔직한 의견을 필요로 하기 때문이라고 했다. "짐은 경의 오랜 세월에 걸친 헌신을 믿고 의지하니 경의 적절한 조언과 충실한 도움으로 직무를 완전히 하기를 바라오."[676]

이는 아마도 천황이 신하에게 보여준 최대의 존경 표현이었을 것이다. 이토는 삼가 폐하의 인자한 명령에 따르겠노라고 답했다. 그러나 내심으로는 결코 기쁘지 않았다. 이토는 이 결정 뒤에 야마가타가 있었을 것으로 짐작하고 있었다. 야마가타도 온갖 수단을 다 동원해 이토에게 취임을 수락하라고 설득했다. 마침내 이토는 야마가타와 마쓰카타 마사요시 두 사람이 추밀원에 들어가는 것을 조건으로 수락했다. 최종적으로 천황은 가쓰라를 병상에서 불러내 이토가 가쓰라의 유임을 조건으로 추밀원 의장에 취임하겠다고 한 말을 통고한 것 같았다. 가쓰라가 이토를 찾

아갔고, 이토는 사실을 인정했다. 가쓰라는 숙고 끝에 사의를 철회했다.[677]

일본 정부는 이제야 하나가 되었다. 7월 28일, 외무대신 고무라 주타로는 주 러시아 공사 구리노 신이치로(栗野愼一郎)에게 훈령을 보내 일본이 만주와 한국 문제에 관한 교섭을 개시하고 싶다는 메모를 러시아 외무대신 람스도르프 백작에게 건네라고 명했다. 만일 러시아로부터 대체적인 찬동을 얻을 수 있다면 일본 정부는 교섭의 성질 및 범위를 제안할 용의가 있다고 했다. 동시에 구리노가 지시받은 내용은 양국의 우호와 친목을 위해 조속히 교섭을 벌이고 싶다는 일본의 뜻을 러시아에 전하는 것이었다.[678]

8월 12일, 구리노는 6개조로 이뤄진 일본의 협상안을 람스도르프에게 건넸다.

제1조, 청나라와 한국 영토 보전 및 독립을 존중하며, 외국에 대한 상공업의 기회 균등 방침 유지를 상호 약속한다. 제2조, 한국에서의 일본의 이익과 만주 철도 경영에서 발생하는 러시아의 특수한 이익을 상호 승인한다. 제3조, 한국에서의 일본, 그리고 만주에서의 러시아의 상공업적 활동의 발달을 저해하지 않을 것임을 상호 약속한다. 제4조, 한국과 만주에서 소동이 발생하여 각각 일본과 러시아의 군대 파견이 필요할 경우, 군대는 필요 이상의 인원수를 초월하면 안 되며 또 임무가 종료된 다음에는 즉각 철수한다. 제5조, 러시아는 일본이 개혁, 개선을 위해 한국에 조언이나 원조(군사 원조 포함)를 할 전권(專權)이 있음을 승인한다. 제6조, 이 협약은 지금까지 한국에 관해 러일 간에 맺어진 협정을

대체하는 것으로 한다.[679]

일본 정부가 협상안을 제출한 것은 러일 간의 협정의 기초가
되기에 족하다고 확신했기 때문이었다. 그러나 러시아 정부에서
의 수정, 또는 반대 의견을 우호적으로 고려한다는 점을 덧붙였
다. 협상안은 이미 8월 3일, 구리노에게 전해져 있었다. 그러나
구리노는 8월 12일까지 람스도르프 백작을 만날 수가 없었다.
이유는 람스도르프가 바빠서라고 설명되었다. 진짜 이유는 극동
의 러시아 영토에서 일어난 행정 조직의 일대 변혁에 있었다. 구
리노가 고무라의 협상안을 건네줄 수 있었던 8월 12일, 러시아
황제는 극동 총독부를 설치한다는 칙령에 서명하고 있었다. 그
것은 바이칼 호 동쪽에 있는 러시아의 성(省)과 영지 전역에 걸
친 군사적, 경제적, 외교적 문제의 전권을 총독 알렉세이예프에
게 위임한다는 것이었다.[680]

일대 변혁은 러시아 정부의 가장 유력자인 재무대신 세르게
이 비테 백작에게는 기습에 해당하는 통렬한 일격이었다. 8월
28일,[681] 언제나처럼 비테가 황제에게 월례 보고서를 제출했
을 때였다. 러시아 황제가 느닷없이 비테에게 재무대신 자리에
서 대신위원회 의장으로의 이동을 명했다. 지위만 높았지 아무
런 가치도 없는 자리였다. 비테는 정부 요직에서 밀려나게 된 이
유가 일본과의 전쟁을 초래할 정책에 반대했기 때문이라고 생
각했다.[682] 비테는 평소 알렉세이예프를 교활한 아르메니아 모
피 장수 같은 심보를 가진 형편없는 입신주의자[683]라고 멸시하
고 있었다. 그 알렉세이예프가 극동 총독으로 임명된 사실을 알
았을 때, 비테는 황제가 깅경파 과격주의자의 이런 의견을 받아

들였을 것으로 해석했다. 즉 '러시아는 동방에서 원하는 것을 모두 손아귀에 넣을 수가 있다. 왜냐하면 일본은 맞서 싸울 용기가 없으니까.' 그리고 비테는 이렇게 덧붙이고 있다. '러시아 황제는 은근히 전승이 가져다줄 영광을 갈망하고 있었다. 가령 일본과의 전쟁이 일어나지 않는다 하더라도, 아프가니스탄을 놓고 인도와 전쟁을 시작했을 것이고, 그보다도 오히려 보스포루스 해협을 놓고 터키와 전쟁을 일으켰을 것이 틀림없다. 물론 그런 전쟁이 일단 일어나면 좀 더 대규모 전쟁으로 발전했을 것'이라고 판단했다.[684] 황제 자신은 비테를 해임하던 날, 일기에 간결하게 '이제야말로 짐이 지배자다'라고 썼다.[685] 비테는 일본의 협상안에 대해 이렇게 회상하고 있다.

러시아로 귀국한 지 얼마 되지 않았을 때 일본 공사인 구리노가 만나러 왔다. 1903년 7월, 내가 아직 재무대신에 있는 동안, 구리노가 나와 람스도르프 백작에게 협상안을 제출했다. 그것은 우리의 의견 차이를 평화적으로 해결할 가능성을 보여주는 것이었다. 나는 수락에 찬성했으나 아무 소용이 없었다. 협상안은 알렉세이예프 총독에게 보내진 다음, 언제 끝날지도 모를 알맹이 없는 토론의 재료로 삼아졌기 때문이었다.

이 총명한 인물(구리노)은 나에게 이렇게 말했다. 일본에서는 일이 시원시원하게 진척되고 있는데, 러시아는 쓸데없이 교섭을 질질 끌고만 있다. 일본이 일단 협상안을 내놓았으면, 그것은 이제 알렉세이예프의 소관이라고 람스도르프는 말한다. 한편에서 알렉세이예프와 로젠(주일 러시아 공사)은 황제가 자리를 비우고 있어서 어찌해 볼 도리가 없다고 한다. 일본 측에서 볼 때 이런

수법은 바로 우리가 전쟁을 바라고 있다는 것을 의미했다. 구리
노로서는 러일 간의 충돌을 피할 수 있도록 최선을 다하는 것은
명예의 문제였다. 시간이 없다고 그는 말했다. 일본의 여론은 점
점 흥분의 도를 더하고 있어서, 이대로 계속 억제하기는 어려웠
다. 그는 이렇게 언명했다. 일본은 군주국가다. '극동 총독' 따위
나 상대하는 교섭을 해야 한다면 이것은 굴욕 외교 이외의 아무
것도 아니다. 마치 극동은 러시아의 영토이고, 일본은 단순한 보
호령에 지나지 않는 것 같지 않은가.[686]

구리노의 말에는 날카로운 통찰력이 있었다. 구리노는 물론,
고무라가 제출한 협상안이 러시아 측의 변경 없이 수락되지 않
는다는 것을 알고 있었다. 제2조는 아마 러시아 측이 받아들이
기 어려울 것이다. 한국에서의 일본의 이권 우위를 인정하는 대
가로 러시아가 얻는 것은 만주의 철도 경영뿐이었다. 이것은 아
무리 보아도 수지가 맞지 않는 거래였다. 그래서 이 협상안을 제
출할 때 고무라는 좀 더 양보할 생각이었음에 틀림없다. 러시아
가 고무라의 협상안에 즉각 회답하지 않은 것은 의도적인 모욕
으로 해석되었다. 러시아가 만주에서 제2기 철수 약속을 이행
하지 않은 데 이어, 이것이 일본의 여론을 자극했다. 법학박사
일곱 명을 비롯한 애국자들은 이제 공공연히 전쟁을 부르짖었
다.[687]

일본은 러시아의 회답을 52일간이나 기다리지 않으면 안 되
었다. 람스도르프 백작은 대안 제시가 늦어진 이유로 황제의 부
재를 내세웠고, 또 몇 가지 점에서 알렉세이예프와 의논할 필
요가 있었다고 했다. 람스도르프는 도쿄를 담판 장소로 제안했

다.[688] 이것은 원래 일본의 제안이었다. 그러나 총독부가 설립된 지금에 와서, 환영할 일이 아니었다. 만일 도쿄에서 한다면, 일본의 교섭 상대는 러시아의 최고 실력자가 아닌 알렉세이예프의 부하에 지나지 않는 러시아 공사 로만 로젠 남작이 되므로, 그렇게 해서는 일본의 체면이 말이 아니게 된다.[689] 하지만 최종적으로 일본이 양보했다.[690] 10월 3일, 러시아의 최초의 대안이 일본 정부에 수교되었다.

대안은 실질적으로 일본이 제출한 협상안을 완전히 거부한 것이나 마찬가지였다. 첫째 조항은 한국의 독립과 영토 보전을 보장하고 있었으나 청나라에 대해서는 일절 언급하지 않고 있었다. 어느 조항에도 만주에 대한 언급은 없는 것이나 같았다. 이는 러시아의 지배는 논의의 대상으로 삼지 않겠다는 것을 시사했다. 유일하게 만주에 대해 언급한 제7조는, 만주 및 그 연안이 완전히 일본의 세력권 밖에 있다는 것을 일본이 승인하도록 요구하고 있었다. 새로 부가된 요소는 한국 영토의 북위 39도 이북을 중립 지대로 해서 양국 모두 군대를 끌어들여서는 안 된다는 제안이었다. 이것은 한국에서의 일본 세력을 한정하려는 의도였다.[691] 양국 제안의 차이가 너무나 커서 타협은 불가능해 보였다.

고무라는 로젠 남작과 만나서 일본 측과 러시아 측의 제안을 조정해서 협정의 기초를 짜내어 보려고 애썼다. 그러나 로젠은 자신에게는 어떤 변경도 할 권한이 없다고 답했다. 10월 30일, 고무라는 11개 조항으로 된 일본의 수정안을 로젠에게 건네주었다. 제1조는 최초의 협상안에 있던 대로 청나라와 한국의 독립과 영토 보전을 서로 확약하는 것이었다. 제2조부터 제4조는 한국에서의 일본의 우위를 러시아가 승인하도록 요구하고 있었다. 제5조는 대한해협의 자유항행을 방해할 만한 군사 시설은 건설하지 않는다는 일본 측의 약속을 보인 것이었다. 제6조는 한국과 만주의 경계에서 양측 50킬로미터에 중립 지대를 설정하는 것이었다. 제7, 제8조는 만주가 일본의 세력권 밖에 있다는 것, 그리고 러시아는 만주에서의 권익을 보호하기 위해 필요한 조처를 취할 권리가 있음을 명기하고 있었다. 나머지 조항은 상업과 철도에 관한 것이었다.[692]

40일 이상 기다린 러시아의 회답은 겨우 12월 11일이 되어서야 도달했다. 러시아는 회답이 늦어진 이유를 러시아 황후가 아파서라고 했다. 황후는 황제와 여행하던 중 병에 걸렸다. 그런 때에 대신들은 극동 정세 같은 '사소한' 일로 황제에게 접근할 용기가 없었다. 더구나 황제는 극동 정세가 벌써 결말이 난 것으로 여기고 있었다는 것이다.[693] 러시아의 새로운 대안은 이전보다도 더 일방적인 것이었다. 한국에 관한 조항은 똑같은 말이 되풀이되어 있었고, 만주에 관한 규정은 모두 삭제되어 있었다. 타협 협조의 정신을 바탕으로 다소의 양보를 해준 기분이었던 일본 측은 경악했고, 이를 러시아의 거만한 시위로 봤다.[694]

러시아인 모두가 한결같이 비타협적인 것은 아니었다. 12월 10일, 쿠로파트킨 대장은 극동에서의 러시아의 목적에 관해 장문의 각서를 황제에게 제출했다. 그 가운데 쿠로파트킨은 이렇게 제언하고 있다.

관둥(關東) 주를 포트 아서(뤼순), 다롄과 더불어 청나라에 반환할 것, 둥칭(東淸) 철도의 남지선(南支線)을 청나라에 양도하고, 그 대신 북만주의 모든 권리를 양수할 것. 그리고 철도 건설과 뤼순 경영 때문에 러시아가 부담한 경비의 보상으로서 2억 5천만 루블을 받을 것.[695]

비테는 쿠로파트킨의 안에 대체로 동의했다. 그러나 회고록에는 이렇게 썼다.

만주는 우리 러시아인의 것일 수가 없다. 우리는 불난 집에서 도둑질하듯 차지한 랴오둥 반도와 둥칭 철도로 만족했어야 했다. 미국, 영국, 일본, 그리고 이들 각국의 공공연한 동맹국이 되었든, 비밀 동맹국이 되었든, 청나라가 되었든 우리가 만주를 손아귀에 넣는 꼴을 가만히 보고만 있을 리가 없었다.[696]

군사적 승리를 열망하고 있던 러시아 황제까지도 10월, 알렉세이예프에게 '짐은 러시아와 일본의 전쟁을 바라지도 않고, 또 허용하지도 않는다. 모든 수단을 강구해서 전쟁을 회피하라'[697]고 타전했다. 12월 28일, 스스로 소집한 특별 회의에서 황제는 "전쟁이 바람직하지 않다는 점에는 이론의 여지가 없다. 시간은 러시아의 최대의 우군이다. 해가 지날수록 우리는 강해질 터이니까"[698]라고 말했다.

그러나 이미 이때는 일본 측의 인내가 한계까지 와 있었다. 일본인은 러시아인의 외교 예의 결여에 굴욕감을 느끼고 있었다. 12월 16일, 내각 총리대신, 원로, 외무, 육군, 해군 3대신 회의에서 두 가지 결의를 했다. 첫째로 만주 문제는 철두철미 외교 수단에 의한 해결을 기도해야 하며 '최후의 수단'에 호소하는 조처는 피해야 한다. 둘째로, 한국 문제는 10월 30일에 제출한 수정안 취지를 유지하며, 만일 러시아가 이를 거부할 경우에는 무력에 호소해서라도 취지를 관철한다는 것이었다.[699]

다시 한 번 외교적 해결을 위한 최후의 시도를 하게 되었다. 가쓰라는 지난번 결의가 '최후의 조처'가 될 것을 생각하니 마음이 착잡했다. 그러나 18일, 가쓰라는 각의를 소집해서 결의를 전했다. 이어 고무라와 함께 입궐해서 각의 결과를 보고하며 결정을 기다렸다. 이 시점부터 고무라는 외교에 전력투구하고, 한편으로 가쓰라는 육군, 해군 대장 등 여러 대신들과 빈번하게 회의를 거듭하며 전쟁에 대비했다.[700]

12월 21일, 새로운 수정안을 담은 각서가 구리노에게 보내졌다.[701] 가장 주목할 만한 변경은 중립 지대의 설정을 정한 제6조의 삭제였다. 일본 측은 한국과 만주 경계에 중립 지대를 설치하겠다는 데 인색하지 않았다. 그러나 러시아 또한 똑같은 중립 지대를 경계선의 만주 측에 설정한다는 조건부였다. 하지만 러시아는 이 제안에 응하려 하지 않았다.

일본의 새 수정안을 러시아는 비관적으로 받아들였다. 알렉세이예프 총독은 12월 23일, 러시아 황제에게 "12월 22일, 로젠 남작으로부터 본인에게 타전된 일본의 새 수정안은 한국이 일본의 보호령이라는 점을 러시아 정부가 정식으로 승인하기를 요구하는 것과 같은 내용입니다"라는 의견을 전한다.[702]

당연히 러시아는 이를 인정하려 하지 않았다. 하지만 다음에 제시한 대안에서 러시아는 만주 문제를 언급할 가능성을 진지하게 검토하기 시작했다. 그러나 일본 정부 각료들은 지금까지보다도 전쟁이 불가피하다고 예상하기에 이르렀다. 12월 28일,

내각 특별 위원회가 소집되어 개전을 향한 최종적인 검토를 했다.[703]

이러한 긴장이 고조되어 가는 몇 달 동안, 천황은 전쟁 가능성에 마음을 빼앗기고 있었다. 이 시기에 읊은 단카는 천황의 우려를 보여주고 있다.

> 백성을 위해 마음이 편할 때가 없네
> 몸은 구중궁궐 안에 있어도[704]

천황은 아마 가족을 생각할 틈이 전혀 없었음이 분명하다. 하긴 황태자의 언행이 여전히 천황을 언짢게 하고 있었는지도 모른다. 황태자는 11월, 2년간의 중령 계급 이후 육군 보병 대령, 해군 대령으로 승진했다. 황태자의 군사적 의무는 최소한의 것에 지나지 않았다. 그러나 지난달, 황태자는 와카야마(和歌山), 가가와(香川), 에히메(愛媛), 오카야마(岡山) 현으로 순행을 했다. 학교와 지방 물산전의 의무적인 방문 이외에 황태자는 겐페이 시대(源平時代: 11~12세기 겐지源氏와 헤이시平氏 두 집안이 서로 권력을 다투던 시대)의 옛 전장인 야시마(屋島), 도고(道後) 온천, 여러 절의 관광을 즐겼다. 도쿄로 돌아가는 길에 황태자는 누마즈(沼津) 별장에서 정양을 취했다.[705]

공주들의 교육은 천황으로서는 여전히 신경이 쓰이는 일이었다. 이 무렵, 마사코, 후사코의 양육 담당 사사키 다카유키가 새로운 학습 과목으로서 이과와 한문을 추가하고 싶다는 뜻을 상신했다. 천황은 공주들이 배워야 할 과목은 오히려 세계 각국의 지리, 유럽의 어학이라는 의견을 표명했다. 천황은 한문에는 반대하지 않았다. 그러나 이과는 너무 고상해서 다른 필요 학과를 배우는 데 방해가 된다고 여겼다.[706] 어쩌면 천황은 딸 중 한두 명이 유럽 황실의 관례를 따라 외국의 왕자와 결혼할 가능성을 머리에 그리고 있었는지 모른다.

1904년 설날, 지금까지와 다른 특징은 황태자 내외가 마침 도쿄에 있었기 때문에 입궐해서 천황에게 세배를 했다는 점이었다. 황태자 내외는 또 동궁 거소에서 접견식을 가졌다. 황태자 내외의 이런 접견은 처음 있는 일이었다.[707] 이튿날, 상류 화족 중에서 가장 장래가 촉망되던 추밀 고문관 겸 가쿠슈인 원장 공작 고노에 아쓰마로가 마흔둘의 나이로 사망했다. 일본을 통치하면서, 화족의 앞으로의 역할에 대해 늘 마음 쓰고 있던 메이지 천황으로서는 큰 타격이었을 것이다.

1월 6일, 일본 측이 다시 제출한 수정안에 대한 러시아 측의 대안이 로젠을 거쳐 고무라에게 건네졌다.[708] 러시아 측은 여전히 만주 영토에 대해서는 언급하지 않은 채 한국 영토 내의 중립 지대 설정을 요구하고 있었다. 또 일본이 한국을 전략적 목적으로 이용해서는 안 된다고 주장했다. 만일 이 두 가지 조건이 충족된다면, 러시아는 만주 영토 내에서 일본, 또는 다른 나라가 청나라와의 현행 조약 아래 획득한 권리 및 특권—단 거류지 설정 제외—을 누리는 일을 저해하지 않겠다고 했다.[709] 이것은 하나의 양보였다. 그러나 일본 측은 러시아가 정작 중요한 문제에는 응하지 않는다고 판단했다. 교섭을 계속할 이유는 거의 찾아볼 수 없었다.

1월 12일, 원로, 각료, 육해군 고등관 등 열여섯 명이 소집되어 어전회의가 열렸다. 가쓰라와 고무라는 이미 교섭의 여지가 없다는 결론에 도달해 군사적 수단에 의한 결판밖에는 남은 것이 없다고 각오했다. 그러나 해군의 준비가 아직 완벽하지 않았다. 대륙으로 군대를 운반하기 위해 필요로 하는 수송선이 사세보(佐世保)에 집합하는 것은 이달 20일로 예정되었다. 그 이전에 전쟁이 벌어지면 일본에 불리해진다. 가쓰라는 고무라에게 최후의 교섭을 향해 다시 하나의 수정안을 준비시켰다. 설혹 그것으로 러시아의 양보를 얻어내지 못한다 하더라도, 일본은 적어도 개전까지 필요한 시간을 벌 수 있었다.[710]

최후의 수정안은 우선 러시아의 대안 제5조에서 일본이 '한국 영토의 일부라도 군사상의 목적으로 이용하지 말 것'이라는 대목을 삭제할 것, 그리고 중립 지대의 설정에 관한 제6조 전문의 삭제를 요구했다. 만주에 관한 부분은 러시아 측이 만주에서의 청나라의 영토 보전을 존중한다는 약속을 삽입하도록 수정되었다.[711]

러시아가 이 변경을 받아들일 가능성은 만에 하나도 있을 수 없었다. 러시아 측은 수정안의 말투가 도발적인 데다가 더 이상의 논의를 허용하지 않는다는 최후통첩의 뉘앙스를 알아차렸다.[712] 러시아의 회답은 여전히 늦었다. 그러는 사이 교섭이 결렬될 경우에 대비해 전쟁 준비가 진행되었다. 1월 16일, 인천에 상륙하게 될 보병 4개 대대의 편성 명령이 일본 육군에 내려졌다. 우선 서울을 점령하고 전시의 작전 근거지로 삼을 계획이었다.[713]

1월 18일, 정례의 진강 개시일에 있었던 서양사 진강은 데이비드 흄의 『영국사』에서 영국이 스페인의 무적함대를 깬 대목이었다. 대단히 예언적인 선택이라 하지 않을 수 없다.[714] 와카 개

시 모임에서 '바위 위의 소나무'라는 제목으로 읊은 천황의 단카
는, 이제 눈앞으로 다가온 전쟁에서의 일본의 안전을 기원한 것
으로 해석해도 좋을 만큼 양의적이었다.

이끼 긴 바위솔의 만년 세월
움직임 없는 세상 신이 지켜주시나 보다[715]

이 무렵, 이미 일본과 러시아는 '전쟁 불가피'라고 인식하고
있었던 것 같다. 그러나 프랑스에서는 아직 충돌 회피 노력이 계
속되고 있었다. 프랑스는 난처한 입장에 서 있었다. 러시아와 동
맹 관계에 있으면서, 한편으로는 최근 러시아의 적이자 일본의
동맹국이기도 한 영국과도 친교를 맺고 있었다.[716] 프랑스는 러
시아에 막대한 투자를 해놓고 있었으므로 당연히 이를 어떻게
해서든 보호하고 싶었다. 1월 23일, 파리의 외무성 행정 부(副)
장관 모리스 팔레올로그는 일기에 이렇게 쓰고 있다.

델카세(외무대신 테오필 델카세)는 러시아 정부와 일본 정부에
서로 양보하도록 하기 위한 노력을 교묘히 계속하고 있다. 그는
만주와 한국 문제를 동시에 해결할 묘안을 짜냈다. 게다가 그는
영국 정부로부터 간신히 얻어낸 지원을 활용하는 데도 역시 교묘
했다. 랜스다운(영국 외무대신), 고무라, 람스도르프는 모두 델카
세에게 감사를 표하고 있다. "어떻게 잘될 것 같네" 하고 델카세
가 오늘 아침, 나에게 말했다. 그의 얼굴은 환하게 피었으며, 눈은
자신에 찬 듯 빛나고 있었다. 나는 그에게 러시아가 전쟁을 하고
싶어하는 것으로 여겨지는, 최근 드러난 사실을 이야기해 주었다.

그것은 거의 전쟁 초래를 불가피하게 만들 협박적인 최후통첩을 일본에 보낼 수밖에 없는 입장에 러시아가 처했음을 보여주는 것이었다. 델카세는 금방 얼굴이 어두워졌다.

"그런 이야기를 나한테 믿으라는 것은 아니겠지. 나는 매일 러시아 황제와 연락을 취하고 있거든. 바로 어제도 내가 황제의 생각을 충분히 이해하고, 평화를 위해 열성스럽게 움직이고 있는데 대해 황제가 감사의 뜻을 표했지. 그런데 당신 말에 의하면, 그러는 동안 황제는 뒷구멍으로 전쟁을 획책하고 있었다는 얘기가 되지 않는가. 그럼 그다음은 뭔가?"**717**

델카세가 개인적인 친분을 통해서 확신하고 있었던 일은, 황제 니콜라이 2세가 외교적 수단으로 일본과 러시아의 전쟁 억지를 필사적으로 원한다는 것이었다. 그러나 팔레올로그가 지적한 것처럼 니콜라이는 러시아의 경계를 더욱 확장해서 만주와 한국뿐 아니라 티베트, 페르시아, 그리고 아마도 터키까지 합병하기를 꿈꾸고 있었다. 팔레올로그는 니콜라이 2세의 성격을 이렇게 묘사하고 있다.

니콜라이는 그리 총명한 인물이 아니다. 겁 많고, 남에게 속기 쉽고, 꾸물거리고 우유부단하며, 초자연적인 것에 영향을 받기 쉬운 사나이다. (중략) 게다가 예언자, 투기꾼, 그리고 자꾸만 전쟁을 부추기는 선동자들의 말을 잘 듣는다.**718**

팔레올로그는 니콜라이 2세—팔레올로그에 의하면 니콜라이는 대체로 겁쟁이들이 그렇듯이 '교활한 위선자'였다—가 일본과의 충돌 노선에 반대하는 대신들을 어떻게 감쪽같이 속아넘겨, 그들에게 아무런 의논도 하지 않고 극동 총독부를 설치했는가를 이야기하고 있다. 새로 마련된 이 관직은 모든 행정적, 군사적, 외교적 권한을 총독 한 사람의 손에 집중시켰다. 만일 총독이 실제로 우수한 인물이었다면 상황이 개선되었을지도 몰랐다. 그러나 비테는 이어서 일어난 전쟁에서 러시아 육해군의 극동 총사령관에 취임한 알렉세이예프 총독에 대해, '그는 육군에 대해서 전혀 아는 것이 없고, 해군에 대해서도 전혀 모르는 것이나 같다'고 쓰고 있다. 알렉세이예프가 높은 지위를 차지하게 된 이유는 이랬다. 마르세유의 매춘굴에서 알렉시스 대공이 풍기를 문란하게 하는 바람에 경찰의 심문을 받게 되었던 적이 있었다. 이때 알렉세이예프가 죄를 뒤집어쓰고 알렉시스와 알렉세이예프를 혼동했다고 말하자고 제의했다. 감사한 대공은 알렉세이예프를 관둥 주 장관으로 추천했다.[719]

이런 인물이 황제에 의해 아주 중요한 지위에 앉게 되었다는 것은 놀라운 일이다. 비테는 이런 예측 불가능한 행동을 니콜라이의 '여성적 성격' 탓이라고 했다. 비테는 니콜라이가 여자가 아니라 남자로서의 몇 가지 특징을 타고난 것은 운명의 장난에 지나지 않는다는 하나의 견해를 인용하고 있다. 니콜라이에 대해 쓴 필자 모두가 공통적으로 말하고 있는 사항이 있다. 니콜라이는 좋은 성격의 소유자로서 처자식을 위해 열심이지만, 우유부단한 성격 탓에 섬기기 어려운 주인이었다. 자신은 신에게만 책임이 있고 그 신에게서 권위를 받고 있다는 니콜라이의 신념은, 앞으로 벌어질 일본과의 전쟁을 니콜라이가 하나의 성스러운 사명으로 받아들인 데 대한 설명이 될 수 있을지 모른다. 니콜라이

는 다소 노력이야 필요하겠지만 러시아가 반드시 이길 것이라고 확신했다.[720]

니콜라이는 독일 황제 빌헬름 2세의 영향을 많이 받았다. 이 세상에서 그 이상의 나쁜 영향은 상상해 볼 수가 없다. 1895년 4월, 독일 황제는 그의 '사촌'[721]에게 이렇게 쓰고 있다.

나는 유럽의 정적(靜寂)을 견지하면서 러시아의 배후를 지키기에 전력을 다할 각오다. 극동을 향한 귀하의 행동을 아무도 방해하지 못하게 할 것이다.

아시아 대륙을 교화하고, 황색 인종의 침략을 막아 유럽을 지키는 일이 러시아에 주어진 장래의 큰 임무임이 분명하다. 내가 항상 곁에 있다는 사실을 잊지 말기를 바란다.[722]

러시아 황제에게 보낸 서한 중에서 독일 황제는 되풀이해서 자신의 황화(黃禍)에 대한 증오와, 유럽의 기독교 문화를 몽골 인종이나 불교의 침략으로부터 지키는 일이야말로 러시아의 사명이라는 신념을 고취시키고 있다.[723] 독일 황제가 화가를 불러 그리게 한 유럽 열강의 그림을 여기서 상기해 봐도 괜찮을 것 같다. 거기에는 대천사 미카엘이 소집한 유럽 각국의 정령들이 기독교를 수호하기 위해 불교, 이단, 야만의 침략에 단결해서 대항하는 모습이 그려져 있다.[724]

독일 황제는 서한에 스스로 '빌리'라고 서명했는데 이 빌리는 자신을 대서양 제독으로, 그리고 니콜라이를 태평양 제독으로 여기고 있었다.[725] 빌헬름은 언제나 니콜라이의 야망을 선동했다. 1904년 1월 3일, 빌헬름은 이렇게 쓰고 있다.

한국은 러시아의 것이 되어야 한다. 러시아령이 된다는 사실은 편견 없는 정신에 비춰봐도 확실하다. 언제 어떻게 해서 그렇게 되는가 하는 것은 다른 사람들이 알 수 없는 오직 귀하와 귀국의 문제다.[726]

이 두 황제가 몇 백만이라는 신하의 생명을 쥐고 있는 절대 권력자임을 생각하면 소름이 끼친다. 전쟁에 관여하게 되는 제3의 황제인 메이지만이 오직 그 직함에 걸맞은 인물이었다.

1월 30일이 되고서야 겨우 상트페테르부르크에서 특별 협의회가 열렸다. 그 자리에서 러시아 외무대신 람스도르프는 정력적으로 끈기 있게 이렇게 주장했다.

현재의 분쟁은 결코 러시아가 사활을 걸 만한 이권과 관계있는 것이 아니다. 따라서 전쟁은 러시아 국민들이 이해하기 어려울 만큼 엄청난 위험을 감수할 만한 것이 아니다. 러시아 황제 정부는 모든 수단을 다해 위기에 대처하기 위한 평화적 해결책을 찾아내야 한다.[727]

람스도르프는 아바자 제독을 제외한 모든 협의위원의 지지를 받았다. 비테에 의하면, '껄렁패 악당'[728]인 아바자는 알렉세이예프 총독의 앞잡이였다. 이미 니콜라이는 정치적 야심을 품은 자들과 동맹을 맺고 있었던 것이다. 하루하루 결전의 날은 다가오고 있었다.

일본 측의 '최후의' 수정안에 대한 회답에 러시아 황제가 승인한 것은 2월 2일이 일이었다. 그동안 고무라는 구리노에게 계속

지시를 내려 러시아 측에 조속한 회답을 요구하라고 했다. 구리노의 보고에 의하면 러시아 측은 교묘히 시간을 벌며 군비를 강화해 가고 있었다.[729] 1월 30일, 총리대신 관저에서 열린 회의석상에서 이토는 일본이 결단을 내릴 때가 왔다고 말했다. 출석한 원로와 각료들은 모두 이토의 의견을 지지했다. 이틀 후, 참모총장 오야마 이와오는 천황을 알현하고 일본이 먼저 전단을 열어야 한다는 의견을 밝혔다.

천황이 가장 신뢰하는 원로들은 전쟁의 전망에 자신감을 표명하지 않았다. 다만 일본의 군사적, 재정적 측면이 절망적이라는 것만을 설명했다. 육군은 일본이 전쟁에서 이길 승산은 반반이라고 보고 있었다. 해군은 세력의 반을 상실할 것을 각오하면서도 나머지 반이 적을 괴멸시킬 것으로 믿었다.[730] 일본의 승산에 대한 비관적인 전망에도 불구하고 의사 결정자들은 전원 개전을 지지했다. 러시아와 더 이상의 교섭은 무의미하며 러시아는 한국뿐 아니라 일본에도 심각한 위협이라는 것을 확신하고 있었다.

만일 일본의 세 번째 수정안에 대한 러시아 측의 회답이 좀 더일찍 도착했더라면, 현행 조약 하에서 청나라로부터 획득한 권리 및 특권에 관한 조문에 있던 '거류지 설정을 제외한다'는 구절의 삭제가 일본 측에 개전의 결정을 재고하게 만들었을지도 모른다. 이는 충분히 가능성이 있는 일이었다. 2월 3일에 이 수정안이 알렉세이예프 총독에게 전달되고, 늦어도 2월 4일이나 5일에는 회답이 일본 정부의 손에 도달했어야 했다. 그런데 로젠 남작에게 수정안이 전달된 것은 2월 7일이었다.[731]

그러는 사이 2월 3일, 내각 총리대신 가쓰라와 외무대신 고무라는 천황을 알현하고 러시아와의 전쟁이 이제는 불가피하다는 사정을 자세히 설명했다. 동시에 원로, 각료를 다음 날인 4일에 소집해서 어전회의 때 천황이 결론을 내려주기를 주청했다. 러시아 측의 회답을 기다리기 반달, 독촉도 여러 번 했건만 아직도 회답은 도착하지 않았다. 가쓰라는 러시아가 '일본은 전의가 없다'고 판단해 일본을 깔보고 있는 것이라고 생각했다. 자꾸 시간을 허비해서는 안 되었다.[732] 파리 주재 일본 공사는 더 이상 러시아 정부로부터의 회답을 얻기 위해 노력할 필요가 없다는 훈령을 받았다.

이튿날, 러시아와의 국교 단절이 어전회의에서 결정되었다.[733] 2월 5일, 일본 제국 정부는 상트페테르부르크의 구리노 공사에게 훈령을 보내 러시아 외무대신에게 다음과 같이 통고하라는 명을 내렸다.

제국 정부는 러시아와의 교섭을 단절하고 한국의 자유와 영토 보전을 유지하기 위해 필요하다고 여겨지는 행동을 취하기로 결의했다.[734]

이날 천황은 육해군에 조칙을 내려 평화를 유지하기 위한 일본의 온갖 노력에도 불구하고 러시아와의 국교가 단절되었음을 고했다. 이 시기의 어제(御製) 한 수는 천황의 고뇌를 암시하고 있는 것 같다.

생각할 일 많은 올해도 꾀꼬리의
목소리는 참으로 기다려지는구나[735]

제54장 '적함 발견'

러일 전쟁은 양쪽 모두 사전 선전 포고 없이 시작되었다. 일본 해군은 최근 이탈리아에서 구입한 순양함 가스가(春日)와 닛신(日進)[736]이 러시아 함대에 대한 임전 태세를 갖출 때까지 기다릴 작정이었다. 그로 인해 되풀이해서 개전안을 거부하는 바람에 육군을 매우 난처하게 만들었다. 순양함 두 척이 무사히 일본의 동맹국 방위 거점인 싱가포르에 도착한 시점에서 비로소 해군 당국은 제1포를 발사하는 데 동의했다. 해군은 강력한 러시아 함대가 극동 수역에 도달하기 전에 반드시 공격할 필요가 있다는 사실을 알고 있었다.

러시아와 일전을 벌이기로 결단 내리기까지 일본은 최종 제안에 대한 러시아의 회답을 보름 동안이나 기다렸다. 그러고도 일본은 여러 차례에 걸쳐 러시아에 회답을 촉구했으나 소용이 없었다. 러시아는 시원하게 회답해 주지 않았다. 내각 총리대신 가쓰라 다로는 이를 러시아가 일본을 깔보고 있는 것으로 해석했다. 가쓰라는 더 이상 시간을 끌다가는 일본군의 사기에 영향을

미칠 것 같았다. 조속히 행동으로 옮기지 않으면 시기를 놓칠 우려가 있었다.[737]

전쟁 발발의 직접 원인은 일본의 명예 훼손에 있었다는 인상이 짙다. 지난 수년간 일본은 여러 차례 러시아에 모욕을 당했다. 러시아는 그 같은 시간 끌기가 일본에 끼치는 영향에 대해서는 무관심한 듯 보였다. 러시아의 태도는 일본 정부의 요직에 있는 사람 쪽에서 볼 때 참을 수 없는 모욕이었고, 그것은 러시아의 군사력을 충분히 아는 사람들이 보기에도 그랬다. 일본이 러시아 황제와 그를 둘러싼 사람들에 의해 얼마나 멸시당하고 있었는지 알았더라면 좀 더 신속한 행동으로 이어졌을지 몰랐다.

양국 정부야 어떻게 생각하고 있든, 당시의 국민들은 러일 간에 전쟁이 불가피하다는 것을 확신하고 있었던 모양이다. 이시카와 다쿠보쿠(石川啄木)는 1904년 1월 13일자 일기에 이렇게 쓰고 있다.

동아(東亞)의 풍운 점차로 급해지며 출사(出師) 준비를 하더니, 선전령(宣戰令)이 기초(起草)되었음이 알려지면서 근래 사람들의 주의를 집중시키고 있다. 싸움은 마침내 피할 수 없게 되었다. 피할 수 없는 까닭에 우리는 오히려 하루라도 일찍 대국민(大國民)의 흥분을 바라는 것이다.[738]

당시로부터 멀리 있는 우리에게는 전쟁이 그처럼 불가피했던 것으로 보이지 않을지 모른다. 그 후의 상황으로 볼 때, 전쟁의 표면적인 원인이 된 '한국의 독립을 보호하기 위해서'라는 일본의 결의를 곧이곧대로 받아들이기는 힘들다. 러일 전쟁이 끝남과 동시에 한국의 독립을 무효로 하고 한국을 일본의 보호령으로 하는 조약에 조인하도록 한국 황제에게 강요한 것은 다름 아닌 일본이었다. 5년 후, 일본은 한국을 합병했다. 한국의 독립은 건성으로 내놓은 구실에 지나지 않았다. 이언 니시는 이렇게 쓰고 있다.

> 그 발단을 살펴볼 때 러일 전쟁은 다른 전쟁과는 달리 흥미로운 부분이 있다. 이 전쟁은 인구에 대한 자원의 결핍이라는 경제적 핍박의 결과가 아니었다. 확실히 전쟁을 건 쪽은 일본이었고, 당시의 일본은 원재료의 부족과 급속한 인구 증가에 골머리가 아팠다. 그러나 한국은 일본이 원재료를 구할 대상도 아닌 데다가, 잉여 인구를 살게 할 장소도 아니었다. 만주 역시 이 시점에서는 일본인의 대량 해외 이주의 장소가 아니었고, 또 사실 중요한 상업 활동의 장도 아니었다. (중략) 일본이 사회적 붕괴 상태에 있었다고 말할 수도 없거니와 내정 문제에서 주의를 다른 곳으로 쏠리게 할 하나의 방편으로 전쟁을 벌인 것도 아니었다. 1904년에는 빈곤, 혁명, 또는 정치적 불만으로부터 눈을 딴 곳으로 돌리게 하기 위해, 일본 국민의 외국인 혐오증, 국수주의, 전쟁욕에 호소할 일도 없었다. 양국의 전쟁 결단은 아주 한정된 근거에 바탕에서 벌어졌는데, 그것은 아마 전략적 배려에서 나왔을 것이다.[739]

주된 전략적 배려란, 물론 어느 나라가 한국과 만주를 지배하느냐 하는 것이었다. 일본은 절대 양보하지 않을 결심이었다. 아마도 청일 전쟁에서의 일본의 승리는 대국이 되었건 군사 강국이 되었건, 어느 나라하고도 대등하게 싸울 수 있다는 자신을 일본인에게 심어주었을 것이다. 일본은 1904년 2월 6일, 대러 교섭을 단절하고 앞으로는 최선이라고 여겨지는 독립 행동을 취할 의지가 있음을 러시아에 통고했다. 일본은 이 통고가 선전 포고와 같은 것이라고 생각했는지 모른다.[740] 그러나 뤼순, 인천에서 러시아 선박과 갑작스럽게 벌인 전쟁 행위는 러시아 측으로부터 염치없는 국제법 위반이라고 비난받았다.[741]

일본은 당연히 정당성을 주장했고, 또 다른 나라로부터의 지지가 없지도 않았다. 프랑스 외부성의 모리스 팔레올로그는 이렇게 쓰고 있다.

이러한 선전 포고 없는 전쟁에서 일본인은 적을 향한 비열한 전술을 되풀이하고 있다. 그것은 바로 러시아인 자신이 1853년 11월 30일, 터키에 사용한 수법과 똑같았다. 러시아인은 당시 시노피 앞바다에 정박해 있던 오스만투르크의 흑해 함대를 급습해서 괴멸시켰다.[742]

'러시아 문제의 외국인 최고 권위'[743]로 알려진 E. J. 딜런은 1918년, 이렇게 말했다.

러시아 소함대를 불시에 공격했을 때 비겁한 행위를 했다고 비난받았다. 이 고발은 지금도 많은 사람들에 의해 믿어지고 있다. 나는 여기서 확실히 해둘 의무감을 느낀다. 나의 정보원(情報源)에 의지해서 위기적 상황의 변동을 살펴본 바에 의하면, 개전에서 종전에 이르기까지 천황의 정부는 평화시와 마찬가지로 기사도적인 충의와 절제를 보여주었다는 확신을 갖지 않을 수 없다. 최초로 기습할 때, 러시아인 같았으면 적과는 다른 행동으로 나왔으리라 여기는 일은 유감스럽게도 잘못된 것으로 생각된다. 러시아 황제가 극동 총독에게 보낸 2월 8일자 전보가 아직도 보존되어 있다. 거기에는 이런 중요한 훈령이 있다. '만일 한국 서해안을 일본 함대가 38도선을 넘어 북쪽으로 항행하는 일이 있다면, 일본 측으로부터의 최초의 발포를 기다리지 않고 그들을 공격하는 것은 귀관의 재량에 맡긴다. 나는 귀관을 믿고 있다. 귀관에게 하느님의 가호가 있기를······'**744**

전보는 설혹 선전 포고가 없더라도 러시아인이 주저 없이 공격했을 게 틀림없다는 사실을 보여주고 있다. 그러나 일본은 러시아의 기선을 제압했다. 2월 5일, 일본은 러시아 주재 공사에게 귀국 명령을 타전했다. 6일, 주일 러시아 공사 로만 로젠 남작은 외무대신 고무라 주타로의 관저에 불려가 일본과 러시아의 국교 단절을 통고받았다. 러시아 공사관으로 돌아가자 로젠은 해군 무관으로부터 이런 사실을 들었다.

오전 6시, 일본 함대가 어디인지 알 수 없는 목적지를 향해서 닻을 올렸다. 두 개의 소함대로 갈라졌는데, 하나의 소함대는 2개 사단을 태운 수송선의 호송을 위한 것이었다. 분명 한국 연안으로 상륙할 목적이며, 아마도 한반도 서해안의 어떤 지점으로 생각된다. 다른 또 하나의 소함대는 틀림없이 우리 함대를 공격하기 위한 것으로서 포트 아서(뤼순) 항 밖의 정박지에 우리 함대가 닻을 내리고 있다는 사실을 이미 일본인이 알고 있다.**745**

로젠이 얻은 정보는 정확했다. 그러나 로젠은 러시아 정부에 알릴 방법이 없었다. 이미 일본 정부는 기밀 유지를 위해 외국으로의 타전을 일시 정지시키고 있었다. 로젠이 가족과 함께 일본을 떠날 배를 기다리고 있을 때였다.

감동적인 일이 일어났다. 나의 아내가 혼자 객실에 있는데, 황후가 보낸 여관(女官) 곤쇼지(權掌侍)가 도착했다는 말을 들었다. 곤쇼지는 이런 괴로운 상황에서 우리를 전송해야 하는 깊은 슬픔을 표명하라는 황후의 전갈을 가지고 왔다고 말했다. 그리고 황후가 일본 체재의 추억거리로 나의 아내에게 기념품을 보내왔다. 기념품은 은으로 된 조그마한 화병 두 개인데, 그 화병에는 황실의 문장이 새겨져 있었다.[746]

로젠 남작 부인은 두 나라가 전쟁 상태에 있는 지금, 일본 황후에게 과연 선물을 받아도 좋은지 어떤지 좀 망설여졌다. 그러나 보내온 마음을 존중해서 받아들며 감사의 기분을 황후에게 전해 달라고 부탁했다. 고풍의 예절이 아직 스러지지 않았던 것이다. 오늘날 같으면 도저히 상상도 할 수 없는 매너였다.

2월 8일, 제2함대 사령관 해군 소장 우리유 소토키치(瓜生外吉)가 이끄는 제4전대의 호위를 받은 임시 한국 파견대가 인천에 상륙했다. 거의 아무런 저항도 받지 않고 파견대는 서울로 들어가, 압록강을 향해 북상했다. 이 무렵, 인천항 안에 러시아 군함 두 척과 상선 한 척이 있었다. 우리유 제독은 러시아 군함에 다음 날 정오까지 항구에서 물러나라고 명했다. 만일 그러지 않으면 창내에서 격파한다고 경고했다. 이튿날 오후 0시 10분, 군함 두 척은 항구 밖으로 나갔다. 로젠 남작이 전해들은 이야기는 이랬다.

포함 코레츠를 대동한 왈리야그 함은 일본 제독의 도전에 응해 천천히 증기를 뿜어내면서 이동했다. 색색의 깃발이 휘날리고 장병들은 정렬해서 정박지에 닻을 내린 외국 군함 옆을 통과하여 우리 러시아 국가의 축복을 받으면서, 적의 손에 의해 확실히 파멸될 운명을 향해 위풍당당하게 나아가고 있었다. 적은 엄청난 수의 강력한 소함대의 대열을 크게 반원형으로 펼쳐, 그곳으로부터 도망가는 것을 완전히 불가능하게 만들고 있었다.[747]

일본 측의 기록은 보다 산문적으로, 왈리야그 함이 항구에서 모습을 드러내자 아사마(淺間)가 포격을 개시한 사실을 말하고 있다. 약 한 시간의 교전 후, 왈리야그 함은 화재가 나서 항내로 도로 도망쳤다. 뒤를 쫓듯 항내에 들어온 코레츠가 먼저 가라앉았다. 그날 밤, 왈리야그 함은 화염에 싸이면서 역시 침몰했다. 상선은 승무원들 스스로 침몰시켰다. 일본 함대는 이 서전의 승리에서 아무런 피해가 없었다.[748]

일본 연합 함대의 주력이 사세보 항을 나온 것을 2월 6일이었다. 이틀 후, 뤼순으로 향한 구축함 부대는 9일 오전 0시가 지나 러시아 함에 공격을 시작했다. 러시아 전함 두 척, 순양함 한 척이 손상을 입었다. 같은 날, 연합 함대 사령관 도고 헤이하치로 제독은 기함 미카사(三笠) 이하 열다섯 척을 뤼순으로 몰고 갔다. 오전 11시 30분, 도고는 전 함선에 전투 명령을 전하며 이런 신호기를 올렸다. "황국의 홍폐는 이 일전에 달려 있다. 각원은 한층 분투노력하라."

개전 당시 극동 러시아 해군의 전력은 1급 전함 여섯 척, 2급 전함 한 척, 1급 순양함 아홉 척, 2급 순양함 두 척, 그리고 작은 규모의 선박으로 이뤄져 있었다. 전함, 2급 순양함 및 1급 순양함 네 척은 뤼순에 있었다. 1급 순양함 네 척은 블라디보스토크에, 또 하나는 인천에 있었다.[749] 몇 주 동안 이 러시아 함대의 태반이 큰 손상을 입었다. 일본은 해상의 지배권을 장악하고 뤼순을 봉쇄해, 만주에 부대를 상륙시킬 수 있었다.[750] 서전의 승리가 일본인에게 준 심리적 영향은 물론 대단했다. 다쿠보쿠는 뤼순 공격의 승리와 한국 앞바다 해전을 전하는 좀 과장된 신문 기사를 읽고서 쾌재를 부르고 있다. '나는 너무나 기뻐 신문을 가지고 3시경부터 학교로 가 마을 사람들과 전쟁에 관해 이야기했다.'[751]

러시아 황제의 이름—엄청나게 긴 직함이 모조리 붙어 있었다—에 의한 러시아 측의 선전 포고는 2월 9일(러시아력 1월 27일)에 공포되었다. 일본 측의 선전 포고는 천황과 내각 각료의 이름으로 다음 날인 10일 공포되었다.[752]

이 무렵, 이미 닥쳐 올 전쟁에 대한 일본인의 흥분은 병적으로 고양되어 있었다. 그것은 2월 7일의 다쿠보쿠의 일기를 보면 알 수 있다.

이날의 신문, 러일 간의 국면이 급작스럽게 격렬해졌음을 알리고 있다. 온 마을의 예비병도 소집될 것이라고 들었다. 장갑은 이미 던져졌다(서양에서 결투를 신청할 때의 풍습을 인용한 표현이다). 하늘이 주신 때는 왔다. 쾌심(快心)이라, 이 일이여.[753]

이에 뒤이은 일본군의 바다와 육지에서의 계속된 승리는 너무나 잘 알려진 사실이므로 여기서 다시 이야기할 것도 없다. 말할 나위도 없이 일본의 승리는 온 세계의 주목을 받았다. 적어도 희생된 대량의 사상자 수가 보고될 때까지 일본인은 당연히 미친 듯이 기뻐했다. 국토가 다시 전쟁터가 되고 만 한국 국민은 일본인처럼 열광할 수 없었다. 그러나 한국 국민은 일본인의 점거에 어쩔 수 없이 따라야 했다.

일본은 청나라에 엄정 중립을 지키도록 요구했다. 청나라의 자연 자원과 무한한 인력에 대해서는 기대할 만한 것이 있었지만 일본은 피폐한 청나라의 재정에 더 이상의 부담을 주면 안 된다고 했다. 일본은 또 청나라가 전쟁에 말려들어서 의화단의 난의 격렬한 배외 감정을 재연시키는 꼴이 되지 않을까 두려워했다. 일본은 청나라의 엄정 중립을 존중하기로 약속했다. 다만 러시아도 이에 따르는 것을 조건으로 했다.[754]

영국은 일본의 동맹국이었다. 만일 제3국이 러시아에 가담하는 경우, 영국은 영일 동맹에 따라 일본 측에 서서 싸우지 않을 수가 없게 되었다. 러시아에 가담하는 나라가 없었기 때문에 영국의 지원은 최소한으로 그쳤다. 그러나 일본의 대의(大義)는 영국에서 뜨거운 시선을 끌었다. 그 가장 극단적인 예를 우리는 제인 H. 오클리 여사의 「러일 전쟁시」에서 엿볼 수 있다. 84편으로 이뤄진 약 250쪽에 이르는 길이의 시인데, 전혀 알려져 있지 않은 이 얼치기 시는 운(韻)을 살린 강약(強弱) 다섯 박자로 지어져 있다. 그중 어느 한 절을 끄집어내 보더라도 모두가 우스꽝스럽다. 제1편에서 인용한 다음 한 절은 인천 앞바다의 해전에서 어째서 일본이 승리를 거두고, 러시아가 패했는지를 말하고 있다.

The Russian sailors were for prowess famed,

And hardihood, in sailing ships of yore;

Mechanic skill they seemed inapt to grasp;

The Japanese excel in science more.

Japan's Mikado, "Mutsu Hito" named,

Belongs to oldest dynasty of Kings

Throughout the world; the Founder's reign

To times of "Bel" the Babylonian brings.[755]

러시아 수병들은 무용으로 이름나 있었다

하지만 그것은 범선 시절의 옛 일

기계공으로서의 솜씨는 몸에 익지 않아 서투른 듯

과학에 관해서는 일본인 쪽이 한결 위다

일본의 황제는 '무쓰히토'라는 이름인데

세계에서 가장 오랜 왕조의 자손이다

그 시조의 치세는 바빌로니아의 신 '벨'의 시절을 떠올리게 한다

영국은 일본의 동맹국일 뿐 아니라 예전부터 반러시아파였다. 1904년 10월 21일 밤에 일어난 어떤 사건으로 러시아인은 인명 손실에 무관심하다는 사실이 드러났다. 이것이 영국인의 러시아인 혐오증을 증오심으로까지 높여 놓으면서, 많은 영국인들이 직접 러시아에 대한 선전 포고를 지지했을 정도였다. 그날 밤, 러시아 태평양 제2함대 서른다섯 척이 북해를 항행하고 있었다. 러시아 함대는 도거뱅크 어장에서 영국의 트롤 선단과 마주쳤다. 러시아 함대는 이들 비무장 선단을 일본의 구축함 부대라고

착각했다. 하지만 아무리 생각해도 일본의 구축함이 북해에서 군사 행동을 취하고 있을 리는 만무했다. 아무튼 러시아 함대는 선단에 발포했다. 트롤선 한 척이 침몰했고 다른 몇 척이 손상을 입었다. 모리스 팔레올로그는 이렇게 쓰고 있다.

선원이라면 누구나 알고 있는 유명한 어장을 야간에 가로지르던 함대가, 트롤 선단을 적 구축함의 매복이라고 착각한 데 대해 영국 민중은 어이가 없었다. 더군다나 이들 트롤 선단은 규정된 등불을 내걸고 있었다. 더욱 참을 수 없는 것은 착각임을 알아차린 러시아 제독이 불운한 어부들을 구조하지도 않은 채 그대로 항행을 계속하라고 명령했다는 사실이다.[756]

영국 여론은 일제히 러시아 정부에 배상금을 요구했다. 프랑스 외무대신 테오필 델카세는 팔레올로그에게 "언제 전쟁이 일어나도 나는 놀라지 않을 걸세"라고 말했다. 하지만 팔레올로그는 러시아의 여론 또한 들끓고 있을 것으로 짐작했다. 왜냐하면 러시아는 옛날부터 영국을 적으로 간주했으며, 일본보다 훨씬 증오할 상대로 보고 있었기 때문이었다. 사건은 최종적으로 프랑스의 협력을 얻어서 낙착되었다. 러시아 함대는 쓰시마 앞바다에서 일본 함대와의 운명적인 조우를 향해 항행을 계속했다. 로젠 남작은 다른 나라들의 여론에 실망하고 있었다. 로젠은 이렇게 말한다.

도처에서 우리는 규탄당했다. 미국까지 그 모양인데, 이것은 우리도 예상하지 못한 일이다. 이것은 누가 보더라도 알 수 있는 전투원의 불균형이 그 원인이 되지 않았나 여겨진다. 단순한 시합으로 본다 하더라도, 중립적인 구경꾼의 동정이 약자라고 믿어지는 쪽으로 쏠리는 것은 당연한 일이니까.[757]

미국이 일본 지지로 기운 데 대한 로젠의 놀라움의 근저에는, 일본인의 캘리포니아 이민 문제 탓으로 미국이 러시아 지지로 기울어지지 않을까 하는 기대가 있었다. 그러나 시어도어 루스벨트 대통령은 다음에 인용되는 1905년 8월의 서한에서 표명하고 있는 것처럼 러시아인을 무척이나 싫어했다. '흑인이 되었건, 황색인이 되었건, 백인이 되었건, 아마도 인간으로서 현 체재 하에 있는 러시아인처럼 불성실하고, 진지하지 않고, 오만한, 즉 모든 의미에서 믿을 수 없는 자들은 또 있을 수 없다.'[758] 때로는 루스벨트도, 훨씬 표현이 온화하긴 했지만 일본에 비판을 가한 일이 있었다. 그러나 대체로 루스벨트는 친일파였다. 왜냐하면 루스벨트는 러시아 정부와 그 '시시껄렁한 꼬맹이 황제'[759]가 아주 질색이었고, 육체적으로 건강한 것을 매우 중시한 루스벨트는 특히 그의 애독서 중 하나인 니토베 이나조(新渡戸稲造)의 『무사도(武士道)』에 묘사되어 있는 사무라이의 전통에 감명을 받고 있었다.[760]

러일 전쟁에 대해 쓰고 있는 미국인은 일반적으로 친일파였다. 기독교 선교사 시드니 귤릭 박사는 독일 황제 빌헬름 2세가 제창한 황화론에 대항해서, 『극동에서의 백화(白禍)』를 썼다. 귤릭은 일본인이 취한 행동 모두를 정당화할 수가 있었다. 그것은 도쿠가와 시대의 기독교 금제, 막부 말의 양이(攘夷)에 대해서까지 그랬다. 예를 들어 귤릭은, 쇄국은 일본인이 백화를 민감하게 받아들인 탓이라며 '외국인에 대한 태도를 말한다면, 아마도 일본만큼 존경할 만한 기록을 남겨놓은 나라는 또 없을 것이다'라고 결론짓고 있다.[761]

러시아인 포로에 대한 일본인의 관대한 취급은 일본인이 서양의 예법에 충분히 통해 있었다는 귤릭의 주장을 예증하는 것이었다. 마쓰야마(松山)에 끌려온 왈리야그 함의 부상한 러시아인 수병은 '손님'으로 대접받았다. 그들에게는 충분한 넓이의 숙사, 전임 의사, 통역, 약제사, 열한 명의 간호원이 배당되었다. 양식 침대가 마련되었고, 마찬가지로 모포, 시트, 베개, 베개 커버도 지급되었다. 그리고 그들을 위해 양식이 조리되었다. 병실에 장식된 신선한 꽃들은 2, 3일마다 바뀌었다. 완쾌한 '손님'들에게는 충분한 자유가 주어졌다. 귤릭은 말한다. '이 사나이들은 지금까지의 인생에서 이처럼 쾌적한 시간을 보낸 일이 과연 있었을까.'[762]

이와 대조적으로 귤릭은 이렇게 기록하고 있다. '극동에서의 일본의 이권과 권리에 대한 러시아인의 대처 방법, 러시아인의 외교 수법, 그리고 일본의 부인네, 척후, 부상병에 대한 러시아인의 잔학성은 일본인에게 엄청난 분노를 일으켰다.'[763] 귤릭은 일본이 러시아로 인해 입은 온갖 부정을 열거한 후, 이렇게 덧붙였다. '러시아에 의해 드러난 백화는 최악의 꼴로 나타나고 있다. 무지막지한 탐욕에다 위선이 곁들여져, 그들은 비난해야 마땅할 종교의 허울로 그들의 죄를 감추고 있는 것이다.'[764] 귤릭의 결론은 이러했다.

백인종은 지금까지 불가결한 것처럼 소중히 키워온 인종 우월감의 신념을 버리지 않으면 안 된다. 그리고 지구를 지배하고, 모든 유색 인종을 그들의 경제적 이익에 종속시킬 만한 타고난 권리가 있는 듯한 신념은 버려야 한다. 이 신념을 하나의 이상으로서 가지고 있는 한 백인종은 계속 지구의 평화와 행복을 위험에 빠뜨리게 될 것이다.[765]

1904년 10월, 워싱턴에서 가네코 겐타로(金子堅太郎)와 만난 영국의 전 각료 제임스 브라이스는 가네코에게 이렇게 말했다.

미국에 온 이래 전국을 두루 여행하면서 온갖 사회적 계급 사람들과 만나고 나서 놀란 것은, 누구나가 귀국을 크게 동정하고 있다는 사실이었다. 그들은 귀국을 열광적으로 지지했는데, 그것은 귀국의 동맹국인 우리 영국에서도 좀처럼 볼 수 없을 정도의 열의였다. 그들이 러시아에 품고 있는 반감은 전혀 예측할 수조차 없는 것이었다.

브라이스는 미국인의 친일 감정, 반러 감정의 네 가지 이유를 들면서, 특히 메이지 유신 이래 미국으로 유학한 일본인에 의해 형성된 친밀한 관계를 지적했다.[766]

일본 정부는 해외에서의 친선 유지를 위해 열심히 노력했다. 정부는 케임브리지 졸업생 스에마쓰 겐초(末松謙澄)를 영국에, 하버드 졸업생 가네코 겐타로를 미국에 파견했다.[767] 가네코는 하버드 시절의 옛 친구 루스벨트 대통령과의 절충에서 눈부신 성과를 거두었을 뿐 아니라, 루스벨트의 신뢰할 만한 친구가 되었다. 가네코가 대통령과 백악관에서 처음으로 만난 것은

1904년 3월 26일의 일이었다. 30명 이상의 방문자가 대통령과의 면회를 위해 기다리고 있었음에도 불구하고, 대통령은 가네코의 명함을 보자마자 그를 집무실로 불러들였다. 루스벨트는 가네코의 방문을 고대했다면서, 어째서 더 일찍 오지 않았느냐고 몇 번이나 물었다.[768]

일본이 펑톈(奉天) 전투에서 대승리를 거둔 직후인 1905년 3월 20일, 루스벨트는 가네코에게 전보를 쳐서, 백악관에서의 오찬에 초대했다. 가네코를 맞이한 대통령의 얼굴은 공전의 승리에 대한 기쁨으로 환하게 빛나고 있었다. 루스벨트는 곰 사냥을 위해 콜로라도에 갈 터이므로 6주간은 여기에 없을 것이라고 했다. 대통령은 보통, 여행지를 밝히지 않았다. 그러나 루스벨트는 가네코에게 만일 어떠한 이유로 가네코가 전쟁의 형세 등에 대해 자신과 협의하고 싶을 때는, 곧장 워싱턴으로 돌아올 작정이라고 했다.[769]

가네코는 곰이 러시아의 상징임을 떠올리고, 대통령에게 말했다.

러시아 함대는 바야흐로 태평양으로 진출하려 하고 있다. 오래지 않아 우리 함대와 대해전을 벌일 것이 틀림없다. 만일 귀하가 곰을 쏘아 잡을 수 있다면, 그건 바로 일본 함대가 승리할 전조이다. 그래서 나는 귀하의 최대 성공을 바란다.

이에 대해 대통령은 한 마디로 "알았다. 나도 그럴 생각이다"라고 대답했다. 강화조약 체결 후 가네코가 일본으로 귀국할 때, 대통령은 사냥한 곰 가죽과 친서를 가네코에게 주며, 천황에게

직접 전달해 달라고 부탁했다.[770]

일본과 미국의 공적 관계는 아주 우호적이었는데, 아리시마 다케오(有島武郎)는 유럽에서 반일 감정의 냄새를 맡았다.

러일 전쟁의 발발과 더불어 돌연히 일어난 문제는 기독교 국가 대 비기독교 국가의 그것이었다. 일본의 적이 된 러시아가 그 적 국인 일본에 적개심을 일으키게 된 것은 어쩔 수 없는 일이라지 만, 유럽의 다른 국민 역시 일본인이 다른 인종인 데다가 이교도 라는 견지에서 일반적으로 일본을 나쁘게 본 것은 숨길 수 없는 사실이었다.[771]

러시아의 동맹국 프랑스는 매우 난처한 입장에 서게 되었다. 프랑스 정부 안에는 전쟁에 관여하고 싶어하는 사람이 거의 없 었다. 발틱 함대를 일본으로 파견할 계획이 있다는 것을 안 프랑 스 정부 쪽에서는 남아메리카 대륙 남단의 혼 곶을 경유하라고 러시아에게 권했다. 이 항로는 가장 거리가 멀지만, 영국령을 피 해갈 수 있다는 이점이 있었다. 영국은 당연히 러시아 함대의 동 태를 포착하면 일본에 통보할 것이 틀림없었다. 그러나 실은 프 랑스로서 더 중요했던 것은, 이 항로가 프랑스령도 피해 가게 된 다는 것이었다. 그렇게 하면 프랑스는 러시아 함대에 원조를 제 공할 의무에서 벗어날 수 있는 것이다.

프랑스는 자꾸만 러시아가 전쟁에서 질 것 같은 생각이 들었 다. 만주에서 러시아군의 감시관을 지낸 프랑스인 장군은 일본 이 이긴다는 결론을 내리고, 러시아에게 현재 얻을 수 있는 조건 으로 가능한 한 일찍 강화를 맺으라고 권했다. 러시아의 입장이 자꾸 나빠지기만 한다는 것이 그 이유였다. 1904년 11월 초순, 상트페테르부르크에서 파리에 도착한 러시아 주재 프랑스 대사는 이렇게 보고했다.

극동에서 일어난 전쟁은 (중략) 러시아 대중들이 점점 더 염증을 내고 있다. 러시아 인민은 이 전쟁을 개인적인 이해에 의해 시작된 대사업으로 간주하고 있다. 즉 이는 궁정에서 계획된 대규모 외국 침략 원정이라는 것이다. 수많은 마을에서 예비병이 출발할 때 폭동이 일어나고 있다. 대중의 불만이 자꾸만 커지는 바람에, 예를 들면 이런 문구가 도처에 퍼지고 있다. '우리의 주인들은 부당한 선전 포고를 한 것이다. 하느님이 우리의 전투를 축복하지 않는다고 해서 무엇이 이상하겠는가' 등이다.[772]

학생들은 상트페테르부르크와 모스크바에서 선동 집회를 조직, 그곳에서 프랑스 국가 〈라 마르세예즈〉를 불렀다는 보고가 있었다.[773] 파리 주재 러시아 고관들은 팔레올로그에게 단언했다. "러시아는 무슨 일이 있어도 전쟁을 계속해야 한다. 더럽고 약삭빠른 일본이 자비를 빌 때까지는 설혹 전쟁이 앞으로 2년을 더 끌더라도 말이지." 하지만 다른 러시아인들에 의하면, 일주일도 지나지 않아 병사(兵舍)에서 반란이 일어나고, 예비병이 전선으로 향할 무렵이면 정규군이 폭동을 일으킬 것이 틀림없다고 했다.[774]

러시아 제독은 아프리카 서안으로부터 희망봉을 도는 항로를 선택했다. 프랑스 식민지를 지날 때마다 프랑스의 원조를 기대했던 것이다. 프랑스는 러시아 함대에 협력하는 것을 일본이 아는 게 싫었다. 그래서 러시아 제독에게 사람이 살지 않는 후미에 배를 대도록 권했다. 그러나 제독은 주요 항에 정박하겠다고 주장했다.

러시아 함대는 희망봉을 돈 후, 마다가스카르에서 체재 허가의 기간 연장을 요구했다. 델카세는 일본의 보복이 두려워 거부했다. 그러나 러시아 함대의 일시 체재를 막을 수는 없었다.

1905년 1월 2일, '극동의 지브롤터로서, 지나 해에서의 러시아의 결의를 상징이라도 하듯 랴오둥 반도의 끝에 자리잡은 대요새' 포트 아서(뤼순)가 일본군의 수중에 떨어졌다. 뤼순에서 운좋게 도망친 러시아 구축함은 스테셀 장군이 황제 니콜라이에게 보낸 이런 전문을 가지고 있었다.

일본인은 우리의 방어선 모두를 장악하고 있습니다. 우리는 이제 더 이상 버텨낼 수가 없습니다. 우리는 항복하는 수밖에 없을 듯합니다. 황제 폐하, 우리를 용서해 주십시오. 가능한 것은 다 했습니다. 우리에 대한 심판에서 부디 자비를 내려주십시오. 11개월에 걸친 쉴 새 없는 전투에서 우리의 힘은 다했습니다. 수비대의 4분의 3은 병원 아니면 묘지에서 잠들어 있습니다. 나머지 4분의 1은 27러시아 마일(약 29킬로미터)에 걸친 거리를 수비하면서 잠시의 휴식을 위한 교대도 할 수가 없습니다. 병사라는 건 단지 이름일 뿐, 망령과 같은 몰골입니다.

스테셀 장군은 요새에 아직 충분한 양식이 있음에도 항복했다고 해서 많은 러시아인들로부터 심한 비판을 받았다. 그러나 야마가타 아리토모 원수로부터는 대단히 상냥한 전갈을 받았다.

천황 폐하는 관대하게도 본인에게 이런 조언을 내리셨습니다. 귀관들의 용감한 행위로 보아, 폐하는 귀관이 무인으로서의 명예를 누리시기를 바라고 계십니다. 즉 폐하는 귀관의 장교들이 검을 소지한 채로 있으라고 명하셨습니다.[775]

뤼순 함락의 영향은 곧장 러시아 국내에 파급되었다. 1월 19일, 러시아 황제 암살 미수 사건이 일어났다. 1월 22일, 14만 명이나 되는 노동자가 총파업을 하며 상트페테르부르크에서 시가행진을 했다. 전쟁에 대한 불만은 만주에서의 일본군의 승리가 보고될 때마다 여러 형태로 나타났다.

팔레올로그는 이런 말을 들었다. "러시아 정부와 러시아 인민은 아직 마다가스카르에 정박 중인 '무적 함대'에 최후의 희망을 걸고 있다."[776] 그러나 함대의 명성에도 불구하고, 상트페테르부르크 주재 프랑스 해군 무관은 이렇게 언명하고 있다.

제2함대의 바다와 육지에서의 군사적 가치는 보통 이상의 것은 아니다. 그것은 균질된 결합력이 있는 유기체가 아니라 잡다한 혼성 부대다. 모든 연식, 모든 유형의 선박의 집합체에 지나지 않는다. (중략) 승무원의 성능은 함대의 그것과 비슷하다. 경험 풍부한 사관은 전무하다시피 하다. 기관공은 질이 나쁘다. 하사관은 한 명도 없고, 수병의 태반은 군사훈련을 받지 못했을 뿐 아니라 지금까지 바다에 나간 일조차 없다.[777]

러시아 함대는 마다가스카르에 한 달 이상 체류하며, 일본군과의 전투에 대비해 승무원 훈련을 했다. 그러는 동안 러시아 국내에서는 전쟁 반대의 목소리가 높아져 가고 있었다. 2월 17일, 모스크바 지사 세르게이 대공은 테러리스트가 던진 폭탄으로 가루가 되어 버리고 말았다. 2월 27일, 모스크바의 여성들은 평화를 향한 뜨거운 열망을 담은 탄원서를 황후에게 보냈다. 탄원서에는 '저희들은 최근의 소동으로 온 러시아를 집어삼켜버릴 것 같은 불행의 시작을 보며 공포에 질려 있습니다. 황제 폐하가 인민과 일체가 되어 그것을 막을 수단을 강구하지 않다가는 대참사를 초래하지 않을까 두려워하고 있습니다'라고 적혀 있었다.[778]

프랑스 외무대신 델카세는 마지막까지 싸우자는 러시아 황제의 결의를 누그러뜨리기 바라며 황제에게 서한을 보냈다. '전쟁이 하루하루 더 계속되면 그만큼 폐하의 정부는 지금이라면 용인될 수 있는 강화를 더욱 곤란하게 할 것입니다.'[779]

3월 17일, 러시아 함대는 마침내 마다가스카르를 출발해서 수마트라 서쪽 끝을 향해 북동쪽으로 진로를 잡고 있었다. 이것은 예상할 수 있는 최악의 항로였다. 함대는 말라야에서 영국인의 시야에 그대로 노출되어 버렸고, 그 바람에 일본은 러시아 함대의 접근을 시시각각 알 수 있었다. 그러나 러시아인은 아직 발틱 함대에 절대적인 신뢰를 걸고 있었다. 러시아는 해전에서 대승리를 거두어 일본으로부터 해상의 지배권을 빼앗고, 이어 러시아 육군이 눈부신 보복전으로 나간다고 누구나 믿어 의심치 않았다.[780]

4월 14일, 러시아 함대는 사이공 북쪽 2백 마일, 프랑스령 인도차이나 안남(安南) 앞바다에 닻을 내렸다. 프랑스인은 오직 러시아 함대가 사라져주기만을 바랐다. 그러나 러시아 함대를 설득할 방법은 없었다. 함대의 정박이 시간을 끌자, 일본 국내에서는 반프랑스 감정의 폭풍우가 몰아쳤다.[781] 전쟁에서 무슨 짓을 저지를지 알 수 없는 역할을 해온 독일은, 기독교의 구제를 위해 러시아를 다그치기도 하고 일본인의 분노에 부채질하기도 했다. 그러던 독일이 이 시점에서 갑자기 프랑스에 이런 통고를 들이댔다. 만일 모로코에서 독일의 권리와 이권을 보호할 방법이 발견되지 않는 경우, 독일은 주저 없이 전쟁에 돌입한다는 것이다. 프랑스의 육군 참모총장은 절규했다.

독일의 급습이라고! 저항 같은 건 꿈도 꿀 수 없어. 1870년보다도 더 끔찍한 일이 벌어지려는 거야! 우리의 패배는 더욱 신속하고도 완벽한 것이 될 거다. 생각 좀 해보라고. 우선 러시아로부터의 원조의 손길을 기대할 수가 없지 않나! 도대체 150만의 육군을 가지고 있는 독일에 비해 우리는 얼마만한 병사를 가지고 있는가. 많이 봐야 90만. 그중 10만, 아니 20만은 전투에 나가기를 거부하겠지.[782]

프랑스는 분명 동맹국 러시아를 원조할 입장에 있지 않았다.

러시아 함대는 1905년 5월 26일, 일본 영해로 들어갔다. 도고 헤이하치로 제독이 이끄는 연합 함대가 그 진로를 가로막았다. 역사에 남는 결정적 해전의 하나였다. 도고 함대는 러시아 함대에 괴멸적 타격을 주었다. 5월 29일, 프랑스인은 '러시아 태평양 제2함대'가 이 세상에서 그 모습을 감추고 말았음을 알았다. 팔레올로그는 쓰시마 앞바다에서의 해전이 러시아의 아시아 지배에 종지부를 찍게 될 거라고 예언했다. 6월 16일, 팔레올로그는 이렇게 보고하고 있다.

　무언가 예상 밖의 일이 새롭게 일어나고 있다. 그렇다. 국제 정
치상 중요한 진전의 전조가 될 것 같은 무엇인가가 말이다. 역사
상 처음으로 미합중국이 유럽 문제에 개입하려 하고 있다. 지금
까지 미국은 현명하게도 구대륙의 문제인 '유럽의 분규'에서 초
연하게 처신하는 일을 국가의 신조로 삼고 있었다. 이제 루스벨
트 대통령은 독일 황제의 요청으로 모로코 문제를 놓고 프랑스와
독일 사이에 대두된 간단치 않은 의견 차이를 어떻게 조정할 것
인가를 궁리하기 시작했다.[783]

　6월 20일, 팔레올로그는 이렇게 쓰고 있다. '단호히 모든 나라
의 조정역을 맡으려는 듯이, 루스벨트 대통령은 적대 행위에 종
지부를 찍기 위해 러시아와 일본에 조정역을 맡겠다고 신청하
고 나섰다'[784] 그동안 러시아에서는 혁명의 폭풍이 발트 해 연
안 지역에서부터 볼가 강 유역 방향으로 불어대기 시작하고 있
었다. '진압은 거의 불가능했다'고 팔레올로그는 기록했다. '군대
가 개입을 거부하고 있기 때문이다.'

　세르게이 비테 백작의 회고록에 의하면 쓰시마 앞바다에서의
러시아 해군의 괴멸적인 패배 후 러시아인이라면 누구나, 러시
아 황제까지도 화평 교섭의 필요성을 인정하고 있었다.[785] 일본
역시 뤼순, 펑톈, 그리고 쓰시마 해상에서 눈부신 승리를 거두었
다고는 하지만 인적, 재정적 손실 때문에 피폐해 있었다. 루스벨
트 대통령이 러일 화평 회담 조정을 시작했다는 보고를 받았을
때, 러시아 외무대신 람스도르프 백작은 찬성 의사를 표했다. 람

스도르프는 비테에게 화평 교섭의 전권대표를 맡길 것을 황제에게 진언했다. 그러나 황제는 아무 반응도 보이지 않았다. 전쟁 추진파가 하자는 대로 한 결과 비테가 예언한 일들이 모조리 적중하고 말았던 것이다. 러시아 황제는 분명히 그 사실을 인정하고 싶지 않았다.[786]

러시아 황제와는 달리 메이지 천황의 이름은 러일 전쟁과 화평 교섭에 관한 기록에 거의 등장하지 않는다. 각료들로부터 보고를 받고, 중요한 외국의 귀빈을 접견하는 등 전시에도 천황은 물론 그의 직무를 다하고 있었다. 그러나 청일 전쟁 때 천황은 전쟁터에 가까운 히로시마로 자리를 옮겨서 승리를 기다리는 초조한 나날을 보냈다. 그러나 러일 전쟁을 하는 동안 천황이 공공연히 전쟁에 관여했다는 모습은 별로 찾아볼 수 없다. 그러나 시종 히노니시 스케히로의 회상에 의하면, 러일 전쟁을 벌이는 동안 천황은 방에 난방도 하지 못하게 했다. 그리고 식사와 수면 시간을 제외하고는 종일 집무실에 나와 있었다.

히노니시에 의하면, 특히 천황의 마음을 아프게 했던 것은 뤼순의 포위였다. 천황은 "뤼순은 언젠가 함락할 것이 틀림없지만, 이렇게 병사들을 죽이면 곤란하지 않. 노기도 애썼지만, 저렇게 병사를 죽이면 정말 곤란해"라고 했다고 술회하고 있다.[787]

이 무렵의 천황의 사생활에 관해서는 거의 기록이 없다. 그러나 일본 주재 영국 공사 클로드 M. 맥도널드의 한 통의 서한은 천황의 모습을 우리에게 보여준다.

노엘 제독과 우리 함대 장교들을 위해 열린 오찬에서 나는 천황의 정면에 앉았다. 나이프와 포크를 열심히 움직이면서 폐하는 주위의 사람들과 아주 다정하게 담소하고 있었다. 천황의 양옆에 앉은 아리스가와노미야(有栖川宮) 친왕과 간인노미야(閑院宮) 친왕은 아주 공손하게 천황을 대하고 있었다. 그러나 이토 히로부미 후작과 내 곁에 있던 이노우에 가오루 백작은, 천황과 아주 대등한 사이인 듯이 이야기도 하고 농담도 하며, 이 태양의 직계 자손인 인물을 크게 웃기고 있었다. 그것은 나로서는 큰 계시이며 나를 매우 유쾌한 기분으로 만들었다. 황제임에도 불구하고, 이 인물은 참으로 인간미가 넘치고 있었던 것이다.[788]

만일 천황이 러시아 황제처럼, 사령관이 될 장군이나 제독의 임명을 강요하거나, 혹은 무슨 개인적인 싸움을 위해 화평 교섭의 일본 전권으로서 가장 어울릴 만한 인물의 지명을 거부하려 마음먹었다면, 설혹 그것이 일본을 위태롭게 만드는 일이더라도, 마음대로 할 수 있었을 것이었다. 다행히 그런 일은 일어나지 않았다. 아마 그런 점 때문에 로젠 남작은 회고록에서 천황을 이렇게 말하고 있는지 모른다.

천황의 이름은 세계가 일찍이 알 수 있었던 가장 위대한 군주의 하나로서 역사에 남게 될 것이다.[789]

제55장 시어도어 루스벨트

1905년 5월 27일과 28일, 쓰시마 앞바다에서 러시아 함대가 괴멸하자 러시아 땅은 '암흑과 낭패'의 그림자로 뒤덮였다.[790] 바로 얼마 전까지만 해도 일본과 싸우라고 러시아 황제를 부추기던 독일 황제는 독일 주재 일본 공사에게 일본의 대승리를 축하하는 말을 보냈다. 이 해전은 1백 년 전인 1805년, 트라팔가에서 프랑스와 스페인 연합 함대를 격파한 영국 함대의 승리 이래 가장 중요한 전투라고 할 수 있을 것이다. 뉴욕에서 대승리 소식을 들은 가네코 겐타로는 루스벨트 대통령에게 서한을 보내 이번 전투가 '세계 해전 사상 최대의 승리'라고 했다.[791] 루스벨트는 찬동의 뜻을 표하며 이렇게 대답했다.

이것은 세계가 이제까지 봐온 것 중 가장 위대한 사건이다. 트라팔가 해전만 해도 여기에는 못 미친다. 최초의 소식이 도달했을 때 나 자신 믿을 수가 없었다. 그러나 제2, 제3의 보고가 들어오자, 나는 흥분한 나머지 일본인이 된 기분이었다. 일이 손에 잡

히지 않았다.[792]

　패배는 러시아 황제의 전쟁 속행 결심을 재고하지 않을 수 없
게 만들었다. 오래도록 상층부의 논의를 좌지우지해 온 '전쟁 추
진파'는 그 근거를 상실하고 말았다. 러시아 황제가 화평 교섭을
벌일 의욕을 보이기도 전에, 강화를 바라는 러시아 지도자들은
루스벨트 대통령을 최적임 조정자로 여기기 시작하고 있었다.

　일본인 역시 루스벨트에게 강화 회의를 제안하도록 의뢰할 결
심을 굳히고 있었다. 일본군이 뤼순을 점령한 직후인 1월 7일과
8일, 가네코는 백악관으로 루스벨트를 찾아가 강화 회의의 가능
성과 전쟁이 종결될 때의 일본 측의 계획을 이야기했다.[793] 루스
벨트는 일본이 뤼순을 점유하고 한국을 세력권 안에 둘 권리가
있다는 점을 분명히 했다. 그러나 루스벨트의 생각으로는 만주
는 청나라에 반환하고, 열강의 보장하에 중립화해야 한다는 것
이었다. 루스벨트는 "우리는 일본에게서 승리의 과실을 다시 빼
앗는 짓은 하지 않는다"[794]는 단호한 견해를 보여주었다. 그러나
동시에 루스벨트가 강조한 것은 일본이 만주에서의 문호 개방
유지에 찬동하지 않으면 안 된다는 것이었다. 이것은 무역과 직
접 관계되는 일이므로, 미국으로서는 지극히 중요한 문제였다.
외무대신 고무라 주타로는 미국 주재 일본 공사 다카히라 고고
로(高平小五郎)로부터 루스벨트가 분명히 일본이 전쟁에 이기기
를 기대하고 바란다는 보고를 받아 들었다. 고무라는 만주, 한국,
뤼순에 관한 일본의 의사와 희망을 루스벨트에게 있는 그대로
밝히기로 했다. 그 결과, 일본의 생각이 루스벨트의 생각과 대체
로 일치하고 있음이 판명되었다.[795]

이어지는 수개월간, 일본과 러시아를 강화 회의의 자리에 앉히기 위한 갖가지 노력이 프랑스에 의해 시도되었다. 일본은 러시아의 동맹국인 프랑스에 의심을 품고 있었고, 또 회의에 앞서 배상금이나 러시아 영토를 요구하지 않기를 약속한다는 데에 마음이 내키지 않았다. 확실히 일본은 프랑스인보다는 오히려 루스벨트가 강화 회의를 소집하기 바랐다. 고무라는 일본이 만주에서의 문호 개방을 유지하면서, 만주를 청나라에 반환하는 입장을 견지한다는 것을 루스벨트에게 납득시키느라 애썼다.[796]

만주의 펑톈 전투는 근대사에서 일어난 전투 중 최대 규모였다. 전투는 3월 10일, 일본군의 승리로 끝났다. 그러나 북으로 도망가는 러시아군을 추격하기에는 일본군도 너무나 지쳐 있었다. 일본군은 이미 큰 전투에서 승리를 거두고 있었으나 러시아군은 결코 무릎을 꿇지 않았다. 사실 러시아는 강화 회의 석상에서까지도 러시아가 진 것은 일부 전투에 지나지 않으며, 전쟁 그 자체에 진 것은 아니라고 강하게 주장했다. 강화의 필요성은 아마 러시아보다는 일본 쪽이 더 절실히 느끼고 있었을 것이다. 펑톈에서 아직도 격전이 이어지고 있던 3월 8일, 육군대신 데라우치 마사타케(寺內正毅)는 비공식적으로 미국 공사 로이드 그리스컴에게 접근해서 루스벨트 대통령에게 정전의 시기가 왔다는 사실을 고해 달라고 부탁했다.[797]

결국 데라우치의 결단은 열매를 맺지 못했다. 왜냐하면 강화의 첫 발자국을 내디뎌야 할 사람은 러시아 황제라고 고무라가 주장했기 때문이었다. 그러나 고무라의 태도도 이윽고 변했다. 4월 25일, 미국 정부는 그리스컴 공사로부터 한 통의 서한을 받아들였다. 공사의 보고에 의하면, 외무성은 '루스벨트를 통해 강

화가 달성되기를 바라고 있으며, 진심으로 강화를 희망하고 있다'는 것이었다.[798]

미국인의 감정은 압도적으로 친일로 기울고 있었다. 메이지 천황도 그것을 눈치채고 있었던 것 같다. 1월 24일, 천황은 그리스컴 공사를 불러서 최근 미국을 방문한 사다나루(貞愛) 친왕이 극진한 환대를 받은 일에 사의를 표했다. 물론 외국 여행 중에 황족이 대접받은 일에 사의를 표하는 것은 늘 있어 왔으며, 때로는 훈장이 주어지기도 했다. 그러나 이번 천황의 말은 충심으로부터 우러나온 기분을 전하고 있는 것으로 보인다.

귀국이 항상 우리나라에 대해 지니고 있는 호의가 깊고 돈독한 것을 생각하면 기쁘기 그지없다. 짐은 이에 대통령 각하의 건강을 축하하며, 귀국의 번영을 기원함과 동시에 장차 양국의 교분이 더욱더 친밀해지기를 바란다.[799]

러일 전쟁 중 천황은 전쟁 추진 방법에 대해 충고하고 싶은 충동을 받은 적은 한 번도 없었다. 천황이 감정을 겉으로 드러내는 일은 좀처럼 없었고, 그것은 일본군이 연전연승하고 있는 경우에도 그랬다. 참모본부 차장 나가오카 가이시(長岡外史)는 뤼순 함락 소식을 받자마자 천황에게 보고하기 위해 서둘러 입궐했다. 천황은 마침 조배식에 참석하기 위해 거실을 나가던 길이었다. 그러나 나가오카가 알현을 신청하고 있다는 것을 알자 도로 거실로 돌아갔다. 나가오카는 너무나 기쁜 나머지 천황이 자리에 앉는 것을 기다리지도 않고 이야기를 꺼냈다. 나가오카는 빛나는 승리의 보고를 전해 드리게 된 것은 생애 가장 영광스러운 일이라고 말했다. 이런 이야기를 충동적으로 말한 다음 보고를 시작하려고 천황의 얼굴을 쳐다봤다. 천황의 얼굴은 침착하고 냉정해서 감정의 편린도 찾아 볼 수 없었다. 나가오카의 보고를 듣고 있던 15분 동안 천황은 조그맣게 두세 번 끄덕거렸을 뿐이었다. 보고가 끝나자 천황은 나가오카가 입궐하기 전에 예정되어 있던 대로 식장으로 향했다.

나가오카는 매우 낙담했다. 천황의 성품으로 보아 기쁘거나 슬프거나 웬만한 일로는 감정을 겉으로 드러내지 않는다는 사실을 잘 알고 있었다. 그러나 나가오카가 보고한 사건은 보통 일이 아니었다. 나가오카는 천황이 기쁜 표정을 짓거나 적어도 안도하는 표정이라도 짓지 않을까 기대하고 있었다. 뤼순 공략은 많은 일본 군사의 생명을 희생시켰고, 러시아 수비대에 대한 세 번에 걸친 총공격 때에는 눈을 가리고 싶을 만큼 수라장이 벌어졌던 것이다. 온 일본이 이날의 보고를 몇 달씩이나 노심초사 기다리고 있었다. 이 승리는 전쟁의 장래의 향방을 점치기 위해서도 극히 중요했을 뿐 아니라 국가 정책에 심대한 영향을 끼치는 것이었다. 그럼에도 불구하고 천황은 표정에 희미한 변화조차 드러내지 않았다. 나가오카는 억제할 수 없는 흥분으로 당혹감을 느꼈다. 어전에서 물러나올 때 나가오카의 등에는 땀이 흥건히 배어나와 있었다.[800]

천황이 태연한 까닭은 뤼순에서의 승리 보고를 이미 받았기 때문인지도 몰랐다. 같은 날, 참모총장 야마가타 아리토모가 시종장에게 전화로 승전보를 전했다. 그러나 시종장이 천황에게 승전보를 전했을 때, 천황의 반응은 기쁨의 표정이 아니었다. 그 것은 조국에 흔들림 없는 충성을 표시해 온 스테셀 장군에 대한 칭찬의 말이었다. 천황이 맨 먼저 야마가타에게 명한 일은 스테셀 장군에게 무인으로서의 명예를 확실하게 유지시키라는 것이었다. 야마가타는 천황의 명령을 노기 마레스케 대장에게 타전했고, 노기는 그것을 부대 전체에 철저하게 주지시켰다. 천황은 10년 전, 청나라로부터 뤼순을 빼앗을 때에 보인 일본군의 잔학한 행위를 알고 있었다. 아마 그런 일의 재발을 우려했던 것 같다. 천황은 승리의 기쁨을 측근들에게 표시한 적이 없었지만 단카에서는 볼 수가 있다.

새해에 들려온 적군의 성문
열렸다는 소식 즐거워라[801]

천황은 지난날 군가를 지은 일이 있었다. 그러나 러일 전쟁 중의 노래는 조금도 씩씩하지 않았다. 1905년 1월 19일의 와카 시작일에 어가(御歌) 담당 다카사키 마사카제(高崎正風)는 '만민축(萬民祝)' '기도축(寄道祝)'의 두 제목을 주상했다. 천황은 양쪽 다 채택하지 않았다. 생각건대 두 제목 모두가 너무나 전쟁과 밀접하게 관계되어 있었던 것이다. 최종적으로 선택된 제목은 이래도 저래도 상관이 없는 '신년산(新年山)'이었다. 메이지 천황은 이렇게 지었다.

후지 산 봉우리에 찬란한 아침 해도 희뿌예지도록
세월 흘러가는 하늘 어찌 그리 화창하단 말인가[802]

일본이 뤼순에서 대승리를 거둔 다음까지도 천황이 흥분하는 모습을 보여주지 않은 것은, 어쩌면 그의 신중한 태도를 반영한 것인지 모른다. 강력한 적이 아직도 군사력을 유지하고 있는 이 때, 들떠 있어도 좋을 것인가. 뤼순 공략에서 수많은 일본 병사들이 생명을 잃었다는데, 축제 기분으로 있어도 좋단 말인가. 온당치 않은 기쁨을 드러내 보이는 일이 내키지 않았지만, 천황은 북지나(北支那)의 엄동에서 일본군이 견뎌내고 있는 고난에 대한 우려의 마음을 주저 없이 읊었다.

> 동녘 도읍의 하늘도 봄추위를 겪거늘
> 살을 에듯 추운 북지나의 산이야 오죽할까[803]

평톈에서의 일본군의 대승리를 알게 된 천황은 만주군에 칙어를 내렸다.

평톈은 작년 가을 이래 적군이 공고한 방어 공사를 해서 우세한 군사들을 배치하고, 필승을 기하며 싸움하려던 곳이다. 우리 만주군은 기선을 제압하고 무섭게 진공, 엄동의 빙설 가운데서 힘껏 싸우고 건투하기를 10여 일 밤낮, 마침내 완강하게 사수하는 적을 격파해서 수만 장병을 포로로 잡고 다대한 손해를 끼쳤으며, 적을 톄링(鐵嶺) 방면으로 몰아내면서 전례 없는 대승을 거두어 우리 제국의 위무(威武)를 내외에 떨쳤다.

짐은 그대들 장졸이 용케 견인지구(堅忍持久)하면서, 절대(絶大)한 훈공을 세운 것을 깊이 기뻐하는 바이다. 더욱더 분투하기를 기대한다.[804]

이 칙어는 펑텐을 점령할 때 육군의 장렬한 전투에 대해 천황이 칭찬의 뜻을 표한 것이다. 그러나 만일 독일 황제나 러시아 황제가 비슷한 승리를 거둔 후에 내놓았을 성명의 허황되고 요란한 말을 상상한다면, 우리는 메이지 천황의 자제력에 감탄할 수밖에 없다. 만일 일본군이 패배를 했더라면 천황은 어떤 모양으로 실망을 표명했을까

우리는 러시아의 패배에 러시아 황제가 어떻게 반응했는지 알고 있다. 루스벨트 대통령이 다카히라 공사와의 회담 때 말한 바에 의하면, 많은 러시아인은 이미 펑텐 패배의 중대함을 인식하고 있었다. 그리고 러시아 황제를 보필하고 있는 자들도 대부분 강화설로 기울고 있었다. 그럼에도 불구하고 러시아 황제는 전쟁을 계속 강하게 주장하고 있었다. 러시아가 1년간 맛본 일련의 패배에도 불구하고, 러시아 황제는 병사들의 생명을 구하기 위해 전쟁에 종지부를 찍을 마음이 들지 않았던 모양이다. 루스벨트는, 러시아 황제의 목적이 어디에 있는지 이해하기 어려웠다. 그러나 러시아 황제가 자진해서 강화 이야기를 꺼내지는 않을 것으로 판단했다. 루스벨트는 일본에서 열강을 향해 어떤 형식으로든 강화 의사가 있다는 사실을 전하고, 가능하다면 그 조건을 제시하는 것이 낫다고 판단했다.[805] 아무도 펑텐에서 대승리를 거둔 일본이 겁이 나서 그런 행동으로 나왔다고 여겨지지는 않을 터이니까.

그러고 얼마 있지 않아, 워싱턴에 있는 다카히라 공사로부터 도쿄로 전신이 도착했다. 전신은 가네코 겐타로가 루스벨트 대통령의 초대로 백악관을 방문했음을 전하고 있었다. 대통령은 가네코에게 "나의 동정은 오로지 일본 쪽에 있다. 왜냐하면 일본

은 문명을 위해 싸우고 있으니까"라고 말했다. 루스벨트가 가장 주의를 기울인 부분은, 러시아와의 평화 교섭을 어떻게 하면 일본에 유리하게 할 수 있을까 하는 것이었다.[806]

5월 27, 28일의 대해전에서 일본 해군이 거둔 놀라운 승리는, 처음으로 메이지 천황으로 하여금 공공연히 기쁨을 표명하는 칙어를 내게 했다.

> 연합 함대는 적 함대를 조선 해협에서 요격해서 분전하기를 수일, 마침내 이를 섬멸해서 공전의 위공을 세웠다. 짐은 그대들의 충렬(忠烈)에 의해 조종(祖宗)의 신령을 대할 수 있게 된 것을 기뻐하노라. 짐작건대 앞길은 한층 더 요원하다. 그대들은 한층 더 분투해서 전과를 온전히 하라.[807]

여기서 천황이 '조종의 신령'에 언급하고 있는 것은 러시아 황제의 발언에서 현저하게 발견되는 신에 대한 언급을 상기하게 할지 모른다. 그러나 메이지 천황은 유별나게 신의 가호가 있었던 덕에 일본이 승리를 거두었다고 말하는 것이 아니었다. 루스벨트 대통령은 좀 더 직접적인 표현을 썼다. 가네코에게 보낸 5월 30일자 친서를 루스벨트는 'BANZAI(만세)'라는 글자로 맺으며, 여기에다 감탄 부호 세 개를 덧붙였다.[808]

러시아 함대의 괴멸로 누구나 강화 회의의 때가 무르익었다고 봤다. 승리를 거둔 다음 날인 5월 29일, 루스벨트는 러시아와의 강화 회의 가능성에 관해 다카히라 공사와 회담했다. 5월 31일, 고무라 외무대신은 다카히라 공사에게 전신을 보내, 화평 교섭을 구상하는 일에 루스벨트의 원조를 요청하라고 지시했다. 이

틈날, 정식으로 루스벨트에게 전해진 고무라의 전훈(電訓)은 '대통령 자신의 직접 발의에 의해, 두 교전국을 직접 교섭의 목적에 맞게 합의시킬 것'을 대통령에게 의뢰하고 있었다.[809]

루스벨트는 자진해서 이 대임을 맡았다. 그러나 그는 만일 일본이 배상금을 요구한다면 러시아가 강화의 타진에 응할 것 같지 않다고 경고했다. 동시에 루스벨트는 일본의 육해군은 도처에서 승리를 거두었음에도 불구하고, 러시아 영토에는 침입하지 않고 있음을 지적했다. 루스벨트는, 만일 일본이 보불 전쟁 후에 독일이 받은 것과 같은 배상금을 바라고 있다면, 그것은 일본군이 모스크바를 포위한 다음에 할 소리라고 말했다.

루스벨트는 러시아인에 대해서는 좀 더 솔직하기까지 했다. 러시아 대사 아르투로 카시니 백작을 부른 루스벨트는 전쟁이 러시아에 아주 절망적이라고 단언했다.[810] 카시니는 일본이 무자비한 요구를 하지나 않을까 하는 우려를 표명하면서, 그러나 강화를 권하는 대통령의 조언을 상트페테르부르크에 전하겠다고 약속했다. 이처럼 중대한 시기에 루스벨트를 놀라게 한 것은 다른 사람도 아닌 독일 황제가 루스벨트의 노력을 지지한 일이었다. 독일 황제가 '사촌'인 러시아 황제에게 보낸 6월 3일자 서한에서, 독일 황제의 기분을 읽을 수가 있다.

순수한 군사 전략적 관점에서 볼 때, 조선 해협에서의 패배는 전투의 국면을 귀국에 유리하게 바꿔놓을 결정적 기회를 사라지게 하고 말았다. 일본은 이제 블라디보스토크 포위 공격을 위해 필요한 만큼 마음대로 예비군, 신병, 무기, 탄약 등을 만주로 투입할 수 있게 되었다. 그렇게 된다면, 귀국이 함대의 원조 없이 오래

버텨내기는 거의 불가능할 것이다. (중략) 물론 형식적으로는 이러한 역경 아래서도 전쟁을 한없이 속행할 수 있다. 그러나 한편으로 '인간적' 요소를 망각해서는 안 된다. 귀국은 몇 천이라는 자식들을 전선으로 보냈고, 그곳에서 그들은 전사하거나, 아니면 병으로 쓰러져 여생을 장애자로 보내게 된 것이다. (중략) 과연 이것은 군주의 책임과 모순되지 않을까. 자신만을 위해, 온 러시아인의 뜻에 반해가며 아들들을 대학살의 희생으로 삼기 위한 전장에 보내도 좋은 것일까.[811]

독일 황제는 러시아 황제에게 강화하기 위해서 자기가 할 수 있는 일은 무엇이든지 할 작정이라고 했다. 그러나 서한의 끝에는 이렇게 덧붙이고 있다.

이런 사실에 대해 귀하는 주의를 기울여야 할 것으로 본다. 다름이 아니라 일본인들이 모든 나라 가운데 미국에 최고의 경의를 가지고 있음에 의심할 나위가 없다는 사실이다. 왜냐하면 강대한 함대를 가지고 있는 해돈이와 같은 이 대국은 그들의 이웃 나라이기 때문이다. 만일 이 세상의 누군가가 일본인에게 영향을 미치고, 일본인에게 이성적인 제안을 할 수 있는 인물이 있다면, 그는 루스벨트 대통령이다.[812]

독일 황제가 태도를 바꾼 이유는 독일 주재 미국 대사의 발언에서 엿볼 수가 있다. 미국 대사는 워싱턴에 '독일 황제는 전쟁을 속행하더라도 가망이 없다고 믿고 있다. 독일 황제에 의하면 러시아 국민은 전쟁에 강하게 반대하고 있는데, 오래지 않아 분통을 터뜨릴 것이 틀림없다. 만일 강화가 성립되지 않으면 그들은 러시아 황제를 죽일 것이다'라고 보고했다.[813] 루스벨트는 뜻하지 않은 독일 황제로부터의 이 전갈에 기뻐했다. 어쨌거나 이전 같았으면 도저히 조정역을 맡아줄 인물이 아니었던 것이다. 독일 황제가 이처럼 애써 당당한 듯이 이야기하고 있음에도 불구하고, 그는 러시아 황제를 향한 인민의 반란이 바로 모든 군주들에 대한 상징성을 지니고 있다는 점에 겁을 먹고 있었다.[814]

독일 황제의 서한이 러시아 황제에게 효력을 발휘했는지도 모른다. 6월 6일의 시점에서 카시니 대사가 루스벨트에게 전한 러시아 황제의 전언에 의하면, 러시아는 화평도 조정도 요구하고 있지 않았다. 그러나 같은 날, 러시아 황제는 귀족 및 육군 고관들과 협의한 결과 마침내 화평 교섭에 동의하게 되었다.[815] 이튿날, 러시아 황제는 러시아 주재 미국 대사에게 "우리가 강화할 수 있는지를 확인하기 위해 러시아와 일본이 중재인 없이 회담의 자리를 마련한다는 대통령의 제안에 동의한다"고 했던 것이다.[816]

6월 8일, 루스벨트 대통령은 도쿄 및 상트페테르부르크 주재 양쪽 미국 대사에게 똑같은 서한을 보내, '회담 일시, 장소 준비를 하는데, 만일 양 당사국이 나의 조력을 필요로 한다면, 나는 최선의 노력을 할 의향이 있다'는 말을 주재국 정부에 전하도록 했다.[817] 일본 외무성은 6월 10일, '양 교전국 간에 직접 강화 조건을 협상하고 결정할 목적으로, 상호의 뜻에 합당하고 편리하다고 인정되는 일시와 장소에서 러시아국 전권위원과 회합하기 위해, 제국 전권위원을 임명할 용의가 있다'는 회답을 보냈다.[818]

미국 대사에게 전해진 러시아의 회답은 '러시아 및 일본 전권위원이 앞으로 갖게 될 회담에 관해, 양국이 강화 조건에 동의하는 일이 과연 가능한가를 알아보기 위해 러시아 제국 정부는 만일 일본 정부가 똑같은 희망을 표명한다면, 이 노력에 대해 원칙적으로 반대하지 않는다'고 말하고 있다.[819] 그러나 '똑같은'이라는 문구는 프랑스어의 원문에도 러시아어 번역에도 없었다. 이 문구가 없다면, 러시아의 회답은 만일 일본 측에서 회담 희망을 표명한다면 참가해도 좋다는 뜻이 된다. 미국 측이 러시아의 오만한 태도가 일본을 화나게 만들까 두려워서 고의로 표현을 누그러뜨렸던 것이다.[820]

러시아 외무대신 람스도르프—세르게이 비테 백작의 지지자이며, 강화에 찬성하고 있었음에도 불구하고—의 오만한 태도는 계속해서 루스벨트 대통령의 속을 타게 만들었다. 러시아인에 대한 울화가 고조되자 루스벨트는 6월 16일, 로지 상원의원에게 이렇게 썼다.

러시아는 타락하고 불성실하면서 교활하며, 너무나 무능하다. 강화가 성립될 것인지, 아니면 언제 교섭이 결렬될 것인지 전혀 알 수가 없다.[821]

루스벨트는 비슷한 말을 여러 번 내뱉고 있다. 아무튼 공공연히 표명된 것은 아니었다 하더라도 러시아 정부에 대한 루스벨트의 적의는 분명히 감지되었다. 분명 반러시아파인 루스벨트가 소집한 강화 회의에 무엇을 보고 러시아인이 출석 판단을 내렸는지 이해하기 힘들다.[822]

회의 장소가 먼저 문제가 되었다. 루스벨트는 당초 네덜란드의 헤이그를 제안했다. 일본은 헤이그에는 반대하고, 뤼순에서 발해만 건너에 있는 항구 마을 즈부(芝罘)를 제안했다. 워싱턴은 일본의 제2의 후보지였다.[823] 러시아의 제1후보지는 파리였는데, 워싱턴을 역시 제2의 후보지로 했다. 그래서 루스벨트는 회담 장소를 워싱턴으로 결정했다. 루스벨트가 이 결정을 러시아 대사에게 통고하려 할 때였다. 때마침 람스도르프에게서 전신이 들어왔는데, 워싱턴은 먼 데다 여름에는 더워 헤이그로 했으면 좋겠다고 했다. 그러나 고무라가 헤이그에 반대했을 뿐 아니라 유럽의 어떤 곳에도 가지 않겠다고 선언했다.[824] 루스벨트는 문제를 재론하고 싶지 않았다. 람스도르프는 러시아 황제에게 서한을 보내 의견을 묻기로 했다. 다행히도 러시아 황제는 이렇게 회답했다. '나는 우리 및 일본 전권위원의 예비회담 개최지를 워싱턴으로 하는 데 반대하지 않는다.'[825] 이 한마디가 논의에 종지부를 찍었다. 그러나 '예비회담'이라고 한 것으로도 알 수 있듯이, 러시아 황제는 강화 회의에서 어떤 중요한 결정이 있을 것으로는 기대하지 않았던 것 같다.

회의 일시도 문제였다. 일본 대표단이 미국 동해안에 도착하는 데는 적어도 1개월이 필요했다. 이것은 회의를 여름에 벌여야 한다는 것을 뜻했다. 대표단이 워싱턴의 참기 힘든 여름에 협상하는 것을 피하기 위해 루스벨트는 서늘한 대체지를 물색했다. 최종적으로 선택된 곳은 뉴햄프셔 주의 포츠머스 해군 공창(工廠)이었다. 러일 양국은 회의 개최지로서 포츠머스에 동의했다. 포츠머스에 도착하기 위한 충분한 시간을 일본에 주느라 루스벨트는 8월 초순의 열흘 안에 심의를 시작하자고 제안했다. 처음에는 화평 교섭을 떨떠름해하던 러시아 황제도 이번에는 가능한 한 일찍 교섭을 시작하고 싶어했다. 러시아 황제는 교섭이 지연되는 틈을 타서 일본이 사할린을 점령해 버릴까봐 두려워하고 있었다.[826] 이 두려움에는 그만한 이유가 있었다. 가네코에 의하면, 이미 루스벨트는 회의를 유리하게 운영하기 위해 일본이 즉시 사할린을 침략해야 한다고 충고하고 있었던 것이다.[827]

전권위원 인선은 어느 나라에서나 쉬운 일이 아니다. 이토 히로부미는 분명히 일본 전권대표로 지목되어 있었다. 그러나 이토는 전쟁 발발 전, 러시아와의 화해를 외친 것으로 알려져 있었다. 만일 일본 대표단이 민중이 요구하는 화평 조건을 얻어내지 못할 경우, 그것은 이토의 러시아에 대한 동정 탓으로 돌려지게 된다고 이토의 친지들이 경고했다. 이토는 다행히 임무를 맡을 것이냐를 놓고 골머리를 썩일 필요가 없었다. 천황이 내각 총리대신 가쓰라 다로에게 화평 교섭을 벌이는 동안 자신의 상담역으로서 이토가 도쿄에 꼭 있어야 한다고 했던 것이다.[828]

러시아 전권위원 인선은 러시아 황제가 개입하는 바람에 복잡해졌다. 람스도르프는 재정, 경제 문제의 전문가라는 점이 전권위원으로서의 필수 조건이라는 확신을 가지고 설득했는데, 분명이에 가장 합당한 인물인 비테의 취임에 니콜라이가 거의 마지막까지 계속 반대했던 것이다. 당시 러시아의 국내 상황은 나쁜 쪽으로 급변해 가고 있었다. 6월 25일, 오데사에서 파업 노동자와 정부군의 충돌이 있었다. 계속해서 이틀 후, 전함 포템킨 호 함상에서 반란이 일어났다.[829] 포템킨 호의 반란은 러시아 사회 불안의 전조가 되고 말았다. 이런 상황은 일본의 첩보원들이 조장했다. 그들은 레닌을 포함한 반황제 정부주의자들에게 자금을 댔고, 특히 러시아 제국으로부터의 독립을 갈망하는 핀란드와

폴란드에서 활동하고 있었다.[830]

일본과 러시아 대표단은 8월 9일, 협의를 개시했다. 이튿날, 일본 측은 다음 내용을 포함하는 12개항에 걸친 정식 요구를 제출했다. 예컨대 한국에서의 정치적, 군사적, 경제적 권익에 대한 일본의 우위를 러시아가 인정하는 것을 비롯해서, 러시아군의 만주 철수, 뤼순 조차권의 일본 양도, 사할린의 일본 할양, 일본의 군비 배상, 만주와 블라디보스토크를 잇는 철도의 상업적, 공업적 목적 이외의 사용 제한 등이다.[831]

일본의 요구에 대한 러시아의 반응은 실망스러웠다. 러시아 전권대표 비테는 동료에게 "일본의 조건은 예상하고 있던 것 이상으로 혹독하다"라고 말했다.[832] 그러나 실제로 계속되는 교섭에서 문제가 되었던 것은 두 가지 요구뿐이었다. 첫째는 사할린의 할양, 둘째는 배상금 지급이었다. 러시아 황제는 되풀이해서 이 점을 강조하고 있었다. 러시아는 배상금을 1루블도 지불할 수 없고, 러시아 영토를 1평방센티미터도 양도할 수 없다고 했다. 이 두 가지에 대한 황제의 거절은 실질적인 정책에 근거한 것이 아니라 명예를 고려해서 나온 주장이었다. 러시아 황제는 회의에 나가는 러시아 대표단에게 내린 최초의 지시서에 '러시아는 아직(never) 배상금을 지불한 일이라고는 없다. 나는 결코(never) 배상금 지불에 동의하지 않는다'고 했다. 이 'never'라는 말에는 세 줄씩 밑줄이 쳐져 있었다.[833]

러시아 황제는 마찬가지로 사할린 할양에도 반대했다. 러시아가 사할린을 소유한 것은 겨우 1875년 이래의 일이었다. 당시 일본과의 조약으로 지시마(千島) 열도를 양보하는 대신 사할린의 소유권이 러시아에 넘어갔던 것이다. 사할린이 얼마나 황폐해졌는지는 1890년, 안톤 체호프가 정치범 거류지를 방문했을 때 발표한 보고서 이래, 러시아인들에게는 주지의 사실이었다. 그러나 유럽과 아시아에 걸친 거대한 국가를 지배하고 있는 러시아 황제는 이 황폐한 땅을 1평방센티미터도 일본에 넘기지 않기 위해 파괴적인 전쟁을 질질 끌려 하고 있었다.

일본 전권대표 고무라 주타로 역시 명예 관념에 사로잡혔던 것 같다. 4월, 각의가 천황이 승인한 강화를 위한 구체적인 조건을 결정했을 때, '절대적 필요조건' 3개항이 있었다.

첫째, 한국에서의 일본의 완전한 행동의 자유를 러시아에 인정시킬 것, 둘째, 일정 기간 내에 서로 만주에서 군대를 철수시킬 것, 셋째, 러시아의 랴오둥 반도 조차권과 뤼순과 하얼빈을 이어주는 둥칭(東淸) 철도 남지선(南支線)을 일본에 할양할 것.[834]

그리고 절대적 필요조건은 아니나 상대적 필요조건 4개항이 있었는데, 그중에 배상금과 사할린 할양이 있었다. 만일 고무라가 절대적 필요조건 3개항으로 만족했다면, 교섭은 순조롭게 진행됐을 터였다. 그러나 고무라는 악착같이 배상금을 요구했으며, 또 러시아 황제가 사할린에 관해 타협하려 하고 있었다는 것—황제는 이 무렵 사할린을 일본과 러시아가 이분하자고 했다—을 일본 정부에 보고하지 않았다.

그 바람에 교섭은 거의 결렬되고 또다시 전쟁 재개의 양상을 보이기 시작하고 있었다.[835] 8월 27일, 고무라는 도쿄에 타전해서 교섭을 단절하지 않을 수 없다고 전했다.[836]

8월 28일, 내각 총리대신 관저에서 이토, 야마가타, 이노우에 가오루 세 원로가 참석한 각료회의가 열렸다. 각료들은 러시아가 일본의 타협안에 응하지 않은 것을 유감스럽게 생각하면서도, 교섭을 대신할 유일한 방법이 전쟁밖에 없다는 것을 인식하고 있었다. 연내에 하얼빈을 함락시키기는 그다지 곤란한 일이 아닐 것으로 보고 있었다. 그러나 그러기 위해서는 몇 개 사단의 증설이 필요했다. 일본에는 사단을 증설해서 전쟁터로 보낼 만한 재정적 비축이 없었다. 그나마 하얼빈을 함락시키고 마침내 블라디보스토크를 점거한다고 가정하더라도, 그 정도로 러시아의 숨통을 틀어막을 수는 없었다. 여러 시간의 논의 끝에 도달한 결론은 이랬다. 설혹 일본이 배상금과 사할린 할양을 단념하게 되는 일이 있더라도 강화는 맺어져야 한다는 것이었다.[837]

그날 오후, 세 원로와 각료 등이 참여한 어전회의가 열렸다. 그 결과 이런 내용을 고무라에게 타전하기로 결의를 했다. '러시아가 타협안을 거부해서 교섭을 계속하기가 매우 어렵다는 것은 충분히 알고 있다. 그러나 우리의 군사상, 경제상 사정을 살펴볼 때 설사 배상금과 사할린을 포기할 수밖에 없다 하더라도 강화를 성립시켜야 한다.' 어쨌든 전쟁을 벌이게 된 기본 목적인 한국, 만주에 관한 중요 문제의 결말은 이미 나 있었다. 고무라가 받은 지시는 러시아가 일본의 사할린 점령을 기정사실로 인정한다는 것을 조건으로, 배상금에 관한 요구를 철회하라는 것이었다. 만일 러시아가 사할린을 양보하지 않을 경우, 고무라는 루스벨트 대통령을 설득해서 할양 요구 철회를 일본에 형식적으로 권고하게 한 다음, 일본 측이 평화와 인도를 위해 대통령의 권고에 응하는 형식을 취해야 했다.[838] 마지막 안은 분명 일방적으로 주장을 거둬들일 수밖에 없는 일본의 체면을 지키기 위한 수단으로 강구된 것이었다.

일본 대표단은 강화 회의에서의 패배를 스스로 인정하는 것 같은 이 지시에 동요하면서 통한의 눈물을 흘렸다. 8월 28일, 비테 역시 맥이 쭉 빠지는 전신을 받아놓고 있었다. 람스도르프가 러시아 황제의 이런 말을 전했던 것이다. '어찌되었든 교섭을 중지한다는 나의 명을 비테에게 전하라. 일본의 관대한 양보를 기다릴 지경이라면, 전쟁을 계속하는 편이 낫다.'[839] 러시아 대표단의 두 사람, 비테와 로젠은 황제의 명령을 따를 것이냐 아니냐를 놓고 의견이 갈라졌다. 비테는 황제의 명령을 무시하기로 정하고, 사할린 남부를 단념하는 것으로 강화를 성립시킨다는 당초부터의 제안을 되풀이했다.

8월 29일, 비밀회의 석상에서 비테는 사할린 남부의 할양에 동의했고, 고무라는 도쿄의 지시에 따라 협정을 받아들였다. 만주에서의 부대 철수, 둥칭 철도의 처분에 대해서도 합의에 도달했다.[840] 이제 모든 문제는 결말이 났다. 회의장에서 나온 비테는 강화가 성립했음을 발표했다. 비테는 일본 측이 모든 것에 동의했다고 말했다.[841]

이어서 오전 늦게 열린 본회의에서 고무라는 훈령에 따라 사할린 섬 전체를 요구했다. 비테는 이를 거부했다. 그래서 고무라는 이렇게 선언했다. 평화와 인도를 위해 일본은 북위 50도를 경계로 사할린을 이분한다는 러시아의 제의를 수락한다. 이것은 관객을 잔뜩 의식한 연기였다. 그러나 본회의는 불필요한 인명의 손실을 막기 위해 즉각 휴전 협정을 맺는 조처가 취해져야 한다는 비테의 제의로 종결되었다. 고무라, 비테 양 전권대표가 강화조약에 조인한 것은 9월 5일이었다. 그사이 협정이 합의에 도달했다는 소식이 순식간에 퍼졌다. 러시아 황제는 합의 사항을 보고 대단히 놀랐다. 황제는 일기에 이렇게 써놓고 있다.

밤이 되자 비테에게서 전보가 왔다. 강화 회의가 끝났다는 소식이었다. 나는 하루 종일 망연자실해서 이리저리 걸어다녔다.[842]

러시아인의 최초의 반응은 거의 전면 부정이라 해도 좋을 정도였다. 그중에서도 한 러시아인 포로의 영국인 처의 반응은 극단적이었다.

새로운 외교의 강화! 20세기의 강화! 미국에서 이뤄진 강화! 미국의 크론슈타트에서 빚어진 강화! 전통과의 기반은 모두 단절되고 말았다. 일본과 러시아는 강화한 일이 없고, 그것을 바라지도 않았다. 아, 이 무슨 짓이란 말이냐! 저 지독한 미국 대통령, 저 정력개l Strenuoso 가 한 짓이다. 그 사나이가 그것을 바랐고 손에 넣은 것이다. 전권위원들을 방 안에 가둬놓고, 배고파서 어쩔 수 없이 복종하게 만드는 따위의 짓을 저 사나이라면 하고도 남지![843]

실제로 전투를 목격한 일이 없는 거의 모든 러시아인은, 만주의 러시아군이 이전보다 일본군과 잘 싸울 수 있는 유리한 상황에서 강화를 맺는다는 것은 바보짓이라고 믿고 있었다. 러시아주재 미국 대사 조지 마이어는 이렇게 일기에 써놓고 있다. '화평 교섭에서 이뤄놓은 역할 때문에 루스벨트는 온 세계에서 감사의 말을 들었지만, 러시아인으로부터의 감사는 기대할 수 없었다. 러시아인들은 좌우간 루스벨트가 간섭만 하지 않았더라도 전쟁에 이겼을 것으로 믿고 있는 판이니까.'[844] 그러나 전쟁을 하는 동안 참모로서 높은 지위에 있던 러시아인 장교는 "러일 양쪽 군사는 모두 강력하고 끈질기다. 어느 쪽에서 공격을 하든 엄청난 불행과 손실을 초래할 것은 틀림없다"고 말했다.[845]

러시아 대표단은 그들이 기적을 빚어 놓았다는 것을 믿어 의심치 않았다. 그들은 재수 좋게 배상금 지불을 안 해도 되게 만들었고, 그들이 내놓은 유일한 영토라 해봤자 이미 일본이 점거하고 있던 황폐한 섬의 반에 지나지 않았다. 조약 조인 후, 그들이 축하회에서 샴페인으로 건배한 것은 조금도 이상한 일이 아니었다.

일본 측은 축하회에 나가지 않았다. 고무라를 비롯한 일본 대표단이 조약에 조인한 것은 그들 자신의 의사에 전적으로 반하는 일이었다. 명령을 받았기 때문에 조인했을 뿐이었다. 그들은 귀국 후에 받게 될 일본인들의 분노에 찬 환영을 쉽게 상상할 수 있었다.

가장 행복한 사람은 아마 루스벨트 대통령이었을 것이다. 프랑스와 독일의 칭찬을 들었고, 영국까지 그를 칭찬했다. 하긴 영국인 중에는 당초 그들의 동맹국인 일본이 이렇게까지 양보한 것에 놀라움을 표명하는 사람도 있기는 했다. 때마침 영일 동맹이 이해부터 10년간 다시 연장되어서, 새 협약이 발표되었다. 어떤 평자는 일본인이 영일 동맹의 새 협약에 안도감을 느끼는 바람에 강화 조건을 완화한 것이라고 말했다.[846] 그러나 루스벨트가 어떤 비판을 받았건 그 비판은 금방 가라앉고 말았다. 루스벨트는 메이지 천황과 러시아 황제 양쪽으로부터 감사의 전보를 받았다. 강화조약이 조인되기 직전, 루스벨트는 베이징 주재 미국 공사에게 '나는 이전부터 일본이 마음에 들었다. 그랬는데 이제 양국의 강화 전권위원과 접하고 난 뒤로, 더욱더 일본이 좋아지게 되었다'고 썼다.[847] 루스벨트는 1906년, 전쟁 종결을 위해 노력한 공적으로 노벨 평화상을 받았다.

강화조약의 조문 개요가 일본 신문에 발표되자 맹렬한 항의의 목소리가 터져 나왔다. 9월 5일, 조약 파기와 각료 탄핵을 결의하기 위해 히비야(日比谷) 공원에서 국민대회가 열리게 되었다. 그러나 경찰은 일반 시민이 공원 안에 들어가는 것을 허용하지 않았다. 이에 항의하는 약 3만 명의 시민이 공원 입구에 쌓아 놓은 바리케이드를 돌파했다. 경관의 수가 적었던 탓에 군중을 억제할 수 없었다. 황궁, 주요 관청, 외국 공관의 경호를 위해 군대가 동원되었다.

공원에서의 충돌로 생긴 소란스러운 목소리는 황궁에까지 도달했다. 천황은 거실 의자에 앉아 있을 수가 없어 소요에 귀를 기울이면서 방 안을 서성거렸다. 느닷없이 총소리가 났다. 헌병이 권총을 발사하며 폭도를 위협한 것이었다. 평소에는 감정을 겉으로 드러내지 않는 천황까지도 바깥에서 들려오는 소리에 극도로 흥분하고 있었다. 총성이 들릴 때마다 천황은 헌병이 권총을 발사했다고 큰 소리로 외쳤다.[848]

이것은 어쩌면 천황이 위기를 느낀 최초의 체험이었을지 모른다. 그는 과잉 반응을 일으킨 것 같다. 얼마 후 내각 총리대신 가쓰라 다로가 급히 입궐해서 상황을 보고했다. 그날 밤 천황은 몇 번씩이나 시신(侍臣)들에게 사태를 알아보게 했다.

소요는 다시 이틀간 계속되었다. 이틀째, 군중들은 불을 질러 전차 10여 량을 태우고, 도처의 파출소에 불을 질렀다. 계엄령이 도쿄와 그 주변에 발령되고, 11월 29일까지 해제되지 않았다. 다른 지방 도시에서도 소규모 항의 집회가 있었다. 소요 사흘째, 심한 폭우가 군중의 기세를 꺾어놓은 뒤 질서가 회복되었다.

일본의 강화조약 반대 운동은 전 세계에 널리 보도되었다. 그것은 때때로 배외사상, 반기독교 감정의 표현으로 부풀려지기도 했다. 그러나 이것은 도쿄에 있는 사정을 잘 아는 외국인에 의해 즉시 정정되었다. 루스벨트 대통령의 생각에 의하면, 일본 정부는 러시아가 많은 배상금을 지불할 것이라고 민중들이 기대하게 만든 책임을 졌을 뿐이다.[849] 강화가 소망스럽다고 확신하고, 강화의 획득을 위해 애쓴 것을 자랑스럽게 여기는 루스벨트는 다카히라 공사에게 이런 글을 썼다. '당신들 일본인은 위대한 전쟁의 최후를 위대한 강화로 장식한 것이다.'[850]

제56장 한국 황제 고종의 저항

1902년에 조인된 최초의 영일 동맹 협약은 유효 기한이 5년이었다. 그러나 아직 효력이 남아 있던 1905년, 수정되고 연장되었다. 러일 전쟁 중 영국은 다양한 형태로 일본을 원조했다. 그중에서도 중요했던 것은 무기와 탄약의 제공이었는데, 그것 없이 일본군은 전쟁을 계속할 수 없었을 것이다.[851] 영국은 러시아 전함을 발견할 때마다 일본에 통보했고, 또 러시아 흑해 함대—일본과의 해전에 대비해서 해군력 강화를 위해 파견될 가능성이 있었다—의 다다넬스 해협 통과를 저지하는 형태로 협력 태세를 취했다.[852] 그러나 전시 중에 공표된 영국의 정책은 엄정 중립이었다. 표가 나게 일본 편을 든 것도 아니었다.[853]

그럼에도 불구하고 일본은 동맹의 중요성을 충분히 이해하고 있었다. 1904년 12월, 도쿄 주재 영국 공사 클로드 M. 맥도널드는, 내각 총리대신 가쓰라 다로 및 외무대신 고무라 주타로와의 회담 중에 두 사람이 "만일 일본이 운 좋게 전쟁에 이기는 날에는, 영국과 한층 더 긴밀한 동맹 관계를 추구하게 될 것"이라고 발언했다고 보고했다.[854] 영국 역시 동맹의 갱신을 몹시 바라고 있었다. 영국 총리가 가끔 말한 내용으로도 추측이 가능하다. 예를 들면 영일 관계를 강화하기 위해 몇 가지 제안이 나왔다. 영국은 최고 훈장인 가터 훈장을 천황에게 수여해야 한다, 일본 주재 영국 공사의 지위는 대사급으로 끌어올려야 한다, 영국은 앞으로 5년 더 동맹 경신을 제의해야 한다 등……[855]

1904년 2월 15일, 일본 외무대신이 주최한 동맹 3주년 축하 만찬회 석상에서, 고무라 주타로는 관례에 따라 영국 국왕 에드워드 7세의 건강을 축하하는 건배를 하는 동시에 동맹이 좀 더 강력하고 견고해지기를 희망한다고 밝혔다. 영국 측은 고무라의 말을 어디까지 진지하게 받아들여야 할지 알 수 없었다. 그러나 영국 의회의 보수당원 클로드 로서는 3월 29일, 보다 굳건한 기반 위에 동맹을 갱신해야 한다고 영국 정부에 요구했다. 로저는 동맹의 강화가 '제국의 안전에 관한 경비 절감 및 효율을 확실하게 만드는 유일하고 실현 가능한 조처'라고 믿고 있었다.

클로드 로서는 러시아가 인도에 끼치고 있는 위협에 위기감을 안고 있었다. 러시아가 거액의 비용으로 철도를 건설해서 인도 국경으로 50만 명이 넘는 군대를 신속하게 이동시키는 일이 가능하게 된 지금, 인도를 방위하는 데 가장 싸게 치이는 수단은 일본 부대를 이용하는 것이었다. 로서의 주장에 의하면, 조약을 그대로 갱신할 것이 아니라 새로운 성격을 부여하지 않으면 안 된다는 것이었다. 영, 일 어느 쪽인가가 영유하는 아시아의 속국이 공격받는 경우, 두 나라가—영국은 함대, 일본은 육군으로—서로 협력해야 한다는 것이다. 이 협정이 성립한다면 영국은 영국인 납세자에게 과도한 부담이 될 우려가 있던 인도 육군

의 유지비에서 해방될 것이다. 동시에 일본은 함대 건조 비용을 절약할 수 있을 것이다.[856]

대영 제국을 러시아의 공격으로부터 지키기 위해, 일본 정부가 육군을 인도 북부로 파견하는 데 동의한다는 것은 상상하기 어려운 일이었다. 그러나 일본 정부가 동맹의 존속을 강하게 바라고 있었던 것도 사실이었다. 일본으로서 동맹이 유리한 주된 이유는, 그것이 복수전을 기도하는 러시아의 의욕을 꺾는 최선의 방법으로 여겨졌기 때문이다. 그리고 동시에 그것은 '목하 러시아와 프랑스가 획책하고 있는 음모, 즉 황화(黃禍)의 깃발 아래 일본과 적대하는 유럽 연합을 형성하려는 기도를 무효화할 수 있게' 되기도 한다는 것이었다.[857]

영국 정부 내에는 인도 방위에 마음이 내키지 않는 일본을 설득할 수 있다는 전제 아래, 이렇게 제안하는 각료들도 있었다. 북부 인도 국경이 러시아에 의해 위협당할 경우, 일본에 15만 명의 부대를 파견해 달라고 해야 한다는 것이다. 이들 영국 각료들이 고집하는 신념에 의하면, 인도에서의 일본의 협력은 일본이 한국에서 어떠한 행동을 취하더라도 영국 해군이 지지하고, 묵인한다는 데 대한 타당한 교환 조건에 지나지 않았다.

쓰시마 앞바다에서의 해전에서 일본 해군이 승리한 일은 일본 측이 교섭을 벌일 때의 입장을 아주 유리하게 해주었다. 1905년 8월 12일, 최종 협약이 런던에서 조인되었다. 협약은 영일 양국을 앞으로 10년간 더 결합시켜, 인도 및 인도 동쪽의 나라들을 포함하는 동아시아에서의 분쟁에 대비해 협력 태세를 취하게 되었다. 비밀 조항은 하나도 없었고, 일본은 인도로의 군대 파견을 약속하지 않았다. 그러나 협약은 인도 국경의 안전에 관한 영국의 모든 특권을 인정했다.[858] 협약은 포츠머스에서 화평 교섭이 진행 중에 조인되었는데, 강화 회의의 동향에는 아무런 영향도 끼치지 못했다.

새 협약이 체결된 직후, A. J. 밸푸어 영국 총리가 내각 총사퇴를 발표했다. 그러나 총사퇴 전에 도쿄의 영국 공사관을 대사관으로 승격시키는 영예를 일본에 주었다. 프랑스, 독일, 이탈리아, 미국도 이를 본받았다. 이는 일본이 일등국으로 인정되었음을 상징하는 일이었다. 일본에 대한 제2의 경의의 표시로서 가터 훈장이 천황에게 주어져야 한다는 이야기가 나왔다. 에드워드 7세는 이전부터 이런 종류의 제안에 반대해 왔다. 가터 훈장은 비기독교 국가의 군주에게 줄 수는 없다는 것이 에드워드 7세의 반대의 근거였다. 그러나 1903년, 국왕의 반대에도 불구하고 정치적 이유에서 페르시아 국왕에게 가터 훈장이 수여된 적이 있었다. 영국 정부는 이 선례에 비춰서 천황에 대한 수여를 강하게 주장했다. 국왕은 마음이 내키지는 않았지만, 이에 따르지 않을 수 없었다. 1906년 2월 20일, 일본에서 봉정식을 집행하는 가터 훈장 사절단의 단장으로 콘노트 공 아서 왕자가 임명되었다.[859]

이 이름 높은 사절단 중에 리즈데일 경(=A. B. 미트포드)이 있었다. 리즈데일 경은 1866년부터 1870년까지 도쿄의 영국 공사관에서 서기관으로 근무한 경험이 있었다. 일본으로 돌아온 리즈데일 경의 기쁨은 자그마치 책 한 권 분량의 보고서 「가터 훈장 사절단의 일본 방문」의 첫머리 여러 페이지에 전해지고 있다.

이때처럼 겨울의 해돋이가 위대한 영광으로 빛난 순간은 없었다. 1906년 2월 19일, 세이버리 함장이 이끄는 영국 해군 군함 다이아뎀 호가 콘노트 공 아서 왕자와 가터 훈장 사절단 일행을 태우고 먼동이 터오는 요코하마 항으로 들어갔다. 그 화려한 광경을 아침 해가 비추고 있었다. 왕기(王旗)는 메인마스트에 휘날리고 있었다. 육상의 집들은 화려하게 장식되었고, 나폴리를 능가하는 새파란 항구에 떠 있는 배들은 모두가 만함(滿艦) 치장을 하고 있었다. 열한 척의 대전함이 황실을 환영하는 예포를 울렸고, 그 군악대가 영국 국가를 연주했다. 저 멀리로 소나무가 무성한 하코네(箱根) 연봉이 보였는데, 그것은 내 기억 그대로 아름다웠다. 하지만 그중에서 한결 더 두드러지게 눈을 뒤집어쓴 숭고한 후지산이 아침 해를 받으며 고고하게 솟아 있었다. 그 우아한 곡선을 방해할 구름도 없는 가운데, 신비에 찬 원추형은 하늘을 향해 솟아 있었다. 이 산의 여신 고노하나노사쿠야히메(木花之開耶姬)가 우아한 모습으로 우리에게 먼저 인사해 주는 것이었다. 말하자면 고색창연한 일본 정신이 일본의 친구이며 동맹자인 국왕 에드워드 7세의 사자들을 맞이하고 있었다.[860]

리즈데일 경은 요코하마의 연도에서 환영하는 군중을 보며 정신없이 기뻐하고 있다.

거리는 혼잡하기 짝이 없었다. 그 고장 사람들이 몽땅 연도에 줄지어 있는 것이 분명했다. 어른들은 뒤에, 어린이들은 키에 맞추어 가장 작은 아이가 제일 앞의 특등석에 자리해 있었다. 모든 어린이들의 손에는 두 나라 국기가 쥐어져 있었는데, 그것이 아주 앙증맞게 흔들리고 있었다. 이어서 소프라노와 굵은 베이스의 '반자이(만세)' 외침 소리가 울려나왔다.[861]

사절단 일행은 열차를 타고 신바시 역으로 갔다. 그곳에서 어떤 의식이 거행되었다.

　의식은 그것을 목격한 모든 일본인의 마음을 깊이 감동시켰을 것이다. 일본 개벽 이래 일찍이 없었던 경의를 아서 왕자에게 표했다. 황태자를 비롯한 황족 모두에게 둘러싸여, 천황이 자진해서 손님을 맞이한 것이었다. 이 위엄 있는 군주, 신까지는 아니더라도 기타 모든 인간 위에 군림하는 존재로서 신민에게 숭경되고 있는 천황이 이 나라 역사상 처음으로 공공연히 외국의 왕자를 맞이했던 것이다. (중략) 천황이 왕자와 따뜻하게 악수를 교환했을 때, 그 몸짓은 확실하게 '이 사람은 짐의 친구이다'라는 것을 말없이 신민에게 고하고 있었다.[862]

일찍이 메이지 천황을 알현했던 모든 국왕, 왕자, 대통령과 마찬가지로, 아서 왕자는 천황이 이전에는 이러한 우호와 경의를 보여준 일이 결코 없었을 것이라고 여기고 있었다. 리즈데일 경 역시 스스로를 축복했다. '일본의 천황은 8세기 이상이나 되는 오랜 세월 동안 격리되어 신비함 속에 살아왔다. 나는 그 옛 시절을 떠올릴 수 있는 유일한 유럽인 참석자였다.'[863] 분명 리즈데일 경은 40년 만에 재회한 천황에게 깊은 감동을 느끼고 있었다.

　우리가 알고 있는 한, 천황의 얼굴에 각인되어 있는 강력한 인상은 그의 위대한 특징이다. 일본의 정치가들이 우리에게 이야기해 준 바에 의하면, 천황의 시간은 모두 공무에 바쳐져 있다는 것이다. 아주 짧은 틈을 타서 천황은 와카를 읊으며 마음의 위안으로 삼고 있다고 했다.

가터 훈장의 봉정식은 위풍당당한 것이었다.[864] 14세기, 국왕 에드워드 3세에 의해 제정된 이 기사 훈장은, 전해 내려오는 바에 의하면 궁정 바닥에 떨어진 백작 부인의 가터(양말 고정 장치)에서 유래한 것이었다. 국왕이 가터를 집어들어 백작 부인에게 내밀었다. 함께 그 자리에 있던 자 중에 웃는 자가 있었다. 그러나 국왕은 이를 무시하며, 프랑스어로 "생각이 사악한 자에게 화 있을진저!"라고 했다. 이 문구는 가터에 수놓아져 있다.

아서 왕자가 인사말 가운데 천황에게 설명한 바와 같이 가터 훈장은 영국 국왕, 영국 황태자, 기사 25명에 한해 주어지는 것이며, 영국에서 가장 고귀한 기사 훈장으로 알려져 있었다. 이 훈장은 영국의 기사 외에 영국 국왕과 특히 친밀한 관계에 있거나, 아니면 영국 국왕과 동맹을 맺은 황제, 국왕, 왕자에게 주어졌다.

메이지 천황은 위압당하지 않았다. 천황은 훈장을 준다는 소식을 듣고 그것을 승낙할 당초에는 기뻐하는 것 같았다. 그러나 천황은 나중에 궁내대신 다나카 미쓰아키(田中光顯)를 불러 "짐은 영국 사신을 맞을 생각을 하니 끔찍하니까 경이 알아서 둘러대어 그들의 내항을 사절하라"고 명했다.

다나카는 깜짝 놀라서 이렇게 말했다. "폐하께서 이미 승낙하셨는데, 이제 와서 이를 사절하시고자 해도 콘노트 전하는 이미 본국을 떠난 뒤입니다. 이러한 일은 국제적으로 신뢰를 잃는 일이므로, 절대로 그렇게 할 수 없습니다. 이제는 오직 전하가 오기를 기다려 이를 받는 일이 있을 뿐입니다."

천황은 달갑지 않은 모양이었으나 잠자코 그 이상 아무 말도 하지 않았다. 천황이 아서 왕자와 만나고 싶지 않다는 것은 애초에 왕자 자신이나 영국과는 아무 관계도 없는 일이었다. 천황은 진정으로 외국에서 오는 빈객을 접대하는 일이 싫었다. 천황은 알현을 받을 때만 되면 늘 기분이 좋지 않았다. 그런 자리를 마련했다고 해서 측근들에게 마구 짜증을 부리는 일도 많았다. 그러나 일단 손님이 도착하면 불쾌한 빛을 내비치지 않았다. 오히려 상대방은 천황의 성실한 태도에 감명받는 것이 보통이었다.[865]

천황이 마지못해 아서 왕자의 알현과 가터 훈장을 받기로 동의한 후로도, 그 영예가 그리 대단한 의미를 지니지는 않았던 모양이다. 내각 총리대신 사이온지 긴모치는 요코하마까지 가서 아서 왕자의 배를 맞이하도록 주청했다. 그러나 천황은 전례가 없다며 이를 허락하지 않았다. 천황은 간신히 신바시 정거장까지만 출영하기로 했다. 이는 사이온지의 주청과는 매우 거리가 먼 것이었지만, '가장 인자함이 충만한 사려 깊은 생각에서 우러나왔으며, 가장 인자하게 실행된 왕에 어울리는 환대법'이라며 리즈데일 경의 마음을 감동시켰다.

천황의 저항은 마지막까지 이어졌다. 식부(式部)는 가터 훈장의 봉정식 때에 다른 훈장을 일절 몸에 장식하면 안 된다고 주장했다. 최종적으로 대훈위 국화부장(大勳位菊花副章)만큼은 단념했지만, 마치 일본 훈장의 존재의 무게를 과시라도 하는 것처럼 천황은 8등장 이하의 기장들을 모두 가슴에 달았다.

리즈데일 경은 천황의 이런 관례 위반은 언급하지 않고 있다.

마찬가지로, 봉정식 도중에 일어난 어색한 사건도 언급하지 않았다. 천황에게 가터 훈장을 달아주려 했을 때, 아서 왕자는 실수를 해서 바늘로 자신의 손가락을 찔렀다. 훈장에는 왕자의 피가 묻었다. 아직 어린(23세) 왕자는 분명히 긴장했다. 그러나 천황은 핏자국을 보고도 태연자약하게 행동했다. 시종 히노니시 스케히로는 식전이 종료된 후의 천황의 모습을 이렇게 말하고 있다

식이 끝나자 폐하는 정전(正殿)에서 콘노트 전하가 바친 모자 등을 그대로 착용한 채 곧 안으로 들어갔다. 그리고 흡사 보관(寶冠)이라도 되는 듯 모자를 벗어서 여관에게 건네면서 호걸웃음이라고나 할 예의 그 굵은 웃음을 터뜨리셨다. 그 모습은 '뭐야, 이까짓 것을' 하고 여기시는 것 같았다.[866]

그 후 추밀 고문관 스에마쓰 겐초(末松謙澄) 등과 오찬을 드는 자리에서 천황은 이 이야기를 하면서, 아서 왕자의 냉정 침착한 태도를 칭찬했다. 그리고 스에마쓰 말고도 몇 사람을 다른 자리에 불러 핏자국이 묻은 훈장을 보여주었다.[867]

그날 오후, 천황은 관례에 따라 아서 왕자를 답례 방문했다. 리즈데일 경에 의하면, 천황은 의식이 훌륭하고 깔끔하게 잘 치러진 것을 크게 칭찬하며, 실수에 대해서는 외교 의례상 언급하기를 피했다. 천황은 칠기 상자에서 대훈위 국화대수장의 끈(綬)과 부장(副章)을 꺼내 손수 왕자의 어깨에 걸고, 가슴에 달아주었다.[868] 여기서도 거듭 리즈데일 경은 감명을 받고 있다.

아직까지, 상대가 황태자인 경우에조차 폐하가 손수 훈장을 수장자에게 달아주는 법은 없었다. 통례로는 천황이 훈장이 든 상자를 그대로 열지 않은 채 건네주었다. 때로는 상자를 열어서 건네주는 경우도 있었다. 그러나 손수 끈을 어깨에 걸어주고, 가슴에 부장을 달아준 것을 자랑할 수 있는 사람은 아서 왕자 말고는 없다.[869]

그날 밤, 천황은 아서 왕자와 가터 훈장 사절단 일행을 환영하는 궁중 만찬회를 열었다. 우선 아서 왕자가 아리스가와노미야(有栖川宮) 친왕의 비와 함께 연회장에 들어가고, 이어서 가터 훈장의 성장(星章)과 경식장(頸飾章)을 단 천황이 히가시후시미노미야(東伏見宮) 친왕의 비를 동반하고 나타났으며, 그 뒤를 친왕 등이 따랐다. 리즈데일 경에 의하면 만찬회는 대단히 훌륭했으며 시간도 그리 오래 끌지는 않았다. 리즈데일 경은 이렇게 쓰고 있다.

디저트 코스가 되자, 천황이 일어나서 영국 국왕을 위해 건배를 제의했다. 엄숙한 표정으로 잔을 들자, 영국 국가가 연주되었다. 이어서 아서 왕자가 일어나 '일본국 천황 폐하의 건강과 장수와 번영'을 기원하며 건배했다. 이번에는 장엄한 일본 국가가 울려 퍼졌다. 이것은 주목해도 좋은 일로서, 일본 천황이 스스로 건배를 외친 것은 처음 있는 일이었다.[870]

리즈데일 경은 이 일기의 기술을 이렇게 의기양양하게 맺고 있다.

기념할 만한 하루는 끝났다. 모든 기록을 깨고 수많은 선례를 만든 하루였으며, 영일 양국의 관계에 새로운 획을 긋는 행복한 전조라고나 할 하루였다. 40년쯤 전, 나는 한 일본 신사와 메르카토르(16세기 플랑드르의 지도학자)의 투영법에 의한 세계 지도를 보고 있었다. 그 신사는 서쪽에 있는 영국과 동방에 있는 일본을 가리키며 말했다. "섬나라인 이 두 왕국을 보세요. 한 얼굴에 있는 두 눈 같지 않습니까. 사람의 눈처럼 함께 사물을 볼 수만 있다면……" 오래전에 작고한 이 신사의 경건한 소원은 이제 실현되었다. 어쨌든 극동의 평화를 확보한다는 의미로 볼 때, 이 일은 실현되었다고 믿고 싶다.[871]

2월 24일, 가부키자(歌舞伎座)에서 콘노트 공 아서 왕자를 위해 연극이 공연되었다. 우선 이 행사를 위해 마스다 다로(益田太郎)가 특별히 쓴 이야기부터 시작되었다. 그 결말은 영국인 미우라 안신(三浦按針)이 일본 아가씨 오쓰와 결혼하는 것이었다. 결혼 축하연은 와카미야(若宮: 어린 전하. 여기서는 아서 왕자를 의미함)를 환영하는 노래와 게이샤 춤으로 막을 내린다. 노래의 맺음은 리즈데일 경에 의하면 이런 것이었다.

이와 같이 경하스러운 두 나라의 정분이 한없이 두터워지는 수천 대까지
(합창)와카미야 웰컴, 요이요이, 요이야사.[872]

공식 행사는 정식으로는 2월 26일, 천황이 아서 왕자와 작별 인사를 나누는 가스미가세키(霞關) 별궁 행사로 끝났다. 그러나

왕자는 3월 16일까지 일본에 머무르며 교토, 나라, 규슈, 닛코를 둘러봤다.

영일 동맹의 갱신은 한국과의 관계에 변화를 가져다주었다. 일본이 이전부터 두려워하던 일이 있었다. 그것은 한국에서의 임시 조처가 그대로 영구 점령 정책으로 발전하지 않을까 하고 열강이 이의를 제기하는 일이었다. 그러나 영국은 아무런 군소리를 하지 않을 것임을 분명히 하고 있었다. 그리고 열강 중에서 한국에 가장 동정적인 미국도, 일본 세력이 한국으로 뻗치는 것이 소망스럽다고 지적하고 있었다.[873] 1905년 11월 2일, 천황은 이토 히로부미를 불러 특파대사로 한국에 가라고 명했다. 이토는 메이지 천황이 한국 황제에게 보내는 이런 친서를 전하기로 되어 있었다.

대 일본국 황제가 존경하고 친애하는 대한국 황제 폐하에게 말씀 드립니다.

짐은 얼마 전 제국의 자위를 온전히 하고, 또 동아시아 전체의 평화를 유지하기 위해 부득이 이웃 나라와 전쟁을 벌이게 되었고, 20개월에 걸친 전투 끝에 마침내 평화를 회복할 수 있게 되었습니다. 그러는 동안 황제 폐하는 항상 짐과 희비를 함께하며, 양국 신민 또한 안위를 함께했습니다. 그래서 짐이 신임하는 추밀원 의장 정2위 대훈위 후작 이토 히로부미를 특파해서, 광영스러운 평화의 회복을 황제 폐하께 보고하고자 합니다. 양국의 장래의 안녕을 절실히 바라는 짐의 성의를 친히 폐하에게 피력할 수 있게 된 것을 짐은 가장 기뻐하는 바입니다. 생각하건대, 양국 관계는 이를 기회로 한층 친밀함이 깊어질 것으로 기대됩니다. 불행히도 귀국의 방위는 아직 갖추어지지 않았고, 자위의 기초 또한 견고하지 않습니다. 동아시아 전체의 평화를 확보하기에는 불충분해서 짐 또한 폐하와 더불어 유감스러웠습니다. 그래서 작년에 양국 간에 협약을 맺고, 귀국의 방위 책임을 아국에서 대신하게 되었습니다. 이제 다행히도 평화가 회복되었다고는 하지만, 이를 항구히 유지하고 동아시아의 장래의 재앙을 피하기 위해서는 양 제국 간의 결합을 한층 공고하게 하는 일이 매우 긴요합니다. 그 방법에 관해서 짐이 정부에 명해 확립시킨 것이 있습니다. 그것이 귀 황실의 안녕과 존엄을 조금도 손상하는 일 없이 견실하게 유지될 것임을 짐은 미리 보증합니다. 원컨대, 폐하께서는 깊이 세계의 추세를 살피시고 국가 인민의 이해를 고려하시어 짐의 성의 있는 충언을 경청해 주시기 바랍니다. 이에 폐하의 행복과 귀 황실의 안태(安泰)를 기원합니다.[874]

이토의 사명은 이런 사실을 한국 측에 고하는 일이었다. 포츠머스에서 조인된 강화조약으로, 러시아는 한국에서의 일본의 정치적, 군사적, 경제적 권리를 인정했다. 또 한국을 보호하고 지도함에 있어 일본이 취할 어떠한 조처도 러시아가 간섭하지 않기를 약속했다. 이토에게는 한국의 영토를 보전하고 동아시아의 장래의 평화를 확보함에 있어 한국과 새 협약을 체결하는 권한이 부여되어 있었다. 11월 10일, 이토는 메이지 천황의 친서를 한국 황제에게 전달했다.

11월 15일, 이토는 고종 황제를 다시 알현했다. 이토가 특파대사의 사명에 대해 말하기도 전에 황제는 한국에서의 일본인의 행위에 분노를 터뜨렸다. 황제는 우선 가장 개방적인 한국 주재 공사로서 황제 자신이 기꺼이 그 조언을 따른 이노우에 가오루가 소환되고, 그 결과 실로 말로 다할 수 없는 불상사(민비 살해)가 일어난 데 대해 유감의 뜻을 표명했다. 만일 이노우에가 그대로 이 땅에 주재해 있기만 했어도 그런 불상사는 일어나지 않았을 것이며, 음모를 꾸민 수모자가 한국인이었음은 사실이지만 그들이 일본의 세력을 믿고 일을 저질렀음은 의심의 여지가 없다고 했다. 황제는 계속 항의했다.

지난날의 일을 끄집어내서 푸념해 봤자 의미가 없다. 작년 3월, 이토의 한국 방문 후에 일어난 일을 논의하고 싶다. 일본인은 한국에 은행 제도를 설치했는데, 그것은 한국 전유(專有)의 은행일 터였다. 그러나 실제로는 일본의 다이이치(第一)은행이 금융 기능을 한 손에 장악했다. 그래서 한국 국민은 도탄의 고통을 맛보게 되었다. 일본인은 심지어 황실의 사적 재산에까지 개입했다. 주둔군 사령관 하세가와 요시미치(長谷川好道) 대장에게 불법을 호소했지만, 하세가와 대장은 그것이 필요한 조처라고 단언했다. 황실은 입을 다무는 수밖에 없었다.

문제는 재정에만 그치는 것이 아니다. 사회의 혈맥이라고 할 우정 전신(郵政電信)의 통신기관은 모두 일본인의 관리하에 놓였다. 그것도 일본인이 제안했고, 의심할 줄 모르는 한국인이 받아들인 '개량'의 결과였다. 메이지 천황의 친서는 한국 방위의 허술한 현상에 대해 언급하고 있다. 그러나 이는 오로지 일본이 개입한 결과이다. 한국 군대는 일본의 명령으로 심히 삭감되었다. 그래서 폭도를 진압할 수도 없는 상황이다. 그리고 일본 군대는 철도 전신 보호를 위해 군령을 내렸다. 그러나 교육을 받지 못한 유치한 한국 국민 모두에게 한 조각의 게시 고유만 가지고 철저히 주지시키는 일은 불가능하다. 걱정했던 대로 군령을 어긴 자들은 군법에 의해 총살형에 처해졌다.

일본은 처음에 환영받았다. 그러나 한국 국민은 마침내 원망하는 소리가 높아지게 되었다. 최근에 이르러서는 외교 관계가 앞으로 일본인의 관리하에 놓인다는 풍설이 나돌며, 점점 위구심을 깊게 만들고 있다. 이제는 그야말로 위기에 직면해 있는 한국 국민의 입장에 서서 생각해 달라.

이토는 아마도 이런 비난이 있을 것을 예기하고 있었으리라. "황제 폐하께서 말씀하신 불만은 충분히 알고 있다"고 이토는 대답했다. 그러나 꼭 한 가지 질문하고 싶은 것이 있다면서 "한국은 오늘날까지 도대체 누구를 의지해서 살아 왔으며, 한국이 독립하고 있는 것은 도대체 누구 덕택인지 폐하께서 그런 것을 헤아리신 다음에 불만을 토로하는 것인가" 하고 물었다.

황제는 이토의 말을 가로막으며 이렇게 대답했다.

그런 일은 짐이 이미 다 알고 있다. 1885년의 톈진 조약, 1895년의 바칸(馬關: 시모노세키의 별칭) 조약, 이 모두가 우리나라의 독립을 밝히는 것이고, 오로지 일본의 힘에 의한 것이며, 또 경이 많은 힘을 쏟은 것이다.

황제는 드디어 1896년에 러시아 공사관으로 피난하려고 결심한 것을 정당화하려고 했다. 특파대사로서의 사명도 아직 말하지 못한 이토는 불쾌한 기분을 억누를 수 없었다. 이토는 황제의 말이 일본어로 통역되는 도중에 이를 강하게 가로막았다.

외신(外臣: 외국의 사신. 여기서는 이토)은 우리 지존의 대명을 받들고 와서 폐하를 알현하고 아뢸 말씀이 있는데, 아직 그 일을 하지 못하고 있습니다. 폐하께서는 지나간 옛 일을 말씀하시는데, 좀 지엽적인 일에 치우치는 감이 있습니다. 하지만 외신은 이를 싫어하는 것이 아니니, 다른 날 시간을 내서 듣고자 합니다. 이제 외신은 이번 사명에 대해 대체로 아뢰기로 하겠습니다.[875]

황제가 '지나간 옛 일'을 언급하는 데 대해 참지 못한다는 사실을 뻔히 알면서, 이토는 1885년 톈진에서의 리훙장과의 만남부터 아뢰기 시작했다. 당시 이토는 한국의 독립 유지를 강하게 주장해서, 리가 독립을 위협하려는 야망을 실행에 옮기지 못하도록 방해했다. 게다가 1894년, 청나라는 동학당의 난을 틈타 한국을 지배하에 두려 했다. 그러나 계속되는 전쟁에서 일본은 청나라를 눌렀다. 그 후, 한국 독립의 최대 위협은 러시아가 되었다. 러시아는 바다와 육지에서 에워싸서, 한국을 합병하려 하는 것으로 보였다. 그러나 일본은 신민의 생명과 국부(國富)를 자진해서 희생해 가며 이런 위협으로부터 동아시아를 구해냈다. 전쟁의 결과, 한국 영토가 보전된 것은 세계가 인정하는 바였다. 이토는 일본이 취한 조처로 인해 한국 국민이 다소의 고통을 맛본 사실은 인정했다. 그러나 그것은 어쩔 수 없는 일이었다. 이러한 고통을 견뎌내기를 바란다고 해서 한국 국민에게 부당하게 많은 것을 요구하는 것은 아니라고 이토는 확신하고 있었다. 당장 일본이 취한 정책의 결과로서 한국 영토는 보전되었고, 동아시아의 평화가 달성되고 있지 않은가.

　이토는 마지막으로 현재의 일로 화제를 옮겼다. 일본국 천황은 항구적인 평화를 유지하기 원하며, 동아시아에 대한 장래의 위협을 방지하기 위해 자신을 한국에 특파했다. 자신의 사명은 황제 폐하를 알현해, 한국과 일본의 기반을 더욱 공고히 하고자 하는 천황의 소원을 폐하에게 고하는 일이다. 한국과 외국과의 외교 관계는 일본 정부가 대행한다. 그러나 내정은 지금까지처럼 폐하께서 친히 재단하시게 된다. 이렇게 함으로써 동아시아에서의 소란은 근절되고, 한국 황실의 안녕과 위엄은 유지되며, 한국 국민의 행복은 증진된다고 했다.[876]

　한국 황제는 메이지 천황의 배려에 감사한다고 답했다. 황제는 한국 외교를 일본에 위임하기에 인색하지 않았다. 그러나 황제는 이런 요청을 했다. 가령 일본이 내용의 열매를 취한다 하더라도, 황제가 열강과의 외교를 바라는 형식으로 지금까지처럼 짐의 이름으로 외교를 할 수는 없겠는가. 이토는 요청을 거절하면서 말했다.

　외교에서 형식과 내용은 불가분의 것이다. 만일 한국이 외교를 직접 수행한다면 틀림없이 다시 동아시아에 혼란을 초래하게 될 것이므로 일본으로서는 견딜 수 없는 일이다. 이것이 바로 일본이 한국의 외교를 대행하는 까닭이다. 일본은 모든 가능성을 고려하고, 과거의 경험에 비추어서 이 방침을 정했다. 이제 이를 변경할 수는 없다.

　이토는 가지고 온 조약안을 꺼내 황제에게 보였다. 조약안을 훑어본 황제는 이토의 노력에 감사를 표하고, 자신의 각료보다 이토를 더 의지한다고 말했다. 그러나, 만일 외교를 장악하고 있다는 형식조차 남겨놓지 않는다면, 한국은 오스트리아에 대한 헝가리, 또는 유럽의 정복자에 대한 아프리카 제국과 똑같은 입장에 놓이게 되지 않는가 하고 반문했다. 이에 대해 이토는, 조약은 한국 황실과 한국의 쌍방의 이익을 의도한 것이라고 주장했다.

일본은 한국 황제를 기만하고, 일본을 위해 이익을 취할 마음은 없다. 그리고 헝가리와의 비교는 당치도 않다. 헝가리에는 군주가 없지만, 일본과 한국에는 각각 군주가 있어서 독립을 유지하고 있다. 아프리카에는 아직 독립 국가로 존재하는 나라가 없는 것이나 같다. 일본과 한국의 관계를 이들의 예와 비교하는 것은 매우 잘못된 일이다. 일본이 추구하는 것은 장차 일어날 수 있는 화근을 제거하기 위해 외교를 대행하겠다는 것뿐이다. 다른 일에는 일절 관여하지 않는다.

황제는 적어도 권위의 한 조각이라도 남겨 줄 것을 거듭 호소했다. 타협의 여지가 전혀 없다고 이토는 대답했다. 이토가 필요로 하고 있는 것은 오직 황제의 결단뿐이었다. 황제는 조약을 받아들이건 거부하건 자유였다. 그러나 황제의 결단이 무엇이 되었든, 일본 정부는 이미 실행하기로 결정해 놓고 있다는 것을 황제는 알아야 했다.

고종 황제는 지극히 심각한 문제여서 당장 결단할 수 없다고 호소했다. 이런 경우에는 각료들과 의논하고, 일반 국민의 뜻을 살펴보는 것이 통례였다. 황제는 시간이 필요하다고 말했다. 이토는 각료들과 의논하는 데는 동의했다. 그러나 일반 민의를 살피는 데는 의문을 제기했다. 이토가 말했다. "귀국은 입헌 정치의 나라가 아니라 모든 일이 오직 폐하의 결정으로 정해지는 군주전제 국가가 아닌가." 이토가 두려워한 것은 민의를 살피겠다는 목적이 실은 국민을 반일로 선동하는 데에 있지 않느냐는 것이었다. 이토에 의하면, 한국 국민은 외교에 무지하므로 쉽사리 좌우되고, 그래서 일본이 한국의 대리를 맡고 나서지 않을 수 없다는 것이었다. 황제는 항의하며, 직접 민의를 알아보겠다는 것이 아니라, 중추원[877]의 의견을 구하는 것이라고 했다. 이토는 황제가 중추원과 의논해도 상관이 없다고 했다. 그러나 일본은 쓸 데 없이 결정을 지연하는 데 관대하지 않다고 못을 박았다.

황제는 조약안을 외교 계통을 밟아 공사를 통해 외무대신에게 제출해 달라고 요구했다. 그러나 이토는 거부했다. 이토는 황제가 오늘 밤 바로 각료를 소집해서 조약안에 대해 협의하기를 원했다. 황제는 이토의 말을 따르겠다고 약속했다. 황제에게는 마지막으로 한 가지 요청이 있었다. 앞에서 말한 외교 명목상의 승인에 대한 탄원을 천황과 일본 정부에 전해 달라는 것이었다. 이토는 그러한 희망은 단념하시는 편이 낫다고 충고했다.

고종 황제와 이토 히로부미의 회견은 4시간이나 끌었다.[878] 황제가 얼마나 굴욕감을 느꼈을지 쉽게 상상할 수 있다. 그러나 황제는 양보하지 않을 수가 없었다. 이토가 언명한 것은, 만일 황제가 거부한다면 일본은 군사 개입을 해서 조정을 타도하겠다는 것이었다. 일반적으로 이토라는 인물을 묘사할 때면, 대개의 경우 도회적으로 세련된 고도의 문명인으로서의 이토를 나타내는 것이 보통이다. 그러나 이토는 지금 외면적인 부드러움의 이면에 비정한 가혹성을 지닌 인간이라는 것을 보여주었다. 이토는 실제로는 일본인이 내린 지시를 마치 황제 스스로 내린 것처럼 가장함으로써 황제에게 한 조각 자존심마저 남겨 주기를 거절했다. 그 거절은 아주 정중한 말로 한 것이지만, 고종 황제에게 그것은 틀림없는 위협의 울림을 띠고 있었다. 그러나 지금까지 거의 모든 자료에서, 특히 민비와 대조적으로 무능한 인물로만 묘사되어 온 황제는, 이 치세의 중대한 위기 앞에서 위엄과 용기를 보여주었다.

11월 16일, 이토는 한국 정부의 각료와 원로를 숙사로 초대해서 다정하게 환담을 나누었다. 환담은 격렬한 논쟁으로 변하며 심야에까지 이르렀다.[879] 어떤 한국 자료에 의하면 '각료들은 이토의 숙사에 가기 전, 어떤 상황에서건 일본의 요구에 굴하기 않기로 서로 맹세하고 있었다. 일본 측은 모든 논법을 구사하며 그들에게 거액의 뇌물을 제시하고, 그들을 감언으로 달래면서 마침내는 양보하지 않으면 그들을 죽이겠다고까지 위협했다'[880]고 한다.

이튿날, 일본 측(이토, 하야시 곤스케林權助 공사, 하세가와 대장)과 한국 측 각료와의 회담이 일본 공사관에서 열렸다. 각료들은 조약 반대를 주장하며 아무런 결론에도 도달할 수 없었다. 황제는 이토에게 연기를 호소하며 논의가 혼란에 빠지는 일을 피하려 했다. 그러나 이토는 거부했다. 대신 일본군과 헌병대가 출동했다. 같은 한국 측 자료는 이렇게 말하고 있다.

가로에는 도처에 기관총이 설치되었고, 시내의 전략상 요소를 확보하기 위해 야전포까지 동원되었다. 일본군은 공격할 것처럼 보이게 성문을 점거하고, 총을 겨누며, 그들의 요구를 강제할 준비가 되어 있다는 것을 한국 국민에게 과시하기 위해 실제의 폭력 이외의 짓은 모두 했다.[881]

그날 밤, 회담이 다시 열렸다. 장소는 바뀌어 왕궁이었다. 이토가 황제에게 알현을 요구했다. 그러나 황제는 목이 심하게 아프다는 이유로 거절했다. 이토는 황제의 의사를 무시하고 어전으로 밀고 들어갔다. 황제는 조약에 대해 이야기하기를 거부하고 각료와 협의할 것을 요구했다. 이토는 회담 자리로 돌아가 모두에게 "여러분의 황제는 여러분과 내가 논의해서 결론을 내라고 명하셨다"고 했다.[882] 이토는 참정대신(총리) 한규설(韓圭卨)에게 요청해서, 각료 한 사람 한 사람에게 조약을 승인하느냐 안 하느냐를 대답하게 만들었다. 조약에 반대하는 각료에게는 그 이유를 알고 싶어했다. 최종적으로 세 명―한 명은 불명확―이외에는 모두 설득되거나 스스로 겁을 먹고 조약 찬성을 표명했다.[883]

각료 중 두 명만이 단호히 반대한다는 사실을 안 이토는 다수의 의사가 존중되어야 한다고 말했다. 이토는 참정대신에게 조약 조인을 위해 규정된 절차를 밟도록 요구했다. 이토는 참정대신―양보하지 않은 두 명의 반대파 중 한 사람―이 조약을 단호히 인정하지 않는다는 것을 알고 있었다. 그러나 이토는 "천황 폐하의 사명을 받들고 이 소임을 맡고 있는 이상 여러분에게 우롱당하고 잠자코 있을 수는 없다"고 윽박질렀다.[884]

참정대신은 이토에게 자신은 결코 반일파가 아니라고 단언했다. 참정대신은 한국의 독립이 일본의 도움 없이는 유지될 수 없었다는 점을 잘 알고 있었다. 그러나 조약에 대해서는 절개를 굽힐 수가 없었던 것이다. 아마 '필부(匹夫)의 뜻을 빼앗기지 않겠다'는 것이었을 게다. 이토가 보기에 그것은 식견이 모자라고 세상 돌아가는 형편을 알지 못하는 데에 원인이 있었다. 그 결과 황제의 뜻을 거스르고 다른 각료와 의견을 달리하게 된 것이니, 이제는 벌을 기다리는 수밖에 없었다. "이 심사를 헤아려주시오" 하고 참정대신이 소리치더니 북받치는 감정을 주체하지 못하여 울음을 터뜨렸다. 이토는 참정대신에게 눈물을 닦고 결행할 용기를 보여달라고 했다.[885]

고종 황제는 조약을 재가해도 좋다고 생각하고 있었다. 그러나 황제는 이런 한 구절을 삽입하기를 요구했다. 즉 한국이 독립을 유지하기에 충분할 정도로 부강한 실력을 갖추게 되면 이 조약을 철회한다는 것이다. 황제를 기쁘게 하기 위해 이토는 스스로 '한국이 부강의 열매를 맺을 준비가 될 때까지'라는 글을 써넣었다. 황제는 만족했다.[886]

1905년 11월 17일, 보호 조약(제2차 한일 협약)이 조인되었다.[887] 다섯 개 항목으로 이뤄진 조항은 대략 이런 내용이었다.

첫째, 일본은 앞으로 한국의 외교 관계를 관리, 운영하고, 해외에 주재하는 외교 대표자 및 영사를 통해 외국에서의 한국의 신민 및 이익을 보호한다. 둘째, 일본은 이미 한국과 제 외국 사이에 체결되어 있는 조약의 조항을 실행하기를 약속한다. 그러나 한국은 앞으로 일본 정부의 중개 없이는 국제 조약을 체결하지 않기로 약속한다. 셋째, 일본은 일본 대표로서 '통감(統監)' 한 명을 한국에 주재시켜, 주로 외교의 관리를 담당하게 한다. 통감은 한국 황제를 내알(內謁)할 권리를 가진다. 일본 정부는 한국의 개항장 및 중요하다고 판단되는 곳에 '이사관(=레지던트)'을 둔다. 넷째, 이미 일본과 한국 사이에 현존하는 모든 협약은 본 협약의 조항에 저촉되지 않는 한 효력을 계속한다. 다섯째, 일본은 한국 황실의 안녕과 존엄을 유지할 것을 보증한다.[888]

일본에게 강요당한 조약을 놓고, 당연히 한국 국내에서는 엄청난 분노의 소리가 터져 나왔다. 이윽고 조약에 대한 각료들의 표결 경위가 보도기관에 새어 나갔다. 각 신문들은 감연히 논설을 발표하며 일본의 요구에 굴복함으로써 조국을 배반한 각료와 조약을 비난했다. 이어지는 며칠간, 왕궁 앞 광장에서 민중의 항의의 통곡이 벌어졌다. 상인들은 가게 문을 닫았고, 학생들은 교문을 닫았다. 기독교도는 대성당을 분노의 목소리와 통곡으로 가득 채웠다.[889]

이토 히로부미는 1905년 12월 21일, 한국의 초대 통감으로 취임했다.[890] 통감으로서의 이토의 권한은 고종 황제에게 한 언질에도 불구하고 외교 활동에 그치는 것이 아니었다. 예를 들면 이토는 한국 국내의 비도(匪徒) 폭동의 근원을 단절시키기 위해 궁정의 부패 유력자 숙청을 단행했다. 한국 황제의 동의 아래 이토는 궁궐의 경위검찰(警衛檢察)을 수중에 넣었다.[891]

고종 황제는 겉으로는 일본과의 새로운 관계를 환영했다. 그러나 루스벨트 대통령에게 쓴 황제의 서한이 몰래 국외로 반출되었다. 서한 가운데서 황제는 자신이 보호조약에 동의한 일이 없으며, 그것은 총검에 의해 한국 국민에게 강요한 것이므로 무효라고 선언하고 있었다.[892] 서한은 아무런 효과도 발휘하지 않앉던 모양이었다. 아마 루스벨트에게 한국은 이미 일본의 관리 아래 있어서 고려의 대상이 아니었을 것이다.

고종 황제는 일본의 충실한 동맹자 역할을 계속할 수밖에 없었다. 1906년 4월, 러시아에 대한 일본의 승리를 축하하는 개선 관병식이 도쿄에서 거행되었다.[893] 고종은 육군 부장(副將) 의친왕(義親王)을 특파해 참석시켰다. 의친왕은 황제로부터의 축하와 양국 간의 우호가 영원히 계속되기를 희망한다는 전언을 휴대하고 있었다. 고종의 전언은 특히 이토 히로부미의 통감 취임에 대한 기쁨을 언급하고 있었다. 이토에 대한 칭찬은 평소 이토를 향하던 황제의 혐오감과 모순되는 것이었다. 특히 이토가 새로 설치된 통감부의 초대 통감으로 취임하게 되었다는 사실을 통보받은 이후로 황제는 극도의 혐오감을 드러내고 있는 터였다.[894] 메이지 천황은 아마도 한국 황제의 속마음을 알지 못했을 것이었다. 천황은 고종이 이토의 행정에 만족하고 있는 데 기쁨을 표명했다.

천황과 한국 황제 사이에 때때로 친서가 교환되는 일도 있었으나 언제나 이것은 양국의 점차 무르익는 우호 관계에 기쁨을 표명한 것이었다.[895] 한국 황태자 성혼 소식을 들었을 때, 메이지 천황은 궁내대신을 특파해 황제, 황태자, 황태자비에게 선물을 보냈다.[896] 아마 메이지 천황은 사실상 고종 황제와 교환한 우호 서약을 믿고 있었던 것으로 보인다. 그러나 이토는 1907년 4월, 천황에게 아뢰어 한국 내의 비관적이고 불온한 형세를 보고했다. 이토는 조약 찬성파 각료들에 대한 암살 계획을 알아냈으며, 한국 황제가 여기에 깊이 관여하고 있음을 시사했다. 암살 계획에 연루 의혹을 받고 있는 자들은 체포되어 심문을 받았다.

자백하는 자들이 다수에 이르렀고, 조사는 계속되었다.[897]

일본에 저항하는 최후의 시도로 고종 황제는 1907년 6월, 네덜란드 헤이그에서 열린 제2회 만국평화회의에 세 명의 대표를 파견했다. 대표 중에는 전 의정부 참찬(參贊: 대신 보좌관) 이상설 (李相卨), 전 평리원(平理院: 최고 재판소) 검사 이준(李儁)이 있었다. 두 사람 모두 1905년의 보호조약에 항의해서 사직한 상태였다. 두 사람은 서울에서 몰래 블라디보스토크로 탈출해서, 시베리아 대륙 횡단 철도로 상트페테르부르크로 갔다. 여기서 통역 겸 안내원 한 사람을 데리고 헤이그로 향했다. 회의에서 발언 기회를 얻으려 한 그들의 기도는 대부분 저지되었다. 한국 대표가 주장하려 한 것은 다음 세 가지였다.

첫째, 1905년 11월 17일의 협약은 한국 황제가 재가한 것이 아니며 무효다. 둘째, 따라서 일본은 한국의 외교 관계를 관리할 권한이 없다. 셋째, 그러므로 한국은 만국평화회의에 대표를 파견할 권리가 있다.

이상설은 7월 5일, 한국의 탄원을 회의에서 발표할 수 있게 되었다. 이상설의 연설은 각국 대표의 마음을 움직였다. 서울로 전신이 쳐지고 이상설의 탄원이 실제로 한국 정부의 견해를 대표하는 것이냐를 확인하게 되었다. 그러나 한국의 전신 기관은 일본의 관리 아래 있었다. 전문은 이토 히로부미의 손에 들어갔다. 이토는 황궁으로 가서 황제에게 전문을 들이댔다. 이토는 따졌고, 황제 스스로 보호조약을 깨는 법이 있느냐고 대들었다. 일본의 보호를 거부할 정도라면 당당히 선전 포고를 하는 게 어떻겠냐고 따졌다. 황제는 애처롭게도 조그만 목소리로 아무것도 모른다고 대답했다. 황제가 부인하는 이 한마디가 이토에게는 필요했다. 이토는 헤이그에 한국 정부가 대표단을 인정하지 않는다는 취지의 회답을 타전했다. 영일 동맹에 충실한 영국 대표의 동의에 의해 한국의 탄원은 각하되었다.[898]

일본 정부는 한국 황제의 행위를 처벌하지 않고 간과할 수는 없었다. 이토는 7월 18일, 외무대신 하야시 다다스(林董)를 데리고 고종 황제를 찾아가 퇴위를 요구했다. 고종은 퇴위를 거부했다. 그러나 강경한 압력에 굴복해서 그날 밤 늦게 황태자를 섭정으로 삼는 것을 승낙했다. 고종의 퇴위 거부는 일본 측에게 무시당했다. 일본 정부는 심신장애를 가지고 있는 순종(純宗)의 황위 계승을 발표하게 했다.[899] 21일, 메이지 천황은 친전을 쳐서 축의를 표했다. 그러나 한국 황실의 안녕과 존엄의 유지를 보증한 천황의 약속에도 불구하고 한국 황실은 이제 위기의 순간을 맞고 있었다.

제57장 생모 요시코의 죽음

러일 전쟁에서 일본이 승리하자, 세계 도처에서 대단한 반향을 불렀다. 어쨌든 근대의 유럽 열강에게 아시아의 한 나라가 처음으로 군사적 승리를 거두지 않았는가. 이 사실은 특히 유럽 정복자들의 압제하에 있던 아시아와 아프리카 여러 나라에 살고 있는 사람들의 마음을 사로잡았다.[900] 그러나 일본 국내를 살펴보면, 전시의 흥분 상태와 강력한 적을 깬 데서 오는 승리의 기쁨은 급속하게 사그라지고 있었다. 이미 전시에도 지식인 중에는 러시아와 싸워야 할 필요성에 의문을 던지는 자들이 있었다. 1904년 8월, 아리시마 다케오는 일본군이 뤼순 가까이까지 쳐들어가고 있을 때조차 일기에 이렇게 쓰고 있었다.

그들이 하루에 사용하는 군비가 평균 50만 달러라니 까무러칠 일이 아닌가. 그들이 이틀간의 싸움 경비를 아끼면 위대한 대학 하나를 지을 수 있다. 이번 싸움이 필요한 것인지 아닌지 나는 알 수가 없다. 하지만 전쟁은 불필요한 것이다.[901]

러일 전쟁 발발 당시에는 전의를 불태우고 있던 이시카와 다쿠보쿠도 1906년 12월의 『삽민일기(澁民日記)』에 이렇게 썼다. '이긴 일본보다 진 러시아 쪽이 훌륭하다고 가르치는 나는 도대체 어떤 인간을 만들려 하고 있는 것일까.'[902] 다쿠보쿠는 무슨 이유로 러시아가 일본보다 훌륭하다고 생도들에게 가르치게 되었는지 설명하지 않고 있다. 아마도 다쿠보쿠가 에둘러서 표현하려던 것은, 자신을 포함해서 일본의 지식인들이 전쟁에서의 승리의 공허함을 깨달았을 때 가진 환멸이었을 것이다. 일본인은 척박하기 그지없는 땅을 얻은 대신 실로 엄청난 대가를 치렀다. 그리고 러시아의 위협이 이로써 끝이 난 것도 아니었다. 승리한 덕분에 일본이 주요 대국으로 인정된 만족감이, 뤼순과 평톈 전투에서 엄청난 수의 일본인의 생명을 잃은 사실을 지워 없애 버릴 수는 없었다.

메이지 천황은 전시 중에 와카를 읊기는 했으나 대부분 유럽의 전쟁시(戰爭詩)에서 전형적으로 찾아볼 수 있는 정열이 결여되어 있었다. 가장 잘 알려진 천황의 단카 중 하나로 시어도어 루스벨트 대통령이 절찬했다는 노래가 있다.[903] 이 노래는 어찌해서 전쟁이 없어서는 안 된다는 것인지, 그 진위야 어떻든 간에 당혹감마저 내비치고 있다.

사해 모두 형제자매라고 여겨지는 이 세상
어찌해서 풍파는 시끄러이 울부짖는고[904]

또 하나는 고향에 남겨진 자들에 대한 전쟁의 영향을 노래하고 있다.

아이들은 모두 전쟁터에 나가 버리고
늙은이만 우두커니 산과 밭을 지키네[905]

메이지 천황은 쓰시마 앞바다에서의 해군의 승리나 펑톈에서의 육군의 승리에도 결코 환희에 취하지 않았다. 외국의 군주들은 이러한 성공을 놓고 세계사에 필적할 만한 것이 없다며 칭찬하고 있었다. 그러나 천황은 아주 냉정하게 이렇게 평했다.

역사상 유례가 없는 싸움에서
수많은 사람을 잃고 마는구나[906]

몇 년 후인 1912년, 노기 마레스케 대장이 메이지 천황을 따라 순사(殉死)하자 대다수 일본인들은 노기가 뤼순 공략에서 자신이 명한 몇 번에 걸친 총공격 때 죽은 수만에 달하는 인간에 대한 자책의 마음에서 자진한 것이라고[907] 생각했다. 1906년 1월, 도쿄에서 전승 축하회가 열렸을 때, 노기는 한 편의 한시를 지었다. 거기에 표명된 것은 승리의 기쁨이 아니라 스스로를 부끄럽게 여기는 마음이었다.

王師百萬征驕虜
攻城野戰屍作山
愧我何顏看父老
凱歌今日幾人還
천황의 백만 군대는 교만한 적을 정벌했다
성을 공격하는 야전에서 장병의 시신은 산을 이루었지

참담한 이 마음 무슨 얼굴로 그들의 부모를 만나리

개가를 울리는 오늘, 도대체 몇 사람이나 돌아왔을꼬[908]

유명한 요사노 아키코(與謝野晶子)의 시 「그대 죽지 마라」는 곧잘 반전 감정의 표현으로 인용된다. 당시 이 시는 오늘날 칭찬 받는 것과 똑같은 이유로 공격을 받았다. 그러나 아키코는 반전 주의자가 아니었으며, 천황에 대한 충성을 모토로 하는 집안의 전통을 중히 여기고 있었다. 아키코가 이 시로 말하고 싶었던 것은 반전주의자의 신념이 아니라 이제 막 중국 대륙의 전선으로 나가려 하고 있는 하나밖에 없는 동생의 안전을 바라는 마음이었다. 그러나 설혹 이 시가 정치적 의미를 띠고 있지 않았다 하더라도 이러한 시가 희생자도 적고 비교적 용이한 원정이었던 청일 전쟁 중에, 혹은 국가의 방침에서 일탈하지 않도록 보도 관제가 시행되고 있던 태평양 전쟁 중에 발표되는 것은 상상조차 하기 어렵다. 환멸의 문학인 자연주의 문학 운동은 러일 전쟁 직후에 일어났다. 자연주의 소설의 전형적인 예인 다야마 가타이(田山花袋)의 작품 「한 병졸」은 종군 특파원으로 청나라에 간 가타이의 경험이 실려 있다. 이 작품은 반군국주의로 간주되어, 몇 년 동안이나 해당 페이지가 삭제된 채로 출판되어야 했다.

러일 전쟁 후의 몇 년 동안 어른으로 성장한 세대에게는 소외 감 같은 것이 느껴진다. 소외감은 대체로 전시 중의 희생자에게서 받은 충격이나 전과(戰果)에 대한 실망에서 비롯되었다. 그러나 후에 그것은 정치에서는 사회주의 같은 형태를 취하게 되었고, 이것이 다시 청년들에게서 전통이 사라지는 것을 한탄하는 연배 세대의 우울증의 한 원인이 되기도 했다. 야마자키 마사카즈(山崎正和)는 이 시대를 '언짢은 시대'라고 이름 붙이고 있다.

오카 요시타케(岡義武)는 같은 시기를 이렇게 표현했다.

청년들 사이에는 인생의 의의가 무엇인지를 추구하며, 회의와 번민에 빠지는 자들이 적지 않게 생겨났다. 이러한 경향은 러일 전쟁 이전에 이미 싹트고 있었으나 전후에 한층 현저하게 되어 가더니, 이제는 번민을 입에 담는 일이 청년들 사이에서 하나의 유행이라고까지 평하기에 이르렀다.[909]

전쟁에 이겼다는 것, 그리고 해외로부터 들려온 칭찬의 목소리는 일본인에게 자랑까지는 아니더라도 자신감을 심어주었을 터였다. 그러나 당시의 비평가들은 젊은 남녀 사이에서 유행하던 '번민적 염세 사상' 탓에 골치 아파 하고 있었다.[910] 이 염세 사상은 얄궂게도, 러일 전쟁 종결 후 10년간의 문학이 이상한 개화를 하게 된 하나의 원인이었는지 모른다. 나쓰메 소세키(夏目漱石)는 이 시기에 그의 최고의, 그리고 가장 침울한 작품을 썼다. 모리 오가이(森鷗外), 이시카와 다쿠보쿠, 시마자키 도손(島崎藤村)의 이름을 오늘날까지 알려주는 걸작군은 주로 이 시기에 등장했다. 이 시기는 또 나가이 가후(永井荷風), 시가 나오야(志賀直哉), 아쿠타가와 류노스케(芥川龍之介), 다니자키 준이치로(谷崎潤一郎)가 그들에게 최초의 명성을 가져다준 작품을 발표한 때이기도 했다.

1906년은 이제 세는나이로 쉰다섯 살이 된 천황으로서는 별다른 파란이 없는 해였다. 1월, 천황은 가쓰라 다로의 사임 후 사이온지 긴모치에게 조각(組閣)을 명했다. 구게(公家)를 총리대신으로 앉히게 된 일이 아마도 천황을 기쁘게 했을 것으로 여겨진다. 근래 몇 년 동안 그들은 정치에서 별 대단한 역할을 하지 못하고 있었다.

1월 22일, 청나라 황족 짜이쩌(載澤)가 이끄는 일행이 도쿄를 방문했다. 일행은 25일, 천황을 알현하고 일본의 정치 시찰을 위해 청나라 황제가 파견했다고 고했다. 대표인 짜이쩌는 이렇게 인사를 했다.

천황의 무공문덕(武功文德)이 오대주에 환히 빛나며, 일본의 정치, 교육이 날로 새롭게 완비되어 가고 있는 데 우리는 깊은 감명을 받고 있다. 천황이 우리의 성실을 인정하고 동정하셔서 일본의 고도 기술을 비롯한 칭찬할 만한 특징을 연구하게 해주시기를 희망한다. 우리의 목적은 일본 문명을 청나라의 모범으로 삼음으로써 동아시아의 장래의 안전을 확보하고, 인민의 행복을 증진시키는 데 있다.[911]

물론 이런 찬사를 단순한 아첨으로 치부해 버릴 수도 있다. 그러나 청나라 황족이 일본 천황에게 양국의 오랜 관계 중에서 지금까지 볼 수 없었던 투로 말을 건네온 것은 틀림없는 사실이었다. 메이지 천황은 기뻐한 것 같았다. 배알을 받는 상대방에게 좀처럼 없는 일이지만, 천황은 짜이쩌에게 의자를 권했다.[912] 천황은 또 짜이쩌 일행을 오찬에 초대하고, 나중에 시종장을 일행이 머무르고 있는 시바 별궁에 보내 훈장과 선물을 주었다.[913] 소규모 이와쿠라 사절단이라고나 할 짜이쩌 일행은 일본의 시설을 시찰하고 일본 헌법을 연구한 다음, 2월 13일에 미국과 유럽으로 떠났다. 청나라 정부는 진심으로, 근대화를 갈망하고 있는 것 같았다. 다른 나라도 연구 대상이 되었지만, 일본은 청나라가 가장 채용하기 쉬운 몇몇 예를 제공했다.

1월 23일, 한국에서 대관(大官) 이재완(李載完)이 이끄는 일행이 도착해서 27일에 천황을 알현했다. 그는 이토 히로부미의 한국 파견을 감사하는 한국 황제로부터의 친서를 가지고 있었다. 또 천황에게 바치는 선물뿐 아니라 황후, 황태자, 황태자비에게까지 엄청난 선물을 가지고 왔다. 천황은 이튿날, 이재완 이하 수행원 전원에게 각각의 지위에 어울리는 훈장을 내렸다.[914]

2월, 가터 훈장 봉정을 위해 영국 대표단이 온 것은 이미 앞장에서 말했다. 이들 외국 정부의 배려는 분명 천황을 기쁘게 했을 것이다. 국내에서의 일들은 이와는 대조적이었다. 예를 들면 3월, 외무대신 가토 다카아키(加藤高明)가 사임했다. 철도의 국유화를 추진하는 법안을 놓고 다른 각료와 의견이 대립한 것이었다. 가토는 법안이 사권(私權)을 유린하는 것이라며 반대했다. 가토의 반대에도 불구하고 법안은 가결되었다. 가토는 내각 총리대신 사이온지에게 사표를 제출했다. 사임하는 각료는 그 이유로 질병을 핑계 대는 것이 보통이었다. 그러나 가토는 진짜 이유를 썼다.

언제나 전례를 중시하는 천황은 가토가 왜 관례를 무시했는지 사이온지에게 물었다. 사이온지는 이렇게 설명했다. 대신이 사임을 원하는 경우에는 질병을 이유로 쓰는 것이 보통이다. 그러나 그것이 실제로 그런지 어떤지는 또 다른 문제이다. 사이온지는 가토가 정직한 인물로서, 드문 예라고 말했다. 어쨌든 사이온지는 가토의 이례를 탓하지 말고 사임을 들어주기를 천황에게 청했다. 천황은 납득하고 이를 받아들였다. 그 결과로 사이온지는 내각 총리대신 겸 문부대신에다 임시 외무대신까지 겸임하게 되었다.[915]

이해에는 자연재해가 세계 도처에서 발생했다. 3월 17일, 타이완에서 대지진이 일어나 1,100명 이상이 사망했다.[916] 4월 11일, 이탈리아의 베수비오 화산 폭발로 상당한 사상자가 나왔다는 소식이 들어왔다.[917] 4월 18일에는 유명한 샌프란시스코 대지진이 있었다. 황실은 대재해 때면 늘 하듯 희생자 구원을 위해 의연금을 보냈다. 타이완에는 1만 엔, 샌프란시스코에는 20만 엔이었다. 후자의 의연금이 많았던 것은 아마 러일 전쟁 강화 교섭에서의 미국의 지지에 대한 감사의 마음을 나타내고 싶었던 것으로 여겨진다.

7월, 천황은 천지를 뒤흔들 정도의 중대사는 아니지만, 아무튼 하나의 결단에 직면했다. 당시 사할린의 일본과 러시아의 경계 표지로 욱일장(旭日章)과 국화장(菊花章) 중 어느 쪽을 조각할 것이냐를 놓고 활발한 논전이 벌어졌다. 7월 5일, 천황은 국화장을 사용하라고 재정(裁定)을 내렸다.

그 뒤로는 12월 11일까지 별다른 일이 일어나지 않았다. 이날, 한국 특사 일행이 천황을 알현했다. 특사는 한국 황제의 친서와 양국 간의 영원한 우호를 바라는 전언을 가지고 왔다. 한국 황제는 이토 히로부미에 대한 깊은 신뢰를 표명하고, 이토의 통감 경질 풍설이 있음을 우려했다. 황제는 통감 경질은 시의에 맞지 않을 뿐 아니라 정부 및 민심이 장래의 희망을 잃는 원인이 될 수도 있다고 말했다. 한국 황제는 천황에게 이토를 경질하지 말라고 청원했다. 오랜 세월이 지난 오늘날에 와서 볼 때, 이토를 지독하게 싫어했던 한국 황제에게 이처럼 교묘한 거짓말을 할 줄 아는 능력이 있었다는 데 그저 놀랄 따름이다.

12월 28일, 천황이 제국 의회 개원식에 참석했다. 그날, 의회를 방문한 한 명의 미국인이 있었다. 예일 대학 교수 조지 래드였다. 래드는 그날의 인상을 이렇게 적었다.

그것은 천황이 스스로 주재하는 의회의 개원식이었다. (중략) 누구나 늦어도 10시까지는 회의장에 들어가 있어야 했다. 하긴 폐하는 10시 반이 되기까지 황궁을 출발하지도 않았지만.

폐하가 도착하자 기다리고 있던 사람들은 전원 귀족원의 방청석으로 안내되었다. (중략) 5분도 지나지 않아 폐하가 들어왔다. 폐하는 옥좌에 올라가 잠시 자리에 앉았다. 그리고 곧 일어나, 내각 총리대신 사이온지 후작의 손에서 두루마리에 쓰인 의회 개원의 칙어를 받아들었다. 그런 다음 이를 읽는다기보다는 아주 명료하게, 그러나 부드럽고 음악적인 목소리로 영송했다. 칙어는 읽는 데 3분도 걸리지 않았다. 그 일이 끝나자 귀족원 의장 도쿠가와 이에사토(德川家達) 공작이 회의장에서 단상으로 올라가 다시 옥좌 앞으로 나아갔다. 여기서 도쿠가와 공작은 폐하의 손에서 두루마리를 받아들었다. 그 후 공작은 다시 회의장까지 내려가 폐하의 정면을 향해 마지막 절을 했다. 폐하 자신은 곧장 옥좌에서 내려와 들어온 단상의 문을 통해 시신들을 거느리고 퇴장했다.[918]

래드는 자기 자신을 이렇게 정의 내리고 있다.

나는 한 명의 교사에 지나지 않는다. 나는 '교사'보다 신분이 높은 어떤 직함에 대해서도 야심을 가진 일이 없었고, 무엇인가 좀 더 훌륭한 종류의 직무를 구하고 싶은 마음을 품은 적도 없었다. 그러나 폐하는 신민의 '도덕 교육'에 공헌한 자들을 인정하고 그 감사의 마음을 친절하게도 국민 앞에서 보여주었다. 이러한 폐하의 배려는 이례적인 동시에 틀림없이 진지한 것이다. 폐하가 국민의 도덕이나 행복에 관해 이렇게 마음을 쓰는 까닭은 외교 정책을 고려에 넣은 것도 아니려니와, 상대방의 직함에 좌우된 것도 아니며, 또 어떠한 대가를 기대한 것도 아니었다. 폐하가 천황이 된 이래로 치세를 통해 볼 수 있는 특징인데, 그렇게 생각해도 좋을 이유를 우리는 가지고 있다. 국민의 이익에 관해 천황 무쓰히토처럼 애정 넘치게 마음을 쓰며, 자기희생을 하는 군주는 이 세상이 넓다 하지만 현재의 군주 가운데서는 찾아내기가 어려울 것이다.[919]

1907년은 새해의 특별한 의식도 없이 막이 올랐다. 과거 몇 년째 그러했던 것처럼 천황은 정해진 사방배를 하지 않았다. 기타 전통적인 예배는 쇼텐(掌典: 궁전의 제사를 담당한 직책)에게 대신 시켰다.

1월 8일, 천황은 아오야마 연병장으로 가서, 육군 시관병식(始觀兵式)을 했다. 지금까지 천황은 말을 타고 관병하는 것이 보통이었다. 그러나 이날은 갑자기 명령을 내려 마차의 덮개를 걷게한 뒤, 마차 위에서 관병했다. 또 예년에는 함께 관람하는 원훈(元勳), 대신 및 각국 사신 등에게 알현을 허용하는 것이 관례였다. 그러나 올해는 그 관례를 없앴다. 함께 관람하는 자들의 접대는 모두 육군성에 맡겼다. 이러한 변화가 있었던 이유는, 이해에는 외국 사신의 참석이 적었기 때문으로 추측되었다.[920] 그러나 천황은 이전부터 의사의 진찰을 싫어하여 건강 상태가 분명하지 않았다. 어쩌면 천황은 노령 또는 질병의 전조 탓에 피로감을 느끼고 있었던 것이 아니었을까.

건강 악화를 보이는 또 하나의 징후는 예정되어 있던 육군 도야마(戶山) 학교의 졸업식을 악천후를 이유로 결석한 데서도 엿볼 수 있을지 몰랐다. 예전 같았으면 천황은 설혹 폭풍우가 몰아치더라도 문제 삼지 않았다.

비슷한 성격의 흥미 깊은 사건이 그해 5월 3일, 야스쿠니(靖國) 신사 임시 대제(大祭)에 나가기 직전에도 일어났다. 그날은 날씨도 좋고, 천황은 제전을 위해 정장 차림이었다. 궁내대신 다나카 미쓰아키는 천황의 마차가 야스쿠니 신사를 왕복하는 동안 연도를 지날 때, 전사 병몰자의 유족과 일반 국민에게 용안(龍顔)을 보일 기회를 주고 싶다고 생각했다. 그런 일이 머리에 있었기 때문에 다나카는 사전에 천황의 허가도 얻지 않고 슈메노카미(主馬頭: 궁내성 소속으로, 마차 장구 관리, 마필 사육 등을 맡은 곳의 우두머리)에게 마차의 포장을 열게 했다. 아무리 무더운 한여름이라도 천황은 마차의 창문을 연 적이 없었고, 포장을 열게 한 일도 물론 없었다. 하지만 근년 들어 외국인 거류지를 지나갈 때나 박람회에 갈 때, 몇 번인가 관리들의 주청을 받아들여 포장을 올리고 국민에게 얼굴을 드러낸 일이 있었다. 그러나 이날 천황은 마차 타는 곳으로 나와 포장이 열려 있는 것을 알았다. 천황은 시종장 도쿠다이지 사네쓰네에게 명해 포장을 내리게 했다. 작업이 끝날 때까지 천황은 마차 곁에 서서 기다렸다.

관리들은 말할 것도 없이 천황의 뜻에 어긋나는 짓을 했다고 생각하여, 긴장으로 전신이 꼿꼿해 있었다. 아마도 천황은 자신의 허락 없이 포장이 열려 있어 불쾌하게 여겼을 것이다. 그러나 혹서임에도 불구하고 천황이 마차의 창문을 열기 싫어했다는 사실은, 그 원인이 단순히 불쾌감에만 있지 않았음을 시사하고 있다. 노인이 추위를 두려워하듯 천황은 바깥 공기를 싫어했는지 모른다.

1907년 2월 1일, 천황의 요청에 따라 육군 참모총장과 육군 군령부장이 국방에 관한 방침안을 작성해서 상주했다. 가장 중요한 점은 국권을 침해하려는 나라에 대해 공세를 취할 수 있도록 준비하지 않으면 안 된다는 것이었다. 방침안에 따르면, 퇴영적 정책을 취하고 있던 도쿠가와 시대를 예외로 치면 진취적인 정책, 즉 공세를 취해 승리를 거두는 것이 일본의 전형적 수법이며 일본인의 성격을 상징하는 것이었다.

방위 계획을 책정함에 있어서 가상의 적이 설정되었다. 러일 전쟁에서 패배한 이래, 러시아는 극동에서 군비를 착착 강화해 나가고 있었다. 러시아는 해군의 재건을 계획하고, 보복할 기회를 엿보고 있는 것으로 보였다. 러시아는 그래서 제1의 가상 적국이 되었다.

다음으로 부상한 것은 미국이었다. 미국은 일본과의 우호 관계를 유지하려는 듯이 보였다. 그러나 앞으로 지리적, 경제적, 인종적, 종교적 요인에 의해 언제 엄청난 충돌이 일어날지 알 수 없었다. 그리고 영국과의 동맹 관계가 국방의 기본이었으나, 러시아의 인도 공략 때 경신된 영일 동맹 협약에 따라 일본이 원군을 파견하지 않을 수 없다는 점을 잊어서는 안 되었다.

결론으로 일본 육군은 가상 적국인 러시아를 공격할 수 있는 능력, 그리고 일본 해군은 가상 적국인 미국을 공격할 수 있는 능력이 필요했다. 그러기 위해서는 내년부터 육군 병력을 19개 사단으로, 해군 병력을 2만 톤 급 전함 여덟 척, 1만 8천톤 급 장갑 순양함 여덟 척을 증설하는 계획이 실행에 옮겨지지 않으면 안 되었다. 계획에 대한 천황의 반응은 밝혀지지 않았다. 그러나 천황은 일본이 러일 전쟁 후 경제적으로 회복되지 않으면 안 될 시기인지라, 이런 야심적인 계획을 실현하기 위한 막대한 비용 때문에 머리가 아팠을지 모른다.

이러한 상주를 받은 지 일주일 후, 천황은 아시오(足尾) 구리 광산(도치기 현)의 광부들이 대우 개선과 임금 인상을 요구하며 폭동을 일으켰다는 보고를 받았다. 폭동은 도치기 현 지사의 요청으로 출동한 보병 제15연대 병력에 의해 진압되었다. 천황이 아시오 구리 광산 이야기를 들은 것은 처음이 아니었다. 1897년 3월, 아시오 구리 광산의 조업이 원인이 되어 생긴 토양의 광독을 조사하기 위해 내각 조사위원회가 설치되었다.[921] 당시 천황은 광독의 피해를 본 4개 현의 지사에게 의견을 제출하도록 했다. 조사 결과, 광산의 상황을 개선하라는 명령이 내려졌다. 만일 광산주들이 명령에 따르지 않을 경우, 광산 경영을 금한다고 경고했다. 그러나 명령의 집행은 미지근했다. 광해(鑛害)도 없어지지 않았고, 광부들은 노동 조건에 점차 불만을 품게 되었다.

천황은 또 1901년 12월, 광산에서의 한심스러운 상황을 떠올리지 않을 수 없었다. 당시 피해 구제 탄원이 무시된 것에 항의해서 다나카 쇼조(田中正造)가 중의원 의원직을 사임했다. 필사적인 일념으로 다나카는 중의원 정문에서 의회 개원식을 마치고 황궁으로 돌아가는 천황의 마차에 직소하려 했다. 그러나 경호하던 순사에게 가로막히고, 다나카는 체포되었다.[922] 그러나 이것으로 광독에 대한 항의가 없어진 것은 아니었다.

항의는 정당했다. 그러나 너무나 시기상조여서 효과를 거둘 수 없었다. 시대는 필사적으로 일본을 일대 공업국으로 만들려 하던 때였다. 아시오 지방의 광부와 농민들이 받은 피해는, 어쩌면 천황을 비롯한 정국 담당자들에게는 국가적 중요성에 비춰볼 때 사소한 일로 무시되었을지 몰랐다. 1907년의 폭동 진압 때에는 폭동을 선동하고 광산의 자산에 손해를 끼친 죄로 광부 28명이 투옥되었다. 같은 해 6월, 에히메(愛媛) 현의 구리 광산에서 광부들이 임금 감액을 놓고 봉기한 끝에 역시 보병 연대에 의해 진압되었다.[923] 7월, 후쿠오카 현의 탄광에서 가스 폭발이 일어나 갱부 420명 이상이 사상했다. 천황은 이재민 구제를 위해 현에 1천2백 엔을 내렸다. 천황은 또 시종을 파견해서 상황을 시찰하게 했다. 계속되는 이런 사건들은 그 시대의 음울한 공기를 빚어내는 한 원인이 되었다.

외교 관계는 그러나 순조롭게 진행되고 있었다. 7월에 조인된 러일 협약은 양국 간 화해의 첫걸음이 되었다. 8월, 추밀원에 나간 천황은 러일 간에 일어날 수 있는 분쟁의 원인 제거가 동양의 평화 유지상 가장 긴요하다는 칙어를 내렸다. 러일 간에 조인된 신협약에는 양국이 만주의 분계선 이북, 이남에서의 쌍방의 권리를 존중한다는 것을 명기한 비밀 협약이 있었다. 이어 러시아와의 우호 관계가 회복되었음을 선언하는 훈령이 나왔다.

같은 해 8월, 일시적으로 한국에서 귀국한 이토 히로부미에게 천황은 한일 신협약(제3차 한일 조약) 체결의 공적을 치하하는 칙어를 내렸다. 칙어는 이토가 부지런하게 움직이고, 마음을 다해 수고한 덕에 동아시아의 평화를 유지하고, 한국을 돕는다는 천황의 소원을 완전히 실현하는 데 성공했다고 말하고 있다. 9월, 이토는 공작으로 승격했다.

8월 27일, 한국의 새 황제 순종(純宗)이 정식으로 황위에 앉았다. 순종 황제의 동생은 미남 난봉꾼인 이강(李堈: 일본에서는 의친왕으로 알려졌다)이었다. 이강은 황태자가 될 예정이었다. 그러나 품행이 나빠 8월 7일, 동생인 이은(李垠: 영친왕)에게 황태자의 지위를 넘기는 처지가 되었다.[924] 영친왕(英親王)이 황태자가 되자 이토 히로부미는 열한 살이 된 영친왕의 일본 유학을 천황에게 상주했다. 확실하게 기록된 것은 아니지만, 한국 황제가 눈치챈 것처럼 영친왕은 사실상의 인질이었다.[925] 이토는 동시에 천황에게 양국의 우호 관계를 증진시키기 위해 일본 황태자의 한국행을 주청했다. 천황은 이은의 일본 유학에 관해서는 열심이었다.[926] 그러나 요시히토의 한국 여행은 치안 상황이 안 좋다는 이유로 처음에는 반대했다. 그러나 이토는 신명을 걸고 황태자를 경호하겠다고 맹세했다. 마침내 천황은 아리스가와노미야 다케히토 친왕이 동행하는 조건으로 황태자의 한국행을 승낙했다.

이토는 허겁지겁 한국으로 돌아가 순종 황제를 알현했다. 이토는 황태자 요시히토의 한국 방문 이야기를 고하고, 한국 황제 이은의 일본 유학에 대한 구체적인 대책을 제시했다. 요시히토는 10월 16일, 서울에 도착했다. 동행한 것은 다케히토만이 아니었다. 전 내각 총리대신 가쓰라 다로, 해군 제독 도고 헤이하치로, 그 밖의 귀족들이 수행했다. 이 방문은 한국에 대한 우호적인 의사 표시로 해석되었고, 그 효과는 한국 황제가 이은의 일본 유학을 거절하지 못하게 했다.[927] 11월, 한국 황제의 요청과 메이지 천황의 허락을 얻어, 이토는 한국 황태자의 대사(大師)가 되었다.[928] 10월 12일, 황태자 이은이 일본으로 갈 때 동행한 사람은 이토였다.[929]

1907년, 아마도 메이지 천황에게 가장 직접적이고 강력한 영향을 끼친 사건은 10월에 생모인 종1위 훈1등 나카야마 요시코가 세상을 뜬 일이었다. 이것은 요시코의 최초의 발병이 아니었다. 에르빈 벨츠 박사는 1893년 11월 28일의 일기에서 위장병에 걸린 천황의 생모를 진찰한 내용을 쓰고 있다. 1900년 11월 20일, 벨츠는 다시 생모의 심각한 병에 대해 언급하고 있다.

천황의 생모의 병에 관해서는 나는 행운이었다. 노모가 고열과 폐렴으로 최악의 상태에 빠졌을 때, 시종은 나에게 과연 나을 가능성이 있는지 물었다. 나는 앞으로 이틀만 버티면 그런 대로 가망이 있다고 시종에게 대답했다. 나의 말은 분명히 천황에게 잘못 전달된 것 같았다. 이틀 후 오카 시의국장이 보고를 위해 입궐하자, 천황은 시계를 손에 들고 있었다. 천황은 고개를 끄덕이며 오카에게 말했다. "알고 있어. 문제없어. 1위(요시코)는 살아났지." 오카는 어리둥절해서 무슨 이야기인지 전혀 모르겠다고 했다. 그러나 오카는 약간이지만 회복의 조짐이 보인다는 것을 폐하에게 전할 수 있어서 기뻐하고 있었다. 천황은 단언했다. "48시간만 지나면 1위가 회복된다고 벨츠가 말했거든. 벨츠는 알고 있었던 거야." 오카는 황송해서 아마 벨츠의 말이 잘못 전해진 모양이라고 말했다. 그러나 천황은 어디까지나 자신의 말을 고집했다. 실제로

생모는 버텨 냈다.[930]

벨츠 박사는 유머러스하게 말하고 있지만, 이 일화는 감동을 준다. 천황이 감정을 드러내는 일이란 여간해서는 없었다. 천황은 분명 생모의 병에 여간 마음이 쓰인 것이 아니었다. 벨츠는 만일 앞으로 이틀만 버틸 수 있다면 회복할 가능성이 있다고 했다. 그런데 불안한 마음을 가졌던 천황이 마음대로 이틀이 지나면 틀림없이 회복된다고 해석했던 것이다. 메이지 천황이 시계를 한 손에 들고 48시간이 지나가기를 기다리고 있었다는 오카 시의국장의 이야기는 특히 감동을 준다. 그는 자신이 천황이라는 사실을 잊고 오직 한 사람의 아들로 행동한 것 같다.

1907년 10월 4일, 천황은 오카 시의국장에게서 이전부터 폐렴에 걸려 있던 나카야마 요시코가 중태라는 보고를 들었다. 황후가 즉시 문안을 가기로 했다. 그러나 우선 텐지(典侍) 야나기하라 나루코에게 문후 드리라고 명했다. 나루코를 선택한 이유는 분명치 않다. 그러나 아마 요시코와 마찬가지로 언젠가는 천황의 어머니가 될 인물이었기 때문으로 여겨진다.

황후 자신은 요시코의 저택으로 가기 위해 너무 서두르느라 행렬이 제대로 갖춰질 때까지 기다릴 수가 없었다. 천황은 이미 요시코의 병 이야기를 들은 시점에서 육군 군의총감 자작 하시모토 쓰나쓰네에게 명해 치료에 전념하라고 했다. 천황은 하시모토에게 모든 수단을 다해 치료하라고 명했다. 그러나 요시코는 70세가 넘었고 병은 중증이었다. 하시모토는 그야말로 온갖 요법을 다 사용했지만 날마다 병은 악화되고 있었다. 회복의 가망은 전혀 없었다. 마침내 하시모토는 치료 방법이 다했음을 천황에게 아뢰었다. 천황은 몹시 근심했다. 시신들은 황공해서 그저 천황을 지켜볼 따름이었다.

요시코가 중태에 빠졌다는 보고를 들은 아침, 천황은 식탁에 앉아 있었다. 매일 아침, 식사 때 나오는 우유를 가리키며 황후에게 말했다. "1위(요시코)는 이제 음식이 목을 넘어가지 않는다는데…… 하지만 혹시 이것은 삼킬 수 있을지 모르지." 천황은 탁자 위에 반 홉가량 들어 있는 우유 세 병 중 하나를 들어 황후에게 주었다. 황후는 요시코의 저택에 도착하자마자 우유병을 꺼내, 천황의 말을 전하면서 요시코에게 권했다. 요시코는 감격해서 한 방울도 남기지 않고 다 마셨다.

이 이야기는 사실인 것으로 보인다. 확실하게 적혀 있지 않지만, 결정적인 사실은 천황이 죽어가는 생모를 자유롭게 방문할 수 없다는 것이었다. 천황은 공식적인 어머니인 황태후의 병상에는 달려가서 마음속에서 우러나는 애정을 표시했다. 그러나 생모는 찾아갈 수가 없었는데, 그것은 요시코의 신분이 높지 않았기 때문이었다. 만일 천황이 바라기만 했어도 요시코를 방문하는 것을 누구도 금할 수 없었음이 틀림없다. 간언하는 자조차 없었을 것이 분명하다. 그러나 메이지는 천황에게 걸맞은 행위라고 스스로 믿는 규범을 깨지 못하고 있었다. 천황은 사실 자유를 빼앗긴 양심의 수인(囚人)이었다. 10년 전, 벨츠 박사가 일기에 쓴 적이 있었다. 천황은 공식적인 어머니를 1년이면 몇 차례 의례적으로 방문할 수 있었다. 그러나 신하인 생모는 자유롭게 방문할 수 없었다. '기묘한 에티켓의 정화(精華)다!' 하고 벨츠는 평했다.[931] 천황은 에티켓, 즉 예식을 깰 수 없었다. 그러나 어머니가 죽기 전에 한 번 만나고 싶어한 천황의 마음은 어떠했을까.

10월 5일 이른 아침, 나카야마 요시코는 숨을 거두었다. 세는 나이로 73세였다. 12일, 천황은 장례비로 3만 엔을 보냈고, 다시 요시코의 공적을 기려서 1만 5천 엔을 추가했다. 황태자는 1만 엔을, 공주 네 명은 5천 엔씩을 보냈다. 아오야마의 요시코 저택은 천황의 명에 의해 부지와 함께 요시코의 조카인 호주 나카야마 다카마로(中山孝麿)에게 하사되었다.

장례가 치러진 것은 10월 14일이었다. 천황은 시종 호조 우지유키(北條氏恭)를 파견해서 관 앞에 대배(代拜)를 시켰다. 같은 날 오후, 우지유키는 다시 황실과 관계가 깊은 진언종(眞言宗) 호국사(護國寺)의 재장(齋場)에서 대배했다. 천황은 또 호국사에서 불교식 제단에 놓을 다마구시(玉串: 비쭈기나무에 베나 종이를 단 것)를 바치게 했다. 전날, 천황은 신도의 신들에게 바칠 음식물로서 신찬(神饌) 일곱 대를 보냈다. 천황의 치세 초기에 공포된 불교와 신도의 분리령은 신도의 제물과 불교식 제단의 조합으로도 알 수 있듯이 이미 붕괴되어 있었다. 아마도 두 종교의 혼합은 신도의 제례가 기피되고 있었기 때문에 불가피한 일이었던 것 같다.[932]

황실과 불교의 인연은 이미 멀어져 있었다. 그러나 완전히 끊어진 것은 아니었다. 고메이 천황의 묘까지 포함해서 황실의 묘는 교토의 천용사에 있었다. 메이지 천황의 아기를 낳고 죽은 두 명의 곤노텐지는 이미 호국사에 매장되어 있었다. 천황의 다른 측실도 모두 결국은 사원 경내에 매장하게 되었다. 나카야마 요시코의 장례에는 현세적인 요소도 가미되었다. 천황의 특별한 배려로 의장 보병 1개 대대가 장례에 참가했던 것이다.

남겨져 있는 나카야마 요시코의 서한은 요시코가 이름 높은 구게 집안 출신이었음에도 불구하고 교양 있는 여성은 아니었음을 시사하고 있다. 요시코는 아마도 자신의 아들이 천황이 된 이후 일본에서 일어난 미증유의 변화를 이해하려고 하지 않았을 것이다. 그러나 모든 기록에 의하면, 요시코는 천황이 한 일 중에서 납득이 가지 않는 것이 있으면 직언을 서슴지 않았다. 천황은 언제나 요시코의 조언을 따랐는데, 그것은 요시코의 단호한 질책이 두려워서였던 것 같다. 그러나 천황의 태도는 그저 경의를 표하는 데 그친 것이 아니었다. 어렸을 때 품은 요시코에 대한 애정은 생애를 통해 계속되었다. 노령이 된 다음 요시코는 아들을 만나는 재미로 빈번하게 입궐했다. 천황은 여간해서는 사람을 만나려 하지 않았지만, 요시코의 경우에는 언제나 기꺼이 만났다.[933] 그러나 분명히 친애의 정을 품고 있었음에도 불구하고, 천황은 신하의 장례에 공공연히 참석해서는 안 된다고 스스로 정한 규칙을 깰 수 없었다.

11월, 천황은 오래도록 중지해온 취미 활동 하나를 재개했다. 육군 대훈련의 시찰이었다. 올해의 대훈련은 이바라키와 도치기 두 현에서 벌어졌다. 천황은 이바라키 현 유키(結城)까지 기차로 가서, 도중에 정차하는 각 역에서 봉영하는 각 지방관을 차창에서 만났다. 천황의 치세 40년간 자신들의 인생에서 일어난 변화를 즐기는 자 모두에게, 이것은 축하할 만한 순간이었다. 온 마을마다 제등을 걸어놓고, 국기를 게양한 뒤 홍백의 장막을 쳤으며, 천황이 지나는 길에는 흰 모래가 깔리고 녹문—초록색 나뭇가지로 만든 아치—을 만들어 놓았다.

대훈련은 그달 15일부터 18일까지 계속되었다. 천황은 오랜 세월 동안의 관습에 따라 대훈련을 이용해서 고장의 공장과 학교를 방문하고, 또 고서화와 골동품을 보고 다녔다. 천황의 명령으로 종결한 대훈련 다음 날, 잔치가 벌어졌다. 황족 이하 내외 군신 4천8백여 명이 출석했고, 천황은 거나한 기분으로 참모총장 이하 60명에게 잔을 내렸다.

12월 7일, 영친왕 이은이 시모노세키에 도착했다. 시종직 간사 이와쿠라 도모사다가 시모노세키로 마중 나가 동행해서 교토에 들른 후, 12월 15일 입경했다. 요시히토, 다케히토, 고토히토(載仁) 친왕이 신바시 정거장으로 마중 나갔고, 다케히토는 젊은 한국 황태자의 마차에 동승해서 숙소인 시바 별궁까지 데려다 주었다. 18일, 영친왕이 입궐했다. 천황은 몸소 봉황홀 입구까지 마중 나갔다. 영친왕은 천황 부부와 대면한 뒤 한국 황제의 명령으로 일본 유학을 위해 왔다고 말하면서 모든 일에 걸쳐 지도해 달라고 인사했다.

오찬 후 영친왕은 천황, 황후, 황태자에게 한국의 선물로서 옥피리, 호피, 운학환형(雲鶴丸形) 꽃병 등을 바쳤다. 20일, 천황은 답례로 시바 별궁으로 영친왕을 찾아갔다. 짧게 체재하게 된 것은 유감이지만,[934] 시간을 아껴 공부에 힘쓰기를 희망한다고 말하고, 황실 문장이 든 금시계를 주면서 공부할 때 시간을 보는 데 사용하라는 말을 곁들였다. 영친왕은 좋아한 것 같았다.[935]

19일, 한국 황제 즉위식 때 천황의 대리로서 하세가와 요시미치 육군 대장이 참석한 데 대한 답례로서 한국 황제의 특파대사가 도착했다. 대사는 한국 황제의 백부로서, 황제로부터의 친서를 휴대하고 있었다. 친서는 난해한 표현으로 메이지 천황에 대한 칭찬과 양국의 우호 관계가 지속되기를 기원한다는 뜻을 표명하고 있었다. 한국 황제는 분명 깨닫지 못하고 있었다. 몇 해

지나지 않아, 이러한 과도한 칭찬까지 한 그 군주에 의해 황제는
황위를 상실하게 되었던 것이다.

제58장 이토 히로부미와 안중근

1908년은 전통적 의식으로 막이 올랐지만, 메이지 천황 자신의 의식 참여는 최소한으로 그쳤다. 1월 6일, 관례대로 어전에서 세 개의 진강이 시작되었다. 맨 처음 함무라비법전에 대해서(양학), 다음에 『중용』 「주자 집주(朱子集注)」(한학), 마지막으로 『고사기』로부터의 한 구절(국학)이었다. 이들 세 개의 진강에 천황이 열중했을 것으로 여겨지지는 않는다. 하지만 꽤 주의를 기울여 진강을 듣긴 했으리라. 천황의 스승인 모토다 나가자네의 전통을 이어받은 이런 진강에 출석하는 것이 유교를 신봉하는 군주에게 과해진 임무라고 생각했음에 분명하다.

아마도 다음 날의 행사 쪽이 천황의 기호에 더 맞지 않았을까 싶다. 7일, 한국 황태자 이은이 천황을 방문했다. 황태자는 한국과 일본의 귀족 등과 함께 입궐해서 신년 인사를 했다. 천황은 움직이는 말(馬) 장난감과 은제 닻 장식물 한 개를 내렸고, 황후는 인물이 새겨진 프랑스제 탁상시계를 주었다.[936] 신뢰가 두터운 신하들에게 통상 연령과 기호에 상관없이 내리는 싱싱한 생

제58장 이토 히로부미와 안중근 **1331**

선이나 술과 달리, 이들 선물은 분명 열두 살짜리 소년을 기쁘게 해주려고 했던 것이다. 천황은 어쩌면 예의상 이 외국의 황태자에게 자신의 아이들 이상으로 자상한 마음을 쓴 것인지 모른다. 그러나 어쩌면 천황의 자상한 마음은 자신의 아들이 이은 같았으면 좋았을 텐데 하는 통한의 마음에서 나왔을 것이다.

1월 20일, 아들인 황태자 요시히토가 늘 하던 것처럼 도쿄의 추위를 피해 날씨가 따뜻한 하야마로 갔다. 병약한 황후는 같은 이유로 누마즈로 가서 1월 12일부터 4월 24일까지 그곳에 머물렀다. 피한이나 피서를 전혀 해본 적이 없는 천황은, 이은이 도쿄에 머무르며 추위도 아랑곳하지 않고 공부하는 것을 기쁘게 생각했다. 이은이 입궐한 1월 29일, 천황은 이렇게 말했다.

전하가 도쿄에 머무르면서 기후가 다르고, 풍토가 다름에도 불구하고 매우 건강하다는 말을 들으니 참으로 기쁘다. 일본어도 나날이 늘고, 사물을 바라볼 때 고국과 같은 것과 다른 것이 많이 구별되겠지. 앞으로도 더욱 열심히 공부해서 학업이 성취되기를 바란다.[937]

천황은 또 동궁대부 고희경(高義敬)에게 황태자가 학업에만 힘쓸 것이 아니라 아침저녁으로 충분히 운동에도 힘쓰도록 배려하라고 했다. 동시에 천황은 귀국하는 한국 관리에게 황태자가 학업에 정진할 수 있도록 최대한의 노력을 기울이고 있다는 말을 순종 황제에게 전해달라고 부탁했다.[938] 2월 9일, 한국 황태자가 시바 별궁에서 도리이자카(鳥居坂)의 저택으로 거처를 옮겼다. 이때 또 선물이 있었다. 천황으로부터는 마키에(蒔繪: 칠기

1332

에 금은 가루로 무늬를 만든 것)로 된 벼루 상자와 가죽으로 만든 문구 손가방, 황후로부터는 자단(紫檀)으로 된 책장 한 개, 황태자는 책상을 선물했다. 5월, 천황이 이은에게 크리켓 용구 한 틀과 책꽂이 한 개를 보냈다.[939]

이은의 학업 진척 상황에 대해서 몇 번인가 서신이 일본과 한국의 궁정 사이에서 오고 갔다. 때로는 한국 관리가 일본에 와서 황태자의 학업이 만족스럽게 잘 진행되고 있는지를 살펴봤다.[940] 이은이 행복해하고, 일본에 체재하면서 성과를 올리고 있다는 것을 한국 측에 납득시키기 위해서 일본 측은 온갖 노력을 기울이고 있었다. 그것은 일본과 한국의 관계를 더욱 친밀하게 하기 위한 장기 계획의 일환이기도 했다.

천황은 그러나 양국 간의 협력 체제가 성공하고 있다는 상투적인 보고에 완전히 납득하고 있었던 것 같지는 않았다. 3월 말, 이토 히로부미가 한국으로 돌아갈 때 천황은 내대신 비서관 히다카 지치부(日高秩父)를 같이 가게 했다. 히다카의 임무는 천황의 의문에 대한 대답을 발견하기 위한 것이었다. 예컨대, 이토가 귀국해 있는 동안 부통감 소네 아라스케(曾彌荒助)의 시정에 부실함이 없었는가, 황제와 태황제는 소네를 얼마만큼 신임하고 있는가, 한국 내각에서의 친일파 세력은 어느 정도인가, 한국 내각의 대신만 한국인이고, 차관과 국장은 모두 일본인이다. 그 결과, 대신은 이름만 갖고 있는 것이 아닌가. 차관이 전횡적인 태도를 취하고 있지 않은가. 대신과 차관이 협조해서 일을 하고 있는가, 일반 한국인의 소네에 대한 신망은 어떤가, 황태자 영친왕이 일본에 오래 체재하는 것에 대한 한국 사회 각층의 반응은 어떤가 등이나. 히다기는 한국에서 약 1개월을 지내면서 이런 의문

을 조사했다. 5월 초순에 귀국한 히다카는 천황에게 상서로 복명
했다.[941]

물론 천황이 받은 복명이 한일 관계가 악화되어 있다든지, 소
네가 한국민에게 신망이 없다는 등의 내용일 것으로는 도저히
상상할 수 없다. 그러나 이러한 의문을 품었다는 것 자체가, 천
황이 원로 등이 올리는 낙관적인 보고를 액면 그대로 받아들이
려 하지 않았음을 드러내는 것이다.

확신에 가득 찬 보고에 천황이 의문을 품었다는 것은 그야말
로 제대로 봤다고 하지 않을 수 없다. 일본의 통치에 반대하는
폭동이 끊임없이 한국 각지에서 일어났고, 일본군은 폭도 진압
에 어려움을 겪고 있었다. 5월, 이토 히로부미는 육군대신 데라
우치 마사타케에게 한국 주재 일본군의 증원을 요구했다. 이러
한 사태에 관한 소식이 천황의 귀에도 들어갔다. 천황은 이토에
게 한국으로의 증원 부대 파견을 재가했다는 말을 하면서, 이토
가 증원 부대를 사용해서 조속히 폭도를 진압하기를 희망한다고
했다.[942]

일본군이 한국에서 계속해서 입은 인명 손실은 5월 4일, 간접
적으로 사람들에게 알려지게 되었다. 이날, 야스쿠니 신사에서
초혼식이 거행되었다. 러일 전쟁에서 사망했으나 아직 합사되지
않은 군인과 군속, 그리고 한국, 몽골 지방에서 벌어진 전투에서
죽은 군인, 군속 등 모두 1,950명이 합사되었다.[943]

10월 13일, 천황은 조서를 내려 러일 전쟁 후 국민의 정신이
점차로 해이해졌다는 우려를 표명했다. 정신 이완은 특히 풍속
습관이 경박하게 흐르는 경향이 두드러졌다. 천황은 조서의 첫
머리에서 우선 동서의 문화가 이제는 서로 가까워지고 교류함

으로써 복리를 함께 하고 있다는 말을 했다. 여러 외국과 국교를 트고 우호 관계를 구축함으로써 서로 그 은혜 입기를 기대한다고 말했다. 그러나 전쟁이 끝난 지 얼마 되지 않았음에도 불구하고 국민 사이에 정신의 이완이 드러나 보이는 것을 지적하면서, 일본 국민은 분기해서 충실 근검 정신으로 함께 열심히 일해야 한다고 말했다.[944]

이미 지적한 것처럼 러일 전쟁 후의 일본인의 '불쾌한' 기분은 마침내 천황의 주의를 끌게 되었던 것 같다. 하지만 천황은 이것을 현 상황에 대한 우울감이나 환멸의 징후로서가 아니라 경박한 태도로 저절로 나타나는 정신의 이완으로 해석했다. 천황은 이렇게 따져 묻는 것 같았다. 어째서 일본인들은 자신들이 여러 나라 국민과 공유하고 있는 은혜에 대해 열심히 일함으로써 감사의 마음을 표하지 않는가 하고 말이다.

11월, 천황은 육군 특별 대훈련과 해군 대훈련을 하는 나라, 효고 두 현으로 출발했다. 나라의 대본영은 나라 구락부에 설치되었다. 이는 초기의 대훈련이 벌어지던 원시적인 상태와는 현격하게 다른 것이라 하지 않을 수 없다. 육상에서의 대훈련은 외국 무관 등 열여덟 명이 참관한 가운데 나흘간에 걸쳐서 진행되었다. 첫날 대훈련을 벌인 고장은 특별한 성격을 띤 곳이었다. 그곳은 『만엽집』 이래로 시가에 계속 등장하고 있는 야마토(大和) 3산이 바라다보이는 유서 깊은 땅이었다. 천황은 미미나시(耳成) 산의 오노다테쇼(御野立所)에서 대훈련을 시찰했다. 천황이 이들 역사적인 환경 가운데 있는 기쁨을 공공연히 표명한 것은 아니었다. 그러나 시신(侍臣)은 미미나시 산이 우네비(畝傍) 산 북동쪽에 있는 진무 천황릉에서 멀지 않으므로 천황이 참배하고 싶어하지 않을까 하고 예상했다. 그래서 미리 그 준비를 했다. 그러나 천황은 황릉 참배 지시를 내리지 않았다. 시신 한 사람이 솔직하게 천황의 의사를 물었다. 천황은 "어쩌다 부근에 이르렀다고 해서 황릉에 참배한다면 아주 실례가 아닌가. 온 김에 참배한다는 것은 공손한 예의가 아니다. 짐은 이번에 대훈련 시찰을 위해 이곳에 왔으므로 참배는 다음에 다시 와서 해야 되겠지"라고 대답했다. 시신은 천황의 의사를 크게 오해하고 있었음을 깨닫고 황공해했다고 한다.[945]

천황은 아마도 똑같은 이유로 법륭사(法隆寺)와 그 근처의 유명한 사찰도 구경하려 하지 않은 것 같다. 어쩌면 이는 단순히 천황이 불교에 무관심했던 탓인지도 모른다. 그러나 천황은 시종 무관을 단잔(談山) 신사―무로마치 시대의 목조 13층탑으로 유명―와 기타바타케 지카후사(北畠親房: 14세기 남북조 시대의 학자) 등의 묘소로 파견했다. 천황은 나라에서 고베로 향해, 그곳에서 해군 관함식(観艦式)에 참가했다. 관함식은 천황이 이제 막 시찰을 마친 육군의 특별 대훈련보다 틀림없이 흥미롭고 눈을 즐겁게 해주는 것이었다. 그러나 천황의 육군 편애는 공공연한 비밀이었으므로, 필경 해군 관함식이 끝나자 안도의 숨을 쉬었을 게 분명하다.[946]

1908년은 그다지 활기찬 해가 아니었다. 그러나 개인적인 사건은 없을 수가 없었다. 4월 30일, 천황의 여섯째 딸(생존해 있는 공주 중에서는 최연장자)인 마사코(昌子)와 쓰네히사(恒久)의 성혼례가 치러졌다. 그리고 몇 명의 저명한 외국인이 천황을 알현했는데, 그중에는 위대한 독일 과학자 로베르트 코흐, 그리고 스웨덴의 모험가 스벤 헤딘이 있었다. 일본 화가인 하시모토 가호(橋

本雅邦), 사법관인 고지마 고레카타(兒島惟謙), 그리고 에조(蝦夷: 홋카이도) 공화국을 창설한 에노모토 다케아키(榎本武揚)가 이해에 사망했다. 또 외국 군주의 사망 소식도 이어졌다. 포르투갈의 카를로스 왕은 암살당했고, 스웨덴 국왕 오스카르 2세는 오랜 평화로운 치세를 끝마쳤으며, 청나라 황제와 태황태후는 비참한 치세를 마치고 타계했다. 7월, 사이온지 긴모치가 내각 총리대신을 사임하고 가쓰라 다로가 후임으로 앉았다. 천황에게 주상한 가쓰라의 정견에는 사회주의가 번져가고 있는 데 대한 경고가 들어 있었다.[947] 그러나 메이지 천황에 관한 한, 이해의 가장 기억할 만한 특징은 아버지 노릇을 해줘야 할 한국 황태자의 존재였으리라.

1909년은 항례적인 의식으로 막이 올랐다. 약간의 새 바람이 불기는 했다. 한국 황태자 이은이 일본 황족과 함께 봉황홀에서 하례식에 참여했던 것이다. 이는 한일 합병 실현을 바라보고 있는 일본 정부의 의도를 새롭게 나타낸 것인지 모른다. 그러나 어쩌면 이는 한국 황태자에 대한 천황의 자상한 마음의 표시에 지나지 않았는지도 알 수 없다.

2월 22일, 한국 궁내부대신 민병석(閔丙奭)이 와서 도쿄의 메트로폴 호텔에 투숙했다. 25일, 민병석은 수행원 네 명과 함께 입궐해서 이토 히로부미와 나란히 봉황홀에서 천황을 알현했다. 그는 한국 황제로부터의 친서를 천황에게 바쳤다. 친서는 한국 황제가 벽지 순행 때 받은 천황의 친전(親電)에 감사를 표한 것이었다. 한국 황제의 순행은 치세 초기에 메이지 천황이 한 순행을 본받은 것으로 그 주목적은 한국 국민의 민정 시찰에 있었다. 메이지 천황은 일본 해군 함대를 부산으로 보내서, 황제가 남하했을 때 기함을 시찰할 수 있도록 해놓았다.[948] 황제는 친서에서 그 같은 천황의 배려에 사의를 표함과 동시에, 양국 황실의 우호 관계가 영구히 더욱 친밀해지기를 원했다.[949]

한국 황제의 친서에는 이토 히로부미의 자상한 관심에 대한 말이 자주 나오고 있다. 황제에 의하면, 이토는 한국 사정에 정통해 있었다. 통감으로 취임한 이래 이토는 한국의 시정을 개선하고 황제를 보좌하는 데 다대한 역할을 했다. 예를 들면, 이토는 노령임에도 불구하고 벽지 순행의 피로와 추위도 아랑곳없이 황제를 수행하면서 가능한 한 수고를 마다하지 않았다. 이토는 양국의 관민에게 조언을 했고, 교육받지 못한 한국 국민의 오해를 푸는 데 힘썼다. 이러한 일은 장차 나라의 발전에 크게 이바지하게 될 것이라고 황제는 이토를 칭찬했다. 그리고 한국 황제는 민병석을 통해 천황이 한국에 깊은 배려를 해서 통감 이토 히로부미를 영구히 한국에 주재시켜 주어 한없이 감사하다고 말했다.[950]

한국 황제는 천황뿐 아니라 황후, 황태자, 황태자비에 이르기까지 많은 선물을 보내왔다. 그러나 한국 황제의 칭찬과 선물에도 불구하고, 이토가 외교에서뿐 아니라 한국의 내정에까지 지시를 내리는 것을 황제가 진심으로 기뻐하고 있었다고는 상상하기 어렵다. 그리고 전 황제를 퇴위시켰을 때의 이토의 무자비한 처사를 한국 황제가 잊어버렸을 리가 없었다. 이토의 개혁 중에는 더러 유익한 것도 있었으리라. 그러나 황제는 신중하게, 한국 각지에서 일본의 지배에 항의해 빈번하게 일어나고 있는 폭동 사건에 대해서는 일절 언급하지 않았다.

한편 천황과 한국 황태자는 아주 친밀한 관계를 유지하고 있었다. 예컨대 4월 30일, 이은이 입궐해서 천황을 알현했다. 이 때 천황은 이은에게 은제 꽃병, 망원경 한 개를 주었다. 은제 꽃병은 관례에 따른 것이지만 망원경은 분명히 열세 살 소년을 기쁘게 하기 위한 것이었다. 한국 황태자는 천황에게 한 가지 부탁이 있었다. 한국에서 관광을 위해 귀족 여덟 명이 와 있었다. 이은은 일행을 만나달라고 천황에게 청원했다. 이는 천황이 가볍게 들어줄 수 있는 종류의 청원이 아니었다. 그러나 천황은 즉시 승낙했다. 천황은 한국에서 온 귀족 일행에게, "짐은 귀국 황태자의 희망에 따라 오늘 경들을 만나보는 것이다. 듣자니 경들은 관광을 위해 왔다고 한다. 충분히 시찰하도록 하라"고 말했다.[951] 천황의 이 말은 아무리 좋게 보아도 자상한 말이라고는 할 수 없었다. 관례에 따라 방문자를 만나서 기쁘다고 말하는 대신, 접견 이유를 '귀국의 황태자가 바랐기 때문'이라고 말했으니까.

이토는 자신이 미움을 사고 있을 뿐 아니라 항상 신변의 위험을 안고 한국 통치를 맡아 대단한 중압감을 느끼고 있었을 것이다. 5월 25일, 이토는 천황에게 상서를 제출했다. 그 가운데서 이토는 자랑스럽게 한국에서의 자신의 업적을 언급하고 나서, 3년 반 동안 통감으로서의 직분에 동분서주했으므로 이제 후진에게 자리를 양보하고 싶다며 사임을 청원했다.[952] 천황은 처음에는 이를 듣지 않았으나 6월 14일, 이토의 사표를 수리했다. 이토의 후임으로는 부통감인 소네 아라스케를 앉혔다. 이토는 다시 추밀원 의장에 취임하게 되었다.[953] 천황은 이토에게 칙어를 내려 충성과 통감으로서의 위대한 공적을 치하했다. 그리고 이토에게 10만 엔을 내렸다. 당시로서는 거금이었다. 황후는 이토에게 황실 문장이 는 은사발을 내렸다.[954]

7월 6일, 가쓰라 다로가 천황을 알현했다. 천황은 당면 과제인 한일 합병에 관한 가쓰라의 방침을 재가했다. 지난 수개월간, 한일 양국의 지식인들 사이에서 합병이 불가피하다고 판단하는 사람이 점차로 늘고 있었다. 3월, 외무대신 고무라 주타로는 한국을 보호하에 둔 이래의 실적을 근거로 "일본의 실력을 한반도에 심고, 이를 확보하기 위한 국책을 수행하자면 적당한 시기를 기다려 한국을 일본의 판도 안에 거두어들이지 않을 수 없다. 정부는 한일 합병 방침을 확정해야 한다"고 말했다. 그리고 고무라는 합병에 이르기까지 한국에 관한 제반 계획은 항상 이러한 방침 아래 추진해야 한다고 건의했다. 가쓰라는 이 건의를 받아들여 이토에게 의견을 물었다. 이토는 합병 반대파로 알려져 있었다. 그러나 이토에게 이론이 없음이 분명해지자 가쓰라는 각의에 회부해서 승인을 얻기로 했다. 그리고 이제 가쓰라가 천황의 재가까지 얻었던 것이다.[955]

이토는 7월, 소네 아라스케에게 정식으로 사무를 인계하기 위해 잠시 한국을 방문했다가 7월 20일 귀국했다. 천황은 이토를 위해 신바시 정거장으로 마차를 출영시켰다. 이토가 받은 대우는 원수 송영식에 준하는 것이었다. 근위보병 1개 연대, 기병 1개 소대로 편성된 의장병이 이토를 황궁까지 호위했다. 황궁에서는 천황이 이토에게 안주 한 짝, 청주 한 통을 내렸다. 그리고 황후는 이런 노래를 이토에게 내렸다.

하늘의 신도 자상히 아시리라
임금을 받드는 그대의 마음을[956]

7월 26일, 이토는 한국 황태자 유학 중의 보육(輔育) 총재로 임명되었다. 이는 일본으로서는 한국 황태자의 중요성을 더욱 뚜렷이 한 셈이었다. 같은 날, 통감 소네 아라스케는 한국 내각 총리대신 이완용(李完用)과 한국 중앙은행에 관한 각서를 교환했다. 후에 한국은행으로 알려지게 되는 한국의 중앙금융기관 설립을 위한 협정으로 설립에 관한 일체의 사무는 일본 정부에 위탁하게 되었다.[957]

20년마다 벌어지는 이세(伊勢) 신궁의 천궁(遷宮) 식전이 10월 2일 밤에 거행되었다. 식전에는 칙사가 보내지고, 천황 자신은 도쿄에 남아 황궁에서 요배(遙拜)의 의식을 치렀다. 천황은 오랜만에 속대(束帶)를 입었고, 대신 이하 문관은 대례복, 무관은 정장이었다.[958] 천황은 자신이 집행해야 할 전통적인 의식에 참가해 본 지 오래였다. 그러나 이 중요한 신도 의식에서는 신들에 대한 자신의 신앙을 긍정하지 않을 수 없는 무엇인가를 느꼈다.

10월 9일, 만주 여행을 떠나기 며칠 전에 이토는 천황을 알현하고 하직 인사를 했다. 이어서 황후를 알현한 이토는 황후로부터 담뱃값으로 5백 엔을 받았다.[959] 이토는 16일, 모지(門司)에서 다롄을 향해 떠났고, 그곳에서 뤼순의 전적지를 방문했다. 열차로 뤼순을 떠난 이토는 하얼빈으로 향했다. 다롄에 도착했을 때, 이토는 이 여행의 취지가 지금까지 방문하지 못했던 만주 유람 여행이라고 했다.[960] 하지만 여행의 진짜 목적은 따로 있었다. 앞으로의 한일 합병에 관해 러시아 재무대신 코코프체프와 회담하는 일이었다.

이토의 열차는 10월 26일 오전 9시, 하얼빈 역에 도착했다. 코코프체프는 열차 안에서 이토를 맞이했다. 러시아 철도 수비병이 플랫폼에 도열해 있었다. 그러나 당시 촬영된 사진으로 판단하건대, 특별 경비 태세가 갖춰져 있었던 것은 아니었다.[961] 철도 수비대의 명예 군단장이기도 한 코코프체프가 열병을 해달라고 부탁하자 이토는 쾌히 승낙했다. 허연 콧수염과 턱수염으로 금방 알아볼 수 있는 이토가 둥칭(東淸) 철도 장관 호르와트 소장(少將)에게 모자를 살짝 들어올려 인사하는 모습이 찍혀 있다.[962]

열병이 끝나자 이토는 환영을 위해 모여든 하얼빈 주재 일본인 대표단과 인사하기 위해 방향을 틀었다. 대표단 쪽으로 이토가 몇 발짝 걸어갔을 때였다. 갑자기 양복 차림의 젊은 남자가 수비병 뒤쪽에서 튀어나왔다. 이토 쪽으로 총구를 돌려[963] 여섯 발의 총탄을 발사했다. 이토를 겨냥한 최초의 세 발이 치명상이 되었다.[964] 수행원들은 이토를 열차 안으로 옮겼다. 수행하던 의사가 응급 처치를 했다. 그러나 이토는 30분 후에 죽었다. 숨을 거두기 전, 이토는 자신을 습격한 자가 한국인이라는 사실을 알게 되었다. 이토의 마지막 말은 "바보 같은 녀석이군"이었다고 한다.[965]

암살자인 안중근(安重根)은 즉시 러시아 수비병에게 붙잡혔다. 그러나 연행되기 전, 안중근은 필사적으로 "코리아 우라!(한국 만세를 뜻하는 러시아어)"를 세 번 외쳤다.[966] 그래서 비로소 그가 한국인이라는 사실이 판명되었다. 얼핏 보아서는 그의 국적이 식별되지 않았으므로 러시아인들을 탓할 수 없었다. 안중근은 평균적인 일본인과 거의 같은 키(163센티미터)였다.[967] 생김새는 일본인과 다를 바 없었다. 또한 안중근은 용의주도하게 매우 고급스러운 양복을 차려 입고 있었다.[968] 흡사 유복한 하얼빈 주재 일본인이 이토를 마중 나온 것처럼 보이게 하기 위해서였다.

안중근은 1879년, 조상이 26대까지 거슬러 올라가는 유서 깊은 양반 집안에서 태어났다.[969] 가슴과 배에 일곱 개의 점이 있어서 안중근이 곧잘 사용한 '안응칠(安應七)'이라는 자(字)가 생겼다.[970] 집안에서는 그가 학자가 되리라 기대했다. 안중근의 할아버지에게는 아들이 여섯 명 있었고, 모두가 글재주가 있는 것으로 이름났다. 그중에서도 안중근의 아버지는 가장 빼어났다. 어려서 사서삼경을 읽어 천재 소리를 들었다. 안중근은 일류 서예가이기도 했으나 학자가 되지 않고 행동가가 되었다. 어려서부터 벌써 사격의 명수로 알려져 있었다. 안중근은 책보다도 사냥을 좋아했다.[971] 체포 후의 첫 심문에서 안중근은 자신을 '사냥꾼' 안응칠이라고 했다.[972]

안중근은 또 자신이 천주교 신자라고 말했다. 사형 선고를 기다리는 독방에서 쓴 반생기 『안응칠 역사(安應七歷史)』에서, 안중근은 무엇이 자신을 개종으로 이끌어 주었는가 말하고 있다. 지극히 반지성적인 동학당의 난에 격노한 안중근의 아버지는, 폭도들에게서 마을을 지킬 약 70명의 지원병 민병 조직을 만들었다. 안중근 역시 그 조직에 가담했다. 그러나 규모로 볼 때, 도저히 동학당의 적수가 될 수 없었다. 안중근은 동학당과 싸운다는 것은 '계란으로 바위를 치는 것과 같다'고 쓰고 있다. 그러나 '의병'들은 굴하지 않고 싸워 마침내 우세한 동학당에게 몇 번인가 승리를 거두었다. 하지만 최후에는 새로 성립된 친러시아파 정부의 공격을 받는 신세가 되었다.[973]

전투에서 도피할 수 있었던 안중근은 빌렘이라는 이름의 프랑스인 신부의 비호를 받게 되었다. 빌렘은 한국 이름 홍석구(洪錫

九)로 알려져 있었다. 안중근은 몇 달 후 빌렘의 교회에 잠복해 들어갔다. 신부는 안중근을 격려하고, 무작정 남는 시간을 이용해서 그가 가톨릭을 배우도록 만들었다. 안중근은 빌렘의 의견을 따라 거의 모든 시간을 성서를 읽는 데 썼고, 또 빌렘과 가톨릭에 관해 토론했다. 신부는 마침내 안중근에게 가톨릭의 진리를 깨닫게 하기에 이르렀다. 1897년 1월, 안중근은 영세를 받았다. 세례명은 도마였다.[974] 그 후 수년에 걸쳐 안중근은 아버지와 함께 정력적으로 포교 활동에 종사했다. 안중근은 죽을 때까지 경건한 가톨릭교도였다. 아내에게 쓴 마지막 편지에서 안중근은 큰 아들을 신부로 만들라고 부탁했다.[975]

반생기에서 안중근은 빌렘 신부 밑에서 몇 달 동안 프랑스어 학습을 한 일을 회상하고 있다.[976] 프랑스어는 안중근이 배운 유일한 외국어였다. 프랑스어 학습을 중단한 이유를 친구들이 묻자, 안중근은 이렇게 대답하고 있다.

일본어를 배우는 자는 일본의 노예가 되고, 영어를 배우는 자는 영국의 노예가 된다. 내가 만일 프랑스어를 배우면, 프랑스의 노예가 되는 일에서 벗어날 수 없다. 그래서 그만둔 거야. 만일 우리 한국의 국위를 세계에 떨치게 된다면, 세상 사람들이 한국어를 통용하게 될 테지.[977]

이 안중근의 말을 말 그대로 받아들여서는 안 될 것이다. 추측하건대, 안중근과 빌렘 사이에서 무엇인가 의견이 어긋난 것이 아닐까. 안중근의 기독교 신앙은 흔들림이 없었으나 이미 안중근은 외국인을 믿지 않게 되었다.[978]

안중근은 열렬한 민족주의자였다. 그러나 동시에 안중근은 동아시아 3대국—청나라, 한국, 일본—의 동맹을 구상하고 있었다. 아마 처음 이런 착상을 얻게 된 계기는, 역설적인 이야기이지만 독일 황제의 덜 떨어진 두뇌의 산물인 '황화론'이었을 것이다. 무력한 아시아를 먹이로 삼으려는 약탈자 유럽 제국으로 체현되는 '백화(白禍)'에 대해 안중근은 경고를 발하고 있었다. 서양 열강의 침략 위협을 저지하는 최선의 방법은 동아시아 제국이 단결하는 일이었다.[979] 당시 이미 유럽인의 침략의 먹이가 되어 있던 청나라와 한국은 특히 협조해서 유럽 열강에 저항해야 했다. 그렇게 해야만 유럽인이 물러가고, 동아시아에 평화가 돌아올 것이었다.[980]

안중근은 반일주의자가 아니었다. 안중근이 가장 높이 평가하고 있던 인물은 의심할 나위 없이 메이지 천황이었다. 이토 히로부미에 대한 안중근의 가장 통렬한 고발 가운데 하나는, 이토가 의도적으로 천황을 기만했다는 것이다. 안중근에 의하면 천황이 바라고 있었던 것은 한국의 예속 따위가 아니라 동아시아의 평화와 한국의 독립이었다.[981] 안중근이 천황의 생각을 알게 된 것은 1904년, 러일 전쟁을 선언한 선전 포고서에서였다.[982] 안중근은 러시아에 대한 일본의 수많은 승리 기사를 읽고 기뻐했다. 백화의 앞잡이인 러시아의 패배를 한국과 청나라 동포들은 마치 자신들이 이기기라도 한 것처럼 함께 기뻐했다고 안중근은 말하고 있다.[983] 안중근이 오직 하나 유감스럽게 여겼던 것은 러시아가 전면 항복하기 전에 일본이 전쟁을 중단한 일이었다.[984]

안중근은 이토 히로부미의 시정 방침에 대한 자신의 증오를 많은 일본인들도 틀림없이 공유하고 있을 것으로 확신했다. 그는 자신의 의병단에 붙잡힌 많은 일본인들과의 대화를 기록해 놓았다. 한국에 주둔하고 있는 일본인 수비병 중 한 명은, 일본에 가족을 남겨놓고 온 쓸쓸한 마음을 안중근에게 이야기하면서 눈물을 흘렸다. 안중근은 만일 동아시아에 평화가 회복된다면 일본인 수비병이 한국에 주둔할 필요성이 없어지게 된다고 이야기했다. 병사는 이에 동의하면서 자신의 의사에 반해 이렇게 먼 곳까지 오게 된 이유는 간신들이 평화를 어지럽힌 탓이라고 했다. 그리고 그 병사는 혼자 힘으로는 어찌할 수 없지만, 이토 공작을 어떻게 해서든 죽여 버리고 싶다고 말했다.[985]

안중근은 비슷한 대화를 일본의 농민, 상인, 기독교 전도사 등 온갖 일본인들과 나누었다. 그들은 모두 일본의 현 상황을 탄식하면서, 앞에 나온 병사와 마찬가지로 가능하다면 이토 공작을 죽이고 싶을 지경이라고 말했다. 안중근은 이들로부터 이토에 대한 강한 증오의 인상을 받았다. 안중근은 그들의 의견을 온 일본 국민의 의견을 대표하는 것으로 생각했다.[986] 만일 일본인들까지도 이토를 죽이고 싶다면, 이토의 명령으로 가족과 친지가 죽어간 한국인은 얼마나 이토를 증오할 것인지 상상해 볼 것까지도 없었다. '의병 중장'의 자격으로 이토를 암살했다고 안중근은 주장하고 있다. 왜냐하면 이토는 동아시아의 평화를 어지럽힘으로써 한국과 일본 사이를 갈라놓았으니까 말이다.[987]

안중근은 앞으로도 한일 양국의 관계가 더욱 친밀해져서, 온 세계가 본받을 모범이 되기를 바라고 있었다. 안중근에게 공감을 표시한 일본의 검찰관에게 그는 사형이 선고될지 어떨지에 대해서는 걱정하지 말라고 했다. 안중근이 오직 하나 원하고 있었던 것은, 자신이 어째서 이토 암살이라는 죄를 범했는가 하는 이유가 천황의 귀에 들어가는 일이었다.[988] 이토가 취한 통치 방침이 잘못되었음을 깨닫는다면, 천황도 자신의 행동을 이해하고 기뻐할 것이 틀림없다고 안중근은 확신하고 있었다. "만일 장차 일본 천황 폐하의 뜻에 따라 한국에 대한 정책이 개선된다면, 한일 간의 평화는 만세에 걸쳐 유지되어야 하며, 나는 그것을 희망하고 있다"고 했다.[989]

안중근은 일본인이 한국에서 범한 모든 죄를 이토의 책임으로 돌림으로써 다른 모든 일본인의 죄를 용서했다. 예를 들어 숱한 죄들이 천황의 이름 아래 범해졌으나 그 천황을 비롯해서 모든 일본 국민의 죄를 용서했던 것이다. 한일 양국은 공유하고 있는 수많은 전통에 의해 우의 관계를 유지해 나가야 했다. 양국 관계를 부패시켜 온 암(적폐)으로부터 일본이 해방된다면, 앞으로 다가올 시대에 양국이 평화를 누리지 못할 리가 없었다. 이렇게 쓸 때의 안중근은, 성서의 사탄의 현대판으로 '사탄 이토'의 환상에 사로잡힌 것처럼 보이기도 했다.

안중근은 민비 암살을 포함하는 죄상 15개조로 이토를 고발했다. 그중에서도 가장 놀라운 죄상은 42년 전, 이토가 현재의 천황의 아버지 고메이 천황을 살해했다는 고발이다. 안중근은 이것을 한국인이라면 누구나 알고 있는 사실이라고 단언하고 있다. 그러나 가령 이 소문이 사실이라 하더라도, 고메이 살해가 한국인에 대한 범죄가 아님은 확실한 일이다.[990] 이토의 다른 죄상으로 일본이 한국에 과한 불평등조약 탓에 한국인이 받게 된 끔찍한 결과가 나열되어 있다. 이토가 고발당한 죄상 15개조의 마지막은, 한국이 평화와 번영을 누린다고 가장함으로써 일본국 천황을 비롯한 세계 각국의 군주들 을 속인 일을 들고 있다.[991]

안중근이 한국인의 불구대천의 적을 향해 권총을 발사한 일은 의심할 나위 없이 상쾌한 기분을 동반했을 게 틀림없다. 하긴 안중근이 항상 주장하고 있었던 바와 같이, 그의 행동은 개인적인 이유에서 나온 것이 아니라 이토와 일전을 벌이고 있는 '의병 중장'으로서 이토를 쏜 것이었다.

여섯 발의 총탄을 발사하고 나서, 안중근은 러시아 수비병에게 붙잡혀 감옥으로 끌려갔다. 11월 3일자 〈도쿄일일신문〉의 기사는 안중근이 이렇게 말했다고 전하고 있다. "우리나라를 위해 목숨을 바쳐 이런 대사를 감행했으니 이는 지사(志士)의 본령이라 할 것이다. 그러나 이처럼 맛없는 음식을 대접하는 것은 지사에 대한 도리가 아니므로 나는 결코 이를 먹지 않겠다."[992] 같은 기사에 의하면 안중근은 이틀간 굶었다.

안중근에 대한 대우는 러시아 측으로부터 일본으로 인도된 시점에서 눈에 띄게 개선되었다. 검찰관인 미조부치 다카오(溝淵孝雄)는 조사가 끝나면 언제나 안중근에게 입에 무는 부분을 금종이로 만 긴구치(金口) 담배를 권했다. 담배를 피우면서 서로 대화를 나누는 가운데, 미조부치는 안중근에게 공감을 표시했다.[993] 반생기에 기록된 바에 의하면, 안중근이 이토의 죄상 15개조를 밝혔을 때, 미조부치는 놀라면서 "이제 진술을 듣고 보니 동양의 의사(義士)라 해야 할 것이다. 의사가 사형을 받는 일은 결코 없을 것이다. 걱정하지 않아도 된다"고 말했다고 한다.[994]

다른 일본인 감옥 관계자들 역시 안중근에게 깊은 감명을 받았다. 그야말로 일본에서 고래로 영웅으로 불리던 인물들의 행동과 비견되는 그의 행동과 태도가, 그들의 심금을 울려놓았던 모양이다. 새해가 되자 안중근 및 공범자로 체포된 두 명의 한국인은 설음식을 대접받았다. 안중근은 정월 사흘 동안을 일본식 떡국을 먹고 지낸 것으로 전해지고 있다.[995] 안중근의 힘차고 분방한 필치는 그를 체포한 쪽 사람들에게 대단히 인기가 있었다. 안중근은 그들을 위해 50축 이상의 휘호를 써주었고, 그 모두에 '어여순옥중대한국인안중근서(於旅順獄中大韓國人安重根書)'라고 서명했다.

안중근은 12월 13일, 자서전으로서의 반생기를 쓰기 시작했다. 1910년 2월에 시작된 재판 기간 중에도 안중근은 계속해서 썼다. 재판에서는 제2차 한일 협약에서 일본이 앞으로 해외의 한국 시민을 지키기로 규정한 사실 때문에 안중근에게 한국인 변호사를 붙이는 일은 허용되지 않았다. 판사, 검찰관, 변호단, 통역 등 재판의 운영에 관여하는 자는 모두 일본인이었다. 이는 일본어를 모르는 안중근에게는 매우 고통스러운 일이었다. 통역은 처음부터 세심한 주의를 기울여 일을 했다.[996] 안중근을 변호하는 쪽은 무죄를 인정받기 위해 필사적으로 노력했다.[997] 그러나 안중근의 고립감은 대단했을 것이다.

미조부치 검찰관의 확약에도 불구하고 판결은 미리 정해져 있었다. 2월 14일, 안중근은 사형을 선고받았다.[998] 결정은 재판소 내부의 사람들이 아니라 외무성이 내렸다. 전년 12월 2일, 외무대신 고무라 주타로는 이렇게 타전했다. '정부로서는 안중근의 범행이 지극히 중대하므로, 징벌의 정신에 의해 극형에 처해지는 것이 상당할 것으로 사료된다.'[999]

안중근은 이미 판결을 예상하고 있었다. 그러나 그것이 발표되었을 때 안중근은 몹시 격노했다. 안중근이 기대하고 있었던 것은 암살자로서가 아니라 조국의 적을 죽인 의병, 즉 전투의 포로로 인정되는 일이었다. 그 같은 안중근의 바람은 무시되었다. 판결 후 히라이시 우지히토(平石氏人) 고등법원장은 안중근에게 약속했다. 사형 집행을 수개월 연장하는 허가가 내려질 것이 확실하다고 했다. 그러나 도쿄에서 온 지시는 조속한 행동을 요구했다. 사형 날짜는 3월 26일로 결정되었다. 안중근은 항소하지 않았다. 해봤자 소용없다고 판단했다. 안중근은 형의 집행을 2주간 연기하는 것을 바랐을 뿐이었다. 그렇게 하면 집필 중인 『동양 평화론』을 완성할 수 있을지 몰랐다. 안중근은 간수인 구리하라 데이키치(栗原貞吉)에게 도움을 청했다. 그러나 구리하라는 깊이 동정은 하면서도 사형 날짜를 변경할 수 있는 입장에 있지 않았다. 마지막 부탁으로 안중근은 죽음을 맞이할 옷차림으로 흰 비단 한복을 원한다고 했다. 구리하라는 그 부탁은 들어주었다.[1000] 그 후 얼마 되지 않아 안중근에게 도움을 주지 못한 것에 낙심해서 구리하라는 뤼순 감옥의 간수를 그만두고 귀국했다.

3월 9일과 10일의 이틀간, 빌렘 신부는 안중근의 고해를 듣고 미사의 대례를 치렀으며, 성찬식에서 만찬을 함께했다.[1001] 생애의 마지막 몇 주 동안 안중근은 계속해서 글을 썼다. 처형 당일 아침, 안중근은 흰 한복을 입었다. 이때 촬영된 사진은 침착하게 먼 곳을 바라보고 있는 안중근의 모습을 찍고 있다. 한복의 흰색 가운데 보이는 것은 오직 매우 짙은 흑발, 검은 눈썹과 눈과 콧수염, 무릎 위에 포개 놓은 손뿐이었다. 3월 26일 아침, 안중근의 교수형이 집행되었다. 일본인 의사는 오전 10시가 지나, 안중근의 죽음을 확인했다. 안중근의 시체는 3킬로미터 떨어진 죄수 묘지로 운반되었다.

안중근의 죽음에 대한 메이지 천황의 반응은 알려져 있지 않다. 그러나 아마도 천황은 자신이 가장 중용하고 있던 원로 이토 히로부미를 죽인 사나이를 죽음으로 벌하는 것이 마땅하다고 생각하고 있었을 것이다. 안중근의 필사적인 요청에도 불구하고, 안중근이 어째서 이토를 암살했는가 하는 이유가 천황에게 전해진 흔적은 없다. 아무튼 이토의 죽음은 천황으로서는 뼈아픈 타격이었다. 천황이 그런 기분을 드러내고 밝힌 것은 아니다. 천황의 일상적인 활동은 『메이지 천황기』에 기록되어 있는 것처럼 이토의 죽음 전과 후에 아무 변화가 없었다. 그러나 오래도록 천황을 모신 시종 히노니시 스케히로(日野西資博)는 이렇게 회상했다. "그때에는 말할 수 없이 낙담하셨습니다. 옆에서 모시고 있는 저희들의 눈에는, 그 일이 있은 후로는 경계선이라도 긋은 것처럼 노경으로 접어든 것으로 비쳤지요." 도쿄에서 치러진 이토의 장례에는 40만 명의 문상객이 모였다.

한국과 중국에서 특히 연극 무대에서 안중근은 애국 영웅으로 대접받았다. 중국에서 공연된 연극 중에는 저우언라이(周恩來)와 그 부인 덩잉차오(鄧穎超)가 연기한 「애국 영웅 안중근」도 있다.[1002] 안중근은 한국에서는 국가적 영웅으로 칭송되고 있으며, 하얼빈은 민족혼이 부활한 장소로써 한국인에게는 성지의 성격을 띠고 있다.[1003]

일본에서는 이토 암살 소식에 재빠른 반응이 있었다. 이시카와 다쿠보쿠는 이튿날 〈이와테일보(岩手日報)〉에 이렇게 시작되는 기사를 발표했다.

10월 26일, 흐림. 오후 3시 조금 지나, 비보(飛報)가 먼 곳으로부터 이르러 도쿄의 한 구석에 때 아닌 경악을 불러일으켰다. 의혹의 목소리, 경악의 말, 시시각각으로 파급하더니 부슬비도 지나가고 해가 지려 할 무렵에는 "호외요" 하는 외침 소리가 이상한 음향을 띠며 온 도시를 덮더니, 인심이 금방 소연해지고, 파도 소리가 일시에 끓어오르듯, 노소와 귀천을 막론하고 모두 일제히 이 국민적 흉보에 상심했다. 그렇다. 이는 실로 일본 국민을 경살(驚殺)시키기에 족한 흉보일 뿐 아니라, 동시에 세계적 대사변이다. 그리고 오늘은 이 보도가, 제국 영토의 구석구석으로 전해져서 도처에서 애곡의 목소리가 가득한 날이다. 오호라, 이토 공이 죽다니!**1004**

다쿠보쿠는 계속해서 이토의 최근 동북 지방 방문을 회상하면서 이렇게 썼다.

나는 이 비보에 접한 모리오카(盛岡: 이와테 현의 한 지방)인의 안색을 대략 상상할 수가 있다. 공의 북유(北遊)를 마중하고 다시 배웅한 지 아직 백일이 지나지 않았다. 그렇다. 공은 통감에서 물러나 고국으로 돌아오자마자, 앉은 자리가 따뜻해질 사이도 없이 한태자(韓太子)와 더불어 동북 북해로 순유(巡遊)를 했고, 다시 돌아오자마자 금방 북만주의 여행길에 올랐다.

다쿠보쿠는 기사를 '(공은) 일부 비평가들로부터 비난을 받기도 했다. 그러나 메이지 일본의 오늘이 있음은, 공이 생애를 통해 일관되게 보여준 온화한 진보주의의 덕이 가장 크다는 것을 부인할 자 누가 있을 것인가'라고 맺고 있다.

제59장 한국 합병

1910년 8월 25일, 한일 합병이 양국에서 조인되어 정식으로 선언되었다. 이 합병에 박차를 가한 것은 하얼빈에서 10개월 전에 일어난 이토 히로부미 암살 사건이었다. 가장 존경할 만한 일본인 정치가를 한국인이 살해한 사실은, 한국인이 무법적이며 자제심이 없다는 일본인의 국내 감정을 의심할 나위 없이 강하게 했다. 그리고 만일 이토가 암살되지 않았더라면, 이토의 존재는 합병을 부르짖는 자들에게 억제력으로 작용하지 않았을까 여겨지기도 한다. 애초에 양국을 합병하자는 결단은 이미 2년 전에 내려져 있었다. 일본 정부가 기다리고 있었던 것은 계획을 실행에 옮길 기회였다.

일본이 두 번의 전쟁을 단행한 표면적인 이유는 한국의 독립을 지키는 일이었다. 그러나 한국의 독립은 일본인 대다수에게는 별로 마음에 와닿는 문제가 아니었다. 오히려 중요했던 것은 한국의 자원을 개발하려는 일본의 계획에 청나라와 러시아가 개입해 오는 것을 방어하려는 일본 정부의 결의였다. 한국인 가운

데는 안중근처럼 청나라와 러시아에 대한 선전 포고에서, 천황이 표현한 일본의 전쟁 목적을 '한국 독립을 유지하기 위해서'라고 글자 그대로 받아들이는 사람도 있었다. 안중근보다 일본인에 감명을 받고 있던 소수의 한국 사람들은 양국이 합병해야 한다고 공공연히 부르짖기 시작했다. 1904년, 러일 전쟁 당시 일본인의 통역을 하던 송병준(宋秉峻)은 일본과 협력하는 입장에 서 있는 친일 단체 '일진회(一進會)'를 설립했다. 일진회는 이전 동학당과 관계가 있던 이용구(李容九) 같은 인물을 포섭해서 유명한 도야마 미쓰루(頭山滿), 스기야마 시게마루(杉山茂丸), 그리고 악명 높은 '흑룡회(黑龍會)'를 주재하는 우치다 료헤이(內田良平) 등 일본의 우익 국가주의자들과 협력 체제를 세웠다.[1005] 통감부 촉탁이었던 우치다는 1906년 10월에 일진회 고문이 되어 이토 히로부미와 친일파 한국인 사이의 다리 역할을 했다. 이토는 1906년 말, 일진회를 이용하기로 결정하고 이듬해 1월 1일부터 통감부는 일진회에 매달 2천 엔의 보조금을 내놓았다.[1006]

통감부 설립 후에 조직된 최초의 한국 내각을 이끌어 간 것은 박제순(朴齊純)이었다. 교양이 있는 박제순은 이토가 제창하는 개혁을 지지하며 이토와 죽이 잘 맞았다. 그러나 그는 이미 자신이 반일 운동 세력의 표적이 되어 있다는 보고 때문에 마음이 무거웠다. 그리고 의병의 저항 운동은 점차 강도가 높아지고 있었다. 박제순은 이토의 만류에도 불구하고 사임을 주장했다. 1907년 5월, 새 내각을 구성하지 않을 수 없게 된 이토는 이완용(李完用)[1007]을 내각 총리대신으로, 송병준을 농상공부대신으로 앉혔다. 이토는 새 내각에 이런 격문을 보냈다.

오늘날처럼 그대로 나아갈 것인가. 무릇 한국을 망하게 하는 것은 다른 나라가 아니라, 한국 자신이 아닌가…… 나는 여러분을 도와서 한국으로 하여금 자립하도록 진력하고 있건만, 한국인들은…… 아직도 각성하지 못하고 있으니 무슨 영문인가…… 한국이 존속하기 위해 가장 적절하고도 긴요한 방침은 성실하게 일본과 친목을 도모하고 일본과 함께 존재해 나갈 결심을 하는 데 있다.[1008]

이토의 말은, 앞으로 한국의 번영을 위해서는 일본과의 협력이 반드시 필요하다는 신념을 전하고 있었다. 그러나 이토가 당장 합병하자고 제창한 것은 아니었다. 그렇지만 그곳에는 이런 암묵적인 경고가 있었다. 만일 이토가 한국인을 위해 하고자 하는 일을 한국인이 이해하지 못하면, 더욱 가혹한 정책을 취하게 될지 모른다는 것이다.

한반도 전역에 걸친 의병의 반일 운동은, 한국인 전체가 일본의 한국 지배에 몹시 분개하고 있다는 점을 명확히 했어야 했다. 그러나 한국인 중에는 이토가 착수한 개혁에 감명 받은 자가 꽤 있었고, 또 일본과 협력 체제를 취함으로써 한국에 물질적 이익을 가져올 것으로 기대하는 자도 있었다.

이완용 내각의 각료들은 한결같이 친일파였다. 그러나 각료 사이에 내분이 일었다. 예컨대 이완용 자신은 일진회에 적의를 품고 있었다. 그 이유 중 하나는 그가 귀족이었기 때문이다. 일진회를 이끄는 송병준은 낮은 신분 출신이었다. 그러나 이토의 주된 관심은 한국인끼리의 사소한 싸움이나 반일 운동에 있었던 것이 아니다. 그의 관심은 러시아의 개입 가능성이었던 것 같다. 1906년, 새 주한 러시아 총영사가 서울에 부임했을 때, 러시아 정부는 한국 외교를 일본의 관리하에 두기로 결정한 1905년의 협약에 따라 새 총영사의 신임장을 일본 외무성에 보냈다. 그러나 신임장을 제정할 곳의 이름은 한국 황제로 되어 있었다. 이는 러시아가 아직 한국을 독립국으로 간주한다는 사실을 시사하는 것이었다.[1009] 이 사실은 러시아가 한국에 내정 간섭을 할 야망을 버리지 않고 있음을 의미하는 것이 아니겠는가. 이토는 바로 이것을 두려워했다. 이토가 하얼빈으로 운명적인 여행을 떠난 것은 필경 러시아와의 관계 개선을 기대해서였다.

송병준은 공공연히 일본의 한국 합병을 부르짖으며, "지금처럼 보호국으로서 이도저도 아닌 어설픈 현상 아래 있느니, 합병을 하면 그 이상으로 한국의 행정 정책이 성공적으로 이뤄질 것이다"라고 주장했다.[1010] 그는 1906년 11월, 이토가 현 상황이 어떻게 진전되어 가는지 주의 깊게 살피면서 당장 한국 황제를 퇴위시키려 하지 않는 것을 알고 실망했다.[1011] 그리고 1908년, 우치다 료헤이는 이토에게 한국 합병 의사가 없다는 사실을 확인하고 나자, 이토의 추방을 일본 정부에 호소하는 일진회의 청원에 가담했다. 1909년, 각료를 사임하고 일본으로 간 송병준은 내각 총리대신 가쓰라 다로에게 한국 합병을 서두르라고 요구했다.[1012] 전년, 송병준의 사임이 한국 내각의 와해를 촉진시킬까 우려한 이토는 그를 내부대신(內部大臣)으로 승격시켜 놓고 있었다.

이토 자신은 어차피 사임 결심을 굳히고 있었다. 이토는 보호국의 통감으로 지낸 3년 반 동안에 자신이 한국 국민의 믿음을 얻지 못해 낙담하고 있었다. 이토의 점진주의 정책은 분명히 실패로 끝났다. 의병 활동이 강화됨과 동시에 이토의 융화 정책이 일본의 권위를 약화시켰다고 주장하는 일본 정치가들의 공격은, 이토에게 더 이상 보상받을 수 없는 지위에서 시간을 낭비하는 것은 의미가 없다고 생각하게 만들었다.[1013] 그러나 1909년 6월에 통감을 사임한 다음에도 이토는 일본 정부에 영향을 끼치고 있었다. 이토의 죽음은 합병으로 가는 길을 막고 있던 큰 장애물이 제거되었음을 뜻했다.

일진회—당시는 이용구가 이끌었다—에 의한 합병 제창은, 이토의 사후 갑작스럽게 기세를 올렸다. 1909년 12월 5일, 일본 신문들은 전날 일진회가 한일 합병 맹세서를 발표했다고 보도했다. 그리고 일진회는 같은 취지의 건의서를 통감과 총리대신에게 제출하면서, 일본 천황과 한국 황제에게 상주하기를 청원했다.[1014] 이것은 단순한 해바라기주의가 아니었다. 이용구가 확신하는 바에 의하면 한국은 그야말로 빈사의 상태, 숨넘어가기 바로 직전에 있었다. 회복할 수 있는 유일한 희망은 일본과의 합병이며, 그것은 한국 국민과 일본 국민 모두에게 이익을 가져다준다는 것이었다. 한국 황제에게 올린 이용구의 상주문은 충심에서 우러나온 신념을 나타내고 있는 듯이 보였다.[1015]

일진회장 신(臣) 이용구 등 1백만 회원 2천만의 신민을 대표해서 성공성황돈수돈수(誠恐誠惶頓首頓首) 삼가 백배하며 대황제 폐하께 말씀 올립니다. (중략) 지금 우리 대한국을 병자로 빗대어 보건대 명맥이 끊어진 지는 이미 오랩니다. 신 등이 이에 호호(呼號: 큰 소리로 부르짖음)한다고 한들 공연히 시체를 부둥켜안고 통곡하는 꼴이 될 뿐입니다. (중략) 다행히 우리나라와 일본은 그 근본을 따져 보면 동족에서 나온 것입니다. 우리 사이에는 탱자와 홍귤 정도 이상의 큰 차이는 없습니다.[1016] 만일 이제 양국의 알력이 심하게 되기 전에, 넉넉한 마음으로 국경을 철폐하고, 이웃 나라를 가로막고 있는 높은 울타리를 거둬버려서, 양 국민이 하나의 체제 아래 자유로이 살고, 같은 정부 아래서 더불어 사는 행복을 누릴 수 있다면, 어느 쪽이 형이고 어느 쪽이 아우인지 누가 알아보겠습니까. 사실, 지극히 인자하신 일본의 천황 폐하가 우리 2천만 동포를 따뜻하게 화육(化育)해서, 일본인과 동등한 백성으로 대접해 주실 것은 확실합니다. (중략) 보호국의 열등 국민으로서의 입장에서 명실공히 탈피해서, 새로이 위대한 국민이 되기 위한 통일을 향해 세계의 일등 국민이 된다면, 저 길조라고 하는 담화(曇華: 3천 년에 한 번 핀다는 상상의 상서로운 꽃)가 피고, 경성(景星: 상서로운 별)과 봉황이 서로 바라보는 형국이 된다고 할 수 있습니다.[1017]

이용구와 '1백만 회원'이 서명한 건의서는 12월 4일에 제출되었다. 이 건의서는 일진회에 대한 격렬한 항의를 불러일으키고, 일진회 회원은 국적(國賊)이라는 낙인이 찍혔다.[1018] 건의서는 한국 정부에 의해 각하되고, 통감 소네 아라스케는 일본 특파원에게 자신은 아직 한일 합병에 관해 무어라 말할 입장에 있지 않다고 말했다. 소네는 일본 정부가 일진회의 성명에 대해 전혀 아는 바가 없음을 강조했다. 일본 정부는 한일의 통일을 매우 중대한 문제라고 판단하고 있으며, 시기가 올 때까지 행동하지 않을 것이고, 이런 일은 적절한 준비가 있어야만 성공한다고 했다. '시기도 보지 않고, 아무런 준비도 없는 일진회의 경거는 앞으로의 관계에서 볼 때 크게 애석한 일'[1019]이라는 것이 소네의 말이었다.

한국인과 일본인이 기본적으로 같은 전통을 가진 동족이라는 이용구의 주장은 이후 수년 동안 주로 일본인이 한국 정복을 정당화할 때 두고두고 이용되었다.[1020] 양국을 가로막는 정식 국경선의 파기는 일부 일본인들로 하여금 한국인을 '반도인'이라 부르게 만들었다. 이 호칭은 단순한 육지의 돌기라는 뜻뿐 아니라 한국의 존재를 부정하는 것으로 한국인에게는 매우 모욕으로 받아들여지게 되었다. 아마도 이용구가 말하려 한 것은, 한국인과 일본인이 모두 중국 문화의 향수자라는 뜻이 아닐까 여겨진다. 유교의 4서로 성장한 한국 신사는 비슷한 교육을 받은 일본 신사와 '필담'하는 일에 아무런 곤란이 없었다. 또 양국 궁정에서 준수되어 온 까다로운 의례는 알고 보면 똑같이 중국에서 나온 것이었다. 그렇다손 치더라도 일찍이 동학당에서 외국인 배척을 부르짖던 그 인물이, 다른 언어를 사용할 뿐 아니라 한국인과는 달리 완전히 서양화한 정체(政體)를 지닌 외국인의 지배를 냉정하게 모색하고 있었다는 사실에 놀라움을 금할 수 없다.

일본인은 자신들과 똑같이 오랜 전통을 지닌 나라를 점령하는 정당성에 아무런 의문을 지니지 않았던 모양이다. 한국은 바야흐로 군사적인 약체로서 근대화에서는 동아시아 나라들 가운데서 크게 뒤져 있었다. 일본은 사실, 자신들이 내미는 근대 문명의 선물에 대해 저항을 보이고 있는 한국인에 당혹감을 느끼면서, 그것을 전적으로 무지의 탓으로 돌렸다. 일본의 지도자 가운데 한국에 대한 동정심이라고는 거의 없는 야마가타 아리토모는 이렇게 말했다.

조선은 우리나라처럼 신문명을 흡수하기에 족한 소양과 역량이 없다. 그 국민은 상하 모두 고식적이고 구차스럽고 투안(偸安: 당장의 안락만을 탐함)만을 챙기려 한다.[1021]

합병은 원래부터 통감부의 최종 목표였다. 그러나 통감부 관리들은 합병하기 전에 의병의 반란을 진압할 계획이었다. 의병을 일소하는 가혹한 군사 행동이 1909년 9월, 한국 남부에서 착수되었다. 압도적 성공을 거둔 인정사정없는 '교반적(攪拌的) 방법'에 이어, 다른 지역에서도 같은 양상의 군사 행동이 연이어 벌어졌다. 많은 한국인이 오늘날까지 품고 있는 일본에 대한 강한 증오심은 어쩌면 이 시기부터 비롯된 것이 아닐까 여겨진다.[1022]

1910년 5월, 병든 소네를 대신해서 데라우치 마사타케가 육군대신을 겸임한 채로 통감에 취임했다.[1023] 7월, 데라우치가 한국으로 향하기 조금 전, 내각 총리대신 가쓰라 다로와 외무대신 고무라 주타로가 한국의 현황을 천황에게 보고했다. 보고를 들은 천황은 데라우치에게 한국 황제에게 친서와 각종 선물을 가지고 가도록 명했다.[1024] 정부가 이제 곧 한국 황제의 왕관을 박탈하려 하는 이 마당에도 천황이 다른 나라 군주와 선물을 주고받는 동양의 오랜 관습을 당연하다는 듯이 따른 것은 의외가 아닐 수 없다. 아마도 천황은 합병이 얼마나 철저하게 한국의 군주제에 영향을 끼치게 될지 이해하지 못하고 있었던 것이 아닐까 싶다.

한국에 아직 건너가지도 않은 데라우치가 취임하자마자 취한 행동의 하나는 한국의 경찰 활동을 모조리 일본의 지휘 아래 통일하는 일이었다.[1025] 일본의 헌병 숫자가 대폭 증원된 이유를 질문받은 데라우치는 이렇게 설명했다고 한다. "미개한 사람들을 통제하는 데는 경찰보다 헌병을 쓰는 편이 간단하다."[1026]

통감의 지위에 앉은 당초부터 데라우치는 양국 통일 기구를 가동시킬 시기를 참을성 있게 기다렸다. 시기는 8월에 찾아 온 것으로 보였다. 데라우치에게 이런 보고가 빈번하게 들어오게 되었다. '사회적 지위를 가릴 것 없이 한국인들은 일본에 의한 합병을 피할 수 없는 일로 각오하고 있는 것 같다'는 것이었다. 중요한 걱정거리 하나가 아직 처리되지 않은 채 남아 있었다. 한국 국민은 한국 황실에 대한 대우와 내각 총리대신 같은 신분 높은 정치가들의 장래 처우에 의구심을 표명하고 있었다. 데라우치는 한국 내각의 각료들에게 은근히 이런 말을 전했다.

일본 황실은 관대하며, 천황의 정부는 공명정대하다. 황족이 되었든 비천한 백성이 되었든 한국인을 곤경에 빠뜨리는 일은 결코 하지 않는다. 만일 내각 각료가 연명하여 사직의 길을 택한다 하더라도, 일본 정부가 결의를 단행하는 데는 아무런 지장이 없다. 오히려 책임자의 퇴영적 행위는 그들 자신과 국가에 불이익을 가져다줄 것이다.[1027]

데라우치의 권고는 내각 총리대신 이완용의 마음을 움직여, 몸을 사리기보다는 오히려 스스로 적극적으로 난국에 대처하도록 만들었다.

데라우치는 이완용의 태도가 변화한 것을 알아차리고 8월 16일, 그를 통감 관저로 불러냈다.

이완용이 관저에 도착하자 데라우치는 합병 조약에 관한 각서를 내밀었다. 그것은 이제 일반 통념으로 귀에 익은 문구로 시작되고 있었다.

일본과 한국은 이웃 나라이며, 문화를 같이하는 나라이다. 고래로 양국은 길흉의 이해를 공유해 왔다. 양국 관계는 너무나 밀접해서, 이제는 분리할 수도 없을 정도이다. 그래서 일본은 두 번에 걸쳐 전쟁을 이겨내기 위해 수만의 생명과 몇 억이라는 자금을 희생해 가면서 한국을 옹호한 것이다. 그 이래로 일본 정부는 한국을 원조하기 위해 무진 애를 써오지 않았는가. 그러나 현재의 보호 관계라는 복잡한 제도 아래서는 한국 황실의 안전을 영구히 확보하고, 한국 민중의 복리를 완전히 보호하기 곤란하다는 사실이 판명되었다. 이런 이유로 양국은 서로 합쳐서 하나가 되어야 한다고 본다.

말할 나위도 없이 각서는 한일 합병을 전쟁이나 적대 행위의 결과로서 나올 수 있는 사태와 동일시해서는 안 된다면서 이렇게 이어졌다.

합병을 위한 협정은 오히려 화기애애한 정신으로 실시해야 한다. 한국 황제는 시대의 추세에 비추어 스스로의 의지로 그 통치권을 일본 천황에게 양여하고 퇴위해서, 장차 만전(萬全)의 위치에 처하게 된다. 황제 폐하, 태황제 폐하, 황태자 전하를 비롯한 각 황족의 강녕을 지킴과 동시에 신분에 관계없이 모든 한국 국민의 복리를 보장하기 위해 합병 조약을 체결할 필요가 있다고 믿는다.[1028]

최종적으로 한국 정부에 제시된 조약안은 8개조로 이뤄져 있었다.[1029] 조문의 주안점은 한국 황제와 귀족에게 통일 후의 처우를 보증하는 데에 있었다. 이 약속은 모두 일본 측에 의해 지켜졌다. 한국 황족과 귀족들은 일본의 작위를 얻었고, 지금까지와 같은 생활을 유지하기에 충분한 세비를 받았다.[1030] 양위 후 한국 황제와 태황제는 그대로 서울의 창덕궁과 덕수궁에서 생활을 계속했다. 황태자 이은은 일본에서 좋은 교육을 받은 후 1920년에 나시모토노미야(梨本宮)의 장녀 마사코(方子)와 결혼했다. 일본의 육군 사관으로서 뛰어난 경력을 쌓은 이은은 제1항공군 사령관의 지위로까지 승진했다.

데라우치가 이완용에게 제시한 각서는 아직 조문의 초기 단계 내용을 보여주고 있었다. 예컨대 한국 황제는 통치권을 양도함과 동시에 태공(太公) 전하의 존칭을 받으며, 황태자는 공(公) 전하의 호칭을 받게 되어 있었다. 이들 칭호는 세습되는 것으로 했다. 각서는 이것이 현재 신분에서의 격하를 의미하지 않느냐며 반대하는 자가 나올 것을 예기하고 있었다. 그러나 이들 존칭은 한국의 칭호일 뿐 아니라, 일본의 칭호이기도 했다. 그리고 그 역사적 경위를 자세히 살펴보면, 한국 국왕이 황제의 칭호를 얻은 것은 일본이 한국을 비호하고 한국의 독립을 선언한 이래의 일에 지나지 않았다. 그러므로 한국 황제의 칭호가 수세기 전으로 거슬러 올라간다는 주장은 말이 안 된다. 사실 10여 년 전의 지위에 비해 황제가 격하된다는 말은 정확하지 않았다. 어쨌든 궁정의 비용은 조금도 삭감되지 않았다. 가장 중요한 것은 한국 황제가 특권을 누리는 일본의 황족으로서 영원하고 안전하며, 확고한 지위를 얻는다는 사실이었다. 그리고 그 신분에 변화

가 가해지는 일은 일절 없다고 했다.[1031]

각서가 약속한 바에 의하면 한국 귀족에게는 종래의 격식에 따라 일본의 화족 작위가 주어지고, 또 일본 천황의 관대한 배려에 의해 세비가 사실상 증액된다는 것이었다. 현재의 한국 내각의 대신은 임기가 끝날 때까지 현직에 머무르게 되고, 그 후에는 여생을 쾌적하게 지낼 만한 사금(賜金)을 받게 되는 것이다. 일반 선비와 평민은 생업을 얻기 위한 기본금을 받게 된다고 했다.[1032]

이완용은 온 국민에게 이익을 약속하는 일본의 방침에 관한 오랜 설명을 들은 후, 데라우치에게 두 가지를 요청했다. 하나는 통일 후에도 계속 한국이라는 국호를 남길 것, 또 하나는 한국 황제에게 왕의 칭호를 허용하라는 것이었다. 그는 원래 합병을 환영하고 있었다. 그러나 이완용이 분명 두려워하고 있었던 것은 국호와 왕의 존호가 보존되지 않는다면, 한국의 주체성이 없어진다는 점이었다. 이에 대해 데라우치는 "국호와 왕의 존호를 남기는 것은 통일 후의 한국 현실에 반한다. 만일 양국이 하나가 된다면 완전히 독립된 나라임을 나타내는 국호는 부적절하며, 또 일본 천황이 합병된 양국을 통치하는 이상 왕이 할 역할은 없다"고 대답했다. 이완용은 심복인 상공부대신 조중응(趙重應)과 협의하고 싶다며 유예를 바랐고, 데라우치는 이를 승낙했다.

조중응―일본어가 능숙했다―은 그날 밤, 데라우치를 관저로 찾아가 이완용과 협의한 결과를 이렇게 보고했다. "한국의 국호와 왕호를 보존하는 데 대해 쌍방의 의사가 일치하지 않는 한 타협의 여지가 없다." 이완용과 조중응이 생각하고 있던 합병이란, 오히려 오스트리아-헝가리나 스웨덴-노르웨이처럼 양국이 독립국의 현상을 유지한 채 합병하는 것을 의미하고 있는 것 같았다. 데라우치는 두 사람이 일본의 목적을 이해하지 못하고 있는 것에 놀랐다. 그러나 최종적으로 국호를 구칭인 '조선'으로 고치는 데 동의했다. 왕의 존호를 유지하자는 요청은 황제를 '이왕 전하'로 칭하자는 데까지 양보했다. '왕'의 존호는 '국왕'과 같은 것이 아니었다. 일본에서는 '왕'이란 황족의 의미에 지나지 않았다. 그러나 이 양보는 한국인의 상처받은 자존심을 만족시킨 것 같았다.[1033] 태황제(고종)는 태왕 전하로 칭하고, 황태자 이은(李垠)은 왕세자 전하로 칭하게 되었다. 조중응은 이에 찬의를 표하고, 이완용에게 고했다. 이완용은 이튿날, 데라우치의 양보에 의해 각의에서 각료들을 설득할 자신이 있다고 데라우치에게 통고했다.

8월 18일, 가쓰라 다로는 데라우치가 한국 내각과 교섭한 경위를 천황에게 주상했다. 데라우치는 두 개의 양보에 관해 정부의 승인을 요구하고 있었다. 이 승인만 얻을 수 있으면, 조약은 오래지 않아 성립될 것이라고 했다.[1034] 천황은 이를 재가했고, 가쓰라는 즉각 이 일을 데라우치에게 타전했다. 데라우치는 칙재를 얻었음을 이완용에게 알렸고, 그에게 조약 체결에 착수하기를 권했다. 같은 날, 이완용은 내각 회의를 소집해서 합병을 지지하도록 각료의 동의를 요구했다. 고종도 참석한 어전회의가 22일에 열리게 되었다.

어전회의에는 황제, 내각 총리대신 이하 각 대신, 황족 대표, 원로 대표, 시종 무관이 출석했다. 황제는 일본국 천황에게 한국의 통치권을 양여한다는 뜻을 선언하고, 전권 위임장에 손수 서명한 뒤 옥새를 찍었다. 황제는 전권 위임장을 이완용에게 건네주었고, 이완용은 대신 조약안을 내보이면서 그 조문을 설명했다. 황제는 이 모두를 가납하고 재가했다.

회의가 종료된 후 이완용은 통감 관저로 데라우치를 찾아가 어전회의의 전말을 이야기하고, 전권 위임장을 내보였다. 그는 데라우치에게 조약의 조인을 요구했다. 데라우치는 전권 위임장을 살펴본 뒤, 완전하고 타당하다는 것을 인정했다. 데라우치는 이렇게 소감을 말했다. "시국의 해결이 이처럼 정숙하고 원만하게 실행된 것은 한일 양국의 행복이며, 가장 축하할 일이다." 데라우치와 이완용은 한일 양국의 조약서 두 통에 각각 기명 조인했다.[1035]

29일, 한국 합병에 관한 한일 조약이 일본에서 공포되어 이 같은 조서가 내려졌다.

짐은 동양의 평화를 영원히 유지하고 장래에 제국의 안전을 보장할 필요를 궁리했다. 또 항상 한국이 화란(禍亂)의 근원이 되어 왔음을 돌이키며 이미 일본 정부에 한국 정부와 협정을 맺게 했다. 그래서 한국을 제국의 보호 아래 둠으로써 화근을 끊고, 평화를 확보하고자 했다.

그로부터 4년여가 지나고, 그러는 동안에도 일본 정부는 한국의 시정 개선에 예의 힘썼으며, 그 성과에 괄목할 만한 것이 있다. 하지만 한국의 현 체제는 아직도 치안을 유지하기에도 부족하며, 의구의 마음이 한국 국내에 가득해서 국민은 안도할 수가 없다. 공공의 안녕을 유지하고, 민중의 복리를 증진하기 위해서는 현재의 체제를 혁신하지 않을 수 없다는 사실이 밝혀졌다.

짐이 한국 황제 폐하와 더불어 이 사태를 살펴보건대 한국을 일본 제국에 합병하여 시세의 요구에 따르는 일이 부득이하다고 판단되어 이에 한국을 영구히 제국에 합병하기로 했다.

한국 황제 폐하를 비롯한 황족은 합병 후에도 계속 상당한 우대를 받으며, 민중은 직접 짐의 신하가 되어 강복(康福)을 증진하게 된다. 산업과 무역은 치평(治平)하에 현저한 발달을 보게 될 것이다. 이에 의해 동양의 평화는 기초가 공고히 다져질 것임을 짐은 믿어 의심치 않는 바이다. 짐은 특히 조선 총독을 두어 짐의 명을 받아 육해군을 통솔케 하고, 제반 정무를 총괄시킨다. 모든 관리는 짐의 뜻을 헤아려 시설의 완급을 적절히 배려해서, 민중들로 하여금 오래도록 치평의 경하(慶賀)에 의지하게 하라.[1036]

언제나 그런 것처럼 천황의 이름으로 나오는 조칙의 경우 어느 부분이(만약 있다면 말이지만) 천황 자신의 표현인지 분명치 않다. 그러나 아마 이 조서의 내용은 한국의 현재의 운명에 관한 천황의 의견과 일치하지 않았을까 여겨진다. 현재의 우리 눈으로 볼 때, 한국을 일본에 합병한다는 결단에 관여한 모든 사람들은 중대한 과오를 범했음을 알 수 있다. 한일 합병이 상호의 번영을 가져다줄 것이라고 기대한 한국인은 지금까지의 외교 경험에 비추어 이런 일을 예견했어야 했다. 외국(일본)을 위한 이익은 언제나 한국인에게 번영을 가져다주려는 그 어떤 욕구보다 우선한다는 것, 그리고 또한 이런 사실도 알고 있어야 했다. 설사 그들의 명목상의 국왕이 쾌적한 은거 생활을 누리는 일이 허용된다 하더라도, 한국 대중은 착취당하게 될 것이라는 점이다. 근대 문명의 모든 방면에서 한국인보다 진보해 있던 일본인은 틀림없이, 그리고 주저 없이 그 우월성을 이용할 터이니까.

그리고 자국의 정부가 공언하고 있는 목적을 순진하게 믿고 있던 일본인들은 이런 점을 깨달았어야 했다. 총독을 앉히고 한국을 지배하는 군인들은 대륙에서 일본의 다음 단계 침략을 위한 도약대의 기능 말고는, 한국에 관심을 기울인 흔적이라곤 아무것도 없다는 사실을 말이다. 이런 일은 쉽사리 예견할 수 있었음에도 불구하고, 합병의 최악의 국면을 우려한 사람은 아무도 없었던 것 같다. 한국에서 일본인은 지배 민족으로 오만하게 굴었고, 한국인은 일본인의 지배하에서 살아남기 위한 방법을 터득해야 했다. 그것은 한국인을 때때로 굴욕적으로 만들었다.

한국 정부가 설혹 일본의 지배가 한국 국민에게 미칠 영향을 예견했다 하더라도, 이 시점에서는 저지할 방법이 없었다. 합병 조약에서는 왕과 귀족에게 우대 조처를 한다는 것이 강조되었다. 하지만 이것은 아마 상류 계급이 만족하는 한 무지한 대중이 불만을 가진다 한들 큰 문제가 아니라는 일본인의 신념을 반영한 것임에 분명하다. 이 비슷한 태도는 인도에서의 영국인에게서 전형적으로 볼 수 있다.

오래지 않아 단순한 '왕'이 될 순종은 8월 29일에 내놓은 조칙에서 밝히고 있었던 것처럼, 한국 독립의 상징적 존재일 수가 없었다. 조칙 중에서 황제는 개혁의 정령(政令)을 실현하려 한 자신의 노력이 소용이 없었다고 했다. 황제는 12년 전에 독이 든 커피를 마신 탓에 생긴 오랜 세월 동안의 쇠약으로 장애를 가지고 있었다. 피폐한 체력은 이미 한계에 이르렀고, 회복 가능성은 없었다. 황제는 밤낮으로 걱정하며 선후책을 강구하려고 온갖 노력을 다해 봤지만, 자신의 힘으로는 시국을 수습할 수 없다는 것을 알았다. 오히려 대임을 남에게 맡겨서 효과를 보는 일이 최선의 방법으로 생각되었다. 황제는 이전부터 신뢰해 온 이웃 나라의 '대일본 황제 폐하(천황)'에게 한국의 통치권을 양여하기로 결의했다. 천황이야말로 동양의 평화를 공고히 하고, 한국의 모든 국민의 생활을 보전할 인물이라고 믿었기 때문이다. 황제는 백성들에게 국세(國勢)와 시의(時宜)를 깊이 살펴서, 번잡스럽게 소요를 일으키지 말고 차분하게 생업에 열중하라고 호소했다. 동시에 일본 제국의 문명화된 신정(新政)에 복종해서 행복을 누리라고 호소했다. 마지막으로 황제는 이렇게 말했다. '짐이 오늘날 이러한 결정을 내린 것은 그대들 민중을 잊었기 때문이 아니라, 오로지 그대들 민중을 구하고 싶은 필사적인 마음에서 우러나온 것이다.'

순종 황제 자신이 이 조칙을 썼을 것으로 보기는 어렵다. 그러나 전해지는 정감의 강도는, 이를 쓴 사람이 누구건 황제의 진심과 통하고 있는 사람이라는 사실을 드러내고 있다. 사실상 어쩌면 이것은 황제 자신의 말이었을지도 모른다. 순종은 허약하고 조로(早老)했으며, 치아가 없었다. 그러나 순종은 자신이 맥없이 일본인에게 굴복한 것이 아님을 한국 국민이 알아주기를 원했다. 자신은 한정된 체력을 다해서, 국가가 직면하고 있는 위기에서 벗어나기 위한 다른 해결책을 물색하느라고 갖은 노력을 했지만, 무위로 돌아가고 말았던 것이라고 말이다.[1037]

그해 8월 29일, 일련의 칙령이 내려졌다. 한국의 국호를 고쳐 '조선'으로 칭한다는 것, 조선 총독부가 설치된다는 것, 조선에서 대사면이 행해진다는 것, 조선에서 임시 은사(恩賜)가 있다는 것 등이었다. 그리고 일본으로 운반되는 조선 화물의 이입세(移入稅), 그리고 조선에서 시행되는 특허법, 의장법, 저작권법, 기타 상업상의 법률이 재가되고 공포되었다.[1038] 한국인은 지금까지 자국의 통치자 밑에서 오랜 세월에 걸쳐 방종한 생활을 한 끝에 일본인의 효율적인 생활의 맛을 알게 되었다.

천황은 가쓰라에게 한국 합병 조약의 체결을 위해 진력한 노고를 치하했다. 9월 1일, 한국 합병의 봉고제(奉告祭)가 현소, 황령전, 신전에서 집례되었으며, 쇼텐초(掌典長) 이와쿠라 도모쓰나가 대배(代拜)했다. 같은 날, 천황은 쇼텐 차장 공작 구조 미치자네(九條道實)를 이세 신궁으로 보내 한국 합병을 아뢰게 했다. 마찬가지로 천황은 3일, 구조를 진무 천황릉으로, 4일에는 고메이 천황릉으로 보내 아뢰게 했다.[1039] 낭보가 아뢰어진 성역의 수로 보아, 한일 합병은 청일 전쟁이나 러일 전쟁의 승리보다 중요했던 것으로 판단된다.

보다 비근한 예로는 8월 29일자 〈만조보(萬朝報)〉에 이런 속요가 게재되었다. '그것 보라니까 하며 사이고(西鄉)는 염라대왕 상대로 술잔치 벌여.' 사이고 다카모리가 주창한 정한론에 대해 은근히 언급한 것이다.[1040] 일본은 이제 직접 전쟁을 벌이지도 않고, 사이고가 얻으려다 이루지 못한 포상을 손아귀에 넣은 것이다. 당시 유명해진 또 하나의 말은 데라우치가 뱉어낸 이런 소감이었다. "고바야카와(小早川), 가토(加藤), 고니시(小西)가 이 세상에 있었더라면, 오늘 밤의 달을 어떤 기분으로 봤을꼬."[1041]

한국과의 관계 변화가 천황의 이은에 대한 애정에는 영향을 주지 않았다. 기회만 있으며 천황은 이은에게 과자와 과일을 보냈다. 더 이상 한국 황태자의 칭호를 갖고 있지 않은 이제, 이은은 비공식적으로는 창덕[1042] 와카미야(若宮: 어린 전하)라고 칭하게 되었다.

초대 조선 총독이 된 데라우치 마사타케는 10월, 통감 취임 이래 한국을 합병하기까지의 전말을 서술해서 천황에게 상서했다. 데라우치는 행정 기관을 정비하고, 사무의 간략화를 꾀했다. 그리고 지방 행정 진흥을 위해 경비 삭감을 단행했다. 이들 조처의 결과를 데라우치는 이렇게 보고했다. '조선 상하의 사민(士民)들 모두 황화(皇化)의 덕을 입어 우대와 총우(寵遇)에 감격하고 있다.'[1043]

데라우치가 상서에서 언급하고 있지 않으나 이미 한국의 연호 '융희(隆熙) 4년'의 사용을 금지하고 있었다. 이후로는 모든 공문서가 메이지 천황 치세의 연호를 따르게 되었다. 또 수도인 '한성(漢城)'이라는 명칭은 조선 왕조가 이 땅을 수도로 정한 지 5백 년 이상 사용되어 왔음에도 불구하고 이의 사용을 엄하게 금지시켜 '경성(京城)'으로 개명했다.[1044] 이처럼 데라우치는 합병의 초기 단계부터 벌써 조선인의 국가 의식을 파괴하기로 단호히 마음먹고 있었던 것 같다.

일부 사람들, 특히 상류 계급에 속하는 한국 사람들은 행정의 효율이 좋아지고, 일본의 통치하에서 그들 자신의 안전이 증진한 데 감사했던 것 같다. 그러나 한국인 대다수는 다른 나라 사람의 통치하에서 매우 불행했다. 어쨌든 타국인이 한국인의 나라에서 한국인을 열등한 자로 취급하면서, 마침내는 한국인에게서 국어와 이름까지 빼앗으려 하고 있었던 것이다. 일본인 대다수는 자신들의 천황이 이제는 일본 열도뿐 아니라 타이완, 사할린, 그리고 한국까지 통치하에 두게 된 것을 기뻐하고 자랑으로 여겼다. 일본인은 이미 극동에서 홍콩과 두세 개의 중국 항구밖에 소유하지 못하고 있는 영국인, 그리고 인도차이나에서 더 진출하지 못하고 있는 프랑스인, 그리고 필리핀을 통치하면서 불온한 사회 분위기 탓에 골머리를 싸매고 있는 미국인보다 더 큰 성과를 올리고 있었던 것이다. 당시의 일본인 거의 모두가, 식민주의가 그 희생자뿐 아니라 당사자인 식민자에게까지 해독을 끼친다는 사실을 아직 깨닫지 못하고 있었다.

제60장 대역 음모

1911년은 조용히 막이 올랐다. 천황은 이제 예순 살이었다. 건강이 쇠약해지고 있는 징후가 보였다. 1월 8일, 천황은 육군의 새해 첫 관병식을 위해 아오야마 연병장으로 갈 예정이었으나 시의장(侍醫長)의 주청으로 행차를 취소했다.

10일, 천황은 황후와 함께 봉황홀로 나가서 첫 강서(講書)를 시작했다. 서양, 중국, 일본 학문의 진강이 있었다. 우선 그리스 로마의 고전에서 볼 수 있는 조상 숭배의 사적,『주역』대유(大有)의 괘(卦)에 관하여,『이즈모(出雲) 풍토기』의 구니히키(國引)—이즈모의 신 야쓰카미즈오미쓰노노미코토(八束水臣津野命)가 너무 작은 이즈모 땅을 확충하기 위해 건너편 신라(新羅)의 돌출한 부분에 그물을 걸어서 잡아끌어 이즈모 국에 보냈다는 설화. 구니비키라고도 한다—의 설화였다.

18일, 예년처럼 와카 시작 모임이 열렸다. 다음은 '한월조매화(寒月照梅花)'라는 제목으로 천황이 읊은 노래다.

환한 달빛은 아직 싸늘하기만 한데
봄의 매화 향기는 변함없이 풍기네[1045]

노래는 우아하고 아름답지만 특별히 재미는 없다. 눈 속에 피는 매화의 방향(芳香)은 지금까지 무수히 많은 가인이 읊은 소재였다. 이 우아한 와카 모임이 있던 날 대심원은 천황 암살을 기도한 혐의로 스물네 명에게 사형을 선고하고, 또 다른 두 명에게 중형을 선고했다. 오후, 내각 총리대신 가쓰라 다로가 판결문 사본을 가지고 입궐해서 천황에게 사건의 전말을 전했다. 천황은 매우 침통한 마음으로 가쓰라의 보고를 듣고서 특사 감형을 고려하라고 지시했다.[1046]

거의 믿을 수 없는 일이지만, 전년 12월 10일에 공판이 시작된 이래 전국의 이목을 모으고 있던 고토쿠 슈스이(幸德秋水) 등을 피고로 하는 재판을 천황은 그제야 처음으로 알게 되었다. 아마도 천황이 신문을 읽지 않는 데다가, 궁중 사람들이 일부러 천황에게 말하지 않았을 것이다.[1047] 천황은 사실 자신의 생명을 노린 암살 계획에 대해 아무것도 알지 못했는지 모른다. 만일 그렇다면, 누가 되었건 일본인이 자신을 죽이려 했다는 사실에 이 날 천황은 큰 충격을 받았을 것이다. 지금까지 가끔 천황은 외국의 국가 원수 암살 보도를 듣고 있었다. 러시아 황제 알렉산드르 2세, 이탈리아 황제 움베르토 1세, 포르투갈 국왕 카를로스 1세가 모두 근년에 살해되었다.[1048] 프랑스 대통령 사디 카르노와 미국 대통령 두 명―제임스 가필드와 윌리엄 매킨리―이 암살되었다.[1049] 조선의 민비는 일본의 잔인한 깡패들에 의해 살해되었다. 그 밖에도 스페인의 알폰소 12세, 저 빅토리아 여왕까지도 암살 미수 사건에 말려든 적이 있었다.[1050] 일본에서는 일본 순사가 오쓰에서 러시아 황태자 암살 미수 사건을 일으켰다.

천황은 그러한 소식이 들릴 때마다 조전을 보내기도 하고, 암살이 미수로 그쳤다는 소식에 위로의 급전을 치곤 했다. 그러나 자신이 그 표적이 될 줄은 전혀 상상하지 못했으리라.

'대역(大逆)'이라는 천황 암살 음모는 무정부주의자들에 의해 계획되었다. 그들의 정신적 지도자로서 추앙받은 인물이 신문 기자, 번역가로 알려진 고토쿠 슈스이였다.[1051] 슈스이는 시코쿠(四國)의 도사(土佐) 나카무라(中村)에서 자랐는데, 어려서 남다른 학문적 재능을 보였다. 일곱 살 때 지은 한시 한 수가 아직도 보존되어 있다.[1052]

자전적 수필『나는 어떻게 해서 사회주의자가 되었는가』를 보면 슈스이가 소년 시절 사회주의에 끌렸음을 여러 곳에서 시사하고 있다. 슈스이는 애석한 마음으로 자신의 불운을 회상했다. 유신의 전환기에 가운이 기울어 슈스이는 학업을 계속할 수 없었다.[1053] 또한 그는 한 살 때 부모의 죽음으로 제대로 보살핌을 받으며 자라지 못했다. 사족 계급에 속해 있지 않았기 때문에 학교에서도 차별을 받아야 했다.

소년기의 슈스이는 나카무라의 폐쇄적인 세계에서 울분을 삭이고 있었다. 학자금이 없어 슈스이는 나카무라 분교가 폐교되자 학업을 중단했다. 가족은 그의 남다른 재능을 알고 있었으므로 어렵게 고치에 있는 학원에 보냈다. 그러나 그곳에서 슈스이는 엄격한 교육을 증오하며 죄수가 된 기분으로 생활했다.[1054] 이때 불안감과 형편없는 음식 탓에 늑막염에 걸렸다. 그를 평생 따라다닌 병을 이때 얻게 된 것이다. 회복 후 슈스이는 고치 중학의 본교에 복학했다. 그러나 장기 결석으로 그의 학력은 뒤처졌다. 슈스이는 학교에서 퇴학당하고 난 뒤, 책을 팔아 여비를 만들어 도쿄로 갔다. 슈스이가 열여섯 살 때였다.

슈스이는 남의 집 잡일을 하며 얹혀사는 서생(書生)으로 지내며 틈나는 대로 영어 학교에 다녔다. 3개월 후 보안조례(保安條例)가 실시되는 바람에 슈스이는 진보적 정치사상을 가진 고치현 사람들의 결사 '도사(土佐) 자유당'의 당원 등과 함께 도쿄 퇴거 명령을 받았다. 그들이 저지른 죄란 조약 개정 문제를 놓고 정부의 허약한 외교에 항의한 일이었다. 다양한 정치적 신념을 가진 수많은 사람들이 가담한 이 '범죄'는 신헌법이 성립되던 시기가 아니었다면 아마도 처벌까지 당하지는 않았을 것이다. 정부, 특히 이토 히로부미[1055]는 이러한 항의의 목소리가 헌법을 완성시키는 데 위협이 될 것을 우려해서, 공적 질서 보호라는 이름 아래 보안 조례의 발표를 단행했다. 슈스이는 3년간 도쿄 퇴거 명령을 받은 570명 가운데 한 사람이었다.[1056]

슈스이는 걸어서 나카무라까지 돌아갔다. 돌아가던 길의 추위와 굶주림의 고생은 평생 잊을 수 없는 이토를 향한 증오심을 슈스이에게 심어놓았다. 고향으로 돌아가자 슈스이는 한 가문의 적자로서 기울어가는 가운을 지탱하려는 책임감이 없다는 질책을 들었다. 슈스이는 다시금 집을 나가기로 결심을 굳혔다. 이번에는 청나라로 갈 생각이었다. 그러나 도중에 여비가 떨어져 청나라행을 단념한 슈스이는 오사카로 갔다. 이것이 그로서는 결정적인 의미를 지니게 되었다. 오사카에서 슈스이는 나카에 조민(中江兆民)과 만났다. 유물론 철학을 신봉하고 민권론을 제창한 조민은 슈스이가 스승으로 받든 유일한 인물이었다. 열일곱 살이 된 슈스이는 약 2년 반 동안 조민의 서생으로 지냈다.

조민이 오사카에 있었던 이유 역시 도쿄 퇴거 명령을 받았기 때문이었다. 오사카는 활기가 넘치는 곳이었다. 도쿄에서 쫓겨난 자유사상가, 과격 사상가의 태반이 오사카로 자리를 옮겨 정치 문제에 대해 토론하고 집회를 열며, 출판 활동을 벌이고 있었다.[1057]

슈스이는 이 무렵, 자신의 감상을 일기에 적고 있었다. 1889년 2월 11일의 헌법 반포일, 문부대신 모리 아리노리(森有礼)가 니시노 후미타로(西野文太郎)라는 일개 서생에게 살해되었다. 슈스이는 헌법에 대해서는 일기에 아무런 감상도 쓰지 않았다. 그러나 니시노에 대한 공감과 칭찬을 표명하는 조문(弔文)을 한문으로 적은 것이 남아 있다. 부모의 은혜를 배반하고 직접 행동으로 신념을 실행에 옮기는 위험한 길을 택한 암살자에게 슈스이는 자기 자신을 중첩시키고 있었다.[1058] 니시노의 행동에 대한 칭찬은 슈스이 자신의 장래 정치 활동의 성향을 보여준다. 당시까지 슈스이는 사회주의자도 무정부주의자도 아니었다.

거의 모든 일본인이 신헌법을 환영했음에도 불구하고 슈스이만이 침묵을 지키고 있었던 데에는 아마도 나카에 조민의 영향이 있었을 것이다. 조민은 천황이 내린 헌법의 가치를 의문시하면서, 헌법의 실제를 보지도 않은 채 그 번지르르한 이름에 취해 있는 일본 국민의 어수룩함을 비웃었다.[1059]

생활비를 버느라 한동안 슈스이는 쇼시 연극(壯士演劇: 지식 계급 청년들이 민중에게 자유민권 사상을 고취시킬 목적으로 행한 아마추어 연극)의 각본을 썼다. 그중에는 모리 아리노리 암살 사건을 제재로 삼은 대본도 있었는데, 여기서 슈스이는 각료의 호사스러움과 민간인의 인정 쇠퇴를 대조시키고 있다.[1060] 슈스이는 동시에 정치 잡지에 평론을 쓰기 시작했다. 헌법 반포 축하 의식이 무사히 끝나자 과격파에 대한 도쿄 퇴거령이 해제되어 정치 활동의 중심이 다시 수도로 옮겨졌다. 조민은 슈스이를 데리고 상경했다.

1890년 열아홉 살이 된 슈스이는 징병 검사에서 불합격 판정을 받았다. 오래 앓아온 병 덕을 본 셈이었다. 슈스이는 국민영학회(國民英學會)에서 공부하여 1892년에 졸업했다. 그러는 사이에 슈스이는 요시하라(吉原) 유곽을 출입하는 재미도 배웠다. 조민은 슈스이에게 정치가보다는 문학가가 어울린다고 했으나 슈스이는 대신이 될 생각이라고 주장했다.[1061]

1803년 9월, 슈스이는 〈자유신문〉에 직장을 얻었다. 〈자유신문〉은 이타가키 다이스케와 같은 자유주의의 편에 섰던 신문이었으나 매수되어 정부 기관지로 변질되어 있었다. 슈스이가 하는 일은 주로 영자 신문이나 영문 잡지 기사 번역이었다. 슈스이는 국민영학회에서 매컬리와 디킨스 및 칼라일을 읽었다. 그러나 정치 기사 번역은 그것과는 전혀 별개의 일이었다. 슈스이는 번역에 관계된 당시의 고생을 생생하게 회상하고 있다.[1062]

영어로 정치 논문을 읽는 일이 익숙해지면서 슈스이는 논문 필자들의 영향을 강하게 받았다. 슈스이는 기자 생활을 시작할 당시를 회상하면서 알베르 샤플, 헨리 조지의 작품을 읽은 것에 대해 언급하고 있다.[1063] 그러나 아직은 그가 사회주의자로서의 자각이 있었다고 할 수는 없었다. 슈스이는 〈중앙신문〉으로 옮긴 후 1897년에 황태후의 장례식 관련 기사를 써서 처음으로 주목받는다. 황실에 대한 외경에 가득 찬 충성심에 사장은 슈스

이야말로 모범적인 일본의 젊은이라고 믿었다. 슈스이는 논설까지 맡아서 쓸 만큼 출세했다.[1064]

슈스이가 처음으로 사회주의 단체와 접촉하게 된 것은 그 이듬해의 일이었다. 슈스이는 월례회를 열어 사회주의 연구 과제에 대해 강연을 듣고 토론을 벌이는 '사회주의 연구회'의 회원이 되었다. 슈스이는 처음에는 눈에 띄지 않는 존재였다. 아직 사회주의에 대한 이해가 부족했기 때문이었을 것으로 짐작된다. 그러나 1899년 6월 25일, 슈스이가 한 〈오늘날의 정치 사회와 사회주의〉라는 제목의 강연은 주목을 끌었다. 샤를 푸리에, 루이 블랑, 마르크스, 헨리 조지 같은 외국의 사회주의 논문을 연구 과제로 삼고 있던 다른 강사들과 달리, 슈스이는 일본의 사회주의를 이야기했던 것이다.[1065]

1898년, 슈스이는 〈만조보〉의 논설위원으로 옮겨갔다. 〈만조보〉는 도쿄의 주요 신문 중에서도 가장 진보적이었는데, 슈스이는 이곳에서 5년간 논설을 썼다. 슈스이의 최초의 논설 〈슬픈 기원절(紀元節)〉(1898년 2월 11일자)은 도발적인 제목으로 다음과 같이 시작되고 있었다.

우리 국민이 그저 헌법 반포라는 소리에 흥분해서, 당장 황금 세상을 환상하고 환희 작약한 일이 실로 10년 전 오늘이었다. 이후 세월이 그리 오래 지나지는 않았지만 전제 억압의 정치는 여전히 고쳐진 것이 없다. 헌법은 가끔씩 사쓰마 파벌에 의해 오욕되고, 의회는 가끔씩 조슈 파벌에 의해 유린되었으며, 정당은 마취당하고 사회는 날로 부패와 타락을 향해 나가고 있지 않은가.[1066]

슈스이의 정부 비판, 특히 지역 파벌 정치에 대한 비판은 신랄했다. 그러나 슈스이는 정당에 거는 기대를 단념하고 있었던 것은 아니었다. 11월, 슈스이는 야마가타 신내각을 환영하는 논설을 썼다. 그렇다고 그 정책을 칭찬하지는 않았다. 정당 내각인 '와이한(隈板) 내각'—오쿠마 시게노부와 이타가키 다이스케의 내각—실패가 기성 정당이 이름값도 못한다는 것을 보여줬기 때문이다. 슈스이는 그 이름값도 못하는 '정당 내각'의 간판으로 국민을 속이는 일이 없는 인물이 내각 총리대신으로 앉는 편이 낫다고 보고 있었다.[1067] 슈스이는 빈부의 평등, 교육의 보급, 공정한 선거, 귀족 제도의 폐지, 상속세 확립, 빈민 구제법, 공장법 제정, 전유적(專有的) 사설 사업과 토지의 국유화 같은 개혁을 꾸준히 요구했다.[1068] 이 무렵의 슈스이는 기성 정치 제도를 개혁해서 대다수 일본 국민들에게 유익하도록 만드는 데 아직 희망을 품고 있는 것 같았다.

슈스이는 스스로 정계에 진출해서 공직에 앉을 생각을 하고 있었다. 슈스이는 보통선거 운동을 통해서 누구나 입후보할 수 있는 선거 체제를 구축하려는 '보통선거 기성동맹회'에 참가했다.[1069] 당시 슈스이의 목표는 헌법에 기초한 민주주의였다. 그러나 사회주의 연구회에서의 연구 활동 결과, 슈스이는 논설에서 이전보다도 더 공공연히 사회주의를 제창하기 시작했다. 1899년 9월에 쓴 논설 중에서 슈스이는 일본인이 아직 사회주의를 받아들일 태세가 되어 있지 않다는 것을 인식하고 있었다. 그러나 독자에게 '사회주의를 미워하거나 박해하기 이전에 먼저 이를 제대로 연구하는 것이 중요하다'고 호소했다.[1070]

사회주의 연구회의 중심인물은 가타야마 센(片山潛)이었다.

일본 사회주의 역사상 거물 중의 한 사람이다. 가타야마는 젊어서 이미 충분한 교육을 받았다. 그러나 그 전통적인 교육 내용에 허전함을 느끼고 있었다. 가타야마는 '한자는 이미 과거의 것이며 한서를 익히는 것은 우둔한 짓이다. 시문(詩文) 가지고는 생활의 방도가 서지 않는다'고 했다.[1071] 1884년, 스물다섯 살 때 가타야마는 미국으로 건너갔다. 그곳에서 11년을 머무는 동안 온갖 일을 다 하며 생활을 꾸려가면서 여러 대학에서 공부했다.[1072] 1886년, 캘리포니아 체재 중에 가타야마는 '하늘 한 구석에서 예수를 발견'하고 알라메다의 제1조합교회에 들어갔다. 훗날 가타야마는 일본의 신들이 너무나 먼 곳에 있어 미국 신인 예수에게 기도했다며 자신의 개종을 자조하고 있다.[1073] 그러나 기독교 신앙은 가타야마의 인간적 성장에 지극히 중요한 의미를 가졌다. 가타야마는 귀국할 때 문학 석사와 신학사 자격을 가지고 있었다. 이런 자격보다도 더 가치가 있었던 것은 진보적 프로테스탄트 지도자의 사회사상과 접촉한 일이었다. 그 결과 가타야마는 노동자와 사회에서 착취당하고 있는 빈민들에게 관심을 갖게 되었던 것이다.[1074] 가타야마는 '사회주의는 20세기 사회를 구할 신복음'이라고 썼다.[1075]

1896년, 귀국한 후 가타야마는 일본에서 최초의 세틀먼트—빈민이 많은 지역에서 그들의 생활을 개선하고 교육을 담당하는 시설—를 개설했다. 고생하는 빈민을 직접 알게 된 일은 의심할 나위도 없이 가타야마의 시책주의자로서의 신념에 기여하는 바가 있었을 것이다. 청일 전쟁이 끝난 후 일본의 특징은 급속한 공업화, 임금 노동자 증가, 물가의 등귀, 그리고 대규모의 사회적 변동이었다. 하지만 아무리 심하게 압박당해도 노동자들은 착취에 저항할 만한 수단을 갖지 못했다. 1897년, 가타야마는 노동조합 결성에 의욕적으로 매달려 최초의 조합 기관지에서 편집장을 했다. 1898년의 철도 파업 성공은 가타야마의 명성을 높여 놓았다. 노동자의 권리 행사에서 파업이 효과적인 무기라는 것이 여기서 증명되었다. 그러나 가타야마는 노동자의 상황을 개선하려는 노력은 언제나 합법적으로 이뤄져야 한다고 확신하고 있었다. 가타야마는 무정부주의자에게는 아무런 공감도 가질 수 없었다.

1900년, 야마가타 내각은 '치안경찰법'을 강행 채택했다. 여기에는 조합 활동에 직접적인 영향을 주는 조문이 들어 있었다. 조문은 파업을 금지하고 있지 않았다. 그러나 파업을 선동한 자와 파업을 못하게 한 쌍방을 처벌하기로 정해놓고 있었다. 이것은 매우 공평한 것으로 보였을지 모른다. 그러나 사실 이 조문을 비롯한 신법의 내용은 조합 조직을 통제해서 파업을 단속하는 결과를 낳았다.[1076] 슈스이는 〈만조보〉에 신법에 대한 논설을 썼다.

폭행, 욕설, 협박, 유혹, 선동은 모두 바람직하지 않은 일이다. 그러나 노동 운동에 한해서는 허용해야 한다. 왜냐하면 노동자들은 학식도 없고 돈도 없고 글도 쓸 줄 모르고 선거권도 갖고 있지 않기 때문이다. 자본가와 투쟁해야 할 노동자는 폭행이나 협박 같은 비행에 의지할 수밖에 없다.[1077]

좌익의 지도자로서 슈스이는 앞으로 가타야마의 호적수로 부상하게 된다. 1901년 슈스이의 제국주의론인 『20세기의 괴물 제국주의』가 출판되었다. 슈스이는 서문에 이 책의 독창성을 부정하고 자신은 구미 학자들이 이미 한 이야기를 다시 쓴 것에 지나지 않는다고 밝히고 있다. 그러나 제국주의에 관한 저서로 이것은 그야말로 효시적인 존재였다.[1078] 슈스이의 제국주의론은 독창적인 것은 아니었다 하더라도 설득력이 있었다. 천황에 관한 견해는 독자적인 것이다.

일본의 천황은 독일의 나이 어린 황제와 달리 전쟁도 좋아하지 않고 평화를 중시한다. 한 나라를 위해 야만스러운 허영을 기뻐하지 않고 세계를 위해 문명의 복리를 희구한다. (중략) 결코 오늘날의 이른바 애국주의자나 제국주의자가 아니다.[1079] 메이지 천황이 군대를 내보낸 것은 세계의 평화, 인도, 정의를 위해서였다. 따라서 병사들은 천황이나 충의를 위해서 싸웠다고 말하기보다 오히려 이 세 가지 이상을 위해 싸웠다고 하는 편이 천황을 더 기쁘게 할 것이다.

이렇게 이 무렵의 슈스이는 천황을 우러르고 있었다. 황태자비 문제를 놓고 트집을 잡았던 야마카와 히토시(山川均)의 기사에 대해서 슈스이는 '이런 미치고 불경한 무리가 두세 명이라도 있다는 것은 가슴 아프기 짝이 없는 일'이라고 했다. 슈스이는 국민과 황실의 결합을 바랐다.[1080]

이 시기에 베이징에서 의화단의 난이 진압된 일은 슈스이를 비롯한 진보적 논자들의 주의를 끌었다. 진보적 논자들은 유럽 열강과 일본의 개입을 제국주의의 횡포라고 믿었다. 이 북청 사변이 계기가 되어 슈스이는 제국주의를 비난하면서 비전주의(非

戰主義)를 부르짖는 일련의 논설 40편을 썼다. 반제국주의론과 비전론은 슈스이의 후기 저작에서 현저한 위치를 차지하게 된다.

1901년 5월, 이미 사회주의자로서의 명성을 얻고 있던 슈스이, 가타야마 등은 '사회민주당'으로 불리는 사회주의 정당을 결성하기로 했다. 전년의 자유당 붕괴와 이토 히로부미가 새로 결성한 입헌정우회에 참가한 전 자유당원에 의한 자유당의 이념 포기는, 갖지 못한 자들의 권리를 위해 싸우는 정당의 출현을 필요로 했다. 나카에 조민의 요청으로 슈스이는 사라진 자유당을 조문하는 논설 〈자유당을 장사 지내는 글〉을 썼다. 이 논설은 당시 뛰어난 명문장으로 쓰여 문장가 슈스이의 명성을 널리 천하에 알리게 되었다.[1081]

전 사회주의 연구회 회원이었던 아베 이소오(安部磯雄)가 새로 결성될 당을 위한 선언서를 작성했다. 선언서에 나타난 요구의 태반은 머지않아 실현된다. 그러나 당시에는 이들의 요구가 당국의 눈에는 위험하리만치 혁명적으로 비쳤다.

요구 중에는 철도의 공유, 초등학교의 무료 의무교육, 부녀자의 야간노동 금지, 사형의 폐지 등이 포함되어 있었다.[1082] 선언서가 나오자 정부는 사회민주당의 결사 금지를 결정하고 선언서를 몰수했다.

아베의 수기에 의하면 정부는 경찰을 통해 다음과 같은 뜻을 은근히 아베에게 전했다. 강령에서 3개조의 요구를 삭제하는 조건으로 정부는 당 결성을 금지하지 않겠다는 것이었다. 그 3개조란 첫째로 군비의 축소 또는 전폐, 둘째로는 중대한 문제에 관한 국민투표의 제창, 셋째로는 귀족원의 폐지였다. 그러나 이상

주의자인 아베는 단 한 자도 바꾸기를 거부했다.[1083]

결사 금지령을 낸 인물은 내무대신 스에마쓰 겐초(末松謙澄)였다. 스에마쓰는 일찍이 영국에 유학해서 『겐지 이야기(源氏物語)』의 초역(抄譯)을 냈었다. 사카이 도시히코(堺利彦)는 〈만조보〉에서 슈스이의 동료 기자이자 스에마쓰의 친지이기도 했다. 사카이는 스에마쓰를 찾아가, 어째서 당의 결사가 금지되었는가고 물었다. 스에마쓰의 대답은 지극히 간단했다. "여러 외국에서도 사회당이 속을 썩이는 바람에 진압하느라 애를 먹고 있다. 우리나라에서도 전력을 다해 이를 진압하지 않으면 안 된다"[1084]는 것이었다. 스에마쓰의 태도를 알고 나서, 슈스이는 〈만조보〉 지상에서 스에마쓰를 조롱하는 식으로 다음과 같이 응수했다.

만일 스에마쓰가 진지하게 사회주의를 진압하고 싶어한다면, 사회주의자들을 모두 국외로 추방한 뒤 관계 문헌을 몽땅 태워버리고 외국 서적의 수입을 금지하면 된다. 만일 스에마쓰에게 그것을 실행할 용기와 결단과 수완이 있다면 스에마쓰 세대까지는 사회주의를 진압할 수 있을 것이다.[1085]

그 후 오래지 않아 1901년 5월 30일, 슈스이는 『일본의 민주주의』를 썼다. 첫머리에 슈스이는 메이지 천황의 단카 두 수를 인용했다. 하나는 '옛 글을 볼 때마다 생각하노라/ 내가 다스리는 나라는 무엇이라 쓰일까' 또 하나는 '비단옷 겹쳐 입으며 문득 떠올리네/ 추위 가릴 소매도 없는 이들을'. 슈스이는 이 두 노래야말로 민주주의를 전하고 있다고 주장했다. 이 같은 천황의 취지와 정신을 살리려 하지 않는 자가 있다면 '참으로 폐하의 죄인'이라고 했다. 민주주의의 화신으로서의 천황은 오로지 신민의 행복을 원하고 있다고 주장했다. 그러나 정부에는 자기들의 잇속만을 추구하며 국민의 행복을 저해하려는 인간이 있다고 했다. 슈스이는 새 시대에 어울리는 새로운 주의와 새로운 이상을 추구하고 있었다.[1086]

1901년 9월, 슈스이는 아시오 구리 광산의 광독 문제와 과감히 투쟁한 다나카 쇼조를 만났다. 1900년 2월, 군마와 도치기의 농민 약 3천 명이 대거 상경해서 광독 피해 실정을 호소하려 했다. 그러나 정부는 무장 경관에게 명해 농민들을 중도에서 저지하고 지도자들을 체포했다. 다나카는 의회 정치에 희망을 걸 수 없음을 알고 천황에게 직소하기로 했다. 다나카는 글재주가 없는 자기가 상주문을 썼다가는 문장에 실례가 되는 표현이 있을 것이 두려워 명문가로 알려져 있는 슈스이에게 직소문을 써달라고 부탁했다. 1901년 12월 10일, 다나카는 천황의 마차를 향해 달려들어 직소문을 바치려 했다. 그러나 그것은 천황의 눈에 띄지 않았다. 다나카는 체포되고 가담했던 슈스이에게도 출두 명령이 내려졌다. 정부는 이 두 사람을 어찌 처치해야 할지 알 수 없어서 결국 미친 사람 취급해서 석방했다.[1087]

이 사건이 있은 지 사흘 후, 나카에 조민이 암으로 사망했다. 의사로부터 1년 반의 시한부 목숨을 선고받은 조민은 남은 나날을 수상록 집필에 열중하기로 했다. 조민이 쓴 『1년 반』은 사흘 만에 1만 부가 매진되고 22쇄를 찍었다. 사회주의자의 사상이 정부의 탄압에도 불구하고 대중의 다대한 관심사였다는 사실을 보여주는 일이다. 조민을 유일한 스승으로 받들고 있는 슈스이

는 감동적인 추도문 「조민 선생」을 써서 이듬해 발표했다.[1088]

슈스이는 1903년, 사회주의의 원리를 설명한 『사회주의 신수 (神髓)』를 발표했다. 서문에서 슈스이는 그 내용이 마르크스, 엥겔스 등에 의거한 것임을 인정했다. 사회주의의 실행에 의해서만 자유, 평등, 박애, 진보, 행복이 참으로 확립된다는 것이 슈스이의 결론이었다. 슈스이는 양식 있는 '지사인인(志士仁人)'이 사회주의 달성을 향해 분기할 것을 진실로 바랐다.[1089] 이 책은 1905년까지 7쇄를 찍었다.

1903년 10월, 슈스이는 〈만조보〉를 퇴사했다. 날카롭게 대립하는 주전론(主戰論)과 비전론(非戰論)을 자유로이 쓸 수 있는 토론의 장이었던 〈만조보〉의 편집 방침이 러시아에 호전적인 정부 정책을 지지하는 입장으로 바뀌었기 때문이었다.[1090] 슈스이와 사카이는 새로운 잡지의 창간을 결의했다. 그곳에서는 아무에게도 양보를 강요당하지 않고 자신들의 의견을 발표할 수 있을 터였다. 주간지 〈평민신문〉 제1호가 평민사(平民社)에서 발간된 것은 1903년 11월이었다.[1091] 첫 페이지의 모두(冒頭) 선언은 이 주간지의 장래 방침을 열거하고 있었다.

〈평민신문〉은 자유, 평등, 박애의 실현을 지향하며, 평민주의, 사회주의, 평화주의를 제창한다. 국법이 허용하는 범위에서 다수의 의견 일치를 얻기 위해 폭력은 절대로 부정하면서 사회주의운동을 전개한다.[1092]

러시아와의 전쟁이 불가피하다고 여겨지기 시작할 때도 〈평민신문〉은 전쟁 노빌을 비난하는 논설을 계속해서 발표했다. 슈스이는 한 논설에서 '선전 포고를 할 권력을 가지고 있는 자가 누구인가'라는 질문을 하고 있다. 헌법에 의하면 그것은 대권을 쥔 천황이었다. 그러나 실제로는 이 대권이 발동되기 전에 누군가 다른 인간이 결정을 내린다는 것이었다. 그것은 여론도 아니고 선출된 입법부 의원도 아니고 행정부의 관리나 대신도 아니다. 그것은 바로 은행이라는 이름이 붙은 대금업자라는 것이다.[1093]

슈스이의 논설은 설득력이 있었으나 러시아와의 전쟁을 막을 수는 없었다. 그러나 슈스이는 이성을 잃어가는 전쟁열에 찬물을 끼얹기 위해 쉬지 않고 노력했다. 1904년 3월 13일, 슈스이는 〈러시아 사회당에 드리는 글〉을 발표했다. 러시아 사회당을 자신의 '동지'라 부르며 러 일 양국의 제국주의적 욕망에서 나온 전쟁을 비난했다. 슈스이는 러시아 사회당의 형제자매를 향해 '제군의 적은 일본인이 아니라, 바로 오늘날의 이른바 애국주의고 군국주의다. 우리의 적은 러시아인이 아니라 역시 지금의 애국주의이다'라고 호소했다. 이 슈스이의 논설은 〈평민신문〉에도 그 번역문이 발표되었다. 이것이 세계 각국에서 큰 반향을 불러일으켜 잇따라 전재되고 번역되어 실렸다.[1094] 러시아 사회민주노동당의 기관지 〈이스크라〉는 슈스이의 주장을 '역사상 중대한 문서'라고 칭찬하면서 함께 군국주의 박멸을 외쳤다.[1095]

러시아인에게까지 격려를 받았음에도 불구하고 〈평민신문〉은 일본 땅을 뒤덮고 있는 전쟁 열기의 적수가 되지 못했다. 3월 27일, 슈스이는 논문 「아, 증세!」를 발표해 세금을 전비로 사용하는 일을 비판했다. 정부는 슈스이의 논문이 국익을 손상시키고 사회 질서를 어지럽힌다고 해서 〈평민신문〉의 발행인 겸 편집인인 사카이에게 경금고 2개월 형을 선고했다. 이는 일본의 사회주의운동 사상 최초의 금고형이었다.[1096]

1904년 11월 13일, 〈평민신문〉은 발간 1주년 기념 신문을 찍었다. 이날 신문은 전면을 『공산당 선언』 번역으로 가득 메웠다. 그러나 발행 전에 평민사의 사원인 슈스이, 니시카와 고지로(西川光二郎), 이시카와 산시로(石川三四郎)가 '조헌(朝憲) 문란'이란 죄명으로 기소되었다. 슈스이도 편집인으로서 금고 5개월, 벌금 50엔이 선고되었다. 『공산당 선언』의 번역이 게재된 기념호는 발매 금지되었고 발행인 니시카와, 역자 슈스이와 사카이 세 명이 기소되어 각각 벌금 80엔을 다시 지불해야만 했다.[1097]

슈스이는 1905년 2월, 감옥에 들어갔다. 5개월간 감옥에서 엥겔스, 크로포트킨 등 정치적 학설의 논문과 에르네스트 르낭의 『예수전』 공부에 집중했다. 끊임없이 공부에 전념할 수 있는 시간을 얻은 이 시기가 슈스이로서는 다행이었다. 하지만 슈스이는 건강이 좋지 않았다. 옥중 생활은 슈스이의 건강을 다시 악화시켰다. 감옥에서 나왔을 때 슈스이는 옛 동료들이 기대한 것처럼 평민사를 재건할 만한 여력이 없어 보였다. 미국의 무정부주의자 앨버트 존슨에게 낸 8월 10일—이날은 일본과 러시아가 강화 회의를 개시한 날이었다—의 서한에서 슈스이는 자신이 마르크스파 사회주의자로서 감옥에 들어갔으나 출옥할 때는 과격한 무정부주의자로서 되돌아왔다고 털어놓았다.[1098] 슈스이는 또 왜 자신이 외국으로 가야 하는지 그 이유를 열거했다.

첫째, 국제공산주의나 무정부주의운동을 이해하기 위해 필요한 외국어를 익히고 싶다. 둘째, 외국의 혁명 지도자들을 찾아가 그들의 운동에서 직접 배우고 싶다. 셋째, 천황의 독수가 미치지 않는 외국에 가서 그곳에서 천황의 지위와 정치적 경제적인 법제도에 대해 자유로이 논평하고 싶다.[1099]

슈스이는 천황에 대한 놀라운 태도 전환에 관해 아무런 설명도 덧붙이지 않고 있다. 슈스이와 마찬가지로 사회주의자, 평화주의자인 친구 기노시타 나오에(木下尙江)는 일찍이 슈스이의 모순을 지적한 적이 있다. 합법 조처를 취한다는 슈스이의 주장과 천황에 대한 영합적 태도의 모순을 비판했던 것이다. 그러나 기노시타의 생각에 의하면, 5개월의 옥중 생활 덕택에 슈스이는 자신의 사상을 '유감없이 철저하게' 갖출 수 있게 되었다.[1100]

슈스이가 감옥에 있는 동안 평민사는 전쟁이 돌아가는 형편에 따라, 비전론의 입장을 바꾸지 않을 수 없게 되었다. 전쟁 비판은 이미 일본인의 관심 바깥에 있었다. 뤼순 함락, 평톈 회전 승리 후, 일본인은 전승을 확신하고 있었다. 사회주의에 대한 열광은 아직 눈도 뜨지 못하고 있었다. 그러나 평민사에 대한 금전적 지원자는 손을 거둬들이기 시작했고, 특히 기독교도파와 유물론파 사이에서 의견 대립이 있었다. 사카이까지도 평민사를 떠날 결심을 굳히고, 가정 잡지 편집으로 생계를 꾸리기로 했다.[1101] 8월 27일, 슈스이는 〈동지 제군에게 의견을 묻는다〉를 발표하면서 도미 계획을 밝혔다. 9월 26일, 니시카와 고지로의 출옥을 축하하는 모임을 가진 후, 평민사의 해산이 결정되었다.[1102]

슈스이는 1905년 11월, 미국을 향해 떠났다. 여비와 미국에서의 생활비는 친지와 가족의 전별금으로 갹출되었다.[1103] 출발에 즈음해 이렇게 썼다.

아, 나는 무슨 까닭에 일본을 떠나는가. 다른 방법이 없다. 중지할 수 없다. 정부의 박해가 평민사를 쓰러뜨린 후, 나의 병과 가난은 나로 하여금 아무것도 할 수 없게 해버렸다. 지난 8일 밤, 동지의 송별회에서 기노시타 군은 나를 보내면서 상처받은 용사를 보내는 느낌이라고 했다. 나는 용사는 아니지만, 확실히 패군의 낙오자가 세상에서 숨을 집을 찾아가는 꼴이다.[1104]

미국에 도착했을 때, 슈스이는 문명(文名)이 자신을 훌쩍 뛰어 넘어 있음을 알게 되었다. 슈스이를 시애틀, 샌프란시스코에서 열렬히 환영한 것은 그의 저작, 특히 〈러시아 사회당에 드리는 글〉을 읽은 일본인 거주자들이었다. 슈스이는 사방의 강연회에 끌려다니느라 바빴고, 자신이 썼듯이 손님이 끊일 날이 없었다.[1105] 샌프란시스코에서는 열렬한 무정부주의자인 러시아 부인에게 소개되어 그녀의 집에 하숙을 하게 되었다. 존슨에게 쓴 것처럼 옥중에 있는 동안에 슈스이는 무정부주의자가 되었다. 그러나 보통선거가 소용없는 짓이라는 것, 그리고 군주를 암살해야 할 필요성에 대해 슈스이가 깨닫게 된 것은 이 하숙집 여주인[1106]을 알게 된 후의 일이었다.[1107] 슈스이는 압제적인 정부를 전복시키고 정부가 없는 사회를 탄생시켜, 그곳에서 모두가 사회 전체의 행복을 위해 사이좋게 일할 수 있게 하려면 폭력이 필요하다고 믿게 되었다.

미국 체재 6개월간, 슈스이는 당초 존슨에게 써보낸 연구 계획대로 일을 했던 것은 아니었다. 그러나 슈스이는 많은 사람들을 만났고, 미국에서의 사회혁명당 결성에 적극적으로 참가했다. 오래지 않아 슈스이는 미국에서조차 언론의 자유에 한계가 있다는 것을 발견하게 되었다. 슈스이는 일본의 이민을 보고 '스쿨보이 하우스워커' 인종이라며 업신여기는 인종 편견에 통렬한 논평을 가하고 있다.[1108] 유명한 샌프란시스코 대지진이 일어났을 때, 슈스이는 마침 그 자리에 있었다. 슈스이는 불꽃 속에서 쾌재를 부르짖고 있었다.

아, 불이여, 쾌재로다. 그가 나아가는 곳에는 신도 없고, 부도 없고, 아무런 권력도 없도다. 장려한 수많은 사원들, 우뚝 솟은 시청의 대건물, 숱한 금고, 숱한 재물, 어느 것 하나 불티의 우박이 되지 않음이 없도다.[1109]

귀국하는 배 안에서, 슈스이는 평민사 샌프란시스코 지부의 오카 시게키(同繁樹)에게 말했다. 일본에서 혁명을 일으키려면 천황을 쓰러뜨릴 필요가 있다는 것이었다. 슈스이는 오카에게 접근 수단으로 귀족원의 수위로 지원하는 것이 어떻겠느냐고 권했다.[1110]

슈스이가 미국에 머무르는 동안 일본 국내의 정치적 상황은 크게 변하고 있었다. 사회주의자로서 특히 중요했던 것은 1905년 12월에 반동적인 가쓰라 내각이 총사퇴하고, 이듬해인 1906년 1월에 사이온지 내각이 성립된 일이었다. 신내각은 사회주의를 세계의 일대 조류로 인정해서, 경찰에 함부로 탄압하면 안 된다는 견해를 보이고 있었다. 이를 기화로 사회주의자 중에는 그해 1월에 '일본평민당'의 창당 신청을 한 자가 있었다. 정부는 이를 인가했다. 다른 사회주의자들—사카이가 이끄는—은 '일본사회당'의 결당계(結黨屆)를 냈는데, 이것도 수리되었다. 사회주의 정당이 이미 합법적으로 결성되어 있었던 것이다.

그러나 슈스이는 이미 의회 정책으로서의 사회주의에는 관심이 없었다. 슈스이는 이와 대조적으로 자신이 지향하는 '순수 사회주의'를 부르짖었다. 슈스이에 의하면 이는 무정부 사회주의를 뜻했다. 슈스이는 이미 샌프란시스코에서 목도한 무서운 불길 같은 무정부주의의 불꽃에 취해 있었다.[1111] 슈스이가 귀국한 뒤의 제일성은, 같은 사회주의자들에게 충격을 주어 그들을 당혹하게 했다. 슈스이는 평화적인 의회 전술이 아니라 직접 행동으로써 제너럴 스트라이크(=총파업)를 주장했던 것이다.[1112] 이 단호한 태도는 당연한 귀결로서 사회주의자들—특히 법적인 인정을 절실히 바라고 있던—사이에서도 격론을 벌이게 만들었다.

1907년 1월, 먼저 신문의 이름을 이어받은 〈평민신문〉이 부수 1만3천, 정가 1전으로 발간되었다. 언론의 자유를 주장하고, 그 '논단과 보도에 관해 아무런 간섭, 견제, 속박을 받지 않겠노라'고 선언했다.[1113] 그러나 이윽고 밝혀지게 된 것은 일간 〈평민신문〉이 직접 행동을 부르짖는 '경파(硬派)'에 의해 좌우되고 있다는 사실이었다. 하긴 슈스이 자신은 아무에게도 그 자신의 신념을 강요하려 하지 않는다고 언명했다. 슈스이는 혁명은 자연의 기운이라고 했다. 마치 그의 가설을 증명하기라도 하듯이 이 무렵 일련의 자연 발생적인 파업이 빈발했다. 그중에는 아시오 구리 광산의 대형 쟁의도 있었다.[1114] 구리 광산의 파업은 내무대신 하라 다카시(原敬)가 파견한 군대에 의해 진압되었다.

1907 2월, 일본 사회당 제2회 대회가 도쿄에서 개최되었다. 드디어 마르크스를 신봉하는 사회주의자와 바쿠닌을 추종하는

무정부주의자—슈스이 포함—사이에 심각한 분열이 있다는 사실이 밝혀졌다. 재미 일본인 조직인 사회혁명당은 무정부주의자의 공격을 선도하는 꼴이 되었다. 1906년 12월 말, 기관지에 각국 원수에 대한 맹렬한 공격이 실렸는데, 그 가운데 자본 계급을 대표하는 '황제'는 조속히 타도되어야 한다는 구절이 있었다. 1907년 11월, 무정부당 암살주의자로부터 메이지 천황에게 보낸 공개장 '일본 황제 무쓰히토(睦仁) 군의 발밑에 보냄'이라는 불경 문서가 샌프란시스코의 일본 영사관과 일본인 거주 지역에 나붙었다.[1115] 이러한 사태의 전개는 슈스이와 관계가 없는 것도 아니었다. 미국에 있는 동안 사회혁명당을 결성한 것은 슈스이였고, 슈스이의 문장이 매호 어떠한 형식으로든 기관지에 등장하고 있었다.

사회주의자에 대한 탄압은 날로 강화되었다. 발간으로부터 3개월 후인 1907년 4월, 일간 〈평민신문〉은 어쩔 수 없이 폐간하게 되었다. 직접적인 원인이 된 것은 독자들에게 체제 타도를 호소하는 가부장제에 대한 통렬한 비판 〈부모를 걷어차라〉라는 제목의 야마구치 고켄(山口孤劍)의 기사였다.[1116] 정부의 사회주의자 탄압과는 무관하게 슈스이와 가타야마 센의 대립은 점점 더 격렬해졌다.[1117] 슈스이는 무정부주의를 옹호하면서 암살자의 단체가 아니라고 주장했다. 다만 슈스이는 암살이 '포악한 압제의 기초를 무너뜨릴 때, 겁쟁이의 심중에 반역의 영화(靈火)를 지필 때'에만 가치가 있다고 언명했다.[1118]

슈스이가 고향인 도사의 나카무라에서 질병 요양 중이던 1908년 6월, 경파 사회주의자가 도쿄에서 데모 소동을 일으켰다. '무정부' '무정부 공산' 등의 글씨가 쓰인 붉은 기가 가두로 몰려나왔다.[1119] 사건은 비교적 소규모였으나 무정부주의 지도자 대부분이 검거되어 준엄한 처분을 받았다. 그것은 사회주의 운동 내부의 무정부주의자들의 알력 격화와, 경찰의 가혹한 탄압 강화 조짐을 알리는 것이었다. 사회주의에 가장 강경하게 반대하는 야마가타는 사이온지가 과격파에 대처하기에는 너무 물러빠졌다고 판단하여 가쓰라로 대체하도록 천황에게 권했다.[1120] 야마가타의 책략은 성공을 거두었다. 1908년 7월, 가쓰라는 내각을 조직하라는 명을 받았다. 결국에는 사회주의자 단속을 위해 강경한 탄압 조처가 채용되었다.

그러는 동안 일본 전국 도처에서 무정부주의자의 반정부운동이 싹트기 시작했다. 일간 〈평민신문〉은 이미 많은 사람들을 무정부주의자로 전향시키고 있었다. 그러나 지적인 이론가와는 아주 판판으로, 그 대부분이 농민, 공장 노동자, 실업자들이었다. 요주의 인물인 과격파에 대한 경찰의 감시에도 불구하고, 무정부주의자들은 각각 작은 집단을 결성해서 '기슈조(紀州組)' '하코네조(箱根組)' '신슈조(信州組)' 등으로 불렀다. 예를 들면 하코네에서는 승려 우치야마 구도(内山愚童)가 몰래 『입옥 기념 무정부공산(入獄紀念無政府共産)』이라는 소책자를 펴내 배포하고 있었다. 그 책자에는 다음과 같은 구절이 있었다.

이 정부의 우두머리인 천자라는 자는, 제군이 소학교 교사 등에게 속아 넘어가고 있는 따위의 신의 자식도 아무것도 아니다. (중략) 땀 흘려 일하는 소작인 제군은 하루하루 먹고 살기도 어려운 터에, 일본은 신의 나라라고 해봤자, 제군은 조금도 고맙지가 않겠지. (중략) 그러면서 평생을 신의 가면을 뒤집어쓴 도둑의 자

손을 위해 일해야 한다고 배우고 있으니, 제군은 언제까지나 가난을 벗어날 수가 없는 것이다.[1121]

일본이 되었건 캘리포니아가 되었건, 무정부주의자의 논문에 나오는 '적'으로 표적에 세워지고 있는 것은, 이제 부패 정치나 탐욕스러운 자본가가 아니라 천황이었다. 변화를 위해 사용되는 무기는 총파업에서 폭탄으로 옮겨가고 있었다. 슈스이는 암살을 성공시키기 위해서는 많은 인원이 필요한 것이 아니라고 주장했다. 결사의 지사 50명이면 충분하다는 것이었다.

처음에는 각 조(組)와 조 사이에 연대 없이 독자적인 행동 계획을 세우기로 되어 있었다. 우치야마 구도는 사용할 무기로 다이너마이트를 가지고 있었다. 그러나 우치야마는 천황보다는 황태자를 죽이는 편이 손쉽지 않을까 생각하고 있었다. 가장 구체적인 계획을 세우고 있었던 것은 신슈조의 미야시타 다키치(宮下太吉)였다. 미야시타는 독자적으로 폭탄을 제조해서, 천황 암살에 사용하자고 제안했다.[1122] 그러나 1909년 2월, 미야시타가 슈스이를 찾아갔을 때, 슈스이는 미야시타의 용기를 칭찬하면서도 그 계획의 성공 여부에 의심을 표명했다. 슈스이는 건강 상태가 좋지 않았다. 크로포트킨의 『빵의 약취(略取)』 번역본을 막 출판한 슈스이는 죽기 전에 몇 개의 계획을 완성시키고 싶어했다. 예를 들면 그것은 '그리스도 말살론'이었다. 어쩌면 이렇게 볼 수도 있다. 항상 무정부주의의 원리를 남에게 설명하고 있었음에도 불구하고, 슈스이의 천황에 대한 숭경의 마음은 스스로 폭탄을 던져서 천황을 암살하기 어렵게 만들고 있었는지도 모른다.[1123]

어쩌면 가장 과격한 무정부주의자는 여성, 즉 간노 스가(管野スガ)였을 것이다. 가족에 의해 사랑이 없는 결혼을 강요당한 스가는 집을 나가 한때는 사회주의자인 아라하타 간손(荒畑寒村)과 동거했다. 간손은 스가를 자신의 좌익사상으로 세뇌했다. 두 사람 모두 '아카하타(赤旗)' 사건으로 체포되었는데, 스가는 증거 불충분으로 석방되었다. 간손이 아직 감옥에 있을 때 스가가 슈스이의 시중을 들게 되었고, 결국은 슈스이의 애인이 되었다. 슈스이는 이제야 겨우 자신이 바라 마지않던 혁명의 이상을 공유할 아내를 발견했다고 기뻐했다. 그러나 스가는 너무나 광적으로 암살 실행을 촉구했다. 슈스이의 열정이 식으면서 두 사람은 헤어졌다.

슈스이는 암살 계획에 참가하지 않는다고 밝혔으나 미야시타는 아직도 자신의 계획을 실행에 옮길 결심이었다. 미야시타는 세 명의 동지를 모았다. 간노 스가, 니무라 다다오(新村忠雄), 후루카와 리키사쿠(古河力作)다. 1909년 11월 3일,[1124] 미야시타가 제조한 폭탄 실험이 성공했다. 1910년 5월 17일, 네 명은 천장절(天長節: 11월 3일)의 군사훈련에서 돌아오는 천황의 마차를 습격하는 역할을 제비뽑기로 정했다. 스가가 행운의 숫자를 뽑았다. 첫 번째 폭탄을 던지게 된 것은 스가였다.

5월 20일, 이전부터 미야시타에게 의심을 품고 있던 경찰이[1125] 미야시타의 집을 수색해서 깡통 두 개를 발견했다. 다음으로 경찰은 미야시타의 근무처인 제재소를 수색해서 약품과 깡통을 또 발견했다. 25일, 고발장이 나왔고 신슈조 다섯 명이 체포되었다.[1126] 검거는 이어져 슈스이가 6월 1일에 구인(拘引)되었다. 기슈, 구마모토, 오사카 등 직 조외 검거가 이어지고, 최종적으로 기소를 한 것은 10월 18일이었다.

공판은 12월 10일에 시작되어 12월 29일에 끝났다. 26명의 피고가 형법 제73조 위반으로 기소되었다. 형법 제73조는 천황 또는 황족에게 위해를 가하거나, 혹은 가하려고 한 자는 사형에 처한다고 정해져 있었다. 간노 스가는 재판 중 음모에 관여한 사람은 네 명이라고 주장했다. 스가의 주장이 아니더라도 슈스이가 관여하지 않았다는 것은 분명했다. 그럼에도 불구하고 슈스이는 무정부주의의 교의로 남들을 선동했다고 해서 기소되었다.[1127] 경찰은 슈스이를 놓아주지 않을 결심이었다.

선고는 1911년 1월 18일에 내려졌다. 26명의 피고 가운데 24명이 사형 선고를 받았다. 나머지 두 명은 징역이었다. 1월 19일, 천황의 감형 명령에 의해 관계 각료, 검사총장 등이 회의를 열어 특사를 고려했다. 그 결과 피고 열두 명은 감형되어 무기징역 처분을 권고했다. 이는 수리되었다. 그러나 나머지 열두 명은 1월 24일, 25일 이틀 동안 교수형에 처해졌다.[1128]

대역의 음모에 완전히 가담하지 않은 자에게까지 내려진 이 엄한 판결은 일본 문학계 일부에 충격을 던져주었고, 해외로부터도 항의의 목소리가 거세게 일었다. 그러나 아마도 당시의 거의 모든 사람들은 무정부주의자의 음모가 반역의 끔찍한 행위이며, 사형이 지극히 당연하다고 여기고 있었던 것 같다.[1129] 이 재판과 26명의 피고인에게 내려진 유죄 판결은 어떻게 해서든지 사회주의를 박멸하고 싶어하던 정부 당국을 만족시켰다. 실의의 겨울을 지나 사회주의자들이 다시 꿈틀거리기 시작하기까지는 10년이 또 소요되었다.

오늘날에 와서 되돌아본다면, 권력의 강한 충동에서가 아니라 이상의 충동을 받은 끝에 처형당한 남녀에 대해 동정론으로 기울어지기 십상이다. 천황 암살 계획이 실패했으니 암살 미수 용의자들을 용서해도 좋을 것이 아닌가 하고 말이다. 유감스럽게도, 이 사건은 일본에서 계획되었거나 실행된 암살 계획의 마지막은 아니었다. 그러나 뒤이어 30년 동안 일어난 암살의 주모자는 무정부주의자가 아니라 극우 광신자들이었다.

제61장 천황 붕어

메이지 천황의 치세 제44년은 대역 사건의 흥분이 가라앉은 후 별다른 극적인 사건이 없었다. 주목할 사건이라면 가령 미국, 프랑스, 스페인, 기타 나라들과의 새로운 통상조약 조인이 있었다. 지금까지의 조약을 특징짓고 있던 일본에 대한 경제적, 법률적 차별이 철폐되었다. 그러나 일본 이민 문제는 미국과 대체로 우호적이던 관계를 손상시키며, 앞으로의 미일 관계에 앙금을 남겨놓게 되었다.[1130]

1911년 7월, 제3차 영일 동맹이 체결되었다. 그러나 당초의 조문에 수정이 가해짐으로써 동맹은 약화됐다. 일본 해군의 증강과 조선, 만주로의 일본의 진출을 못마땅해 하는 미국은 환영받을 수 없는 사태의 원인이 영일 동맹에 있다면서 비난했다. 미국은 분명 동맹의 해제를 기대하고 있었다.[1131] 영국은 미국의 이의 제기를 완전히 무시할 수는 없었다. 영국은 만일 두 나라 사이에 분쟁이 일어날 경우에는 중재 재판을 한다는 조약을 미국과 체결하려 하고 있었다. 중재 재판 조약은 그러나 영일 동맹 조항과 모순되었다. 만일 일본과 미국이 전쟁을 한다면 영국은 영일 동맹 협약에 의해 일본에 가담해서 미국과 싸우지 않을 수 없었다. 그러나 만일 영국에 중재를 제기해야 할 의무가 있다면, 중재국은 참전에 반대하는 재결을 내릴지도 몰랐다. 일본은 다른 분쟁에 대해 중재 제기를 거부했다. 이미 이제까지의 경험이 일본에 가르쳐준 바에 의하면, 백색 인종의 나라와 황색 인종의 나라 사이에서 분쟁이 일어나 그것이 중재로 넘어가는 경우에는, 반드시 백색 인종 나라의 승리로 돌아간다는 것이었다.[1132]

그러나 최종적으로 일본은 다음과 같은 사항에 동의함으로써 동맹의 위기를 넘길 수 있었다. 영국이 중재 재판 조약을 체결한 상대국, 예컨대 미국과 일본이 전쟁에 돌입하는 경우, 영국은 일본을 지원하는 의무를 지지 않아도 좋다고 했던 것이다.[1133] 일본이 이렇게 양보한 이유는 아직 영일 동맹이 극동의 평화를 유지하는 데 도움이 된다고 믿고 있었기 때문이다. 그러나 일본 측에서 볼 때 이 동맹은 사실상 당초의 중요성을 상실하고 있었다. 영일 동맹은 적어도 일본으로서는 유럽 열강과 대등하다는 상징이었고, 동시에 러시아의 침략에 대한 방파제였다.

영일 동맹이 처음 선언되었을 무렵에는 극단적인 친일적 감정이 영국 전토를 석권하고 있었다. 그랬던 것이, 특히 러일 전쟁이래 식어버리는 듯한 징후가 보이기 시작하고 있음도 사실이었다. 일본인에 대한 반감, 아마도 잠재적으로 존재하는 인종적, 종교적 편견에 기인하는 것으로 보이는 반감은 일본의 상업적, 공업적 발전에 대한 공포감의 형태로 나타났다. 영국 내에서는 일본이 동맹을 오로지 일본의 이익만을 위해 이용하고 있는 것이 아닌가 하는 의심이 움터 나오고 있는 상황이었다. 일본은 이미 청나라 영토 보전의 약속을 깼고, 문호 개방 정책을 견지하겠다고 공언하고 있으면서도 만주에서 아주 중요한 이권을 독점하려는 것 같았다.[1134] 드디어 영국 국내에서 동맹 파기를 요구하는 목소리가 나왔다. 그러나 외무대신 에드워드 그레이 경은 동맹의 갱신을 지지했다. 그레이 경은 증강되어 가는 독일 해군에 대항하기 위해서는 일본 해군이 필요하다고 느끼고 있었다.

1911년 7월, 이 무렵 야마가타 아리토모는 러일 전쟁 이후 일본에서 번지고 있는 인심의 이완을 한탄하며, 천황에게 군비 확충을 촉구했다. 야마가타는 러시아가 이미 패전에서 회복해 가고 있다는 것, 청나라 육군이 과거에 비해 실력이 충실해졌다는 것을 지적했다. 그리고 미국의 태평양 정책이 모든 면에서 일본의 이권과 상충하기 때문에—상상하기 어려운 일이기는 하지만—조만간 미일 간의 전쟁 발발을 피하기 어렵다는 점을 지적했다.[1135]

이러한 불길한 예측에도 불구하고 일본을 지배하고 있는 공기는 평화로웠다. 여기에는 지금까지 무시해 온 사람들을 챙길 여유까지 있었다. 이 시기의 천황은 우선 일본 경제의 급속한 발전에서 뒤처져 있는 사람들의 곤경에 대한 인식을 표했다. 2월 11일, 천황은 내각 총리대신 가쓰라 다로에게 칙어를 내렸는데, 그중에는 다음과 같은 구절이 있었다.

의지할 상대도 없고 의약품을 공급받을 수도 없어서 천수를 다할 수 없는 사람이 있다고 한다면, 이는 짐이 가장 마음 아픈 일이다. 그래서 짐은 무료로 약도 주고, 치료도 해줌으로써 이 사람들의 생명을 구하기 위한 길을 넓히려 한다. 짐은 이 목적을 위해 짐의 사재를 그 자금으로 충당하고자 하니, 경은 짐의 뜻을 헤아려 적절한 조처를 취해서 일반 민중이 안심하고 의지할 수 있는 곳을 만들기 바란다.[1136]

그날, 천황은 빈민을 위한 약품 제공과 치료를 위한 자금으로서 150만 엔을 내린다고 궁내대신을 통해 알렸다. 이것은 불행한 사람들을 위한 의료에 천황이 처음으로 내린 돈은 아니었다. 1878년, 니가타 현에서 트라코마가 만연한 것을 보고 마음이 아파 치료를 위한 자금을 내린 적이 있다.[1137] 일본의 어딘가에서 화재, 홍수, 지진이 일어날 때마다 천황은 피해자에게 기부금을 주었다. 그러나 이번 기부 액수는 종래에 비해서 상당히 고액이었다. 지금까지와는 다른 아주 새로운 관심을 보여준 것이었다. 아마 천황 자신이 노년기 질환의 무게를 느끼기 시작했기 때문에 똑같이 무거운 짐을 지고 있는 사람들에게 마음이 쓰인 것이 아닐까 여겨진다.

이해 천황은 건강에 무리가 될 만한 행사 참석을 취소하는 경우가 늘었다. 예를 들면 4월 20일, 천황 부부는 하마 별궁의 벚꽃놀이에 갈 예정이었다. 그러나 이날은 바람이 강하게 불고 모래먼지가 날릴 것 같았다. 그래서 나가지 않기로 했다.[1138] 천황은 지금까지 야유회 따위를 진심으로 즐긴 적이 없었다. 그런 곳에 나가면 참석자들과 친밀한 듯 행동하지 않을 수 없었고, 이미 천황은 너무나 많은 외교관들과 악수를 했다고 느끼고 있었을 것이다. 그러나 천황은 늘 이런 귀찮은 의무를 성실하게 다해 왔다. 그러나 이제는 그동안 터득해 온 유교의 가르침으로도 더 이상 육체적 피로를 극복할 수 없게 되었다.

천황은 이해 말쯤에 인내의 마지막 시련이라고 할 수 있는 의무를 수행했다. 그것은 후쿠오카 현에서의 육군 특별 대훈련 시찰이었다. 천황은 11월 7일, 기차로 도쿄를 출발했다. 도중 시즈오카와 히메지(姬路)에서 각각 1박한 다음, 9일에 미타지리(三田尻)에 도착했다. 공작 모리 모토아키(毛利元昭)의 별장을 행궁으로 삼고, 그곳에서 야마가타 아리토모, 가쓰라 다로를 비롯한 수많은 쟁쟁한 조슈 인사들의 마중을 받았다. 그날 밤, 모토아키는 천황의 여행길을 위로하고자 여흥을 준비했다. 사쓰마 비파에 의한 〈요시노(吉野)의 낙화〉, 지쿠젠 비파에 의한 〈의사(義士)의 숙원〉 연주, 이어서 준비한 활동사진 감상은 아마 천황으로서는 첫 경험이었을 것으로 여겨진다. 활동사진은 아오모리 현 사메(鮫) 항 앞바다의 고래잡이 실황, 너구리가 사람으로 둔갑해서 재롱을 부리는 일막극, 그리고 아프리카 내륙의 급류 타기였다. 수행원 한 사람이 영상에 설명을 붙였다.[1139]

천황은 이튿날, 시모노세키를 향해 출발했다. 시모노세키에서 해군 소속의 배를 타고, 모지(門司)로 건너갔다. 그곳에서 기차로 대본영이 될 구루메(久留米)로 향했다. 11일, 천황은 구루메를 떠나 기차와 마차를 바꿔 타가며 대훈련이 벌어질 오카야마에 도착했다. 천황은 훈련을 시찰할 언덕 꼭대기까지 걸어서 올라갔다. 천황이 이 언덕을 올라갈 수 있었던 것은 편의를 위해 통나무를 가로놓아 급조한 60단의 계단 덕분이었다. 올라갈 때 팔을 의지할 수 있도록 푸른 대나무 난간을 계단을 따라 설치해 놓았다. 언덕 오르기가 천황의 체력을 상당히 소모시킨다는 것은 누구의 눈에도 분명했다. 그러나 천황은 언덕 꼭대기까지 다 올라갔을 뿐 아니라 약 2시간에 걸쳐 훈련을 지켜봤다.

허리를 굽혀 지도를 들여다보는 천황의 사진은 이때 육군 사진반에 의해 촬영된 것이다.[1140] 이 옆모습 사진은 천황의 사후, 천황의 서명 복사와 함께 발표되었다. 그러나 사진은 천황의 자세를 일으키기 위해 필름을 90도 회전시켜 인화되었다. 1873년, 사진가 우치다 구이치(内田九一)의 카메라에 찍힌 이래, 38년 만에 촬영된 천황의 사진이었던 것 같다.[1141]

귀로에 천황은 다시 모리 모토아키의 환대를 받았다. 사쓰마 비파와 지쿠젠 비파가 연주되고, 활동사진은 중앙아프리카에서 프랑스까지 우편물이 도착하는 과정을 보여주는 영상, 그리고 코믹한 소품이었다.[1142] 천황은 도쿄로 돌아온 다음에 비로소 다음과 같은 사실을 알게 되었다. 11월 10일, 천황의 특별 열차를 준비하던 중, 실수로 차량이 탈선하게 되었다. 그 바람에 기차의 출발이 1시간 늦어졌다. 책임을 느낀 조차계(操車係) 한 명이 다음 날 다른 기차의 차량 밑으로 몸을 던졌다. 천황은 유족에게 3백 엔을 보냈다.[1143]

1912년 2월, 정례 가을철 특별 대훈련 계획이 천황의 재가를 받기 위해 올려졌다. 계획에 의하면 천황은 둘째 날 밤만 가와고에(川越) 대본영에 머물고, 나머지 사흘은 황궁에서 지내기로 되어 있었다. 이 계획은 분명 천황의 쇠약해진 건강을 배려한 것이었다.

천황으로서는 보기 드물게 계획에 재가를 내리기까지 시간이 걸렸다. 참모본부는 더 이상 기다릴 수 없었다. 참모본부 총무부장이 입궐해서, 시종장을 통해 천황의 의사를 타진했다. 천황은 다음과 같이 대답했다.

이번 훈련 계획을 보니 짐은 하룻밤만 가와고에의 행궁에서 자게 되어 있다. 군대는 비바람과 관계없이 노영(露營)을 하며 실전 훈련을 하는데, 어떻게 짐 혼자서 한가하게 궁궐 안에서 잘 수가 있는가. 이런 계획은 인정할 수 없다.

계획은 수정되어 천황이 훈련 기간 내내 가와고에 행궁에서 숙박하게 되었다. 새로운 계획이 주상되자 천황은 그날로 이를 재가했다.[1144] 천황은 훈련 시찰이 자신의 건강에 무거운 짐이 될지 모른다는 사실을 인정하려 하지 않았다. 어디까지나, 청일전쟁 때 그러했듯 병졸들과 고락을 같이하기를 주장했던 것이다.

후쿠오카에서 귀경한 지 얼마 지나지 않아, 천황은 청나라에서 동란이 일어났다는 보고를 받았다. 일본 정부로서는 당장 행동으로 나가기보다는 잠시 사태의 진전을 지켜보는 것이 낫다고 판단했다. 그러나 근년 청나라 조정의 무력함이 확실히 드러나 사실상 외국의 개입 없이 질서가 회복될 가망은 없었다. 그리고 보고에 의하면, 청나라 정권의 전복을 노리는 혁명 세력이 각지에서 일어나고 있었는데 통일성은 없었다. 반란의 주모자 간에 내분이 일어나고, 또 급히 그러모은 부대에는 규율이 없었으며, 실력은 의외로 빈약했다. 점거한 지역에서 혁명 세력이 과연 질서를 유지할 수 있을지도 의문이었다. 동란이 장기간 끌게 되면 통상 무역에 방해가 되고, 또 의화단 사건 때의 배외사상이 재연될 우려가 있었다. 이 긴박한 사태를 보며 일본 정부가 도달한 결론은, 청나라에 중대한 이해관계를 지닌 나라들로서는 수수방관만 할 수 없다는 것이었다.

런던 주재 일본 대사는 영국이 이 위기에 직면해서 어떤 조처를 취하려 하는지 확인하라는 지시를 받았다. 나아가 만일 영국이 일본의 입장을 물을 경우, 이렇게 설명하라는 지시를 받았다.

일본 정부는 중국에서 공화제를 실시하려 하는 자들의 공론(空論)을 진지하게 받아들일 수 없다. 동시에 일본 정부는 청나라 조정의 약체화를 알고 있다. 한인(漢人) 관리들의 중요성을 전면적으로 승인하고, 명목상으로는 (만주인에 의한) 청나라 조정이면서도 실제로는 한인에 의해 운영되는 정부를 기대한다.[1145]

청나라 사태에 대한 우려는 일본 국내에서도 서서히 커져가고 있었다. 청나라 조정은 정권 유지를 위한 필사적인 조처로 위안스카이를 내각 총리대신으로 임명했다. 위안스카이는 일본인들에게 잘 알려져 있는 인물로서, 청일 전쟁에 앞서 조선에서 눈부신 활약을 한 적이 있다. 청일 전쟁 후에는 청나라군을 재건한 것으로 명성을 얻었다. 이제 위안스카이는 중국의 초대 대통령이 될 기회를 노리고 있었다. 영국의 청나라 조정에 대한 지지는 흔들리고, 청나라 내부에서조차도 상층부 안에 공화제를 인정하려는 경향이 엿보였다.

일본 정부는 입헌 군주제가 중국의 정치 체제로 가장 소망스럽다는 견해를 바꾸지 않고 있었다. 그러나 일본 정부만 중국의 군주제 속행을 주장할 수는 없는 노릇이고, 언제까지나 중국의 앞날을 우려하고 있을 수만은 없다는 사실을 깨닫게 되었다.[1146]

1911년 12월 27일, 천황은 제28회 제국 의회를 개원했다. 칙어 가운데 천황은 청나라 동란에 언급했다. '짐은 이를 매우 우려하고 있다. 조속히 질서가 회복되어 화평을 보게 되기를 바란다.'[1147] 천황은―예를 들자면 독일 황제 빌헬름 2세가 독일의 영광을 역설한 것과는 대조적으로―지금까지도 동아시아의 평화에 대한 희망을 되풀이해서 말하고 있다. 이는 확실히 천황의 진심을 반영하는 것이었다. 그렇기 때문에 안중근, 고토쿠 슈스이 같은 인물이 일본 정부를 증오하면서도 천황은 존경했던 것이다.

12월 28일, 청나라 정부는 '적대 행위를 그치고 조속히 임시회의를 소집해서 공정한 민론을 바탕으로 입헌군주제냐 공화제냐의 양자택일을 결정해야 한다'는 성명을 발표했다. 다음 날인 29일, 이 성명과는 상관없이 난징(南京)에서 임시 공화 정부 대총통 선거가 있었고, 쑨원(孫文)이 선출되었다. 쑨원은 1912년 1월, 임시 공화 정부 대총통에 취임했다.

1월 21일, 청나라 주재 특명전권공사 이즈인 히코키치(伊集院彦吉)가 위안스카이를 찾아갔다. 이즈인은 위안스카이에게 "정부군과 혁명군의 화의는 진척의 기미가 없다고 들었고, 황제가 퇴위한다는 소문도 있다. 실상은 어찌되어 있는가" 하고 물었다. 위안스카이는 다음과 같이 대답했다.

혁명군과의 교섭은 사실상 교착 상태다. 쌍방 모두 국민의회의 개최지조차 일치를 보지 못하고 있다. 정부는 개최지로 베이징을 제안했으나, 혁명군은 이에 강하게 반대하고 있다. 아무튼 정부군의 재정 상태는 날로 핍박을 받고 있어, 군비의 결핍을 보충할 방도도 없는 상태다. 상하이나 홍콩의 민간단체와 지방 관리들은 황제의 조속한 퇴위와 공화 정체의 수립을 요구하고 있다.[1148] 외국 상업회의소 역시 똑같은 취지의 전보를 보내고 있다.

국내외로부터의 반대에 봉착해서, 이미 청나라 정부는 입헌 군주제에 대한 희망을 단념하고 있었다. 황태후가 지난 16일, 위 안스카이를 불러 응급책을 물었다. 위안스카이는 퇴위에 대해서 는 신하로서 아무것도 주청할 수가 없다고 대답했다. 황족 간의 의견마저 양분되어서 정세는 혼돈 상태였다. 위안스카이는 마 지막으로 무슨 묘안이 있거든 가르쳐달라고 이즈인에게 부탁했 다.[1149]

이즈인은 일본 정부로서는 권할 만한 용이한 해결 방법이 아 무것도 없다고 답했다. 그러나 입헌군주제에 대한 일본 측의 기 대를 전달했다. 설혹 그것이 황제를 명목상의 존재로 끌어내리 는 결과가 되더라도, 입헌군주제의 목적을 관철하는 것이 최상 의 방책이라고 했다. 가장 위험한 길은 정치에 대한 경험도 없이 혈기에 빠지는 자들에게 정부 조직과 운영을 맡기는 일이었다. 그렇게 하다가는 내치와 외교 양쪽에서 파멸을 초래할 것은 필 지의 일이라고 말했다. 이즈인은 다시 황제의 퇴위 후, 혁명군은 어떠한 계획을 가지고 있느냐고 물었다. 위안스카이는 아직 직 접적인 정보는 얻지 못하고 있다고 대답했다. 그러나 소문에 의 하면 쑨원은 수도를 베이징에서 난징으로 옮기려 계획하고 있었 다. 그 경우 일본 정부는 어떤 태도로 나올 것인지 위안스카이가 물었다.

이즈인은 "누가 중국 정부를 조직하고 또 수도가 어디가 되건, 일본 정부로서는 내란을 진압할 수 있다는 것을 확실히 하지 않 는 한, 어떤 정부도 승인할 수는 없다. 그렇게 되기까지 일본은 중국을 무정부의 나라로 취급할 수밖에 없다"고 대답했다. 이 대답에 위안스카이는 지극히 곤혹스러운 표정을 지었다.[1150]

3백 년 지배의 역사에 종지부를 찍는 청나라 조정의 최후는 몇 주 후에 왔다. 1912년 2월 12일, 여섯 살의 청조 황제 선통제(宣統帝)가 퇴위를 표명했다. 위안스카이에게 임시 공화 정부를 조직해서 통일에 관해 혁명군과 교섭할 전권이 주어졌다. 위안스카이의 군사 수완을 인정한 쑨원은 13일, 난징 참의원에 대총통의 사표를 제출하고 위안스카이를 새로운 대총통으로 천거했다. 난징 참의원은 이를 승인해서 3월 10일, 위안스카이가 베이징에서 열린 선서식에서 초대 중화민국 임시 대총통에 취임했다.[1151]

청나라 황제의 퇴위에 대한 메이지 천황의 반응은 기록되어 있지 않다. 그러나 천황은 포르투갈 국왕이 왕위를 박탈당해 3월에 초대 대통령이 취임했다는 보고를 들었을 때보다 분명히 더 동요했을 것이다. 중국은 유럽 어느 나라보다도 모든 의미에서 훨씬 가까운 나라였다. 1894, 1895년의 전쟁에서 일본이 준 결정적 패배에도 불구하고 일본의 중국에 대한 존경은 사라지지 않았다. 중국은 동아시아 국가들 사이에서는 우위를 상실했는지 모르지만, 중국 황제와 일본 천황 사이에서 교환되는 친서는 양쪽 모두 한문을 쓰고 있었고, 메이지 천황의 칙어에서는 유교의 고전에서 빌려온 중국 말투를 도처에서 찾아볼 수 있었다.

국가주의자들은 중국 고대 문명의 영광스러운 참 후계자는 현대의 중국인이 아니라 일본인이라고 주저하지 않고 말했다. 시황제 이래 2천 년 이상에 걸친 전통을 단절하게 된 중국 왕조의 붕괴는, 일부 일본인이 류큐 왕조나 조선 왕조 붕괴를 근대 세계

약소국가의 피할 수 없는 운명으로 치부하던 것과는 다른 차원의 이야기였다. 그 후 30년 이상에 걸쳐, 중국은 일본 군부에 의해 굴욕과 전쟁의 참화에 시달리게 되었다. 그러나 어떤 의미에서는 과거의 중국을 자기 자신의 것인 양 느끼고 있는 일본의 문인, 예술가들에게 중국은 여전히 강렬한 매력의 대상이었다.

천황의 건강 상태가 눈에 띄게 악화되고 있었다. 그럼에도 불구하고 천황은 줄곧 국사에 적극적인 관심을 가졌다. 육군 참모총장 오쿠 야스카타(奧保鞏)는 그즈음 귓병을 앓고 있었고, 또 퇴역 시기가 다가오고 있었다. 그래서 1911년 10월, 야마가타는 천황에게 오쿠의 후임으로 노기 마레스케를 추천했다. 이튿날 천황은 야마가타에게 "가쿠슈인 원장의 후임 물색이 곤란하지 않을까 걱정"이라고 말했다. 이는 정말로 천황의 속마음이었을 것이다. 천황은 자신의 세 손자가 가쿠슈인에서 노기로부터 지도받기를 기대했다.[1152] 그러나 천황은 동시에 노기의 입장도 충분히 이해하고 있었을 것이다. 노기로서는 군인이라면 누구나 갈망하는 최고의 지위인 육군 참모총장에 임명되는 것이 가쿠슈인 원장으로 남는 것보다 훨씬 중요했다. 이 승진을 가로막는 것은 노기에 대해 너무나 몰인정한 처사 같았다. 어쩌면 천황은 뤼순에서 많은 희생자를 낸 노기를 아직도 용서하지 않고 있었는지 알 수 없다. 노기는 러일 전쟁의 영웅으로서 일본 국민의 우상이 되어 있었고, 또 외국 정부는 노기에게 훈장을 수여하기도 했다. 그러나 노기는 교육적인 직무에 내쳐지는 바람에 인격이 훌륭하다는 것을 제외하고는 참모총장으로서 아무런 자격도 갖지 못했다.[1153] 천황이 최종적으로 노기의 참모총장 임명을 거부한 일은 당연한 결정이었다. 야마가타는 노기의 추천을 철회하고, 오쿠 대장이 당분간 현직에 남아 있도록 다시 청원했다.[1154] 오쿠는 1912년 1월에 퇴역했고, 하세가와 요시미치(長谷川好道)가 후계자로 육군 참모총장에 취임했다.[1155]

천황의 치세 45년째(1912)의 새해는 오래도록 그래왔던 것처럼 이와쿠라 도모쓰나가 현소, 황령전, 신전의 제전을 대신했다. 이해, 메이지 천황은 환갑을 축하하게 되어 있었다. 그러나 천황이 자주 앓는 바람에 축제 분위기라고는 할 수 없었다. 전통적인 새해 행사는 예년과 마찬가지로 거행되었다. 진강은 아리스토텔레스의 정치서의 진강으로 시작되었다. 와카 시작 모임은 다카사키 마사카제가 올린 제목 '해변의 학' '신사(神社)의 삼나무'가 천황의 마음에 들지 않아 좀 지체되었다. 다카사키는 다시 두 개의 다른 제목을 올렸으나 이 또한 천황의 마음에 들지 않았다. 천황은 스스로 고른 '소나무 위의 학'으로 와카를 읊었다.

> 달 비치는 아침녘, 산비탈을 기어오르는
> 소나무 가지에 앉아 두루미 우는 소리[1156]

특히 이해의 와카 시작 모임에서 이례적이었던 것은 곤노텐지 소노 사치코가 출석한 일이었다. 궁정에서 가장 눈에 띄지 않는 존재인 곤노텐지는 보통의 경우라면 궁정 행사에 참석할 수 없었다. 그러나 아마 천황은 무사히 성장하고 있는 네 명의 공주를 낳은 소노에게 특별한 호의를 보인 것이 아니었을까. 어쩌면 천황은 그것이 자기로서는 마지막 와카 모임이 될지 모른다는 것을 느끼고, 그것을 기억에 남기고 싶었는지도 모르겠다. 사흘 후, 시의장 오카 겐쿄(岡玄卿)는 천황에게 섭생을 위해 잠시 동안 육류, 조개류, 버섯류, 장어, 양식 등은 드시지 말라고 당부했다. 같은 날, 이런 취지의 지시가 수라간에 통지되었다.[1157] 천황은 일과의 임무를 지키느라 여전히 내각 각료, 외국 대신 등을 접견했다. 이런 일이 천황의 쇠약해진 건강 상태에 무거운 부담이 되었음은 확실했다. 천황은 또 공신들이 사망하면 장례비를, 고령자에게는 술과 안주비를, 또 재해의 희생자에게는 위문금을 보내고, 육군 학교 졸업식 같은 공식 행사에도 참석했다. 4월, 천황과 초대객 2,044명은 하마 별궁의 벚꽃놀이에 나갔다.[1158] 5월에는 육군 야전포병 사격학교에서 신식 야포의 실탄 사격을 관람했다.[1159] 그리고 같은 달, 육군 경리학교의 졸업증서 수여식에 가서 우등생 등에게 상품을 주었다.[1160] 그날, 마차로 황궁으로 돌아오는 길에 한 사나이가 마차 안의 천황에게 직소를 시도했으나 경호하던 순사에게 붙잡히고 말았다. 나중에 정신이상자임이 밝혀진 이 사나이는 러일 전쟁에 종군하여 받은 상에 대해 불평이 있다고 했다.

5월에는 해군대학교, 육군사관학교 등 육해군 학교에서의 졸업증서 수여식 참석이 겹쳐졌다. 7월 10일, 도쿄제국대학의 졸업증서 수여식에 나갔으나 계단을 오르내리기가 몹시 힘들어, 군도를 지팡이 대신으로 사용했다.[1161] 14일 아침, 시의의 통례적인 진찰 때였다. 천황은 그날 새벽부터 몸에 통증을 느끼고 있었고, 위가 묵직하다고 호소했다. 다리에도 피로감을 느꼈다. 그리고 가끔 선잠을 잤다. 그럼에도 천황은 조선의 왕세자 이은에게 식부관(式部官)을 보내 근면함을 칭찬하고 여름 방학 동안에도 열심히 공부하도록 전하기를 잊지 않았다. 천황은 그런 말과 함께 양과자 한 상자를 이은에게 보냈다.

7월 8일, 만주와 내몽골에서의 일본과 러시아 세력권을 나누기 위해 각각 남북, 동서의 분계선을 정한 비밀 협약(제3차 러일협약)이 상트페테르부르크에서 조인되었다. 15일, 이 일이 추밀원에서 논의되었다. 회의를 벌이기에 앞서 천황은 의장 야마가타 아리토모를 자리로 불러 칙어를 내렸다. 그 가운데서 러일 분쟁의 원인이 제거되어 동아시아의 평화가 확보된 것에 기쁨을 표했다. 건강 상태가 시원치 않았음에도 불구하고 천황은 추밀원에 나왔다. 여느 때 같았으면 몸가짐이 정숙하고 단정했으며, 일단 자리에 앉으면 장시간에 걸쳐 거의 미동조차 하지 않는 것이 보통이었다. 그러나 이날, 천황은 심하게 자세가 흐트러졌으며 때로는 선잠을 잤다. 대신과 고문관들은 큰 충격을 받았다. 황궁으로 돌아온 다음 천황은 시신들에게 "오늘 회의는 외교에 관한 것인 데다가 특히 중요하여 굳이 출석했다. 그런데 너무나 피로해서 나도 모르는 사이 세 번이나 졸았다"고 말했다.[1162]

이날부터 맥박이 흐트러지고, 때로는 결체(結滯: 맥박이 뛰지 않음)가 있었다. 하지만 몸이 좋지 않음에도 천황은 계속 추밀원에 나갔다. 그러나 선잠의 주기가 점점 심해져갔다. 오후에 다과를 내놓고 밤이면 축음기로 마음에 들어하던 곡을 틀었지만, 여느 때처럼 즐기지는 않았다. 천황은 무척 피로한 듯이 보였다.[1163]

17일, 시의의 진찰을 받았다. 진단에 의하면 부정맥으로 이따금 결체가 있고, 간도 조금 경화되었으며, 무릎 밑 다리에는 동통이 있었다. 천황의 걸음걸이는 지극히 완만했다. 그러나 보통 때처럼 생활했다.

18일, 식욕이 감퇴하기 시작했다. 두문불출한 채, 하루 종일 멍하니 졸았다. 밤이 되어 축음기를 틀라고 명하여 그것을 즐기

는 듯이 보였다. 그러나 자꾸만 앉은 채로 졸았다. 그날 밤 천황은 깊은 잠을 잘 수가 없었다.[1164]

고통은 이례적인 여름의 무더위 탓에 증가했다. 기온이 연일 32도에서 내려가지 않았고, 19일에는 최고 34.5도나 되었다. 저녁상에서 와인 두 잔을 마신 다음 천황의 눈이 흐릿해졌다. 의자에서 일어나던 참이었다. 비틀거리더니 바닥에 쓰러졌다. 좌우의 사람들이 깜짝 놀랐고, 쓰러진 자리에 임시 침대가 마련되었다. 고열이 나면서 혼수상태에 빠졌다. 오전 2시, 황후가 시종장 도쿠다이지 사네쓰네, 시의장 등 네 명을 불렀다.

이튿날 아침, 지금까지 천황을 진찰한 적이 없는 두 명의 의사—모두 도쿄제국대학 교수—가 황후의 지시로 입궐했다. 두 명은 천황의 병상을 요독증(尿毒症)이라고 진단했다. 두 명의 의사와 시의장은 급보를 듣고 입궐한 원로, 대신, 추밀 고문관, 육해군 대장 등에게 천황의 용태를 알렸다. 그날 오후, 관보 호외가 나왔다. 천황이 중태라는 소식이 처음으로 국민에게 전해졌다. 용태에 관한 설명에 의하면 천황은 1904년 이래 당뇨병에 걸려 있었다. 1906년, 만성 신장염이 병발했다. 이들 두 질병이 천황을 괴롭혔으며, 때로는 고통이 심하다가 때로는 누그러지기도 했다. 이달(7월) 14일 이래, 위장염에 걸렸고, 15일 이래 혼수 경향이 보이더니 점차로 그것이 현저해졌다. 식욕은 감퇴되고 19일부터는 뇌 증상 탓으로 혼수상태에 빠졌다. 천황의 체온, 맥박 수, 호흡 등이 상세하게 기록되었다.[1165]

그날부터 네 명의 딸과 황태자비가 교대로 천황을 간병했다. 황태자는 수포창(水疱瘡)에 걸려 있어 입궐할 수 없었다. 황후는 슈테 미야지 이즈오(宮地嚴夫)를 이세 신궁에 보내 천황의 쾌유를 기원하게 했다. 그러나 병은 악화될 뿐이었다. 문병하는 사람이 끊임없이 이어졌다. 그러나 천황은 그들에게 말을 걸 수가 없었다. 1904년의 발병 후 치료를 소홀히 했다며, 모두가 입을 모아 시의들을 나무랐다. 시의들은 변명하면서 "매일 진찰을 하러 가도 그럴 필요 없다고 늘 거절하셨다. 군이 천황의 의사를 거스를 사람은 아무도 없었다"고 주장했다.[1166]

틀림없이 병에 걸려 있음을 스스로 깨달아 의사가 진찰할 때에도 천황은 언제나 완고한 환자였다. 시종 히노니시 스케히로는 청일 전쟁 당시 히로시마 체재 중 천황이 병에 걸렸던 이야기를 이렇게 회상하고 있다.

우리도 처음에는 전적으로 예사 감기일 것으로만 알고 있었습니다. 그랬다가 폐렴이라는 말을 나중에 듣게 되었는데…… 아무튼 순조롭게 쾌차하셔서 참으로 다행이었습니다.[1167]

히노니시는 계속한다.

눈과 치아, 이건 꽤 오래전부터 상당히 나빠지신 것으로 알고 있었지만 자신은 결코 나쁘다는 것을 아무에게도 말씀하지 않으신 겁니다. 먼 곳을 보실 때에는 좀 불편하십니다. (중략) 그리고 치아가 나빴던 것은, 음식을 드실 때면 입에 넣어 아주 착실히 씹으십니다. (중략) 딱딱한 음식은 절대로 잡수시지 않는 것을 보면, 확실히 치아가 나쁘시다는 증거입니다. 그러나 치아를 치료하지 않으신 것으로 보아, 이를 참아내시기만 한 것일 테니 황송하게 생각합니다. 총체적으로 의사를 싫어하셨다는 것은 누구나가

말하는 바입니다만……[1168]

측근들은 의사의 조언을 들으라고 천황에게 청원했다. 또 오이시 요시오(大石良雄: 1700년대 주군의 복수극을 다룬 가부키의 주인공)가 주인에게 약을 권하는 나니와부시(浪花節: 현악기인 샤미센 반주로, 주로 의리나 인정을 노래한 대중적인 창)를 축음기로 들려주며, 슬쩍 약을 권하기도 해봤다.[1169] 구루메에서의 대훈련 때에는 천황이 심하게 피로해 한다는 것이 누구의 눈에도 분명했다. 미타지리(三田尻)에서 돌아오는 길에 나고야까지의 기차가 몹시 흔들리는 바람에 천황의 기분을 거스른 일이 있었다. 천황은 기차가 너무 빨리 달린다면서, 운전을 잘못해서 그렇다고 했다. "좀 천천히 가라고 하지" 하고 불평했다. 수행 중인 호조(北條) 시종이 기차는 보통 속력으로 달리고 있다고 보고했다. 이에 대해 천황은 예민하게 반응하며, "자네는 철도 편을 드는군" 하고 야단쳤다. 결국 속도를 떨어뜨리고 가는 바람에 기차는 1시간 남짓 늦게 나고야에 도착했다.[1170]

천황이 이처럼 감정을 폭발시킨 일은 매우 드문 경우였다. 천황은 무슨 일을 하건 육체적 고통을 견뎌냈으며, 측근들이 그것을 눈치채지 못하게 하려고 애썼다. 여름의 무더위와 겨울의 혹한을 두려워하지 않은 것처럼 고통을 금욕적으로 받아들였다. 천황으로서 어떻게 처신해야 하는가 하는 그 자신의 기준 때문에 어쩔 수 없는 일이었다. 더구나 천황은 고난을 감수할 뿐 아니라 자기 자신의 쾌락을 부정해야 한다고 느끼고 있었다. 일찍이 천황은 사이온지 긴모치에게 "짐은 교토가 좋아. 그래서 교토에는 안 가는 거야"라고 말한 적이 있다.[1171] 그러나 피로는 어쩔 수 없이 쌓였다. 규슈에서 돌아온 후 안에서 편안하게 긴장을 풀고 있는 동안 곧잘 이런 말을 했다고 한다. "도대체 내가 죽고 나면 세상은 어떻게 될까. 나는 이제 죽고 싶다."[1172]

유교적인 군주가 어떻게 처신해야 하는가에 대한 메이지 천황의 해석은 때때로 그의 당혹스러운 행동을 설명해 주고 있다. 다리가 나른해서 걷기조차 힘든 판에 산을 오르기는 더욱 어려울 것 같은 때에도 구루메의 대훈련을 시찰하기로 결정하는 일 따위는 도저히 이해하기 어렵다. 사실 천황은 자신의 의무의 일부로 육체적 고통을 자진해서 감수했다. 천황은 자신을 불쌍하게 생각하는 일이 없었으며, 가와고에(川越)에서의 훈련에서 예정된 편안한 계획을 거부했을 때, 자기를 학대하려 했던 것이 아니었다. 천황은 병졸과 고난을 함께 하는 것이 군주로서의 의무라고 확신했다. 규슈로의 긴 여행은 천황이 실제로 한 역할로 볼 때 별 의미가 없었다. 천황은 대원수였지만 호령 한 번 한 일도 없거니와 어떤 형태가 되었든 전투에 관한 지식을 피력하지도 않았다. 천황이 훈련에 나간 것은 자신의 지위가 그것을 요구하고 있다고 믿었기 때문이었는데, 자신의 존재가 훈련 전체에 끼치는 효과를 잘 알고 있었다. 병사들은 천황이 시찰한다는 것을 알고, 어전(御前)에서 창피당하지 않기 위해 최선을 다하는 것이었다. 천황은 자신이 병사들을 분발시킬 수 있다는 것을 알고 있었다. 그리고 그것은 웅변으로 호소한다거나 자기 자신의 중요성을 주장해서도 아니었다. 의무야말로 천황의 주된 관심사였다. 천황은 영광에 대한 바람도 없거니와 역사가 자신을 어떻게 평가하는가에도 일절 관심이 없었다.

천황의 최후는 1912년 7월 30일 오전 0시 43분에 왔다. 직접 원인은 심장마비였다. 천황 붕어 소식은 궁내대신, 내각 총리대신 연서로 발표되었다. 오전 1시, 내대신은 검새(劍璽), 어새(御璽), 국새(國璽)를 받들고 정전에 들어왔다. 검새 인도 의식이 거행되고, 새 천황은 조서를 내려 자신의 치세 연호가 '다이쇼(大正)'임을 선언했다.[1173]

아침이 되자, 보조 도시나가(坊城俊良)가 천조(踐祚: 왕위를 이음) 의식을 위해 다이쇼 천황이 옷 갈아입는 일을 도왔다. 다이쇼는 그동안 육군 중장의 군복을 입고 있었다. 그러나 이제 대원수 군복으로 갈아입었다. 천조 의식 이후 새 천황은 안으로 들어가 아버지의 유해에 배례했다. 이제는 황태후가 된 모후가 상좌를 아들에게 양보하려 했다. 아들이 자신보다 지위가 높다고 판단했던 것이다. 다이쇼 천황은 모후가 상좌에 앉기를 주장했다. 황태후는 상냥하게, 그러나 위엄을 갖춰 "이제는 일천만승(一天萬乘)의 자리에 오르셨으므로 상좌에 앉지 않으면 안 됩니다" 하고 말했다. 다이쇼 천황은 어디까지나 부모 자식의 예를 다하려 했다. 하지만 결국 조용히 읍을 하고 상좌에 앉아 천조의 인사를 했다.[1174]

메이지 천황의 사후 얼마 안 있어, 천황을 가장 잘 아는 사람들이 그를 회상하는 자리가 있었다.[1175] 누구나가 천황의 검소함에 대한 신조, 뛰어난 기억력, 남에 대한 자상한 배려를 이야기했다. 그러나 그들의 회상은 어쩐지 한 인물의 초상을 묘사하기에는 어딘가 미흡했다. 이유는 아마도 정치가이자 외교관인 마키노 노부아키(牧野伸顯)가 당시 말한 다음과 같은 데에 있는 것이 아닐까.

폐하는 천직을 다하시는 자격 외에는 거의 그 자신, 즉 '나'라는 측면이 없으셨습니다. 또 특별히 좋아하는 물건이나 풍류도 없으셨습니다. 예를 들면 주거도 귀족의 그것과 별로 다르지 않았고, 오히려 한층 검소했습니다. 단순히 기능만 하면 되었던 것입니다. 여행을 하시더라도 결코 위안과 즐거움을 위한 것이 아니라, 반드시 국가의 필요를 위해서 하셨습니다. 토목 공사를 하더라도 자신의 기호에 맞게 하는 것이 아니라 모두 국가의 필요에 따라 했고, 외국 손님의 접대에 필요하다든지 혹은 천직을 다하시기 위해 필요한 건물 외에는 허락하지 않으셨습니다. 물품들도 좋아서 사들이는 것이 아니라 모두 식산흥업의 장려를 위해서라거나 미술을 보호하기 위해서 하는 등, 대체로 공적인 마음의 동기에 의해 사신 것입니다.[1176]

제62장 노기 마레스케의 순사

　메이지 천황의 서거 당일은 종교적이거나 그 외의 다른 의식은 아무것도 없었다. 그러나 자작 후지나미 고토타다(藤波言忠)는 황태후의 허락을 받아 고인이 된 천황의 키를 쟀다. 메이지 천황은 언제나 키 재기를 거부해 왔다. 새 양복을 맞출 때조차 그랬으므로, 양복점에서는 대체로 비슷한 치수로 양복지를 재단하곤 했다. 천황은 그것을 입어보고 나서 어디가 꼭 끼고 어디가 헐렁하다는 말을 했기 때문에 실제로 치수를 재지 않고 수정이 가해졌다.[1177] 천황의 키는 후지나미가 잰 바에 의하면 5자 5치 4푼, 약 167센티미터였다.[1178]

　왜 후지나미가 천황의 키를 재겠다고 했는지는 알 수가 없다. 아스카이 마사미치(飛鳥井雅道)는 후지나미가 메이지 천황의 유일한 친구였다고 해도 좋을 것이라면서, '이 사나이가 천황의 키를 알고자 했으므로 간신히 기록이 남게 된 셈이다'라고 쓰고 있다.[1179] 천황에 관한 기술은 일반적으로 키가 크다고 지적하고 있다.[1100] 그러나 그것은 어디까지나 상대적인 것이었다. 이토 히로부미, 노기 마레스케, 도고 헤이하치로 등 당시의 저명한 인물들은 아마 현대 일본인의 키의 기준으로 볼 때 상당히 작지 않았을까 여겨진다. 그들과 비교할 때 천황의 키가 크게 보였을지 모른다. 후지나미는 천황의 몸무게는 달아 보지 않았다. 그러나 여러 자료에서 알 수 있는 것은, 천황이 오래도록 비만이었으며 그 사실에 민감했다고 한다.[1181]

7월 31일, 새 천황과 황후, 황태후는 거실에 설치된 친궁(櫬宮: 관이 놓인 곳)으로 들어갔다. 방 한가운데에 순백색 비단으로 된 요 두 장이 깔려 있고, 그 위에 천황의 유해가 안치되어 있었다. 유해도 순백색 비단으로 덮여 있었다. 천황은 남쪽에 베개를 놓고 반듯이 누워 있었으며, 얼굴은 약간 동쪽을 향하고 있었다. 다이쇼 천황의 젊은 세 명의 아들을 포함한 황족들이 서거한 천황에게 작별을 고했다. 그리고 대훈위(大勳位), 친임관(親任官)을 비롯, 생전에 천황을 모시던 고등관, 화족 대표 등 171명이 그 뒤를 이었다. 밤 8시, 유해를 입관하는 '오후네이리(御舟入) 의례'가 있었다. 이로부터 5일간 궁중의 활동 정지 포고가 나왔다. 그러는 사이 죄수들은 복역이 면해지고, 사형과 태형 집행이 정지되었으며, 가무음곡이 금지되었다.

8월 1일, 관 뚜껑이 덮였다.[1182] 5일간의 가무음곡 정지령이 해제된 다음에도 시민들은 근신했고, 여러 흥행장도 입구가 닫힌 채였다. 거리는 조용했고, 길을 가는 사람도 드물었다.[1183]

8월 6일, 대상(大喪)의 의식이 거행될 날짜가 9월 13일부터 15일까지로 결정되었다. 천황이 서거하는 경우에는 불교식으로 장사지낸다는 오랜 전통을 깨고, 순전히 신도식으로 거행하게 되었다. 하기는 이러한 전례가 없었던 터이므로, 나름대로 '옛 법

식을 따르는' 의식이 발명될 필요가 있었다.[1184]

그리고 매장될 능은 교토 시 남쪽에 있는 고조(古城) 산으로 발표되었다. 천황의 능으로 이곳이 선택된 까닭은, 일설에 의하면, 천황의 유지에 의한 것이라고 한다. 메이지 천황은 1903년 4월, 해군 대훈련 관함식 및 제5회 내국 권업(勸業) 박람회 개회식에 참석하기 위해 교토에 체재할 때 그렇게 결정한 모양이었다. 어느 날 밤, 천황은 황후와 저녁을 함께하면서 옛 도읍에 관해 이야기하고 있었다. 천황이 불쑥 "짐은 백 년 후에는 반드시 능을 모모야마(桃山)에 차릴 것이다"라고 했다는 것이다. 천황의 저녁상을 차리고 있던 텐지(典侍) 지쿠사 고토코(千種任子)가 그 말에 놀라 이를 일기에 적어놓았다. 천황이 중태에 빠졌을 때, 황후는 당시를 떠올리고 능소를 모모야마에 정하라고 명했다는 것이다.[1185]

모모야마는 일찍이 도요토미 히데요시가 본거지로 삼았던 후시미(伏見) 성이 있던 곳이다. 전망이 아주 멋진 곳이었지만, 도쿠가와 치세에 접어들어 버려지는 바람에 성은 황폐하고, 잡초가 무성한 채로 방치되었다. 예전에 그곳에 성이 있었다는 사실을 상기시켜 주는 것은 고조 산이라는 지명뿐이었다. 이 지명은 듣기에는 좋았다. 그러나 천황의 능 이름으로서는 운치가 없는 것으로 판단되었다. 그래서 예로부터 시와 노래의 소재가 된 명승지인 부근의 지명 '후시미'를 앞에 붙여 '후시미모모야마'라는 이름으로 알려지게 되었다.

도쿄 사람들 대다수는 천황이 중태에 빠졌음을 알았을 때, 도쿄 근교의 청정한 곳을 골라 능역(陵域)으로 삼도록 당국에 건의하고 애원했다. 그러나 탄원은 받아들여지지 않았다. 교토에

묻히고 싶다는 전 천황의 유지는 거의 칙령 같은 위력을 발휘했다.[1186] 도쿄에 메이지 신궁이 지어진 것은 아마 상처받은 도쿄 사람들의 마음을 위무하려는 의도였을 것이다.[1187]

메이지 천황의 관은 8월 13일, 아라키노미야(殯宮: 서거한 천황의 관을 장송 때까지 안치해 두는 임시 어전)로 옮겨졌다. 대상이 거행되는 9월 13일, 영구차에 안치되기까지 천황, 황후, 황태후를 비롯한 문무백관이 날마다 이곳에서 관에 배례했다.

8월 27일, 전 천황에게 정식 시호 '메이지(明治)'가 내려졌다. 천황의 시호가 연호에서 택해진 것은 일본과 중국에서 처음 있는 일이었다. '메이지'라는 연호는 천황의 치세에 일어난 심상치 않은 수많은 사건과 너무나 밀접하게 결합되어 있었다. 그래서 이를 대신할 적절한 명칭은 없을 것으로 여겨졌다.[1188]

그러는 동안 온 세계의 신문들이 모두 메이지 천황을 칭송하는 애도의 논평을 게재했다. 외국 신문에 등장한 애도의 말을 모은 두툼한 두 권짜리 책의 일본어 번역본—원문도 하권에 수록되어 있다—이 사후 1년 만에 출판되었다. 두말할 나위도 없이, 어느 나라에서 발표된 기사건 논평이건 한결같이 찬미의 소리로 차 있었다. 그중에는 기사의 비중을 주로 메이지 천황의 치세에 일본에서 일어난 놀라운 변혁에 둔 것도 있었다. 그러나 메이지 일본의 발전에 대한 천황의 개인적인 공헌 역시 칭찬의 대상이 되었다. 영국의 신문 논설은 다음에 드는 〈타임스〉의 기사가 시사하고 있듯이 가장 통찰력이 풍부했다.

사정을 잘 모르는 외부 사람들 사이에 널리 알려진 의견이 있는데, 그것은 일본 궁정에는 옛 시절의 나태한 관습이 아직도 남아 있어서 국사를 운영하는 데 천황이 아무런 적극적인 역할도 하지 않는다는 것이다. 이는 무지에서 오는 잘못된 생각이다. 실정을 아는 입장에 있는 사람들은 모두 입을 모아 국정의 의무를 수행하는 폐하의 열의에 대해 증언하고 있다. 천황은 사람을 꿰뚫어 보는 비범한 능력을 가지고 있으며, 일단 신임을 주면 평생 이를 바꾸는 일이 없었다. 그는 또 보기 드문 뛰어난 미덕을 갖추고 있었는데, 그것은 언제나 남이 성공의 영관(榮冠)을 써야 한다는 확고한 의사였다. 왜냐하면 천황은 다음과 같은 것 이외에는 국민에게 요구하는 일이 없었는데, 그것은 황위는 어디까지나 위광으로부터 우러나는 숭경에만 머물러야 하며, 국민은 천황의 신하를 존경하고 신뢰해야 한다는 것이었다. 따라서 천황 자신의 노력이 두드러지게 눈에 띄는 행동은 결코 하지 않았다. 하지만 그럼에도 불구하고 그는 진지하게 임무를 다했다.[1189]

〈글로브〉지는 이런 견해에 호응이라도 하듯이 이렇게 말했다.

경탄할 만한 일본의 진보가 어디까지 천황의 개인적 능력에서 유래하는 것이고, 또 어디까지 젊은 날의 천황을 둘러싼 정치가의 지혜와 선견에 그 공이 돌아가야 하는 것인지를, 아직도 불완전한 서양인의 지식을 가지고 엄밀히 추측하기란 불가능하다. 그러나 아마도 정확하게 말한다면 다음과 같을 것이라고 여겨지는데, 그것은 만일 군주인 천황의 인격이 없었더라면, 정치가들도 그렇게까지 일을 훌륭히 수행할 수는 없었을 것이고, 또 수행했다 하더라도 시간이 훨씬 더 걸렸을 것이다. 천황이 갖추고 있던 자질 중에는 인간을 꿰뚫어 보는 능력이 있었는데, 이것은 아마 일국의 군주가 지닌 자질 중에서도 가장 귀중하다 해야 할 것이다. 헌법 흠정에 앞선 회의에 빠짐없이 출석한 데서도 볼 수 있는 것처럼 그는 국사에 열심이었고, 또 근면했다. 게다가 세세한 데까지 기억력이 뛰어났으며, 육체적으로나 정신적으로나 매우 용기가 있었다. 그리고 그는 자신의 개인적인 안락을 전혀 돌보는 법이 없었다.[1190]

추도의 찬사를 쓴 이 기자들이 어떻게 해서 천황의 성격에 관한 지식을 알게 되었는지는 분명하지 않다. 아마도 천황의 측근에 있던 일본인들이 외국의 보도 기관에 '누설'한 것이 아니었을까.

프랑스의 신문 논설은 그 대부분이 천황 자신보다는 오히려 치세에 스포트라이트를 들이대고 있었다. 그러나 〈코레스퐁당〉지는 자신들의 견해만 피력한 것이 아니라 일본 정치가들의 의견도 인용하고 있었다. 우선 생전의 이토 히로부미가 말한 다음과 같은 의견이다.

일본의 진보를 촉진시킨 원인이 어디에 있건, 그리고 종래 거둔 성공에서 우리가 이룬 공들이 아무리 크다 한들, 이것은 모두 국가에 대해 천황 폐하가 한 일들에 비하면 그야말로 아무것도 아니다. 천황 폐하의 성지(聖旨)는 시종 국가를 지도해나간 별과 같은 것이었다. 천황 폐하의 현명한 정치를 보필하고자 원한 나 같은 사람들이 이룬 공적이 아무리 크다 하더라도, 만일 새로운 개혁을 기도할 때마다 그 배후에 위대하고 현명한, 혹은 증진적인 권위가 존재하지 않았더라면, 도저히 이러한 빛나는 공적을 올릴 수는 없었을 것이다.[1191]

다음의 인용은 스에마쓰 겐초의 말이다.

폐하는 국가의 사무에는 하나하나 주의를 게을리하지 않으셨는데, 매일 이른 아침부터 오후 1시에 이르기까지 꼼꼼하게 공무를 들으셨고, 각 성(省)에 관한 사항, 그중에서도 육해군에 관한 사항에는 정통하시며 (중략) 때로는 신민들 사이에서 일어난 사건도 환히 알고 계셔서 사람들을 놀라게 하신다. 언제나 다른 나라를 살펴보아 교훈으로 삼으려 하셨으며, 세계열강에서 벌어지는 일들에 가장 흥미를 느끼셨다.[1192]

이에 뒤이어 쓰인 프랑스 논설위원의 글은 예리한 관찰력을 보이고 있다.

천황은 때에 따라 대신들의 정책을 좌우하는 일들이 있었다. 왜냐하면 이 일들은 천황의 활동, 천황의 지성에 비추어 의심할 나위 없는 것이었기 때문이다. 그러나 천황의 주요한 업적은 국가의 원수라는 것, 그리고 국민 생활, 국민 감정의 생생한 상징이라는 것이었다. 천황은 그것을 매우 현명하게 소화해 냈다. (중략) '위대한 왕'이란, 예를 들면 스페인의 펠리페 2세처럼 국사를 스스로 조종하기를 바라는 자를 가리키는 말이 아니다. 우수한 대신들을 신뢰하고, 왕권의 위엄으로 이를 지우하는 자를 가리키는

말이다.[1193]

벨기에의 신문은 마치 마법 지팡이를 들고 일본 국민을 오랜 잠에서 깨워놓은 것 같다고 메이지 천황을 칭찬하며, 그를 고대 그리스의 영웅과 비교했다.[1194] 러시아 신문은 메이지 천황과 표트르 대제와의 유사점을 지적한 다음, 이 두 인물은 근본적으로 다르다고 단정 내리면서 이렇게 썼다.

표트르는 무인으로서 싸웠고, 항해술을 알았으며, 목수로도 일했다. 그러나 메이지는 스스로 전장에서 싸운 일이 없고, 배를 만든 적도 없으며, 돛대에 올라가 보지도 않았다. 차이는 여기에 있다. 표트르는 혼자 힘으로 새로운 러시아를 만들기 위해서 그런 재능이 필요했다. 그러나 메이지는 그런 재능을 필요로 하지 않은 채 일을 성취시켰다. 일본에는 유능한 인물이 많이 있었고, 메이지는 자신을 보좌하는 가장 유능한 인물을 고르기만 하면 되었던 것이다.[1195]

중화민국의 신문은 메이지 천황의 죽음에 깊은 애도의 뜻을 표했다. 중화민국의 한 신문은 다음과 같은 말로 천황을 추도했다.

아, 후지 산 정상은 구름 속에 숨어 제왕의 기운을 감추고, 비와(琵琶) 호반의 출렁이는 파도 소리는 부모의 죽음을 애도해 울고 있다. 일세의 영웅으로 세 개 섬으로 이뤄진 나라를 세계에서 으뜸가는 무대로까지 이끌어올린 일본 천황은, 마침내 잠자리같이 생긴 국토, 용호(龍虎) 같은 국운, 5천만의 야마토(大和) 민족을 뒤로 하고 홀연히 사라지고 말았다.[1196]

기자는 가슴에 넘쳐나는 슬픔을 억누를 수 없어 중화민국의 국민을 대신해서 애도의 말을 하고 있다. 세계사에서 메이지 천황이 이룬 업적에 필적할 만한 인물의 업적을 찾으면서, 기자는 과거의 위대한 중국인과 비교할 수 없지만 아틸라, 우구데이(몽골 제국 2대 황제), 무함마드보다 빼어났다고 단정한다. 왜냐하면 그들은 본질적으로 유목민의 족장으로서 야만스럽고 제왕의 자질이 없었다. 일본이 러시아를 전쟁에서 이기고, 영국과의 동맹을 확보한 것은 천황의 덕이었다. 기자가 천황을 애도하는 것은 특히 천황이 '황색 인종'에게 빛을 가져다주었기 때문이다. 이는 의심할 나위 없이 동아시아 국가들이 근대 국가를 달성하는 데 있어 일본의 지도적 입장을 가리키고 있는 것이다.[1197]

중국인이 그들 자신을 일본인과 같은 인종에 속한다고 여긴 것은 이때가 처음인지 모른다. 과거 중국인은 그 오랜 역사와 문화로 인해 자신들의 세계만이 독자적인 것으로 믿고 있었다. 중국인과 일본인의 비슷한 얼굴 생김새 따위야 애초부터 지적할 것도 못 되는 일로 여기고 있었다. 메이지 천황의 치세 때 특히 러시아와의 전쟁에서 이김으로써 일본은 서양 열강과 대등한 관계를 획득했다.

일본의 성공은 같은 황색 인종으로서 일본인과의 대등한 기반을 중국인에게 느끼게 만들어준 것 같았다. 그러나 이 시기에 이르러서까지도 어떤 중국인 기자는 '일본인들은 용맹하고, 모빙의 재주기 뛰어나다. 일본에는 고유의 문화라 없다'고 쓰고 있

다.[1198]

중국인 기자 중에는 중국인 대다수가 지닌 자화자찬을 간접적으로 비판하는 형태로 메이지 천황의 업적을 칭찬하는 자도 있었다.

다른 모든 문화에 대한 자국 문화의 우월성을 확신한 나머지, 중국인은 서양의 신지식을 받아들이기를 거부했다. (중략) 아주(亞洲)의 동서에 대소 10여 개의 나라들이 있다. 그중에서 고유의 문화를 지닌 채 구미의 신문명을 흡수해서 자랑스럽게 입헌 국가임을 내세울 수 있는 나라는 일본뿐이다.[1199]

메이지 천황의 서거 후 금방 나온 이들 외국 신문에는 논평에 이어 대상(大喪)의 기사가 등장했다. 〈라 르뷔〉 지의 특파원 G. 드 방즈몽의 기사는 천황의 죽음을 알게 된 일본 국민의 슬픔을 전하는 기술로 시작하고 있다.

무쓰히토(睦仁)는 일본의 이름 높은 천황 중 한 사람이었을 뿐 아니라, 현대 세계의 위대한 군주의 한 사람이었다. 천황의 건강이 좋지 않다는 제1보를 접하고, 일본 국민이 가슴 죄는 듯한 근심에 잠긴 것은 사람들의 기억에 새로운 일이다. 며칠 동안이나 이어진 찌는 듯한 더위도 아랑곳하지 않고, 눈물 젖은 군중이 궁성의 창문 아래 쉬지도 않고 꿇어앉아 대지에 머리를 조아리고, 한목소리로 신들에게 기도했다. 위독한 방을 비추는 암등(暗燈)이 천황이 임종의 고통에 들었음을 알렸을 때, 군중의 비통한 통곡 소리는 상상을 초월하는 것이었다.[1200]

이 기사의 후반은 주로 메이지 천황이 읊은 노래의 소개에 할 애되어 있으며, 하나의 예언으로 끝맺고 있다.

이렇게 해서 무쓰히토의 이름은 불멸의 것이 되었다. 시대의 안개를 뚫고 그 명성은 동양의 천공에 있는 태양과 같이 빛날 것 이다. 가인(歌人) 천황의 사상은 청동보다도 오래 살아갈 것이며, 그 노래는 활력을 가져다주는 물처럼 천황이 깊이 사랑한 일본의 자손들이 먼 훗날 퍼마시게 될 원천이 될 것이다.[1201]

수많은 일본인이 천황의 죽음을 알고 충격을 받아 망연자실했 다. 소설가인 도쿠토미 로카(德富蘆花)는 여러 차례 정부를 비판 하고, 대역 사건에 관여한 사람들의 처형에도 항의한 사람 중 하 나였다. 그 도쿠토미까지 자신이 태어나고 생애를 보낸 치세가 종언을 고했다는 것을 떠올리며 충격을 받았다. 그는 이렇게 회 상했다.

폐하가 붕어하면 연호도 바뀌게 마련. 그런 것을 모르는 바 아 니나 나는 메이지라는 연호가 영구히 계속될 것처럼 느끼고 있 었다. 나는 메이지 원년 10월생이다. 즉 메이지 천황 폐하가 즉위 식을 올리신 해, 처음으로 교토에서 도쿄로 행행(行幸)하신 그달, 도쿄에서 서남쪽으로 3백 리 떨어진 곳, 사쓰마에 가까운 히고(肥 後) 아시키타(葦北)의 미나마타라는 곳에서 태어났다. 나는 메이 지의 나이를 내 나이로 알았고, 메이지와 같은 나이임을 자랑으 로 여기기도 하고 부끄럽게 여기기도 했다. 폐하의 붕어는 메이 지 역사의 막을 닫았다. 메이지기 다이쇼가 되면서, 내 생애가 중단된 듯이 느껴진다. 메이지 천황이 나의 반생을 가지고 가버린 것으로 느껴진다. 서글픈 날, 논 건너 저편에서 엿장수가 부는 피리 소리 한 가락이 길게 여운을 남기며 애간장에 스며드는 것 같다.[1202]

나쓰메 소세키(夏目漱石)는 7월 20일의 일기에 전통 있는 료고쿠(兩國) 스미다(隅田) 강의 가와비라키(川開: 도쿄의 스미다 강에 걸려 있는 료고쿠 다리에서 해마다 음력 6월에 물의 신에게 제사 지내는 행사. 불꽃놀이 등을 함)가 중지되는 바람에 당혹스러웠던 감정을 써놓았다.

천자가 아직 붕어한 것도 아닌데 가와비라키를 금할 필요는 없지 않을까. 영세민들은 이 때문에 곤란한 자들이 많을 것이다. 당국자의 몰상식이 놀라울 따름이다. 연극 같은 것도 정지시키느냐 마느냐로 시끄러운 모양이다. 천자의 병은 모든 백성이 동정할 일이다. 그러나 만민의 영업은 직접 천자의 병에 해를 끼치지 않는 한 진행해도 무방한 것을…… (중략) 당국의 권세가 무서워서, 그리고 구경꾼들의 함성이 두려워서, 당연히 해야 할 영업을 쉬라고 한다면 겉으로는 황실에 예절 바르게 깊은 동정을 하는 것 같지만, 기실은 황실을 원망하고 불평이 안으로 쌓이게 할 것이다.[1203]

이런 소세키까지도 천황의 붕어를 알고 애도사를 썼다.[1204] 전국의 모든 사람들과 마찬가지로 소세키는 치세에 일어난 대변혁을 시종 흔들림 없이 지지해 온 천황에게 애도의 말을 바쳤던 것이다. 소세키는 그의 작품이 보여주고 있는 바와 같이, 이들 변혁 중 많은 것에 대해 개탄하고 있었다. 그러나 동시에 소세키는 달리 어찌해 볼 도리가 없었다는 사실도 깨닫고 있었다. 근대화의 추한 측면은 참고 견디는 수밖에 없었다. 동양의 전통을 외면한 채 서양 문화를 받아들이라고 끊임없이 강압해 오는 세계에서, 일본이 독립을 보전하고 위엄을 유지하기 위해서는 어쩔 수 없는 일이었다.

9월 13일, 아오야마 연병장에서 거행된 대상 행사는 대단히 웅장한 것이었다.[1205] 영구는 오후 7시, 아라키노미야를 나와 영구차로 옮겨졌으며, 전 시종장 도쿠다이지 사네쓰네(德大寺實則), 시종 호조 우지유키(北條氏恭), 슈메노카미(主馬頭) 후지나미 고토타다(藤波言忠) 등이 의관 대검 소복(衣冠帶劍素服) 차림으로 영구의 끈을 끌었다. 천황을 측근에서 모시던 두 명이 좌우에서 지촉(脂燭)을 들고 차 대는 곳까지의 길을 비추었다. 영구차는 가라비사시(唐庇: 곡선을 이룬 지붕, 빈랑 잎 등으로 화려하게 치장한 소가 끄는 수레)로 황태후의 대제 때 쓴 것과 거의 같았다. 지붕과 차체, 두 바퀴에 이르기까지 검은 옻칠이 되어 있고, 3천여 개의 금속 장식이 달려 있었다. 총 중량은 대략 750관(약 2.8톤)이었다. 영구차는 다섯 마리의 소가 끌었다. 이미 밤의 어두운 장막에 휩싸인 오후 8시, 영구차가 조용히 움직이기 시작했다. 천황, 황후, 황태후는 이미 니주바시(二重橋) 옆에서 영구차의 발인을 기다리고 있었다. 영구차가 니주바시를 통과할 때, 세 사람은 황궁을 뒤로 하는 메이지 천황에게 마지막 작별을 고했다. 육군의 조포가 울려 퍼지고, 멀리 시나가와 앞바다에 정박한 군함에서 해군 조포가 이에 화답했다.[1206]

8시 20분, 영구차가 황궁 정문을 통과했다. 그곳에서 경시총 감이 이끄는 12기(騎)가 호위에 들어서서, 영구차의 앞을 선도했다. 장례에 선행하는 전대(前隊)의 선두는 근위기병 연대였다. 여기에 근위 군악대가 이어져 조곡 〈슬픔의 극한〉을 취주하면서 나아갔다. 대상을 취재하던 우부카타 도시로(生方敏郎)는 이 곡을 '가늘고 길며 요요(嫋嫋)하게 목이 메는 이 가락은 세상에서 더할 나위 없이 슬픈 음색이었다'고 썼다. '수만의 군중은 문득 소리를 삼키고 옷깃을 여몄다. 그리고 오로지 그 비애를 토해내는 음파가 가는 대로 맡겨두었다.'¹²⁰⁷

전대의 뒤를 잇는 장례 행렬은 횃불을 받든 두 사람을 앞세우고 나아갔다. 이어 횃불, 북, 징, 백번(白旛: 밑으로 길게 늘어뜨린 흰 기), 황번(黃旛), 호록(胡籙: 화살을 담아 등에 지는 무구), 활, 방패, 창, 그리고 해와 달을 본뜬 황기(皇旗), 무구와 신장(神將)대를 담는 그릇 등을 받든 약 3백 명이 2열 혹은 3열을 지어 영구차의 전위가 되었다. 그 뒤를 제관장(祭官長) 등 관리가 잇고, 영구차 자체에는 야세노도시(八瀨童子: 히에이 산 서쪽 계곡에 사는 사람들로서 전통적으로 조정의 의식에 봉사한다) 50명이 두 줄을 지어 선행했다.¹²⁰⁸ 작고한 천황의 측근에서 봉사해 온 시종 등이 영구차 가까이에 바짝 다가서서 전후좌우로 따라붙었다. 생전에 측근에서 봉사한 육해군 장관과 좌관(佐官) 등 스물여덟 명이 그 바깥 열을 이루며 영구차를 경호했다. 영구차의 후위로는 천황 대리인 고토히토(載仁), 대상사(大喪使) 총재 사다나루 이하 각 황족과 전 한국 황제 순종의 동생 이강(李堈)이 뒤따랐다. 그리고 화족 총대(總代), 대훈위, 내각 총리대신, 국무대신, 조선 총독, 육해군 대장, 추밀 고문관 이하 정장 차림의 문무백관이 각각 열을 이루어 이어졌다.

장례 행렬은 니주바시로부터 바바사키몬제키(馬場先門跡)를 거쳐 도쿄 상업회의소를 오른쪽으로 꺾어져 히비야 공원의 남쪽 끝으로 나아갔다. 거기서 다시 우치사이와이초(內幸町) 모퉁이를 오른쪽으로 꺾어진 다음, 외무성 앞을 왼쪽으로 통과했다. 다시 도라노몬(虎の門) 터와 다메이케(溜池) 거리를 거쳐, 아카사카 미쓰케(赤坂見附)를 왼쪽으로 돌았다. 오모테초(表町) 거리, 아오야마 별장 전문을 지나가 기타아오야마초(北靑山町) 1가 5번지 모퉁이를 오른쪽으로 돌아 장례장으로 나아갔다.

장례 행렬이 나아가는 가로는 도쿄시 당국에 의해 급거 개수 작업을 해서 푸른 모래가 깔렸다. 연도에는 다이마사카키(大眞榊: 신성한 비쭈기나무), 비단 깃발(錦旗), 가스 화톳불, 아크등 같은 것이 설치되었고, 그 사이사이에는 검은 천, 흰 천을 매단 그물 모양의 장식이 쳐졌다. 각 집의 처마 끝에는 애도봉송(哀悼奉送)의 뜻을 표하는 하얀 초롱이 매달려 있었다. 식장으로 가는 연도는 입추의 여지없이 무수한 봉송자들로 가득 차 있었다. 그러나 그곳에는 외경의 마음이 가득한 고요가 지배하고 있었다.

영구차가 식장에 도착한 것은 10시 56분이었다. 천황과 황후 및 황태후 대리 이하 미리 도착한 관리들이 영구차를 맞이했다. 영구차는 첫 번째 도리이(鳥居), 두 번째 도리이를 지나 식장 앞에 쳐진 장막 안으로 들어갔다. 여기서 영구차에서 소를 풀어 놓고, 영구는 식장에 안치되었다. 이윽고 장막이 열리며, 천황 부부가 식장에 들어왔다. 이어 황태후 대리 이하 황족, 영국 국왕 대리 콘노트 공 아서 왕자 이하 열국 원수의 대리, 특파 대사, 특파 사절이 착석한 다음 식이 시작되었다.

먼저 제사(祭詞)를 아뢰었다. 다음에 새 천황이 옥좌에서 일어나 영구 앞으로 나아갔다. 배례하고 나서 가쓰라 다로가 바치는 온시누비고토(御諛: 사자의 생전의 공적 덕행 등을 칭송하는 조문)를 들어올려 이를 읽었다. 천황의 낮은 목소리는 슬픔에 차 있었다. 참석한 사람들은 모두 이를 들으며 오열했다. 황궁에서 쏘는 호포 소리가 온 도시에 울리고, 시민들은 일제히 묵도했다. 때를 같이해서 전국 6천만 국민이 요배했다. 식이 끝난 것은 14일 오전 0시 45분이었다.[1209]

그날 밤 영구차가 황궁을 막 나서려 할 때였다. 군사 참의관 겸 가쿠슈인 원장 육군 대장 종2위 훈1등 공1급 백작 노기 마레스케와 그의 부인 시즈코(靜子)가 자택에서 순사(殉死)했다. 노기는 황궁에 면한 창 가까이 작은 책상을 놓은 다음 흰 천을 덮어 놓고, 메이지 천황의 초상화를 안치한 뒤 비쭈기나무(眞榊)를 바쳤다. 노기 부부는 천황을 기리는 애도의 와카 한 수를 남겼다. 그러고 나서 세상을 하직하는 이런 시 한 수를 남겼다.

이 세상을 붕어하시는 임의
뒤를 그리며 나는 가노라[1210]

노기는 자신의 군도로 할복하고, 다시 목을 앞에서 뒤로 찌른 후 엎어져 있었다. 아내 시즈코는 단도로 왼쪽 가슴 심장부를 찌르고 있었다. 노기는 유서에서 서남 전쟁 때 군기를 잃어버린 것을 수치로 여기며, 남모르게 죽을 자리를 찾아 그 죄를 사하려 했지만 기회를 얻지 못했다고 했다.[1211] 청일, 러일 전쟁 때에도 노기는 다시 죽을 자리를 구했지만, 역시 그 기회를 얻지 못했다. 러일 전쟁 때에는 노기가 명한 뤼순 공격에서 수만의 장병이 죽었다. 전사자 중에는 노기의 두 아들도 들어 있었다. 노기는 '천황의 적자(赤子: 임금의 백성)'를 잃은 일 때문에 부끄러운 마음 금할 수 없었다. 그러나 천황은 노기를 탓하지 않았으며, 러일 전쟁이 끝나자 가쿠슈인 원장으로 임명했다. 노기는 더큰 천황의 은혜를 느끼지 않을 수 없었다. 이미 늙어버린 노기는 보은할 날이 남아 있지 않은 것을 개탄하고 있었다. 천황이 마지막 질병으로 쓰러진 이래, 노기는 날마다 입궐해서 문병했다. 노기는 오로지 천황의 회복을 기원했다. 그러나 그 보람도 없었다. 천황의 죽음에 노기는 이만저만 상심한 것이 아니었다. 마침내 노기는 천황의 영에 대한 충절의 표시로 자신의 생명을 바치기로 결심했다.

이미 러일 전쟁 후 도쿄로 개선하던 날, 노기는 자신이 명한 뤼순 공격으로 죽어간 많은 장병의 희생을 보상하기 위해 할복해서 사죄하겠다는 뜻을 천황에게 아뢰었다. 천황은 처음에는 아무 말도 하지 않았다. 그러나 노기가 물러가려 했을 때 불러 세우더니 이렇게 말했다. "경이 할복해서 짐에게 사죄하려는 충정은 잘 알아들었다. 그러나 지금은 경이 죽을 때가 아니다. 경이 만일 꼭 죽을 각오라면 짐이 세상을 떠난 다음에 하라."[1212]

노기의 순사 소식이 아오야마의 장례식장에 전해졌을 때, 참석자들은 그 고결한 충렬의 행위에 모두 숙연해져서 옷깃을 여몄다고 한다.[1213] 모리 오가이(森鷗外)는 처음 노기가 정말로 순사했는지 반신반의했다. 소문이 사실이라는 것을 알자, 오가이는 4일 만에 소설 「오키쓰 야고에몬(興津彌五右衛門)」을 저술했다. 작품의 주제는 죽은 번주(藩主)의 뒤를 따른 한 무사의 죽음이었다. 오가이는 이 소설에서 자살로써 슬픔의 깊이를 증명하려 한 야고에몬의 결심을 무조건 칭송하고 있다. 그러나 다음 소설 「아베(阿部) 일족」에서 오가이는 순사가 과연 타당했는지 마음이 약간 흔들리고 있는 것 같았다. 오가이는 「아베 일족」에서 죽은 다이묘와는 간접적인 관계밖에 없던, 혹은 전혀 관계가 없던 수많은 사람들이 순사한 이야기를 쓰고 있다. 그들은 마치 어쩔 도리가 없다는 듯이 행동했다.

죽은 번주에 대한 충성의 깊이를 반박할 수 없는 형태로 나타내려 하는 무사의 결의는, 보통의 경우라면 칭찬받아야 마땅한 일이었다. 그러나 만일 죽은 다이묘가 거느리고 있던 가장 유능하고 신뢰할 만한 부하들이 모두 순사해 버린다면, 그 다이묘의 후계자는 누구로부터 보좌를 받을 수 있을 것인가. 순사는 설혹 고결한 동기에 의한 것이라 하더라도 무책임하다는 비난을 면할 수가 없게 될지도 모른다. 사실 17세기에는 순사가 유행처럼 번지는 바람에, 허가 없이 순사하는 자는 개죽음으로 간주하기로 정한 법령이 나오기까지 했다. 이 금령은 1683년에 개정된 〈무가제법도(武家諸法度)〉에 덧붙여져 있다.[1214]

노기의 순사는 이 금령에 반하는 것이었다. 그러나 노기의 순사가 비판받은 이유는 그 때문이 아니었다. 가토 히로유키(加藤弘之, 철학자. 도쿄대 총장, 제국 학사원장 등 역임)는 메이지 시대 초기에 '계몽'을 장려한 지식인의 결사 '명육사(明六社)'의 최후의 생존자였다. 가토는 노기의 순사를 "옛날의 도덕으로 비추어 보자면 장군의 행위는 칭찬받아야 할지 모른다. 그러나 이제는 시대에 뒤떨어진 일이다"라고 평했다. "이 충절의 화신인 장군은 어째서 새 천황에게 충성을 바치려 하지 않았는가" 하고 가토는 의문을 던지고 있다.[1215] 다른 장교들이 노기의 순사를 본받을까 두려워한 군부는 노기의 죽음의 동기를 애써 감추려 했고, 그 자살을 정신 착란 탓으로 돌렸다.[1216] 노기의 순사에 대해 가장 빈번하게 내려진 비판은, 그것이 메이지 천황의 후계자로부터 한 사람의 유능한 고문을 앗아갔다는 것이었다. 아무도 확실하게 말하지는 않았지만, 다이쇼 천황의 교육이 바람직하게 진척되지 않은 까닭은 그의 신체적 질환만이 이유의 전부가 아니었다. 성미가 까다로운 상대방을 충분히 지도할 능력이 다이쇼 천황의 교사들에게 없었던 데도 그 원인이 있었다. 메이지 천황은 다이쇼 천황의 자식들이 청렴결백한 인물에게 훈도 받기를 기대했다. 그래서 노기를 가쿠슈인 원장으로 선택했다. 그러나 노기가 죽고 만 지금, 세 명의 황자는 노기의 가르침을 받을 수 없게 되고 말았다.

노기가 자신의 순사에 부여한 갖가지 이유에는 아마 거짓이 없었을 것이다. 그러나 이들 이유는 시대착오적인 면이 보이기도 했다. 다른 장교들은 군기(軍旗)를 잃었다고 해서, 그 죄를 자살로 보상해야 한다고 생각하지 않았다. 죽은 천황의 배려에 대한 감사의 마음은 딱히 자신의 목숨을 끊는 형식으로 표현될 필요가 없었던 것이다. 그럼에도 불구하고 노기의 죽음은 거의 모든 일본인에게 옛 무사의 미덕을 떠올리게 했다. 하기야 그중에는 반감을 느끼거나 적의를 품는 사람들도 있기는 했다. 이들은 특히 가쿠슈인에서 공부한 시라카바파(白樺派: 잡지 〈시라카바〉를 무대로 자연주의에 대항하고, 인도주의, 개인주의를 표방하던 문학의 한 유파. 자연주의 문학 퇴조 후 다이쇼 문단을 지배) 작가들이 그랬다. 무샤노코지 사네아쓰(武者小路實篤)는 노기의 자살을 '어떤 불건전한 시대가 자연을 악용해서 만들어낸 사상에 길들여진 사람들의 불건전한 이성만이 찬미할 수 있는 행동'이라고 비난하는 글을 발표했다.[1217] 무샤노코지는 노기의 자살을 인간 본래의 생명에 대한 사고가 결여된 짓이라면서, 이를 '인간적'인 고흐의 자살과 대비시키고 있다. 노기의 자살에 시가 나오야(志賀直哉, 시라카바파의 동인이었던 소설가)가 최초로 보인 반응은 9월 14일의 일기에 기록된 것처럼 '바보 같은 놈'이었다. 시가는 그것을 '하녀 같은 자가 아무 생각 없이 무슨 짓을 저질렀을 때 느껴지는 것과 같은 느낌으로 다가왔다'고 쓰고 있다. 이튿날, 시가는 노기의 죽음을 '하나의 유혹에 진 것이다'라고 일기에 써놓았다.[1218]

노기의 행위에 대한 비판은 가쿠슈인의 졸업생들에게서만 나온 것이 아니었다. 한시(漢詩) 시인인 나가이 웃사이(長井鬱齋)의 풍자적인 한시 「충의」에는 다음과 같은 구절이 있다.

乃木將軍忠義規 / 明治聖帝聖天資
將軍知禮誰非禮 / 爲惜朝廷疏舊儀
(중략)
武門中世喜爲之 / 旬葬固非皇舊儀
誰料堂堂軍上將 / 却爲寺婦宦官爲

노기 장군은 충의의 규범이다
메이지 천황은 성천자
장군이 예를 알진대 누가 예를 모르랴
애석한 일은, 조정은 옛 의례를 잘 모른다는 것

(중략)

무문에서는 중세에 기꺼이 이를 했다지만

순장은 원래 황실의 옛 의례가 아니거늘

누가 예상이나 했으리요, 당당한 군의 상장이

오히려 궁첩(宮妾)이나 환관 같은 짓을 할 줄을[1219]

각 신문들조차 처음부터 노기의 순사를 일제히 칭찬한 것은 아니었다. 콘노트 공을 비롯한 국빈을 대접하는 임무를 다하지 않았다고 노기를 비판하는 신문도 있었다. 그리고 노기가 새 천황을 섬기려 하지 않은 것을 비난하는 신문도 있었다.

그러나 이틀 후, 신문의 논조가 일변했다. 9월 16일, 구로이와 루이코(黑岩淚香: 〈만조보〉 발행인)는 노기의 순사에 대해 '국민은 그를 신으로 제사지낼 것인가. 그렇다, 그를 신으로 제사 지내지 않는다면, 누구를 신으로 모실 것인가. 실로 노기 장군은 신이다' 라고 썼다.[1220]

9월 18일, 〈도쿄일일신문〉은 노기 대장의 죽음을 애석해하며, '이상적인 일본인의 전형을 장차 누구에게서 찾아야 할 것인가' 라고 썼다. 또 구스노키 마사시게(楠木正成: 남북조 시대의 장수) 를 들춰내면서, 그것이 노기 마레스케라고 말하고 있다. 이때 이후로 노기는 천황에 대한 충성의 화신이 되어, 비판이 허용되지 않는 전설적인 영웅이 되었다.[1221] 노기는 무인의 충절과 황실에 대한 헌신의 완벽한 체현자로서 숭배받게 되었다.

9월 14일 오전 1시 40분, 노기가 순사하고 몇 시간 뒤, 천황의 유해를 모신 영구는 교토행 특별 열차에 안치되었다. 영구 열차 는 일곱 량 편성이었다. 중앙이 차량에 영구가 안치되었고, 고토

히토 친왕과 사다나루 친왕 이하의 수행원은 앞뒤의 차량에 탔다. 열차는 도쿄에서 교토까지의 주요한 정거장마다 몇 분씩 정거했다. 각 정거장과 철로변에는 많은 사람들이 나와서 봉송했다. 열차가 모모야마에 도착한 것은 그날 오후 5시 10분이었다. 제22연대 야포병이 조포를 발사했고 총화련(蔥華輦)에 옮겨진 영구가 능소를 향하는 연도에는 육해군 병사들이 정렬해서 〈슬픔의 극한〉을 취주했다.

105명의 야세노도지가 두 줄로 갈라져, 영련(靈輦)을 짊어졌다. 양옆으로 천황을 측근에서 모신 육해군 장관, 시종 등이 나아갔다. 여기에 천황 대리 고토히토 친왕과 대상사총재(大喪使總裁) 사다나루 친왕 등이 이어졌다. 오후 7시 35분, 장례 행렬이 장지에 도착했다. 잠시 뿌리던 비도 그치고, 희미한 달빛이 비쳤다. 영구가 총화련에서 광혈(壙穴) 속 석곽으로 옮겨져 그 안의 목곽에 안치되었다. 천황의 유물이 봉납된 후 목곽 뚜껑이 닫히고, 다시 뚜껑돌(蓋石)로 석곽을 닫았다. 광혈의 네 귀퉁이에 토용(土俑)이 놓이고, 사다나루 친왕의 글씨로 된 후시미모모야마능(伏見桃山陵)이라는 글자가 새겨진 능지(陵誌)가 들어갔다. 사다나루는 광혈에 나아가 배례하고, 정결한 흙을 세 번 석곽 위에 뿌렸다. 마지막으로 정결한 모래로 석곽 상부를 덮었다. 매구(埋柩)의 의례가 완료된 것은 9월 15일 오전 7시였다. 9시 55분까지 모든 장례 의식이 끝났다.[1222]

　메이지 천황은 과거 5백 년 동안 군림한 일본의 많은 천황과는 달리, 사후에도 잊혀지지 않았다. 천황의 이름은 연호에서 따왔기 때문에 메이지 유신이나 그 후 메이지의 역사에 대해서 쓴 숱한 연구서의 제목으로 어쩔 수 없이 등장하게 마련이다. 아직도 '메이지 문화' '메이지 사상'이라는 것을 많이 언급하고 있는데, 그렇다고 해서 그 책들이 반드시 메이지 천황을 다루고 있다고 장담할 수는 없다.

　메이지 시대의 사건들에 대해서는, 1860년대의 개국에 이어지는 반세기 동안 일본에서 일어난 엄청난 변혁에 매료된 연구자들에 의해, 아마 예상할 수 있는 모든 각도에서 연구되어 왔을 것이다. 그러나 천황이 그 연구 대상이 될 기회는 그리 많이 있지 않았다.

　메이지는 국민들 대다수에 의해 우상시되었다. 그러나 그것은 독자적인 특질을 갖춘 한 인간으로서라기보다는, 오히려 일본이 '정체를 알 수 없는 동양의 군주국'으로부터 '열강제국과 어깨를 나란히 하는 근대 국가'로 발돋움할 때 그 원동력이 된 존재로서였다. 사후에 그는 신의 반열로 받들어졌고, 특히 그의 이름을 딴 도쿄의 큰 신사 메이지 신궁에서 배례를 받게 되었다. 그 탄생일인 11월 3일은 국민의 축일로 삼아졌고, 1년을 통틀어서 가장 중요한 축전의 하나로 꼽히게 되었다.[1223]

그러나 천황의 치세를 살아본 일본인의 수가 착실히 감소되어가고 있는 가운데, '메이지'는 일반적으로 하나의 명칭으로만 남겨지고 있다. 그의 갖가지 업적 또한 그를 섬기던 군인이나 관리의 업적과 분간이 되지 않는 경우가 많다.

아직도 메이지 천황이라고 하면 청일, 러일 전쟁에서 일본을 승리로 이끈 영웅적인 역할로 일반에게 기억되고 있다. 사실은 두 전쟁에서의 그의 역할은 그리 큰 것이 아니었다. 사람들이 그를 잊지 않았다고는 하지만, 일본인 대다수는 틀림없이 메이지 천황의 공적이라고 할 만한 것을 하나라도 들지 못하는 것이 현실이 아닐까.

그 인물에 대한 기억이 스러져가고 있을 뿐 아니라 그 치세를 구체적으로 상기시켜 줄 건축물 역시 모습을 감춰가고 있다. 그 중에는 1923년의 대지진이나 1945년의 미군 공습 때 파괴된 것도 있다. 그러나 그 이상으로 많은 건축물이 과거를 보존하기보다는 상업적 이익에 관심이 있는 후세의 일본인에 의해 희생되었다.

메이지 시대의 기념비적인 건축물 로쿠메이칸은 1941년에 완전히 파괴되었다. 언젠가는 도쿄가 런던 같은 상업적 성공을 달성할지 모른다는 메이지 시대 후기의 일본인의 희망을 체현한 것 같았던 도쿄 역 앞의 붉은 벽돌 건물은, 전쟁을 무사하게 견녀냈음에도 불구하고 오직 비효율적이라는 판단이 내려지는 바람에 파괴되고 말았다. 그 시대의 면모를 전해주는 다른 건축물은 메이지촌으로 옮겨졌는데, 그곳에서는 도시 건축물의 견본이 수목이 우거진 환경 가운데 조화를 이루면서 잘 배치되어 있다.

메이지 신궁은 새해를 맞이할 때마다 일본의 신사와 불각(佛閣) 중에서도 최대의 참배자가 찾아오는 명소로 자리 잡았다. 그러나 아마도 새해의 축복을 원해서 그 신사에 참배할 때 그곳에 모셔져 있는 천황의 존재를 떠올리는 사람은 거의 없지 않을까 싶다. 많은 사람들은 올해야말로 가장 많은 참배객이 몰려들 것이라 여기고, 제단을 향해 필사적으로 인파를 헤쳐 나가느라 여념이 없지 않을까.

교토에 있는 메이지 천황의 능묘는 대체로 찾는 사람의 그림자마저 한산할 정도다. 메이지 천황과 그 시대에는 곧잘 인용되곤 하던 하이쿠(俳句) 작가 나카무라 구사타오(中村草田男)의 다음 한 구가 보여주고 있는 것처럼 자꾸 멀어져가고 있는 것이다.

흩날리는 눈이여
메이지는 멀어지기만 하네

전기 작가의 소임은 대상을 눈앞에 소생시키는 데 있다. 헨리 제임스의 이름 높은 전기 작가 레온 에델이 일찍이 말한 것처럼, 전기 작가는 그 대상에 '흠뻑 빠져야' 한다. 그러나 메이지 천황에게 반하기란 어려운 일이다. 이 인물은 가장 허물없이 마음을 터놓는 경우에도, 자신과 조상에 대한 생각이 염두에서 사라지는 일이 없는 데다가 여간해서는 사신의 감정을 나타낼 줄을 모르기 때문이다. 수많은 일화가 전하는 바에 의하면 파티장에서 천황은 테이블에 나와 있는 술을 죄다 마시고 비틀거리기도 했다고 한다. 이런 일화는 그야말로 천황의 '인간적' 측면을 이야기하고 있다. 하지만 결국 이들 이야기는 다른 무수한 일본인들처럼 천황이 술을 즐겼다는 시시한 사실을 제공하는 것으로 그치고 만다. 이런 일화는 우리를 천황에게 그 이상 가까이 다가가게 해주지는 않는다. 여성 관계 소문도 아무것도 알려져 있지 않다.

메이지 천황은 가까이 다가가려는 전기 작가의 시도를 완강하게 뿌리치고 마는 것처럼 보인다. 만일 그를 가장 잘 아는 사람이 그 회상을 기록하면서 너무 이것저것 가리지 않고 털어놓았더라면, 아마 우리는 그에 대해서 좀 더 다른 인상을 가질 수 있었을 것이다.

앞에서 본 것처럼 메이지 천황의 황후 쇼켄(昭憲) 황태후는 결혼 생활의 내용—예컨대 천황의 침실에서 자기를 대신한 곤노 텐지를 어떻게 생각하고 있었는지—을 밝히지 않았고, 훗날의 다이쇼 천황이 된 아들과 천황의 관계가 껄끄러웠던 이유를 설명해 주는 따위는 도저히 바랄 수 없는 일이었다. 그러나 후지나미 고토타다가 천황의 친구라는 사실이 구체적으로 어떠한 것이었는지 이야기해 주었더라면, 그리고 또 천황의 마지막 여덟 자녀의 생모인 소노 사치코가 사람을 두렵게 만드는 이 인물에게도 피가 통하는 따뜻한 측면이 있었다는 사실을 조금이나마 털어놓아주었더라면, 우리는 메이지 천황을 훨씬 가까운 존재로서 알 수 있었을 것이다.

그를 알았던 몇몇 사람들이 쓰고 있는 것처럼 공적으로 알 수 있는 측면 말고는, 메이지 천황은 인간적 측면이 없었는지 모른다. 그는 자신에게 매우 엄격한 인간이어서, 좋고 싫음을 좀처럼 드러내는 법이 없었다. 더위, 추위, 피로, 배고픔 등 보통 인간을 괴롭히는 일들에 대해 그는 불평한 적이 없었다. 그는 부자연스러울 정도로, 어떤 일에 대해서나 태연했다. 시종 중 한 사람이 기록한 바에 의하면, 대훈련 때 대포가 발사되자, 측근들이 귀에 솜을 틀어막아 폭음에 대한 예비 조처를 했음에도 불구하고, 천황만은 귀를 막으려 하지 않았다.[1224]

아마 쾌적함에 대한 그의 무관심은 그가 받은 유교 교육 때문일 것이다. 그러나 이 교육은 아버지나 일반 궁정인들이 받은 것과 본질적으로는 같은 것이었다. 그럼에도 불구하고 자신에 대한 엄격함이라는 점에서 메이지 천황을 닮은 사람은 한 사람도 없었다. 아버지 고메이 천황과는 달리, 그는 분노에 몸을 맡기지도 않았고, 제멋대로 굴거나 무책임하게 여겨질 만한 처신을 한 일도 없었다.

메이지 천황은 내적인 정신력이 갖춰져 있었던 것 같으며, 그 때문에 스스로 만들어낸 행동의 규범에서 별로 일탈하는 일 없이 따를 수가 있었던 것 같다. 그는 끝끝내 이 규범에 따랐다. 도쿄제국대학의 졸업식에, 그리고 추밀원 회의에까지 괴로운 몸을 이끌고 나가곤 했다. 자신이 괴롭다는 사실을 스스로조차 인정하려 하지 않았다.

시종 히노니시 스케히로의 회상에 의하면, 메이지 천황은 감정을 얼굴에 드러내는 법이 거의 없었다. "참으로 오래도록 봉사를 하고 있었습니다만 그러는 동안에 극단적으로 기뻐하시거나, 극단적으로 우울해하시는 모습을 본 일이 없었던 것 같습니다."[1225]

히노니시가 용기를 내어 이토 히로부미 암살 소식을 천황에게 보고한 것은, 암살로부터 2, 3일 지나서였다. 그러나 가장 신뢰하는 대신이 암살되었다는 사실을 알았을 때 천황은 "음" 하고 대답했을 뿐이다. 헌법 회의에 출석하는 동안 천황은 미치히토(獻仁) 친왕의 죽음을 알게 되었다. 천황은 "으음"[1226] 하고 끄덕였고 회의는 그대로 속행되었다.

치세의 초기, 메이지 천황은 전국 곳곳을 다니는 순행 때에도 불평한 적이 없었다. 가는 곳마다 숙박 시설은 '세련'이라는 말과는 턱없이 먼 원시적인 것이었다. 자신의 행동 규범에 따라, 땀이 뿜어져나올 것 같은 뜨거운 가마 속에서, 자세 하나 흐트러뜨리는 일 없이 하루 내내 계속되는 고문 같은 고통을 이겨냈다.

목적지에 도착한 후, 혼자만 숨을 돌리는 일조차 허용하지 않았다. 천황의 방문을 맞아 주저리주저리 기쁨을 표명하는 지방 관리들에게 어쩔 수 없이 포위되게 마련이었다. 천황은 마치 그들의 말을 고맙게 여기는 듯이 누구에게나 주의 깊게 귀 기울이지 않으면 안 되었고, 지루한 기색을 보일 수 없었다. 또한 심신이 피로의 극에 달했을 때에도, 의무감 때문에 지방의 특산물과 유적을 찬찬히 보고 다녔다.

가마 속에서 몇 시간씩 심하게 흔들리면서, 그는 도대체 무엇을 생각하고 있었을까. 대체로, 특히 길이 나빠서 지체되고 있는 동안이면, 천황은 '이것이 짐의 나라다'라고 자신에게 다짐하고 있었는지도 모른다. 지금 지나가고 있는 땅을 통치해온 만세일계 역대 천황의 후예라는 사실을 한시도 잊은 적이 없었다. 천황은 고대의 '구니미'(國見: 농경 시대의 의례로서 높은 곳에서 나라의 형세를 내려다봄)의 관례에 따라 나라의 구석구석을 살펴볼 의무가 있다고 생각했다. 자신의 선조들이 만든 선례를 따라야 한다는 결심을 한순간도 소홀히 한 적이 없었다. 세심한 주의를 기울여, 오로지 조상들에게 부끄럽지 않은 행동을 하려고 애썼다.

마찬가지로 순행 중에 만난 사람들 모두를 자신의 '신민'으로 받아들였다. 천황은 도쿄에 처음 갈 때까지 농부나 어부가 일하고 있는 모습을 본 일이 없었음이 분명하다. 그러나 그들을 처음으로 봤을 때, 그는 그들이 자신의 신민이라는 것을 알았다. 헤이안조(平安朝: 간무桓武천황의 시대 헤이안쿄平安京, 즉 지금의 교토로 천도하고부터 가마쿠라 시대 이전까지의 약 4백 년간)의 귀족들처럼 그들을 인간 이하의 비천한 자로 생각하지 않았다. 일반 서민의 오락인 곡마단이나 경마, 불꽃대회를 그들과 함께 즐기기를 마다하지 않았다. 때로는 순행 중, 그들의 검소한 식사를 함께 들기도 했다.

그는 이와쿠라 도모미에게 특별한 친근감을 품고 있었다. 이와쿠라는 오래도록 천황의 교육을 담당했고, 또 교토의 궁궐에서 어린 시절을 함께 보낸 구게였다. 그러나 천황의 만년에는, 이토 히로부미처럼 가장 가까이 있던 인물들은 신분이 낮은 가문의 인간이었다. 그는 그들을 출신이 낮다고 해서 깔보지 않았다. 이토의 예에서 보이는 것처럼 유능한 인간은 출신에 상관없이 화족 계급으로서 입신출세할 수가 있었다.

외국인을 대할 때면, 메이지 천황은 정중했고 성의도 느낄 수 있었다. 상대방이 누가 되었건, 언제나 스스로 미소 지으며 손을 내밀었다. 하긴 이 일은 젊었을 때는 상상조차 할 수 없었던 일이다.

미국 내통령이던 그랜트 장군과의 회견은 특히 잊을 수 없는 일이었다. 아마 천황이 받은 충고 가운데, 그랜트 장군의 충고만큼 깊은 인상을 준 것은 없을 것이다. 오쓰에서 암살 미수 직후 니콜라이 2세에 대한 천황의 배려는, 단순히 러시아의 복수에 대한 두려움에서 나온 것이 아니었다. 그것은 고국을 멀리 떠나 타향에서 습격받은 황태자에 대한 동정에서 나온 것이었다. 천황과 알현한 외국 황족들은 예외 없이 융숭한 대접을 받았다. 그래서 누구나 천황이 방문객에게 이처럼 호의적인 태도를 보인 일은 아직 한 번도 없었을 것이라고 확신했다.

메이지 천황을 알현한 외국인은 국가원수만이 아니었다. 거의 매일 귀국 인사를 하기 위해 입궐하는 외국인 기술자, 교사들을 만났다. 그리고 무수한 외국 귀빈─주로 군인과 정치가들이지만 구세군대장 같은 인물도 있었다─이 일본에 일시 체재 중 의례적인 인사를 위해 천황을 방문했다. 천황은 쾌히 그 모두를 만났다. 많은 외국인이, 외유 중에 황족을 돌봐주었다고 해서, 혹은 그저 천황을 알현했다는 이유로, 또는 이제 와서는 잘 알 수 없는 여러 가지 이유로 궁정으로부터 높은 등급의 훈장을 받았다. 메이지 천황 치세 때의 일본만큼 훈장을 아낌없이 준 나라는 별로 없을 것이다.

치세 중에 일본에서 일어난 수많은 변화에 그가 어떻게 반응했다고 말해야 좋을까. 많은 사람들이 한 것처럼 유교의 교의에 따라 대체로 과거를 모범으로 삼았다. 그러나 자신의 전통적인 의무인 종교 의식 집행을 점차 싫어하게 된 것 같았다. 그가 신도를 믿고 있었음은 의문의 여지가 없다. 그러나 신사를 찾는 일은 좀처럼 없었다. 교토에 돌아왔을 때 참배한 곳은 아버지 고메이 천황의 능묘였지 신사가 아니었다. 그의 신앙은 신도라기보다는 오히려 조상숭배였다.[1227] 선조의 대부분이 경건한 불교도였던 것에도 메이지 천황은 개의치 않았다. 자신은 불교에 무관심했고, 적의까지 품고 있었다.

선의의 선교사들이 어쩌다 성서를 헌상하는 경우도 있었다. 그러나 천황이 성서를 읽었다는 흔적은 없다. 설혹 성서의 일본어 번역본을 열심히 읽었다 하더라도, 성서가 천황의 신념을 흔들지는 못했다. 그는 자신이 만세일계 천황의 후예로서 신들의 혈통을 잇고 있다는 것을 확신하고 있었다. 당시 젊은 지식인들은 숱하게 기독교로 개종했으나 천황이 그 교의를 진지하게 받아들이기에 기독교는 너무나 이질적인 존재였다.

메이지 천황은 기독교에는 관심이 없었으나, 그의 치세 동안 일본에 홍수처럼 밀려들어온 유럽의 문물에는 반감을 갖지 않았던 것 같다. 일상생활에서는 보통 군복 아니면 프록코트를 입었고, 일본 옷을 아주 드물게 입었다. 다시 말하자면, 천황은 양장을 즐기는 황후의 기호에 이의를 제기하지 않았다. 천황은 전통 음식을 가장 즐겨먹었던 것 같지만, 정식 만찬에서 나오는 것은 늘 양식이었다. 그는 불평은커녕 맛있게 양식을 먹었다. 낮이면 집무실 책상을 향해 의자에 앉아 있었고, 황궁의 공무를 위한 방은 모두 양실이었다. 그가 전기를 싫어한 이유는 그것이 외국 것이어서가 아니었다. 전기의 배선 계통 결함이 큰 불을 불러일으킬까 두려워해서였다.

대화재로 인해 옛 궁정이 소실된 후, 천황은 새 궁전의 건조를 가능한 한 연기하곤 했다. 궁전 건설에 큰돈이 들어 마음이 내키지 않았던 것이다. 최종적으로 천황은 다음과 같은 일에 생각이 미쳤다. 외국인 방문객에게 감명을 주고, 국가의 위신을 유지하기 위해서는 나름대로 훌륭한 궁전을 가질 필요가 있다는 점이었다. 그러나 방문객이 들어가지 않는 곳에는 흠집이 나더라도 그대로 두는 일이 많았다. 그는 항상 자기 자신을 위해서는 돈을 쓰려 하지 않았던 것으로 짐작된다. 그것은 덧대고 꿰매 입은 군복 이야기가 증명해 주고 있다.

천황의 오락 중의 하나는 축음기 듣기였다. 거기 맞추어 노래 부르기도 좋아했고, 특히 군가를 즐겼다.[1228] 만년에는 새로운 또 다른 오락이 생겼는데, 그것은 활동사진이었다. 천황이 박래품(舶來品: 외국에서 들어온 물건)으로 기분을 풀며 즐겼다고 해서 일본의 예술을 거부했다는 뜻은 아니다. 그것은 그가 최신 발명품을 받아들였다는 사실을 드러낸 것에 지나지 않았다. 한편 천황이 즐긴 운동 경기는 축국이나 궁술 같은 전통적인 것이었으며, 또한 일본 공예품에도 강한 흥미를 느꼈다. 그에게는 묘한 버릇이 있었다. 벨츠는 다음과 같이 회상하고 있다.

천황은 옥좌가 황후의 자리와 같은 높이로 되어 있는 것에 도저히 승복할 수 없었다. 그보다 높게 하라는 것이었다. 그러나 이노우에 백작은 반대했다. 하루는 백작이 입궐해 보니 옥좌 밑에 두툼한 비단 깔개가 슬그머니 받쳐져 있지 않은가. 백작은 이를 끄집어내서 방 한구석에 내동댕이쳤는데, 그 때문에 대단한 소동이 일어났다.[1229]

천황에게는 또 일종의 기학성(嗜虐性) 기미가 있었다. 예를 들면 식당의 더러운 바닥에다 일부러 밥상에 있는 아스파라거스를 떨어뜨려, 시종에게 집어먹게 하는 짓이다. 아마도 이런 행동은 적어도 이론상 절대 권력을 지닌 자에게는 피하기 어려운 습벽이었다. 우스꽝스러울 만큼 헌신적인 가신에게, 얼마나 극단적인 복종을 얻을 수 있는지 확인하고 싶었는지도 모른다.

천황의 기학성(혹시 이것이 적절한 표현이라는 전제하에 하는 말이지만)은 유머의 감수성과 밀접한 관계가 있었다. 천황을 알고, 또 천황에 관한 회상을 기술한 모든 사람이 이 당당하고 경외심까지 불러일으키게 하는 인물의 유머러스한 이야기를 다루고 있다. 만일 예로 든 이야기가 전형적인 것이라고 한다면, 그의 유머는 기지라기보다는 오히려 남자다운 쾌활한 정신에서 우러나온 것이었다. 히노니시 시종은 이런 일화를 기록하고 있다.

하루는 제가 들어갔더니 한창 웃고 계셨는데, 간밤에 재미있는 일이 있었다고 하셨다. 무슨 일입니까 하고 여쭤봤더니 "지난밤 옆방에 야마구치가 있었는데, 코를 크게 고는 데다가 아야노코지(綾小路)는 이를 가는 거야. 코 고는 소리하고 이 가는 소리가 어울려서 재미있더군" 하고 말씀하셨다. 야마구치가 마침 곁에 있다가 "아닙니다. 성상께서도 대단히 코를 많이 고시는 것 같던데요" 하고 말씀 드렸더니, 폐하께서도 크게 웃으시더군요.[1230]

천황은 또 비범한 기억력을 가지고 있다는 평판이었다. 그러나 예로 든 그의 기억력은 결코 경탄할 만한 것이 아니었다. 시종 히노니시가 쓴 것이 있다.

기억력이 좋으시다는 것은 모두들 잘 알고 있는 사실입니다. 예를 들기에는 제 기억력이 시원치 않아서 사양하겠습니다만, 교토에 행행하셨을 때 이 방에서는 옛날에 무엇을 하셨다든지, 어떤 방식으로 사용하셨다는 이야기를 저희에게 자세히 말씀해 주시곤 했습니다. 그리고 어린 시절, 황자 어전 옆 토담 근처에 개천이 있었는데, 거기서 곧잘 송사리를 잡은 일이 있다든지······[1231]

천황의 지적 관심은 한정된 것이었다. 히노니시에 의하면 "독서하시는 모습은 제가 모시게 된 후로는 거의 보지 못했습니다. 그저 진강을 들으시는 것 말고는 자진해서 책 읽으시는 모습을 본 적이 없습니다. 아마 아카사카의 임시 궁궐 시절에는 시간이 있었으니까 독서를 하셨을 것으로 봅니다만, 그 후로는 정무 보시는 일도 많아졌고, 그 밖의 볼일도 많아지셨으므로 저희가 나온 다음으로는 독서하시는 모습을 뵐 수가 없었습니다."[1232]

설혹 천황이 책이나 신문을 읽지 않았다 하더라도, 매일 자문에 답하는 관리들로부터 세계의 정세에 대한 지식은 나름대로 얻고 있었다. 천황이 외국 방문객들과 회견할 때면 그 나라의 정세에 관해 사전에 간단한 예비지식이 주어졌던 것이 분명하며, 그 지식은 방문객을 감명시켰다. 해마다 하는 진강에서 받은 강의는 역사와 철학에 대한 관심을 자극했을지 모른다. 그러나 천황은 진강받은 지식을 좀 더 깊이 있게 들어가려는 마음은 먹지 않았다. 그는 동시대의 문학 작품과 단카를 읽은 것 같지 않으며, 물론 학문적인 논문을 읽지도 않은 것으로 보인다.

천황이 정식으로 받은 교육은 주로 모토다 나가자네가 진강한 유교의 전통에 기초한 것이었다. 이 진강은 삼십대까지 이어졌고, 그의 변할 줄 모르는 의무감에 기여했음은 의심할 나위가 없다. 매우 드물기는 하지만, 그는 사람들의 기대에 어긋나는 처신도 했다. 그가 특히 싫어했던 일은 대신들이 그들의 계획대로 천황을 억지로 따르게 만들려 했을 때였던 것 같다. 이런 기분이 가장 확실하게 드러난 예는, 마침 나라(奈良)에 있던 기회를 이용해서 진무 천황릉을 참배하라고 권했다가 이를 거부했을 때였다. 그렇다고 해서 진무 천황릉 참배에 이의를 제기한 것은 아니었다. 무슨 일을 할 때 남의 지시대로 움직이기를 싫어했던 것이다. 그러나 대체로 결국에는 설득을 따르곤 했다. 따르지 않았을 때면 나중에 사과했다.

때로는 군주로서의 통상적인 일과를 영 마음 내켜하지 않았던 시기도 있었다. 아마도 허구한 날 해야 하는 사무 처리나 고문(顧問)들 때문에 진저리가 쳐졌던 것으로 여겨진다. 그러나 대체로 책임감이 강해서 여간해서는 대신들의 조언을 물리치는 법이 없었다.

대신들에 대한 신뢰가 두터웠기 때문에 천황의 이름으로 결정된 것들이 실제로 천황 자신의 결정인지, 아니면 대신들이 결정한 것인지 도무지 구별할 수 없는 경우가 있다. 적어도 칙어의 문장은 고전적인 한문에 대한 소양이 월등한 인물이 대신 썼음에 틀림없다. 그리고 우리는 천황의 개인적 의견이 어느 정도까지 칙어에 반영되었는지 알 도리가 없다. 적어도 천황의 의사에 반하는 취지의 내용은 칙어에 들어가지 않았다고 말한다면 틀림이 없을 것이다.

칙어에 되풀이해서 등장하는 주제가 하나 있다. 그것이 너무 자주 나오기 때문에, 이것이야말로 천황의 가장 깊은 신념의 표현일 것이라고 믿기 쉽다. 그것은 평화에 대한 염원이다. 이는 그저 관습적인 표현으로 볼 수도 있지만, 어쩌면 적을 '평화에 대한 장해'로 보고 물리치기 위한 변명으로 받아들일 수도 있다.

그러나 치세 중에 일어난 전쟁 때에 보여준 천황의 행동에서 엿볼 수 있는 것은 군복을 즐겨 입었다는 사실이나 육군 훈련 시찰을 좋아했다는 사실과는 정반대로, 전쟁을 진심으로 싫어했다는 점이다.

사쓰마에서 반란이 일어난 서남 전쟁 당시, 그는 모든 일에 무기력 증상을 보였다. 그래서 국가원수로서의 의무를 거부하고, 또 학문을 연마하려 하지도 않았다. 1894년에는 청나라에 대한 선전 포고에 반대했다. 러일 전쟁에서 뤼순 함락 소식을 들었을 때 최초로 보인 반응은, 환희의 목소리가 아니었다. 패배한 적 장군에게 적절한 대우를 하라는 지시였다.

아마도 그의 최대 공적은 그토록 오랜 세월 동안 군림했다는 점일 것이다. 이 점이 거의 같은 시대 인물인 영국의 빅토리아 여왕과 비슷했다. 빅토리아 여왕은 비탄에 잠긴 나머지 군주로서의 임무를 소홀히 했다며 오래도록 신문의 공격을 받았다.[1233] 그러나 마지막에는 그의 오랜 치세 덕분에 위대한 군주라는 명성을 얻었다.

만일 메이지 천황이 아버지 고메이 천황처럼 서른다섯 살의 젊은 나이로 죽고 말았다면 어찌되었을까. 고작, 일본이 갖가지 대변혁을 이루던 시기에 어쩌다 황위에 앉았던 젊은이로서 기억에 남게 되지나 않았을까. 그러나 오랜 치세와 그가 구축해 올린 확고부동한 인상은, 그에게 사람들이 두려움을 느낄 만큼 신성한 위광을 안겨주었다.

메이지 천황이 죽은 직후, '메이지 성천자(聖天子)'라는 제목을 단 잡지 〈태양〉 임시 증간호가 출판되었다. 천황이 서거한 다음

날, 〈오사카매일신문〉의 제1면에 게재된 기사는 표트르 대제를 본받아 메이지를 '더 그레이트'라고 불렀다. 이 '대제(大帝)'라는 호칭은 태평양 전쟁이 종결된 1945년까지 메이지 천황의 대명사로서 빈번히 사용되었다. 아스카이 마사미치 교토대학 명예교수는 자신의 저서 제목을 『메이지 대제』로 한 이유를 다음과 같이 설명하고 있다.

근대사 중에서, 아니 일본 역사 가운데서 메이지 천황 이외에는 대제가 없기 때문이다. 그는 대제다운 발자취를 확실하게 남겨놓았다.[1234]

저자주

36장

1 『메이지 천황기』 제5권 p. 600. '군인'이라는 말에는 당연히 해군도 포함되어 있었다. 해군경(海軍卿) 가와무라 스미요시(川村純義)는 이 역사적인 자리에 초대되었으나 출석하지 못했다.

2 유감스럽게도 이 명령들은 일본 군대에서 잘 지켜지지 않았다. 상급자는 하급자에게 친절하기보다는 잔인했고, 비전투원에 대해서는 일본에서건 정복한 외국에서건 온화한 인상을 주지 못했다.

3 『메이지 천황기』 제5권 p. 608.

4 메이지 천황의 염지불(念持佛:늘 몸에 지니며 기원하는 작은 불상)이었다는 문수보살입상은 황실과 가장 밀접한 관계가 있는 교토의 진언종(眞言宗) 천용사(泉涌寺)에 보존되어 있다. 이 진언종과의 관계로 천황이 고야산 탑 재건에 적극적이었을지도 모른다. 천황은 시가(滋賀) 현 오쓰(大津) 시 사카모토(坂本)의 천태종 진성파(眞盛派)의 총본산 서교사(西教寺) 조당(祖堂) 재건을 위해서는 금 50엔밖에 내놓지 않았다(『메이지 천황기』 제5권 p. 651). 황족 중에서 메이지 천황만 절에 돈을 내놓은 것은 아니었다. 황태후와 황후는 교토의 임제종(臨濟宗) 동복사(東福寺) 재건을 위해 5백 엔을 내놓았다(동 p. 690 참조).

5 Frank Prochaska, *Royal Bounty: The Making of a Welfare Monarchy*에는 영국 황족(주로 19세기)이 학교, 병원, 고아원 등 기타 다양한 자선 단체에 기부하는 내용이 있다. 메이지 천황은 기회가 있을 때마다 학교나 병원에 기부했다. 천황이 안질로 고통받는 환자를

치료할 병원 건설을 위해 기부한 적도 있었다. 1879년 8월 5일, 역병이 유행했을 때 천황은 도쿄에 위생 및 질병 예방을 위해 내탕금에서 7만 엔이라는 거액을 기부했다(『메이지 천황기』 제4권 pp. 736~737). 1882년 7월 26일, 콜레라가 유행했을 때 천황은 다시 1천 엔을 위생비로 내놓았다(『메이지 천황기』 제5권 p. 747). 그리고 천황은 빈번하게 종교, 과학 단체에 기분 좋게 큰돈을 내놓고 있다. 예를 들면 1882년 2월 3일, 국전(國典) 연구, 예악(禮樂), 동양의 학문, 무기(武技) 제조를 가르치기 위한 '황전강구소(皇典講究所)'를 신설하면서, 천황은 10년간 해마다 2천4백 엔을 내기로 약속했다(동 pp. 624~625).

6 천황의 사유지에 관한 문제는 곧잘 의제에 오르곤 했다. 이론적으로는 일본의 전 국토가 천황의 토지였으나 그것을 증명할 문서는 아무것도 없었다. 1872년 기도 다카요시(木戸孝允)는 황실이 적당한 재산을 소유하고 있어야 한다는 사실을 깨닫고 있었다. 만일 친왕이나 황족이 그 지위에 걸맞게 생활할 재정적 여유가 없으면 그 위엄을 유지하기 힘들 것이다. 기도는 세상이 넓다 하지만, 일본의 황실만큼 재산 없는 황족도 없다고 말하고 있다. 『메이지 천황기』 제5권 p. 644 참조.

7 『메이지 천황기』 제5권 p. 653-655. 이토가 유럽으로 출발하기 직전, 수행원인 사이온지 긴모치(西園寺公望) 등에게 조사할 사항으로 다음 3개항이 주어졌다. ① 입헌군주국에서의 황실에 관한 제도 전장 ② 귀족 제도 및 귀족과 황실 관계에 관한 여러 사항 ③ 국가에 대한 귀족의 의무 및 상원 조직(동 p. 662 참조).

8 외국인이 국내를 여행할 때의 제약을 규정한 증명서가 만들어지게 된다. 외국인들에게는 건강, 식물 조사 내지는 과학 조사의 목적으로 여권을 신청하면 발급하게 되어 있었다. 1878년, 영국 공사 해리 파크스의 중개로 손에 넣은 여권을 가지고 도쿄에서 홋카이도(北海道)까지 여행한 이사벨라 버드는, 여권 표지에 영어로 명기된 여행 규정에 대해서 다음과 같이 쓰고 있다. '이 여권 소지자는 삼림에서 불을 피우면 안 된다. 말을 탄 채 불난 곳에 들어가면 안 된다. 논밭, 울타리 안, 조수 보호 구역에 들어가서는 안 된다. 절, 신사, 외벽 등에 낙서를 하면 안 된다. 골목에서 말 타고 달리거나 통행금지 게시판을 무시하면 안 된다. 일본의 관헌과 국민에게 법에 합당한 고분고분한 태도를 취하지 않으면 안 된다. 여권 제시를 요구받을 때는 어떠한 관리에게라도 제시해야 하며, 그렇지 않으면 체포된다. 국내에 있는 동안에는 수렵이나 교역을 금하며 일본인과 상업 계약을 체결해서는 안 된다. 그리고 여행에 규정되어 있는 기간 이상 가옥이나 방을 임차하면 안 된다'

(Isabella L. Bird, *Unbeaten Tracks in Japan*, pp. 34~35).

9 『메이지 천황기』 제5권 p. 657.

10 동 p. 743. 그리고 Hugh Cortazzi, *Sir Harry Parkes, 1828~85*, p. 15 참조.

11 Cortazzi, *Sir Hairy Parkes, 1828-85*, p. 15. 여기에 인용된 부분의 출전은 S. Lane-Poole and F. V. Dickins, *The Life of Sir Harry Parkes(II)*, pp. 319~322.

12 '민'은 그녀의 개인 이름처럼 사용되고 있으나 이것은 사실 성(姓)이다. 예를 들면, 마리 앙투아네트가 합스부르크 여왕의 이름으로 알려지고 있는 것과 같다.

13 Woonsang Choi, *The Fall of the Hermit Kingdom*, p. 17. 그리고 『메이지 천황기』 제5권 p. 746. 가타노 쓰기오(片野次雄), 『이조 멸망』 p. 56.

14 쓰노다 후사코(角田房子), 『민비 암살』 p. 115. 이 작품은 소설 형식을 취하고 있으나 연구서에 가깝다.

15 동 p. 121. 그리고 Choi, *The Fall of the Hermit Kingdom*, p. 18.

16 그는 이 직함으로 알려져 있다. 일반적으로 국왕의 아버지로서 왕위에 오른 일이 없는 인물에 대한 존칭이다. 본명은 이하응(李昰應).

17 쓰노다, 『민비 암살』 pp. 122~123. 장례는 왕가의 전통에 따라 엄격하게 집행되었다. 시신이 없는 장례에 반대하는 자도 있었다.

18 제물포는 서울의 외항인 인천의 옛 이름.

19 『메이지 천황기』 제5권 pp. 766~767.

20 동 p. 771. 하나부사가 서울을 떠난 직접적인 원인에 대해 여러 가지 설이 있다. Choi, *The Fall of the Hermit Kingdom*에 의하면 그것은 하나부사가 일본이 입은 손해 배상을 요구할 때, 대원군이 "만일 일본인이 악착같이 배상금을 주장하면, 조선 정부는 조선에서 장사를 하는 일본 상인들에게 세금을 과하지 않을 수 없다"고 반박했기 때문이었다. 가타노(『이조 멸망』 p. 68)는 유예 기간인 사흘이 지났을 때, 하나부사는 민비의 장례 때문에 회답을 당분간 할 수 없다는 기별을 받았다고 말하고 있다. 내부 행사인 왕비의 장례를 사신으로서의 자신의 사명보다 우선한 데 대해 하나부사는 격노했다. 하나부사는 홍순목에게 "이제 평화적인 해결 희망은 사라졌다"고 일갈했다. 최석완(崔碩莞), 『청일 전쟁으로의 도정(道程)』 p. 33은 조선 측은 하나부사의 요구, 특히 사흘 이내라는 회답 기한에 충격을 받았다. 국왕으로부터 전

권을 위임받은 홍순목은 다른 국무 처리를 이유로 회답 기한을 연기했다. 그러나 하나부사는 조선의 이런 대응은 진지하게 교섭에 임할 생각이 없는 증거라고 보고 국왕에게 8월 22일부로 최종 통첩을 보낸 뒤 떠났다.

21 이 책은 『정한위략(征韓偉略)』이었다. 『메이지 천황기』 제5권 p. 818 참조.

22 이것은 이와쿠라 도모미의 의견이었다. 『메이지 천황기』 제5권 p. 841 참조.

37장

23 프로그램이 전부 상연되었는지는 분명하지 않다. 만일 완전한 것이었다면 이날의 상연은 장장 12시간을 넘겼을 것이다. 『메이지 천황기』 제6권 p. 60 참조. 그날은 호쇼 구로(寶生九郞), 우메와카 미노루(梅若實), 우메와카 로쿠로(梅若六郞), 사쿠라마 한바(櫻間伴馬), 미야케 쇼이치(三宅庄市), 야마모토 도지로(山本車次郞) 등 일류 노가쿠샤(能樂者)와 교겐시(狂言師)가 출연했다.

24 정부의 대우는 아악사(雅樂師) 쪽이 나았다. 말할 것도 없이 아악은 조정의 의식과 직접 관련되었기 때문이다. 아악사는 충분한 연금을 지급받고 있었다. 『메이지 천황기』 제6권 p. 299 참조.

25 고토코는 구게 지쿠사 아리토(千種有任)의 3녀였다.

26 천황은 황자와 공주뿐 아니라 양자 히로아쓰(博厚) 친왕도 잃었다. 히로아쓰(당시 9세)는 위독한 상태일 때 양자가 되어 2월 15일 죽기 직전에 친왕의 위가 주어졌다. 히로아쓰는 후시미노미야(伏見宮)의 열두 번째 왕자로 고메이 천황의 양자인 히로쓰네(博經) 친왕의 아들이었다. 『메이지 천황기』 제6권 p. 17.

27 한방의 아사다 소하쿠(1815~94)는 막부 말기에는 오오쿠(大奧:에도 성 쇼군의 부인이나 측실이 사는 구역)의 시의였다.

28 하시모토 쓰나쓰네(1845~1909)는 마쓰모토 요시노부(松本良順)에게 서양 의학을 배우고, 그 후 나가사키에서 네덜란드 의사 A. 보두인에게 배웠다. 1872년 마쓰모토는 병부성(兵部省) 의관이 되어 독일 유학 명령을 받았다. 1905년에는 일본 육군 군의총감이 되었다.

29 이토 호세이(1832~98), 이와사 준(岩佐純, 1836~1912). 함께 네덜란

드에서 의학을 공부했다.

30 1884년 11월, 요시히토 황자는 인플루엔자로 짐작되는 감기에 걸렸다. 천황은 황자의 증조부 나카야마 다다야스와 할머니 나카야마 요시코가 신불에 회복을 기원하고 있다는 말을 듣고, 불안한 마음에 비공식적으로 기도를 계속하라는 부탁의 말을 전했다. 요시히토는 한 달도 안 돼 완쾌되었다. 『메이지 천황기』 제6권 p. 316 참조.

31 천황이 최초로 각기병 증상을 보인 것은 1877년 교토에서였다. 그 이후로 여름과 가을, 철이 바뀔 때면 각기 증상을 보였다. 1882년의 발작은 특히 심해서, 회복되기까지 여러 달이 걸렸다. 『메이지 천황기』 제6권 p. 129 참조. 이 증상은 당시 특히 군대에서 유행했다. 해군 병력의 3분의 1 이상이 이 병에 걸려 전함은 항해력이 감퇴되었다. 천황의 요청으로 해군 군의가 조사한 보고에 의하면, 이 병의 원인은 부실한 식단에 있었다. 식단이 개선되자 환자 수는 크게 감소했다. 이 병은 3년 만에 거의 없어졌다(동 pp. 140~141).

32 천황의 각기증의 원인도 부실한 식단이라고 보기는 어렵다. 일본에서는 아직 인정되지 않고 있었으나, 비타민 부족이 원인이었을 것이다. 영국 해군에서는 이미 라임 주스를 섭취해 각기병을 예방해야 한다는 인식이 있었다.

33 예를 들면 4월 16일부터 20일까지 천황은 사이타마(埼玉) 현 한노(飯能) 부근에서 근위제대(近衛諸隊)의 춘계 군사훈련을 관람했다. 『메이지 천황기』 제6권 pp. 37~42

34 그나이스트(1816~95)는 정치사상에서는 자유주의자였다. 정치철학을 형성하면서 영국 민주주의의 영향을 많이 받았다.

35 슈타인(1815~90)은 빈 대학 교수였다. 정치사상은 보수적이고, 보통선거와 정당정치에 반대했다. 그의 영향은 일본의 헌법 입안자에게 현저하게 나타났다.

36 『메이지 천황기』 제6권 p. 121. 연봉으로 은화 2천 엔이 지급되었다.

37 예를 들면 유신 이후 사라져 버린 가모(賀茂)와 오토코야마(男山)의 옛 제의를 다시 살리기로 결정했다. 이와쿠라 도모미는 이를 추진한 중심인물이었다. 이것은 이와쿠라의 교토 보존 계획의 일환이었다(『메이지 천황기』 제6권 p. 56, 111). 옛 법식에 의한 제전이 처음으로 부활한 것은 1884년 5월 15일이었다(동 p. 206).

38 쟁점 중 하나는 각 지역의 실력자인 무사 계층을 화족에 포함시키느냐 마느냐였다. 이토 히로부미는 그들을 화족과 똑같이 장차 상원에 포함시켜야 한다고 주장했다. 그러나 이와쿠라가 완강하게 반대했다(오쿠

보 도시아키, 『이와쿠라 도모미』p. 236 참조). 이 문제는 이와쿠라의 사후인 1884년 7월에 화족령(華族令)이 제정되면서 결정되었다. 구게라는 호칭 대신 작5등(爵五等)이 설정되었으며, 가문의 지위와 훈공에 따라 수여되었다. 『메이지 천황기』제6권 pp. 220~225 참조.

39 천황은 호쿠리쿠(北陸) 순행(1878)으로 교토에 들렀을 때, 황폐해진 교토의 모습을 보고 크게 놀랐다. 그때 천황은 러시아의 대례(大禮:황족의 장례와 대관식)가 구도 모스크바에서 거행되는 것을 본받아, 일본에서도 대례인 즉위식과 대상회(大嘗會:천황 즉위 후 처음 드리는 추수 감사제)를 교토에서 열어야겠다고 생각했다. 이것이 정식으로 발효된 것은 1883년 4월의 일이다. 이와쿠라는 일찍이(이해 1월) 교토 보존에 대한 상세한 건의서를 제출하고 있었다. 이와쿠라의 의도는 단순히 궁궐 보존에 그치는 것이 아니라, 옛날 헤이안쿄(平安京)의 규모를 유지하는 데 있었다. 그렇게 함으로써 교토의 번영을 계획했던 것이다. 이와쿠라는 교토의 아름다운 자연 환경과 빛나는 역사를 말하면서, 그 보존은 오늘날의 급무라고 말했다(『메이지 천황기』제6권 pp. 46~48). 이와쿠라가 1월에 건의한 교토 보존 계획이 구체적으로 실행에 옮겨진 것은 이와쿠라가 5월에 교토로 간 다음의 일이다.

40 『메이지 천황기』제6권 p. 68. 이토 호세이는 먼저 저명한 이토 겐보쿠(伊東玄朴)에게서 네덜란드 의학을 배우고, 나중에 나가사키에서 폼페폰 메델포트에게 배웠다. 그리고 이토는 유트레히트 대학에서 유학하고, 유신 후 곧 귀국했다. 저명한 독일인 의사 에르빈 폰 벨츠도 이와쿠라를 진찰했다. 벨츠와 이토는 이와쿠라를 진찰하느라 애썼다고 각각 3백 엔씩을 받았다(동 p. 92).

41 이와쿠라는 교토에서 고베로 갔다가, 그곳에서 배로 6월 26일 요코하마로 향했다.

42 『메이지 천황기』제6권 p. 81. 황후는 이치조 다다카의 딸이었다. 그 사실을 인지시켜 이와쿠라가 병상에서 일어나야 할 의무를 면하게 해 주려 했던 것이다.

43 『메이지 천황기』제6권 pp. 89~90.

44 이와쿠라의 공적을 열거한 칙찬(勅撰) 비문이 만들어졌다. 필자는 시게노 야스쓰구(重野安繹)였다(동 p. 96).

45 동 p. 99.

46 Hugh Cortazzi, *Sir Harry Parkes, 1828~85*, p. 16. 사토의 논평은 1081년, 파크스의 전기 작가 F. V. 디킨스에게 쓴 서한 중에 있다. 다년간에 걸쳐 파크스의 통역을 맡은 사토는 『어느 외교관이 본 메이

지 유신』에서 빈번하게 파크스의 신경질적 반응에 대해 언급하고 있다. 사토는 다음과 같이 쓰고 있다. '기독교 문제에 대해서도 논의가 많았다. 이에 관해 일본 측 논리도 아주 합당한 것이었고, 파크스 경이 하는 말에도 일리는 있었다. 그러나 고약한 일은 장관이 기도 다카요시의 말에 화가 나 입에 담기 어려운 폭언을 내뱉었다.'(어니스트 사토, 『어느 외교관이 본 메이지 유신』 하권 pp. 235~236)

47 사토, 『어느 외교관이 본 메이지 유신』 상권 p. 173.

48 포고는 1884년 3월 19일. 이보다 일찍(1883년 12월 28일), 천황은 외할아버지 나카야마 다다야스에게, 고 간인노미야(閑院宮) 스케히토에게 비공식 존호(尊號)를 내린 것을 전했다. '교코 천황'은 학자에 따라 '게이코'라고 부르기도 한다.

49 후지타 사토루, 『막부 말기의 천황』 pp. 102~112 참조.

50 『메이지 천황기』 제6권 p. 200.

51 동 p. 210. 이 기록은 6월 1일자에 있다. 이미 병이 한 달 이상 계속되었다는 것을 알 수 있다.

52 『메이지 천황기』 제6권 pp. 339~342. 더 자세한 것은 와타나베 이쿠지로(渡邊幾二郎), 『메이지 천황과 보필한 사람들』 pp. 135~140 참조.

53 와타나베의 설에 의하면 요시이 또는 후지나미가 천황의 역정을 사게 된다면 요시이 자신이 모든 책임을 지겠다고 했다는 것이다(와타나베, 『메이지 천황과 보필한 사람들』 p. 137).

54 일본인은 기독교 금령에 대해 신경을 쓰지 않기로 한 것 같았다. 신자 수는 착실하게 늘어갔다. 1882년까지 프로테스탄트 교회는 93개, 신자 수는 4천3백 명에 이르렀다. 그러나 기독교 금령은 1889년의 헌법 공포 때까지 풀리지 않았다. 대일본제국 헌법 제28조는 다음과 같이 규정하고 있다. '일본 신민은 안녕 질서를 방해하지 않고 신민된 의무에 어긋나지 않는 한에서 신교의 자유를 가진다.'

55 다케조에 신이치로(1842~1917)는 청나라를 여행하고 아주 재미있는 여행기 『산운교우(棧雲峽雨) 일기』를 썼다. 도널드 킨, 『속 백대의 과객』 참조.

56 전쟁 발발의 결과 중, 한 가지 흥미로운 사건은 프랑스가 불, 일 양국의 공통 이익을 위해 동맹을 제안한 일이었다. 만일 일본이 청나라와의 전쟁을 치르는 데 자금이 충분하지 못할 경우, 프랑스는 파리에서 가장 유리한 조건의 공채 모집을 알선하겠다고 약속했다. 일본 측이 이에 응하지 않는 바람에 동맹 이야기는 없던 것이 되었다. 『메이지 천황

기』 제6권 pp. 328~329 참조.

57 『메이지 천황기』 제6권 p. 318, 321. 필자는 자료를 Woonsang Choi, *The Fall of the Hermit Kingdom*, pp.21~23에서 취했다. 최운상의 경우는 주로 당시 서울에 체재하고 있던 유럽인의 증언을 바탕으로 하고 있다.

38장

58 이소다 고이치(磯田光一), 『로쿠메이칸의 계보』 p. 23. 그리고 도미타 히토시(富田仁), 『로쿠메이칸 의서양화(擬西洋化) 세계』 p. 116 참조. 건물의 건축 비용은 외무성, 육군성 등 각 성과 도쿄에서 분담했다고 도미타는 말하고 있다.

59 도미타, 『로쿠메이칸 의서양화 세계』 p. 7. 로쿠메이칸이라는 이름은 이노우에 가오루의 부인인 다케코의 전 남편 나카이 히로시(中井弘)가 명명했다. 나카이는 중국 시가에 정통했을 뿐 아니라 파리도 잘 알고 있었다. 나카이는 파리의 한 쇼에서 교토의 '미야코 오도리(都踊)'를 착상해 냈다. 동 p. 15 참조. 로쿠메이칸은 주로 무도회, 야회, 자선회 같은 사회적 행사에 사용되었는데, 도쿄 체재 중인 외국 귀빈의 숙박 시설이기도 했다.

60 동 pp. 188~190에 전형적인 메뉴가 실려 있다.

61 특히 적임자라 인정받은 교사는 독일인 요하네스 루트비히 얀손이었다. 얀손은 도쿄 고마바(騎場) 농학교 교사였다. 도미타, 『로쿠메이칸 의서양화 세계』 pp. 165~167 참조.

62 도미타, 『로쿠메이칸 의서양화 세계』 p. 174에서 인용했다. 원래 〈여학잡지(女學雜誌)〉(1887년 7월 9일)에 실려 있었다.

63 도미타, 『로쿠메이칸 의서양화 세계』 p. 164 참조.

64 동 p. 215에 풍자만화 사진이 실려 있다. 그리고 피에르 로티가 양장 차림을 한 부인들의 기묘한 헤어스타일에 대해 언급하고 있는 표현 몇 가지가 같은 책 p. 153에 인용되어 있다.

65 옛 명칭 '에도'를 알고 있다는 것을 자랑스러워한 외국인은 1885년이 되고서도 좀처럼 새 명칭 '도쿄'를 사용하려 하지 않았다. 이 소설은 로티의 『가을의 일본』에 수록되어 있다.

66 이소다, 『로쿠메이칸의 계보』 p. 23에 인용되어 있다.

67 곤도 도미에(近藤富枝), 『로쿠메이칸 귀부인고』 p. 154에 인용되어 있다. 미시마 유키오(三島由紀夫)의 희곡 「로쿠메이칸」의 주인공으로 정부 요인과 결혼한 전 게이샤 아사코는 이노우에 다케코가 모델인 것 같다.

68 동 p. 146. 스에코는 4년 전, 카라카우아 국왕이 일본에 왔을 때 황후의 통역을 맡았다. 제34장 참조.

69 곤도, 『로쿠메이칸 귀부인고』 pp. 187~189 참조. 에비스(칠복신七福神의 하나)와 다이코쿠(칠복신의 하나)로 분장한 정부 관리 두 명, 그리고 노 〈마쓰카제(松風)〉의 시오쿠미(汐汲), 마쓰카제와 무라사메(村雨)로 분장한 두 부인의 사진이 도미타, 『로쿠메이칸 의서양화 세계』 p. 177에 실려 있다. 그리고 『메이지 천황기』 제6권 pp. 732-733 참조.

70 이 시대를 작품으로 즐겨 쓴 작가 중에 아쿠타가와 류노스케(芥川龍之介)와 미시마 유키오가 있다.

71 James E. Hoare, "Extraterritoriality in Japan, 1858~99", p. 95

72 도미타, 『로쿠메이칸 의서양화 세계』 p. 70 참조. 영국 외상은 1883년 12월 11일에 그러한 취지의 각서를 모리 아리노리 영국 주재 공사에게 보냈다.

73 동 p. 71. 또 『메이지 천황기』 제6권 p. 272 참조. 플렁케트의 우호적인 태도는 파크스의 비타협적 태도와 현저하게 대조적이어서 메이지 천황의 칭찬을 받았다. 천황은 1886년 7월 플렁케트를 접견하고 감사의 뜻을 표했다. 이때의 천황의 칙어—독일 공사의 우호적 태도에 대한 칭찬도 포함—는 『메이지 천황기』 제6권 pp. 615~616 참조.

74 Hoare, "Extraterritoriality in Japan, 1858~99", p. 95.

75 동 p. 72. 그리고 도미타, 『로쿠메이칸 의서양화 세계』 p. 31 참조.

76 『메이지 천황기』 제6권 pp. 447~448.

77 황후와 황태후는 1885년 11월 19일, 로쿠메이칸에 갔다. 그러나 춤을 추기 위한 것도, 축연에 나가기 위한 것도 아니었다. 이들은 부인 자선회에 출품된 진열품 중에서 몇 점을 샀다. 『메이지 천황기』 제6권 p. 497 참조. 천황은 서양의 문물을 좋아하는 하이컬러 취미에는 질색했고, 이것이 유교의 개념에 의한 군주의 태도와 상승 작용을 보여 로쿠메이칸을 방문하려 하지도 않았다. 그러나 그해 6월, 아키히토 친왕 저택으로 행차하던 길에 천황은 "댄스라는 게 어떤 것인가"고 물었다. 친왕은 황후와 춤을 추어 보였다. 천황은 "아, 그런 거라면 좋아"라고 했

다. 이 일화는 곤도, 『로쿠메이칸 귀부인고』 p. 186 참조. 아키히토 친왕 저택 행차에 대해서는 『메이지 천황기』 제6권 p. 421 참조.

78　동 p. 435. 그중에서도 피해를 많이 본 것은 교토, 오사카, 사가, 도야마였다. 도야마에서는 4월 8일의 홍수에 이어 5월 31일에 큰불이 나서 5천9백 호 이상의 집이 소실되었고, 이재민은 수만 명에 이르렀다.

79　8월 순행 중에 천황은 특히 홍수의 피해가 컸던 오사카, 교토, 사가 현 순시를 위해 요시히사(能久) 친왕을 파견했다. 사가 현의 경우, 하천 제방이 2천 개 이상 무너지고, 4만 명 가까이가 기아의 위협에서 구조를 받았다. 이 중에서 장차 자활이 문제되는 사람이 2만 3천 명이나 있었다. 가나이 유키야스(金井之恭), 『서순일승(西巡日乘)』(요시노 사쿠조吉野作造 편, 『메이지 문화전집』 제17권 황실편) pp. 627~628. 그리고 『메이지 천황기』 제6권 pp. 462~463, p. 469 참조.

80　순행에 대해 상세한 기록은 가나이, 『서순일승』 pp. 604~631. 가나이는 내각 대서기관.

81　『메이지 천황기』의 꼼꼼한 편찬자는 점차로 극성스러워지는 폭염을 묘사할 형용사를 모두 구사한 다음 8월 10일 '염일(炎日) 사람을 쏘다'라고 기술하고 있다(제6권 p. 465)

82　동 p. 462. 도쿠다이지의 학교 방문에 대해 상세한 기록은 가나이, 『서순일승』 p. 615 참조.

83　이 국서는 『메이지 천황기』 제6권 p. 365에 있다. 이에 대한 메이지 천황의 짧은 칙어는 p. 366 참조. 조선 국왕은 메이지 천황을 '대황제'라고 부르고 자신을 '대군주'라고 칭했다. 메이지 천황은 조선 국왕을 '대왕'이라 불렀다.

84　산조의 내유 원문은 『메이지 천황기』 제6권 p. 373 참조.

85　동 pp. 395~398. 많은 일본인은 일본 정부의 나약한 외교에 분개하고 있었다. 구 자유당원 몇 명이 청나라로부터의 간섭을 물리치고 조선 독립을 획책했다. 사대당의 수령을 살해하고 대신 박영효, 김옥균 일파의 독립당을 앉힘으로써 청나라의 간섭을 근절하고자 꾀했다. 그들은 이런 일이 동시에 일본 입헌정치의 창시에도 도움이 된다고 믿었다. 20여 명의 일본인 폭력배가 건너가 사대당을 박멸하기로 했다. 그들은 격문을 작성해서 조선 전국에 뿌릴 생각이었다. 그러나 자금 부족과 내분이 일어나는 바람에 도항 직전에 체포되었다. 모두 130여 명이 관여했으며, 그중 58명이 1887년 4월, 오사카 중죄 재판소로 옮겨졌다. 동 pp. 500~502 참조.

86　동 p. 406. 이 사실은 공식 기록이 아니라 도쿠다이지 사네쓰네의 일

기에 의한 것이다. 이때, 하사 대상이 된 것은 이토만이 아니었다. 이노 우에 가오루는 서울 사변 후의 외교 노력의 공로로 금 1만 엔을 받았다. 사이고 쓰구미치(西鄕從道)와 에노모토 다케아키는 각각 6천 엔을 받았다. 기록에 의하면 5월 9일, 이노우에는 천황에게 1만 엔을 하사 받았으나 이토 등의 시상은 그 날짜가 분명하지 않다.

87 동 p. 436. 천황 행차 때, 만반의 준비가 갖춰졌다. 천황은 이토에게 문장(紋章)이 든 은배 한 벌, 역시 문장이 든 구리 화병 한 쌍, 그리고 1천 엔을 하사했다. 이 하사품은 청나라 특파전권대사로서의 활약에 대한 것이 아니라 행차를 기념한 선물이었던 것 같다.

88 구로다가 1874년에 육군 중장으로 임명되는 기묘한 상황에 대해서는 이구로 아타로(卦黑彌太郞),『구로다 기요타카』pp. 91~92 참조. 야마 가타는 동의하기를 꺼렸으며, 좌대신 아리스가와노미야(有栖川宮) 같은 사람은 '육군 소장을 겸임시키는 따위는 크게 해로운 일을 초래할 뿐'이라고 반대했다.

89 『메이지 천황기』제6권 p. 371. 구로다는 5월 말, 난징(南淸)에서 베이징으로 향하던 중간에 상하이에 머물렀다. 그곳에서 유럽 제국주의의 동양 정략의 움직임을 보고하고 있다. 구로다는 또 광둥(廣東), 푸저우(福州) 같은 곳의 연안 방비 상황에 대해서도 보고 들은 것을 보고하고 있다. 구로다는 이 서한을 동시에 천황에게 보이라고 산조에게 의뢰했다.

90 이구로,『구로다 기요타카』p. 201. 분명히 사사키의 견해는 천황에게 보고되어 영향을 끼쳤다.

91 『메이지 천황기』제6권 p. 503. 보통 천황이 귀족의 저택으로 행차하는 경우에는 노를 상연해서 대접했다. 그러나 구로다는 그 대신 저택의 뜰 안에 특설한 씨름판에서 스모를 보여주었다.

92 이구로는 흥미로운 지적(『구로다 기요타카』pp. 196~197)을 하고 있다. 메이지 천황은(후지나미 고토타다의 간언을 자신이 쌀쌀하게 대했음을 인정한 사실로도 분명한 것처럼) 자신의 결점을 알고 있었다. 즉 천황은 '구로다의 실패 같은 것에 대해서도 어느 정도의 이해가 있었던 것이 아닐까.'

93 이구로,『구로다 기요타카』p. 118. 술에 취한 구로다가 아내를 살해했을 것이라는 소문이 있었다.

94 이토는 정체 개혁을 착착 진행시켰다. 이에 대해서는 사카모토 가즈토(坂本一登),『이토 히로부미와 메이지 국가 형성』에 자세히 나와 있다. 1883년(이토가 프로이센 헌법을 연구하고 있던 유럽에서 귀국한 해)

부터 1885년(이토의 내각 제도 구상이 천황에게 승인된 해)까지의 이
토의 활등에 대해서는 pp. 105~136 참조.

95 『메이지 천황기』 제6권 p. 14. 동기를 설명한 상소문은 pp. 518~519에 있다.

96 동 pp. 516~517. 내각 조직을 설명한 12월 23일의 조칙은 pp. 518~519에 실려 있다.

39장

97 천황의 병에 대해 언급한 구절이 『메이지 천황기』 제6권 p. 595에 있다. 이에 따르면, 천황은 1886년 6월경, 위병에 걸려 있었다.

98 『메이지 천황기』 제6권 pp. 571~573. 그 후 오래지 않아 천황의 마차에서 겨우 수십 보 되는 곳에 유탄이 떨어졌다. 탄환은 마부의 다리를 관통했다. 근위도독(近衛都督)은 깊이 책임을 느껴 사임을 청원했다. 그러나 약 1개월 후 천황은 '그럴 필요 없다'고 했다. 황후는 이 훈련을 참관한 이래로, 군사훈련에 관심을 갖게 된 것 같다. 1887년 3월 28일 황후는 육군사관학교로 행차해서 관병식 등 여러 행사와 활동을 시찰했다. 동 p. 721 참조.

99 야마카와 미치코(山川三千子), 『금단의 여관 생활 회상기』(〈특집 인물왕래〉 1959년 4월호 p. 196)에 의하면 천황은 만년에 특히 두 명의 곤노텐지 소노 사치코와 오구라 후미코(小倉文子)를 가까이 했다. 오구라에게는 아기가 생기지 않았다. 그래서 천황의 측실로서 사진에 등장하는 일이 없다.

100 백작 소노 모토사치는 소노 모토시게(園基茂)의 셋째 아들이었다. 나카야마 다다야스(메이지 천황의 외할아버지)의 아내 아이코(愛子)는 모토시게의 양녀였다. 즉 모토시게는 메이지 천황의 증조부인 동시에 소노 사치코의 할아버지다.

101 『메이지 천황기』 제6권 p. 544. 이 한 구절만으로는 공주의 탄생 때 실제로 한방과 양방 중 어느 쪽 의술을 사용했는지 알 수가 없다.

102 여기서 의견이 대립된 의사는 양방의 이와사 준(岩佐純)과 한방의 아사다 소하쿠(淺田宗伯)이다.

103 사다마로는 다른 여성과 약혼했다는 이유로 이 영예를 거절했다. 카라카우이 ■암에게 쓴 사다마로의 편지는 비숍 박물관에 보존되어 있다.

제34장 참조.

104 이자와 다다시(飯澤匡),『이사(異史) 메이지 천황전』p. 53.

105 『메이지 천황기』제6권 p. 630에 의하면 지금까지 황자의 양육은 모두 나카야마 요시코(메이지 천황의 생모)의 손에 맡겨졌다. 요시코는 무쓰히토(睦仁=메이지 천황)에게는 엄격했으나 병약한 요시히토에게는 지나치게 방임주의였다.

106 도쿄대학의 명칭은 1886년 3월 1일, '제국대학'으로 고쳐졌다. 이 개칭은 문부대신 모리 아리노리의 종용에 의한 것이었다. 교육의 주안은 국가에 유용한 인재를 양성하는 데에 있다는 모리의 신념을 반영하고 있었다. 당시 제국대학의 기구 개혁에 대해서는『메이지 천황기』제6권 pp. 551~552 참조.

107 이 서적은 니시무라의 사후 1905년에 출판되었다.

108 니시무라 시게키,『일본 도덕론』p. 117에 있는 요시다 구마지(吉田熊次)의 해설에 인용되어 있다. 강연은 12월 11일, 17일, 26일, 대학 강의실에서 있었다. 그러나 학생뿐 아니라 널리 일반인에게도 공개되었다.

109 니시무라,『일본 도덕론』pp. 10~14.

110 동 p. 15.

111 유교의 결점 5항목―신분의 귀천, 남존여비 등―에 대해서는 동 pp. 28~29 참조. 그리고 철학의 결점 4항목에 대해서는 pp. 31~33 참조.

112 이 기술은 주로 가와이 히코미쓰(川合彦充),『노르만턴 호 사건』pp. 4~5(〈일본 고서(古書) 통신〉제166호 1958년 2월 15일)에 의거한 것이다. 또『메이지 천황기』제6권 p. 644, pp. 666~667 참조.

113 노래의 첫머리 부분과 영어 번역, 악보는 William Malm, *Modern Music of Meiji Japan*, p. 28에 있다. 노래의 첫 부분은 다음과 같다. '해변에 철썩이는/파도 소리 높고/한밤의 폭풍에/눈이 떠져서/푸른 바다 벌판을/바라보면서/우리 형제자매는/어느 곳에 있는가/불러도 불러도/소리는 없고.'

114 이 조처에 불만을 품은 것은 일본인뿐이 아니었다. 프랑스 화가 조르주 비고의 풍자만화에 이런 것이 있다. 영국인 승무원은 보트 위 안전지대에 있다. 일본인은 목만 내놓고 파도 사이를 표류하고 있다. 선장은 구조를 바라는 일본인에게 돈을 요구하고 있다. 이 만화는 이로카와 다이키치(色川大吉),『근대국가의 출발』p. 438에 수록되어 있다.

115 예를 들면 1월, 천황은 이탈리아 황제 움베르토 1세에게서 토리노 왕

국 문고 소장의 원본을 복각한 단테의 『신곡(神曲)』을 선물로 받았다(『메이지 천황기』 제6권 p. 684). 그러나 일본 궁중이 외국 왕족을 따뜻하게 대접한 데 대해 충분히 보답받지 못했다고 말할 수 있다. 1887년 6월, 아키히토 친왕은 천황 대리로 런던에서 거행된 빅토리아 여왕의 즉위 50주년 축제식에 참가했다. 친왕은 자신의 이름이 식전 참석자 명부에서 누락되어 있는 것을 알고 불쾌해했다. 그리고 배당된 숙소의 격식은 다른 유럽 제국의 황족에 비해 뒤떨어져 있었다. 웨스트민스터 사원에서의 예배식에 갈 때는 자동차가 없어서 일부러 마차를 부르지 않으면 안 되었다. 사원에서의 좌석 서열은 태국, 하와이 왕족과 같았으며, 유럽 왕실과 구별되어 있었다. 이러한 점에서 친왕은 영국이 아직 일본을 '동양의 외딴 섬' 정도로 여기고 있다는 사실을 알았다. 『메이지 천황기』 제6권 pp. 764~765 참조.

116 천황과 황후는 이미 그달 14일에 도착해 있던 황태후와 교토에서 합류했다.

117 『메이지 천황기』 제6권 p. 700. 이 관리는 궁내차관 백작 요시이 도모자네(吉井友實).

118 동 pp. 712~713.

119 이 밖에도 도쿄 구락부가 있는데, 일본의 황족, 고관, 유력자 등과 일본 주재 외국인과의 교제 기관으로 1882년에 조직되었다.

120 『메이지 천황기』 제6권 p. 732. 그리고 Donald H. Shively, *The Japanization of the Middle Meiji in Tradition and Modernization in Japanese Culture*, p. 94 참조. 샤이블리는 1882년 발행된 다카하시 요시오(高橋義雄), 『일본 인종 개량론』에서 한 구절을 인용하고 있다. 다카하시는 다음과 같이 주장하고 있다. '취약한 정신과 육체를 가진 일본인이 백인과 맞서는 일은 기대할 수 없다. 해봤자 아무 소용이 없을 것이다. 유일한 구제책은 백인종과 국제결혼을 함으로써 인종 강화를 도모하는 길이다.' 허버트 스펜서는 1892년 이에 대한 의견을 묻자 그런 일은 안 하는 것이 좋겠다고 조언했다.

121 『메이지 천황기』 제6권 pp. 735-736. 그리고 이노우에 기요시(井上淸), 『조약 개정』 pp. 108~109도 참조.

122 다니는 1년여 동안 유럽 각국에서 농업과 상공업을 시찰하고 6월 23일 귀국했다. 열강의 군비 확장 실태를 본 다니는 국제 위기의 현상을 알아차리고 있었다. 아마도 빈에서 로렌츠 폰 슈타인에게서 국제법을 배운 것은 그 때문일 것이다. 『메이지 천황기』 제6권 pp. 765~766, p. 777 참조.

123 7월 26일, 히지카타 히사모토가 다니의 후계자로 지명되었다. 『메이지 천황기』 제6권 p. 786 참조.

40장

124 『메이지 천황기』 제7권 p. 20. 증상은 꽤 상세히 기술되어 있다. 담에 피가 섞이고, 39도 이상의 고열을 내며 수차례 설사를 했다.

125 1888년 여름, (4월에 백일해에 걸린) 요시히토 황자의 교양주임은 요양과 피서를 겸해 황자의 하코네행을 제안했다. 천황에게 승인을 요청했으나 천황은 이를 반기지 않았다. 천황은 일정을 일주일로 한정하고 모토다 나가자네가 따라 가는 것을 조건으로 어쩔 수 없이 동의했다 (『메이지 천황기』 제7권 p. 116). 아마, 천황은 황자를 멀리 보내는 일이 걱정스러웠던 것이 틀림없다. 동시에 천황은 자신과 마찬가지로 수백만이라는 일본 국민과 함께 여름 더위를 견뎌내는 것이 황자의 의무라고 느끼고 있었는지도 모른다. 그러나 하코네 체재는 눈에 띄게 황자의 건강에 도움이 되었다. 이후 황자가 피서, 피한을 위해 도쿄를 떠나 비교적 기후가 좋은 곳에서 지내는 일은 습관이 되었다.

126 『메이지 천황기』 제7권 p. 22, 34, 77. 황후는 또 1월 16일, 시바 공원의 야요이샤(彌生社)에서 개최된 유도와 검술을 관람했다(동 p. 7 참조).

127 한방의 시의는 1888년 12월, 양의로 교체되었다. 『메이지 천황기』 제7권 p. 156, 167 참조. 1888년 천황은 육군 군의총감 및 시의 등을 불러 어째서 황자와 공주들이 요절했는지 조사하라고 명했다. 『메이지 천황기』 제7권, p. 159, 203 참조.

128 『메이지 천황기』 제7권 p. 4. 제20장에서 이미 말한 것처럼 메이지 천황은 특히 게이코 천황을 높이 평가하고 있었다. 하긴, 게이코 천황의 중요성은 황자인 야마토다케루노미코토(倭建命)의 공적 때문에 빛이 좀 바랜 감이 있다.

129 사진 쪽이 초상으로서는 오히려 정확할 것이다. 그러나 당시 사진을 촬영하자면 상당한 시간과 조명도 필요했기 때문에 천황 모르게 촬영할 수는 없었다.

130 『메이지 천황기』 제7권 pp. 7~8. 키오소네는 그 후 시바 별궁에서 만찬 대접을 받았다. 궁내대신 등 고관이 배석했다. 추측건대, 초상화 제작에 대한 감사의 표시였을 것이다(동 p. 122). 키오소네는 이듬해 8월

19일, 다시 만찬에 초대되어 문장(紋章)이 새겨진 구리 꽃병 한 쌍, 향로 한 개를 받았다(동 p. 336). 다키 고지(多木浩二),『천황의 초상』pp. 164~167에 키오소네가 작성한 초상화에 대한 평가와 '어진영'의 바탕이 된 그 사진에 대한 언급이 있다.

131 벨기에 공사 다네탕 남작 부인은 일기에 다음과 같이 쓰고 있다. '우리는 꽤 오래 일본에 살고 있는 이탈리아인 키오소네 씨 댁에 차를 마시자고 초대를 받았습니다. 그곳에서 구리 그릇, 칠기, 일본 판화, 고대 자수 등 훌륭한 소장품을 구경했습니다. 그는 또 우리에게 천황 부부를 그린 초상화도 보여주었습니다. 그것은 현존하는 폐하의 유일한 초상화의 원본이었습니다. 키오소네 씨는 생생한 초상화를 스케치로 완성해 낸 것입니다. 왜냐하면 천황과 황후가 일부러 초상화와 사진 모델 노릇을 한다는 것은, 군주에 대한 일본의 예법과 충의(忠義)의 사고방식에 어긋나는 일이었기 때문입니다' (Baroness Albert d'Anethan, *Fourteen Years of Diplomatic Life in Japan*, pp. 53~54). 그러나 황후는 메이지 천황처럼 사진을 싫어하지 않았다. 1889년 6월 14일, 황후는 사진사 스즈키 신이치(鈴木眞一)를 불러 초상 사진을 찍게 했다. 이튿날 또 한 명의 사진사 마루키 리요(丸木利陽)를 불러서 사진을 촬영했다.『메이지 천황기』제7권 p. 287 참조. '어진영'을 학교에 하사한 일에 대해서는『메이지 천황기』제7권 p. 424 참조.

132 『메이지 천황기』제7권 p. 16. 이노우에 사임 직후에 후계자가 된 사람은 이토였다. 이토는 내각 총리대신과 임시 외무대신을 겸임했다.

133 이 당이 내세운 목적에 대해서는 Joyce C. Lebra, *Okuma Shigenobu*, pp. 69~76 참조.

134 구로다와 오쿠마의 회담에 대한 간단한 경위는 와타나베 가쓰오(渡邊克夫),『메이지 22년의 조약 개정 반대 운동』p. 4 참조.

135 국회의원으로 구성되는 내각으로 영국 의회 민주주의 방식.

136 『메이지 천황기』제7권 p. 17. 그리고 Lebra, *Okuma Shigenobu*, p. 84, 164도 참조. 오쿠마가 내놓은 조건은 교섭 과정에서 달라졌다. 상세한 것은 와타나베,『메이지 22년의 조약 개정 반대운동』pp. 6~18 참조.

137 Lebra, *Okuma Shigenobu*, p. 86.

138 『메이지 천황기』제7권 p. 50.

139 추밀원의 다섯 가지 심의 사항은『메이지 천황기』제7권 p. 51에 열거되어 있다. 주로 헌법 및 헌법에 부속된 법률의 내용, 그리고 그 조문 수성 설차에 관련된 것이다.

140 『메이지 천황기』 제7권 pp. 74~75, p. 92, 94. 그리고 히지카타 히사모토, 「예지 넘치는 대황제」(〈태양〉임시 증간 『메이지 성천자』) p. 58도 참조. 히지카타는 다음과 같이 쓰고 있다. '때로는 열을 뿜는 듯한 격론이 여러 시간 동안 벌어지는 일도 있었으나, 폐하는 일일이 경청하셨고, 안으로 들어가신 후로도 오늘의 논의는 누가 옳고 그른지 비평을 하셨으며 그 선악도 바로 판단하시는 게 보통이었다. 그 비평이 정확하고, 그 판단을 밝게 재결하심이 물 흐르는 것 같았다.'

141 Dallas Finn, *Meiji Revisited*, p. 94. 이 책에는 이렇게 쓰여 있다. '그러나 거의 대부분의 외국인, 예컨대 벨츠 박사나 벨기에의 다네탕 남작 부인, 영국의 리즈데일 경, 뉴욕의 재계 인사 제이콥 시프 같은 다양한 사람들이 궁중이 장려하다는 것을 인정했다. 남작 부인은 알현 홀에 대해서 장려하고도 거대한 방인데 바닥이 나무를 짜 맞춘 모자이크로 되어 있다고 했다'(Baroness d' Anethan, *Fourteen Years of Diplomatic Life in Japan*, p. 48).

142 이들 건물은 1945년 공습으로 파괴되었다.

143 히노니시 스케히로, 『메이지 천황의 일상』 p. 71.

144 요시히토 황자가 피한을 위해 겨울을 보내던 아타미(熱海)에 다니도 머무르고 있었다. 소가가 다니를 방문하기에는 편했다.

145 『메이지 천황기』 제7권 pp. 192~193. 다니는 상원의 의관으로 출사할 생각이라고 말했다. 이미 다니는 군무에서 세운 공적으로 자작이 되어 있었다.

146 다니는 추밀원 고문관 취임을 재삼 사양했다. 그러나 천황은 받아들이지 않았다. 천황은 시종장을 통해 궁내차관 요시이 도모자네에게 명해, 생각을 바꾸라고 다니를 설득시켰다. 다니는 천황의 총애를 이야기하는 요시이의 말에 감동을 받았다. 그러나 잠시 답변의 유예를 요구했다. 『메이지 천황기』 제7권 pp. 201~202 참조. 다니는 그 후 추밀원 고문관 취임이냐, 입각이냐의 선택을 하게 되었다. 다니는 입각에는 반대하지 않았다. 그러나 고토 쇼지로(後藤象二郎)와 이 영예를 함께 할 마음은 없었다. 최종적으로 내각 총리대신 구로다 기요타카는 다니가 아닌 고토를 지명했다(동 p. 246). 문부대신으로는 에노모토 다케아키가 취임하고, 고토는 에노모토의 후임으로 체신대신이 되었다.

147 『벨츠의 일기』 상권 pp. 134~135. '도쿠가와 가메노스케'는 도쿠가와 이에사토(德川家達)의 아명이다. 이에사토는 헌법 작성에 중요한 역할을 했다. '산조 공'이란 물론 산조 사네토미를 가리킨 것이다. 벨츠는

산조를 독일에서는 총리에 해당하는 'imperial chancellor'라고 쓰고 있다.

148 휴 보튼(Japan's Modern Century, pp. 490~507)은 1946년 헌법 조항을 그에 해당하는 1889년 제국 헌법 조항과 나란히 소개하고 있다.

149 천황이 구로다를 싫어한다는 것을 알고 있는 모토다는, 형편없는 인물에게 상을 내린 고사의 예로서 중국의 역사에서 하나의 일화를 인용했다. 한(漢) 고조는 굳이 총애하는 신하 하나를 베고, 자신이 싫어하는 가신에게 영토를 줌으로써 만민을 심복시켰다고 했다(『메이지 천황기』 제7권 pp. 213~214).

150 벨츠 박사에 의하면 신문은 암살자를 영웅으로 치켜세웠다. 그래서 '우에노에 있는 니시노의 묘소에는 레이조(靈場:신불의 영검이 신통한 곳) 참배 같은 광경이 연출되고 있다! 특히 학생, 배우, 게이샤가 많다'고 쓰고 있다.『벨츠의 일기』상권 p. 141 참조.

151 『메이지 천황기』제7권 p. 227. 공화당의 벤저민 해리슨은 1889년 3월 4일 대통령으로 취임했다.

152 동 p. 236.

153 대일본 제국 헌법 제24조는 '일본 신민은 법률에 정해진 재판관의 재판을 받을 권리를 박탈당하지 않는다'고 되어 있다. 제58조에는 '재판관은 법률에 정해진 자격을 갖춘 자로써 이를 임한다', 그리고 '재판관은 형법의 선고 또는 징계 처분에 의하지 않고는 직을 박탈당하지 않는다'고 되어 있다.

154 『메이지 천황기』제7권 pp. 284~285, p. 287. 상대국은 네덜란드, 포르투갈, 벨기에, 하와이, 스페인.

155 동 p. 342. 이렇게 묻고 있는 사람은 가쓰 가이슈이다.

156 동 pp. 164~165. 출전은 1889면에 쓰인 니시무라 시게키의『건언고(建言稿)』. 일본홍도회(日本弘道會) 편,『백옹총서(伯翁叢書)』제1권 pp. 397~411 참조. 특히 pp. 399~406에는, 만일 외국인을 거류지 밖에서 함께 살게 한다든지, 대심원 판사로 고용하게 되면 일본인이 어떤 꼴을 당하게 되는가에 대한 처참한 광경이 묘사되어 있다. 영문에 의한 니시무라 연구로서는 Donald H. Shively, *Nishimura Shigeki: A Confucian View of Modernization*을 참조. 이 시기 이전, 많은 일본인이 외국인의 일본 국내 거주에 대해 매우 기대하고 있었던 것은 주목할 만한 일이다. 이노 덴타로(稻生典次郎),『조약 개정론이 역사적 전개』pp. 266~268 참조.

157 『메이지 천황기』제7권 p. 325. 그리고『벨츠의 일기』상권 p. 147 참조. 벨츠는 '일본인은 조약을 개정하면서 모든 것을 얻으려 하고 있지만, 그러면서 아무 것도 주려하지 않고 있다'고 썼다.

158 『벨츠의 일기』상권 pp. 150~151.

159 동 p. 152.

41장

160 『메이지 천황기』제7권 p. 600.

161 동 p. 463. 그리고 동 p. 568도 참조. 조선국 대왕대비 서거 후, 궁중은 9일간의 거상 기간을 두었다.

162 동 p. 462. 예컨대 1월 19일, 요시히토 황자는 아타미로 가서 약 한 달 동안 머물렀다. 황태자는 황태후, 황후에 준해 특별히 마련된 기차를 이용했다. 동 p. 457 참조.

163 동 p. 530, pp. 691~693. 그리고 7월 3일 군마(群馬) 현 이카호(伊香保)에 영지를 마련해 황실 휴양지로 삼았다(동 p. 586 참조).

164 1890년 7월 15일, 오랜 기다림 끝에 조약 개정과 관련해 일본의 제의에 대한 영국의 회답이 외무대신 아오키 슈조에게 전달되었다. 영국 총리 후작 솔즈베리는 일본의 제의가 작년에 제출한 것과 크게 다르다는 점을 지적한 다음, 영국이 지금까지 누리던 특권을 포기하기까지는 적어도 5년은 걸릴 것이라고 예언했다.

165 『메이지 천황기』제7권 p. 519. 천황은 가끔 아랫사람들과 똑같이 보잘것없는 식사를 했다. 아마 그들과의 연대감을 보이기 위한 태도였을 것이다. 가령 군함 야에야마(八重山) 호를 탔을 때, 천황은 함 내에서 하사관급들이 먹는 음식을 함께 먹었다(동 p. 486).

166 메리 프레이저,『영국 공사 부인이 본 메이지 일본』p. 167.

167 동 p. 174.

168 지금까지 벌써 사쓰마, 조슈, 도사, 히젠 출신자에 더해 네 개 지역 출신이 아닌 가쓰 가이슈, 에노모토 다케아키도 각료로 임명하고 있다. 아마 이들의 막부에 대한 오랜 공헌 때문이었을 것이다.

169 Roger F. Hackett, *Yamagata Aritomo in the Rise of Modern Japan*, p. 135.

170 무쓰는 1878년 금고 5년의 형에 처해졌다. 정부 전복을 기도한 도사

입지사(立志社)의 음모에 가담했기 때문이다. 무쓰가 실제로 투옥된 기간은 4년 4개월이었다. 한번은 천황이 이 음모 관계자에게 은사를 내린 일이 있었으나 무쓰는 제외시켰다. 이들 사건에 관한 간단한 해설은 하기하라 엔주(萩原延壽),『무쓰 무네미쓰 기행』(『일본의 명저』 제35권) pp. 47~48 참조.

171 『메이지 천황기』 제7권 p. 211. 이때 반포된 법률은 의원법, 중의원 의원 선거법, 귀족원령이다. R. H. P. Mason, *Japan's First General Election 1890*, p. 27.

172 귀족원은 중의원과 같은 시기에 소집되었는데, 선거 방법이 달랐다. 귀족원 의원 251명은 황족, 화족 및 칙임의원으로 구성되어 있었다.

173 메이슨(*Japan's First General Election 1890*)은 스에마쓰 겐초(末松謙澄)의 다음 문장을 인용하고 있다. '문맹자가 대서를 부탁했을 때 정촌장(町村長:각 행정관서의 우두머리)이 서기와 한통속이라면 곤베(權兵衛)라 할 것을 하치베(八兵衛)라 쓰고, 고스케(五助)라 할 것을 로쿠스케(六助)라고 써도 어쩔 도리가 없다. 이것이 선거인이 가장 신경 쓰는 바인데, 이는 내가 실제로 널리 본 바로서……'(「23년의 총선거」『메이지 문화 전집』 제10권 p. 217).

174 Mason, *Japan's First General Election 1890*, p. 52.

175 Hackett, *Yamagata Aritomo in the Rise of Modern Japan*, P. 137. 이토는 10월 24일, 정식으로 귀족원 의장에 임명되었다.『메이지 천황기』 제7권 p. 658 참조.

176 『메이지 천황기』 제7권 p. 532, 564, 565, 586, 595, 602, 607, 614, 621, 622 등 참조. 1890년 11월에 작성된 황실 소유지 일람은 동 pp. 698~700에 실려 있다. 이것이 전부는 아니다. 대대로 내려오는 세전(世傳) 영지만 예로 든 것이다. 동 p. 70에는 12월 31일 현재의 소유지로서 궁성 및 별궁의 땅을 포함하는 제1종 세전 영지의 면적이 합계 101만 645정보 이상, 그리고 다른 제2종 영지로서 263만 3,756정보 이상이 열거되어 있다.

177 건의서는 동시에 추밀원 의장과 각 대신들에게도 제출되었다.『메이지 천황기』 제7권 p. 636 참조.

178 동 pp. 636~637. 사사키의 건의서는 쓰다 시게마로(津田茂麿),『메이지 성상과 신(臣) 다카유키』 pp. 698~704 참조. 교부성(敎部省)은 1877년에 폐지되었는데 이를 대신하는 것은 없었다.

179 『메이지 천황기』 제7권 p. 645. 3대절이란 정월 사방배 의식, 기원절(紀元節:진무 천황 즉위 기념일), 천장절(天長節:메이지 천황 생일)을

말한다.

180 교육 칙어의 영역은 Ryūsaku Tsunoda et al. *Sources of Japanese Tradition*, p. 64에 있다.

181 마찬가지로 영역은 동 p. 647.

182 『우치무라 간조 전집』 제20권 pp. 206~207. 원문은 영어.

183 동 pp. 208~209. 마찬가지로 원문은 영어.

184 『벨츠의 일기』 상권 p. 154.

42장

185 이미 본 바와 같이 하와이의 카라카우아 왕은 천황을 알현했으나 공식 방문은 아니었다. 다른 손님은 주로 군주의 두 번째 아니면 세 번째 왕자―영국의 두 왕자의 경우는 왕손―였다.

186 Count Sergei Iulevich Witte, *The Memoirs of Count Witte*, (translated by Sidney Harcave) pp. 126~127. 니콜라이의 동생 게오르기는 배가 인도에 도착한 후, 러시아로 귀국했다. 『메이지 천황기』 제7권 p. 795 참조.

187 『메이지 천황기』 제7권 p. 751. 이와 대조적으로 천황은 훌륭한 불상이 모셔져 있는 것으로 유명한 교토 최고(最古)의 절 광륭사(廣隆寺)의 재건에는 겨우 2백 엔을 하사했다(동 p. 780 참조).

188 아마 그녀가 말한 것은 하마(濱) 별궁을 뜻하는 것 같다.

189 메리 프레이저, 『영국 공사 부인이 본 메이지 일본』 p. 267.

190 야스다 고이치(保田孝一), 『최후의 러시아 황제 니콜라이 2세의 일기 증보』 p. 9. 그리고 *The Memoirs of Count Witte*, p. 125도 참조. 니콜라이는 1891년 5월 31일, 철도 기공식에 참석하고 있다.

191 러시아 황태자의 나가사키 방문에 관해 기술한 상세한 내용은 노무라 요시후미(野村義文), 『오쓰 사건』 pp. 9~88 참조.

192 야스다, 『후의 러시아 황제 니콜라이 2세의 일기 증보』 p. 22.

193 동 p. 21.

194 동 p. 25에는 나가사키에서 인력거를 탄 니콜라이의 사진이 게재되어 있다.

195 산 물품들은 모두 가게 이름과 함께 상세히 노무라, 『오쓰 사건』 pp. 80~85에 기재되어 있다.

196 야스다, 『최후의 러시아 황제 니콜라이 2세의 일기 증보』 p.31.

197 메뉴는 오무라, 『오쓰 사건』 pp. 52~53에 기재되어 있다.

198 야스다, 『최후의 러시아 황제 니콜라이 2세의 일기 증보』 p. 31.

199 동 pp. 32~33 참조. 어떤 향토사가에 의하면, 니콜라이의 상대는 게이샤 기쿠얏코(菊奴), 게오르기우스의 상대는 오사카에(お榮)였다고 한다. 그러나 노무라(『오쓰 사건』 p. 86)는 니콜라이의 상대가 오사카에였을 것이라고 했다.

200 야스다, 『최후의 러시아 황제 니콜라이 2세의 일기 증보』 p. 36. 동 p. 39에는 그 사무라이 춤 사진이 게재되어 있다.

201 동 p. 39.

202 노무라, 『오쓰 사건』 p. 111 참조. 같은 날 오찬 때 니콜라이는 연대장에게 일본 병사에게서 받은 멋진 인상에 대해 자꾸만 찬사를 늘어놓고 있다. 일본 도착 이래 니콜라이가 일본 병사를 본 것은 이것이 처음이었다. 사회문제자료연구회 편, 『오쓰 사건에 대해서』 상권 p. 144.

203 (동시대의 자료에 의한) 유람에 대한 세부 보고는 사회문제자료연구회 편, 『오쓰 사건에 대해서』 상권 pp. 141~144에 게재되어 있다.

204 습격 때의 각 인력거의 위치에 대한 도해는 사회문제자료연구회 편, 『오쓰 사건에 대해서』 상권 p. 177.

205 야스다, 『최후의 러시아 황제 니콜라이 2세의 일기 증보』 pp. 11~12.

206 『메이지 천황기』 제7권 p. 82. 니콜라이 황태자는 이 두 차부를 군함으로 불러 2천5백 엔을 주었다. 그리고 성 안나 훈장을 주고 연금 1천 엔을 준다고 전했다. 두 사람은 비천한 신분으로 큰 돈을 갖게 되어 신세를 망칠 수도 있었다. 메이지 천황도 이를 걱정해서 외무대신 아오키 슈조에게 명해 거액의 돈을 함부로 낭비하지 않도록 두 사람을 타이르게 했다. 아오키는 두 사람을 훈계했을 뿐 아니라 두 사람의 출신지인 교토 지사, 이시카와 현 지사에게도 두 사람의 장래를 보살펴주라고 명했다. 두 사람의 차부, 무코하타 지사부로(向畑治三郎)와 기타가시 이치타로(北賀市市太郎)에 대해서는 오사타케 다케시(尾佐竹猛), 『오쓰 사건─러시아 황태자 오쓰 조난』 pp. 252~257에 실려 있다.

207 야스다, 『최후의 러시아 황제 니콜라이 2세의 일기 증보』 pp. 16~17. 마지막으로 그의 일기에 오쓰 사건 이야기가 나오는 것은 1916년, 그가 죽기 2년 전이다.

208 동 p. 12.

209 오사타케, 『오쓰 사건─러시아 황태자 오쓰 조난』 pp. 51~53.

210 *The Memoirs of Count Witte*, pp. 126~127.

211 프레이저,『영국 공사 부인이 본 메이지 일본』, p. 272, 275.

212 동 p. 274.

213 『메이지 천황기』제7권 pp. 817~818. 천황이 파견한 의사 중 한 명은 실은 일본인이 아니었다. 스크리바 박사는 의과대학이 고용한 외국인 교사였다. 벨츠 박사는 자신의 일기에 '스크리바와 일본 일류 외과의 들은 천황의 명으로 교토에 파견되었으나 러시아 황태자를 만나 보지도 못했다. 그들은 러시아 측의 쌀쌀맞은 태도에 툴툴거리고 있었다'고 썼다(『벨츠의 일기』 상권 p. 156).

214 오사타케,『오쓰 사건─러시아 황태자 오쓰 조난』 pp. 100~101. 그리고 『메이지 천황기』 제7권 p. 821 참조. 후자의 기술에는 약간의 혼란이 있다. 같은 페이지에 니콜라이는 신변의 안전을 우려하며 천황에게 동행해 달라고 청원했다고 되어 있다. 그러나 이는 당시 니콜라이가 다른 곳에서 한 말과 어긋난다.

215 이 전보의 내용은 『메이지 천황기』 제7권 p. 825에 있다.

216 천황은 보통 담배를 가지고 다니지 않았다. 그러나 이때는 특별히 준비해 갔다. 누군가가 러시아의 그런 관습을 알려주었음에 틀림없다.

217 메리 프레이저,『영국 공사 부인이 본 메이지 일본』 pp. 276~277.

218 Lafcadio Hearn, *Out of the East*, p. 254.

219 동 p. 256.

220 동 p. 260. 하타케야마 유코에 관한 전기적 사실은 오사타케,『오쓰 사건─러시아 황태자 오쓰 조난』 pp. 257~263에 소개되어 있다. 그곳에는 헌의 인용은 없다.

221 프레이저,『영국 공사 부인이 본 메이지 일본』 p. 279. 야스다.『최후의 러시아 황제 니콜라이 2세의 일기 증보』 p. 55에 게재되어 있는 그림은 발(簾), 장롱 그 밖의 부피가 나가는 물건으로 가득 찬 갑판이 묘사되어 있다. 프레이저 부인에 의하면 아주 가난한 사람들도 선물을 가지고 왔다. 쌀, 간장, 계란 같은 것이다. 선물은 운반용 고리짝 열여섯 개에 이르렀다고 한다(『메이지 천황기』 제7권 p. 823).

222 사회문제자료연구회 편,『오쓰 사건에 대해서』 상권 pp. 489~493에는 부상한 황태자에게 위문편지를 보낸 단체가 일람표로 나와 있다.

223 오사타케,『오쓰 사건─러시아 황태자 오쓰 조난』 pp. 79~80.

224 프레이저 부인은 쓰다를 가리켜 '나이 지긋한 육군 상사'라고 썼지만, 오쓰 사건 당시 그는 아직 서른여섯 살이었다.

225 서남 전쟁 중 쓰다의 군무에 대해서는 사회문제자료연구회 편, 『오쓰 사건에 대해서』 상권 p. 251에 있다. 그리고 고지마 고레카타, 『오쓰 사건 일지』 pp. 193~194 참조.

226 고지마, 『오쓰 사건 일지』 p. 193. 더 자세한 전기적 기록은 오사타케, 『오쓰 사건―러시아 황태자 오쓰 조난』 pp. 248~252.

227 여기서 말하고 있는 것은 물론 역사에 이름을 남기기 위해 에베소의 다이아나 신전에 불을 지른 고대 그리스의 헤로스트라토스 이야기다. 번역서에서는 생략되었으나 벨츠의 원문에는 Herostratus의 이름이 있으며, 그대로 번역하면, '이 범죄자는 아마도 매명 행위를 노린 헤로 스트라토스 같은 인간에 지나지 않았다'가 된다.

228 『벨츠의 일기』 상권 p. 155.

229 이들 세 가지 점에 관한 그의 분노는 예심 심문의 증언에서 볼 수 있다. 오사타케, 『오쓰 사건―러시아 황태자 오쓰 조난』 pp. 133~134 참조. 그리고 『메이지 천황기』 제7권 pp. 834~835도 참조.

230 사회문제자료연구회 편, 『오쓰 사건에 대해서』 상권 pp. 248~254 참조. 그의 처남의 증언에 의하면, 쓰다는 그 소문을 믿고 사이고의 귀환에 대해 걱정했다.

231 고지마, 『오쓰 사건 일지』 p. 192. 그리고 오사타케『오쓰 사건―러시아 황태자 오쓰 조난』 p. 135 참조.

232 오사타케, 『오쓰 사건―러시아 황태자 오쓰 조난』 pp. 135~136.

233 Barbara Teters, *The Ōtsu Affair : The Formation of Japan's Judical Conscience*, p. 55에 이때의 상황이 명쾌하게 소개되어 있다.

234 동 p. 59.

235 고지마, 『오쓰 사건 일지』 p. 194. 혹독한 대우로 폐렴이 걸렸다는 흔적은 없다.

236 수기와 관련 자료는 이에나가 사부로(家永三郞) 편주로 된 것을 쉽게 구할 수 있다.

237 『벨츠의 일기』 상권 p. 155.

238 버지니아 대학 도서관에 소장되어 있는 니시다 센타로에게 보낸 영문 서한.

43장

239 도널드 킨, 『일본인의 미의식』 p. 117 참조.

240 동 p. 118. 이런 견해를 보인 사람은 나중에 도쿄제국대학 총장을 지낸 도야마 마사카즈(外山正一).

241 동 p. 120.

242 어느 사진이 보내졌는지 분명하지 않다. 아마 사진이 아니라 키오소네의 초상화 복사본일 것으로 여겨진다. 동년 11월 25일, 천황, 황태후, 황후의 초상 판매가 묵인되었다(『메이지 천황기』 제7권 p. 934 참조). 니콜라이에게 보낸 메이지 천황의 서한 내용은 『메이지 천황기』에 게재되어 있지 않다.

243 사망자 25명, 부상자 4백 명 가까이 발생했다.

244 『메이지 천황기』 제8권 p.19. Roger F. Hackett, *Yamagata Aritomo in the Rise of Modern Japan*은 민당의 의석으로 183이라는 숫자를 들고 있다.

245 『메이지 천황기』 제8권 p. 67. 중의원도 똑같은 결의안을 가결했다. 관리에 의한 선거 간섭이 있었음을 사실로 인정하고 각료의 책임을 추궁하고 있다(동 p. 68).

246 『메이지 천황기』 제8권 p. 31~32.

247 시나가와는 선거 때 행사한 편법에 대해 뉘우치지는 않았다. 선거 간섭의 이유를 시나가와는 이렇게 말하고 있다. "만일 파괴주의의 무리들을 다시 당선시켰다가는 나라의 안녕을 유지하는 데 큰 해가 있을 것으로 판단해, 이들 무리를 몰아내고 충성되고 어진 인사를 뽑기 위해 온갖 수단을 써서 선거에 간섭했다. 지나간 일뿐 아니라 장차 똑같은 경우를 만난다면, 또다시 선거 간섭을 해서 신명에게 맹세하건대 파괴주의를 박멸하고자 한다"(오쿠타니 마쓰지奧谷松治, 『시나가와 요지로 전』 p. 287).

248 『메이지 천황기』 제8권 p. 39. 주변 인물에 관한 천황의 평가는 동 p.107, pp.126~127에 인용되어 있는 사사키 다카유키의 일기에 있다.

249 『메이지 천황기』 제8권 p. 20 참조. 지진 뒤의 학교 재건을 위해 기후(岐阜) 현에 1천5백 엔, 아이치(愛知) 현에 1천 엔의 돈을 보낸 일이 기록되어 있다.

250 『메이지 천황기』 제8권 p. 104. 황후는 계속해서(1892년 11월 25일)

세계 박람회 일본 부인회에 5천 엔을 하사했다(동 p. 160).

251 예컨대 5월 9일, 천황은 원성사(園城寺=미이데라三井寺)의 보존 자금으로 8백 엔을 주었다. 이것은 비교적 소액이지만, 불교 미술에 대한 천황의 관심이 부활한 것을 짐작하게 한다(『메이지 천황기』제8권 p.62). 1892년 6월, 천황은 정창원(正倉院:동대사의 대창고, 쇼무聖武 천황의 유품, 이 절의 보물, 문서 등 7~8세기 동양 문화의 정수 9천여 점이 있음) 물품 정리 및 메이지 보고의 창설을 청허했다. 보물, 먼지(옛 피륙, 고문서 파편) 등의 수복은 실행에 옮겨졌으나 메이지 보고의 창설은 없었다. 동 pp. 81~82, 121 참조.

252 가령 간인노미야(閑院宮:고토히토載仁 친왕) 저택 건축비로 5만 엔을 주었다(『메이지 천황기』제8권 p. 174).

253 동 p. 117.

254 동 pp. 186~188. 이미 보아온 것처럼(제41장), 메이지 천황은 이러한 가능성을 예견하고 있었다. 이토는 당시 천황에게 이런 경우 내각은 의회의 협조를 얻도록 최대한 노력해야 한다고 대답했다.

255 원문은 『메이지 천황기』제8권 p. 340.

256 동 p. 340,

257 동 p. 360.

258 동 p. 372.

44장

259 사실 다이쇼(大正) 천황은 글씨도 잘 썼고, 한시 창작에도 재주가 뛰어났다. 그리고 영어, 프랑스어, 독일어도 유창하게 했다고 한다(Julia Meech-Pekarik, *The World of the Meiji Print*, p. 128 참조). 그러나 이것은 있을 법한 이야기가 아니다.

260 요시히토 황자가 와카 모임에 처음으로 나온 것은 1899년 1월, 세는 나이로 스물한 살이 되었을 때다. 『메이지 천황기』제9권 p. 584 참조.

261 1887년 8월 8일에 발표된 〈부상고귀감(扶桑高貴鑑)〉이라는 제목의 요슈 지카노부(楊洲周延)의 그림에는 서 있는 황태자 오른쪽에 천황, 황후가 앉아 있다. 황태자는 천황을 향하고 있으나 얼굴은 황후를 보고 있다. 황태자의 뒤쪽 테이블에 놓여 있는 세 권의 책은 아마 황태자가 근면한 학생이라는 것을 은근히 보여주려 한 의도일 것이다(Meech-

Pekarik, *The World of the Meiji Print*). 같은 달 23일에 발표된 지카노부의 〈여관양복재봉지도(女官洋服裁縫之圖)〉에는 황태자, 황후와 한 소녀가 방에 있는데, 그곳에서 한 여관이 재봉틀을 밟고 있고, 또 한 여관이 가위로 옷감을 마르고 있다. 니와 쓰네오(丹波恒夫, 『니시키에로 보는 메이지 천황과 메이지 시대』 p. 197)는 이 소녀를 '공주'라고 했으나, 그 당시 천황에게는 공주가 한 명도 생존해 있지 않았다.

262 금으로 된 축전장은 황족용이었다. 『메이지 천황기』 제8권 pp. 382~383 참조.

263 그러나 축전을 그린 니시키에 중에서도 가장 잘 알려진 작품은 내외 귀빈이 천황에게 축사를 하는 그림으로 제목은 〈대일본제국은혼어식〉(난자이 도시타다南齋年忠)이다. '은혼식'이라는 말이 적어도 비공식적으로 쓰이고 있었다는 것을 알 수 있다. 이 니시키에에 묘사된 광경은 상상의 산물로 실제 의식이 행해지기 이전에 발표되었다. 복사본은 『니시키에 막부 말기 메이지의 역사』 제11권의 고니시 시로(小西四郎), 「청일 전쟁」 pp. 16~17에 실려 있다. 다른 시기에 도요하라 구니테루(豊原國輝), 사이 도시마사(春齋年昌) 등이 발표한 다른 니시키에에는 제목에 '은혼식'이라는 글자가 들어 있다. 동 pp. 18~19 참조.

264 『메이지 천황기』 제8권 pp. 384~390. 왕궁의 풍명전(豊明殿)에서 열린 만찬에 나온 메뉴에 대해서는 추시회(秋偲會) 편저, 『천황가의 향연』 p. 41 참조.

265 김옥균 등 조선의 지식인과 후쿠자와 유키치와의 관계는 강재언(姜在彦), 『조선의 양이와 개화』 pp. 193~203 참조. 후쿠자와의 조선론을 전면적으로 논한 연구에 기네부치 노부오(杵淵信雄), 『후쿠자와 유키치와 조선—시사신보 사설을 중심으로』가 있다.

266 김옥균은 1884년, 일본으로 건너간 직후 이와타 슈사쿠(岩田周作)라고 자칭했다. 그러나 1894년에 청나라로 갔을 때, 이와타 미와(岩田三和)로 이름을 바꾸었다. '미와(三和)'란 동아시아의 한, 청일 3국이 협조해서 구미 열강의 침략을 막자는 '삼화주의'에서 따온 것으로 여겨진다. 강재언, 『조선의 양이와 개화』 p. 174, 184.

267 1894년 5월 17일, 자유당 당원 35명은 김옥균 암살 및 박영효 암살 미수에 관해 정부에 질문서를 제출했다. 그들의 주장에 의하면 조선인 자객은 김옥균 등을 살해할 사명을 띠고 전후 세 번에 걸쳐 일본에 갔고, 세 번 모두 조선 국왕의 명령이라 말하고 있었다. 『메이지 천황기』 제8권 p. 412 참조.

268 강재언, 『조선의 양이와 개화』 p. 183 참조. 그리고 『메이지 천황기』

제6권 pp. 624~625 참조.

269 강재언,『조선의 양이와 개화』p. 183.

270 동 p. 185 참조. 그리고 기네부치 노부오,『한일 교섭사—메이지의 신문으로 보는 합병의 궤적』p. 107 참조.

271 쓰노다 후사코(角田房子),『민비 암살』p. 186.

272 예를 들면, 당시 외무차관이었던 하야시 다다스는 회고록에서, 김옥균에게 상하이행 계획을 단념하라고 권했다는 말을 하고 있다. 하야시가 "그곳은 당신에게는 적지가 아니냐"고 물으니, 김옥균은 "상하이는 중립지—아마 국제 거류지라는 것을 지칭한 듯—니까 위험할 것은 없을 거요"라고 대답했다. 그러나 김옥균은 후쿠자와 유키치가 4국 순회에서 돌아오는 대로 오사카에서 만나, 상하이행에 대한 시비를 의논하기로 약속했다. 하야시 다다스,『회고록』p. 73.『나머지는 옛 기(記)』p. 253 참조.

273 김옥균이 이야기한 상대는 미야자키 도텐(宮崎滔天)이다. 강재언,『조선의 양이와 개화』pp. 174~175 참조.

274 동 p. 176 참조. 강재언은 이 어음이 가짜였다고 말하고 있다. 홍종우는 최초의 조선인 프랑스 유학생이었다. 그는 아마 파리 체재 중에 유럽 테러리즘의 실례를 배웠음이 틀림없다. 1893년에 파리를 떠난 후, 서울로 돌아가지 않고 도쿄에 모습을 드러냈다. 일본 주재 조선인과 연락을 취해, 조선 정부의 관직을 얻으려고 이리저리 뛰어다녔다. 이 일식은 만일 그가 김옥균을 죽이면 이를 알선한다고 약속했던 것 같다. 쓰노다,『민비 암살』p. 188 참조. 하야시 다다스(개인적으로 홍종우를 알고 있었다)는 홍종우가 조선 왕비의 마음에 들기 위해 김옥균을 죽인 것이 아닐까 추측하고 있다(하야시,『회고록』p. 73).

275 김옥균의 인물과 업적에 대해서는 강재언,『조선의 양이와 개화』pp. 187~193 참조. 그리고『메이지 천황기』제8권 p. 396의 짧은 소개 참조.

276 이 이야기는 강재언,『조선의 양이와 개화』pp. 179~180에 있는 것처럼 와다 노부지로의 회상록에서 인용했다. 국제 거류지의 실력자는 영국 총영사였다. 영국 총영사는 정규 절차를 거치지 않고 김옥균의 시체를 청나라 관리에게 인도했다. 그 결과 관을 빼앗으려는 부정행위를 용인했다는 비난에 영국은 직면하게 되었다(기네부치,『후쿠자와 유키치와 조선』p. 106 참조). 이에 대해서는 다른 보고가 5월 18일, 중의원에서 있었다. 입헌 개진당 의원이 주고쿠(中國) 진보당의 이누카이 쓰요시(大養毅) 등 서른한 명의 찬성을 얻어 정부에 다음과 같은 질

문서를 제출했다. 모든 수속을 완료해서 배에 실었을 때, 어째서 김옥균의 관이 청나라 정부에 의해 약탈되고 청나라 군함에 실리게 되었는가에 대한 것이었다. 질문자에 의하면 청나라의 행위는 일본에 대한 중대한 모욕이었다. 5월 31일, 정부는 이 비난에 대해 다른 보고로 응수하고 있다. 그에 의하면 와다 노부지로는 관을 받았으나 배에 싣기 전에 길바닥에 놓아둔 채 그 자리를 떠났다. 국제 거류지 경찰은 규칙에 따라 관을 경찰서로 옮겼다. 와다는 이를 인수할 수속을 전혀 밟지 않은 채 일본으로 귀국했다. 청나라 정부가 시체 처분을 명한 것은 사실이지만, 질문서에 있는 바와 같이 시체를 '약탈'한 사실은 없다. 즉 이 사건에 관해 일본 정부가 간섭할 여지는 없다. 이 공식 발표가 제대로 된 것인지 여부야 어쨌거나 이것은 일본 측이 이 시점에서 사건에 간여할 생각이 별로 없었음을 보여주고 있다.『메이지 천황기』제8권 p. 413 참조.

277 끔찍한 광경의 삽화가 1894년 4월 24일자 〈시사신보(時事新報)〉에 게재되었다(기네부치,『한일 교섭사』p. 118 참조). 기네부치는 이 범죄를 보도한 일본 신문에서 몇 개의 기사를 발췌하고 있다. 또 참수된 머리와 깃대의 문자 윤곽이 흐릿해진 사진이 후지무라 미치오(藤村道生),『청일 전쟁』p. 48에 게재되어 있다.

278 후지무라,『청일 전쟁』p. 49.

279 하야시,『회고록』p. 74. 하야시는 '아산의 파병이 청일 전쟁의 도화선이 된 것은 틀림없지만, 이를 촉진시킨 것은 실은 김옥균의 암살과 이때 청나라가 보인 행동 때문이었다고 나는 믿는다'고 쓰고 있다. 후지무라,『청일 전쟁』p. 49에 의하면, 하야시는 외무대신 무쓰 무네미쓰가 청나라와의 전쟁을 결심한 것은 김옥균 암살과 청나라의 행동 때문이라고 '증언'하고 있다. 하야시는 아마 조금 뒤에 인용하고 있는 무쓰의 '한번 해볼까'라는 발언을 가리킨 것으로 여겨진다.

280 기네부치,『후쿠자와 유키치와 조선』pp. 156~160 참조.

281 무쓰 무네미쓰,『건건록(蹇蹇錄)』(『일본의 명저』제35권) p. 59 참조.

282 가타노 쓰기오,『이조 멸망』p. 103 참조.

283 동 p. 104 참조.

284 동 p. 104 참조.

285 『건건록』의 번역자 고든 마크 버거는 책 이름을 그대로 로마자로 기록하고 있으나 책 이름의 전거 '건건비궁(蹇蹇匪躬)'의 뜻을 따서 군주에 대한 끈기 있고 헌신적인 공헌의 기록(*A Record of Arduous and Selfless Service to the Throne*)으로 직역해 놓고 있다. Mutsu

Munemitsu, *Kenkenroku*(translated by Gordon Mark Berger),
p. 257 참조.

286 무쓰,『건건록』p. 59 참조.

287 오에 시노부(大江志乃夫),『동아시아사로서의 청일 전쟁』p. 282 참조.
동학란―오에는 농민 전쟁의 본질을 왜곡시킨다며, 이 호칭을 피하고
'갑오 농민 전쟁'이란 말로 통일하고 있다―을 잉글랜드 와트 타일러
의 반란, 보헤미아의 후스파 농민 전쟁, 독일 농민 전쟁, 청나라 태평천
국 내전과 비교하고 있다.

288 무쓰,『건건록』p. 62.

289 동 p. 63.

290 하야시,『회고록』p. 69.

291 무쓰,『건건록』p. 69. 그리고『메이지 천황기』제8권 pp. 433~434 참
조.

292 무쓰,『건건록』p. 73.

293 동 p. 78. 그리고『메이지 천황기』제8권 pp. 441~442 참조.

294 무쓰,『건건록』p. 78.

295 『메이지 천황기』제8권 pp. 468~469. 영국의 국제공법 권위자 T. E.
홀랜드 박사의 의견에 대해서는 무쓰,『건건록』p. 132 참조. 박사는
일본의 행동이 적절했다는 말을 하고 "우리 정부로서는 일본에게 사죄
시킬 이유도 없고 고승호(高陞號:영국 상선)의 선주 또는 이 사건 때문
에 목숨을 잃은 유럽인의 친족에게도 배상을 요구할 권리가 없는 것으
로 한다"고 결론 짓고 있다.

296 『메이지 천황기』제8권 p. 472.

297 『후쿠자와 유키치 전집』제14권 p. 500. 그리고 도널드 킨,『일본인의
미의식』p. 122 참조.

298 『우치무라 간조 전집』(1933년판) 제16권 p. 26. 그리고 도널드 킨『일
본인의 미의식』pp. 122~123 참조.

299 『우치무라 간조 전집』(1933년판) 제16권 pp. 33~34. 그리고 킨,『일
본인의 미의식』p. 123 참조.

300 나중에 이 신원 확인이 잘못되었음이 판명되었다. 나팔수는 시라가미
가 아니라 기구치 고헤이(木口小平)였다. 이윽고 시라가미의 이름은
기구치로 대체되고 전설적 성격을 띠게 되었다. '기구치 고헤이는 죽
어서도 나팔을 입에서 떼지 않았습니다'라는 한 구절은 충절의 완벽한
예로서 심상소학교 2학년 교과서에 실렸다. 킨,『일본인의 미의식』p.

148 참조.

301 도야마 다다카즈, 『주산존고(主山存稿)』 후편 p. 309. 그리고 킨, 『일본인의 미의식』 p. 147 참조.

302 『메이지 천황기』 제8권 pp. 481~482.

303 킨, 『일본인의 미의식』 p. 127 참조.

45장

304 『메이지 천황기』 제8권 p. 468. 무쓰 무네미쓰는 이들 다양한 제의를 '모두가 대체로 개개인의 대화와 사건에 지나지 않는다'며 물리치고 있다. 『건건록』(『일본의 명저』 제35권) p. 82. 그리고 무쓰는 '조선 내정의 개혁이라는 것은 먼저 우리 일본의 이익을 주안점으로 하는 정도로 그치고, 이것 때문에 굳이 우리 이익을 희생할 필요는 없다'고 했다(동 p. 83). 후지무라 미치오(藤村道生), 『청일 전쟁』 p. 106도 참조.

305 시라이 히사야(白井久也), 『메이지 국가와 청일 전쟁』 pp. 81~82.

306 『메이지 천황기』 제8권 p. 497. 이토는 정치적 결정과 마찬가지로 군사적 결정에도 관여하고 있었다. 이토가 특히 강조한 것은 대국이 개입하기 전에 조속히 승리를 결정지을 필요가 있다는 것이었다. 천황은 전시의 방침에 대해 빈번하게 이토와 의논했다. 시라이, 『메이지 국가와 청일 전쟁』 p. 82 참조.

307 8월 25일, 무쓰는 천황에게 전년 12월에 전권을 위임받은 아오키 슈조의 런던에서의 담판이 온갖 장애에도 불구하고 성공을 거둔 일을 보고했다. 무쓰는 이와 비슷한 개정 조약이 점차 다른 동맹국과도 맺어질 수 있다는 자신을 갖게 되었다. 무쓰는 이제 개정 조약이 빅토리아 여왕에 의해 비준되었다는 것을 천황에게 전하는 '영예를 지니게' 된 것이다. 새 영일 통상 항해 조약은 8월 27일 공포되었다(『메이지 천황기』 제8권 p. 493).

308 후지무라(『청일 전쟁』 p. 112)는 대본영의 이주를 제의한 이토의 속셈은 '청일 전쟁이 천황의 리더십에 의해 치러지고 있다는 사실을 민중에게 알리고, 그들을 전쟁으로 통합하려 하고 있었다'고 지적했다.

309 도요토미 히데요시(豊臣秀吉)의 무장 중 한 명인 모리 데루모토(毛利輝元)가 1590년에 완성한 히로시마 성터에 있었다. 메이지 친황이 히로시마로 옮긴 시기에 이 성에 남아 있던 것은 5층짜리 천수각뿐이었

다.

310 『메이지 천황기』 제8권 p. 511. 히지카타 히사모토 자작은 회상기에서 천황의 거실이 두 곳이었다고 말하고 있다. 하나는 침소로, 다른 하나는 정무를 보는 곳으로 사용하고 있었다. 매우 협소했다. '우리 폐하는 이 초라한 행궁에서 기거하셨으며, 속속 도착하는 전쟁터의 전보를 일일이 보시는 와중에도 쉴 새 없이 출정 장교 등을 접견하며 몹시 바빴으나, 평소부터 용무(勇武)가 절륜하시고 또 권태의 기미도 보이지 않으시며……'라고 히지카타는 쓰고 있다 「예지 넘치는 대황제」(〈태양〉임시 증간 『메이지 성천자』 p. 60.

311 『메이지 천황기』 제8권 p. 512.

312 시라이, 『메이지 국가와 청일 전쟁』 p. 83. 그리고 『메이지 천황기』(제8권 p. 516)에 의하면, 일본군은 1만 2천여 명, 청나라군은 1만 5천여 명으로 되어 있다.

313 전투 중의 하라다를 묘사한 몇 장의 니시키에가 Shumpei Okamoto, *Impressions of the Front*, p. 24에 실려 있다. 그리고 Henry D. Smith, *Kiyochika: Artist of Meiji Japan*, p. 86 참조.

314 도널드 킨, 『일본인의 미의식』 pp. 149~150.

315 동 p. 150 참조. 그리고 무네타 히로시(棟田博), 『병대(兵隊) 백년』 pp. 109~114 참조.

316 『메이지 천황기』 제8권 p. 517.

317 일본과 청나라 군함의 총 톤수는 지금의 수준으로 볼 때는 규모가 작으나 당시로서는 대단한 것이었다. 그것은 다음에 소개하는 1894년 8월 11일의 『일뤼스트라시옹 L' Illustration』의 기사로도 추측이 가능하다. 기사의 원문은 불어다. '근대 과학이 만든 가장 강력하고 가장 완벽한 병기가 이 전투에서 처음으로 양국에 배치되었다. 이 두 나라는 확실히 야만국은 아니지만, 우리들과는 완전히 다른 문명의 나라들이다'(요코하마 개항자료관 편, 『일뤼스트라시옹』 일본 관계 기사집 2, p. 166).

318 『메이지 천황기』 제8권 pp. 518~520. 황해의 전투—대호산(大狐山) 앞바다 전투나 해양도(海洋島)의 전투로도 불린다—를 그린 열 장의 니시키에가 Okamoto, *Impressions of the Front*, pp. 25~28에 실려 있다.

319 킨, 『일본인의 미의식』 pp. 151~152. 죽음에 직면한 수병을 그린 고바야시 기요치카(小林淸親, 1847~1915)의 니시키에는 Okamoto,

Impressions of the Front, p. 28에 게재되어 있다.

320 저명한 저널리스트인 도쿠토미 소호(德富蘇峰)는 결과적으로 청일 전쟁이 군부뿐 아니라 전 국민을 황실과 가깝게 만들게 되었다고 말했다. 시라이, 『메이지 국가와 청일 전쟁』 pp. 89~91 참조.

321 히노니시 스케히로, 『메이지 천황의 일상』 p. 44 참조. 히노니시는 자신을 '나같이 칠칠치 못한 자'라고 묘사하고 있다.

322 동 p. 46.

323 『신집(新輯) 메이지 천황 어집』 상권 p. 252에는 청일 전쟁을 다룬 단카가 두 수 있다. 그러나 『메이지 천황기』 제8권 pp. 528~529에는 『어집』에 포함되지 않은 군가가 소개되어 있다. 그리고 다른 군가(〈황해의 대업〉 〈평양의 대첩〉)에 대해서도 언급하고 있다.

324 『메이지 천황기』 제8권 p. 529.

325 호리우치 게이조(堀內敬三)는 『음악 50년사』 pp. 155~156에 가토가 시라카미 겐지로의 용감한 행동을 알고 영감을 받아 즉시 시를 짓고, 거기에 곡을 붙였다고 한다. 가토는 처음 선율을 클라리넷으로 부르려 했다. 그러나 숨이 차서 불 수가 없었다. 다음에 가토는 바리톤 트럼펫으로 해보았다. 그러나 다시금 숨이 찼다. 마침내 가토는 생각나는 대로 칠판에 시를 쓰기 시작하면서 노래하고, 노래하면서 시를 지어나갔다. 창조력이 불타 오른 가운데 친구인 악사 오기노 리키지(萩野理喜治)의 도움을 받아 단 30분 만에 시와 곡이 완성되었다.

326 필자는 유감스럽게도 이 작품을 조사할 수가 없었다. 『메이지 천황기』 제8권 p. 529에는 황후가 히로시마로 천황을 찾아갔을 때 천황의 요청으로 지은 평양에서의 승리를 노래한 군가에 대해 언급하고 있다. 사쿠라이는 황후의 시에도 곡을 붙였다.

327 상연된 노가쿠는 아주 용맹스러운 〈다이코잔(大江山)〉과 〈에보시오리(烏帽子折)〉였다. 교겐은 〈박제 원숭이〉였다. 『메이지 천황기』 제8권 p. 569.

328 무쓰, 『건건록』 pp. 179~171. 그리고 『메이지 천황기』 제8권 p. 576 참조. 『건건록』을 번역한 고든 마크 버거의 주석에 의하면, 무쓰의 원문과는 달리 댄이 이들 훈령을 받은 것은 11월 8일이라고 한다.

329 무쓰, 『건건록』 p. 171.

330 『메이지 천황기』 제8권 p. 589에서는 '총수 1만 이상에 이른다'고 하고 있으나, 시라이(『메이지 국가와 청일 전쟁』 p. 141)는 1만5천이라는 숫자를 들고 있다.

331 시라이, 『메이지 국가와 청일 전쟁』 p. 143. 전투에 대한 목격자의 기사에 대해서는 가메이 고레아키(龜井玆明), 『청일 전쟁 종군 사진첩—백작 가메이 고레아키의 일기』 pp. 172~177 참조. 일본인 최초의 종군 사진가인 가메이는 매우 상세한 전쟁 일기를 썼다. 여기에는 다른 자료의 정보도 포함되어 있다. pp. 172~173에 가메이는 제2군의 관전 사관으로 종군하고 있었다. 『외국인 장교에 의한 전평(戰評)』도 인용하고 있다.

332 무쓰, 『건건록』 p. 172. 그리고 『메이지 천황기』 제8권 p. 594.

333 이노우에 하루키(井上晴樹), 『뤼순 학살 사건』 pp. 25~26. 필자는 앞으로의 원고 태반을 이노우에의 뛰어난 학술 서적에 의지했다. 영국의 '해군 중장'은 아마 영국 동양 함대 사령관 에드먼드 로버트 프리맨틀 중장일 것으로 생각된다. 프리맨틀은 11월 25일, 일본의 승리 후 곧 뤼순 항에 상륙했다. 동 p. 127.

334 이노우에, 『뤼순 학살 사건』 pp. 26~27. 가메이 고레아키는 11월 24일, 사진 전면에 가로누운 청국인의 시체를 묻을 구덩이를 파고 있는 군부(軍夫)를 촬영했다. 시내에 흩어져 있는 산을 이룬 시체에 대한 가메이의 기술은 코웬의 기술보다 자세하며 처참하다. 그러나 가메이는 뤼순 부근의 주민 중 열다섯 살 이상의 남자 모두가 일본군에 저항하라는 명을 받고 있었기 때문에 시민과 병사를 식별하기는 사실상 불가능했다는 설명을 덧붙이고 있다. 가메이, 『청일 전쟁 종군 사진첩』 pp. 197~199.

335 이노우에(『뤼순 학살 사건』 p. 29)는 일본에 매수당한 통신사 센트럴 뉴스가 어떻게 해외 신문에 '정보'를 흘렸는가를 기술하고 있다. 예를 들면 코웬의 최초의 기사에 대해, 센트럴 뉴스는 전시에 '합법적으로' 살해된 자 이외에 청나라인은 한 명도 살해되지 않았다고 타전하고 있다.

336 이노우에, 『뤼순 학살 사건』 p. 72. 일본 정부는 외국 보도기관의 매수에 언제나 성공한 것은 아니었다. 12월 16일이 지나자, 정부와 가까운 〈도쿄일일신문〉의 사장 이토 미요지(伊東巳代治)는 코웬과의 면회 때, 일본 정부가 코웬의 경비를 부담하고, 길이에 관계없이 〈타임스〉에 대한 전보 비용을 청구하지 않겠다고 제의했다(동 p. 98). 코웬은 이 제의를 거절했다.

337 특히 요코하마의 〈재팬 메일〉 사주이고, 몇 가지 영자지를 발행하고 있던 프랜시스 브링클리가 그랬다. 브링클리는 청일 전쟁 중 일본 정부로부터 매달 일정액의 보조금을 받았을 뿐 아니라 훈3등 욱일장과

하사금 5천 엔을 받았다(이노우에,『뤼순 학살 사건』pp. 31~32).

338 이노우에,『뤼순 학살 사건』p.40.

339 조지프 퓰리처가 사주인 신문〈월드〉는 이 시기, 주로 폭로지로 알려져 있었다. 그렇다고 해서 크릴먼의 기사를 믿지 않는 일은 없었다.

340 영어 원문은 이노우에,『뤼순 학살 사건』p. 55에 게재되어 있다. 당시의 일본 신문에 인용된 일본어 번역문은 p. 54에 있다.

341 동 p. 58.

342 영국인 작가 제임스 앨런은 *Under the Dragon Flag*, p. 67에서 다음과 같이 묘사하고 있다. '그 지점에 접근했을 때 적과의 조우에서 죽음을 당한 일본 병사의 시체는 목과 오른팔, 때로는 양팔이 없는 것이 많았다. 게다가 시체는 잔인하게 잘리고 파헤쳐져 있었다. 요새를 함락했을 때 시체는 나무마다 매달린 채로 있었다. 전우들이 그 광경을 보고 눈이 뒤집히는 것도 무리는 아니었다. 그러나 물론, 그 결과 일어난 그처럼 처절한 보복을 제지하지 않은 책임은 분명 장교들에게 있다.' 이노우에(『뤼순 학살 사건』pp. 146~147)는, 뤼순 전투 사흘 전에 투청쯔(土城子) 부근의 전투에서 생포된 세 명의 일본군이, 길가 버드나무에 목이 매달려 있었다는 말을 하고 있다. 코가 잘리고 귀가 없어졌다. 좀 더 나아가자 어떤 집 처마 밑에 철사로 매달아놓은 두 개의 목이 있었다. 청나라 사람들은 또 투청쯔 부근에서 패한 제2군의 일본인 시체의 목을 잘랐다. 복부는 갈라지고 돌이 들어차 있었다. 또 오른팔과 고환이 잘려나갔다. 청나라 정부는 일본군의 목에 현상금을 걸어놓고 있었다. 한 외국인 저널리스트는 특파원 크릴먼에게 현상금이 지급되는 현장을 보았노라고 말하고 있다(동 p. 147).

343 이 사건은 'JUSTICE'라고 자칭하는 사람의 투서로 영자지〈재팬 메일〉독자의 주의를 끌었다(이노우에,『뤼순 학살 사건』p. 49, 58).

344 이노우에,『뤼순 학살 사건』p.82. 12월 20일자〈오사카 매일신문〉에는 6천 내지 1만 명의 아르메니아인이 살육되었다는 기사가 실렸다.

345 이노우에,『뤼순 학살 사건』p. 85.

346 동 p. 153, 157.

347 동 p. 154.

348 동 p. 156.

349 동 p. 166.

350 동 p. 176.

351 동 p. 64. 포로들은 일본에 도착했다. 그러나 그들은 뤼순에서 잡힌 자

들만이 아니었다.

352 동 p. 186. 포로를 잡지 않는다는 결정은 포로를 먹이기 위해서는 대량의 식량이 필요하다는 의미에서도 정당화되었다.

353 동 pp. 202~204. 그리고 무쓰, 『건건록』 p. 120 참조. 당시 영국에서는 '국제 공법학의 거인'으로 알려져 있고, '청일 전쟁에 대해 처음부터 일본의 행동에 매사 찬사를 아끼지 않은 인물'로 소개되어 있는 T. E. 홀랜드 박사가 한 논문에서 한 말이라면서 다음 구절을 인용하고 있다. '이때 살육을 면한 청나라 사람은 겨우 서른여섯 명에 지나지 않았으며 이들 서른여섯 명의 청나라 사람은 오로지 그 동포의 시신을 매장하는 사역에 종사시키기 위해 살려둔 자들로서, 모자에 이자는 죽이지 말 것이라는 표찰을 붙여 겨우 이들을 보호했다.'

354 이노우에, 『뤼순 학살 사건』 p. 195.

355 동 p. 192.

356 도널드 킨, 『일본 문학의 역사』 제10권 p. 173.

357 이노우에, 『뤼순 학살 사건』 p. 195.

358 동 p. 86 참조.

359 한 일본군이 친구에게 쓴 편지에, 처음에는 기분이 언짢았으나 몇 번 되풀이하는 사이에 청나라 사람의 목을 따는 요령을 터득해 가는 모습이 묘사되어 있다(이노우에, 『뤼순 학살 사건』 p. 187).

360 가령 뭄바이의 한 영자지는 사설에서 '일본은 겉모습만 개화된 나라이고, 때가 되면 야만스러운 정체를 드러내고 만다'고 말하고 있다(이노우에, 『뤼순 학살 사건』 p. 102).

361 미 국무장관 월터 Q. 그레셤은 크릴먼의 기사를 게재한 데 대해 〈월드〉에 감사의 뜻을 전했다. 그레셤은 처음 크릴먼이 과장해서 쓴 게 틀림없다고 생각하고 있었다. 그처럼 큰 사건을 미국 공사 같은 정부 대표가 국무장관인 자신에게 보고하지 않았을 리가 없기 때문이었다. 그러나 그레셤은 무쓰가 〈월드〉에 낸 변명 성명의 전보를 오히려 크릴먼의 기사를 뒷받침하는 것으로 보았다. 그레셤은 그제야 뤼순 함락 후의 잔혹 행위가 최초에 보도된 것 이상으로 참혹한 것이었음을 깨달았던 것이다. 이노우에, 『뤼순 학살 사건』 p. 70 참조.

362 무쓰, 『건건록』 p. 121.

363 동 p. 121.

364 이노우에, 『뤼순 학살 사건』 p. 222.

365 두루미는 진저우(金州)에서 잡혔다. 천황의 전리품 관람에 대해서는

『메이지 천황기』 제8권 p. 606 참조. 동 p. 610에 의하면, 천황은 뜰에 진열되어 있는 뤼순 등에서 가져온 전리품을 훑어보았다. 천황은 또 황해 해전의 사진과 청나라에 관한 니시키에를 구경했다.

366 자작 호리카와 야스타카는 당시 정창원(正倉院)의 황실 재산 목록 작성을 담당하고 있었다.

367 호리카와와 낙타에 관한 일화는 니시노, 『메이지 천황의 일상』 pp. 45~46 참조. 그리고 『메이지 천황기』 제8권 p. 607 참조. 청나라 포로가 연행되었을 때, 히노니시에 의하면 그저 '성상께서 훑어보셨다'로 되어 있다. 이는 천황이 청국인이 어떻게 생겼는지 보는 데 흥미가 있었지만 가까이서 보기는 원치 않았다는 것을 의미한다.

368 이노우에, 『뤼순 학살 사건』 pp. 129~192.

369 『신집 메이지 천황 어집』 상권 p. 252. 이들 단카는 1895년에 지어졌다. 아마 뤼순 함락 몇 달 뒤의 일일 것으로 여겨진다.

46장

370 무쓰 무네미쓰, 『건건록』(『일본의 명저』 제35권) p. 163. 동 보주(補注) p. 425 참조.

371 동 p. 163. 그리고 『메이지 천황기』 제8권 pp. 600~601 참조.

372 그러나 정부 내에는 외국 열강이 간섭의 꼬투리를 잡기 전에 전쟁을 조기에 끝내는 것이 바람직하다고 생각하는 자가 있었던 것도 사실이다. 『메이지 천황기』 제8권 p. 680 참조.

373 시라이 히사야(白井久也), 『메이지 국가와 청일 전쟁』 p. 145.

374 칙어의 원문은 『메이지 천황기』 제8권 p. 601. 그리고 시라이, 『메이지 국가와 청일 전쟁』 p. 146 참조. 야마가타는 12월 8일에 칙어를 받고 같은 날 전보로 다루히토에게, 자신은 소환 명령을 받았고, 제1군의 지휘는 노즈 미치쓰라 중장에게 일임하고 내일 9일 귀국 길에 오른다는 소식을 전하고 있다(『메이지 천황기』 제8권 p. 602).

375 반격은 1895년 1월 17일, 22일, 2월 16일, 21일, 27일에 있었다. 『메이지 천황기』 제8권 pp. 642~643, 615~646, p. 670, 687, 695 참조.

376 시라이, 『메이지 국가와 청일 전쟁』 pp. 146~147.

377 동 pp. 147~148 참조. 노기 마레스케 지휘하의 제2군 보병 제2여단은 1월 10일, 방어를 단단히 한 가이핑(蓋平)을 점령했다. 『메이지 천

황기』제8권 pp. 634~636 참조.

378 추위와 눈을 생생하게 재현한 몇 장의 니시키에 복사본은 니와 쓰 네오(丹波恒夫),『니시키에로 보는 메이지 천황과 메이지 시대』pp. 160~165에 실려 있다. 고바야시 기요치카(小林淸親), 다구치 베이사 쿠(田口米作)의 니시키에는 특히 강렬한 인상을 준다.

379 시라이,『메이지 국가와 청일 전쟁』p. 146.

380 무쓰,『건건록』pp. 182~187. 그리고『메이지 천황기』제8권 pp. 658~661 참조.

381 웨이하이웨이는 뤼순보다 더 큰 대규모 군항으로 견고하게 요새화되 어 있었다. 일본군의 공격을 받았을 때, 웨이하이웨이에는 여덟 척의 군함(기함 딩위안 포함)이 닻을 내리고 있었다.『메이지 천황기』제 8권 p.637 참조.

382 공격의 자세한 내용은『메이지 천황기』제8권 pp. 665~666 참조. 시 라이,『메이지 국가와 청일 전쟁』pp. 161~162에 의하면, 수뢰정 부 대에 최초의 야습 결행 명령이 내려진 것은 1월 30일이었다. 그러나 그날 밤의 기온은 섭씨 영하 30도였다. 파도를 뒤집어쓴 수뢰정 갑판 은 얼어붙어 수뢰 발사관이 얼어 막히는 바람에 공격이 불가능했다.

383 시라이,『메이지 국가와 청일 전쟁』p. 162.

384 미야케 세쓰레이(三宅雪嶺),『동시대사(同時代史)』제3권 p. 44. Shumpei Okamoto, *Impressions of the Front*, p. 44 인용.

385 시라이,『메이지 국가와 청일 전쟁』p. 163.

386 『메이지 천황기』제8권 p.684.

387 Trumbull White, *The War in the East : Japan, China and Corea*, p. 641. Okamoto, *Impressions of the Front*, p. 44에 인용 되어 있다. 이토는 당시 백작이 아니었다.

388 전년 12월 천황이 축국을 즐기고 있었을 때, 시종이 찬 공에 천황이 맞 는 바람에 시종은 매우 황공스러워했다. 그러나 천황은 "해군이 수뢰 를 발사했다" 하고 미소 지으며 애처로운 시종을 야단치지 않았다.『메 이지 천황기』제8권 p. 609.

389 전하는 바에 의하면, 천황은 보살펴 줄 여관이 없어 스스로 손톱과 발 톱을 깎아야 했다.『메이지 천황기』제8권 p. 721.

390 사토 히토시(佐藤仁),「메이지 천황 오쓰보네 낙윤전」(〈신조新潮 45〉 1988년 9월호) p. 60 참조. 가토에 의하면, 곤노텐지는 공적 장소에는 일체 모습을 드러내지 않게 되어 있다.

391 히노노시 스케히로, 『메이지 천황의 일상』 p. 177.

392 『메이지 천황기』 제8권 p. 728, 734 참조. 병동을 방문하는 황후를 그린 고바야시 세이칸의 니시키에는 니와, 『니시키에로 보는 메이지 천황과 메이지 시대』 p. 149에 게재되어 있다.

393 리는 저격당했을 때 가마에 타고 있었다. 탄환은 리의 왼쪽 눈 아래 볼을 스쳤다. 상처는 가벼웠다. 일본 신문 기사에 의한 상세한 내용은 이시다 분시로(石田文四郎) 편 『신문 기록 집성 메이지, 다이쇼, 쇼와 대사건사』 pp. 255~262 참조.

394 예를 들면 노래는 '리, 리, 리훙장, 코납작이⋯⋯'로 시작된다. 도널드 킨, 『일본인의 미의식』 p. 130 참조.

395 무쓰, 『건건록』 p. 199. 그리고 『메이지 천황기』 제8권 pp. 738~739.

396 무쓰, 『건건록』 pp. 199~200.

397 동 p. 201.

398 휴전 구역에는 타이완, 펑후 열도는 포함되지 않았다. 펑후 열도는 3월 24일부터 26일에 걸쳐 섬 전체가 일본군에 점령되었다. 『메이지 천황기』 제8권 p. 733 참조.

399 무쓰, 『건건록』 p. 193.

400 동 p. 207.

401 동 p. 217.

402 『메이지 천황기』 제8권 p. 773.

403 무쓰, 『건건록』 pp. 219~220. 독일과 프랑스 정부도 거의 같은 내용의 권고를 하고 있다. 그리고 『메이지 천황기』 제8권 pp. 776~779. 또 시라이, 『메이지 국가와 청일 전쟁』 p. 183 참조.

404 『메이지 천황기』 제8권 p. 778. 또 시라이, 『메이지 국가와 청일 전쟁』 p. 182 참조.

405 무쓰, 『건건록』 p. 226. 그리고 시라이, 『메이지 국가과 청일 전쟁』 p. 183 참조.

406 『메이지 천황기』 제8권 p. 780~781. 그리고 무쓰, 『건건록』 p. 222 참조.

407 『메이지 천황기』 제8권 p. 781. 그리고 무쓰, 『건건록』 p. 222 참조.

408 무쓰, 『건건록』 p. 227.

409 동 p. 224 참조.

410 『메이지 천황기』 제8권 p. 801, 809, 819. '청설'에 대해서는 제4장 참

조.

411 후지무라 미치오, 『청일 전쟁』 p. 183 참조. 청일 전쟁의 희생자 수가 표로 정리되어 있다. 대륙 원정 중의 일본인 사망자가 2,647명인 데 비해 타이완 원정에서는 1만 841명의 사망자가 나왔다.

412 요시히사는 지금까지의 생애를 통해 미치노미야(滿宮), 린노지노미야(輪王寺宮), 기타시라카와노미야(北白川宮) 등 여러 이름으로 알려져 있다. 그는 10월 28일 타이난에서 죽었다. 『메이지 천황기』 제8권 pp. 923~924 참조. 유신 당시 그의 활동에 대해서는 제17장 참조.

413 이 뇌사(誄詞:망자에게 내리는 생전의 업적을 기리는 글)의 원문은 『메이지 천황기』 제8권 p. 932.

414 『메이지 천황기』 제8권 pp. 947~948.

415 동 pp. 622~623. 기사는 당시의 러시아, 독일, 오스트리아-헝가리, 이탈리아, 영국, 프랑스, 미국의 각국 군주, 대통령과 메이지 천황을 비교해서 '천황과 비할 자 거의 없다'고 썼다. 그리고 '천황은 참으로 고금 독보적인 임금'이라면서 역사상의 명군―가령 로마 황제 아우구스투스, 영국 왕 앨프리드, 프랑스 황제 나폴레옹 1세, 독일 황제 빌헬름 1세 등―의 이름을 열거하면서, 그들의 통치도 '훨씬 미칠 수가 없다'고 단정하고 있다.

416 킨, 『일본인의 미의식』 p. 174.

417 Okakura Kakuzo, *The Book of Tea*, p. 7 참조.

47장

418 『메이지 천황기』 제8권 p. 807.

419 Woonsang Choi, *The Fall of the Hermit Kingdom*, pp. 26~27.

420 『메이지 천황기』 제8권 p. 851. 조지프 H. 롱포드는 *The Evolution of New Japan*, p. 118에서 다음과 같이 말하고 있다. '일본에서 가장 질이 나쁜 낭인, 깡패―일본에는 양쪽 모두 엄청난 수가 있었다―가 불운한 나라로 몰려가 약탈하고, 겁에 질린 현지인을 위협했다. 그 방식은 유럽인 목격자를 의분과 공포로 몰아넣었다. 깡패들은 일본이라는 이름 그 자체에 대한 조선 국민의 전통적인 증오를 열 배나 키워놓았다.'

421 『메이지 천황기』 제8권 p. 851. 이노우에는 또 황실과 정부의 환영은

별로 받을 수 없을지 모르나 아마도 일반 국민의 부담을 감소시킬 만한 대안을 제출하고 있다.

422 예를 들면, *The Fall of the Hermit Kingdom*, p. 27에서 최운상은 이노우에와 그 후임자를 비교하고 있다. 미우라 고로에 대해서는 이렇게 써놓았다. '우수한 능력의 소유자이며 조선 개혁을 위해 진력한 이노우에 백작과는 달리, 미우라는 건설적이고 행정적 수완의 모든 면에서 소양이 결핍되어 있다는 사실이 판명되었다.'

423 이 이름은 '민씨 일족 출신의 배우자'라는 의미다. 이 호칭에서 그녀의 본명은 알 수 없다.

424 민비는 원칙적으로 외국인 남성 앞에는 모습을 드러내지 않았으나 외국인 여성과는 만났다. 민비보다 한 살 위인 이노우에 다케코는 민비를 만난 유일한 일본인 여성이었다. 유명한 여행가 이사벨라 버드 역시 왕비를 만난 일이 있었으며, 그 미모와 매력에 대한 기록을 남겨놓고 있다. 이사벨라 버드, 『조선 기행』, pp. 329~330. 그리고 쓰노다 후사코(角田房子), 『민비 암살』 pp. 278~279 참조. 구즈오 요시히사(葛生能久), 『동아선각지사기전(東亞先覺志士記傳)』 상권 p. 521에 의하면 이노우에가 국왕을 알현했을 때 처음에는 장지 뒤에서 민비가 국왕에게 지시를 내리고 있는 것을 들을 수 있었다. 그러나 점차 장지로부터 얼굴이 반쯤 나오게 되고, 마침내는 장지를 아주 밀어내고 국왕과 이노우에의 이야기에 끼어들게 되었다. 이 이야기는 필자가 알고 있는 한, 다른 어떤 자료에도 나와 있지 않다.

425 미우라 고로, 『간주 장군 회고록』 p. 260.

426 『메이지 천황기』 제8권 p. 866. 베베르는 이 이야기를 조선 조정에 전달하게 한 인물은 이전 일본의 외무성에 고용되어 있던 미국인 찰스 W. 리젠드르였다고 했다. 리젠드르는 오키나와인 일행을 죽인 타이완 번지(蕃地) 처분에 진력한 공적으로 1876년 4월 상을 받았다. 리젠드르는 1890년 조선 정부의 내무협판으로 고용되었다. 『메이지 천황기』 제3권 p. 586 참조. 그리고 쓰노다, 『민비 암살』 p. 180 참조.

427 『메이지 천황기』 제8권 p. 866. 이 조처는 박영효의 친러시아적 견해로 볼 때 불가해한 일이다. 그러나 박영효는 오래도록 나라의 개혁을 외치고 있었기 때문에 일반적으로는 친일파로 알려져 있었다. 그는 서울에서 탈출한 다음 일본에 망명했다(동 p.891 참조).

428 미우라는 조슈 출신이며, 조슈파의 유력자 세 명의 추천을 받았다. 이토 히로부미, 야마가타 아리토모, 이노우에 가오루다. 이들의 추천을 받은 미우라가 임명되지 않을 수는 없었다.

429 미우라,『간주 장군 회고록』pp. 266~267.

430 동 p. 267.

431 오카모토 류노스케,『풍운회고록』pp. 222~223.

432 미우라는 사실 경건한 불교도였다. 얼마 전에 미우라는 선종의 조동종 (曹洞宗) 2개 파의 분쟁 때 조정을 부탁받은 일이 있었다. 미우라,『간 주 장군 회고록』pp. 245-265 참조.

433 쓰노다.『민비 암살』p. 283. 그리고 고지마 노보루(兒島襄),『오야마 이와오(大山巖)』제4권 p. 237.

434 쓰노다,『민비 암살』p. 284. 그리고 고지마,『오야마 이와오』제4권 p. 238 참조. 구즈오(『동아선각지사기전』상권 p. 517)는 미우라가 '독경 공사'의 별명이 있었다고 썼으나 미우라는 선종이므로 아마도 독경은 하지 않았을 것이다.

435 박종근(朴宗根),『청일 전쟁과 조선』p. 241

436 5백 명으로 이뤄진 또 하나의 부대는 1895년에 편성된 시위대였다. 교관은 미국의 퇴역 장군 윌리엄 M. 다이였다. 왕궁 수비가 임무였으 나 태반은 무장하고 있지 않았다. 이들은 반일파였다. 박종근,『청일 전 쟁과 조선』p. 241 참조.

437 훈련대 제2대대장 우범선(禹範善)까지도 이 계획에 대해 알지 못했다. 10월 7일, 우범선은 일본 공사관으로 달려가 훈련대 해산을 명하는 국 왕의 내지(內旨)가 내렸다는 것을 미우라에게 고했다. 우범선이 달려 왔을 때, 미우라 등 세 명은 습격의 최종적인 협의를 하고 있었다. 이때 계획을 그에게 알려도 상관없었다. 그러나 우범선은 별실로 안내되었 다. 아마 실행 계획의 '방략서'를 보지 못하게 하기 위함이었을 것이다. 친일과 조선인까지도 믿을 수 없었던 모양이다. 박종근,『청일 전쟁과 조선』p. 235.

438 『메이지 천황기』제8권 p. 909. 그리고 고바야카와 히데오(小早川秀 雄),『민비 암살』p. 318 참조. 대원군을 방문한 또 한 명의 일본인에 호리구치 구마이치(堀口九萬一) 영사관보가 있었다. 호리구치는 일본 인 여행자를 가장하고 대원군과 한문으로 필담을 했다. 호리구치 구마 이치,『외교와 문예』pp. 118~131. 대원군은 호리구치에게 샴페인 잔 과 아바나 시가를 대접했다. 특히 대원군은 자신을 지지해 정부에 복 귀할 수 있게 해주겠다는 미우라의 말에 감사를 표시했다(호리구치, 『외교와 문예』p. 130).

439 고바야카와,『민비 암살』p. 318도 이것을 쓰고 있다. 그리고 구즈오,

『동아선각지사기전』 상권 pp. 523~524 참조.

440 박종근, 『청일 전쟁과 조선』 p. 233. 박종근은 대원군이 일언일구도 정정하지 않고 네 개의 '약조' 모두를 수락하는 일이 있을 수 없다고 쓰고 있다. 민비 암살 직후의 대원군의 행동은 그가 정치적 권력을 자진해서 내놓을 생각이 없다는 것을 드러냈다. 대원군의 사진은 그가 노인이라는 사실을 보여주고 있다. 그러나 민비 암살 직전에 대원군과 만난 호리구치 구마이치는 혈색이 젊은 사람 같고 안광은 사람을 쏘는 듯했다고 쓰고 있다. 대원군은 매서운 기운이 넘치는 것으로 보였다. 호리구치는 대원군이 오십대 초반치고는 젊어 보인다고 여겼다. 실제로 대원군은 일흔이 넘어 있었다. 호리구치, 『외교와 문예』 p. 119 참조.

441 쓰노다, 『민비 암살』 p. 300.

442 아다치 겐조, 『아다치 겐조 자서전』 p. 57. 아다치는 고향인 구마모토 정계의 실력자였다. 구마모토는 강직한 지방으로 알려져 있었다. 당시는 '장사'라는 낱말이 사용되었으나 아다치의 자서전에서는 '젊은이'로 되어 있다. 아다치는 이 담화의 일시를 기록해 놓지 않았으나 '이노우에 전 공사가 겨우 마음이 움직여 본토로 돌아간 다음날, 아니면 다음다음날이었던가……'라고 쓰고 있다. 쓰노다, 『민비 암살』 p. 287에는 9월 21일이라 되어 있다.

443 쓰노다, 『민비 암살』 p. 297.

444 제복, 제모는 대원군 저택을 호위하고 있던 조선 순경에게서 빼앗았다. 박종근, 『청일 전쟁과 조선』 p. 237 참조. 장사의 모습은 일본옷 차림도 있었고 양복 차림도 있었다. 칼을 어깨에 둘러맨 자, 허리에 일본도를 찬 자, 권총을 지닌 자도 있었다. 고바야카와, 『민비 암살』 p.330 참조.

445 박종근, 『청일 전쟁과 조선』 p. 237 참조. 고바야카와 히데오는 대원군이 잠에서 깨었을 때 그곳에 있었다. 일본인과 함께 왕궁으로 가자는 요구를 대원군은 기꺼이 승낙했다고 쓰고 있다(고바야카와, 『민비 암살』 p. 333).

446 박종근, 『청일 전쟁과 조선』 p.238.

447 쓰노다, 『민비 암살』 p. 312. 그리고 고바야카와, 『민비 암살』 p. 337 참조.

448 자료에 따르면 남자들은 '원숭이처럼' 벽을 기어올랐다고 되어 있다. 보다 산문적인 자료는 그들이 긴 사다리를 사용했다고 되어 있다.

449 *Official Report on Matters Connected with the Events off October 8th, 1895, and the Death of the Queen*(The Korean Repository Ⅲ) p. 126.

450 박종근,『청일 전쟁과 조선』p. 245.

451 고바야카와,『민비 암살』p. 352 참조.

452 쓰노다,『민비 암살』p. 321. 최운상은 *The Fall of the Hermit Kingdom*, p. 34에서 조금 다른 보고를 하고 있다. '오카다는 왕비를 벤 후, 세 명의 궁녀에게 죽은 왕비를 확인하게 했다. 그리고 그녀들을 모두 죽였다. 증거를 남기지 않고 일을 완벽히 마무리하기 위해서였다.'

453 박종근,『청일 전쟁과 조선』p. 246. 글 중의 '○○'는 물론 민비다. 하수인은 사실 일본의 육군 장교였으나 당국은 장사가 한 것으로 조작했다는 설도 있다.

454 동 p. 247.

455 앞과 동.

456 쓰노다,『민비 암살』p. 279.

457 이사벨라 버드는 민비에 대해 매우 호의적으로 쓰고 있다. 버드는 1894년부터 1897년에 걸쳐 조선을 네 번 방문했다. 버드는 몇 번인가 국왕과 왕비 알현을 허락받은 바 있다. 국왕에 대해서는 평범하게 써놓았으나 왕비의 미모와 지성에 대해서는 칭찬의 말을 아끼지 않았다. 버드는 왕비가 국왕에게 절대적인 영향력을 행사하고 있다는 것을 눈치채고 있었다. 버드 여사는 또 왕비의 적인 대원군에게서도 감명을 받았다. 대원군의 명령으로 1866년에 조선 가톨릭교도 2천 명이 살해된 일도 제대로 지적하고 있다. 버드,『조선 기행』pp. 329~341 참조.

458 Choi, *The Fall of the Hermit Kingdom*, p. 30.

459 가타노 쓰기오(片野次雄),『이조 멸망』p. 159. 일본인 사관이 다이 장군을 보고, 영사관보인 호리구치 구마이치에게 외국인은 나가 달라고 말하라고 부탁했다. 호리구치는 다이에게 프랑스어로 말했으나 장군은 프랑스어를 몰랐다. 다른 남자가 영어로 전하자 장군은 다음과 같이 대답했다. "나는 미국인이다. 일본인의 지시로 움직일 이유는 없다." 쓰노다,『민비 암살』p. 320 참조. 한편 아다치 겐조의 회상에 의하면, 다이는 평소의 오만함에 걸맞지 않게 일본인을 두려워하며 모자를 벗고 경례를 하면서 얼굴에 아첨기를 띠고 인사를 했다고 한다. 아다치는 이 모습을 보고 '우습기 짝이 없다'고 썼다.『아다치 겐조 자서전』p. 61. 알렉산드르 사바틴의 수기가 발견된 일이 1995년에 보도되었다. 사바틴은 민비가 살해된 현장을 직접 본 것은 아니다. 그러나 평복 차

림의 일본인이 민비의 침소에서 궁녀들의 머리채를 움켜잡고 끌어내어 폭행을 가하는 것을 몇 발짝 떨어진 자리에서 목격했다. 수기를 발견한 사람은 러시아 과학 아카데미의 킴 레호 교수였다. 1995년 6월 20일자 〈아사히신문〉 29면 기사 참조.

460 미우라,『간주 장군 회고록』p. 282~283.

461 이 기사는 쓰노다.『민비 암살』의 권두화(卷頭畵)며 사진판으로 복제되었다.

462 고지마,『오야마 이와오』제4권 p. 261. 고지마의 민비 암살에 관한 기록(pp. 250~283)은 가장 상세하나 유감스럽게도 출전을 밝히지 않고 있다.

463 『메이지 천황기』제8권 p. 911. 고지마,『오야마 이와오』제4권 p. 263에 나오는 보고문은 간결하다. '지난 밤 황성에서 변고 발생. 왕비 행방을 알 수 없음.'

464 고지마,『오야마 이와오』제4권 p. 263.

465 이노우에는 11월 5일, 국왕을 알현하고 사건에 대한 천황의 우려의 뜻을 전했다.『메이지 천황기』제8권 p. 930 참조. 이노우에(고무라도 동행했다)는 11월 15일, 귀국하기에 앞서 다시 국왕을 알현했다. 국왕도 이노우에가 가는 것을 아쉬워하며 악수를 했다. 동 p. 935.

466 *Official Report on Matters Connected with the Events of October 8th, 1895, and the Death of the Queen*, p. 133. 그리고『메이지 천황기』제8권 p. 943. 국왕은 10월 10일, 이 조칙에 서명했다. 그때, 국왕은 아직 민비가 살해되었다는 것을 모르고 있었다. 민비의 거상이 포고된 것은 12월 5일이 되어서있다. 조칙이 제시되고 서명을 강요당했을 때 국왕은 "서명을 할 바에야 양팔을 잘리는 편이 낫겠다. 짐에게 이처럼 가혹한 일을 강요하는가. 짐의 양팔을 자르라"고 했다 (고지마,『오야마 이와오』p. 265. 그리고 시라이 히사야,『메이지 국가와 청일 전쟁』p. 215 참조). 국왕은 마침내 미우라의 압력에 굴했다. 미우라는 대신 왕궁에서 일본군을 철수시키겠다고 약속했다(박종근,『청일 전쟁과 조선』p. 250). 조칙 윤허 소식은 각 공사관에 속히 전달되었다. 이 소식을 접한 미우라는 왕비가 이러한 조처를 받게 된 데 큰 충격과 함께 가슴이 아프다는 뜻을 표명했다. 왕비의 행동은 황실과 인민의 행복을 바라는 마음에서 우러나온 것이라고 했다. 미국 대리공사인 앨런 박사는 다음 한마디로 평하고 있다. '나는 이 조칙이 폐하에게서 나온 것이라고는 생각하지 않는다.'(*Official Report on Matters Connected with the Events of October 8th, 1895, and the*

Death of the Queen, p.135) 그리고 버드, 『조선 기행』 pp. 359~360 참조. 왕비를 규탄하는 국왕의 조칙이 이에 서명한 대신의 이름과 함께 전문 게재되어 있다. 이튿날 타협이 이루어졌다. 왕태자의 어머니인 민비의 입장을 고려하여 서인의 신분에서 빈(嬪:측실)으로 격상되었다(쓰노다, 『민비 암살』 p. 333). 1897년 11월 22일, 성대한 국장이 거행되고 명성황후(明成皇后)라는 시호가 내려졌다. 민비는 주로 불행한 희생자로 기억하게 되었다(고지마, 『오야마 이와오』 제4권 p. 266). 일본은 장례 때 특파공사를 파견하면서 천황이 선물한 은제 향로 한 쌍을 전달했다(『메이지 천황기』 제9권 p. 343).

467 박종근, 『청일 전쟁과 조선』 p. 249.

468 쓰노다, 『민비 암살』 p. 334. 그리고 버드, 『조선 기행』 p. 363. 국왕의 공포는 근거가 없는 것이 아니었다. 1898년 9월 12일, 국왕과 왕태자는 야식을 먹고 배탈이 났다. 『메이지 천황기』 제9권 p. 497.

469 박종근, 『청일 전쟁과 조선』 p. 260.

470 동 pp. 260~261. 박종근은 아다치 겐조의 증언으로, 스기무라 후카시 서기관에게 여비로 1인당 2백 엔을 받은 이야기를 인용하고 있다. 이 일은 돈이 대원군에게서가 아니라, 미우라에게서 나온 것임을 강하게 암시하는 것이다.

471 동 pp. 261~262. 박종근은 조선 추방 처분은 감수하겠지만 다른 형벌은 결코 받지 않게 하겠다는 사건 관계자들의 말에서 그 발췌를 인용하고 있다. 그들은 사건의 비밀을 폭로하고, 일본 공사관에 난입해서 공사관원을 두들겨 패주겠다고 위협했다.

472 고지마, 『오야마 이와오』 제4권 pp. 271~274. 고지마는 10월 17일, 서울에서 열린 호쾌한 송별연 광경을 생생히 전하고 있다. 장사 중의 하나인 야마다 렛세이(山田烈盛)는 모두가 모살죄나 흉도 규합죄로 몰릴지 모른다고 했다. 또 한 명의 장사는 큰소리로 웃으며 대답했다. "우리는 제국의 대표자인 미우라 공사의 지도하에 움직였다. 우리는 대원군의 신뢰에 보답했다. 우리는 나라를 위해 분투했다. 그러니 모살이나 흉도 규합 따위와는 아무 관계가 없다."

473 미우라, 『간주 장군 회고록』 p. 286.

474 *Official Report on Matters Connected with the Events of October 8th, 1895, and the Death of the Queen*, p. 123

475 동 p. 124.

476 동 p. 141. 『메이지 천황기』 제9권 pp. 20~21은 이 보고와 중요한 점에서 다르다. 가령 친일파 내각의 총리대신 김홍집, 농상공부대신 정

병하는 즉시 체포되어 무참히 살해당했다고만 되어 있다. 고지마(『오야마 이와오』제4권 p. 280)에 의하면, 두 사람은 가마에 실려 경무청으로 연행되는 도중, 군중에 둘러싸여 살해되었고 시체는 길바닥에 버려졌다. 고지마는 또 약 50명의 러시아 군인이 심야에 왕궁으로 침입해서 국왕과 왕태자를 러시아 공사관까지 호위했다고 쓰고 있다. 최운상(*The Fall of the Hermit Kingdom*, p. 37)에 의하면 친러시아파 지도자 이범진(李範晉), 이윤용(李允用)은 러시아 공사 카를 베베르와 이야기해 러시아 공사관을 수비한다는 구실로 인천에 정박 중인 러시아 군함에서 해병 1백 명을 상륙시키도록 요청했다. 이범진은 그런 다음 국왕을 만나러 가서 러시아 공사관에 망명하도록 권했다. 최운상은 다시 다음과 같은 말을 덧붙이고 있다. '궁녀들은 다시 경비병에게 따뜻한 음식을 보냈다. 이런 친절한 행동은 당연히 여성용 가마에 대한 경계심을 풀게 만들었다.'(동 p.50)

48장

477 『메이지 천황기』제9권 p. 11.

478 천황의 여덟 번째 공주 노부코(允子)는 이들 자매들과 함께 글에는 등장하지 않는다. 아마 그들과 따로 자작 하야시 도모요시(林友好)의 집에서 길러졌기 때문일 것이다(『메이지 천황기』제7권 p. 899).

479 『메이지 천황기』제9권 p. 120. 그러나 두 명의 공주가 바친 별궁 진경 그림과 참마를 기꺼이 받았다. 이들 선물을 받고 천황이 매우 기뻐했다는 말을 듣고 사사키는 조금은 위로를 받았다.

480 천황은 확실히 아이들에게 관심 없는 아버지는 아니었다. 천황의 딸로서 이세 신궁의 제주가 된 기타시라카와 후사코(北白川房子)는, 천황이 소리를 내어 웃는 모습을 처음으로 본 것은 자기가 어린 자식을 데리고 입궐해서 자식이 장난을 쳤을 때였다고 회상하고 있다. 기타시라카와 후사코, 「메이지 천황과 그 궁정」(〈리더스 다이제스트〉 1968년 10월호) p. 44 참조.

481 1897년 말, 후사코 공주는 병이 났다. 사사키는 후사코의 병의 경과를 상세하게 천황에게 보고하려 했다. 그러나 사사키는 여관을 통해 천황에게는 다른 걱정거리가 많으니, 아주 중한 병이 아닌 한 완쾌된 다음에 보고하라는 말을 들었다. 그러나 황후는 사사키로부터 병에 관해 상세한 보고를 들었다. 『메이지 천황기』제9권 pp. 365~366 참조.

482 『메이지 천황기』 제9권 p. 577. 다키코(多喜子)는 세는나이로 세 살이 었다.

483 『메이지 천황기』 제9권 pp. 71~72. 조선 국왕이 러시아 공사관에서 나온 것은 1897년 2월 20일이 되어서였다. 가타노 쓰기오, 『이조 멸 망』 p. 165.

484 『메이지 천황기』 제8권 pp. 746~747.

485 무쓰 무네미쓰는 1896년 5월 30일에 사임하고, 1897년 8월 24일 사 망했다. 『메이지 천황기』 제9권 p. 80, 292 참조.

486 『메이지 천황기』 제9권 p. 112. 마쓰카타는 사쓰마 출신이고, 오쿠마 는 히젠(肥前) 출신이었다.

487 필자는 이 인용의 출전을 어디서도 찾지 못했다. 그러나 황제 빌헬름 2세는 가는 곳마다 같은 말을 하고 있다. "짐만이 독일 정책을 자유로 이 결정할 수가 있다. 우리나라는 짐이 가는 곳이면 어디든지 따라오 지 않으면 안 된다." John C. G. Röhl, *The Kaiser and His Court* 중에서.

488 롤은 *The Kaiser and His Court*에서 황제 빌헬름 2세가 메이지 천 황이나 다른 황제보다 훨씬 폭군이었음을 밝히고 있다. "관직의 임명 하나가 되었든, 아니면 정치적 조처 하나가 되었든 황제의 명백한 승 낙 없이는 시작할 수 없다는 점을 명심하지 않으면 안 된다. 정치가든 관리든, 육군사관이든, 해군사관이든, 지배 계층의 정치 단체든 궁정 사회의 인간이든 모든 사람들이 '지상(至上)의 인간'의 찬성을 얻기에 노력하도록 운명지어져 있다"(p. 117).

489 만 나이로 황태후는 예순세 살이 조금 못 되었다. 1833년 12월 13일 (음력 1834년 1월 22일)에 태어났다.

490 『메이지 천황기』 제9권 p. 183. 대상사장관(大喪使長官) 다케히토는 같은 지시를 받았다.

491 만일 태황태후, 황태후, 황후가 출가해서 불문에 들어갔다면, 보통의 경우 '몬인(門院)' 내지는 '인(院)'으로 끝나는 칭호로 불리게 된다. 그 러나 에이쇼 황태후는 불문에 들어가지 않았으므로 이런 칭호는 어울 리지 않았다. 문사(文事) 비서관 호소카와 준지로(細川潤次郎)는 태황 태후, 황태후, 황후에게 시호를 내린 예가 모두 1천여 년 전인 나라 시 대의 세 가지 사례밖에 발견할 수 없었다. 그래서 호소카와는 황태후 에게 시호를 내리는 일에 반대했다. 호소카와의 생각으로는 단순히 성 밑에 휘(諱)를 붙이는 것이 좋을지 모른다는 것이었다. 그 후, 호소 카와는 장소의 이름이라면 시호를 내려도 좋으리라 판단해서 황태후

를 아오야마 황태후로 칭하도록 제안했다.『메이지 천황기』제9권 pp. 194~185 참조.

492 이덕유는 정치가로 더 알려져 있다. 다음은 시의 마지막 한 행이다. '흐드러진 꽃송이가 어두운 수면에 환히 비치고 있구나(繁英照潭黛).' '영조'라는 말은 글자 그대로는 '꽃송이가 환히 비치다'라는 뜻이다.

493 『메이지 천황기』제9권 pp. 193~194. 후지(藤)는 등나무를 가리킨다.

494 『메이지 천황기』제9권 pp. 199.〈슬픔의 극한〉은 천황이나 황족의 유체가 매장될 때 연주되는 장송곡이다. 1989년 2월의 쇼와(昭和) 천황 장례식에서도 이 곡이 연주되었다.

495 황태후 장례의 비불교적 성격은 황족에게는 하나의 전례가 되었다. 고메이 천황의 양자 아키라(晃) 친왕이 1898년 2월에 죽었을 때 그 친족은 친왕의 유언에 따라 불교식 장례를 청원했다. 그러나 이 청원은 거절되었다. 추밀원 부의장 백작 히가시쿠제 미치토미(東久世通禧)는 황족의 장례는 옛 법식에 의해 집행되지 않으면 안 된다고 했다. 즉 신식(神式)이다. 천황은 히가시쿠제의 의견에 찬성했다.『메이지 천황기』제9권 pp. 397~398.

496 『메이지 천황기』제9권 p. 201.

497 동 p. 343. 민비는 10월 12일, 조선 국왕이 황제 즉위를 선언하자, 황후로 봉해졌다. 국명은 조선에서 '대한제국'으로 바뀌고, 연호는 '광무(光武)'로 개원되었다. 동 p. 319 참조.

498 『메이지 천황기』제9권 p. 291. 히노니시 스케히로는 1886부터 1912년, 메이지 천황이 서거할 때까지 천황의 시종으로 있었다. 히노니시의 회상에 의하면, 메이지 천황이 1897년 4월부터 교토에 체재하는 동안 시종들은 천황의 환행이 늦어지는 일 때문에 애를 태우고 있었다. 마침 그때 폭풍우로 철도가 고장이 났다. 천황은 무척 좋았던 모양인지 "저기압이라, 저기압도 좋지" 하고 웃었다고 한다. 철도는 곧 복구되었으나, 이번에는 도쿄에서 홍역이 유행하기 시작했다. 그래서 천황의 출발은 또 늦어지게 되었다. 그 후 얼마 있지 않아, 홍역의 유행도 종식되었다는 소식이 들어왔다. 그러나 천황은 "아직도 남아 있을 거야. 좀 더 조사하라"고 했다. 시종들이 조사해 보니 도쿄에 두 명의 환자가 있을 뿐이었다. 이 일을 천황에게 보고하자, 천황은 "그것 봐, 아직 남아 있지 않나"하고 대답했다고 한다. 천황에게 돌아가자고 설득하는 일은 여간 어렵지 않았다(히노니시 스케히로,『메이지 천황의 일상』pp. 163~164).

499 도널드 킨,『일본 문학의 역사』제10권 p. 158 참조.

500 히노니시, 『메이지 천황의 일상』 p. 102. 필자는 『고사기(古事記)』에 서술되어 있는 닌토쿠(仁德) 천황의 이야기를 떠올리게 된다. 천황이 언덕 위에 올라 사방을 내려다보았을 때, 연기가 피어오르는 것을 볼 수가 없었다. 천황은 백성이 제대로 밥도 끓여 먹지 못하고 있다는 사실을 알아차렸다. 그래서 천황은 3년 동안 세금을 면제해 주었다. 3년 후 다시 언덕 위에 서서 사방을 자세히 바라보니, 피어오르는 연기가 보였다. 천황은 흐뭇했다. 그것은 백성이 굶주리지 않는다는 표시였다.

49장

501 『메이지 천황기』 제9권 pp. 360~361.

502 동 p. 363.

503 동 p. 364.

504 동 p. 366.

505 원문에는 '원훈제로(元勳諸老)'라고 되어 있다. '원훈'은 국가에 봉사시키기 위해 천황이 선출한 장로 정치가들을 가리키는 말이다. 최초의 원훈은 이토 히로부미와 구로다 기요타카 두 명으로, 1889년에 서훈되었다. '원훈'이라는 말은 1892년 이후로 거의 같은 의미인 '원로'라는 낱말로 대체되고 말았다(원로는 '원훈제로'를 줄인 말인데, 단순히 장로 정치가라는 의미도 있다). 이 무렵, 여섯 명의 원로가 있었다. 이토, 구로다, 오야마 이와오, 사이고 쓰구미치, 이노우에 가오루, 야마가타 아리토모이다. 마쓰카타 마사요시는 1898년에 원로가 되었다.

506 『메이지 천황기』 제8권 p. 372.

507 동 p. 374.

508 동 pp. 384~385.

509 동 p. 389.

510 야마시타 구락부는 산업계를 지지하는 당파였다. 강력한 당 조직이 없어서 제6회 총선거 때 해산되었다.

511 『메이지 천황기』 제9권 p. 425.

512 동 p. 443.

513 동 p. 445.

514 동 p. 451.

515 동 p. 453. 야마가타가 스페인, 그리스를 들먹인 것은 아마 내전으로

분열된 나라의 예를 든 것 같다.

516 동 p. 457. 육군대신 가쓰라 다로는 같은 날 사표를 냈다. 그러나 천황은 이미 야마가타로부터 육군대신 유임 상주를 받고 놀랐다. 야마가타는 가쓰라의 사표를 각하하도록 상주하고 그 일을 가쓰라에게 전했다.

517 동 pp. 457~458.

518 오자키는 전년, 관에 몸담고 있으면서 내각 타도 운동에 참가했기 때문에 외무성 칙임 참사관에서 면직되었다. 그러나 천황은 동시에 1887년의 사건을 기억하고 있었는지도 모른다. 당시 여러 가지 내부 문서가 신문 등에 누설되어 비밀 출판되고 있어서 장사(壯士)들 사이에 동요를 불러일으키고 있었다. 장사들은 조세의 경감, 언론 집회의 자유, 외교 실패의 만회를 요구했다. 그들은 이들 3대 안건의 건의서를 가지고 전국 각지에서 상경했다. 그들의 분노를 특히 부채질한 것은 (조약 개정을 달성시키기 위해) 일본의 재판소에 외국인 판사를 고용하고 외국인을 내지에 거주시키려던 이노우에 가오루의 계획이었다. 제1차 내각의 내무대신 야마가타 아리토모는 비밀결사, 집회, 옥외 집회, 치안의 방해 등을 금지하는 7개항에 걸친 보안 조례를 공포, 시행했다. 오자키 유키오는 선동에 참가했기 때문에 도쿄 추방 명령을 받은 5백여 명 중 한 사람이었다. 『메이지 천황기』제6권 pp. 856~858 참조. 참고로 도쿄 추방 명령에 대해서는 1889년 2월, 헌법 반포 때 대사면령이 공포되었다.

519 『메이지 천황기』제9권 p. 459.

520 동 p. 460. 이 무렵 메이지 천황은 민주주의의 집요한 공격을 받은 셈이다. 하지만 이것이 오히려 그의 힘의 원천이 되었다는 말이 있다. '국가의 유일한 존재 이유는 개인의 이익만을 위해서다'라는 사고방식을 가진 것이 민주주의라고 노무라 야스시(野村靖)는 공격했던 것이다. 노무라는 각료를 몇 번 역임한 훈1등 서보장(瑞寶章) 수훈자이며 정당 정치는 군주제와 양립하지 않는다고 굳게 믿고 있었다. 동 pp. 460~463.

521 동 pp. 474~475. 하마오 아라타(濱尾新)는 여기서 준엄하게 비판받고 있으나 실은 뛰어난 교육자로서 도쿄대학 총장을 두 번 역임했다.

522 신바 에이지(榛葉英治), 『이타가키 다이스케 자유민권의 꿈과 패배』p. 296. 신바는 이타가키의 자유민권사상은 아주 퇴색했다고 썼다.

523 동 p. 297. 신바는 오자키 탄핵의 대강을 쓴 것은 결국 호시 도루라고 생각했다. 호시는 1893년에 중의원 의장직에서 물러나 당시는 미국 공사였다. 그러나 오쿠마와 이타가키의 합동 내각 결성 이야기를 듣고

그 활동 무대 근처에 있고 싶어 허가도 없이 일본으로 돌아왔다. 후에 제4차 이토 내각(1900)에서 체신대신이 되었으나, 2개월 후 뇌물 수수 사건으로 사직되었다. 호시는 1901년 도쿄 시청의 부패에 호시가 책임이 있다고 믿은 자객에게 암살당했다. 호시 도루에 대해서는 제51장에서 상세히 다룬다.

524 『메이지 천황기』 제9권 p. 517.

525 동 p. 560. 이해 2월, 이토는 황실은 종교 바깥에 서 있어야 하며 신민은 자유로이 신앙을 갖도록 해야 한다고 권하고 있다(동 p. 392). 그러나 이번 진언에 대해서는 즉각적인 반응이 없었다.

526 동 p. 441. 황태자의 건강을 우려한 일은 동 p. 393, 412, 414, 418 참조.

527 황태자는 11월 11일, 육군 군의감 하시모토 쓰나쓰네의 진찰을 받았다. 하시모토는 왼쪽 가슴의 수포음(水泡音)에 변화가 없고 장위증(腸胃症)은 점차로 좋아지고 있으며 식욕이 증진됐다고 보고했다. 『메이지 천황기』 제9권 p. 544 참조. 황태자는 11월 말, 해군훈련을 관람하기 위해 요코스카(橫須賀) 항으로 갔고(동 p. 554), 12월에는 나라시노(習志野)에서 새 사냥을 했다(동 p. 565).

528 『메이지 천황기』 제9권 p. 548.

50장

529 『메이지 천황기』 제9권 p. 583. 마을에서 피어오르는 연기가 해마다 늘어나는 데 대한 기쁨은 닌토쿠 천황의 유명한 일화를 가리키고 있는 것 같다. 마을에서 연기가 피어오르지 않는 까닭은 백성이 먹고 살 것이 없는 증거라며 닌토쿠 천황은 3년간 세금을 면제해주었다. 다시금 연기가 올라가게 된 것을 보고서야 (아주 가벼운) 세금을 거두었다.

530 『메이지 천황기』 제9권 p. 586.

531 위와 동.

532 동 pp. 595~596. 출전은 다나카 미쓰아키의 담화 기록인 것 같다.

533 히노니시 스케히로, 『메이지 천황의 일상』 p. 53. 모리타 세이고(森田誠吾), 『메이지 시대 인물 이야기』 pp. 37~54에는 갖가지 흥미로운 이야기가 소개되어 있다. 그에 의하면 당시의 신문은 천황에 관한 소문을 후세보다 훨씬 자유롭게 게재할 수 있었음을 알 수 있다.

534 『신집 메이지 천황 어집』하권 p. 719. 대강의 내용은 누구나 읽는 신문에는 세상에 대해 거짓을 쓰지 말았으면 좋겠다는 것이다.

535 메뉴표 중에는 1905년 7월 26일에 훗날 미국 대통령 윌리엄 하워드 태프트를 대접한 만찬회 때의 것도 있었다. 태프트는 역대 미국 대통령 중에서 가장 거한이었다. 추시회(秋偲會) 편, 『천황가의 향연』pp. 84~85.

536 『메이지 천황기』제9권 pp. 613~614.

537 이때의 회의 참석자는 도쿠다이지 사네쓰네, 히지카타 히사모토, 다나카 미쓰아키, 가가와 게이조, 가와구치 다케사다(川口武定).

538 의사단의 한 사람인 오카 겐쿄(岡玄卿) 시의국장은 사다코가 결핵이 있다며 약혼을 단호히 반대했다. 뒷날 다른 황태자비가 결정되어 두 번째 왕손을 낳았을 때 오카는 천황을 배알하며 축하의 말을 올렸다. 그때 오카는 이렇게 말했다. "만일 황태자가 첫 번째 황태자비 후보, 즉 사다코와 결혼했더라면 이런 경사는 없었을 겁니다." 그러자 천황은 노해서 오카의 말을 가로막으며 "사다코가 결혼 후 1년이 지나도 아직 자식이 없는 것은 꼭 사다코 한 사람의 책임이 아니다"라고 답했다. 『메이지 천황기』제9권 p. 615.

539 천황은 동시에 사다코를 요시히사의 첫째 친왕 쓰네히사(恒久)와 약혼시켜야겠다고 생각했으나 이는 실현되지 못했다. 사다나루와 쓰네히사가 근친간이어서 혼인에 적합하지 않다는 의견이 있었기 때문이다. 사다코는 결국 1901년 4월 6일 후작 야마우치 도요카게(山內豊景)와 결혼했다.

540 『메이지 천황기』제9권 p. 751. 1900년 1월 사사키 다카유키는 마사코와 후사코 두 공주에게 불어 학습을 시작하겠다면서 천황의 허가를 상신했다. 천황은 아직 이르다며 허가하지 않았다. 아마 천황이 거절한 이유는 불어를 아무 때나 쓰려는 황태자의 꼴이 못마땅하게 여겨졌기 때문인 것 같다.

541 이들 훈장을 비롯하여 유럽 여러 나라에서 갖가지 훈장이 1897년부터 1900년 3월까지 황태자에게 수여되었다. 이는 황태자가 성인이 된 것과 관계가 있는 듯하다. 1900년 10월, 다시 황태자는 태국으로부터 왕실 훈장을 받았다. 일본인은 일본과 별로 관계가 없다고 여겨지는 인물을 포함해서 일반적으로 외국인에게 빈번하게 훈장을 주고 있다. 예를 들면, 황족이 유럽 여행을 갔을 때 친절하게 대해 준 유럽인에게는 곧잘 최고급 훈장이 주어졌다. 훈장은 또 외국의 군주에게도 주어졌다. 가령 청나라 황태후한테는 여성에게 주어지는 최고 훈장인 훈1등

보관장(寶冠章)이 주어졌다(『메이지 천황기』 제9권 p. 652.) 다시금 황태자가 유럽에서 가장 권위 있는 훈장의 하나인 코끼리 훈장을 받았을 때 천황은 일본에 훈장을 가지고 온 덴마크의 왕자 발데마르에게 대훈위 국화대수장을 주어 보답했다.

542 시종 보조 도시나가(坊城俊良)에 의하면 황태자는 누마즈(沼津) 체재 중 자전거 타기를 좋아했다. '가끔 도네리(內舍人:잔일을 시중드는 사람) 한 사람을 데리고 휙하고 뒷문으로 나가서 어딘가로 놀러간다. 시종, 무관 등이 나중에 이를 알아차리고 허둥지둥 찾으러 나가 보지만 알 길이 없어 매우 난감해하는 것을 봤다. 일부러 시종의 눈을 피해 나가는 일도 있었다.'(보조 도시나가, 『궁중 50년』 p. 67) 보조에 의하면 이 시기의 황태자는 명랑하고 시원시원했다. 그러나 성인이 되자 황태자는 벨츠가 은밀히 언급하고 있는 것처럼 성적 욕구 불만을 느끼고 있었는지 모른다.

543 『메이지 천황기』 제9권 pp. 715~717.

544 James E. Hoare, "Extraterritoriality in Japan, 1858~99" p. 97.

545 『메이지 천황기』 제9권 p. 694.

546 동 p. 761.

547 『벨츠의 일기』 상권 pp. 196~197. 그리고 『메이지 천황기』 제9권 p. 758 참조.

548 『메이지 천황기』 제9권 pp. 905~906.

549 동 p. 810.

550 가토 히토시, 『메이지 천황 쓰보네(局) 낙윤전(落胤傳)』(〈신조 45〉 1988년 9월호) p. 67.

551 다이쇼 천황은 생모 야나기하라 나루코를 '2위'라고 불렀다. 이는 황태자 요시히토가 다이쇼 천황이 된 후 나루코의 지위가 '정2위'였던 데서 비롯된 것이다. 음식이 남거나 하면 곧잘 '2위'에게 가져다주라고 했다. 가토, 『메이지 천황 쓰보네 낙윤전』 p. 66 참조.

552 『메이지 천황기』 제9권 p. 811.

553 동 pp. 813~814.

554 동 p. 821.

555 천황은 육군을 좋아한다는 사실을 감추지 않았다. 육군의 대훈련에 열심히 참가한 것과는 대조적으로 군함을 타는 것을 싫어했다. 군함 연료의 불쾌한 냄새도 그 이유 중 하나였다. 그러나 마침 이때 천황은 해군대학교, 해군군의학교, 해군 주계관(主計官) 연습소의 졸업식에 참

석하고 있다(『메이지 천황기』 p. 820).

556 『메이지 천황기』 제9권 p. 823.

557 전투를 시작하면서 반란자들이 권법과 기타 무술을 단련했기 때문에 이런 이름이 붙었다.

558 북청 동란의 진압에 동원된 외국 군대 말고도 이 무렵 약 17만 명의 러시아군 부대가 만주에 침입해 있었다.

559 청나라 정부는 6월 21일, 연합군에 선전 포고를 했다. 그러나 연합군 은 어디까지나 전쟁이 목적이 아니라 그들의 국민을 구출하는 사명을 달성할 뿐이라고 계속 주장했다.

560 의화단의 발상은 18세기로까지 거슬러 올라간다. 우선 종교적, 무술 적인 비밀조직으로 결성되었다. 발족 당시의 목적은 청 왕조의 타도와 명 왕조의 부활이었다.

561 고바야시 가즈미(小林一美), 『의화단 전쟁과 메이지 국가』 p. 55. 고바 야시는 죽음을 당한 피해자 수로 프로테스탄트 목사 188명, 청나라인 프로테스탄트 교도 5천 명, 가톨릭 주교 다섯 명, 가톨릭 신부 48명, 청 나라 가톨릭교도 1만 8천 명으로 추산했다. 그러나 고바야시의 주장에 의하면 그 많은 숫자가 의화단에게 죽은 것이 아니었다. 하수인은 오 히려 1900년 여름에 청나라 정부가 의화단과 손을 잡은 후의 청나라 군이 아니었을까 하고 고바야시는 말한다. 그리고 반란 초기 단계에서 독일 및 일본 외교관 몇 명이 살해되었다.

562 이 종파는 난교, 즉 상대를 특정하지 않는 성행위를 장려한 것으로 악 명이 높다. 그러나 19세기 중국의 반란에 호의적 경향을 보이는 학자 들의 해석에 의하면 이들의 문란한 성적 행위도 봉건적인 유교의 성적 인 굴레에서 여성을 해방하기 위한 기초를 마련한 것으로 간주되었다. 고바야시, 『의화단 전쟁과 메이지 국가』 pp. 7~8.

563 산둥 성에서 일어난 이런 일의 첫 사례는 1886년에 일어난 것 같다. 당시 프랑스인 신부가 청나라 기독교 개종자 등과 함께 도교의 옥황묘 (玉皇廟)를 파괴했다. 고바야시, 『의화단 전쟁과 메이지 국가』 p. 66.

564 마을 생활의 붕괴에 대해서는 고바야시, 『의화단 전쟁과 메이지 국가』 pp. 36~38, pp. 43~44 참조. 고바야시(p. 43)는 특히 전통의 파괴, 즉 민간에서 숭배되어 온 신들, 영웅, 민중을 위해 이바지한 의인, 초인 적인 힘을 가진 전설적 인물이 몰락한 것을 들었고, 다시 이들 전통에 수반된 신앙, 제사, 봉납(奉納) 연극 또한 소멸됐음을 지적하고 있다.

565 고바야시, 『의화단과 메이지 국가』 p. 50, p. 58. 그리고 오야마 아즈사

(大山梓) 편, 『베이징 농성 — 베이징 농성 일기 해설』 p. 5 참조. 도야마는 신자들이 전투 때 머리에 두른 홍건(紅巾), 허리에 두른 빨간 천에 대해 쓰고 있다. 들어올린 홍색 깃발에는 '의화신단봉지흥청멸양(義和神團奉旨興淸滅洋)'이라 크게 쓰여 있었다.

566 사카네 요시히사(坂根義久) 편집, 『아오키 슈조 자전』 p. 325.

567 『메이지 천황기』 제9권 p. 827.

568 청나라 황태자의 아버지 돤(端) 군왕(郡王)은 의화단과 은밀한 관계를 가지고 있었던 것 같다. 오야마 편, 『베이징 농성 — 베이징 농성 일기 해설』 p. 4.

569 고바야시, 『의화단 전쟁과 메이지 국가』 p. 90.

570 오야마 편, 『베이징 농성 — 베이징 농성 일기 해설』 pp. 3~4. 데이 에이쇼는 청나라 출신 집안이었다. 아버지 정융닝(鄭永寧)은 소에지마 사절이 청나라를 찾아갔을 때 통역을 했다(제24장 참조).

571 『메이지 천황기』 제9권 pp. 836-837.

572 연합군은 일본, 영국, 프랑스, 독일, 러시아, 이탈리아, 오스트리아, 미국으로 구성되어 있었다.

573 오야마 편, 『베이징 농성 — 베이징 농성 일기 해설』 p. 244.

574 동 pp. 117 참조.

575 『메이지 천황기』 제9권 p. 483.

576 동 p. 844.

577 포위전에 관한 흥미로운 많은 이야기들이 오야마 편, 『베이징 농성 — 베이징 농성 일기 해설』에 나와 있다. 그것은 주로 시바 고로(柴五郎) 중령(도카이산시東海散士로 알려진 시바 시로의 동생)이 당시의 체험을 이야기한 강연, 그리고 전투가 발발할 당시 베이징에 유학하고 있던 핫토리 우노키치(服部宇之吉) 박사가 쓴 일기로 구성되어 있다.

578 『메이지 천황기』 제9권 p. 851. 동양과 서양의 대립의 지적은 독일 황제 빌헬름 2세가 제창한 '황화론'을 상기시킨다.

579 동 pp. 852~853.

580 동 p. 854. 이 인용의 출전은 도쿠다이지 사네쓰네의 일기다.

581 동 p. 858.

582 동 pp. 861~863.

583 독일의 빌헬름 2세의 실제 발언은 이런 것이었다. "제군은 완전 무장한 군대를 상대로 싸우게 될 것이다. 그러나 동시에 제군은 우리 독일 특

명전권공사의 죽음뿐 아니라 많은 독일인과 유럽인의 죽음의 복수를 해야만 한다. 제군은 적이 앞에 있으면 적을 때려부숴야 한다. 용서가 있어서는 안 되며 포로를 잡으면 안 된다. 제군의 손에 걸린 적은 모두 제군의 검 앞에 쓰러지게 될 것이다. 1천 년 전, 아틸라가 이끄는 훈족이 사람들의 기억에 남는 잔인하기 그지없는 만행으로 이름을 드날린 것 같이 독일인의 이름은 중국 온 나라에 울려 퍼질 것이다. 이렇게 해서 중국인은 두 번 다시 독일인을, 저 눈꼬리가 치붙은 사팔뜨기 눈으로 바라볼 수도 없게 될 것이다."(John C. G. Rohl, *The Kaiser and His Court*, pp. 13~14). 그리고 독일 황제 빌헬름 2세가 그리게 한 그림(존 롤, 같은 책 p. 203) 참조. 유럽 제국이 대천사 미카엘에게 이끌린 유사 이전의 신들의 모습이 되어 '황화(黃禍)'—부처의 상으로 상징되어 있다—와 대적하고 있는 모습이 그려져 있다.

584 『메이지 천황기』 제9권 pp. 872~873.

585 동 p. 878.

51장

586 『메이지 천황기』 제9권 pp. 890~891.

587 앞으로 '입헌정우회'를 이 약칭으로 부르기로 한다.

588 『메이지 천황기』 제9권 p. 913. 가쓰라는 11월 14일, 다시 사의를 주청했다. 천황은 12월 23일, 이를 허락했다. 동 pp. 923~925 참조.

589 『메이지 천황기』 제10권 p. 24.

590 마쓰카타는 효고 현 미카게(御影)에 있었다. 마쓰카타와 야마가타가 협의한 결과, 이토의 귀경 요청을 사절했다. 『메이지 천황기』 제10권 p. 26 참조.

591 『메이지 천황기』 제10권 p. 29.

592 동 pp. 29~30.

593 동 p. 30.

594 화족이 반대하는 법안을 메이지 천황이 굳이 지지하려 한 이유는, 영국의 윌리엄 4세의 예와는 대조적이다. 윌리엄 4세는 상원(귀족원)이 반대하는 1832년의 선거법 개정안을 강행, 가결하기 위해 새로이 새 귀족 50명에게 작위를 주어 찬성파를 늘리려 한 내각 다수파의 술수를 극단적으로 싫어했다.

595 천황의 뜻을 따르기로 동의한 귀족원의 답변서 원문은 『메이지 천황 기』 제10권 p. 31.

596 한자 '유(裕)'는 『역경(易經)』 『시경(詩經)』 『서경(書經)』 『예기(禮記)』 에 있는 상서로운 한 구절에서, 그리고 '적(迪)'은 『서경』에서 따왔다. 황자의 이름과 연호를 중국 고전에서 따오는 습관은 일본의 전통을 중시하던 당시에도 남아 있었다.

597 누나에 대한 기억 때문에 호시가 유곽에는 절대로 가지 않겠다고 결심했는지도 모른다. 아리이즈미 사다오(有泉貞夫), 『호시 도루』 p. 9.

598 자세한 내용은 아리이즈미, 『호시 도루』 pp. 3~15.

599 양자로 입양시키는 조건으로 호시 집안에 50냥의 지참금을 요구했다. 그러나 호시의 집에서는 이 돈을 마련할 능력이 없었다. 그래서 고이즈미(小泉) 가로 입양시키려던 계획은 1년 후 취소되었다. 아리이즈미, 『호시 도루』 p. 13.

600 가 노리유키는 명나라에서 온 피난민의 후예였다. 영어 실력과 서양에 대한 지식이 풍부한 것으로 알려져 있다. 이와쿠라 사절단의 일원으로 뽑히기도 했다. 나중에 천황에 의해 귀족원 의원으로 임명되었다. 소소에지마와 무쓰 무네미쓰는 모두가 노리유키의 제자였다.

601 스즈키 다케시(鈴木武史), 『호시 도루 번벌(藩閥) 정치를 흔들어놓은 사나이』 p. 22 참조.

602 아리이즈미, 『호시 도루』 pp. 26~27.

603 동 p. 32.

604 동 p. 33.

605 호시는 제러미 벤담의 『도덕과 입법의 원리 입문』을 반복해서 숙독했다고 한다. 아리이즈미, 『호시 도루』 p. 49.

606 이것이 이른바 '후쿠시마 사건'이다. 후쿠시마 현령 미시마 미치쓰네(三島通庸)는 국도 건설을 계획하고 그 부담금을 현민에게 부과했다. 미시마는 고노(河野)가 이끄는 현회(縣會)가 가결한 국도 건설 반대 결의를 무시하고 도로 공사에 착수했다. 국도 건설에 돈이나 노동력을 제공할 수 없는 농민은 소유물을 경매에 부치게 되었다. 이에 항의한 자유당원 몇 명이 체포되었고 그 결과 현민 수천 명이 이들이 구금되어 있는 기타카타(喜多方) 서를 습격했다. 이 사건이 고노를 비롯한 자유당원 약 50명의 검거와 재판으로 발전했다.

607 나카무라 기쿠오(中村菊男), 『호시 도루』 pp. 50~54 참조.

608 스즈키, 『호시 도루 번벌 정치를 흔들어놓은 사나이』 p. 54 참조.

609 동 pp. 59~61.

610 동 pp. 79~80.

611 동 p. 88.

612 동 p. 89.

613 호시는 일본이 적어도 영국 동양 함대에 뒤떨어지지 않을 정도의 강력한 합대를 가져야 한다고 믿었다. 나카무라, 『호시 도루』 p. 86.

614 스즈키, 『호시 도루 번벌 정치를 흔들어놓은 사나이』 p. 91. 나카무라, 『호시 도루』 pp. 85~89. 호시는 같은 연설에서 영국이나 러시아의 침략으로부터 청나라를 지키기 위해 청나라에 대한 새로운 외교 방침을 정해야 한다고 주장했다. 그리고 치외법권의 철폐와 관세 자주권의 확립을 동시에 획득하기는 어렵다고 보고 우선 후자를 서둘러야 한다고 주장하고 있다.

615 직접 지원한 것은 와카야마 현 출신의 중의원 의원 오카자키 구니스케(岡崎邦輔)였다. 그러나 오카자키의 배후에는 무쓰가 있었다. 나카무라, 『호시 도루』 p.102.

616 나카무라, 『호시 도루』 p. 104 참조. 나카무라는 호시의 중의원 의장 취임 인사 일부를 인용하고 있다. 호시는 자유당원 신분이 아니라 의장이라는 제국의회의 공무를 맡고 있는 자로서, 공평하게 일처리를 하겠다고 말했다. 만일 그렇지 않은 점이 있거든 부디 지적해 주었으면 좋겠다고 말하면서 자신은 반드시 고칠 것이라고 했다.

617 호시에 대한 의회의 고발에 대해서는 나카무라, 『호시 도루』 pp. 116~117 참조. 그리고 『메이지 천황기』 제8권 pp. 328~329 참조.

618 나카무라, 『호시 도루』 p. 156 참조.

619 호시는 상원위원회에서 생사(生絲)의 관세 인상이 가져다줄 악영향에 대해서 증언했다. 그리고 관세가 실제로 인하될 경우 얼마나 유익한 결과가 나올 것인지를 논했다. 나카무라, 『호시 도루』 pp. 163~164 참조. 오쿠마는 크게 감명을 받아 호시에게 훈3등 욱일중수장을 내렸다.

620 호시가 진언한 원문은 나카무라, 『호시 도루』 pp. 175~177.

621 나카무라, 『호시 도루』 p. 182.

622 스즈키, 『호시 도루 번벌 정치를 흔들어놓은 사나이』 pp. 150~151 참조.

623 호시 암살에 관해서는 나가오 가즈오(長尾和郎), 『암살자』 pp. 135~159 참조. 이바가 모살죄로 재판받게 되었을 때, 판결은 이바가

도덕적 정의감에서 범행을 저질렀다는 것을 인정하여 사형이 아니라 무기징역에 처했다(동 p. 159).

624 장례에 대해 상세한 내용은 나가오, 『암살자』 p. 159 참조. 그리고 나카무라, 『호시 도루』 pp. 215~216에서는 장례위원장은 가타오카 겐키치(片岡健吉), 하라와 마쓰다는 주임을 맡았다. 호시의 장례 행렬 사진이 스즈키, 『호시 도루 번벌 정치를 흔들어놓은 사나이』 p. 191에 있다.

625 『메이지 천황기』 제10권 pp. 80~81. 이 부분의 기술은 호시의 수뢰 혐의가 지난해에 드러난 의혹 사건에 대해 언급하고 있다. 그러나 만일 이 이야기가 사실이라면 어째서 천황이 그런 인물에게 증위를 하고 추서했는지에 관한 설명이 없다.

626 『메이지 천황기』 제8권 pp. 328~330. 그리고 나카무라, 『호시 도루』 pp.120~121 참조.

627 『메이지 천황기』 제10권 p. 98.

628 하야시 다다스, 「영일 동맹의 진상」(유이 마사오미由井正臣 교주校註 『뒷일은 옛적의 기록』 수록) p. 314 참조.

629 1901년 8월, 이노우에는 유럽 여행을 떠나려 하는 이토에게 러시아 방문을 권했다. 이노우에는 조선 문제를 해결하기 위해서는 러일 협상이 최선책이라고 확신했다. 내각 총리대신 가쓰라 다로는 영일 동맹이 되었든 러일 협상이 되었든 조선 문제가 해결되기만 한다면 어느 쪽이든 상관없다고 생각했다. 이토는 영국과의 동맹은 오히려 러시아와 프랑스를 적으로 만들게 될 것이라고 판단했다. 영국 주재 공사 하야시 다다스가 11월 파리에서 이토와 만났을 때―영국과의 교섭이 진척되고 있다는 것을 알지 못했다―이토는 러시아와의 협상은 만주와 한국을 에워싼 긴장에 종지부를 찍기 위해 매우 중요하다는 의견을 피력했다. 하야시 「영일 동맹의 진상」 pp. 343~345 참조.

630 하야시, 「영일 동맹의 진상」 pp. 328~329.

631 동 pp. 306~397.

632 구로바네 시게루(黑羽茂), 『영일 동맹의 궤적』 상권 p. 21 참조. 저자는 체임벌린과 일본 공사 가토 다카아키(加藤高明)와의 회담을 영일 동맹을 위한 '제1성'이라고 부르고 있다. 이 회담은 1898년 3월 17일에 있었다.

633 구로바네, 『영일 동맹의 궤적』 상권 p. 23.

634 하야시, 「영일 동맹의 진상」 p. 321.

635 동 p. 327.

636 1900년 10월 16일에 영국과 독일이 조인한 양쯔 강 협정은 청나라 의 문호 개방 정책과 영토 보전을 선언하고 있다. 이 시기의 영국과 독 일의 특별한 관계에 대해서는 구로바네, 『영일 동맹의 궤적』 상권 pp. 24~34에서 논의되고 있다. 주영 독일 대사관의 참사관인 프라이허 폰 에카르트슈타인은 1901년 3월 18일, 독일을 포함하는 극동 3국 동맹 을 제의했다. 그러나 에카르트슈타인은 독일 외무성의 허가 없이 행동 하고 있었다(동 pp. 29~30).

637 하야시, 「영일 동맹의 진상」 pp. 330~331.

638 일본의 수정안에 대해 상세한 내용은 하야시, 「영일 동맹의 진상」 pp. 349~350.

639 하야시, 「영일 동맹의 진상」 p. 306.

52장

640 『메이지 천황기』 제10권 p. 181.

641 동 pp. 185~187.

642 동 p. 187. 2월 4일 현재로 생존자는 일곱 명이었다. 사망자 108명, 행 방불명자 85명, 생존자 중 몇 명은 병원에서 사망했다(동 p. 198).

643 Ian Nish, *The Origins of the Russo-Japanese War*, p. 31. 동맹의 전모가 밝혀진 것은 1922년이 되어서였다.

644 동 p. 39.

645 동 p. 41. Andrew Malozemoff, *Russian Far Eastern Policy, 1881~1904*, pp. 96~101에 의하면 1897년 8월, 독일 황제와의 회 담에서 러시아 황제는 독일의 소함대가 필요에 따라 자오저우(膠州) 만에 일시적으로 입항하는 것을 인정했다. 이 승인에 따라 독일은 1897년 11월 자오저우 만에 들어갔다. 러시아는 그렇게 심각하게 받 아들이지 않았다. 12월, 러시아는 청나라의 요청으로 소함대를 보내 뤼순을 일시적으로 점거하기로 했다. 말로제모프는 이렇게 쓰고 있다. '빌헬름 2세는 기뻐했다. 12월 17일, 빌헬름 2세는 외무성을 통해 러 시아의 행동을 승인한다는 말을 전했다. 19일, 빌헬름 2세는 러시아 황제에게 귀국의 소함대가 뤼순에 도착한 것을 진심으로 축하드린다 고 타전했다.' 같은 날 빌헬름 2세는 오스텐 자켄 남작(베를린 주재 러

시아 대리대사)을 통해 러시아 황제 니콜라이 2세에게 이런 말을 전했다. "일본인이 되었건 영국인이 되었건 귀국의 적은 이제 독일의 적이기도 합니다. 설혹 누가 되었든 귀하의 의도를 힘으로 막으려는 훼방꾼은 귀국의 군함과 함께 독일의 소함대도 상대하게 되겠지요."

646 외무대신 니시 도쿠지로(西德二郎)와 러시아 특명전권공사 로젠이 조인한 '니시, 로젠 협정'에 대해서는 Malozemoff, *Russian Far Eastern Policy, 1881~1904*, p. 110 참조. 로젠은 나중에 아주 불완전하고 무슨 소리인지 모를 협정이라고 했다.

647 Malozemoff, *Russian Far Eastern Policy, 1881~1904*, p. 146. 그리고 『메이지 천황기』 제10권 pp. 224~225.

648 Malozemoff, *Russian Far Eastern Policy, 1881~1904*, pp. 172~173. 비테 백작은 이토의 러시아 방문을 이렇게 회상하고 있다. '불행히도, 그(이토)는 싸늘한 대우를 받았다. (중략)최종적으로 우리는 그의 제안은 무시하고 우리의 제안만을 들이밀었다. 그것은 일본의 요청을 기본적으로 거절한 것이었다. 이때 이미 베를린에 가 있던 이토에게 우리는 제안의 초고를 보냈다. 이토는 이에 응하지 않았고 또 응할 수도 없었을 것이다. 왜냐하면 그의 우호적인 제안이 상트페테르부르크에서 어떻게 받아들여졌는지 알게 된 이토는 더 이상 영국과 협정을 맺는 일에 반대할 수 없었기 때문이다. 이 협정에서 영국은 러시아와의 분쟁이 벌어지게 되면 일본을 지지할 것을 서약했다. 그것은 우리로서는 매우 골치 아픈 전쟁으로 이끄는 협정이었다.' Count Sergei Iulevich Witte, *The Memoirs of Count Witte*(translated by Sidney Harcave), p. 303 참조.

649 이언 니시에 의하면 문호 개방 정책은 청나라 세관의 상급 관리 중 하나인 앨프리드 히피슬리와 워싱턴의 미 국무성 존 헤이의 후배 윌리엄 H. 록힐이 고안한 것으로 되어 있다(Nish, *The Origins of the Russo-Japanese War*, p. 55).

650 동 p. 95.

651 동 p. 17에서 인용.

652 Witte, *The Memoirs of Count Witte*, p. 307 참조.

653 Nish, *The Origins of the Russo-Japanese War*, p. 142.

654 『메이지 천황기』 제10권 p.268.

655 『벨츠의 일기』 하권 p. 19.

656 『메이지 천황기』 제10권 p. 243.

657 동 p. 261. 야스히토 아쓰노미야의 이름은 『서경』을 비롯한 중국 고전에서 취하였다. 그가 훗날의 지치부노미야(秩父宮)이다.

658 『메이지 천황기』 제10권 p. 243. 아카사카 별궁이라는 이름으로 알려질 이 궁전은 1909년 완성되었다. 그러나 메이지 연간에는 황태자건 누구건 사용할 수 없었다. 완성된 궁전 사진첩을 봤을 때, 천황은 "사치스럽다!"고 한마디 했다. 황실, 부호들의 저택을 연구하기 위해 여러 차례 유럽을 다녀온 건축가 가타야마 도쿠마(片山東熊)에게 이것은 통렬한 일격이었다. 궁전은 네오바로크 양식을 바탕에 깔고 있으나 다른 양식의 요소도 많이 채택되었다. 사용된 소재는 다방면에 걸쳐 있었다. 현존하는 메이지 시대의 건축을 연구하는 댈러스 핀은 이렇게 쓰고 있다. '가타야마는 가능한 한 일본의 소재를 사용했다. 기둥에는 노송나무를, 지붕에는 자연 구리를, 지붕의 밑받침으로는 이바라키의 화강암을, 그리고 교토의 비단, 1천3백만 개의 일본 기와. 그러나 내장에는, 그의 말에 따르면 전 세계 곳곳에서 최고의 소재를 수입해야 했다. 대리석은 프랑스, 모로코, 스페인, 이탈리아에서, 판유리와 양탄자는 영국에서, 난방, 배관, 전기 기구는 미국에서, 화로, 거울, 모자이크 무늬, 샹들리에는 프랑스에서, 가구와 건물 전체의 분위기도 프랑스에서 채택했다.' (Dallas Finn, *Meiji Revisited*, p. 236)

659 『메이지 천황기』 제10권 p. 279. 이 시기 천황이 접견한 러시아인 중에 아다바시 육군 중령이 있었다. 아키히토가 러시아 체재 중 끝까지 함께 다니며 돌봐준 인물이다. 동 p. 289 참조.

660 『메이지 천황기』 제10권 p. 301. 야마모토가 요구한 확장안의 총액 예산 용도에는 병사(兵舍), 교육 시설, 건(乾) 도크의 증설도 포함되어 있었다.

661 동 p. 306.

662 『모리 센조(森銑三) 저작집 속편』 제5권 p. 12.

663 『메이지 천황기』 제10권 pp. 399~400.

664 상세한 것은 『메이지 천황기』 제10권 p. 406 참조.

665 동 p. 405. 7개조의 요구에 대한 영역은 Nish, *The Origins of the Russo-Japanese War*, p. 146 참조.

666 네 명은 야마가타 아리토모, 이토 히로부미, 가쓰라 다로, 고무라 주타로(오야마 아즈사, 『러일 전쟁의 군정사록(軍政史錄)』 p. 27).

667 동 p. 28. 그리고 『메이지 천황기』 제10권 pp. 409~410 참조.

668 『메이지 천황기』 제10권 p. 417.

669 동 pp. 423~426.

53장

670 원문은 『메이지 천황기』 제10권 pp. 444~449에 있다. 건의서 사본은 동시에 원수 야마가타 아리토모, 백작 마쓰카타 마사요시, 해군대신 야마모토 곤베, 외무대신 고무라 주타로, 육군대신 데라우치 마사타케 (寺內正毅)에게 보내졌다.

671 『메이지 천황기』 제10권 p. 452.

672 동 p. 458.

673 아홉 명은 이토 히로부미, 야마가타 아리토모, 오야마 이와오, 마쓰카타 마사요시, 이노우에 가오루, 가쓰라 다로, 야마모토 곤베, 고무라 주타로, 데라우치 마사타케이다. 이들은 당시의 일본을 실제로 움직이던 '과두제 지배자'로 불리고 있었다. 이에 대해 Shumpei Okamoto, *The Japanese Oligarchy and the Russo-Japanese War*에 자세히 나와 있다.

674 『메이지 천황기』 제10권 pp. 459~460.

675 동 p. 464.

676 동 p. 469.

677 동 p. 470.

678 동 p. 475.

679 동 pp. 478~479. 일본 측의 협상안 6개조의 영어 번역은 Nish, *The Origins of the Russo-Japanese War*, pp. 184~185.

680 Andrew Malozemoff, *Russian Far Eastern Policy, 1881~1904*, p. 224.

681 비테의 회고록에서는 당시 러시아에서 사용되던 율리우스력에 의해 8월 13일로 되어 있다. 다른 자료는 당시 유럽의 거의 모든 국가와 일본에서 사용되고 있던 그레고리오력의 8월 28일을 들고 있다.

682 Count Sergei Iulevich Witte, *The Memoirs of Count Witte* pp. 315~316.

683 동 p. 365.

684 동 p. 366.

685 Malozemoff, *Russian Far Eastern Policy, 1881~1904*, p. 226.

686 Witte, *The Memoirs of Count Witte*, p. 368. 글 가운데에 '1903년 7월'이라 한 것은 율리우스력으로 구리노가 람스도르프에게 협상안을 건넨 그레고리오력 8월 12일 전후로 생각된다.

687 『메이지 천황기』 제10권 p. 477. 그리고 Okamoto, *The Japanese Oligarchy and the Russo-Japanese War*, pp. 94~95 참조. 오카모토는 에르빈 벨츠 박사의 일기를 인용하고 있다. '미야노시타로 향하는 기차 안에서 말쑥하게 차려입은 젊은 일본인을 만났다. 그가 말하기를 러시아에 대한 국민의 감정 격화는 더 이상 억누를 수가 없다. 정부는 선전 포고를 해야 하며, 그렇게 하지 않는다면 내란이 일어날 우려가 있다. 정말이지, 천황의 자리까지도 위험할 정도라니까요라고 말했다.' 벨츠는 '이런 무책임한 친구들은 참 마음 편하겠다'고 말하고 있다(1903년 9월 25일 항목. 오카모토는 벨츠의 아들 토크 벨츠가 편찬한 일기의 일본어 번역본에서 인용하고 있다. 영역에는 이 날짜 항목은 없다. 『벨츠의 일기』 상권 p. 336).

688 Malozemoff, *Russian Far Eastern Policy, 1881~1904*, p. 238.

689 『메이지 천황기』 제10권 p. 484. 그리고 John Albert White, *The Diplomacy of the Russo-Japanese War*, pp. 102~103 참조.

690 『메이지 천황기』 제10권 pp. 487~488.

691 최초로 교환된 일본의 협상안과 러시아의 대안의 영어 번역은 White, *The Diplomacy of the Russo-Japanese War*, pp. 351~352에 있다.

692 『메이지 천황기』 제10권 pp. 515~517에 원문이 있다. 두 번째 교환된 일본 측의 수정안과 러시아 측의 대안의 영역은 White, *The Diplomacy of the Russo-Japanese War*, pp. 352~354에 있다.

693 Malozemoff, *Russian Far Eastern Policy, 1881~1904*, p. 243 참조. 말로제모프는 쿠로파트킨 대장의 일기를 인용하고 있다.

694 『메이지 천황기』 제10권 pp. 541~542. 새로운 러시아 측 대안은 아마 알렉세이예프와 로젠의 손에 의한 것일 게다. Malozemoff, *Russian Far Eastern Policy, 1881~1904*, p. 243.

695 Malozemoff, *Russian Far Eastern Policy, 1881~1904*, p. 243.

696 Witte, *The Memoirs of Count Witte*, p. 366.

697 Malozemoff, *Russian Far Eastern Policy, 1881~1904*, p. 243에 인용되어 있다. 출전은 쿠로파트킨의 일기.

698 동 p. 245. 출전은 쿠로파트킨의 일기.

699 『메이지 천황기』제10권 pp. 545~546.

700 동 p. 546.

701 원문은 『메이지 천황기』제10권 pp. 549~550. 일본 측의 두 번째 수
정안과 1월 6일의 러시아 측 대안의 영역은 White, *The Diplomacy
of the Russo-Japanese War*, pp. 354~355에 있다.

702 White, *The Diplomacy of the Russo-Japanese War*, pp.
112~113.

703 Okamoto, *The Japanese Oligarchy and the Russo-Japanese
War*, pp. 99~100 참조. 그리고 『메이지 천황기』제10권 pp.
555~562 참조.

704 사사키 노부쓰나(佐佐木信綱), 『메이지 천황 어집 근해(明治天皇御集
謹解)』 p. 156.

705 『메이지 천황기』제10권 pp. 503~504.

706 동 p. 508.

707 『벨츠의 일기』상권 p. 356.

708 『메이지 천황기』제10권 pp. 568~569. 영역은 White, *The Diplo-
macy of the Russo-Japanese War*, pp. 356~357.

709 『메이지 천황기』제10권 p. 569. 그리고 또 White, *The Diplomacy
of the Russo-Japanese War*, p. 355.

710 잘 풀리지 않는다는 것을 알면서 일본 측이 세 번째, 네 번째 수정안
을 낸 이유는 여러 가지로 해석되고 있다. 『메이지 천황기』제10권 p.
575에 있는 것처럼 사세보로 수송선을 집합시키려면 시간이 좀 더 필
요하다는 사정도 있었을 것이다. 이에 덧붙여 화이트(*The Diplomacy
of the Russo-Japanese War*, p. 120)는 세 가지 가능성을 시사하고
있다. 첫째, 강한 적과 반목하는 것은 당연히 마음이 내키지 않는다. 둘
째, 침략자로 간주되는 것도 당연히 내키지 않는다. 셋째, 일본이 국제
사회의 일원이 되기에 걸맞으며, 그러한 가치가 있다는 것을 증명하고
싶다.

711 최후의 일본 측 수정안 원문은 『메이지 천황기』제10권 pp. 577~579.
영역은 White, *The Diplomacy of the Russo-Japanese War*, pp.
356~358.

712 White, *The Diplomacy of the Russo-Japanese War*, p. 122.

713 『메이지 천황기』제10권 p. 582.

714 동 p. 583.

715 사사키, 『메이지 천황 어집 근해』 p. 202. 그리고 『메이지 천황기』 제 10권 p. 584.

716 영불 화친 협상은 1904년 4월 8일에 조인된다.

717 Maurice Paléologue, *Three Critical Years(1904~06)*, pp. 4~5. 화이트(*The Diplomacy of the Russo-Japanese War*, pp. 124-125)에 의하면 적대적인 양국이 서로 양보하지 않는 요구를 완화하기 위한 프랑스의 노력에 희망을 건 것은 1903년 10월의 람스도르프의 파리 방문으로까지 거슬러 올라갈 수 있다. 델카세는 영국과 일본 양쪽의 요청으로 이 책임을 맡게 되었다. 러시아도 이미 시인하고 있었다. 그러나 일본 측은 이 이상의 지연은 러시아 측을 이롭게 할 뿐이라고 확신했다. 러시아는 일본 측이 전면적으로 받아들일 수 없는 대안을 완화할 조짐은 조금도 보여주지 않았다.

718 Paléologue, *Three Critical Years(1904~06)*, p. 6.

719 Witte, *The Memoirs of Count Witte*, p. 382.

720 동 p. 369 참조.

721 빌헬름은 빅토리아 여왕의 손자였다. 러시아 황제의 아내 알렉산드라 역시 여왕의 손녀였다.

722 Isaac Don Levine, *Letters from the Kaiser to the Czar*, p. 10. 니콜라이에게 쓴 독일 황제의 서한은 영어로 되어 있다. 니콜라이의 답서는 공표되어 있지 않다.

723 동 p. 13. 독일 황제가 '몽골 인종'이라 했을 경우, 그것은 황색 인종 전체를 의미했으나 그중에서도 일본인을 가리켰다. 이토 히로부미는 에르윈 벨츠 박사와의 담화에서 이렇게 말하고 있다. "(독일 황제의 머릿속에 있던 몽골 인종이란) 다름 아닌 일본인을 가리킨 것이 틀림없습니다. 왜냐하면 무기력한 청나라가 아니라 고개를 내밀기 시작한 나라 일본이야말로 위협적이었기 때문입니다"(『벨츠의 일기』 상권 p. 320).

724 Levine, *Letters from the Kaiser to the Czar*, p. 17. 그리고 제50장 참조.

725 동 p. 96.

726 동 p. 100.

727 Paléologue, *Three Critical Years(1904~06)*, p. 8.

728 Witte, *The Memoirs of Count Witte*, p. 365, 368.

729 Okamoto, *The Japanese Oligarchy and the Russo-Japanese War*, p. 100 참조.

730 동 p. 101.

731 White, *The Diplomacy of the Russo-Japanese War*, p. 129. 화이트는 러시아 측의 회담이 일본의 전신에 의해 고의적으로 늦추어졌다는 소문을 언급하고 있다.

732 『메이지 천황기』 제10권 p. 593.

733 정부의 의견서 원문은 『메이지 천황기』 제10권 pp. 595~596.

734 동 p. 603.

735 사사키, 『메이지 천황 어집 근해』 p. 15.

54장

736 두 척의 순양함이 요코스카에 도착한 것은 1904년 2월 16일의 일이었다. 『메이지 천황기』 제10권 p. 639.

737 『메이지 천황기』 제10권 p. 593.

738 『다쿠보쿠 전집』 제13권 p. 44.

739 Ian Nish, *The Origins of Russo-Japanese War*, pp. 255~256.

740 일본 정부는 러시아 정부가 비난하자, 이미 러시아 정부에 단독 행동을 취할 의지를 통고했다고 언명했다. 단독 행동이란 물론, 적대 행위의 개시를 포함하는 모든 것을 의미한다. 가령 러시아가 그것을 이해하지 못했다 하더라도, 러시아의 오해의 책임을 일본이 져야 할 이유는 없다. 국제법 전문가들은 선전 포고만이 적대 행위를 시작할 때의 필요조건이 아니라는 것을 인정하고 있다. 선전 포고가 개전 후에 나온다는 것은 이미 근대전에서는 상식이다. 따라서 일본의 행동은 국제법상 비난의 대상이 되지 않는다. 이 성명은 K(an' ichi) Asakawa, *The Russo-Japanese Conflict*, p. 354에 인용되어 있다. 미국에 있던 일본인 학자 아사카와 간이치(朝河貫一)는 이것이 1904년 3월 3일의 일본 신문 기사에 게재된 성명을 번역한 것임을 밝히고 있다.

741 1904년 2월 24일자 〈런던 타임스〉는 러시아 정부의 이 성명을 게재했다. '외교 관계의 단절은 결코 개전을 의미하는 것은 아니다. 그러나 일본 정부는 일찌감치 8일 밤, 그리고 9일, 10일 계속해서 러시아 군함과 상선을 공격해 왔다. 이는 모두 국제법에 위반되는 것이다. 선전 포고에 관한 일본 천황의 칙령은 이달 11일까지 나오지 않았다.' Asakawa, *The Russo-Japanese Conflict*, p. 351 참조.

742 Maurice Paléologue, *Three Critical Years(1904~06)*, p. 16.

743 Baron Roman Rosen, *Forty Years of Diplomacy(I)*, p. 107.

744 E. J. Diilon, *The Eclipse of Russia*, p. 288.

745 Rosen, *Forty Years of Diplomacy(I)*, pp. 231~232.『메이지 천황기』제10권 p. 608에 의하면, 일본 함대가 사세보 항을 출발한 것은 '오전 9시'로 되어 있다.

746 Rosen, *Forty Years of Diplomacy(I)*, pp. 232~233. 로젠이 러시아로 귀국했을 때는 이미 '로젠 부인이 천황으로부터 금으로 된 최고급 만찬용구 세트를 선물받았다'는 소문이 퍼져 있었다. 러시아 황제는 그 소문을 들었다. 그러나 황제는 일본 황후의 선물을 받을 때 로젠부인이 매우 점잖게 처신했다고 말해 로젠을 안심시켰다(동 p. 246). 같은 일에 관한 일본 측 기록은『메이지 천황기』제10권 pp. 623~624 참조. 이 이야기는 황후에게서 받은 선물 몇 가지를 로젠이 이미 잃어버렸음을 밝히고 있다.

747 Rosen, *Forty Years of Diplomacy(I)*, p. 235.

748 『메이지 천황기』제10권 p. 613.

749 John Albert White, *The Diplomacy of the Russo-Japanese War*, p. 146.

750 동 p. 149.

751 『다쿠보쿠 전집』제13권 p. 52.

752 양국의 포고 원문은『메이지 천황기』제10권 pp. 618~622.

753 『다쿠보쿠 전집』제13권 p. 51.

754 『메이지 천황기』제10권 p. 616.

755 Jane H. Oakley, *A Russo-Japanese War Poem*, p. 9. 벨은 하늘과 땅을 관장하는 바빌로니아의 주신. 함무라비 왕에 의하면 벨은 '머리가 검은 사람들'을 그에게 내려, 그의 왕국을 번성하게 했다. 여기서 이를 인용한 것은 아마 일본 왕조가 아주 오래되었음을 시사하기 위한 것임에 틀림없다.

756 Paléologue, *Three Critical Years(1904~06)*, p. 100.

757 Rosen, *Forty Years of Diplomacy(I)*, p.235. 당시 미국에서 유학하고 있던 아리시마 다케오는 훗날, 급우가 일본의 승리 소식이 들어올 때마다 일본을 칭찬하는 것에 무척 불쾌했다고 회상하고 있다. 아리시마는 그 칭찬의 뒤에는 강아지가 큰 개에게 이긴 것을 재미있어하는 속마음이 숨겨져 있음을 눈치챘다는 것이다. 이 이야기는 1919년

에 쓰인『리빙스톤 전』제4판 서문에 나온다. 이시마루 아키코(石丸晶子) 편,『아리시마 다케오』(작가의 자전 63) p. 49~50.

758 Tyler Dennett, *Roosevelt and The Russo-Japanese War*, p. 119.

759 동 p. 120.

760 루스벨트는 가네코 겐타로의 권유로 이 책을 읽고 매우 감격해서 30권을 주문해, 상하 양원 의원 등 관심 있는 친지들에게 주었다. 가네코 겐타로,『러일 전역(戰役) 비록』(도쿄부 교육 연구회 편) pp. 119~121 참조. 루스벨트는 이 책이 일본인의 덕성에 관해 새로운 통찰을 하게 해준 기분이었다. White, T*he Diplomacy of the Russo-Japanese War*, p. 158도 참조.

761 Sidney Lewis Gulick, *The White Peril in the Far East*, pp. 17~18.

762 동 pp. 95~96. 러시아인 포로에게 주어진 대우에 대한 귤릭의 기술은 일본에 있던 러시아인 포로의 아내 엘리자 루하마 스키드모어에 의해 확인되었다. 스키드모어는 이렇게 썼다. '일본 정부는 (포로의) 사적 자유를 보장하고, 쾌적한 양식 설비를 갖춰주었다. 그것은 관광객이 여관에서 누릴 수 있는 것 이상의 것이었다. 한편 하사와 병사들은 일찍이 경험한 적도 없는 천국처럼 풍요롭고 청결하고 쾌적한 곳에서 하는 일 없이 빈둥대고 있었다.'(Eliza Ruhamah Scidmore, *As the Hague Ordains*, p. 293)

763 Gulick, *The White Peril in the Far East*, p. 118.

764 동 p. 153.

765 동 pp. 173~174.

766 『메이지 천황기』제10권 p. 899.

767 가네코 자신의 말에 따르면, 가네코는 미국에 가는 게 영 내키지 않았다. 가네코는 미국인이 친러시아파라고 확신하고 있었다. 그렇게 확신하게 된 이유를 몇 가지 들고 있다. 가령, 1812년의 미영 전쟁 때, 유럽 각국이 영국을 지지한 가운데 러시아만 미국을 지원했다. 그리고 재산은 있지만 명예가 없는 미국 부호의 딸들이 곧잘 러시아의 가난한 귀족과 결혼하는 것을 봤다. 가네코에 의하면, 미국인이 일본을 동정하도록 만드는 일이란 능력에 부치는 일이었다. 그러나 이토 히로부미는 간신히 가네코를 설득해서 임무를 떠맡겼다. 가네코,『러일 전역 비록』pp. 11~20 참조.

768 가네코,『러일 전역 비록』pp. 57~59. 루스벨트는 사전에 가네코의 방

미 사실을 그리스컴 주일 공사를 통해 알고 있었다.

769 가네코 겐타로, 「메이지 천황과 루스벨트 대통령」(《중외신론(中外新論)》 1919년 5월호) pp. 123~124.

770 동 p. 124.

771 이시마루 편, 『아리시마 다케오』(작가의 자전 63) p. 49.

772 Paléologue, *Three Critical Years(1904~06)*, p.12.

773 동 p. 126.

774 동 p. 133.

775 동 p. 153.

776 동 p. 163. '무적 함대'란 물론 1588년에 영국 침공을 위해 파견된 스페인의 무적 함대와 비견한 것이다.

777 동 p. 90.

778 동 p. 175.

779 동 p. 181.

780 동 p. 200.

781 동 p. 207.

782 동 p. 221.

783 동 p. 255. 1905년의 모로코 위기는 모로코에 세력을 뻗치고 있던 프랑스에 독일이 위기감을 품게 된 데 기인한다.

784 동 p. 258.

785 Count Sergei Iulevich Witte, *The Memoirs of Count Witte*, p. 420.

786 동 p. 422.

787 히노니시 스케히로, 『메이지 천황의 일상』 p. 49.

788 1905년 10월 24일자 영국 외무대신 랜스다운 경에게 보낸 맥도널드의 서한. Nish, *The Origins of Russo-Japanese War*, p. 9에 인용되어 있다.

789 Rosen, *Forty Years of Diplomacy(I)*, p. 29.

55장

790 Raymond H. Esthus, *Double Eagle and Rising Sun*, p. 38 참조.

러시아 주재 영국 대사의 보고에서 인용했다.

791 위와 동.

792 Shumpei Okamoto, *The Japanese Oligarchy and the Russo-Japanese War*, p. 119에 인용되어 있다. 출전은 외무성에서 편찬한 『일본 외교 문서 러일 전쟁 V』pp. 730~731.

793 『메이지 천황기』제11권 pp. 23~27.

794 Tyler Dennett, Roosevelt and the Russo-Japaanese War, p. 173. 루스벨트가 언급하고 있는 것은 청일 전쟁 후 일본으로부터 랴오둥 반도를 빼앗은 3국 간섭 이야기다.

795 『메이지 천황기』제11권 pp. 23~27.

796 Dennett, *Roosevelt and the Russo-Japaanese War*, p. 180. 이 사실은 고무라가 다카히라에게 보낸 4월 25일자 전문에 나와 있다.

797 Esthus, *Double Eagle and Rising Sun*, p. 25.

798 위와 동.

799 『메이지 천황기』제11권 p. 33.

800 동 pp. 3~4.

801 사사키 노부쓰나, 『메이지 천황 어집 근해』 p. 244. 『메이지 천황기』제11권 pp. 4~5에서는 노래의 마지막 부분이 '전해졌다'로 되어 있다.

802 『메이지 천황기』제11권 p. 30.

803 사사키, 『메이지 천황기』제11권 pp. 83~84. 첫머리에 '히무가시노미야코(ひむがしの都)'라 했는데, '히무가시'는 '동녘'의 옛말로 '도쿄'를 시적으로 표현한 것이다.

804 『메이지 천황기』제11권 pp. 83~84. 이런 취지의 칙어가 압록강 쪽의 군대에도 보내졌다.

805 동 p. 93.

806 동 p. 101.

807 동 p. 156.

808 가네코 겐타로, 『러일 전역(戰役) 비록』(도쿄부 교육연구회 편) p. 217.

809 Esthus, *Double Eagle and Rising Sun*, p. 39. 문서의 원문은 『일본 외교 문서 러일 전쟁 V』pp. 231~232에 있다.

810 Esthus, *Double Eagle and Rising Sun*, p. 40.

811 Isaac Don Levine, *Letters from the Kaiser to the Czar*, p. 172.

812 동 p. 175.

813 Dennett, *Roosevelt and the Russo-Japaanese War*, p. 219. 미국 대사 샬메인 타워는 이를 6월 1일자 서한으로 대통령에게 보고하고 있다.

814 동 p. 220. 6월 4일자 서한에서 독일 황제는 타워 대사에게 '러시아 황제 폐하의 신변에 무슨 변고라도 일어날 경우, 우리 군주 모두에게 중대한 위기가 닥칠지도 모른다. 그런 것을 고려해서 나는 러시아 황제에게 강화 교섭을 권하는 서한을 썼다'고 말하고 있다. Esthus, *Double Eagle and Rising Sun*, p. 41도 참조.

815 Esthus, *Double Eagle and Rising Sun*, p. 43.

816 동 p. 45.

817 Dennett, *Roosevelt and the Russo-Japaanese War*, pp. 224~225.

818 동 pp. 225~226. 일본어 원문은 『메이지 천황기』 제11권 p. 173에 있다.

819 Dennett, *Roosevelt and the Russo-Japaanese War*, p. 48.

820 Esthus, *Double Eagle and Rising Sun*, p. 49 참조.

821 동 p. 47에 인용되어 있다.

822 루스벨트는 러시아 황제와 정부가 자신이 친일파라는 사실을 알면 위험하다고 생각했다. 『메이지 천황기』 제11권 p. 103 참조. 그러나 워싱턴 주재 일본 공사와 러시아 대사에 대한 루스벨트의 태도 차이는 감출 수 없는 사실이었다.

823 『메이지 천황기』 제11권 p. 176.

824 동 p. 177.

825 Esthus, *Double Eagle and Rising Sun*, p. 51에 인용되어 있다.

826 미국 대사 조지 마이어가 러시아 황제를 만나 직접 교섭에 동의하라고 설득하자, 마침내 황제는 양보했다. 그러면서 불쑥 이렇게 말했다. "당신은 알맞은 시기에 왔소. 아직은 적이 러시아 땅을 밟지 않았으니까. 하지만 언제 사할린 공격이 시작돼도 이상하지 않다는 걸 나는 알고 있거든. 중요한 것은 그런 일이 일어나기 전에 회의가 열려야 한다는 것이오." Dennett, *Roosevelt and the Russo-Japaanese War*, p. 194 참조. 3월 31일 제13사단에 동원 명령이 내려졌다. 목적은 사할린 점령이었다. 『메이지 천황기』 제11권 p. 106.

827 가네코, 『러일 전역 비록』 p. 225 참조. 가네코에 의하면 6월 8일, 루스벨트는 가네코에게 강화 회의가 시작되기 전에 사할린을 점령하도록

일본 정부에 통보하라고 충고했다. 루스벨트는 그러기 위해 필요한 포함, 부대의 수까지 구체적으로 지시했다. 루스벨트의 예상으로는 러시아 영토를 점령하지 않는 한, 일본은 회의석상에서 약자의 입장에 놓이게 된다는 것이었다. 루스벨트가 이런 충고를 한 지 꼭 한 달 후, 일본은 포함 두 척과 혼성 1개 여단을 사할린에 파견했다. 가네코는 이 조처가 루스벨트의 충고 때문이었는지는 알 수 없다고 말하고 있다. Esthus, *Double Eagle and Rising Sun*, p. 46.

828 전쟁을 치르는 동안 천황은 초기부터 이토를 의지하고 있었다. 이토가 가네코를 미국에 파견하기로 정했을 때, 자신이 가는 편이 낫다는 사실을 인정하고 있었다. 그러나 천황은 조언이 필요하다면서, 이토를 해외로 내보내지 않았다. 가네코, 『러일 전역 비록』 p. 16 참조.

829 반란에 관한 흥미로운 기사는 Richard Hough, *The Potemkin Mutiny* 참조.

830 마쓰무라 마사요시(松村正義), 『러일 전쟁과 가네코 겐타로』 pp. 234~241 참조. 구로바네 시게루(黒羽茂), 『러일 전쟁사론―전쟁 외교의 연구』 pp. 287~311도 참조. 스톡홀름을 근거지로 활동한 아카시 겐지로(明石元二郎) 육군 대령은 스파이망을 조직해서 러시아 국내 정세에 관한 정보를 얻고 있었다. 아카시는 핀란드의 애국자 코니 지리아카스를 통해 레닌을 비롯한 러시아의 혁명가들과 만나 그들에게 아낌없는 원조를 했다. 지리아카스는 아카시의 활동에 대해 이렇게 말했다. "일본인에게 돈을 제공받은 자들의 반은 돈의 출처를 모르고, 나머지 반은 신경도 쓰지 않았다."(Noel F. Busch, *The Emperor's Sword*, p.122 참조). 러일 전쟁이 끝난 후 얼마 지나지 않아, 아카시의 비밀 활동에 대해 쓴 『낙화유수(落花流水)』라는 소책자가 러시아 국가 경찰에서 간행되었다. 러시아 혁명 분자에 대한 아카시의 협력은 1905년과 1917년의 반정부운동의 성공을 도와주었을지도 모른다. 『낙화유수』의 영역본이 1988년, 헬싱키에서 출판되었다. 전쟁 중인 일본의 첩보 활동은 John Albert White, *The Diplomacy of the Russo-Japanese War*, pp. 138~142에 묘사되어 있다. E. J. Dillon, *The Eclipse of Russia*, p. 184는 '스트라이크, 데모, 비합법적인 지하 활동, 혁명 전단 살포, 핀란드와 러시아 간의 활발한 비합법적 왕래는 정도의 차이는 있으나, 일본의 조직적 선전 활동의 증거를 제시하는 것이었다'고 쓰고 있다. 핀란드의 지하 조직에 관해서 좀 더 상세한 자료는 Olavi K. Falt, "Collaboration between Japanese Intelligence and the Finnish Underground during the Russo-

Japanese War"(*Asian Frofile* 4:6, June 1976)를 참조. 가네코 겐타로의 회상에 의하면, 저명한 역사가이면서 작가인 헨리 애덤스─가네코는 애덤스를 미 국무장관 존 헤이의 '꾀주머니'라고 불렀다─는 가네코에게, 일본은 핀란드와 스웨덴에 비밀 첩보원을 보내 현지 인민을 선동하고 내란을 일으키도록 해야 한다고 충고했다. 가네코와 애덤스는 1905년 1월 15일, 워싱턴에서 만났다. 가네코, 『러일 전역 비록』 pp. 70~76. Busch, *The Emperor's Sword*, p. 122. Elizabeth Stevenson, *Henry Adams*, pp. 315~316 참조.

831 Esthus, *Double Eagle and Rising Sun*, pp. 82~83 참조. 7월 6일 일본의 전권위원에게 주어진 훈령은 『메이지 천황기』 제11권 p. 198에 있다. 훈령의 내용은 포츠머스에서 행해진 것과는 약간 다르다. 예컨대 루스벨트 대통령의 제안으로 블라디보스토크의 비무장화는 요구 항목에서 제외되었다.

832 Esthus, *Double Eagle and Rising Sun*, p. 84.

833 동 p. 61.

834 Okamoto, *The Japanese Oligarchy and the Russo-Japanese War*, p. 117.

835 Esthus, *Double Eagle and Rising Sun*, p. 51 참조. 에스투스는 '구할 수 있는 기록만 가지고, 고무라가 사할린 문제에 관해 일본 정부를 고의로 속였는지 여부를 결론짓기는 불가능하다'고 쓰고 있다. 고무라는 러시아 황제의 결단이 신문에 보도될 때까지 사할린을 분할하자는 러시아 제안을 일본 정부에 알리지 않았다. 루스벨트 대통령은 독일 황제에게 서한을 보내, 배상금 문제에 대해 조정하겠다고 제안했다. 그러나 고무라의 확인을 얻지는 못했다. 에스투스(p. 153)는 고무라가 대답하지 않은 것은 고의였는지도 모른다고 생각했다.

836 『메이지 천황기』 제11권 pp. 281~284 참조.

837 동 pp. 286~287.

838 가쓰라가 고무라에게 보낸 훈령의 영어 번역 전문은 Morinosuke Kajima, *The Diplomacy of Japan, 1894~1922* 제2권 pp. 349~350에 있다.

839 Esthus, *Double Eagle and Rising Sun*, p. 158.

840 Kajima, *The Diplomacy of Japan*, 1894~1922 제2권 p. 351.

841 Esthus, *Double Eagle and Rising Sun*, p. 159.

842 동 p. 164.

843 Eliza Ruhamah Scidmore, *As The Hague Ordains*, p. 346. 크론 슈타트에 대한 언급은 분명하지 않다. 여기서는 미국의 해군 기지 포 츠머스를 가리키고 있다. 러시아의 해군 기지 크론슈타트와의 혼동을 피하느라 '미국의 크론슈타트'라고 부른 것으로 여겨진다. 상트페테르 부르크에서 가까운 이 항구의 수병들이 일으킨 몇 개의 반란 중 하나 를 예로 들어 놓은 것인지도 모른다. 일 스트레누오소(Il Strenuoso) 는 시어도어 루스벨트가 정력적인 생활에 애착이 강한 것을 비아냥거 린 것이다.

844 Esthus, *Double Eagle and Rising Sun*, p. 156.

845 위와 동.

846 동 p. 171.

847 동 p. 173.

848 『메이지 천황기』 제11권 pp. 314~315.

849 Esthus, *Double Eagle and Rising Sun*, p. 188. 에스터스는 9월 6일자의 루스벨트의 서한을 인용하고 있다.

850 위와 동. 이 서한은 9월 8일자다.

56장

851 이구치 가즈키(井口和起), 『러일 전쟁의 시대』 pp. 127~128. 이구치 는 영국의 원조가 없었다면 일본은 러시아와의 전쟁을 수행할 능력이 없었다고 말하고 있다. 일본은 아직 전함이나 장갑 순양함의 주포(主 砲)와 부포(副砲)를 생산할 수 있는 상태가 아니었다. 일본이 영국의 수입에 의존한 것은 대포만이 아니라, 포탄을 발사하기 위한 화약 역 시 그랬다. 영국은 또 일본 해군에 월 2만 톤의 석탄도 공급했다.

852 Ian H. Nish, *The Anglo-Japanese Alliance*, p. 289 참조. 영국은 흑해에서 활동하고 있는 군함을 단 한 척도 군사 작전에 참가시키지 않는다는 결정을 내렸다. 영국의 요청으로 터키는 러시아 흑해 함대의 해협 통과를 허락하지 않았다.

853 동 p. 292는 '영국은 동맹국이라기보다는 중립국이라는 인상을 주고 있었는지도 모른다'고 쓰고 있다.

854 동 p. 299. 이 구절은 맥도널드 공사가 러시아 주재 영국 대사 찰스 하 딩에게 보낸 1904년 12월 23일자 서한에 나온다.

855 동 p. 288.

856 동 p. 303.

857 동 p. 309. 영국 주재 공사 하야시 다다스가 일본 정부에 보낸 전문에 서 인용한 것이다.

858 영어 협약 원문은 Nish, *The Anglo-Japanese Alliance*, pp. 331~332에 있다.

859 동 p. 346 참조. 마찬가지로 콘노트 공 아서 왕자라고 불리는 아서 왕 자의 아버지는 1890년 일본을 비공식으로 방문해서 주로 관광과 골동 품 구입으로 시간을 소비했다. 가터 서훈 같은 중요한 일을 아버지가 아닌 아들에게 명한 것은 의외였지만, 당시 아버지는 인도에서 중요한 임무에 종사하고 있었다.

860 Lord Redesdale, *The Garter Mission to Japan*, pp. 1~2.

861 동 pp. 5~6.

862 동 pp. 7~8.

863 동 p. 8.

864 동 pp. 16~20에서 리즈데일 경은 봉정식에 대해 상세히 묘사하고 있 다.

865 『메이지 천황기』 제11권 p. 492.

866 히노니시 스케히로, 『메이지 천황의 일상』 p. 493.

867 『메이지 천황기』 제11권 p. 493.

868 Lord Redesdale, *The Garter Mission to Japan*, p. 22.

869 동 p. 23.

870 동 p. 25.

871 동 p. 29.

872 동 pp. 76~81. 그리고 노래 마지막 부분의 원문은 나가오카 쇼조 번 역 『영국 귀족이 본 메이지 일본』 p. 66에서 인용했다.

873 Nish, *The Anglo-Japanese Alliance*, pp. 350~351.

874 『메이지 천황기』 제11권 pp. 374~375.

875 동 pp. 376~379.

876 동 pp. 380~381. 그리고 김응룡(金鷹龍), 『외교 문서로 말하는 한일 합병』 pp. 187~188도 참조.

877 왕궁의 출납, 수위, 군기 등을 다루고 있던 관청으로 이 무렵에는 내각 자문기관이었다.

878 『메이지 천황기』제11권 pp. 376~385. 『외교 문서로 말하는 한일 합병』pp. 183~191에서 김용룡은 응축된 문장이지만 아주 똑같은 이야기를 싣고 있다. 『메이지 천황기』는 이토의 한국 방문과 관련된 자료로서 여섯 개의 문헌을 들고 있는데, 어느 문헌에 고종과의 회담 얘기가 실려 있는지 밝히고 있지 않다. 김용룡은 p. 183에서(『메이지 천황기』에는 나오지 않은) 출전이라고 여겨지는 문헌의 이름을 들고 있는데, 그것은 『이토 히로부미 봉사기사적요(奉使記事摘要)』이다. 이 문헌은 가타노 쓰기오, 『이조 멸망』pp. 214~216에도 인용되었다. 최운상(*The Fall of Hermit Kingdom*, p. 46)이 쓰고 있는 이야기는 아마도 같은 출전에 의한 것으로 여겨지나 분위기는 아주 다르다. 최운상에 의하면 황제의 마지막 말은 "귀하의 제안에 동의하는 일은 우리나라의 멸망을 의미하게 된다. 따라서 나는 거기에 동의하느니 죽는 편이 낫다"고 되어 있다. 가타노(『이조 멸망』p. 216) 역시 비슷한 발언에 대해 언급하고 있는데, 김용룡, 『외교 문서로 말하는 한일 합병』에는 보이지 않는다.

879 한국 측에서 표명한 의견에 대해서는 가타노, 『이조 멸망』pp. 217~218 참조. 한국 측은 한국 독립의 수호자라고 내세우고 있는 일본이, 한국에서 독립을 빼앗으려 하고 있는 모순에 주의를 촉구하고 있다.

880 Woonsang Choi, *The Fall of the Hermit Kingdom*, p. 47.

881 위와 동.

882 동 p. 48.

883 가타노(『이조 멸망』pp. 221~222)는 이토가 각 각료에게 차례차례로 조약에 찬성인가 반대인가를 묻는 장면을 생생하게 묘사하고 있다. 애매한 대답은 반대가 아니라고 쳐서 ○표로 기록되었다. 확실한 반대에만 ×표를 했다. 출전은 니시요쓰쓰지 기미타카(西四辻公堯), 『한말 외교 비화』.

884 김용룡, 『외교 문서로 말하는 한일 합병』p. 195. 최운상(*The Fall of the Hermit Kingdom*, pp. 44~49)은 일본 장교가 반항적인 참정대신을 옆방으로 끌고 갔기 때문에 다른 각료들은 참정대신이 그곳에서 죽음을 당하는 것이 아닌가 겁을 먹었다는 이야기를 쓰고 있다. 일본인의 이 행위로 각료 몇 명은 조약에 동의하게 되었다. 최운상(p. 54)은 회의에 대해 쓰고 있는 다른 문헌을 두고 '어떤 문헌의 필자도 모두 회의의 실태, 특히 그 위압적 성격을 묘사하고 있는데 대차는 없다'고 말하고 있다.

885 김용룡,『외교 문서로 말하는 한일 합병』p. 195.

886 동 p. 196.

887 1904년 8월 22일에 조인된 제1차 한일 협약에는 재무 고문으로서 일본인 한 명, 외교 고문으로서 외국인 한 명을 초빙할 것, 그리고 외국과의 조약 체결 및 기타 중요한 외교 안건에 대해서는 일본 정부와 협의할 것이 규정되어 있다.『메이지 천황기』제10권 p. 840 참조.

888 『메이지 천황기』제11권 p. 408.

889 가타노,『이조 멸망』pp. 225~226 참조. 조약에 찬성한 다섯 대신은 민중에게 '을사 5적'이라는 낙인이 찍혔다. 을사(乙巳)는 이해의 간지이다.

890 『메이지 천황기』제11권 p. 435. 이토의 후계자로 추밀원 의장이 된 인물은 야마가타 아리토모이다. 이토는 이듬해 2월 3일, 메이지 천황에게 하직 인사를 올리고 한국에 도착한 후 3월 2일 초대 통감으로 정식 취임했다.

891 동 pp. 596~598. 이토는 특히 왕궁의 유력자가 뒤에서 조종하고 있다고 여겨지는 폭동에 골머리를 앓고 있었다. 폭동의 대부분은 한일 협약에 반대하는 것이었으나, 그중에는 사상적인 주의 주장에 관계되지 않은 반란도 있었다.

892 가타노,『이조 멸망』p. 228. 서한은 밀사에 의해 청나라의 즈부(芝罘)로 운반되고, 그곳에서 워싱턴으로 타전되었다. 워싱턴에서는 한국 황제의 두터운 신임을 받는 미국인 선교사 호머 헐버트가 전문을 국무장관 엘리후 루트에게 보내고, 최종적으로 루스벨트에게 건네졌다.

893 『메이지 천황기』제11권 pp. 536~537. 관병식은 4월 30일 아오야마 연병장에서 벌어졌다. 관병식은 다른 의미에서도 주목할 만한 것이었는데, 메이지 천황은 이날, 이미 일본 육군에서 일반적이었던 다갈색 군복을 처음으로 입었다.

894 가타노(『이조 멸망』p. 238)에 의하면 이토가 3월 9일에 신임장을 건넸을 때 황제는 시종 말이 없었다.

895 예를 들면『메이지 천황기 제11권 pp. 642~644 참조.

896 동 p. 661.

897 동 p. 724.

898 Choi, *The Fall of the Hermit Kingdom*, pp. 61~63. 최운상은 7월 5일의 만국 평화회의에서 이상설의 연설과 국제 협회(the international press institute) 회의에서 한 이위종(李瑋鍾)의 연설(pp.

63~64)을 모두 언급하고 있으나 가타노, 『이조 멸망』pp. 242~245는 국제 협회 회의에서의 연설만 언급하고 있다. 『메이지 천황기』제11권 pp. 765~766도 참조.

899 이전에는 이척(李坧)으로 알려져 있던 순종은 민비가 낳은 고종의 아들이었다. 1898년에 독을 먹게 되어 의사의 손으로 겨우 생명은 건졌지만, 독은 이척의 정신에 심각한 영향을 끼쳤다. 가타노, 『이조 멸망』 pp. 254~255 참조.

57장

900 1963년 마다가스카르를 방문했을 때, 필자는 이곳에서 일본이 '자유의 나라'로 명성이 자자하다는 사실을 알았다. 당시 마다가스카르는 공식적으로는 독립국이었음에도 불구하고, 프랑스인이 아직도 라디오 방송의 실권을 쥐고 있었다. 그들은 자꾸만 필자의 강연을 방송하고 싶어하는 것 같았다. 그러나 강연 주제가 일본에 관해서라는 '위험한' 것임을 알자 취소되었다.

901 『아리시마 다케오 전집』제10권 p. 475.

902 『이시카와 다쿠보쿠 전집』제5권 p. 118.

903 이 노래는 와세다(早稻田) 대학 강사 아서 로이드에 의해 영역되었다. 지바 다네아키(千葉胤明), 『메이지 천황 어제 근화』 p. 203.

904 『신집 메이지 천황 어집』상권 p. 638.

905 동 p. 613. 이 어제에 대해서는 『메이지 천황기』제11권 pp. 456~457에서 논하고 있다.

906 『신집 메이지 천황 어집』하권 p. 732.

907 아스카이 마사미치(飛鳥井雅道), 『메이지 대제』 p. 278.

908 마쓰시타 요시오(松下芳男), 『노기 마레스케(乃木希典)』 p. 188.

909 오카 요시타케, 「러일 전쟁에서의 새로운 세대의 성장 (상)」〈사상〉 1967년 2월호 p. 139.

910 동 p. 146.

911 『메이지 천황기』제11권 p. 468.

912 시종장 보조 도시나가(『궁중 50년』 p. 17)에 의하면, 천황은 배알 때 아리스가와노미야 다케히토 친왕, 이토 히로부미, 야마가타 아리토모 이 세 명에게만 예외적으로 의자를 권했다.

913 『메이지 천황기』 제11권 p. 460. 짜이쩌에게는 훈1등 욱일동화대수장 (旭日桐花大綬章)을 내렸다. 다른 청나라 사람들에게도 훈장이 내려졌 다.

914 동 pp. 472~474. 한일 간의 영원한 우정을 절실히 기원하는 전언이 한국 황제로부터 4월 28일 보내졌다(제56장 참조).

915 『메이지 천황기』 제11권 pp. 501~502. 천황은 사이온지를 대신해 3월 27일, 마키노 노부아키(牧野伸顯)를 문부대신으로 지명했다. 하야시 다다스는 사이온지의 후임으로 5월 19일, 외무대신에 취임했다.

916 동 p. 512.

917 동 p. 530.

918 George Trumbull Ladd, *Rare Days in Japan*, pp. 18~22.

919 동 pp. 339~340. 일본의 교육에 공헌한 래드에 대한 평가는 『메이지 천황기』 제11권 p. 796 참조.

920 『메이지 천황기』 제11권 pp. 660~661.

921 제48장 참조.

922 『메이지 천황기』 제11권 p. 163.

923 『메이지 천황기』 제11권 p. 749.

924 가타노 쓰기오, 『이조 멸망』 pp. 255~256 참조.

925 동 p. 256 참조.

926 『메이지 천황기』 제11권 p. 817.

927 10월 19일, 한국 황제는 황태자가 일본에서 유학하는 이유를 국민에 게 설명하는 조칙을 내렸다. 황제는 젊은 황태자를 외국에 유학 보내 는 유럽의 관습을 예로 들었다. 유럽의 황실은 황태자를 외국의 육군 에 입대시키기까지 했다. 황제는 이은의 교육을 메이지 천황에게 맡길 생각이라고 했다. 이왕은(李王垠) 전기 간행회 편저, 『영친왕 이은 전』 p. 70 참조. 또 가타노, 『이조 멸망』 pp. 256~258 참조.

928 『메이지 천황기』 제11권 pp. 830~831.

929 이토(해군 군복 차림으로 보인다)와 이은(일본 전통 옷 하오리와 하카 마를 입고 있다)이 함께 찍은 사진이 『영친왕 이은 전』 p. 7에 실려 있 다. 같은 쪽에 한국 육군사관의 군복 차림으로 일본에서 받은 훈1등 욱일동화대수장을 단 이은의 사진이 실려 있다.

930 Erwin Baelz, *Awakening Japan*, p. 117. 여기까지 벨츠의 일기 인 용은 번역서가 있는 경우에는 번역서를 쓴다는 원칙에 의해 『벨츠의 일기』를 사용했으나, 이번 인용 부분에서는 본문의 자구에 차이가 있

으므로 인용하지 않았다. 어쩌면 일본어 번역판이 근거로 삼고 있는 독일어 원문과 자료로 사용한 영역판에 차이가 있는지도 모른다.

931 제4장 참조.

932 신도의 장례에 대해서는 Helen Hardacre, *Shintō and the State*, p. 34, 47 참조. 하다크르(p. 47)는 '신도의 성직자에게는, 장례는 죽음의 부정이라는 점에서 모순을 내포하고 있었다. 그러나 장례와 선조를 장사 지내는 의식으로부터 나오는 수입은 이 터부를 극복할 수 있는 큰 유혹이 되었다'고 쓰고 있다.

933 『메이지 천황기』 제11권 pp. 803~805.

934 당초 이은의 체재는 비교적 짧게 예정되어 있었다. 그러나 실제로 이은은 일본에서 나시모토노미야(梨本宮) 마사코(方子)와 결혼해서 1963년까지 한국에 돌아가지 않았다. 이은은 1970년 한국에서 타계했다.

935 『메이지 천황기』 제11권 p. 845.

58장

936 『메이지 천황기』 제12권 p. 3.

937 동 p. 13. 1908년 11월 7일에 이은이 일본어로 쓴 문장의 사진이 있는데, 이은의 일본어가 눈부신 진보를 보였음을 알게 한다.

938 『메이지 천황기』 제12권 pp. 13~14.

939 동 p. 57. 이은이 간사이 지방 방문에서 귀경한 8월 27일, 천황은 이은에게 활동사진 기계와 크리켓 용구를 한 세트 선물했다. 동 p. 102 참조. 한국 황태자가 크리켓을 했는지는 분명하지 않다.

940 동 p. 33.

941 동 p. 36.

942 동 pp. 54~55.

943 동 p. 53.

944 동 p. 121.

945 동 p. 138. 그리고 히노니시 스케히로, 『메이지 천황의 일상』 p. 153 참조.

946 『메이지 천황기』는 이 시기에 천황이 입은 군복에 대해서는 다루고 있지 않다. 천황은 통상 특별히 맞춘 육군 군복을 입고 있었다. 그러나

천황은 때로는 설득을 당해 해군 군복을 입을 때도 있었다. 예를 들면 1909년 5월 19일, 해군대학교 졸업증서 수여식에 나갔을 때, 해군 통상 예복을 입었다.『메이지 천황기』제12권 p. 229 참조.

947 동 p. 85.

948 동 p. 173.

949 동 p. 188.

950 동 p. 189.

951 동 pp. 221~222.

952 동 pp. 231~233.

953 동 p. 241.

954 동 p. 242.

955 동 p. 255. 그리고 사이토 미치노리(齋藤充功),『이토 히로부미를 쏜 사나이』pp. 62~63. 기네부치 노부오(杵淵信雄),『한일 교섭사―메이지 신문으로 보는 합병의 궤적』p. 267도 참조.

956 『메이지 천황기』제12권 p. 261.

957 동 p. 263.

958 동 pp. 283~284.

959 동 pp. 285~286.

960 10월 22일자〈도쿄아사히신문〉에 실린 이토의 연설 발췌는 기네부치,『한일 교섭사―메이지 신문으로 보는 합병의 궤적』p. 268 참조.

961 사진은 사이토『이토 히로부미를 쏜 사나이』p. 9에 실려 있다. 사진 앞쪽에서 러시아 관리가 담소하고 있고, 그중 몇 명은 열차에 등을 돌리고 있다. 수비대의 주체는 조금 떨어져서 플랫폼 안쪽에 정렬해 있다. 러시아 수비대의 허술한 경비는〈뉴욕 헤럴드〉의 특파원에 의해 지적되었다. 이 기자는 세계에서도 유례가 드문 암살국인 러시아 관련의 경비가 너무나 엉터리인 데 대해 놀라움을 표명하고 있다. 사이토,『이토 히로부미를 쏜 사나이』p. 10 참조.

962 사진은 사이토,『이토 히로부미를 쏜 사나이』p. 8에 실려 있다.

963 암살자인 안중근은 어느 일본인이 이토인지 확실히 몰랐다. 이토의 사진을 한 번도 본 적이 없었다. 안중근은 표적으로서 일행을 인솔하고 있는 것으로 보이는 '노란 얼굴을 하고 흰 수염이 난' 사나이를 택했다 (나카노 야스오中野泰雄,『안중근―한일 관계의 원상』p. 45, 192 참조). 이토를 쏜 후, 안중근은 다른 두 명의 일본인에게도 발포했다. 어쩌면 이쪽이 이토일지 모른다고 생각했던 것이다. 그러나 탄환은 빗나

갔다. 아마도 러시아 수비대 중 한 명이 겨냥을 방해했기 때문으로 여겨진다. 안중근이 이토를 저격한 것은 약 4.5미터 거리에서였다. 사이토, 『이토 히로부미를 쏜 사나이』 p. 35.

964 안중근은 7연발식 브라우닝 자동 권총을 발사했다. 재판에서 안중근은 마지막 한 발은 자신을 위해 남겨두었는지 어떤지를 질문받았다. 그러나 그는 자살할 마음은 없었다고 했다. 나카노, 『안중근—한일 관계의 원상』 pp. 45~46 참조.

965 사이토, 『이토 히로부미를 쏜 사나이』 p. 184 참조.

966 목격자의 증언으로는 그랬다. 그러나 안중근은 진술을 하면서, 자기가 외친 것은 영어도 러시아어도 아니며 한국어로 "대한 만세"라고 외쳤다고 말했다. 사이토, 『이토 히로부미를 쏜 사나이』 p. 10 참조.

967 동 p. 23.

968 나카노, 『안중근—한일 관계의 원상』 p. 191 참조. 그리고 사이토, 『이토 히로부미를 쏜 사나이』 p. 23도 참조. 10월 3일자 〈도쿄일일신문〉은 안중근의 외투와 양복이 프랑스제였다고 보도하고 있다(사이토, 『이토 히로부미를 쏜 사나이』 p. 46 참조). 안중근은 또 일본인처럼 보이게 하느라 헌팅캡을 쓰고 있었다.

969 나카노, 『안중근—한일 관계의 원상』 p. 103.

970 인체에 있는 일곱 개의 점은 고대의 중국에서부터 '위대함'을 나타내는 것이라 했다. 아마 북두칠성과 관련이 있는 것이 아닐까 싶다.

971 나카노, 『안중근—한일 관계의 원상』 p. 106, 112.

972 사이토, 『이토 히로부미를 쏜 사나이』 p. 34. 안중근은 법정에서, 한국에 있는 동안에는 안중근이라는 이름을 사용하고 있었으나, 3년 전 의병이 된 후로는 안응칠이라는 이름을 썼다고 진술했다. 나카노, 『안중근—한일 관계의 원상』 p. 39 참조.

973 당시의 전투에 대한 기술은 나카노, 『안중근—한일 관계의 원상』 pp. 108~110.

974 동 pp. 118~119 참조. 사이토, 『이토 히로부미를 쏜 사나이』 p. 63도 참조. 나카노(p. 118)는 설명 없이 안중근과 아버지인 안태훈(安泰勳)이 세례 문답을 통과한 후, 이 시기에 세례를 받았다고 한다. 그러나 p. 108에서 나카노는 안태훈이 그보다 조금 먼저 세례를 받았으며, 베드로라는 세례명을 받았다고 한다. Thomas라는 이름은 영어의 '토머스'가 아니라 프랑스어 '토마'라는 발음을 표시한 것으로 보이는 '다묵(多默)'이라는 한자를 썼다.

975 나카노, 『안중근 — 한일 관계의 원상』 pp. 225~226 참조. 안중근의 장남은 그가 사형된 후 가족과 함께 도망친 블라디보스토크에서 1916년 열두 살에 죽었다. 사이토, 『이토 히로부미를 쏜 사나이』 p. 121도 참조.

976 나카노, 『안중근 — 한일 관계의 원상』 p. 39.

977 동 p. 127.

978 안중근을 노하게 한 것은 빌렘 신부라기보다는 빌렘의 상사인 서울의 주교였는지도 모른다. 한국에 대학을 설립할 계획을 갖고 안중근이 찾아갔을 때, 주교는 한국인의 신앙에 방해가 된다면서 승인하지 않았다. 나카노, 『안중근 — 한일 관계의 원상』 p. 127 참조. 안중근은 아마 자신의 편을 들어줄 것으로 믿었던 빌렘이 주교에게 동의한 데 실망한 것 같다. 안중근과 빌렘이 소원해지게 된 이유의 다른 가설은 동 pp. 144~145 참조. 안중근은 너무나 화가 났으므로 로마 교황에게 직소할까 생각했다. 그러나 사형 직전 빌렘이 찾아오자 안중근은 기뻐했다. 사진(사이토, 『이토 히로부미를 쏜 사나이』 p. 110 게재)은 테이블을 사이에 놓고 두 사람이 이야기하고 있는 모습을 보여주고 있다.

979 사이토, 『이토 히로부미를 쏜 사나이』 p. 120.

980 동 p. 114. 이들 소견은 죽음 때문에 미완으로 끝난 안중근의 『동양 평화론』에 나온다.

981 예를 들면 사이토, 『이토 히로부미를 쏜 사나이』 p. 84 참조.

982 동 p. 90은 그러나 안중근은 청일 전쟁의 선전 포고서와의 차이를 알아볼 수 없었다고 지적하고 있다. 러일 전쟁의 조칙은 묘한 점에서 달랐다. 거기에서 추구하고 있는 것은 동양의 '평화'가 아니라 '치안'이며, 또 한국의 '독립'이 아니라 '보전'이었다.

983 동 p. 178. 그리고 나카노, 『안중근 — 한일 관계의 원상』 pp. 209~210도 참조. 안중근은 러일 전쟁 때 러시아를 돕고 일본에 반항한 이범윤(李範允)의 행위를 '하늘을 거역하는 죄'라고 규탄했다. 하지만 안중근은 덧붙이기를, 만일 이범윤이 이제 '의병'을 일으켜 일본을 친다면 이는 하늘의 뜻에 따르는 것이 된다고 말했다. 이토의 무도한 짓거리는 안중근에 의하면 '하늘에 거역하는 행위'였다. 나카노, 『안중근 — 한일 관계의 원상』 p. 160.

984 사이토, 『이토 히로부미를 쏜 사나이』 p. 118.

985 동 p. 98.

986 안중근은 포로 전원을 상처 하나 없이 석방했고, 총까지 돌려주었다.

나카노, 『안중근―한일 관계의 원상』 p. 171.

987 안중근은 어떻게 해서 중장이 되었는지 설명하고 있지 않고, 또 그의 위에 대장이 있는지 없는지에 대해서도 설명이 없다. '의병'이라는 말에 딱 들어맞는 영어가 없다. 명령에 따르기만 하는 보통 군대와는 대조적으로 의(義)에 의해 스스로 움직이는 병사를 가리키는 말이다.

988 나카노, 『안중근―한일 관계의 원상』 p.14.

989 동 pp. 66~67.

990 1866년 이토는 자유로이 궁궐을 들락거릴 수 있을 만큼 높은 지위에 있지 못했다. 게다가 고메이 천황이 급서했을 때, 이토는 조슈에서 중병에 걸려 교토에 있지 않았다.

991 각각 짧은 주석이 붙은 죄상 15개조에 대해서는 사이토, 『이토 히로부미를 쏜 사나이』 pp. 172~175 참조.

992 동 p. 46에 인용되어 있다.

993 나카노, 『안중근―한일 관계의 원상』 p. 17.

994 동 p. 13.

995 사이토, 『이토 히로부미를 쏜 사나이』 p. 86.

996 동 p. 100.

997 변호인단은 정치적 이상이 암살의 동기였기 때문에 비교적 가벼운 판결을 받은 사나이들의 예를 들었다. 그러나 변호단은 가장 대비되고 상응하는 예에 대해 이야기하지 않았다. 1908년, 한국에서 일본 공사관의 외무고문으로 고용되어 있던 덜럼 W. 스티븐스라는 이름의 미국인은 워싱턴에 들렀을 때 한 기자회견에서, 이토 히로부미가 한국 국민을 위해 힘썼다고 발언했다. 스티븐스는 이튿날, 두 명의 분노한 한국인에게 암살당했다. 그중의 한 사람 장인환은 이 죄 때문에 15년간 복역했다. 스티븐스의 조난을 보도한 일본의 신문 기사는 기네부치, 『한일 교섭사―메이지 신문으로 보는 합병의 궤적』 pp. 266~267에 있다. 또 『메이지 천황기』 제12권 p. 41, Woonsang Choi, *The Fall of the Hermit Kingdom*, p. 78도 참조.

998 사이토, 『이토 히로부미를 쏜 사나이』 p. 103. 안중근의 공범자 중 한 명은 징역 3년, 또 한 명은 징역 1년 6개월이었다.

999 나카노, 『안중근―한일 관계의 원상』 pp. 29~30. 그리고 사이토, 『이토 히로부미를 쏜 사나이』 p. 101은 고무라의 명령으로 뤼순에 온 외무성의 구라치 데쓰키치(倉知鐵吉) 정무국장과 히라이시 우지히토 고등법원장 사이에 교환된 밀담에 관해 언급하고 있다. 구라치는 정부의

견해로서 사형이 타당하다는 고무라의 의향을 전했다.

1000 사이토, 『이토 히로부미를 쏜 사나이』 p. 124.

1001 가타노, 『이조 멸망』 p. 284.

1002 사이토, 『이토 히로부미를 쏜 사나이』 p. 31.

1003 동 p. 32.

1004 『이시카와 다쿠보쿠 전집』 제4권 pp. 190~191의 「백회(百回) 통신」에서 인용. 한국의 학자 중 한 사람은 보통 고토쿠 슈스이(幸德秋水)―사회주의자로 러일 전쟁 반대, 무정부주의자로 대역죄의 두목으로 지목돼 1911년 사형―의 처형을 가리킨 것으로 여겨지고 있는 다쿠보쿠의 시 「코코아 한 숟갈」이, 실은 안중근을 가리키고 있는 것이 아닌가 하고 시사하고 있다. 사이토, 『이토 히로부미를 쏜 사나이』 pp. 150~151 참조. 그러나 다쿠보쿠의 시의 톤은 마음의 동요를 가리킨 것으로서, 테러리스트의 심리를 시에서처럼 이해한 것은 아니다.

59장

1005 기네부치 노부오, 『한일 교섭사―메이지 신문으로 보는 합병의 궤적』 p. 274. 또 모리야마 시게토쿠(森山茂德), 『한일 합방』 pp. 128~129도 참조.

1006 모리야마, 『한일 합방』 p. 129.

1007 이완용은 아주 파란 많은 반생을 지냈다. 1896년, 그는 조선 국왕 고종에게 러시아 공사관으로의 망명을 권한 친러파 정당 지도자 중 한 명이었다. 그해 말, 그는 독립협회 부회장으로 선출되었다. 독립협회는 반러시아파였고, 한국에 대한 외국의 간섭에 반대하고 있었다. 1905년에는 학부대신으로서 한국 외교를 일본이 관리하는 것을 규정한 조약에 조인한 '오적(五賊)'의 필두였다. 1906년, 신정부와의 적극적인 협력을 고종이 거부한 데 격노해서, 일본 측에 고종의 폐위를 제안했다(모리야마, 『한일 합병』 p. 125 참조). 이 일로 그는 일본의 신뢰를 얻었다. 1907년 5월, 새 내각이 조직되었을 때, 이토는 이완용을 내각 총리대신으로 뽑았다.

1008 모리야마, 『한일 합병』 p. 130.

1009 동 p. 131.

1010 Woonsang Choi, *The Fall of the Hermit Kingdom*, p. 701 참조.

1011 모리야마,『한일 합병』p. 129.

1012 기네부치,『한일 교섭사—메이지 신문으로 보는 합병의 궤적』p. 274.

1013 모리야마,『한일 합병』pp. 173~175 참조.

1014 기네부치,『한일 교섭사—메이지 신문으로 보는 합병의 궤적』p. 274.

1015 동 p. 276 참조.

1016 탱자와 홍귤은 모두 똑같은 운향과(芸香科)에 속한다.

1017 1909년 12월 8일자 〈도쿄일일신문〉에 게재된 일본어 원문 인용(『신문집성 메이지 편년사』제14권 pp. 178~180). 기네부치,『한일 교섭사—메이지 신문으로 보는 합병의 궤적』p. 276에 실려 있다. 전설에 의하면 담화(曇華:우담바라), 경성, 봉황은 모두 장래의 행운의 징조를 나타낸다고 한다.

1018 Peter Duus, *The Abacus and the Sword*, pp. 239~240 참조.

1019 기네부치,『한일 교섭사—메이지 신문으로 보는 합병의 궤적』p. 277.

1020 일본인과 한국인의 '공통의 문화'와 '공통의 조상'이 당시의 일본인에 의해 어떻게 논해졌는가에 대한 우수한 분석은 Duus, *The Abacus and the Sword*, pp. 413~423 참조.

1021 오야마 아즈사(大山梓),『야마가타 아리토모 의견서』p. 284. 야마가타 와는 대조적으로 이토는 한국인이 근대 문명을 받아들일 가능성에 대해 훨씬 낙관적이었다. 이토에 의하면 한국인이 일본인에게 뒤지게 된 것은 한국인이 본질적으로 게을러서가 아니었다. 변화에 대한 저항과 부패가 상류 계급층에 있었기 때문이었다. Duus, *The Abacus and the Sword*, p. 199.

1022 모리야마,『한일 합병』p. 178.

1023『메이지 천황기』제12권 pp. 412~413 참조.

1024 동 p. 430.

1025 동 p. 424.

1026 Choi, *The Fall of the Hermit Kingdom*, p. 74. 출전은 후쿠다 도사쿠(福田東作),『한국 합병 기념사』p. 597.

1027『메이지 천황기』제12권 pp. 455~456.

1028 동 pp. 451~452.

1029 원문은『메이지 천황기』제12권 pp. 461~462. 데라우치 통감이 이완용에게 제시한 한국 합병 조약에 관한 각서에는 다섯 개 조문만 기록되어 있었다. 서문과 최초의 2개조—한국 황제가 통치권을 양여하고, 일본국 황제가 한국의 합병을 승낙했다는 것을 선언하고 있다—와 제

8조 조약의 공포가 빠져 있다. 그러나 나머지 조문은 조약 본문과 거의 같은 내용이다.

1030 1910년 10월, 한국 귀족 76명에게 일본의 작위가 주어졌다. 후작 6명, 백작 3명, 자작 22명, 남작 45명이다(『메이지 천황기』제12권 p. 488). 동년 12월, 한국 황제에게는 일본의 육군 대장 예우가 주어졌다. 황태자는 육군 보병 중위로, 폐적(廢嫡)된 황태자의 형 이강(李堈) 등 기타의 귀족은 육군 중장이나 소장이 되었다. 아마 황태자는 이들 사관 중에서 제대로 군직을 다한 유일한 인물이었을 것이다. 다른 자들에게는 계급에 따르는 예우와 시자(侍者)가 딸린다는 것만이 중요했다(동 p. 535 참조).

1031 『메이지 천황기』제12권 pp. 452~453.

1032 동 pp. 453~454.

1033 가타노, 『이조 멸망』p. 293.

1034 『메이지 천황기』제12권 p. 457.

1035 동 p. 460.

1036 동 pp. 464~465.

1037 8월, 이완용이 순종 황제에게 일본의 한국 합방 결정에 대해 고했을 때, 순종은 설명을 들으면서 처음에는 아무 반응도 보이지 않았다. 순종은 상황을 정확하게 판단할 수가 없었던 모양이다. 그러나 이완용의 설명이 끝나자 순종은 치아가 없는 입을 열어, 약간 씁쓰름한 표정을 지었다. 가타노, 『이조 멸망』p. 289 참조.

1038 『메이지 천황기』제12권 pp. 467~468.

1039 동 pp. 469~470.

1040 기네부치, 『한일 교섭사—메이지 신문으로 보는 합병의 궤적』p. 289.

1041 가타노, 『이조 멸망』p. 293. 데라우치는 도요토미 히데요시(豊臣秀吉)의 명령으로 조선에 침공한 세 명의 대장을 가리키고 있다. 데라우치는 세 명이 최종적으로 실패한 장소에서 성공을 거두었던 것이다.

1042 『메이지 천황기』제12권 p. 503. '창덕궁'은 전 한국 황제 순종이 살고 있던 서울의 궁전 이름이다.

1043 동 p. 500.

1044 가타노, 『이조 멸망』p. 294.

60장

1045 『메이지 천황기』 제12권 p. 544.

1046 동 pp. 545~546.

1047 1886년부터 1912년까지 시종으로 있던 히노니시 스케히로는 『메이지 천황의 일상』 p. 53에서 "1895년 후로는 천황께서는 신문을 전혀 보지 않으셨습니다"라고 말하고 있다.

1048 알렉산드르 2세는 1881년 3월 13일에 살해되었다(『메이지 천황기』 제5권 p. 298 참조). 움베르토 1세는 1900년 7월 29일, 무정부주의자에게 살해되었다(동 제9권 p. 866 참조). 카를로스 1세는 1908년 2월 1일, 살해되었다. 암살자들은 무정부주의자라고 말했지만 사실은 국왕의 정적들에게 고용된 살인 청부업자였다(동, 제12권 p. 15 참조).

1049 카르노와 매킨리는 모두 이탈리아인 무정부주의자에게 살해되었다.

1050 폭탄이 던져진 것은 알폰소 13세가 1906년 5월 30일, 막 결혼식을 올린 교회에서 돌아오는 길이었다. 알폰소 13세는 다치지 않았다. 『메이지 천황기』 제11권 p. 565 참조. 빅토리아 여왕은 일곱 번이나 생명의 위협을 받았다. 최초의 사건은 1840년 6월 10일, 남편인 앨버트 공과 함께 무개마차로 나들이를 할 때였다. '갑자기, 빅토리아는 폭발음을 들었다. 동시에 앨버트의 팔이 자기를 바짝 감싸는 것을 느꼈다. (중략) 빅토리아는 흥분하고 있는 앨버트에게 미소를 지어 보였으나, 다음 순간 자그마한 한 사나이가 보도에서 양손에 권총을 한 자루씩 들고 가슴을 겨냥하고 있는 것을 봤다. 남자가 이쪽을 조준하고 다시 권총을 발사했을 때 빅토리아는 몸을 낮추었다'(Elizabeth Longford, *Queen Victoria*, p. 151). 암살 미수 용의자는 사형에 처해질 대역죄로 재판을 받았으나 결국 정신병원으로 보내졌다. 1850년 7월 27일, 빅토리아는 퇴역 중위에게 머리를 강타당해 기절했다. 습격한 사나이는 7년형을 받았다. 1872년 2월 28일, 여섯 번째의 암살 미수는 가장 근대적 의미를 띠고 있었다. 암살자는 여왕을 죽일 생각이 아니라 여왕을 위협해서 정치범 약간 명의 석방을 명령하는 문서에 서명하도록 하려 했다(동 pp. 390~391 참조). 마지막으로 암살 위협을 받은 것은 1882년 3월 2일이다. 탄환을 모두 장전한 리볼버로 겨냥한 암살 미수범은 정신병원으로 보내졌다(동 p. 446). 모든 용의자들의 동기는 애매하고 지리멸렬했다. 정신병원으로 보내진 것은 그 때문이었다.

1051 고토쿠 슈스이의 주된 번역은 표트르 크로포트킨 공작의 『빵의 약취』 인데, 이것은 처형되기 2년 전에 완성되었다. 번역 원본은 영역본이었

다.

1052 니시오 요타로(西尾陽太郞), 『고토쿠 슈스이』 p. 9. 슈스이가 쓴 한시는 권두화에 사진으로 실려 있다. 만일 이것이 정말로 일곱 살 때의 작품이고 필적이라면, 슈스이는 남달리 조숙했다고 하지 않을 수 없다. 슈스이는 평생토록 한시를 썼다.

1053 사카모토 다케토(坂本武人), 『고토쿠 슈스이』 p. 78. 그리고 니시오 『고토쿠 슈스이』 p. 8.

1054 니시오, 『고토쿠 슈스이』 p. 20.

1055 사카모토, 『고토쿠 슈스이』 pp. 32~33.

1056 퇴거 명령은 특히 삿초 정부에 대해 반정부 운동의 선두에 섰던 도사 번 출신에게 철저했다.

1057 니시오, 『고토쿠 슈스이』 p. 25.

1058 사카모토, 『고토쿠 슈스이』 pp. 50~51. 그리고 니시오, 『고토쿠 슈스이』 pp. 27~28 참조.

1059 니시오, 『고토쿠 슈스이』 p. 28.

1060 동 p. 33.

1061 사카모토, 『고토쿠 슈스이』 p. 55. 졸업 후 슈스이는 조민의 집에서의 서생 생활을 청산했다. 조민은 그에게 '슈스이'라는 호를 주었는데, 이는 정치적이기보다는 시적인 이름이다.

1062 사카모토, 『고토쿠 슈스이』 p. 57. 그리고 니시오, 『고토쿠 슈스이』 p. 41 참조.

1063 사카모토, 『고토쿠 슈스이』 p. 89. 그리고 니시오, 『고토쿠 슈스이』 p. 43 참조.

1064 사카모토, 『고토쿠 슈스이』 p. 60. 그리고 니시오, 『고토쿠 슈스이』 p. 46 참조. 슈스이는 이 시기까지 다니던 〈자유신문〉을 그만두고 〈중앙신문〉에 들어갔다. 퇴직한 이유는 정부의 대변자 노릇을 하는 데 대한 불만이었다. 〈중앙신문〉에서도 주로 번역을 했다.

1065 사카모토, 『고토쿠 슈스이』 pp. 102~104. 사카모토는 p. 102에 사회주의 연구회 정례회의 강사와 연구 과제를 표로 만들어놓았다.

1066 동 pp. 98~99.

1067 동 p. 100.

1068 이것은 사카모토 다케토의 견해다. 그러나 니시오 요타로(『고토쿠 슈스이』 p. 48)는 슈스이가 사회주의자로서 출발한 것은 1897년이라고 생각하고 있다.

1069 사카모토,『고토쿠 슈스이』p. 111.

1070 동 p. 114.

1071 오하라 사토시(大原慧),『가타야마 센의 사상과 대역 사건』p. 15.

1072 가타야마는 오클랜드의 흡킨스 아카데미, 메리빌 대학 예과, 그리넬 대학, 앤도버 신학교, 예일 대학 신학부에서 공부했다.

1073 오하라,『가타야마 센의 사상과 대역 사건』p. 16.

1074 가타야마에게 강한 영향을 준 R. 일리 교수의『기독교의 사회적 측면』같은 저작에 대해서는 오하라,『가타야마 센의 사상과 대역 사건』pp. 17~19 참조.

1075 동 p. 24.

1076 사카모토,『고토쿠 슈스이』p. 117.

1077 동 p. 118.

1078 사카모토(『고토쿠 슈스이』p. 125)는 슈스이의 책이 존 흡슨의『제국 주의론』보다 1년 일찍 나왔고, 또 레닌의『제국주의론』보다 15년 일찍 출판되었다는 것을 지적하고 있다.

1079 사카모토,『고토쿠 슈스이』p. 117.

1080 니시오,『고토쿠 슈스이』p. 69. 야마카와의 논문은 불경죄로 기소되었고, 야마카와는 징역 3년 6개월의 판결을 받았다.

1081 사카모토,『고토쿠 슈스이』p. 123. 문체는 다음과 같은 구절로 상징된다. '아, 자유당 죽도다. 그리고 그 영광 있는 역사는 완전히 말살되도다.'

1082 아베 이소오가 집필한 28항목에 걸친 「실천 강령」은 사카모토,『고토쿠 슈스이』pp. 74~75 참조.

1083 사카모토,『고토쿠 슈스이』p. 133.

1084 동 p. 134.

1085 동 p. 135.

1086 동 p. 135. 그리고 니시오,『고토쿠 슈스이』p. 78 참조.

1087 사카모토,『고토쿠 슈스이』p. 140. 그리고 니시오,『고토쿠 슈스이』p. 82 참조.

1088 사카모토,『고토쿠 슈스이』p. 142.

1089 『사회주의 신수』의 내용의 개략은 니시오,『고토쿠 슈스이』p. 86 참조.

1090 사카모토,『고토쿠 슈스이』pp. 152~153. 이 무렵까지 세 명의 유능한 논자 고토쿠 슈스이, 우치무라 간조(內村鑑三), 사카이 도시히코가

정기적으로 비전론을 발표하고 있었다. 다른 신문은 얼마 전부터 주전론으로 기울어 있었다. 그러나 〈만조보〉는 러시아가 만주에서의 철병 약속을 지키지 않는다는 것이 분명해질 때까지 어디까지나 비전론을 주장했다. 〈만조보〉의 창립자이자 사장인 구로이와 루이코(黒岩涙香)는 거국일치의 관점에서 정부의 주전론 정책을 지지하기로 했다. 이 구로이와의 결단이 계기가 되어 슈스이, 사카이, 우치무라는 〈만조보〉를 퇴사하게 되었다.

1091 1905년 1월 29일의 종간 때까지 모두 64호가 나왔다. 창간호는 8천 부였으나 그 후로는 평균 4천 부였다. 니시오, 『고토쿠 슈스이』 pp. 95~96 참조.

1092 사카모토, 『고토쿠 슈스이』 p. 155.

1093 동 p. 160.

1094 동 p. 163.

1095 동 p. 163.

1096 동 p. 164.

1097 동 p. 165.

1098 니시오, 『고토쿠 슈스이』 p. 135.

1099 사카모토, 『고토쿠 슈스이』 pp. 168~169.

1100 니시오, 『고토쿠 슈스이』 p. 136.

1101 동 p. 140.

1102 동 pp.142~143.

1103 상세한 것은 사카모토, 『고토쿠 슈스이』 p. 170.

1104 동 p. 171. 슈스이의 일기에서 인용.

1105 동 p. 172.

1106 그녀는 '리치 부인'이라고 불리고 있었는데, 아마도 'Fritz'가 아닐까 싶다.

1107 사카모토, 『고토쿠 슈스이』 p. 183.

1108 니시오, 『고토쿠 슈스이』 p. 153.

1109 도널드 킨, 『속(續) 백대의 과객』, p. 575 참조. 출전은 시오다 쇼베(鹽田庄兵衛), 『고토쿠 슈스이의 일기와 서간』 p. 235.

1110 사카모토, 『고토쿠 슈스이』 p. 174.

1111 니시오, 『고토쿠 슈스이』 p. 156 참조.

1112 동 p. 159.

1113 동 p. 164.

1114 동 p. 167.

1115 동 p. 177.

1116 동 p. 185.

1117 동 pp. 189~194, 202~203. 슈스이파는 '경파'로 불렸고 가타야마파는 '연파'로 불렸다. '경파'는 대체로 무정부주의적인 자신들의 요구에 대해 타협을 거부하고 있었다.

1118 동 p. 204.

1119 아카하타(赤旗) 사건의 생생한 해설은 사카모토,『고토쿠 슈스이』pp. 202~206 참조.

1120 니시오,『고토쿠 슈스이』, p. 210.

1121 동 pp. 219~220.

1122 동 p. 229.

1123 사카모토,『고토쿠 슈스이』p. 215.

1124 수제 폭탄의 효과를 시험하기 위해 미야시타는 천황의 생일인 천장절을 택했다. 폭발음이 축전 때 쏘아올리는 폭죽 소리에 섞일 것을 기대했던 것이다. 니시오『고토쿠 슈스이』p. 245 참조.

1125 일찍이 미야시타가 관계를 가졌던 여자의 남편이 화가 나서 경찰에 밀고했다는 말도 있고, 조직 내부에 숨어든 경찰의 스파이가 알렸다는 말도 있다.

1126 니시오,『고토쿠 슈스이』p. 272.

1127 슈스이에 대한 고발 내용에 대해서는 동 pp. 276~277 참조.

1128 감옥 당국은 묘한 배려를 했다. 피고 중 유일한 여성인 간노 스가를 남자 피고보다 하루 뒤인 25일 처형했다.

1129 요시다 세이이치(吉田正一),『근대문예평론사 다이쇼편』pp. 48~49 참조. 마사무네 하쿠초(正宗白鳥)의『세상(世相)의 문학적 해석』에서 다음 한 구절이 인용되고 있다. '내가 이러한 심각한 사건에 대해 마음 가운데 은근히 분노를 느끼고 당시의 정부나 재판관을 증오하고, 인생을 저주하고, 먹는 것도 맛이 없으며, 밤에도 잠이 오지 않았느냐 하면 아니다. 그 비슷한 일도 없었다.' 도널드 킨,『일본 문학의 역사』제18권(근대, 현대편 1) pp. 308~309, 399~400도 참조. 한편 나가이 가후(永井荷風)는 다음과 같이 쓰고 있다. '나는 이제까지 보고 들은 세상의 사건 가운데 이번처럼 무어라 말할 수 없는 꺼림칙한 기분이 든 일은 없었다. 나는 문학자인 이상 사상 문제에 입 다물고 있을 수는

없다. (중략) 하지만 나는 세상의 문학자들과 마찬가지로, 아무 말도 하지 않았다. 나는 어쩐지 양심의 고통을 견디기 힘든 기분이 들었다. 나 스스로 문학인인 데 대해 몹시 수치스러운 느낌이 들었다.' (킨, 『속 백대의 과객』 p. 644에 인용되어 있다. 원문은 『현대 일본 문학 대계 23』의 『나가이 가후집(1)』, p. 319의 「불꽃놀이」). 가타야마 센은 다음 과 같이 말했다. '고토쿠 등에 대한 판결은 정당하고 아무런 비난할 점 이 없다지만, 그 재판이 공개되지 않았다는 것은 유감스러운 일이다. 외국의 사회당원들이 그 기관지상에 본 건을 논평하며, 심한 경우에는 일본 정부가 재판을 공개하지 않은 것은 세계의 대세에 반하며, 사회 당을 박멸하기 위한 것이라고 논하기에 이르렀다. 이는 필경 우리나라 의 법률을 알지 못하고, 사건의 진상을 제대로 알지 못하는 소치라 하 겠지만……'(오하라, 『가타야마 센의 사상과 대역 사건』 p. 68). 그리 고 '일본 정부는 결코 사회주의를 박해하는 것이 아니며, 교수형에 처 해진 사람은 모두 활발한 아나키스트들이다'라고도 했다(동 p. 69).

61장

1130 『메이지 천황기』 제12권 p. 559 참조.

1131 Ian H. Nish, *The Anglo-Japanese Alliance*, p. 377 참조.

1132 구로바네 시게루(黑羽茂), 『영일 동맹의 궤적』 상권 p. 207.

1133 동맹의 조항은 『메이지 천황기』 제12권 pp. 628~630 참조. 일본 측 의 양보는 제4조에 있다.

1134 『메이지 천황기』 제12권 p. 584

1135 동 p. 637~638.

1136 동 p. 555. 5월 30일, 내각 총리대신 가쓰라 다로는 은사재단제생회(恩 賜財團濟生會)라고 불리는 재단법인의 설립을 발표했다. 재단의 기금 은 천황에게서 나온 150만 엔을 기초로, 전국의 유지로부터 받은 기부 를 합친 것이었다. 천황은 재단 이름을 듣고 이의를 제기했다. 기금은 자신뿐만이 아니라 다른 많은 사람들에게서도 나온 것임을 지적했다. 천황의 제안으로 재단 이름의 첫 네 글자 '은사재단'은 언제나 작은 글 자로 인쇄하게 했다. 동 p. 612.

1137 제30장 참조.

1138 『메이지 천황기』 제12장 p. 593.

1139 동 p. 698.

1140 이때 촬영된 사진, 그리고 나라, 도치기, 오카야마 현의 훈련 때 촬영된 비슷한 세 장의 사진은『메이지 천황의 초상』pp. 20~21에 실려 있다.

1141 천황의 스냅 사진 몇 장은 이 시기부터 보존되어 있다. 그러나 모두 매우 먼 곳에서 촬영된 것이어서 얼굴이 똑똑하게 나오지 않았다.

1142 『메이지 천황기』제12권 p. 699.

1143 동 pp. 702~703.

1144 동 pp. 744~745.

1145 동 pp. 705~706.

1146 동 p. 718.

1147 동 p. 719.

1148 동 p. 729.

1149 동 p. 730.

1150 동 p. 731.

1151 동 p. 738.

1152 미나모토 료엔(源了圓),「노기(乃木) 대장의 자살과 그 정신사적 배경」〈심심(心)〉1963년 12월호) p. 17. 세 명의 손자란 장래의 쇼와(昭和) 천황, 지치부노미야(秩父宮), 다카마쓰노미야(高松宮)다.

1153 노기의 초기 전기 작가는 가쿠슈인에서의 노기를 칭찬하며, '검을 찬 페스탈로치'라 부르고 있다(미나모토,「노기 대장의 자살과 그 정신사적 배경」p. 17에 인용). 그러나 좀 더 새로운 전기작가인 마쓰시타 요시오(松下芳男)의 『노기 마레스케』p. 193, 197에 나오는 다른 의견도 참고하지 않으면 안 된다. 마쓰시타는 1908년의 대훈련 중에 일어난 사건에 주목하고 있다(p. 195). 훈련의 마지막 날, 노기는 돌연 '남군' 지휘관으로 있던 그의 지위를 다른 장군과 교체당했다. 노기는 훈련 통감부 오쿠 야스카타 대장의 퇴각 명령을 무시했던 것이다. 남군은 지고 있지 않았다. 지고 있지 않는 군대가 퇴각할 이유는 없다는 것이 노기의 변이었다. 그러나 이 독립 패기의 정신은 평가받지 못했다.

1154 『메이지 천황기』제12권 p. 673. 그 후 노기는 낮은 지위의 제4, 제16사단 임시사단 대항훈련 통감을 명받았다.

1155 동 p. 728.

1156 동 p. 733. 다카사키 마사카제는 그 뒤 얼마 안 되어 1912년 2월 28일 사망했다.

1157 동 pp. 734~735.

1158 동 p. 771.

1159 동 p. 776.

1160 동 p. 786.

1161 보조 도시나가, 『궁중 50년』 p. 23.

1162 『메이지 천황기』 제12권 pp. 803~804.

1163 동 p. 805.

1164 동 p. 806.

1165 동 p. 808.

1166 동 p. 813. 보조, 『궁중 50년』 p. 23도 참조.

1167 히노니시 스케히로, 『메이지 천황의 일상』, pp. 71~72.

1168 동 p. 72.

1169 동 p. 76, 162.

1170 동 p. 160.

1171 스에마쓰 겐초(末松謙澄), 「자제력이 강했던 선제 폐하」(〈태양〉 임시 증간 『메이지 성천자』) p. 325에 인용되어 있다.

1172 히노니시, 『메이지 천황의 일상』 p. 75에 인용되어 있다.

1173 『메이지 천황기』 제12권 p. 819. 새 천황의 즉위와 연호 발표는 이례 적인 속도로 진행되었다. 메이지 천황은 연호가 게이오(慶應)에서 메 이지로 바뀌기까지 1년 반 이상 기다렸다. 그중에서도 특히 구메 구니 타케(久米邦武)는 너무나 민망할 정도로 일찍 바뀌었다고 비판했다. 구메 구니타케, 「선제 붕어에 대한 나의 감상」(〈태양〉 임시 증간 『메이 지 성천자』 p. 317 참조).

1174 보조, 『궁중 50년』 pp. 49~50.

1175 다이쇼 원년 9월에 간행된 〈태양〉의 임시 증간호는 전 페이지를 서거 한 천황에 대한 회상으로 채웠다.

1176 마키노 노부아키, 「친정(親征) 초기의 추억」(〈태양〉 임시 증간 『메이지 성천자』) p. 48.

62장

1177 히노니시 스케히로, 『메이지 천황의 일상』 p. 89. 양복이 천황의 몸에 맞은 적은 한 번도 없었으나 천황은 전혀 개의치 않았다고 쓰고 있다.

이 히노니시의 말에 대해 『메이지 천황기』의 편찬자는 의문을 제기하는 형식을 취했다. 『메이지 천황기』 제2권 p. 666은 유럽인 양복장이가 1872년 봄, 천황의 치수를 재기 위해 요코하마에 온 일을 기록하고 있다. 이때 잰 치수는 천황이 비만해진 다음에는 별로 소용이 없었을 것이다.

1178 『메이지 천황기』 제12권 p. 828.

1179 아스카이 마사미치, 『메이지 대제』 p. 29 참조. 후지나미는 『메이지 천황기』 그 외의 메이지 천황의 전기류에서는 중요한 역할을 하고 있지 않다. 아마 후지나미와 천황의 관계는 비공식적이고 사적이었던 모양이다.

1180 예를 들면, A. B. 미트포드는 천황에 대해 '당시의 그는 빛나는 눈과 혈색 좋은 얼굴을 한 키가 큰 젊은이였다'고 기록하고 있다(Hugh Cortazzi, *Victorians in Japan: In and around the Treaty Ports*, p. 188에서의 인용). 에르빈 벨츠 박사는 '얼핏 보기에 무쓰히토 천황은 일본인으로서는 키가 크고 당당했다'고 썼다(Erwin Baelz, *Awakening Japan*, p. 395).

1181 이미 말한 것처럼 천황의 체중이 20관(약 75킬로그램)이 넘었다고 쓴 〈중앙신문〉의 기사는 천황을 매우 언짢게 만들었다. 그 바람에 천황은 두 번 다시는 신문을 읽지 않았다고 한다. 히노니시, 『메이지 천황의 일상』 p. 53 참조.

1182 『메이지 천황기』 제12권 p. 829.

1183 동 p. 830.

1184 아스카이, 『메이지 대제』 p. 33.

1185 『메이지 천황기』 제12권 pp. 830~831. 그리고 아스카이, 『메이지 대제』 pp. 48~49 참조. 아스카이에 의하면, 지쿠사 고토고는 일기를 남겨놓지 않은 것 같다. 따라서 이것이 실제로 천황의 유지였는지 여부는 알 수 없다.

1186 아스카이(『메이지 대제』 pp. 46~47)는 다음과 같은 것을 지적하고 있다. '일본의 수도는 정식으로 교토에서 도쿄로 옮겨진 것이 아니었다. 그러나 천황이 교토에 갈 때면 행행(行幸)이라고 말하고 환행(還幸)이라는 말을 쓰지 않았다.' 1889년에 헌법과 동시에 반포된 황실전범(皇室典範)에 의하면 천황의 즉위와 대상제(大嘗祭:천황의 첫 추수감사제)는 교토에서 하게 되어 있었다. 그러나 사실은 천황이 평생에 한 번만 하는 큰 제사인 대상제는 1871년, 도쿄에서 치러졌다. 천황은 교토를 좋아했으나 수도로서의 도쿄의 현실을 인정하고 있었다. 그러나 천

황은 현세에서의 임무가 끝난 다음에는 스스로 선택한 장소에 묻힐 권리가 있다고 생각했는지도 모른다.

1187 『메이지 천황기』 제12권 p. 831.

1188 동 p. 833.

1189 『세계에서의 메이지 천황』 하권 p. 11. 1912년 7월 30일자 〈런던 타임스〉에서 인용. 당시의 일본어 번역은 상권 p. 19 참조.

1190 동, 하권 p. 37. 인용은 1912년 7월 30일자 〈글로브〉에서. 당시의 일본어 번역은 상권 p. 72 참조.

1191 동, 하권 pp. 118~119. 여기서는 상권 pp. 228~229에 있는 일본어 원문을 그대로 인용했다.

1192 동, 하권 p. 119. 여기서는 상권 p. 229에 있는 일본어 원문을 그대로 인용했다.

1193 동, 하권 p. 119. 인용은 1912년 8월 22일자 〈코레스퐁당〉에서. 당시의 일본어 번역은 상권 pp. 229~230 참조.

1194 동 p. 687.

1195 동, 상권 pp. 599~600.

1196 동, 하권 p. 1205. 이 기사는 8월 12일자 베이징 〈국광신문(國光新開)〉에 게재되었다.

1197 동, 하권 p. 1206.

1198 동, 하권 p. 1233. 이 기사의 번역자는 기자가 여전히 중국의 자대(自大) 사상에 젖어 있다는 취지의 주석을 달고 있다.

1199 동, 하권 p. 1211.

1200 동, 하권 p. 175. 인용은 1912년 11월 1일자 〈라 르뷔〉에서. 당시의 일본어 번역은 상권 p. 342 참조.

1201 동, 하권 p. 175. 당시의 일본어 번역은 상권 p. 350 참조.

1202 아스카이, 『메이지 대제』 pp. 31~32에 인용되어 있다. 그리고 Carol Gluck, *Japan's Modern Myths*, p. 220 참조. 도쿠토미 로카, 「메이지 천황 붕어 전후」는 『메이지 문학 전집』 제42권 p. 335의 「지렁이의 실없는 소리」에 수록되어 있다. 글룩은 천황의 대상을 둘러싼 분위기를 훌륭하게 묘사하고 있다. 그리고 대상을 취재한 신문기자 우부카타 도시로가 쓴 『메이지 다이쇼 견문사』 pp. 189~211도 참조.

1203 『소세키(漱石) 전집』 (1996) 제20권 p. 398. 소세키의 이날의 일기는 천황 중태의 호외가 계기가 되어 쓴 것이다.

1204 동, 제26권 p. 312의 『메이지 천황 봉도사(奉悼辭)』. 소세키는 특히 교

육에 대한 천황의 헌신을 기리고 있다. 천황 붕어와 노기의 순사는 소세키의 소설 『마음』에서 중요한 역할을 하고 있다.

1205 임시 제국 의회는 대상 비용으로서 154만 5,389엔을 책정했다. 『메이지 천황기』 제12권 p. 832 참조.

1206 『메이지 천황기』 제12권 pp. 838~843에는 대상에 대해 상세히 전하고 있다.

1207 우부카타, 『메이지 다이쇼 견문사』 p.207.

1208 히에이(比叡) 산에 가까운 교토 사쿄(左京)에 있는 야세무라(八瀬村) 사람들은 예로부터 '야세노도지'라고 불렸다. '도지(童子)'라고 불린 것은 앞머리를 자르지 않았기 때문이었다. 그들은 전통적으로 히에이 산의 천태종 총본산 연력사(延暦寺)의 간슈(貫主:종파의 최고위자)나 조정의 탈것을 짊어져왔다.

1209 나쓰메 소세키는 다음과 같은 봉송사를 지었다. '엄숙하게 횃불 흔들려 나아가는 별이 빛나는 달밤'(『소세키 전집』 제24권 p. 84)

1210 『메이지 천황기』 제12권 p. 844.

1211 서남 전쟁 때 쓴 일기에서 노기는 군기를 잃은 일에 대해서는 한마디도 언급하지 않고 있다. 당시 이 일은 노기에게는 그리 중요한 일이 아니었던 것 같다. 아스카이, 『메이지 대제』 p. 254 참조. 노기의 유서 일부는 동 p. 248 참조.

1212 야마지 아이잔(山路愛山), 『노기 대장』 pp. 305~306. 미나모토 료엔(源了圓), 「노기 대장의 자살과 그 정신사적 배경」(〈마음〉 1963년 12월호) p. 15에 인용되어 있다. 이때 그 자리에 있던 사람은 시종장 도쿠다이지 공작, 시종무관 오카미(岡見) 대장과 기타 두세 명이었다. 그들 사이에서는 비밀로 부치기로 했지만, 노기가 죽은 후 오카미 대장의 입에서 천황의 말이 흘러 나왔다고 미나모토는 쓰고 있다. 미나모토의 논문은 노기의 자살 배경에 관한 우수한 연구다.

1213 『메이지 천황기』 제12권 p.845. 그러나 노기의 순사 소식을 들은 많은 사람들은 그 사실을 믿지 않았다. 우부카타 도시로는 처음에는 못된 장난 정도로 받아들였다(우부카타, 『메이지 다이쇼 견문사』 p. 214).

1214 마쓰시타 요시오, 『노기 마레스케』 p. 213 참조. 마쓰시타는 1782년이라 하고 있으나 여기서는 쓰나요시(綱吉)의 시대인 덴나(天和) 3년이라는 『국어 대사전』의 표기에 따랐다.

1215 미나모토, 「노기 대장의 자살과 그 정신사적 배경」 p. 16에 인용되어 있다.

1216 동 p. 17.

1217 『무샤노코지 사네아쓰 전집』(小學館, 1987) 제1권 p. 95. 무샤노코지는 당시의 잡감에서 언제나 부정적인 입장에서 노기의 순사에 대해 언급하고 있다.

1218 『시가 나오야 전집』(1973) 제10권 p. 636. 그리고 아스카이, 『메이지 대제』 p. 277도 참조. 시가는 사흘 후(9월 18일)의 일기에 가인(歌人) 요시이 이사무(吉非勇)가 "근래의 불유쾌한 사건이었습니다"라고 말한 사실을 기록하고 있다.

1219 하라다 노리오(原田憲雄) 번역, 『일본 한시선』 pp. 246~247. 나가이 웃사이는 소에지마 다네오미(副島種臣)에게 한시를 배웠다. 그러나 오래도록 중국에서 살았기 때문에 일본보다도 중국에서 잘 알려져 있었다.

1220 아스카이, 『메이지 대제』 p. 279에 인용되어 있다.

1221 동 p. 279.

1222 『메이지 천황기』 제12권 pp. 846~847.

종장

1223 메이지 천황의 탄생일이 정식으로 국민의 축일로 공포된 것은 1927년이다. 그러나 미국의 점령 기간이었던 1948년에 이 축일은 '문화의 날'로 명칭이 바뀌었다.

1224 히노니시 스케히로, 『메이지 천황의 일상』(1976) p. 109.

1225 동 p. 125.

1226 동 pp. 149-150. 그리고 조국사에서 발행한 1952년판(p. 156)에는 "으음~"이라고 되어 있다.

1227 천황의 조상 숭배에 대해서는, 보조 도시나가, 『궁중 50년』 pp. 34~35 참조.

1228 시종 히노니시의 기록에 의하면, 러일 전쟁 무렵부터 천황은 노는 일에는 흥미를 아주 잃어버리고, 전적으로 국사에 몰두했다. 당시의 유일한 취미는 축음기 듣는 일이었다고 한다(히노니시, 『메이지 천황의 일상』 p. 124). 시종인 보조 도시나가(『궁중 50년』 p. 40)에 의하면, 천황의 축음기는 '나팔'이 달린 아주 구식이었으며, 납관(蠟管)이 돌면서 소리를 냈다. 레코드는 '건전한 것'뿐이었다고 한다. 추측건대 이것

은 유행가가 아니라 사람의 심금을 울려주는 일본의 전통 음악과 민요 같은 것이 아니었을까 여겨진다.

1229 『벨츠의 일기』 상권 p. 158. '이노우에 백작'은 근대적인 방식의 제창자인 이노우에 가오루를 말한다.

1230 히노니시, 『메이지 천황의 일상』 p. 46.

1231 동 p. 52.

1232 동 p. 53.

1233 가장 사랑하는 남편 앨버트 공이 죽은 후, 빅토리아 여왕은 너무나 슬픈 나머지 5년간이나 의회를 개회하려 하지 않았다. 〈타임스〉는 논설을 발표해서 여왕에게 '그녀의 신하들의 권리와 높은 지위에 있는 그녀의 의무를 고려해서, 무익한 슬픔에 잠기는 일을 더 이상 오래 끌지 않아야 한다'고 설득했다. Giles St. Aubyn, *Queen Victoria*, p. 344 참조.

1234 아스카이 마사미치, 『메이지 대제』 p.2.

参考文献

「朝彦親王景仰録」宇治山田・久邇宮朝彦親王五十年祭記念会、一九四二年

「朝彦親王日記」全二巻、東京大学出版会、一九六九年

飛鳥井雅道「明治大帝」(ちくまライブラリー) 筑摩書房、一九八九年

飛鳥井雅道「西郷隆盛は平和主義者だったか」(藤原彰他「日本近代史の虚像と実像」大月書店、一九九○年)

安達謙蔵「安達謙蔵自叙伝」新樹社、一九六○年

新井勉「大津事件の再構成」御茶の水書房、一九九四年

荒木精之「神風連実記」新人物往来社、一九七一年

アームストロング/ウイリアム・N「カラカウア王のニッポン仰天旅行記」荒俣宏翻訳・解説、小学館、一九九五年 [Armstrong, William N. *Around the World with a king*. Honolulu: Mutual Publishing, 1995.]

有泉貞夫「星亨」朝日新聞社、一九八三年

「有島武郎全集」第十巻、筑摩書房、一九八一年

有地品之允「勇壮闊達細心諧謔勤倹に渡らせらる」(〈太陽臨時増刊・明治聖天子〉一九一二年九月)

有馬頼義「北白川宮生涯」(「別冊文藝春秋」第一○五号、一九六八年九月)

飯沢匡「異史明治天皇伝」新潮社、一九八八年

家永三郎「植木枝盛研究」岩波書店、一九六○年

猪飼隆明「西郷隆盛」(岩波新書) 岩波書店、一九九二年

井口和起「日露戦争の時代」(歴史文化ライブラリー) 吉川弘文館、一九九八年

井黒弥太郎「黒田清隆」(人物叢書) 吉川弘文館、一九八七年

石井孝「幕末 非運の人びと」(有隣新書) 横浜・有隣堂、一九七九年

石井孝「戊辰戦争論」吉川弘文館、一九八四年

石井孝「維新の内乱」(至誠堂新書) 至誠堂、一九七四年

「石川琢木全集」第四、五巻、筑摩書房、一九八〇、一九七八年

石川隊木「琢木全集」第十三巻、岩波書店、一九五三年

石田文四郎「明治大事変記録集成」三陽書院、一九三二年

石田文四郎編「新聞記録集成明治・大正・昭和大事件史」新聞資料調査会、
　　一九六五年

石丸晶子編「有島武郎」(「作家の自伝63」) 日本図書センター、一九九八年

磯田光一「鹿鳴館の系譜」文藝春秋、一九八三年

井上清、江崎誠致他「新政の演出」(「人物日本の歴史」20) 小学館、一九七六年

井上清「西郷隆盛」全二巻 (中公新書) 中央公論社、一九七〇年

井上清「条約改正」(岩波新書) 岩波書店、一九五五年

井上晴樹「旅順虐殺事件」筑摩書房、一九九五年

稲生典太郎「条約改正論の歴史的展開」小峯書店、一九七六年

井之口有一、堀井令以知「御所ことば」雄山閣、一九七四年

今谷明「武家と天皇」(岩波新書) 岩波書店、一九九三年

「〈イリユストラシオン〉日本関係記事集」全三巻、横浜・横浜開港資料館、
　　一九八六——一九九〇年

色川大吉「近代国家の出発」(「日本の歴史」21) 中央公論社、一九六六年

色川大吉「明治の文化」岩波書店、一九七〇年

岩井忠熊「明治天皇」三省堂、一九九七年

「岩倉具視関係文書」全八巻、東京大学出版会、一九六八——一九六九年

「植木技盛集」第七、八巻、岩波書店、一九九〇年

上田滋「西郷隆盛の悲劇」中央公論社、一九八三年

「内村鑑三全集」第十六、二十巻、岩波書店、一九三三年

生方敏郎「明治大正見聞史」(中公文庫) 中央公論社、一九七八年

江崎誠致「大村益次郎」(「人物日本の歴史」20「新政の演出」) 小学館、一九七六
　　年

「演劇百科大事典」平凡社、一九八四年

大江志乃夫「バルチツク艦隊」(中公新書) 中央公論新社、一九九九年

大江志乃夫「東アジア史としての日清戦争」立風書房、一九九八年

大岡昇平「天誅組」講談社、一九七四年

大川信義編「大西郷全集」全三巻、大西郷全集刊行会、一九二六─一九二七年

大久保利謙「岩倉具視」増補版 (中公新書) 中央公論社、一九九〇年

大久保利謙編「岩倉使節の研究」宗高書房、一九七六年

「大久保利通日記」全二巻、日本史籍協会編、東京大学出版会、一九六九年

大谷正、原田敬一編「日清戦争の社会史」大阪・フォーラムA、一九九四年

大田昌秀「近代沖縄の政治構造」勁草書房、一九七二年

大西源一「維新回天の宏謨と久邇宮朝彦親王」(「朝彦親王景仰録」宇治山田・久
　邇宮朝彦親王五十年祭記念会、一九四二年)

大稿昭夫「後藤象二郎と近代日本」三一書房、一九九三年

大原慧「片山潜の思想と大逆事件」論創社、一九九五年

「大宅壮一全集」第二十三巻、蒼洋社、一九八二年

大山梓「日露戦争の軍政史録」芙蓉書房、一九七三年

大山梓編「北京籠城・北京籠城日記」(東洋文庫) 平凡社、一九六五年

大山梓編「山県有朋意見書」原書房、一九六六年

岡義武「日露戦争後における新しい世代の成長 (上)」(〈思想〉一九六七年二月号)

岡崎久彦「小村寿太郎とその時代」PHP研究所、一九九八年

岡田芳朗「明治改暦」大修館書店、一九九四年

岡本柳之助「風雲回顧録」(中公文庫) 中央公論社、一九九〇年

奥谷松治「品川弥二郎伝」高陽書店、一九四〇年

尾佐竹猛「大津事件─ロシア皇太子大津遭難」(岩波文庫)、岩波書店、一九九一
　年

大仏次郎「天皇の世紀」全十七巻 (朝日文庫) 朝日新聞社、一九七七─一九七八
　年

小田部雄次「梨本宮伊都子妃の日記」小学館、一九九一年

笠原英彦「天皇親政」(中公新書) 中央公論社、一九九五年

片野次雄「李朝滅亡」新潮社、一九九四年

勝部真長、渋川久子「道徳教育の歴史」玉川大学出版部、一九八四年

加藤仁「明治天皇お局ご落胤伝」(〈新潮45〉一九八八年九月、十月号)

加藤弘之「武官ノ恭順」(〈明六雑誌〉第七号)

加藤弘之「ブルンチュリ氏国法汎論摘訳民選議院不可立ノ論」(〈明六雑誌〉第四

号)

加藤弘之「予が侍読に召されし頃」(〈太陽臨時増刊・明治聖天子〉一九二一年九月)

金井之恭「西巡日乗」(吉野作造編「明治文化全集」第十七巻、日本評論社、一九六七年)

金子堅太郎「明治天皇とルーズヴェルト大統領」(〈中外新論〉第三巻第五号、一九一九年五月)

金子堅太郎「日露戦役秘録」(東京府教育会編) 博文館、一九二九年

上垣外憲一「雨森芳洲」(中公新書) 中央公論社、一九八九年

亀井慈明「日清戦争従軍写真帖―伯爵亀井慈明の日記」柏書房、一九九二年

川合彦充「ノルマントン号事件」(〈日本古書通信〉第一六六号、一九五八年二月十五日)

川村ハツヱ「F・V・ディキンズ」七月堂、一九九七年

川村ハツヱ「Frederick Victor Dickins と日本文学」(〈流通経済大学論集〉第二八巻二号、一九九三年十一月)

神崎清「大逆事件」全四巻、あゆみ出版、一九七六―一九七七年

「朝鮮の攘夷と開化」平凡社、一九七七年

「征韓論政変」サイマル出版会、一九九〇年

岸田吟香「東北御巡幸記」(吉野作造編「明治文化全集」第十七巻、日本評論社、一九六七年) 北白川房子「明治天皇とその宮廷」(〈リーダーズ・ダイジェスト〉一九六八年十月号)

「木戸孝允日記」全三巻、東京大学出版会、一九六七年

「木戸孝允文書」全八巻、東京大学出版会、一九七一年

杵淵信雄「福沢諭吉と朝鮮―時事新報社説を中心に」彩流社、一九九七年

杵淵信雄「日韓交渉史―明治の新聞にみる併合の軌跡」彩流社、一九九二年

木下彪「明治詩話」文中堂、一九四三年

「外交文書で語る日韓併合」合同出版、一九九六年

木村毅「明治天皇」文藝春秋、一九六七年

木村補之祐「明治天皇の御幼時」(〈太陽臨時増刊・明治聖天子〉一九一二年九月)

清沢例「外政家としての大久保利通」(中公文庫) 中央公論社、一九九三年

葛生能久「東亜先覚志士記伝」全二巻、黒龍会出版部、一九三三―一九三五年

楠精一郎「児島惟謙」(中公新書) 中央公論社、一九九七年

キーン/ドナルド「日本人の美意識」金関寿夫訳、中央公論社、一九九〇年

キーン/ドナルド「日本文学の歴史」中央公論社、第十巻（徳岡孝夫訳）一九九五年、第十八巻（角地幸男訳）一九九七年

キーン/ドナルド「百代の過客」(愛蔵版) 金関寿夫訳、朝日新聞社、一九八四年

キーン/ドナルド「続 百代の過客」(愛蔵版) 金関寿夫訳、朝日新聞社、一九八八年

久米邦武「先帝崩御に際して余の感想」(〈太陽臨時増刊・明治聖天子〉一九一二年九月)

久米邦武「米欧回覧実記」全五巻 (岩波文庫) 岩波書店、一九七七──一九八二年

佐藤誠朗「幕末維新の民衆世界」岩波書店、一九九四年

里見岸雄「明治天皇」錦正社、一九六八年

塩田庄兵衛編「幸徳秋水の日記と書簡」未来社、一九五四年

「志賀直哉全集」第十巻、岩波書店、一九七三年

司馬遼太郎『「明治」という国家」日本放送出版協会、一九九一年

司馬遼太郎「翔ぶが如く」全十巻 (文春文庫) 文藝春秋、一九八〇年

渋沢栄一編・大久保利謙校訂「昔夢会筆記─徳川慶喜公回想談」(東洋文庫) 平凡社、一九六六年

渋沢栄一「徳川慶喜公伝」全四巻 (東洋文庫) 平凡社、一九六七──一九六八年

下村富士男「近代の戦争 日露戦争」人物往来社、一九六六年

社会問題資料研究会編「大津事件に就て (上)」東洋文化社、一九七四年

社偲会編著「天皇家の饗宴」日本文化事業協会出版部、一九三〇年

白井久也「明治国家と日清戦争」社会評論社、一九九七年

「新輯明治天皇御集」全二巻、明治神宮、一九六四年

新人物往来社編「新選組史料集」新人物往来社、一九九五年

湊葉英治「板垣退助 自由民権の夢と敗北」新潮社、一九八八年

「新聞集成明治編年史」全十五巻、本邦書籍、一九八二年

末松謙澄「御自制力の御強かりし先帝陛下」(〈太陽臨時増刊・明治聖天子〉一九一二年九月)

末松謙澄「二十三年の総選挙」(「明治文化全集」第十巻、日本評論社、一九六八年)

鈴木孝一編「ニュースで追う明治日本発掘」全九巻、河出書房新社、一九九四──一九九五年

鈴木武史「星亨」(中公新書) 中央公論社、一九八八年

鈴木正幸編「近代の天皇」(「近代日本の軌跡」7) 吉川弘文館、一九九三年

鈴木正幸「皇室制度」(岩波新書) 岩波書店、一九九三年

「世界に於ける明治天皇」全二巻、原書房、一九七三年

「副島伯経歴偶談」(「東邦協会会報」第四十四号、一八九八年)

外崎光広「植木枝盛と女たち」ドメス出版、一九七六年

園田日吉「江藤新平と佐賀の乱」新人物往来社、一九七四年

「大日本外交文書」第六巻、一九三九年

〈太陽臨時増刊・明治聖天子〉博文館、一九一二年九月刊

高島朝之助「神武以来の英主」(〈太陽臨時増刊・明治聖天子〉一九一二年九月)

高迁修長「御幼時の進講」(〈太陽臨時増刊・明治聖天子〉一九一二年九月)

多木浩二「天皇の肖像」(岩波新書) 岩波書店、一九八八年

瀧川政次郎「知られざる天皇」(〈新潮〉一九五〇年十月号)

滝沢繁「北陸巡幸と民衆統治」(〈新潟史学〉二十四、二十六号、一九九〇―
　一九九一年

武部敏夫「和宮」(人物叢書) 吉川弘文館、一九六五年

多田好問編「岩倉公実記」全三巻 (明治百年史叢書66―68) 原書房、一九六八年

田中彰「岩倉使節団」(講談社現代新書) 講談社、一九七七年

田中彰「大久保政権論」(遠山茂樹編「近代天皇制の成立」岩波書店、一九八七
　年)

田中彰「未完の明治維新」第二版、三省堂、一九七四年

田中彰「明治維新と天皇制」吉川弘文館、一九九二年

田中彰「明治維新の敗者と勝者」日本放送出版協会、一九八〇年

玉林晴朗「公現法親王」(「伝記」一九三五年九月号)

丹波恒夫「錦絵にみる明治天皇と明治時代」朝日新聞社、一九六六年

「日清戦争への道程」吉川弘文館、一九九七年

千葉胤明「明治天皇御製謹話」大日本雄弁会講談社、一九三八年

津田茂麿「明治聖上と臣高行」原書房、一九七〇年

角田房子「閔妃暗殺」新潮社、一九八八年

ディキンズ/F・V「パークス伝 日本駐在の日々」高梨健吉訳 (東洋文庫) 平凡社、
　一九八四年 童門冬二「明治天皇の生涯」全二巻、三笠書房、一九九一年

遠矢浩規「利通暗殺」行人社、一九八六年

遠山茂樹編「維新の群像」(「人物・日本の歴史」10) 読売新聞社、一九六五年

遠山茂樹編「天皇と華族」(「日本近代思想大系」2) 岩波書店、一九八八年

遠山茂樹「明治維新」(岩波全書) 岩波書店、一九五一年

遠山茂樹「明治維新と天皇」(岩波セミナーブックス34) 岩波書店、一九九一年

徳重浅吉「孝明天皇御事蹟紀」東光社、一九三六年

徳富猪一郎「近世日本国民史」第六十一巻、近世日本国民史刊行会、一九六三年

徳富蘆花「明治天皇崩御の前後」(「明治文学全集」42) 筑摩書房、一九六六年

富田仁「鹿鳴館―擬西洋化の世界」白水社、一九八四年

外山正一「存稿」後編、丸善、一九〇九年

「永井荷風集 (一)」(「現代日本文学大系」23) 筑摩書房、一九六九年

長尾和郎「暗殺者」経済往来社、一九七一年

長尾和郎「天皇の現代史」新人物往来社、一九七四年

仲原善忠「琉球の歴史」那覇・文教図書、一九七八年

中野泰雄「安重根―日韓関係の原像」亜紀書房、一九九一年

中野泰雄「安重根と伊藤博文」恒文社、一九九六年

中野好夫「佐賀の乱と江藤新平」(〈新潮〉一九六五年四月号)

中村菊男「星亨」(人物叢書) 吉川弘文館、一九六三年

中村文雄「大逆事件と知識人」三一書房、一九八一年

「中山忠能日記」東京大学出版会、一九七三年

中山盛茂編「琉球史辞典」那覇・文教図書、一九六九年

中山泰昌「新聞集成明治編年史」第四巻、財政経済学会、一九三五年

中山泰昌「明治編年史」林泉社、一九三四年

夏目漱石「漱石全集」全二十八巻、岩波書店、一九九三―一九九九年

西尾陽太郎「幸徳秋水」吉川弘文館、一九五九年

西嶋量三郎「中山忠光暗殺始末」新人物往来社、一九八三年

西村茂樹「日本道徳論」(岩波文庫) 岩波書店、一九三五年

蜷川新「明治天皇」(三一新書) 京都・三一書房、一九五六年

日本弘道会編「泊翁叢書」第一巻、博文館、一九〇九年

外務省編纂「日本外交文書 日露戦争V」日本国際連合協会、一九六〇年

ねず・まさし「孝明天皇は病死か毒殺か」(〈歴史学研究〉一七三号、一九五四年七月)

野村義文「大津事件」福岡・章書房、一九九二年

芳賀徹「大君の使節」(中公新書) 中央公論社、一九六八年

萩原延壽「馬場辰猪」中央公論社、一九六七年

萩原延壽「陸奥宗光」全二卷、朝日新聞社、一九九七年

萩原延壽「陸奥宗光」(「日本の名著」35) 中央公論社、一九七三年

橋川文三「政治と文学の辺境」冬樹社、一九七〇年

「日清戦争と朝鮮」青木書店、一九八二年

長谷川卓郎編「明治大帝」大日本雄弁会講談社、一九二七年

花房義質「先帝陛下に関する追憶」(〈太陽臨時増刊・明治聖天子〉一九一二年九月)

原口清「孝明天皇の死因について」(〈明治維新史学会報〉第十五号、一九八九年十月)

原口清「孝明天皇と岩倉具視」(〈名城商学 人文科学特集〉第三十九卷別册、一九九〇年二月)

原口清「孝明天皇は毒殺されたのか」(藤原彰他「日本近代史の虚像と実像」大月書店、一九九〇年)

原口清「戊辰戦争」塙書房、一九六三年

原田憲雄訳「日本漢詩選」京都・人文書院、一九七四年

ハリス/タウンゼント「ハリス日本滞在記 (中)」坂田精一訳 (岩波文庫) 岩波書店、一九五四年 東久世通禧「竹亭回顧録 維新前後」(幕末維新史料叢書) 新人物往来社、一九六九年

土方久元「數明比なき大皇帝」(〈太陽臨時増刊・明治聖天子〉一九一二年九月)

日野西資障「明治天皇の御日常」新学社教友館、一九七六年

ヒューブナー/アレクサンダー・F・V「オーストリア外交官の明治維新」市川慎一、松本雅弘訳、新人物往来社、一九八八年 [Hubner, Baron de. *Promenade autour du monde.* Paris: Hachette, 1873.]

「新訂 福翁自伝」(岩波文庫) 岩波書店、一九七八年

「福沢輪吉全集」第十四巻、岩波書店、一九六一年

「福地桜痴集」(「明治文学全集」11) 筑摩書房、一九六六年

福田東作「韓国併合紀念史」大日本実業協会、一九一一年

福地重孝「孝明天皇」秋田書店、一九七四年

藤田覚「幕末の天皇」(講談社選書メチエ) 講談社、一九九四年

藤原彰、今井清一、宇野俊一、粟屋憲太郎編「日本近代史の虚像と実像」全四巻、大月書店、一九八九—一九九〇年

藤村道生「日清戦争」(岩波新書) 岩波書店、一九七三年

ブリンクリー/フランク「先帝陛下」(〈官吏公吏〉第五号、一九一二年九月)

フレイザー/メアリー「英国公使夫人の見た明治日本」ヒユー・コータッツィ編、横山俊夫訳、淡交社、一九八八年 [Fraser, Mary Crawford. *A Diplomat's Wife in Japan*. ed. Hugh cortazzi. New York: Weatherhill 1982.]

「ベルツの日記」全二巻、トク・ベルツ編、菅沼竜太郎訳 (岩波文庫) 岩波書店、一九七九年[Baelz, Erwin. *Awakening Japan*, trans. by Eden and Cedar Paul. New York: Viking Press, 1932.]

坊城俊良「宮中五十年」明徳出版社、一九六〇年

星亮一「松平容保とその時代」歴史春秋社、一九八四年

洞口猷壽「昭憲皇太后宮」頌徳会、一九一四年

堀内敬三「音楽五十年史」鱒書房、一九四二年

堀口九萬一「外交と文芸」第一書房、一九三四年

牧野伸顕「御親政初期の追憶」(〈太陽臨時増刊・明治聖天子〉一九一二年九月)

松下芳男「乃木希典」(人物叢書) 吉川弘文館、一九六〇年

松村正義「日露戦争と金子堅太郎」新有堂、一九八〇年

松本三之介「明治精神の構造」(同時代ライブラリー) 岩波書店、一九九三年

丸谷才一「青い雨傘」文藝春秋、一九九五年

三浦梧楼「観樹将軍回顧録」(中公文庫) 中央公論社、一九八八年

三島由紀夫「奔馬」新潮社、一九六九年

ミツトフォード/A・B「英国外交官の見た幕末維新」長岡祥三訳、新人物往来社、一九八五年[Mitford, A. B.F. *Memories by Lord Redesdale*. New York: Dutton, 1915.]

ミツトフォード/A・B「英国貴族の見た明治日本」長岡祥三訳、新人物往来社、一九八六年

源了圓「乃木大将の自殺とその精神史的背景」(〈心〉一九六三年十二月号)

三宅雪嶺「同時代史」第一、三巻、岩波書店、一九四九、一九五〇年

「武者小路実篤全集」第一巻、小学館、一九八七年

陸奥宗光「蹇蹇録」(「日本の名著」35) 中央公論社、一九七三年

棟田博「兵隊百年」清風書房、一九六八年

「明治天皇紀」全十三巻、吉川弘文館、一九六八―一九七七年

「明治天皇の御肖像」明治神宮、一九九八年

「明治の評価と明治人の感触」動向社、一九六七年

毛利敏彦「岩倉具視」PHP研究所、一九八九年

毛利敏彦「江藤新平」(中公新書) 中央公論社、一九八七年

毛利敏彦「明治維新の再発見」吉川弘文館、一九九三年

毛利敏彦「明治六年政変」(中公新書) 中央公論社、一九七九年

元田竹彦、海後宗臣編「元田永孚文書」第一、二巻、元田文書研究会、
　一九六九年

森鷗外「能久親王事蹟」(「鷗外全集」第三巻、岩波書店、一九七二年)

森銑三「明治人物夜話」東京美術、一九六九年

「森鉄三著作集 続篇」第五巻、中央公論社、一九九三年

森川哲郎「明治暗殺史」三一書房、一九六九年

森田誠吾「明治人ものがたり」(岩波新書) 岩波書店、一九九八年

森山茂徳「日韓併合」吉川弘文館、一九九二年

八木清治「経験的実学の展開」(「日本の近世」第十三巻、中央公論社、一九九三
　年)

保田孝一「最後のロシア皇帝 ニコライ二世の日記 増補」朝日新聞社、一九九〇
　年

安場末喜「純忠至誠の大儒元田永孚先生」(〈キング〉一九二七年五月号)

安丸良夫「近代天皇像の形成」岩波書店、一九九二年

柳沢英樹「宝生九郎伝」わんや書店、一九四四年

山川三千子「禁断の女官生活回想記」(〈特集人物往来〉一九五九年四月号)

山川三千子「女官」実業之日本社、一九六〇年

山下郁夫「研究西南の役」三一書房、一九七七年

山路愛山「乃木大将」民友社、一九一二年

由井正臣校注「後は昔の記他―林董回顧録」(東洋文庫) 平凡社、一九七〇年

吉田精一「近代文芸評論史 大正篇」至文堂、一九八〇年

吉野作造編「明治文化全集」第十七巻、日本評論社、一九六七年

依田憙家「近代天皇制成立の前提―孝明天皇についての試論」(〈社会科学討究〉
　二九巻一号、一九八三年十月)

米原謙「植木技盛」(中公新書) 中央公論社、一九九二年

「甦る幕末」朝日新聞社、一九八七年

李王垠伝記刊行会編著「英親王李垠伝」共栄書房、一九八二年改訂

和田春樹「開国―日露国境交渉」(NHKブックス) 日本放送出版協会、一九九一
　年

渡辺昭夫「天皇制国家形成途上における『天皇親政』の思想と運動」(〈歴史学研

究〉二五四号、一九六一年六月）

渡辺幾治郎「大隈重信」照林堂書店、一九四三年

渡辺幾治郎「明治天皇」全二巻、明治天皇頌徳会、一九五八年

渡辺幾治郎「明治天皇と輔弼の人々」千倉書房、一九三八年

渡辺克夫「明治二十二年の条約改正反対運動」廣文堂書店、一九八一年

渡辺茂雄「明治天皇」時事通信社、一九六六年

Akashi Motojirō. *Rakka Ryūsui*: Colonel Akashi's Report on His Secret Cooperation with the Russian Revolutionary Parties during the Russo-Japanese War. Helsinki: SHS, 1988.

Allan, James. *Under the Dragon Flag*. New York: Stokes, 1898.

Asakawa, K(an'ichi). *The Russo-Japanese Conflict*. Boston: Houghton, Mifflin, 1904.

Beasley, W. G. *Select Documents on Japanese Foreign Policy, 1853-1868*. London: Oxford University Press, 1955.

Bird, Isabella L. *Unbeaten Tracks in Japan*. Tokyo: Tuttle, 1973.

Black, John R. *Young Japan*. Yokohama: Kelly, 1881.

Borton, Hugh. *Japan's Modern Century*. New York: The Ronald Press, 1955.

Braisted, William R. *Meiroku Zasshi*. Cambridge, Mass.: Harvard University Press, 1976.

Breen, John. "The Imperial Oath of April 1868: Ritual, Politics, and Power in the Restoration," in *Monumenta Nipponica*, 51: 4 , 1996.

Brown, Sidney DeVere, and Akiko Hirota, trans. *The Diary of Kido Takayoshi*, 3 vols. Tōkyō: Tōkyō University Press, 1983-86.

Burke, Peter. *The Fabrication of Louis XIV*. New Haven: Yale University Press, 1992.

Busch, Noel F. *The Emperor's Sword*. New York: Funk & Wagnalls, 1969.

Choi, Woonsang. *The Fall of the Hermit Kingdom*. Dobbs Ferry, N.Y.: Oceana Publications, 1967.

Cortazzi, Hugh. "Royal Visits to Japan in the Meiji Period", in Ian Nish, ed. *Britain & Japan: Biographical Portraits*, II.

Cortazzi, Hugh. "Sir Harry Parkes, *1828-1855*," in Ian Nish, ed. *Brit-*

ain & Japan: Biographical Portraits, I.

Cortazzi, Hugh. *Victorians in Japan*. London: Athlone Press, 1987.

Cosenza, Mario Emilio. *The Complete Journal of Townsend Harris*. Rutland & Tokyo: Tuttle, 1959.

d'Anethan, Baroness Albert. *Fourteen Years of Diplomatic Life in Japan*. London: Stanley Paul, 1912.

de Bary, Wm. Theodore and Irene Bloom. *Principle and Practicality*. New York: Columbia University Press, 1979.

Dennett, Tyler. *Roosevelt and the Russo-Japanese War*. New York: Doubleday, 1925.

Dillon, E. J. *The Eclipse of Russia*. New York: Doran, 1918.

Duus, Peter. *The Abacus and the Sword*. University of California Press, 1998.

Elias, Norbert. *The Court Society*. New York: Pantheon, 1983.

Esthus, Raymond A. *Double Eagle and Rising Sun*. Durham, NC: Duke University Press, 1988.

Fäit, Olavi K. "Collaboration between Japanese Intelligence and the Finnish Underground during the Russo-Japanese War," in *Asian Profile* 4: 3, June 1976.

Finn, Dallas. *Meiji Revisited*. New York: Weatherhill, 1995.

Fraser, Andrew, R. H. P. Mason, and Philip Mitchell. *Japan's Early Parliaments, 1890-1905*. London: Routledge, 1995.

Fujitani, T. *Splendid Monarchy*. Berkeley: University of California Press, 1996.

Gluck, Carol. *Japan's Modern Myths*. Princeton NJ: Princeton University Press, 1985.

Griffis, William Elliot. *The Mikado's Empire*. New York: Harper & Brothers, 1906.

A Guide to the Works of Art and Science Collected by Captain His Royal Highness the Duke of Edinburgh, K. F., during his Five-Years' Cruise Round the World in H.M.S. 'Galatea', 1867-1871 and lent for Exhibition in the South Kensington Museum February, 1872. London: John Strangeways, 1872.

Gulick, Sidney Lewis. *The White Peril in the Far East*. New York:

Fleming H. Revell, 1905.

Hackett, Roger F. *Yamagata Aritomo in the Rise of Modern Japan*. Cambridge, Mass.: Harvard University Press, 1971.

Hardacre, Helen. *Shintō and the State, 1868-1988*. Princeton, N. J.: Princeton University Press, 1989.

Harootunian, H. D. *Toward Restoration*. Berkeley: University of California Press, 1970.

Hearn, Lafcadio. *Out of the East*. Boston: Houghton, 1895.

Hesselink, Reinier. "The Assassination of Henry Heusken," *Monumenta Nipponica* 49: 3, Autumn 1994.

Hoare, James E. "Extraterritoriality in Japan, 1858-1899," in *TASJ*, Third Series, Vol.18. July, 1983.

Hobsbawm, Eric and Terence Ranger. *The Invention of Tradition*. Cambridge University Press, 1983.

Hough, Richard. *The Potemkin Mutiny*. Annapolis: Naval Institute Press, 1996.

Irokawa Daikichi. *The Culture of the Meiji Period*, trans. by Marius B. Jansen. Princeton: Princeton University Press, 1985 [A translation of *Meiji no Bunka*].

Iwata, Masakazu. *Ōkubo Toshimichi, the Bismarck of Japan*. Berkeley: University of California Press, 1964.

Jansen, Marius B. *Sakamoto Ryōma and the Meiji Restoration*. Princeton, NJ: Princeton University Press, 1961.

Kajima, Morinosuke. *The Diplomacy of Japan 1894-1922*, 3 vols. Tokyo: Kajima Institute of International Peace, 1976.

Keene, Donald. *Dawn to the West*, 2 vols. New York: Holt, Rinehart & Winston, 1984.

Keene, Donald. *Landscapes and Portraits*. Tokyo: Kodansha International, 1971.

Keppel, Sir Henry. *A Sailor's Life under Four Sovereigns*. London: Macmillan, 1899.

Kerr, George H. Okinawa. Rutland & Tokyo: Tuttle, 1958.

Ketelaar, James Edward. *Of Heretics and Martyrs in Meiji Japan*. Princeton: Princeton University Press, 1990.

Kiyooka Enchi, trans. *The Autobiography of Yukichi Fukuzawa.* New York: Columbia University Press, 1966.

Komiya Toyotaka. *Japanese Music and Drama in the Meiji Era,* trans. by Donald Keene and Edward Seidensticker. Tokyo: Ōbunsha, 1956.

Ladd, George Trumbull. *Rare Days in Japan.* New York: Dodd, Mead, 1910.

Lane-Poole, Stanley and F. V. Dickins. *The Life of Sir Harry Parkes,* reprint edition. Wilmington: Scholarly Resources, 1973.

Lanman, Charles. *Leading Men of Japan.* Boston: D. Lothrop, 1883.

Lebra, Joyce C. *Ōkuma Shigenobu.* Canberra: Australian National University Press, 1973.

Lensen, George Alexander. *The Russian Push Toward Japan.* Princeton, N.J.: Princeton University Press, 1959.

Levine, Isaac Don. *Letters from the Kaiser to the Czar.* New York: Stokes, 1920.

Longford, Elizabeth. *Queen Victoria.* New York: Harper & Row, 1964.

Longford, Joseph H. *The Evolution of New Japan.* New York: Putnam, 1913.

Loti, Pierre. *Japoneries d'automne.* Paris: Calmann Lévy, 1889.

Malm, William. "The Modern Music of Meiji Japan" in Donald H. Shively, ed. *Tradition and Modernization in Japanese Culture.* Princeton: Princeton University Press, 1971.

Malozemoff, Andrew. *Russian Far Eastern Policy 1881-1904.* New York: Octagon, 1977.

Mason, R. H. P. *Japan's First General Election, 1890.* Cambridge: Cambridge University Press, 1969.

McFeely, William S. *Grant.* New York, Norton, 1982.

McWilliams, Wayne C. "East Meets East: The Soejima Mission to China, 1873," in *Monumenta Nipponica,* XXX, 3, 1975.

Meech-Pekarik, Julia. *The World of the Meiji Print.* New York: Weatherhill, 1986.

Nish, Ian H. *The Anglo-Japanese Alliance.* London: The Athlone

Press, 1966.

Nish, Ian H. *The Origins of the Russo-Japanese War*. London: Longman, 1985.

Nish, Ian H., ed. *Britain & Japan: Biographical Portraits*, I, II. Folkestone: Japan Library, 1994, 1997.

Oakley, Jane H. *A Russo-Japanese War Poem*. Brighton: The Standard Press, 1905.

"Official Report on Matters Connected with the Events of October 8th, 1895, and the Death of the Queen." *The Korean Repository*, III, 1896.

Okakura Kakuzo. *The Book of Tea*. Tokyo Kodansha International, 1989.

Oka Yoshitake. "Generational Conflict After the Russo-Japanese War," in Tetsuo Najita and J. Victor Koschmann, eds. *Conflict in Modern Japanese History*. Princeton, NJ: Princeton University Press, 1982.

Okamoto, Shumpei. *The Japanese Oligarchy and the Russo-Japanese War*. New York: Columbia University Press, 1970.

Okamoto, Shumpei. *Impressions of the Front*. Philadelphia: Philadelphia Museum of Art, 1983.

Paléologue, Maurice. *Three Critical Years 1904-05-06*. New York: Speller, 1957.

Passin, Herbert. *Society and Education in Japan*. New York: Teachers College, Columbia University, 1965.

Pinguet, Maurice. *La mort volontaire au Japon*. Paris: Gallimard, 1984.

Prochaska, Frank. *Royal Bounty: The Making of a Welfare Monarchy*. New Haven: Yale University Press, 1995.

Redesdale, Lord. *The Garter Mission to Japan*. London: Macmillan, 1906.

Röhl, John C. G. *The Kaiser and His Court*. Cambridge: Cambridge University Press, 1994.

Rosen, Baron Roman. *Forty Years of Diplomacy*. New York: Knopf, 1922.

Rowe, John Carlos. *New Essays on The Education of Henry Adams*. Cambridge: Cambridge University Press, 1996.

St. Aubyn, Giles. *Queen Victoria*. New York: Atheneum, 1992.

Sansom, G. B. *The Western World and Japan*. London: Cresset Press, 1950.

Scidmore, Eliza Ruhamah. *As The Hague Ordains*. New York: Henry Holt, 1908.

Shively, Donald H. "The Japanization of the Middle Meiji," in *Tradition and Modernization in Japanese Culture*. Princeton, NJ: Princeton University Press, 1971.

Shively, Donald H. "Motoda Eifu: Confucian Lecturer to the Meiji Emperor," in David S. Nivison and Arthur F. Wright. *Confucianism in Action*. Stanford: Stanford University Press, 1959.

Shively, Donald H. "Nishimura Shigeki: A Confucian View of Modernization" in Marius B. Jansen, ed. *Changing Japanese Attitudes Toward Modernization*. Princeton, NJ: Princeton University Press, 1965.

Smith, Henry D. *Kiyochika: Artist of Meiji Japan*. Santa Barbara: Santa Barbara Museum of Art, 1988.

Stevenson, Elizabeth. *Henry Adams*. New Brunswick, NJ: Transaction, 1997.

Teters, Barbara. "The Ōtsu Affair: The Formation of Japan's Judicial Conscience," in David Wurfel, ed. *Meiji Japan's Centennial*. Lawrence: The University Press of Kansas, 1971.

Totman, Conrad. *The Collapse of the Tokugawa Bakufu, 1862-1868*. Honolulu: University of Hawaii Press, 1980.

Tsunoda, Ryūsaku, Wm. Theodore de Bary and Donald Keene. *Sources of Japanese Tradition*. New York: Columbia University Press, 1958.

Walthall, Anne. "Off With Their Heads! The Hirata Disciples and the Ashikaga Shoguns," in *Monumenta Nipponica* 58: 2, Summer 1995.

Watson, Burton, trans. *Hsün Tzu*. New York: Columbia University Press, 1963.

Webb, Herschel. *The Japanese Imperial Institution in the Tokuga-*

wa Period. New York: Columbia University Press, 1968.

Weber, Norbert. *Im Lande der Morgenstille*. Missionsverlag St. Ottilien: Oberbayern, 1923.

White, John Albert. *The Diplomacy of the Russo-Japanese War*. Princeton, NJ: Princeton University Press, 1964.

White, Trumbull. *The War in the East: Japan, China, and Corea*. Philadelphia: Ziegler, 1895.

Witte, Count Sergei Iulevich. *The Memoirs of Count Witte*, trans. by Sidney Harcave. Armonk, NY: Sharpe, 1990.

Young, John Russell. *Around the World with General Grant*. New York: American News Company, 1879.

색인

옮긴이 | 김유동

1936년생. 연세대 의예과를 중퇴했고 한글학회, 잡지사 등을 거쳐, 경향신문 부국장과 문화일보 편집위원을 지냈다. 저서로『편집자도 헷갈리는 우리말』이 있고『유희』『주신구라』『잃어버린 도시』『빈 필-음과 향의 비밀』『투명인간의 고백』등을 우리말로 옮겼다.

메이지라는 시대 2

초판 1쇄 발행 2017년 10월 31일

지은이 도널드 킨
옮긴이 김유동

펴낸곳 서커스출판상회
주소 서울 마포구 월드컵북로 400 5층 24호(상암동, 문화콘텐츠센터)
전화번호 02-3153-1311
팩스 02-3153-2903
전자우편 rigolo@hanmail.net
출판등록 2015년 1월 2일(제2015-000002호)

ⓒ 서커스, 2017

ISBN 979-11-87295-08-2 04910
ISBN 979-11-87295-06-8 (세트)

───────

이 도서의 국립중앙도서관 출판시도서목록(CIP)은 서지정보유통지원시스템 홈페이지(http://seoji.nl.go.kr)와 국가자료공동목록시스템(http://www.nl.go.kr/kolisnet)에서 이용하실 수 있습니다.
(CIP제어번호: CIP2017025036)